Schriften des Torgauer Geschichtsvereins, Band 13

Christa Maria Richter:

Johann Walter (1496–1570) – Begründer der evangelischen Kirchenmusik. Leben und Werk

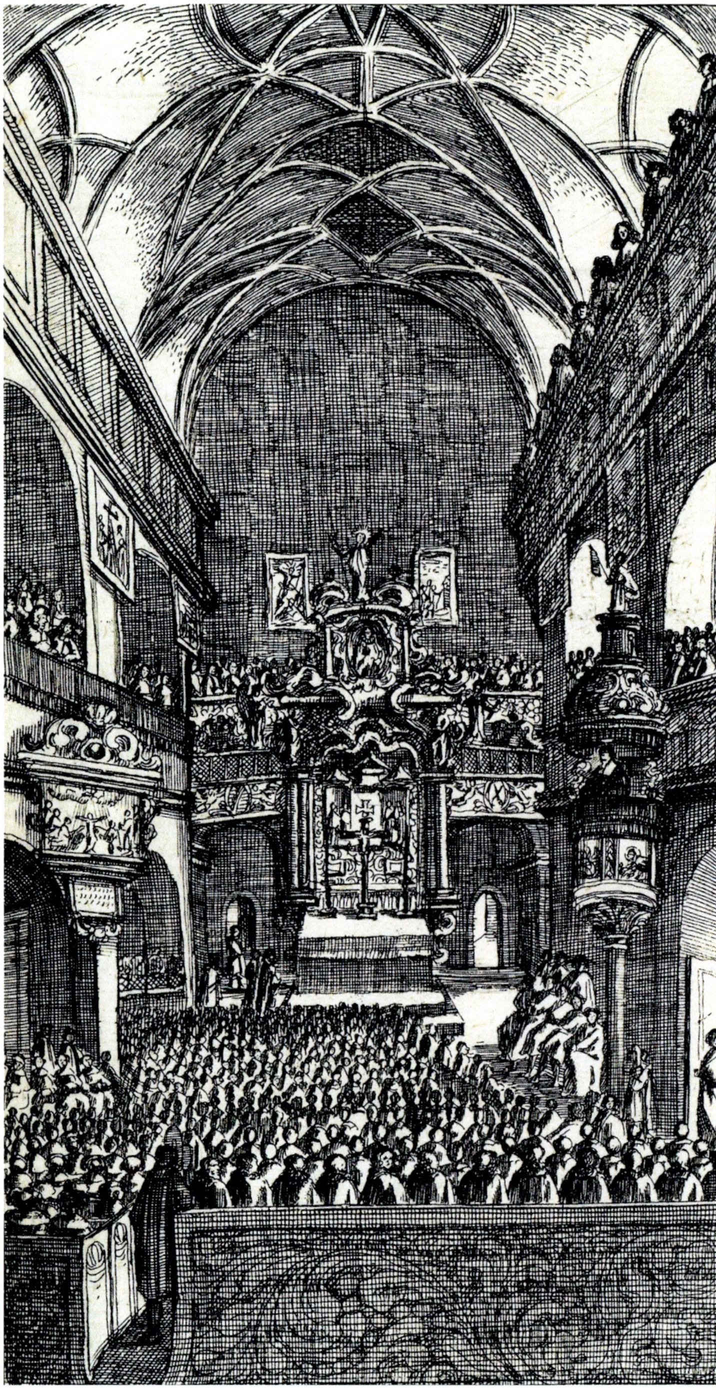

Schriften des Torgauer Geschichtsvereins, Bd. 13

Christa Maria Richter

Johann Walter
(1496–1570)
Begründer der evangelischen Kirchenmusik
Leben und Werk

herausgegeben von

Jürgen Herzog

im Auftrag des Torgauer Geschichtsvereins

Sax Verlag

Bibliografische Information der Deutschen Nationalbibliothek

Die Deutsche Nationalbibliothek verzeichnet diese Publikation in der Deutschen Nationalbibliografie; detaillierte bibliografische Daten sind im Internet über http://dnb.d-nb.de abrufbar.

ISBN 978-3-86729-255-9

Texte, Register, Layout: Christa Maria Richter, Noschkowitz, www.quellenlese.de

Einbandgestaltung: Birgit Röhling, Markkleeberg

Titelbild:
Singende Kantorei mit Blasinstrumenten. Titelkupfer aus den PRACTICA MUSICA von Hermann Finck (FINCK 1556)

Frontispiz:
Torgau, Schlosskapelle, Innenraum mit Sängerempore über dem Altar. Titelkupfer aus dem TORGAUISCHEN CATECHISMUS von Paul Hofmann (HOFMANN 1675)

www.sax-verlag.de

Meinen Eltern
gewidmet

Christa Maria Richter

Inhaltsverzeichnis

Schaffen

Vorwort

Als Johann Walter 1570 in Torgau starb, war er ein Ausgegrenzter, der mit der weltlichen und der geistlichen Obrigkeit im Widerstreit lag. Er hatte sich weder mit dem Machtwechsel von den Ernestinern zu den Albertinern im Kurfürstentum abfinden können und wollen noch mit den Veränderungen in der Kirche, die sich aus dem Leipziger Interim ergaben. So machte er kein Hehl daraus, dass er dem von ihm verehrten ehemaligen Kurfürsten Johann Friedrich anhing und mit den nach seiner Auffassung gottlosen Chorrockträgern, den Adiaphoristen und Philippisten, nichts zu tun haben wollte. Es muss seiner Autorität zu danken sein, dass er ungestraft geblieben ist.*

Schon wenige Generationen später waren die Verdienste Walters vergessen. Sein eigenwilliger und familienstolzer Urenkel, der letzte und vierte, dessen Bildnis am aufwendigen Familiengrab der Walters angebracht war, der Stadtschreiber Michael Walter, schrieb 1642 in das amtliche Protokollbuch des Rates: »*Das also Ich vnd mein lieber Vater selig, vber 53 Jahr vns in Gemeiner Stadt Diensten vnd Ämbtern gebrauchen lassen, vnd vnserm Vaterlande, als uhralte patricy, deren Eltern vnd Groß Eltern über die 150 Jahr bey dieser Stadt gewohnet, vnd in Chur: vnd in Fürstl(ichen) Bestallungen gewesen, mitt aller trew, fürsichtigkeit vnd vleiß gedienet haben.*« Die Bedeutung des Urgroßvaters kannte er nicht mehr. Johann Walter begründete mit seinem Vermögen eine über lange Jahre wohlhabende Bürgerfamilie. Wirtschaftlicher Niedergang aber führte zur Verarmung. Das seit 1553 im Familienbesitz stehende Stammhaus hinter den Fleischbänken wurde 1768 versteigert. Der letzte Besitzer, der Tuchmachermeister Johann Siegmund Walter, verließ Torgau mit unbekanntem Ziel.**

Erst seit dem 19. Jahrhundert erfolgte eine Rückbesinnung und Auseinandersetzung mit Leben und Werk Walters. Im Jahr 2012 konnte die Autorin dieses Buches erstmalig die Ergebnisse ihrer umfassenden Forschungsergebnisse Walter-Dokumente anlässlich der von Matthias Herrmann geleiteten Tagung zu Johann Walter vorstellen, die im Jahr darauf im Druck erschienen sind.*** Das war Ausgangspunkt für den Torgauer Geschichtsverein, sie zu beauftragen, die vorliegende Publikation zu bearbeiten.

Über die Jahrhunderte lebt in Torgau noch heute die Johann-Walter-Kantorei. Sein kleines Wohnhaus in der Stümpfergasse (Wittenberger Straße 19) ist zwar bis zur Unkenntlichkeit entstellt, das Haus seines Sohnes hinter den Fleischbänken (Breite Straße 6), in dem er seine letzten Lebensjahre zugebracht haben soll, ist äußerlich überformt und im Inneren verändert. Die Stätten seines Wirkens, die Stadtkirche St. Marien und die Schlosskirche, aber laden zu Besuch und zum Erinnern ein. Seit 2017 ist Walter im Priesterhaus Georg Spalatins, einem spätgotischen Wohnhaus, das noch vorreformatorischen Priestern als Wohnstätte diente und zugleich ein Wirkungsort lutherischer Reformation gewesen ist, eine Ausstellung gewidmet. Als Bestandteil des Torgauer Museumspfads gehört es zum herausragenden Erlebnisbereich der Torgauer Renaissancestadt.

Torgau, im März 2020 — Jürgen Herzog

* Herzog 2016, 424–430. ** Herzog 2013, 101 und 113, danach zitiert. *** Richter 2013.

Einführung

Unter den Persönlichkeiten, die das städtische Leben in Torgau zur Reformationszeit wesentlich mitbestimmt haben, gehört der Sänger, Komponist, Kantor, Kapellmeister und Dichter Johann Walter. Er hatte Anteil an Martin Luthers Reformierung der Gottesdienste 1525 und steuerte neben vielen lateinischen Werken auch deutsche Kirchenliedsätze bei. Von seinen zahlreichen Liedschöpfungen haben nicht nur einige selbst gedichtete Texte, sondern davon unabhängig auch einige Melodien Eingang ins Evangelische Gesangbuch gefunden. Bekannt ist etwa das Begräbnislied *Mitten wir im Leben sind*, eine Überarbeitung einer mittelalterlichen Weise, an der Walter mitgewirkt hat (EG 518). Seine Melodie von *Ach Gott, vom Himmel sieh darein* wird heute auf den Text des Psalmliedes *Der Herr ist mein getreuer Hirt* (EG 274) gesungen und jene von *Es spricht der Unweisen Mund wohl* auf *Herr, für dein Wort sei hoch gepreist* (EG 196). Luthers Kinderlied *Vom Himmel hoch, da komm ich her* hatte zunächst von Walter eine Melodie bekommen, unter der heute das Lied *All Morgen ist ganz frisch und neu* bekannt ist (EG 440). Sogar an der Melodie von *Ein feste Burg ist unser Gott* (EG 362) soll er wesentlich beteiligt gewesen sein.

Heute ist Walter vor allem als sogenannter evangelischer Urkantor bekannt: Gemeinsam mit sangesfreudigen Bürgern und Schulknaben führte er in der Torgauer Pfarrkirche erstmals die neuen mehrstimmigen Gesänge auf. Diese Art des Musizierens fand später ihr Echo nicht nur in der musikbeeinflussten Architektur der neuen Torgauer Schlosskapelle 1544, sondern griff allmählich auch auf andere Städte über und lebt noch heute in den Kantoreien der Kirchgemeinden fort. Aus dieser Institution, der ältesten und bedeutendsten evangelischen Kantorei, der *»berühmten Stammkantorei des Protestantismus, der die besondere Fürsorge der Reformatoren galt«*[1], dem Vorbild aller späteren Musizierformen in Deutschland, gingen u.a. der berühmte Musiktheoretiker Michael Praetorius und Heinrich Schütz' Lehrer Georg Otto hervor.

Nach der letzten großen Walter-Biografie von Walter Blankenburg folgt nun anlässlich des 450. Todestages des Torgauer Urkantors am 10. April 2020 eine weitere Monografie, die Walters Leben von Neuem beleuchtet und ihn würdigt

1. als ersten Komponisten und Publizisten evangelischer Kirchenmusik,
2. als Kantor und Kapellmeister, der für seine Ensembles wertvolle Notenhandschriften angefertigt hat, sowie
3. als humanistisch gebildeten Mann, der lateinische Texte übersetzt, theologische Kontroversen geführt und sich im Sinne Luthers und der Humanisten als sehr produktiver Dichter betätigt hat.

1 Gurlitt 1933, 41, 53.

Angesichts der Fülle der inzwischen erschienenen musikhistorischen, musikanalytischen, hymnologischen, theologischen, rezeptionsgeschichtlichen und sonstigen wissenschaftlichen Untersuchungen zum Leben und Werk Walters kann es hier nicht um eine vollständige Darstellung seines gesamten Œuvres gehen. Es ist hier auch nicht der Ort, einen Überblick über die gesamte Walter-Forschung zu bringen oder erneut eine Wertung von Walters kompositorischen und dichterischen Qualitäten vorzunehmen. Hier sei neben Wilibald Gurlitts erster umfassender Darstellung[2], Walter Blankenburgs großer Monografie[3] und anderen, teils in der Bibliografie aufgelisteten Untersuchungen vor allem auf Joachim Stalmanns (leider nur maschinenschriftlich erstellte) Dissertation mit einer Systematik von Walters musikalischen Bearbeitungstypen hingewiesen.[4] Über Walters Theologie gibt insbesondere der Aufsatz von Matthias Richter genaue Auskunft.[5] Für lokalhistorische Fragen zur Stadt-, Kirchen-, Schul- und Musikgeschichte des 16. Jahrhunderts ist das gewichtige Buch des Herausgebers Jürgen Herzog VORREFORMATORISCHE KIRCHE UND REFORMATION IN TORGAU hervorzuheben, in welchem die gesamte Entwicklungsgeschichte Torgaus dieser Zeit unter Einbeziehung der zeitgenössischen und späteren Geschichtsschreibung dargestellt ist. Hier werden neben unbekannten Quellen auch die von der Verfasserin publizierten Walter-Dokumente, die bereits auf der von Matthias Herrmann zuletzt geleiteten wissenschaftlichen Johann-Walter-Tagung 2012 präsentiert worden waren,[6] erneut unter verschiedenen Aspekten dargestellt.[7]

Im Folgenden soll Walters Leben vielmehr aus quellenkundlicher Sicht näher betrachtet werden, und zwar so weit, dass er als geistiges Kind seiner Zeit und als fühlender Christenmensch erfassbar wird, dessen Laufbahn zunächst geradlinig zu verlaufen schien, beginnend mit seiner von einem wohlmeinenden *»Adoptiv«*-Vater geförderten schulischen Bildung in seiner Geburtsstadt Kahla über sein humanistisches Studium in Leipzig und seine Anstellung als Sänger am ernestinischen Hof bis hin zum verdienstvollen Kantor, zum Initiator und Organisator einer figuralisierten evangelischen Kirchenmusik, ja sogar zum *»bedeutendste[n] und fesselndste[n] Gründer der lutherischen Musik und Musikanschauung in den Kirchen Deutschlands«*[8]. Dass Walter dies selbst nicht so empfunden und insbesondere seine Kindheit als Waise sowie seine Entlassung aus der Hofkapelle im Zuge ihrer Auflösung als tiefe Einbrüche angesehen hat,

2 GURLITT 1933.

3 BLANKENBURG 1991. Schwerpunkt: deutschsprachige Werke.

4 STALMANN 1960. Schwerpunkt: lateinische Werke.

5 RICHTER 1998.

6 RICHTER 2013.

7 HERZOG 2016.

8 PRAETORIUS 1615, 15, aus dem Lateinischen übersetzt von GURLITT 1933, 101.

kann man aus seinen Schriften entnehmen. Zu allem Unglück ging es nach dem hoffnungsvollen Neuanfang in dem eigens für ihn eingerichteten Kantorat und einem kurzzeitigen Höhepunkt nach der Weihe der Torgauer Schlosskapelle wieder abwärts. Auf Luthers Tod folgten der Schmalkaldische Krieg und der Verlust der Kurwürde durch die Ernestiner, welche auf die Albertiner überging. Trotz Walters ruhmvoller Ernennung zum albertinischen Hofkapellmeister sorgten die Folgen des sogenannten Leipziger Interims dafür, dass der Gnesiolutheraner beizeiten um seinen Abschied bat, um sich hinfort bis zu seinem Lebensende der Dichtkunst zu widmen und sich als *»Priester im Reich der Musen«*[9] mit seinen kirchenpolitischen Liedern gegen die adiaphoristische (albertinische) Obrigkeit zur Wehr zu setzen. Auch hier wurden ihm viele Steine in den Weg gelegt. Dessen ungeachtet ermüdete Walter bei seiner hingebungsvollen Arbeit – sei es auf musikalischem oder dichterischem Gebiet – niemals, seiner Verehrung für das ernestinische Herrscherhaus Ausdruck zu verleihen.

Dieser kurze biografische Abriss zeigt schon, dass über allem der Geist Luthers schwebte, dem Walter seine ganze Arbeit widmete.

> *Vom gesamten Freundeskreis Luthers war Johann Walter einer der treuesten Gefolgsleute des Reformators.*[10]

Gemeinsam bildeten sie die *»Grundsäulen des evangelischen Gemeindegesanges«*[11]. Wenn sich Walter auch nicht als *»schöpferischer Kopf von Weltgeltung«* profiliert hat und er eher zu den *»zirkumpolaren Meistern«*[12] zu rechnen ist, so scheint seine

> *Persönlichkeit und Lebenshaltung möglicherweise eine allein dem neuen Glauben und dessen Verkündigung dienende* [... gewesen zu sein], *die deshalb so etwas wie eine musikalische Eigenprofilierung gar nicht für wichtig oder nötig hielt, ja gar nicht in Betracht zog oder ziehen konnte.*[13]

Vor diesem Hintergrund nahm seine Tätigkeit als humanistisch gebildeter Textdichter denselben Rang in seinem Leben ein wie die Musik. Walter war ein rastloser Kämpfer,

> *der auch jenseits seines musikalischen Schaffens mit allen ihm zur Verfügung stehenden Mitteln für die Reinerhaltung der Lehre Luthers eintrat.*[14]

9 DENNER 1935, 413.

10 GERHARDT 1949, 107.

11 FÜRSTENAU 1863, Sp. 245.

12 HAUSSWALD 1948, 115.

13 STAEHELIN 1998, 31.

14 BRINZING 1998, 85.

Und dieses [...] »Bild vom humanistisch aufgeschlossenen Johann Walter« sollte dazu anregen, in ihm nicht mehr nur den »bloß kirchlich ausgerichteten protestantischen Urkantor« zu sehen.[15]

Als Dichter ist Walter eine heute noch stark fesselnde Erscheinung, eine[r] der leuchtendsten Planeten, die um die Sonne Luther kreisten und von ihr ihr Licht empfingen.[16]

Dabei trat er durchaus als *»eigenständig denkender Darsteller eines theologisch begründeten Musikverständnisses«*[17] in Erscheinung. Die Vorreden seiner Publikationen nutzte er für Beschwerden über die mangelhafte Musikpflege. Er kritisierte die sogenannten Schwärmer, wie Andreas Karlstadt, die nicht nur die Struktur der von Luther weitgehend beibehaltenen römischen Messe über Bord warfen, sondern auch Kirchenmusik überhaupt verabscheuten. Immer wieder versuchte er, unter Bezugnahme auf Luther die Verachtung der Kirchenmusik und später das Gebahren der Adiaphoristen als unchristlich zu entlarven. Zugleich war er

ein Christ, der bescheiden von sich selbst dachte, aber ganz groß von dem Amte, dessen ihn Gott gewürdigt hatte.[18]

Selbstverständlich werden im vorliegenden Buch nicht nur bereits bekannte Fakten und Forschungsergebnisse vereint, sondern auch neu aufgefundene Dokumente vorgestellt, Altbekanntes neu bewertet oder in neue Zusammenhänge gerückt und neue Fragen aufgeworfen. Eine grundlegende Frage ist z.B., ob man Walter in seiner Eigenschaft als Leiter der ersten evangelischen Kantorei und als ersten Komponisten mehrstimmiger Sätze für die Lutheraner tatsächlich als evangelischen Urkantor bezeichnen darf, denn

1. hatte es Kantoren schon in vorreformatorischer Zeit gegeben,
2. war der Musikunterricht in Torgau allein für den Kantor bestimmt, während er andernorts entweder vom Schulmeister, der zugleich Kantor war, übernommen oder auf mehrere Klassen und Lehrer verteilt wurde, wobei der Kantor in den Gottesdiensten lediglich für den Choralgesang, hingegen der Rektor/Schulmeister für den Figuralgesang zuständig zu sein pflegte,
3. erteilte Walter anders als die späteren Kantoren keinen Lateinunterricht und nutzte das Kantorat auch nicht als Vorstufe für den späteren Aufstieg zum Rektor oder Pfarrer, da er in Ermangelung eines regulären Studienabschlusses auch gar nicht dazu berechtigt war.

15 Brusniak 2013, 55/58.

16 Michaelis 1939, 23.

17 Blankenburg 1991, 13.

18 Michaelis 1939, 22.

Dennoch darf der Begriff *»Urkantor«*[19] getrost beibehalten werden, denn er impliziert, dass Walters Kantorat nur eine Urform war, aus der heraus sich das Amt des evangelischen Kantors erst noch entwickeln musste. Torgau war gewissermaßen ein Experiment, das zwar weite Anerkennung fand, aber nicht auf andere Gemeinden übertragbar war und schnell zu praktischeren Lösungen führte. Immerhin war nun der *»neue Typus des akademisch gebildeten, gesellschaftlich hochgeachteten Schul- und Stadtkantors«*[20] geschaffen.

Da das vorliegende Buch keine Wiederholung der bereits erschienenen Edition der Kahlaer, Torgauer, Weimarer und Dresdner Walter-Textdokumente[21] sein soll, beschränken sich die hier eingestreuten Textwiedergaben auf jene Quellen, die darin noch nicht berücksichtigt worden sind. Hierzu gehören neben neu aufgefundenen Torgauer Quellen und dem von Michael Praetorius veröffentlichten autobiografischen Bericht Walters auch jene außerhalb der vier genannten Archivorte aufbewahrten Walter-Autografe, die noch nicht als Reproduktionen allgemein zugänglich gemacht werden konnten.[22] Hinzu kommen noch einmal alle anderen verfügbaren Walter-Autografe, sodass diese nun zusammen vereint erscheinen und mit vollständigen Abbildungen versehen werden können. Die Quellenangaben zu diesen Abbildungen sind in den jeweils daran anschließenden Transkriptionen zu finden. Alle anderen Textquellen werden lediglich in den Anmerkungen mit Hinweisen auf die Edition erwähnt.

Walters musikalische und poetische Werke können aufgrund ihrer Fülle weder in Gänze besprochen noch als Transkriptionen angeboten werden. Hier ist auf die Walter-Gesamtausgabe hinzuweisen, in die nahezu alle Werke aufgenommen worden sind,[23] sowie auf die im Anhang wiedergegebenen Originaldrucke, die inzwischen nahezu vollständig als kostenfreie Digitalisate im Internet verfügbar sind.

Die folgende Zeittabelle dient nicht nur als chronologische Übersicht über Walters Leben und Schaffen, sondern ist zugleich, gewissermaßen als zweites Inhaltsverzeichnis, mit Seitenzahlen ausgestattet, welche auf die jeweiligen ausführlicheren Textpassagen im Buch hinweisen. Auf diese Weise kann im Lesetext weitgehend auf Querverweise verzichtet werden. Dasselbe betrifft selbstverständlich die Register im Anhang, mit deren Hilfe alle Stellen zu Orten, Personen und Werken sowohl im Fließtext als auch in den Anmerkungen (abzüglich der Literatur- und Quellenangaben) aufgefunden werden können.

19 Im Folgenden werden fest eingebürgerte Begriffe, wie *»Urkantor«*, *»Schwärmer«*, *»Leipziger Interim«*, *»Kirchweihmotette«*, *»Poetenuniversität«* u.Ä., nicht mehr als Zitate gekennzeichnet.

20 SCHNEIDERHEINZE 1996 B, 9.

21 RICHTER 2013.

22 Von daher kann diese Publikation als Ergänzung der früheren Edition betrachtet werden. Die Transkriptionsrichtlinien sind im Anhang aufgelistet.

23 WGA [Walter-Gesamtausgabe] 1–6 (1953–1973).

Zeittabelle

Jahr	Ereignis	Seite
1496	Geburt Johann Walters in Kahla als Sohn eines Kahlaer Bürgers namens Blanckenmüller.	27
um 1505	Aufnahme als Schulknabe bei einem anderen Kahlaer Bürger namens Walter, von dem er den Familiennamen erhält.	31
	Schulbesuch in Kahla (später vielleicht auch in Rochlitz). Chordienst in der Stadtkirche. Vermutlich Bekanntschaft mit dem in Kahla ansässigen kursächsischen Hofkapellmeister Conrad Rupsch.	35
1517	Immatrikulation an der noch weitgehend scholastisch geprägten Universität Leipzig im Sommersemester. Bekanntschaft u.a. mit Georg Rhau, seinem späteren Verleger in Wittenberg.	36
1519	Vermutlich Teilnahme an der Disputation zwischen Luther und Eck.	38
1523 /24	Aufnahme als Bassist in die kursächsische Hofkapelle in Torgau, vermutlich dank seiner Kahlaer Beziehungen zu Rupsch.	39
	Luthers FORMULA MISSAE ET COMMUNIONIS erscheint als Vorlage für die lateinischen Messen an den Feiertagen.	193
1524	Das GEISTLICHE GESANGBÜCHLEIN mit Luthers Vorrede erscheint als Walters erste Publikation und zugleich als erstes evangelisches Gesangbuch mit mehrstimmigen Chorsätzen. Kurfürst Friedrich III. nimmt ihm am 31. Dezember Exemplare der Druckausgabe ab.	40 222
1525	Leicht veränderter Nachdruck der Erstausgabe des GEISTLICHEN GESANGBÜCHLEINS in Worms.	228
	Tod Kurfürst Friedrichs am 5. Mai. Kurfürst Johann führt die Reformation ein. Im Oktober reist Walter zusammen mit dem Kapellmeister Rupsch zu Luther nach Wittenberg, um die musikalische Liturgie des neuen, evangelischen Gottesdienstes zu erarbeiten. Am 29. Oktober wird in der Wittenberger Pfarrkirche der erste evangelische Gottesdienst auf Deutsch gefeiert.	42
1526	Im Ergebnis der Zusammenarbeit zwischen Luther, Walter und Rupsch erscheint Luthers DEUTSCHE MESSE als Vorlage für die Gottesdienste an den Werk- und Sonntagen. Die Zweitmelodien stammen vermutlich von Walter. Walter erarbeitet alle in Torgau zu singenden liturgischen Texte und schafft zu dieser Zeit wohl auch bereits die mehrstimmigen Chöre seiner beiden Passionen.	198 206 245
	Im Sommer Auflösung der Hofkantorei, da Kurfürst Johann an keiner Kirchenmusik interessiert ist. Luther, Melanchthon und andere setzen sich für Walter ein. Erfolglose auswärtige Bewerbungen Walters um eine Neuanstellung, darunter bei Herzog Albrecht von Preußen am 6. Februar mit dem selbst gedichteten Lied *Albrecht sein wir worden tauft.*	43
	Im Sommer Heirat mit Anna, Tochter des kurfürstlichen Reiseschmieds Hans Hesse. Walter erhält dafür vom Kurfürsten eine Gabe.	45

Jahr	Ereignis	Seite
	Walter gründet für die neuen Gottesdienste in Torgau die erste Stadtkantorei, bestehend aus Chorknaben der Schule (Diskant/Sopran) und erwachsenen Bürgern (Alt, Tenor, Bass).	51
1527	Der Nürnberger Stadtrat gewährt am 18. Januar eine Gegenzahlung für die Verehrung eines Walter-Werkes, vermutlich *Verbum Domini manet in aeternum.*	48
	Geburt des Sohnes Johann Walter d.J. am 8. Mai als erstes und einziges überlebendes Kind.	48
	Walter erhält bis 1531 aus dem Amt Torgau Gnadenkorn.	49
	Erste kurfürstliche Unterstützung Walters: Begnadung mit einer Vikarie in der Altenburger Stiftskirche am 8. Dezember.	49
1528	2., bearbeitete und erweiterte Auflage des GEISTLICHEN GESANGBÜCHLEINS mit zusätzlicher Vorrede Walters.	228
1529	Erste Torgauer Visitation im April. Sie bewirkt nicht zuletzt dank eines anschließend von Luther verfassten *»Denkzettels«*	258
	– die Unterstützung der Kantorei bei ihren musikalischen Jahresversammlungen (Collationen),	53
	– die Einrichtung der Musikstunden in der Schule,	56
	– die Vorrichtung von Walters zukünftiger Wohnung in der Schule,	59
	– die Übergabe eines bereits vorhandenen Notenbuches an Walter.	55
	Erbschaft aus der Familie von Walters Frau Anna am 7. Juni.	62
1530	Erstmalige Bestätigung Walters als Schulkantor durch den Stadtrat am 12. Januar. Die Kantorei bestreitet zusammen mit den Schülern die sonn- und feiertäglichen Messen und Vespern, die Chorales und die Schüler hingegen die Offizien an den Werktagen.	62 213
	Zweite kurfürstliche Unterstützung Walters: Verschreibung des ehemaligen Ruppsch'schen Priesterhauses in Kahla am 20. Februar.	49
	Beerbung des ehemaligen Kapellmeisters Rupsch am 12. August.	63
1531	Erstmalige Erhöhung der ersten kurfürstlichen Unterstützung für Walter von 1527 am 10. August.	50
	Walter wird im Februar vom Choralis-Dienst freigestellt. Bewilligung von Wohngeld am 18. August durch den Stadtrat für Walter, der aus der Schule wieder auszieht.	64
1532	Anstellung eines Bakkalaureus, der Walter beruflich entlastet.	64
	Kauf eines kleinen Hauses ohne Braurecht am 17. Juli.	65
	Tod Kurfürst Johanns des Beständigen am 16. August.	

Jahr	Ereignis	Seite
1533	Hans Holbein d.J. stellt das GEISTLICHE GESANGBÜCHLEIN auf seinem Gemälde der französischen Gesandten dar.	230
1534	Zweite Torgauer Kirchenvisitation mit Bescheinigung einer *»herrlichen musica vnd cantorey«*.	70
	Nachdr. der 2. Aufl. des GEISTLICHEN GESANGBÜCHLEINS in Straßburg.	228
1535	Erste kurfürstliche Stiftung von 100 Gulden jährlich für die Kantorei am 25. März, wiederholt am 10. August.	76
	Reparatur eines neuen großen Gesangbuches sowie Herstellung mehrerer Stimmbücher für die Pfarrkirche.	259
1536	Zweite Erhöhung der ersten kurfürstlichen Unterstützung für Walter von 1527 am 2. April.	50
	Aussage Walters als Zeuge vor dem Torgauer Stadtrat über die Auffassung eines Wiedertäufers von den Sakramenten.	159
	Vermählung der sächsischen Kurprinzessin Maria am 27. Februar in der Pfarrkirche, vermutlich unter Mitwirkung der Stadtkantorei.	80
	Fertigstellung eines 1535 begonnenen Chorbuches für die Pfarrkirche.	259
1537	Zweiter, leicht veränderter Nachdruck der 2. Auflage des GEISTLICHEN GESANGBÜCHLEINS in Straßburg.	228
1538	Walters erstes großes Lobgedicht auf die Musik, LOB UND PREIS DER LÖBLICHEN KUNST MUSICA, erscheint in Wittenberg. Ein kurz darauf erfolgter zweiter Druck ist den kurfürstlichen Prinzen gewidmet, deren musikalischer Lehrer Walter gewesen zu sein scheint.	283 (83) (176)
	Anfertigung bzw. Fertigstellung eines Stimmbuchsatzes für die Pfarrkirche (NÜRNBERGER TENORSTIMMBUCH).	262
1540	Schulmeister, Kantor und Organist warten beim Kurfürsten auf.	81
	Georg Rhau bringt in den VESPERARUM PRECUM OFFICIA Walters chorale Psalm- und Magnificat-Sätze für die Werktagsvespern heraus.	213
	Herstellung von vier Psalmstimmbüchern für die Pfarrkirche (BERLINER STIMMBÜCHER).	263
1541	Walters und Marcus Crodels Ersuchen an den Kurfürsten um Unterstützung eines Altisten in der Kantorei.	81
	Georg Rhaus zusammengestelltes OPUS DECEM MISSARUM QUATUOR VOCUM für die Torgauer Kantorei erscheint in Wittenberg.	221
1542	Erstmaliger Nachweis für das Singen der Stadtkantorei im Schloss anlässlich der Vermählung Herzog Johann Ernsts von Sachsen-Coburg am 12./13. Februar.	77 81
	Zusammenstellung von SECHSUNDZWANZIG FUGEN (Instrumentalkanons) für zwei/drei Stimmen von Walter als Schülerübungen.	221

Jahr	Ereignis	Seite
um 1543	Beginn eines neuen Chorbuches (Berliner Chorbuch ?) für die Pfarrkirche im Stil des Chorbuches von 1535/36.	265
1544	Walters humanistisch kunstvoll komponierte Kirchweihmotette erscheint im Februar als Cantio septem vocum in Wittenberg.	232
	Rhau bringt die Sammlung Neue deutsche geistliche Gesänge als deutschsprachige Ergänzung zu Walters Geistlichem Gesangbüchlein heraus. Sie enthält dessen Satz zu *In dulci iubilo*.	221
	Weihe der neuen Torgauer Schlosskapelle am 5. Oktober mit Walters Kirchweihmotette.	82
	3., bearbeitete und erweiterte Auflage des Geistlichen Gesangbüchleins in Wittenberg.	228
1545	Zweimaliger Versand der Kirchweihmotette an Herzog Albrecht von Preußen am 18. Januar und 12. September. Unter den mitgesandten Werken befindet sich *Herzlich tut mich erfreuen*, eine frühe Bearbeitung der erst 1552 als Schöner [...] Bergreihen erschienenen geistlichen Kontrafaktur zum Thema Jüngster Tag.	90 309
	Belege ab Mai für die regelmäßigen Dienste der neunköpfigen Schlosskantorei am Hof. In einer kurzen Phase von 1¼ Jahren leistet die Kantorei Dienste in drei Gotteshäusern (Pfarr-, Kloster- und Schlosskirche).	91 216
	Kurfürstliche Zulage von 80 Gulden jährlich für die Schule zu Michaelis, mit der Walter zur Leitung der Stadtkantorei in der Schlosskapelle verpflichtet wird. Vorschläge Marcus Crodels vom 28. August zur Aufteilung der Zulage auf die Lehrer.	94
	Herstellung von vier Psalmstimmbüchern und einem Chorbuch (Gothaer Chorbuch) für die Torgauer Schlosskirche.	268
1546	Walter vermittelt zwischen dem Kurfürsten und dem flandrischen Komponisten Adrian Petit Coclicus am 31. Januar.	99
	Neue Schulbesoldungsordnung am 10. Februar zur Regelung der musikalischen Versorgung von Pfarr-, Kloster- und Schlosskirche. Walter verpflichtet sich, einige Schüler zu Hause zu unterrichten.	97
	Tod Martin Luthers am 18. Februar. Walter dichtet und publiziert in Wittenberg ein Epitaph auf seinen verstorbenen Freund.	290
	Kurfürst Johann Friedrich I. zieht im Sommer in den Schmalkaldischen Krieg. Ende der Dienste der Stadtkantorei im Schloss.	99
1547	Schlacht bei Mühlberg am 24. April und Wittenberger Kapitulation am 19. Mai. Übertragung der Kurwürde von den Ernestinern auf die Albertiner. Torgau gelangt unter albertinische Herrschaft und verliert 1550 seinen Rang als Hauptresidenzstadt an Dresden.	99

Jahr	Ereignis	Seite
1548	Zweite kurfürstliche Stiftung von 100 Gulden jährlich für die Stadtkantorei. Sie wird in Walters Dresdner Zeit wieder ausgesetzt.	114
	Übergabe von Notendrucken und -handschriften an Walter durch den Kurator Dr. Johannes Neefe (kurfürstlicher Leibarzt) am 10. August für die Leitung der neuen Hofkantorei.	111 276
	Ausschreibungen im Auftrag des Kurfürsten zum Vorsingen von Bewerbern für die neue Hofkantorei am 10. und 19. August.	106
	Neugründung der albertinischen Hofkapelle am 22. September und Ernennung Walters zum Kapellmeister durch Kurfürst Moritz. Wegen des großen Umbaus des Dresdner Schlosses verbleiben Hofkantorei und Residenz vorerst in Torgau.	101
	Vermählung Herzog Augusts in der Torgauer Pfarrkirche am 7. Oktober unter Mitwirkung der Hofkantorei.	106
	Infolge seines neuen Amtes als Hofkapellmeister gibt Walter sein Schulkantorat auf.	112
	Das Leipziger Interim führt zur Wiedereinführung altkirchlicher, adiaphoristischer Zeremonien, die von Gnesiolutheranern, wie Walter, strikt abgelehnt werden. Dieser verzichtet mitsamt seiner Familie und den bei ihm wohnenden Kapellknaben in den Hofgottesdiensten auf die Teilnahme am Abendmahl und pflegt Korrespondenzen mit Nicolaus von Amsdorff, Matthias Flacius und anderen führenden Gnesiolutheranern in Glaubensfragen.	121
	Walters Vertonung von Erasmus Albers Lied *Von den Zeichen des Jüngsten Tags* erscheint in einem Einzeldruck.	308
1549	Das vakante Stadtkantorat wird vertretungsweise mit zwei Bakkalaureen anstelle eines einzelnen besetzt.	112
	Erstmalige Anstellung konkurrierender italienischer und niederländischer Musiker durch Kurfürst Moritz.	146
1550	Der Stadtrat bewilligt am 20. Februar ein Fass Bier für Walters zukünftigen Aufenthalt in Dresden.	104
	Nach zweijähriger Vakanz wird das Torgauer Stadtkantorat am 10. März mit Michael Vogt neu besetzt.	113
	Am 22. August gibt Walter die Vormundschaft über ein Kind seines verstorbenen Schwagers Dominicus Hesse ab.	104
	Umzug der Hofkantorei nach Dresden im August/September.	105
	Erster Brief Walters an Amsdorff im September, mit Rückantwort.	122
	4., bearbeitete und erweiterte Auflage des GEISTLICHEN GESANGBÜCHLEINS in Wittenberg.	228

Jahr	Ereignis	Seite
1551	Nachdr. der 4. Aufl. des GEISTLICHEN GESANGBÜCHLEINS in Wittenberg.	228
1552	Walters geistliches Sommerlied *Herzlich tut mich erfreuen* erscheint in Wittenberg als SCHÖNER [...] BERGREIHEN mit zwei verschiedenen Melodien. Der Text enthält u.a. »*Des Tichters Zugabe*«, die wohl zu der schon 1545 entstandenen Frühfassung hinzugekommen ist.	123 308
	Zusammenstellung eines handschriftlichen »*büchlein der sprüch des glaubens aus der ganzen heyligen schriefft*«.	123 308
	Verfassung eines handschriftlichen Textes gegen die Adiaphoristen.	123
	Zweiter Brief an Amsdorff im Sommer, ohne Rückantwort.	123
	Erster Brief an Flacius am 1. November nach den Auseinandersetzungen mit dem Lehrer der Kapellknaben zu Ostern.	122
1553	Dritter Brief an Amsdorff am 1. Januar, mit zügiger Rückantwort am 13. Januar.	124
	Erster Nachweis für die Zusammenführung der Hofkantorei mit den italienischen Instrumentalisten bei einer adligen Hochzeit am 12./13. Februar im Riesensaal des Dresdner Schlosses.	115
	Vermutlich zweiter Brief an Flacius im Sommer.	126
	Walter übergibt das GOTHAER CHORBUCH von 1545 sowie andere wertvolle ältere Pergament-Chorbücher Kurfürst Friedrichs III. (JENAER CHORBÜCHER) aus der Torgauer Schlosskirche, die er zuvor sichergestellt hat, an Herzog Johann Friedrich I. in Jena.	129 269 278 292
	Tod Kurfürst Moritz' am 9. Juli. Übernahme der Regentschaft durch Kurfürst August. Einführung einer neuen Hofordnung am 3. Oktober mit verschärfter Abendmahlspflicht sowie zunehmende Präsenzpflicht der Kapellisten bei der fürstlichen Tafel.	128 147
1554	Erste Nachweise für das Wirken der Hofkapelle in der noch unfertigen Dresdner Schlosskapelle anlässlich einer adligen Doppelhochzeit am 5. Februar sowie bei der Taufe des Erbprinzen Alexander am 28. Februar.	115
	Tod des geborenen Kurfürsten Johann Friedrich I. am 3. März. Walter versendet einen seiner kompletten figuralen Magnificat-Sätze am 30. März an Herzog Christoph von Württemberg.	129 242 277
	Wunschgemäßige frühzeitige Pensionierung Walters nach Michaelis laut Urkunde vom 7. August und Umzug zurück nach Torgau.	149
	Der neue Kapellmeister Mattheus Le Maistre bestätigt am 16. Oktober ein von Walter erstelltes Noteninventar, beinhaltend die bei dessen Dienstantritt bereits vorhandenen sowie die während Walters Dienstzeit beschafften Musikalien.	276

Jahr	Ereignis	Seite
1555	Dritte kurfürstliche Stiftung von 100 Gulden jährlich für die Kantorei am 2. Oktober oder November mit geändertem Wortlaut, wonach Walter bei Anwesenheit der Herrschaft in Torgau als Chorleiter im Schloss aufwarten solle.	151
	Vermutlich erscheint zum Ende des Jahres der erste Druck seines figuralen Zyklus MAGNIFICAT OCTO TONORUM in Jena.	239
1556	Walter schreibt zum Neujahr an die ernestinischen Herzöge. Darin sendet er ihnen seinen frisch erschienenen figuralen MAGNIFICAT-Zyklus sowie ein handschriftliches Epitaph auf den 1554 verstorbenen Kurfürsten Johann Friedrich I.	239 292
	Disziplinarische Vermahnung der Kantorei durch den Stadtrat am 2. April. Urform der Torgauer Kantoreiordnung von 1596.	152
	Anlage eines Erbbegräbnisses für die Familie Walter auf dem Torgauer Hospitalfriedhof sowie Lösung dreier Kirchenstühle seines verstorbenen Schwiegervaters (Hans Hesse) in der Pfarrkirche.	170
	Erstmalige Auszahlung der dritten kurfürstlichen Stiftung von 100 Gulden jährlich für die Kantorei zu Michaelis Ende September.	152
1557	Erstellung einer Ordnung für Korn, Butter und Käse durch Walter, begonnen am 13. März.	170
	Der figurale Zyklus MAGNIFICAT OCTO TONORUM erscheint in Jena erneut, nun mit einer Vorrede Walters vom 15. September 1556.	239
1560	Verwarnung Walters durch den Torgauer Stadtrat am 19. und 24. Juli gegen seine Einmischung in Kirchenangelegenheiten und die Verbreitung handschriftlicher *»Schmähbücher«*.	154
1561	Verhör Walters vor den kurfürstlichen Räten durch den Torgauer Superintendenten und die Dresdner Hofprediger.	155
	Walter erlebt am 17. Juni das unehrenhafte Begräbnis der Tochter des ehemaligen gnesiolutheranischen Superintendenten Didymus.	159
	Diesbezüglicher Brief an Matthäus Judex am 19. Juni.	160
	Erneute Antwort Amsdorffs auf Walters Fragen am 6. August.	161
	Walters gnesiolutheranischer Weckruf *Wach auf, wach auf, du deutsches Land* erscheint als NEUES CHRISTLICHS LIED in Wittenberg.	312
1562	Stiftung von 100 Gulden am 1. April für seine Verwandten in Kahla zur Finanzierung eines Universitätsstudiums in Jena für begabte Nachkommen. Später wird die Summe zweckentfremdet.	176 (30) (32)
1564	Walters zweites großes Lobgedicht auf die Musik, LOB UND PREIS DER HIMMLISCHEN KUNST MUSICA, erscheint in Wittenberg mit einer freien Übersetzung von Luthers *»Encomion musices«* von 1538.	285

Jahr	Ereignis	Seite
	Drei umfangreiche Lieder Walters über Luther und die falschen Propheten (Adiaphoristen) erscheinen als Sammeldruck.	315
um 1565	Niederschrift der Erinnerungen Walters an seine Zeit mit Martin Luther vor 40 Jahren. Seine Gedanken werden später als »VERBA Des alten Johan Walthers« von Michael Praetorius publiziert.	186 207
1566	Walter publiziert in Wittenberg seinen musikalischen »Valete«-Zyklus DAS CHRISTLICH KINDERLIED [...] ERHALT UNS HERR. Enthalten sind u.a. sein autobiografisches Waisenlied *Mein Eltern mich verlassen han* sowie seine gnesiolutheranischen Lieder *Erhalt uns, Herr, bei deinem Wort* und *Allein auf Gottes Wort.*	320 31 327 329
1567	Übersendung des genannten Sammeldrucks an Herzog Johann Wilhelm von Sachsen am 8. Januar. Darin erklärt Walter u.a., dass er das Lied *Allein auf Gottes Wort* für ihn verfasst habe.	320
1568	Der Budweiser Kantor Clemens Stephani gibt u.a. zwei neue Bearbeitungen der Kirchweihmotette von Walter in geringerer Besetzung und auf andere Texte in Nürnberg heraus.	239
	Walters umfangreiche Gedichtsammlung EIN GUT NEU JAHR ZUR SELIGKEIT erscheint in Eisleben. Neben vielen Gedichten gnesiolutheranischer Prägung, darunter vermutlich auch den *»sprüch des glaubens«* von 1552, enthält sie sein letztes musikalisches Opus, eine neue Bearbeitung des *Verbum caro factum est.*	301 (308)
1570	Walter übersendet dem ernestinischen Herzog Johann Wilhelm zum Jahresanfang ein Chorbuch (WEIMARER KANTIONAL).	279
	Tod Walters am 10. April. Er hinterlässt ein großes Vermögen.	181
1571	Posthum erscheint Walters GRATIAS als einstimmiges Tischgebet.	307
1599	Hanns Sontagk, ein Schwager Johann Walters, erhebt am 12. Februar Anspruch auf die Hälfte von Walters Stiftung von 1562. Aus dem Brief geht u.a. hervor, dass der geborene Johann Blanckenmüller als Schulknabe von einer Familie Walter aufgenommen worden war.	176
1608	Anfertigung eines neuen liturgischen Kantionals für die Pfarrkirche (TORGAUER KANTIONAL) mit allen übers Jahr zu singenden Epistel- und Evangelientexten. In dieses werden später die Chöre der beiden Passionen Walters eingeschrieben, womit die lange Rezeption der Passionen bis mindestens 1690 dokumentiert wird.	245
nach 1646	Entwurf der *»Prosapia Waltheriana«*, einer Torgauer Stammliste der Familie Walter, mit falschen Angaben über Walters Vater.	27
1811	Abbruch des Walter'schen Erbbegräbnisses im Zuge des Baus von Festungsanlagen, denen die Hospitalkirche weichen muss.	171

Leben

Kindheit und Jugend (1496–1517)

Abstammung von den Blanckenmüllers

Johann Walter wurde 1496 geboren, und zwar in Kahla. Dies besagen seine Formulierung im Testament von 1562, wonach er seine Stiftung *»der Stadt Kala in Doringen, als meinem lieben vatterlandt*[24]*«* übergab, sowie seine Unterschrift in einem Brief an Herzog Johann Wilhelm I. von Sachsen-Weimar von 1567, in dem er sich als *»der geburt von Kala in Duringen«* vorstellte (TEXT 21). Sein Geburtstag ist unbekannt. Die Kirchenbücher der Kahlaer Stadtkirche St. Margarethen, die über die Taufe Auskunft erteilen könnten, sind erst ab 1578 überliefert.[25] Lediglich das Geburtsjahr kann man mehreren Quellen entnehmen, z.B. der *»Prosapia Waltheriana« (»Das Walter'sche Geschlecht«)*, einer Stammliste der Familie Walter in Torgau, die als einzige Quelle auch Walters erst seit einigen Jahren bekanntes Todesdatum am 10. April 1570 erwähnt.[26]

Bis heute herrschen Unstimmigkeiten über Walters tatsächliche Herkunft. Nach dem genannten Torgauer Dokument hatte Walters gleichnamiger Vater, von auswärts kommend, ein Weib aus der Blanckenmühle zur Frau genommen:

> *Johann Walther hat auf einen dorffe ohnweit Cala in Thuringen gewohnet, vnd ein weib aus der muhle zu Cala, nechst an thore, die blanckmuhle gnant, geheyrathet,*

Die daraus resultierende These von Walters Geburt in der Mühle entspricht heute der allgemeinen Auffassung. Sie wird dem Besucher Kahlas durch einen Gedenkstein, der erst 1996 anlässlich des 500. Geburtstages des Meisters gesetzt worden ist, deutlich vor Augen geführt, denn dieser befindet sich am Standort der ehemaligen Mühle, die sich außerhalb der Kahlaer Stadtmauer am 1491 frisch erbauten Jenischen Tor[27] befand. Dieser Platz wurde zudem nach dem

24 *»Vaterland«* war eine damals gängige Bezeichnung für den Geburtsort. DENNER 1935, 414, welcher auch die Luther in den Mund gelegten Worte *»ZV Eislebn ist mein Vaterland* [...] *Im lieben Vaterlande mein Bin ich jnn Gott entschlaffen fein«* aus Walters Luther-EPITAPH aufmerksam gemacht hat. Vgl. WALTER 1546, Bl. A ij r (Wittenberger Ausgabe). Davon unabhängig mit weiteren Beispielen auch SCHRÖDER 1940, 13.

25 LÖBE 1891, 433.

26 [Zwischen 1646 und 1705, Torgau]: Stammliste der Torgauer Familie Walter zwischen 1496 und 1646 seit Johann Walters Vater. TRG-STA: H 7, Bl. 160r–v. Literatur: zuerst TAUBERT 1868, 2f./9; zuletzt RICHTER 2013, Dok. 76. Vgl. Herzog 2013, 101. Diese wichtige Quelle war offenbar lange Zeit nicht richtig entziffert worden. Immerhin hatte Otto Taubert dem Dokument schon das Todesjahr entnommen.

27 LÖBE 1891, 420.

bekannten Sohn der Stadt in Johann-Walter-Platz umbenannt (BILD 1).[28] Indes konnte die Kahlaer Lokalgeschichtsforschung, die den von Gurlitt falsch angenommenen Geburtsort Walters in Großpürschütz ad absurdum geführt hatte,[29] bisher weder einen Walter noch einen Blanckenmüller als Inhaber der Blanckenmühle ausfindig machen.[30] Auch wenn die Blanckenmüllers *»ohne Zweifel«*

> *für etliche Jahrzehnte die Namensgeber der gleichnamigen Mühle am heutigen Johann-Walter-Platz*[31]

gewesen waren, werden zunehmend Zweifel darüber laut, ob Walters Vater tatsächlich als Müller die Mühle übernommen hatte und Johann Walter dort und nicht etwa direkt in Kahla geboren worden sei. So zweifelte jüngst Peer Kösling stark an der Mühlenversion.[32] Die zitierte Aussage über Walters Vater war wohl eine Fehlinformation. Bei dieser Stammliste, die erst in der zweiten Hälfte des 17. Jahrhunderts angelegt wurde, war dessen Herkunft, die mit Torgau nichts zu tun hatte, unerheblich, und es kann sein, dass sich hier jemand einfach etwas ausgedacht hat. Von daher sind sowohl der Name des Vaters, *»Walter«*, als auch die Verbindung mit der Blanckenmühle höchstwahrscheinlich unzutreffend.

28 Vgl. die entsprechende Anregung bei DENNER 1935, 417. Denner war der Wiederentdecker des Walter-Testaments von 1562 (ebd., 412). Seine Beschäftigung mit Johann Walter geschah auf Anfrage Wilibald Gurlitts, welcher *»mit einer rührenden Liebe, mit einem unermüdlichen Eifer* [...] *auch das Letzte, was er über Johann Walter, über dessen Leben und Wirken erfahren konnte, zusammengetragen«* hat und *»auch hier in unserer Stadt den Spuren Walters nachgegangen ist, so wenig sichtbar sich diese Spuren anfänglich auch darstellten«* (DENNER 1935, 399f.). Gurlitt ließ sich die Originalurkunde kommen und ein Lichtbild von ihr anfertigen (DENNER 1931-NACHSCHRIFT).

29 DENNER 1935, 408ff.; davon offenbar unabhängig auch SCHRÖDER 1940, 12f.

30 Der Kahlaer Archivar und profunde Kenner der Kahlaer Stadtgeschichte Franz Lehmann, dem die Erstellung eines Personenverzeichnisses zum Kahlaer Stadtbuch 1509–1574 (KA-STA: I D°35) sowie die Entdeckung des Briefes von Walters Schwager Hanns Sontagk von 1599 zu verdanken sind (DENNER 1935, 398), hat in seiner Abhandlung über die Kahlaer Mühlen die Vermutung angestellt, dass die Blankenmühle ursprünglich von einer Familie namens Blanke oder Blankmeister gebaut worden war, bevor sie sich 1513 im Besitz des namentlich nicht genannten Saalmühlenpächters befand, spätestens 1539 Eigentum der Familie Peißker wurde und nach ihrer Übernahme durch Familie Geisenhainer im 17. Jahrhundert in die Geisenmühle umbenannt wurde. Lehmann zog den Namen Blanckenmüller also überhaupt nicht in Betracht. LEHMANN 1936, hier Nr. 72, 28.

31 KÖSLING 2018. Herrn Kösling danke ich sehr herzlich für die Zusendung des Manuskripts. Die Kahlaer Blanckenmüllers sind zudem in den von Heinrich Bergner ausgewerteten Urkunden zur Geschichte der Stadt Kahla zwischen 1455 und 1509 (BERGNER 1899) sowie in dem sich zeitlich daran anschließenden Kahlaer Stadtbuch 1509–1574 vertreten, während die von Lehmann angeführten *»Blank«*-Familien vollkommen fehlen.

32 Ebd. Auch nach MICHAELIS 1939, 5, *»wohnten seine Eltern nicht mehr in der Blankenmühle«*. Eigenartigerweise behielt Richard Denner, welcher der Aussage in der von Taubert und Gurlitt hinzugezogenen Torgauer Stammliste vehement widersprochen hatte, die Auffassung bei, Walter sei in der Blanckenmühle geboren, wenn auch mit einer gewissen Unsicherheit. Zuletzt DENNER 1937/38, 55.

BILD 1 (2 Abbildungen)
Kahla, Johann-Walter-Platz unter dem Jenischen Tor mit Gedenkstein (Kreuz)
sowie Gedenkstein in Nahaufnahme. Fotos: MH/CMR

Walter war also kein Sohn eines aus Großpürschütz nach Kahla zugezogenen Müllers namens Walter,[33] sondern eines in Kahla ansässigen Mannes namens Blanckenmüller unbekannter Herkunft und mit unbekanntem Beruf. Dies wird noch dadurch untermauert, dass Johann Walter drei Brüder hatte, die ebenfalls Blanckenmüller hießen. Dass diese keineswegs Stiefbrüder waren, die etwa Walters Mutter als Witwe des ehemaligen Inhabers der Blanckenmühle in die Ehe eingebracht haben könnte, legt das wiedergegebene Zitat nahe, wonach die Brüder ebenfalls von Walters Vater gezeugt worden sind. In dieser Hinsicht scheint die Quelle zuverlässig zu sein, denn dies geht auch aus Walters Testament hervor. Daraus folgt wiederum, dass Walter ebenfalls nicht in der Mühle, sondern innerhalb der Stadtmauern Kahlas geboren worden sein muss. Von daher muss die derzeit gültige Version von Walters Geburt in der Blanckenmühle, wie sie sich im Kahlaer Stadtbild ausdrückt, revidiert werden.

Als Walters Vater kommen zwei mögliche Kahlaer Bürger in Betracht. 1472 erwarb ein Niclaus Planckmöller das Bürgerrecht, und 1500 ist im Seelenverzeichnis von St. Nicolaus ein Hentze Blankenmoller mit seiner »*uxor*« (Ehefrau) Else als »*parentes der Stengiln*« (Eltern der Stengelin) erwähnt.[34] Sollte dieser Hentze (Hans) der Vater gewesen sein, hätte Walter dann noch eine ältere, in die Familie Stengel eingeheiratete Schwester gehabt, die aber wohl keine Nachkommen hatte, sonst hätte Walter diese in seinem Testament mit bedacht. Sollte der alte Niclaus (Nickel) der Vater gewesen sein, muss er in jungen Jahren nach Kahla gekommen sein und mehr als 20 Jahre später, vielleicht in zweiter Ehe, den Johann gezeugt haben, während seine drei Brüder bereits auf der Welt waren.

Der Werdegang dieser Brüder – zwei Hanse/Johanns und ein Nickel Blanckenmüller – wurde anhand des Kahlaer Stadtbuches 1509–1574 bereits verfolgt.[35] Nickel und der eine Hans/Johann gründeten in Kahla Familien, bauten eigene Existenzen auf und gehörten zu den wohlhabenden Bürgern. Der dritte Bruder Hans/Johann ging, wie Walters Testament besagt, nach Großpürschütz, jenem Nachbarort nördlich von Kahla, aus welchem auch sein Vater gekommen sein könnte, da dort im 15. Jahrhundert ebenfalls einige Blanckenmüllers ansässig waren.[36] Aufgrund seines Auszugs lässt sich im Kahlaer Stadtbuch auch kein zweiter Hans/Johann Blanckenmüller nachweisen, der in den 1510/20er-Jahren das Bürgerrecht erworben hat.

33 Vgl. dagegen RICHTER 2013, bes. 161.

34 BERGNER 1899, 182 und 200.

35 RICHTER 2013, 156.

36 GURLITT 1933, 26.

Aufnahme bei den Walters

Dass Johann Blanckenmüller den neuen Familiennamen Walter erhielt, verdankte er, wie es im Brief Hanns Sontagks von 1599 verlautet, seiner Aufnahme bei einer Kahlaer Walter-Familie. Hierfür wurden in der Literatur bisher verschiedene Gründe angeführt: die Armut des Vaters (nach Sontagks Äußerung über den »*armen vnuormögenden schulknaben*«[37]), gesundheitliche Probleme, insbesondere mit den Augen (S. 69), oder die besondere Förderung seiner Begabung. Als weitere Ursachen kommen Alter, Krankheit und Tod der Eltern in Frage. Welcher Grund auch immer der wahre gewesen sein mag – er dürfte nichts an dem Gefühl des armen Kindes, verlassen zu sein, geändert und Walter das ganze Leben lang verfolgt haben. Ausdruck dessen ist ein selbst gedichtetes Lied, das er noch in späten Jahren als eines seiner innersten Bekenntnisse publiziert, wenn nicht gar erst damals gedichtet hat (BILD 2).[38] Der kurze, einstrophige Text lautet:

MEin Eltern mich verlassen han,
du HErr hast mich genome‹n› an,
Der armen Waisen[39] *Vater bist,*
des traw ich dir HErr Jhesu Christ,
Drümb wollest nicht verlassen mich,
als dein kind ich stets hoff auff dich.

Da sich Walter als Waisenkind auf Gottvater stützen konnte, wurde sein christlicher Glaube von Anfang an gefestigt und ließ ihn schließlich zu einem besonderen Verfechter der Theologie Luthers über dessen Tod hinaus werden, sowohl auf dem Gebiet der Musik als auch in der Kirchenpolitik und der Dichtkunst.

Bei jenem Walter, der den kleinen Johann aufgenommen hat, muss es sich um Hans oder Nickel Walter gehandelt haben, die beide 1491 das Bürgerrecht in Kahla erworben hatten.[40] Die zuvor in den Urkunden verzeichneten Walters sind in diesem Zusammenhang ohne Belang.[41] Danach taucht nur noch der Name Hans/

37 Quelle angegeben in Anm. 344.

38 Vgl. STAEHELIN 1998, 24. Näheres zu diesem Lied bei BLANKENBURG 1991, 236, 244f.

39 »*Waise*« setzte damals nicht zwangsläufig den Todesfall des Vaters oder beider Eltern voraus.

40 BERGNER 1899, 189.

41 1424 Schreiber Johannes Walter auf der Leuchtenburg; 1445 Ratsmeister Conrad Walter; 1456 Pfarrer Johannes Walter zu Auma und dessen Bruder Apitz Werlter (Walter?); 1457, 1459 und 1464 Bürge Apicz/Apitz Walter; 1466 Bürgermeister Contz Walter; 1471 Bürger Conrad Walter; 1480/1482 Neubürger/Bürge Contz Waller (Walter?); 1484 Neubürger Peter Walther. Siehe LÖBE 1891, 433; BERGNER 1899, 18, 31, 121, 175–177, 179f., 185f. Im dortigen Register, 212, sind noch mehr Walters verzeichnet.

Johann Walter auf.[42] Ein erster Hans, der wahrscheinlich identisch ist mit jenem von 1491 – er war vermutlich auch jener Bürge von 1499 und 1507[43] –, war 1519/20 Bürgermeister[44] und kommt als Johanns Vormund in Frage, da er über das nötige Einkommen für die Versorgung des neuen Familienmitglieds verfügt haben dürfte.[45] Spätere Kahlaer Walter-Einträge, die für Walters Herkunft irrelevant sind, wurden von der Verfasserin bereits vorgestellt.[46] Alles in allem scheint es bei den Walters im Gegensatz zu den Blanckenmüllers nur noch einen Familienzweig in Kahla gegeben zu haben.

Walters Schwester Clara war anders als die Blanckenmüllers aus der Walter'schen Familie leiblich hervorgegangen, sonst hätte sie nach der Argumentation ihres späteren Ehemannes Sontagk keinen Anspruch auf Walters Stiftung gehabt, denn Sontagk ließ in seiner Beschwerde an die Stadt Kahla nur die Walters gelten, während er die Brüder Blanckenmüller unbeachtet ließ. Zudem bezeichnete er Clara als leibliche Schwester von Walters gleichnamigem *»Vetter«* Hans Walter, den Walter ebenfalls in seinem Testament von 1562 bedacht hatte. Dass Johann Walter die Clara als Schwester, hingegen den Hans Walter als Vetter und nicht als Bruder bezeichnete, hing damit zusammen, dass die Bezeichnung *»Vetter«* damals alle möglichen Arten männlicher Verwandten, die keine leiblichen Brüder waren, einschloss, während sich *»Vetterin«* auf eine Verwandte aus der vorherigen Generation beschränkte und ohnehin unüblich war, da es schon *»Base«* und *»Muhme«* gab. Die leibliche Verwandtschaft zwischen Clara und Hans Walter wird auch dadurch erhärtet, dass beide deutlich jünger als Johann Walter waren, da Clara 1599 noch lebte und Hans erst kurz zuvor verstorben war. Walter hatte ihn in seinem Testament von 1562 auch als *»jungen«* Hans Walter bezeichnet. Beide scheinen somit in einer späteren Ehe entstanden zu sein, als Johann Walter schon lange diesem neuen Elternhaus entwachsen war.

Clara verheiratete sich ebenfalls in Kahla und wurde die Frau besagten Hanns Sontagks. Da dieser ein Weißbäcker war, bezeichnete Johann Walter sie im Testament als *»Clara beckerin«* (und nicht, wie früher vermutet, wegen einer Ehe mit einem Mann namens Becker). Auch über die Kahlaer Sontagks ließen sich weitere Informationen finden.[47] Der Aufbau einer neuen Existenz mit einem erst 1575 fertiggestellten Gasthof *»Zum roten Löwen«* deutet darauf hin, dass Sontagk mindestens eine Generation jünger war als Johann Walter. Entsprechend jung dürf-

42 Der im Kahlaer Stadtbuch 1509–1574, Bl. 243v, 1664 als Bürger identifizierte Ditterich Walter (?) hat einen unleserlichen Nachnamen. KA-STA: C. 28. bzw. 1/1.

43 BERGNER 1899, 192, 196.

44 KA-STA: C. 28. bzw. 1/1, Bl. 217v.

45 DENNER 1935, 400.

46 RICHTER 2013, 161.

47 RICHTER 2013, 158/160.

BILD 2
Johann Walter (Dichter und Komponist): *Mein Eltern mich verlassen han.* Aus dem CHRISTLICH KINDERLIED [...] ERHALT UNS HERR von Johann Walter (WALTER 1566), Nr. 18. Tenorstimme. TRG-StM

te Clara gewesen sein, denn auch diese Familie war mit Kindern gesegnet. Aus diesen gingen wiederum Enkel hervor, für die Claras Mann 1599 Forderungen aus Johann Walters Stiftung stellte.

Welchen Tätigkeiten die in Walters Testament bedachten Kahlaer Blanckenmüllers und Walters nachgegangen sind, bleibt offen. Sieht man einmal von jenem möglicherweise mit Walter verwandten Jörg (Georg) Blanckenmüller ab, einem etwas jüngeren zeitgenössischen musikalischen Kleinmeister aus dem süddeutschen Raum, von dem einige lateinische Motetten sowie geistliche und weltliche Lieder überliefert sind, dürften die Kahlaer Familienmitglieder im Wesentlichen Handwerksberufe ausgeübt und keine akademischen Laufbahnen eingeschlagen haben, denn das ihnen 1562 von Walter für Universitätsstudien in Jena gestiftete Geld blieb unangetastet und wurde schließlich für andere Zwecke verwendet.

Ihre Petschaften, die in Walters Testament abgedruckt wurden und ausschließlich Darstellungen von Weintrauben enthalten (BILD 3), sowie der Besitz von Weinbergen im Falle der Walters[48] verweisen immerhin in beiden Familien auf Winzereien.[49] Da dies auf andere Kahlaer Familien in diesem besonders ausgeprägten Weinanbaugebiet an der Saale ebenfalls zutraf, kann von einem früher angenommenen engeren Familienverband zwischen den Blanckenmüllers und den Walters in Kahla und Großpürschütz nicht ausgegangen werden.

48 GURLITT 1933, 28.

49 Vgl. die Abbildung des ersten Siegels in ebd., 111.

BILD 3 (4 Abbildungen)
Vier Siegel/Petschaften der Familien Walter und Blanckenmüller. © JSC.
Johann Walter 1545 (TEXT 9), 18 mm x 12 mm.
Johann Walter 1556/1562 (TEXT 20, TEXT 15), 16 mm x 14 mm.
Bruder Hans/Johann Blanckenmüller 1562 (TEXT 15), 16 mm x 13 mm.
»Vetter« Hans/Johann Walter 1562 (TEXT 15), 16 mm x 13 mm.

Während die Blanckenmüllers als Symbol einzelne Weintrauben verwendeten, ist auf dem Siegel von Walters *»Vetter«* eine Weinrebe mit vier Trauben dargestellt. Walter hielt sich zeitlebens an dieses Zeichen, auch wenn er selbst (und sicherlich auch manche seiner Kahlaer Verwandten) beruflich in eine andere Richtung ging.

Insgesamt sind drei Siegel bzw. Petschaften von Walter erhalten: Neben jenem auf seinem Kahlaer Testament von 1562 (TEXT 15) findet sich das Gleiche noch einmal auf seinem Brief an die ernestinischen Herzöge von 1556 (TEXT 20). Beide stammen aus Walters albertinischer Zeit, als er wohlhabender Pensionär in Torgau war, und stehen in ihrer Optik jenen anderer bekannter Persönlichkeiten der gehobenen Bürgerschicht in nichts nach.[50] Das dritte ist eine ältere Fassung und stammt aus einer Zeit, als sich Walter, nahezu 50-jährig, auf dem Höhepunkt seiner musikalischen Laufbahn kurz vor Ende der ernestinischen Herrschaft über Torgau befand. Walter hat es auf einer seiner eigenhändigen Quittungen von 1545 für die täglichen Schlossaufwartungen der Stadtkantorei verwendet (TEXT 9). Ungeachtet des Stilwandels, der sich in der Änderung der Siegelformen ausdrückt, haben beide Typen die Weintraube im Schild sowie die Initialen *»I W«* für *»Johann Walter«* gemeinsam.[51] Auch Walters Wappen in seinem 1556 angelegten, aber nicht mehr erhaltenen Erbbegräbnis enthielt mehrere Weintrauben.

50 Vgl. die Siegelabbildungen in BUCHWALD 1893, Anhang. Näheres zu bürgerlichen Wappen siehe BLASCHKE 1960, 40–43.

51 Vgl. DENNER 1931-1 [1f.].

Ausbildung in Schule und Universität

Walter wurde laut Sontagks Brief »*mit gebuhrlichen vleiß zur schule gehalttenn*«[52] und zunächst in Kahla zur Lateinschule geschickt. In der von Pfarrer Matthäus Gundermann[53] verfassten KÄHLISCHEN CHRONICA von 1575 heißt es:

> *VI Von der Schul zu Kahla.*
> *Es hat zu einer solchen Stadt eine ziemlich wohlbestelte schule, daraus auch etliche gelehrte leuthe kommen, alß aus den alten, der weitberumbte componist Johann Walter.*[54]

An dieser gut bestellten Lateinschule lernte Walter nicht nur Latein, sondern dürfte auch eine gute musikalische Ausbildung genossen haben. Im Rahmen des seit alters her gelehrten trivialen Singens (gegenüber der quadrivialen Musiklehre an der Universität) hatte der Choralgesang neben der lateinischen Grammatik einen hohen Stellenwert.[55] Daraus resultierte das verordnete Singen am Altar zum heiligen Leichnam in der St.-Margarethen-Kirche (BILD 4). Zu Walters Zeit war Hans Zipfel Schulmeister. Er war Vorgänger des seit 1529 in Kahla tätigen Grammatikers, Dichters und Komponisten Paul Rebhuhn. Da er zugleich ein Vetter des Kahlaer Priesters Conrad Rupsch war, welcher die Hofkapelle des großen Kunstmäzens Kurfürst Friedrich III. als deren Sang- bzw. Kapellmeister leitete, könnte er diesem den begabten Sprössling empfohlen haben, welchem Walter vermutlich wiederum seine spätere Aufnahme in die Hofkapelle verdankte. Kantor war zu etwa dieser Zeit Peter Schmitzerling, der das Latein fließend beherrschte und dank seiner außergewöhnlichen sprachlichen Leistung die Stadt im Schmalkaldischen Krieg vor ihrer Zerstörung bewahrte.[56]

Dass die Erziehung zweier Knaben auf der nahe gelegenen Leuchtenburg zwischen 1506 und 1511 durch Herzog Johann eine weitere Erklärungsmöglichkeit dafür sein könnte, wie Walter später an den kurfürstlichen Hof gekommen ist, sofern er einer dieser Knaben war, wurde schon lange abgestritten.[57] Sollte Walter auch die Schule in Rochlitz besucht haben, die

> *in musikalischer Beziehung geradezu berühmt war und deshalb auf musikbegabte Schüler große Anziehungskraft ausübte,*[58]

52 Quelle angegeben in Anm. 344.

53 DENNER 1935, 398.

54 Jena, Thüringer Universitäts- und Landesbibliothek: Mscr. Prov. f. 136, 58. Abgebildet in SCHNEIDERHEINZE 1996 B, 58, Abb. 14.

55 GURLITT 1933, 44; EHMANN 1934, 191.

56 LÖBE 1891, 450f. Vgl. DENNER 1931-1 [Sp. 2ff.]; DENNER 1935, 400f.; GURLITT 1933, 28.

57 DENNER 1935, 416, versus GURLITT 1933, 29.

58 SCHRÖDER 1940, 14.

könnte er hier Johannes Mathesius, den nachmaligen Joachimsthaler Reformator und Luther-Biografen, kennengelernt haben. In der älteren Literatur wird auch Döbeln genannt.[59]

Im Sommersemester 1517 nahm Walter ein Studium an der Leipziger Universität im albertinischen Nachbarland auf. Diese war in Bezug auf den Humanismus im Vergleich zu der erst 1502 gegründeten Universität im ernestinischen Wittenberg ziemlich rückständig. Erst 1515 begann sie, mit der allmählichen Abkehr von der mittelalterlichen Scholastik und der Einführung der Dreisprachigkeit Latein - Griechisch - Hebräisch eine neue Richtung einzuschlagen, indem zunächst 1516 im Fach Griechisch eine feste Stelle eingerichtet wurde und seit 1517 von herzoglicher Seite erfolglose Anstrengungen unternommen wurden, Erasmus von Rotterdam als Lehrer zu gewinnen. Gegen diese humanistischen Reformen setzten sich allerdings andere Fakultäten viele Jahre hartnäckig zur Wehr. Konnte zwar infolge der Wittenberger Studienreformen 1519 ein neuer Studienplan in Kraft treten, so blieben doch die scholastischen Wissenschaften unangetastet. Nach der Disputation Luthers und Karlstadts mit dem römisch-katholischen Vertreter Johann Eck im Sommer 1519 kam es zu einem Stillstand der Reformen, da sich der Herzog von Luther und den Humanisten abwandte, was schließlich zum Wormser Edikt von 1521 führte.[60]

In dieser Zeit der zaghaften Umgestaltungen des Lehrbetriebs trat Walter im Sommersemester 1517 in die Leipziger Universität ein. Im Immatrikulationsverzeichnis heißt es:

De natione Misnensium		*Walther*
[...]	bzw.	*Joh‹ann› ex Kale*
Iohannes Walther ex Kale		*S‹ommersemester› 1517*
d‹edi›t 6 gr. et 4 fa[mulis][61]		*M‹eißen› [Nr.] 17*[62]

Aus beiden Einträgen geht hervor, dass Walter aus Kahla zur *»meißnischen Nation«* der Universität gehörte, aus dem ersten zudem, dass er eine Einschreibegebühr gezahlt hatte, und aus dem zweiten, dass er der 17. Einschreiber aus dem Meißnischen war. Er dürfte die Auseinandersetzungen der Humanisten hautnah miterlebt und sich – so legen seine baldige Freundschaft mit Luther und seine späteren humanistisch beeinflussten Texte nahe – jenen Magistern und Studenten angeschlossen haben, die trotz der ablehnenden Haltung vieler Stelleninhaber an der Universität humanistische Studien betrieben.

59 Krumhaar 1855, 110.

60 Ebd., 18ff., 36f.

61 Erler 1895, 557. *»4 famulis«* = 4 Pfennige an die Mitarbeiter der Universität (neben der Hauptgebühr an den Rektor). Ebd., LVI.

62 Codex Diplomaticus Saxoniae Regiae, 912, zitiert nach Schröder 1940, 14.

BILD 4
Kahla, Pfarrkirche, links daneben die ehemalige Lateinschule. Foto: MH

Was die Musikausbildung in Leipzig betrifft, so wurde seit der Anpassung des wissenschaftlichen Lehrbetriebs an die Prager Universität 1410 über die musiktheoretischen Schriften des Johannes de Muris gelesen, eines französischen Naturwissenschaftlers aus dem 14. Jahrhundert und großen Musiktheoretikers der Ars nova, dessen Werk auf den Schriften des spätantiken römischen Gelehrten Boëthius fußt. Seine MUSICA SPECULATIVA wurde 1496 in Leipzig nachgedruckt.[63] Die Musik gehörte zu den Septem artes liberales (Sieben freien Künsten) und bildete als musiktheoretisches Fach zusammen mit den drei anderen Naturwissenschaften Arithmetik, Geometrie und Astronomie das Quadrivium, dessen Studium – nach erfolgreicher Absolvierung des Bakkalaureats – eine Fortsetzung des geisteswissenschaftlichen Triviums in den Artes sermonicales/dicendi (Sprachkünsten) Grammatik, Rhetorik und Dialektik/Logik war. Als Teil der Artistenfakultät, die neben den drei anderen Fakultäten Theologie, Recht

63 HEIDRICH 1998 A, 122.

und Medizin dem Studium Generale angehörte, wurde die Musik als rein theoretisches, philosophisches Fach gelehrt und beinhaltete vor allem die Kenntnisse der Tonarten und das Komponieren als Voraussetzungen für den späteren kirchenmusikalischen Dienst. Die Ausbildung zum praktischen Musiker an der Universität – eine Neuerung der Reformation, beeinflusst durch Komponisten wie Coclicus und Hermann Finck, Georg Rhau und Wolfgang Figulus in Wittenberg bzw. Leipzig – entwickelte sich erst in der zweiten Hälfte des 16. Jahrhunderts.[64]

Dies schloss nicht aus, dass Walter im engeren Umkreis der Universität, wo die Musik einen hohen Stellenwert hatte, mit wichtigen Musikerpersönlichkeiten zusammengekommen ist. Zu diesen gehörten etwa Georg Rhau, der 1517 erstmals sein Werk über die PRACTICA MUSICA publizierte,[65] neben seiner Assessorenstelle an der Artistenfakultät ab 1518 kurzzeitig als Thomaskantor wirkte und anlässlich der Leipziger Disputation 1519 eine großbesetzte Messe komponierte. Er war es auch, der später in Wittenberg Walters Werke verlegen sollte. An weiteren Namen sind zu nennen: die Musiktheoretiker Johannes Galliculus, der 1520 in Leipzig einen beachtlichen und später in Wittenberg bei Rhau wiederaufgelegten lateinischen Traktat ÜBER DIE KOMPOSITION DES GESANGS herausbrachte,[66] und Andreas Ornitoparchus, der 1516 immatrikuliert wurde und demnach ein Kommilitone Walters war.[67]

Da von Walter kein Studienabschluss vorliegt und er auch nie das Prädikat eines Bakkalaureus geschweige denn Magisters getragen hat, scheint er, nachdem er vermutlich noch die Leipziger Disputation von 1519 miterlebt hatte,[68] wie die anderen Studenten von der Universität weggegangen zu sein, ohne wenigstens den Abschluss des Triviums absolviert zu haben. Nahe gelegen hätte eine Fortsetzung des Studiums in Wittenberg, wo er mit den für ihn wichtig werdenden Persönlichkeiten Luther, Melanchthon, Spalatin, Rupsch und erneut Georg Rhau, der 1520 von Leipzig nach Wittenberg übersiedelte, zusammengekommen wäre. Andererseits wurde damals an der Wittenberger Universität noch kein *»sonderer Professor«* für Musiklektionen unterhalten. Dieses Fach wurde lediglich von den Kanonikern des Allerheiligenstifts fakultativ unterrichtet.[69]

64 PIETZSCH 1936FF./1971, 65f.

65 RHAU 1517. Vgl. HEIDRICH 1998 A, Anm. 37; STAEHELIN 1998, 16.

66 GALLICULUS 1520/1538.

67 STAEHELIN 1998, 16f.

68 Otto Schröder ging sogar so weit zu vermuten, dass *»Walter, der treffliche Sänger der Rochlitzer Schule, vielleicht als Adjuvant zur Thomas-Kantorei«* gehört und die Messe mitgesungen hat. SCHRÖDER 1940, 15.

69 Zitiert nach GURLITT 1933, 58.

Ernestinische Hofkapelle (1523/24–1526/1536)

Bassist am Hof der sächsischen Kurfürsten

Um 1523/24 trat Walter im Alter von etwa 27 Jahren als Bassist in die Hofkapelle des altgläubigen sächsischen Kurfürsten Friedrich III. in Torgau ein. Seine Aufnahme verdankte er vermutlich dem kurfürstlichen Sangmeister (Kapellmeister) Conrad Rupsch, der den talentierten Walter aus dessen Kahlaer Zeit gekannt haben dürfte. Rupsch, geb. um 1475 in Kahla, war spätestens seit 1491 Sänger in der Hofkapelle und später Musikmeister am Altenburger Hof, seit 1505 Priester und seit 1507 als letzter stiftischer Priester zugleich Inhaber des Pfarrlehens an der dem Altenburger St.-Georgenstift einverleibten Kahlaer St.-Margarethenkirche sowie der Vikarie der Jungfrau Maria auf dem Altar der Heiligen Drei Könige. Zu dieser Stiftung gehörten auch ein Weinberg sowie ein Grundstück *»in der Burg«* (ältester Teil Kahlas mit Pfarrkirche und Lateinschule, heute Stadtmitte). Er ließ die Altardienste jedoch durch einen Vikar bzw. Verweser besorgen und gab sie 1522 unter dem Einfluss Karlstadts ganz auf. (Spätestens seit 1524 war der offiziell amtierende Pfarrer in Kahla der ehemalige Augustinermönch Lorenz Schaller.) Rupsch war mit Luther befreundet, heiratete Ell von Dohlenstein[70] und erwarb ein Grundstück in Torgau. Im Zuge der Kirchenvisitation von 1529 verkaufte er den Weinberg an einen Freund und ließ das Haus 1530 durch den Kurfürsten an Johann Walter übertragen.[71]

Der Kurfürst, auf den auch die Gründung der humanistisch geprägten Wittenberger Poetenuniversität 1502 zurückgeht, war sehr kunstsinnig und auf eine reichhaltige Hofmusik bedacht. Seine Kapelle verfügte über ein international ausgerichtetes Repertoire, darunter über eine Huldigungsmesse auf den Kurfürsten von Josquin des Prez. Zu ihren berühmtesten Mitgliedern zählten über

70 Der Vorname der Ehefrau geht auch aus einem Walter-Dokument hervor, und zwar im Zusammenhang mit einer Verzichtserklärung des Kahlaer Kürschners Cuntz Kuhn in Erbangelegenheiten seitens des verstorbenen Kapellmeisters Conrad Rupsch, mit dessen Muhme er verheiratet war. Als er einen ihm von Rupsch noch zu dessen Lebzeiten geschenkten Rock weiterverkaufen wollte, kaufte ihm Rupschs Frau den Rock wieder ab. Bei dem Verzicht Kuhns trat auch Kantor Walter als Zeuge auf. 1530, 10. August, Torgau: Verzichtserklärung des Kahlaer Kürschners Cuntz Kuhn vor dem Torgauer Stadtrat. Aus: Torgauer Ratsprotokollbuch von 1530. TRG-STA: H 673, Bl. 48r. Literatur: RICHTER 2013, Dok. 18.

71 TAUBERT 1868, 1; LÖBE 1891, 438; BERGNER 1899, 72; MÜLLER 1911, 395ff.; DENNER 1931-2 [Sp. 5]; GURLITT 1933, 17, 27; JUST 2005.

längere oder kürzere Zeiträume Adam von Fulda, Heinrich Isaac, Paul Hofhaimer und Adam Rener. Walter lernte als Kantoreimitglied auch Ludwig Senfl persönlich kennen. Kurzum: Mit diesem Spitzenensemble konnte es der Kurfürst sogar mit der Kapelle Kaiser Maximilians I. aufnehmen. Mit diesem war er als Inhaber des Reichsvikariats, d.h. als Vertreter des Kaisers bei dessen Abwesenheit oder Tod, naturgemäß besonders verbunden.[72] Der Humanist Georg Spalatin – in Wittenberg ausgebildeter und reformatorisch eingestellter Kanonikus des Georgenstifts in Altenburg, Hofkaplan bzw. Hofprediger, Sekretär, Wittenberger Bibliothekar und Biograf des Kurfürsten – berichtete im Rückblick:

> *Dieser Churfürst zu Sachsen, Herzog Fridrich, hat auch so große Lust und Willen zur Musica gehabt, daß er viel Jahre und lange Zeit ein ehrliche, große Singerei gehalten und dieselben oftmals auf die kaiserliche Reichstäge mitgenommen, gnädiglich und wol gehalten und besoldet, den Knaben einen eignen Schulmeister, sie zur Lehre und Zucht zu erziehen gehalten. Der Capellen Meister ist gewest Herr[73] Conrad von Ruppisch. Hat auch sonderlich einen Altisten gehabt, einen Märker, dergleichen röm(isch) kais(erliche) Ma(jestä)t und andre Fürsten und Herrn weit und breit nicht gehabt. Dieselbige Singerei hat er auch bis zu seinem tödtlichen Abgang behalten.*[74]

In der älteren Literatur war Walters Eintritt in die Hofkapelle auf 1520/21 datiert worden, allerdings aufgrund einer fehlerhaften Angabe in der Torgauer BÖHME-CHRONIK sowie falscher Lesarten weiterer Primärquellen. Diese frühen Datierungen hat die Verfasserin bereits widerlegt,[75] da ein von Walter persönlich verfasster Brief vom 1. November 1552 verlautet, er habe

> *bey den alten hochlöblichen churfursten zcu Sachsen, bis in 30 jar aus Gottes gnade gedienet* [TEXT 10].

»Bis in« hat die Bedeutung von *»nahezu, aber nicht mehr als«*, woraus zu schließen ist, dass Walter seinen Dienst am ernestinischen Hof knapp 30 Jahre zuvor begonnen hatte. Unter Abzug dieser 30 Jahre kommt man auf das Jahr 1522 (November). Walters Dienstbeginn fällt somit in die Zeit danach, also ungefähr in die Jahre 1523/24. Von daher ist es nicht verwunderlich, dass er erst seit dieser Zeit in den Hofrechnungen Erwähnung findet. Der bisher bekannte erste Beleg

72 Näheres zur damaligen, an frankoflämischen Vorbildern orientierten kursächsischen Kapelle zuerst bei GURLITT 1933, 12ff.

73 Ehrn; vgl. FÜRSTENAU 1863, Sp. 247.

74 SPALATIN 1851, 53.

75 RICHTER 2013, 128.

mit seinem Namen stammt vom 31. Dezember 1524. Damals erhielt Walter vom Kurfürsten 2 Gulden für ein oder mehrere Exemplare der ersten Ausgabe seines frisch herausgekommenen GEISTLICHEN GESANGBÜCHLEINS von 1524. Er hatte sie dem Kurfürsten geschenkt, bekam den Preis aber erstattet.[76] Dem Zeitpunkt nach zu urteilen, dürfte Walter bereits damals und auch schon in den Monaten zuvor, als er das Gesangbuch in Angriff nahm, Kapellmitglied gewesen sein. Auf dieser festen Stelle, die ihm Sicherheit bot, ihn aber wie gewöhnlich zeitlich nicht ausgelastet haben wird – eines der späteren Argumente des neuen Kurfürsten für die Auflösung der Kantorei –, konnte Walter nebenher weitere Projekte verfolgen und sein Chorbuch konzipieren, und zwar nicht nur für jene Landesteile, die von dem der Reformation aufgeschlossenen Herzog Johann verwaltet wurden, sondern auch für Torgau, das sich seit etwa derselben Zeit, als Walter in die Kapelle eintrat, von der alten Kirche abgewandt hatte. Gewissermaßen diente die Kapelle für die protestantischen Musiker als Versuchsobjekt.[77] Wer weiß, ob Walters Karriere am Hof nicht sogar erst infolge dieser kirchenpolitischen Neuerungen in Torgau möglich wurde, da der lutherisch eingestellte Walter sie als Bedingung für sein Wirken vorausgesetzt haben dürfte.

Die Höhe der kurfürstlichen Bezahlung für das GEISTLICHE GESANGBÜCHLEIN entsprach indes keineswegs der Arbeitszeit des Komponisten, sondern lediglich dem Kaufpreis für einen oder mehrere Stimmbuchsätze.[78] Walter hatte das Buch also nicht, wie früher angenommen, im Auftrag des sich offiziell gar nicht zur Reformation bekennenden Kurfürsten oder der Hofkapelle gefertigt – hierfür wäre keine Druckausgabe erforderlich gewesen –, sondern er hatte einen ganz anderen Kreis angesprochen: lutherisch Gesinnte, die in der Lage waren, seine Sätze außerhalb der Gottesdienste zu singen, etwa in den Schulen. Der Kurfürst ist nur als wohlwollender Abnehmer des Gesangbuches zu verstehen, welcher zu diesem Zweck auch die Inanspruchnahme der Wittenberger Druckerei Joseph Klugs und Lucas Cranachs d.Ä. gestattete[79] und knapp zwei Monate später drei weitere Gulden für den »*componisten in der churfurstlichen cantorey*« folgen ließ.[80]

76 1524, 31. Dezember, Lochau: Vergütung des GEISTLICHEN GESANGBÜCHLEINS durch den sächsischen Kurfürsten Friedrich III. Aus: Lochauer Lagerbuch [1524/25]. WMR-HSTA: EGA, Reg. Bb, Nr. 1796, Bl. 238v. Literatur: RICHTER 2013, Dok. 3.

77 Vgl. FÜRSTENAU 1863, Sp. 246f.

78 Vgl. die Ausgaben von 3 Gulden und 9 Groschen für das große gedruckte PSALTERIUM für die Torgauer Marienkirche von 1565/66 (S. 267) sowie die Vergütung des sechsstimmigen CHRISTLICH KINDERLIED von 1566 durch Herzog Johann Wilhelm I. von Sachsen-Weimar 1567 mit 3 Talern (S. 321).

79 LÜTTEKEN 1999, Anm. 23.

80 1525, 21.–23. Februar, Torgau: Zahlung einer Vergütung für den Komponisten der kursächsischen Hofkapelle. Aus: Kurfürstliches Reisebuch 14.01.–14.11.1525. WMR-HSTA:

Alle weiteren Dokumente mit Walters Namen stammen aus dem Jahr 1525. Walter gehörte neben dem selbst mitsingenden Kapellmeister Rupsch zur kurfürstlichen *»Syngerey«*, die zusammen mit den *»Syngerknaben«* und den Organisten die Gottesdienste bestritt. Auch wenn in einigen Dokumenten von Walter als Komponisten die Rede ist – der frühere Komponist der Kapelle Adam Rener war um 1520 verstorben –, so war er doch lediglich als Bassist angestellt und damit nicht besonders begünstigt.[81] Er verdiente wie seine Sängerkollegen vierteljährlich 16 Gulden, also jährlich 64 Gulden, und erhielt genauso wie sie sommers und winters die notwendige Hofkleidung.[82] Kompositorische Leistungen waren in dieser Besoldung nicht enthalten und wurden allenfalls separat vergütet.

Am 5. Mai 1525 verstarb Kurfürst Friedrich III. Kurfürst Johann, der bereits zu Lebzeit seines Bruders Friedrich in seinem eigenen Verwaltungsbereich Thüringen Reformen im Sinne Luthers durchgeführt hatte, führte nun im ganzen Land die Reformation ein. Mit seiner Genehmhaltung reisten Walter und Kapellmeister Rupsch im Herbst zu Luther nach Wittenberg, um diesem bei der Ausarbeitung der musikalischen Liturgie der neuen, evangelischen Gottesdienste behilflich zu sein. Nachdem der Fuhrmann am 31. Oktober die Fahrtkosten vom Hof erstattet bekommen hatte, stellten auch die beiden Musiker am 4. November ihre Ausgaben in Rechnung.[83] Hieraus ergibt sich zumindest für Walter ein längerer Aufenthalt in Wittenberg. Nach seiner eigenen Aussage dauerte dieser drei Wochen und kulminierte in der Feier der ersten deutschen Messe, des ersten evangelischen Gottesdienstes in deutscher Sprache, in der Wittenberger Pfarrkirche am 29. Oktober,[84] gefolgt von Walters Übergabe der Messe an den Kurfürsten in Torgau (TEXT 16). Im Ergebnis dieser intensiven Arbeit erschien 1526 Luthers DEUTSCHE MESSE im Druck und wurde so für jede Gemeinde zugänglich gemacht.

EGA, Reg. Bb, Nr. 5564, Bl. 71r. Literatur: zuerst MOSER 1929, 190; zuletzt RICHTER 2013, Dok. 4.

81 LÜTTEKEN 1999, 67.

82 1525 [o.D., Torgau]: Vierteljahresbesoldung der kursächsischen Hofkantorei 1525. Aus: Liste der Ausgaben am kursächsischen Hof für das Jahr 1525. WMR-HSTA: EGA, Reg. Rr, S. 1–316, Nr. 6, Bl. 3v–4r (5v). Literatur: zuerst MÜLLER 1911, 401; zuletzt RICHTER 2013, Dok. 5.

1525 [nach dem 5. Mai, Torgau]: Kleidung für die kursächsische Hofkantorei 1525. Aus: Liste der Ausgaben für die Sommer- und Winterkleidung der kursächsischen Hofdiener im Jahr 1525. WMR-HSTA: EGA, Reg. Bb, Nr. 5946, Bl. 61v. Literatur: zuerst GURLITT 1933, 29f.; zuletzt RICHTER 2013, Dok. 6.

83 1525, 31. Oktober und 4. November, Torgau: Conrad Rupschs und Johann Walters Ausgaben in Wittenberg. Aus: Liste der Ausgaben am kursächsischen Hof für das Quartal 24.09.–24.12.1525. WMR-HSTA: EGA, Reg. Bb, Nr. 5225, Bl. 88v und 98r. Literatur: zuerst MOSER 1929/1966, 190, Anm. 69; zuletzt RICHTER 2013, Dok. 7.

84 Die Liturgie wurde von dem zelebrierenden Diakon Georg Rörer gesungen. BOËS 1958/59, 16.

Auflösung der Kapelle, kurfürstliche Abfindungen

Anders als Luther legte Kurfürst Johann in den Gottesdiensten keinen Wert auf musikalische Einlagen (mehrstimmige Figuralmusik), die über den zumeist einstimmigen liturgischen Gesang hinausgingen. Walters GEISTLICHES GESANGBÜCHLEIN, das sich bereits seit Monaten in intensiver Benutzung befunden haben dürfte, war hier also plötzlich fehl am Platz. Nachdem der Kurfürst noch vor der Einrichtung der neuen Gottesdienste in Wittenberg im Herbst 1525 den dortigen Stiftschor aufgelöst hatte,[85] folgte im Sommer 1526 die Auflösung der Hofkantorei, und alle Sänger wurden entlassen. Ein genaues Datum ist nicht bekannt. In einem der Briefe Luthers an Walter, nämlich vom 21. September 1526, schrieb er von *»euch drey verlassene[n] Cantores«*[86]. Zu diesem Zeitpunkt war die Auflösung also schon geschehen. Für die Priester, Chorales und Chorjungen in der Schlosskapelle wurde das Quatembergeld noch eher abgeschafft und laut Torgauer Amtsrechnung von 1525/26 letztmalig ein ganzes Jahr zuvor zu Matthäi (21.09.) 1525 ausgezahlt.[87] Laut der ab Walpurgis (01.05.) 1526 geführten Torgauer Amtsrechnung von 1526/27 wurden u.a. noch drei *»chorales«*, ein Kalkant und die beiden *»singer«* Benedict (Zuckenranft) und Kirstan Rein geführt, welche allerdings nur mit Gnadengeldern abgefertigt wurden.[88]

Am 20. Juni 1526 ermahnte Luther den Kurfürsten, dass dieser

> *die Cantoren nicht wolt lassen so zugehen, sonderlich weil die itzige personen drauff erwachsen, Vnd sonst auch die Kunst werd ist, von fursten vnd herrn zu erhalten* [...].[89]

Prompt kam zwei Tage später eine abschlägige Antwort (auf diesen oder einen früheren Brief Luthers) mit der Begründung, dass die Kantorei ohne ihren Kapellmeister Rupsch, der um seinen Abschied gebeten habe, nicht so gut wie bisher *»in Ordnung und Regierung gehalten«* werden könne, dass die meisten jungen Sänger und Knaben übel gestimmt und faul seien und dass die Kosten für ihre Versorgung in keinem Verhältnis zu ihrer viel zu geringen Arbeitsauslas-

85 GURLITT 1933, 34.

86 Zitiert nach BLANKENBURG 1991, 54; vgl. FÜRSTENAU 1863, Sp. 248f.

87 HERZOG 2013, 85.

88 1526/27, 1. Mai bis 1. Mai, Torgau: Liste der Gnadengelder. Aus: Rechnung über das Amt Torgau 1526/27. WMR-HSTA: EGA, Reg. Bb, Nr. 2443, Bl. 87r. Walter selbst scheint kein an den Choralgesängen in der Schlosskapelle beteiligter Choralis gewesen zu sein, da er bereits Sänger und Komponist in der für die Figuralmusik zuständigen Kantorei war. Dass er später in der Pfarrkirche als Choralis sang, hatte nichts mit seiner Anstellung am Hof zu tun, sondern bezieht sich auf seinen nächsten Lebensabschnitt als angehender Schulkantor.

89 Zitiert nach BLANKENBURG 1991, 52; vgl. FÜRSTENAU 1863, Sp. 249.

tung stehen.[90] Angesichts dieser übertrieben dargestellten und nichtigen Probleme, denen man jederzeit Abhilfe schaffen konnte, wird der Wunsch des Kurfürsten nach einer Beseitigung der Kantorei besonders deutlich. Nachdem er die Sänger entlassen, aber die Instrumentalisten für die höfische Repräsentation und die weltlichen Lustbarkeiten (Tanz usw.) behalten hatte, verschärfte Luther den Ton, wenn auch wieder ohne Erfolg:

> *Etliche vom Adel und Scharrhansen meinen, sie haben meine gnädigsten Herrn jährlich 3000 Gulden erspart an der Musica; indess verthut man unnütz dafür 30000 Gulden. Könige, Fürsten und Herrn müssen die Musicam erhalten; denn großen Potentaten und Regenten gebühret, über guten freien Künsten und Gesetzen zu halten.*[91]

Auch andere namhafte Freunde und Gönner, wie Spalatin und Justus Jonas, setzten sich für den Erhalt der Kantorei bzw. für die weitere Förderung Walters ein. Zu ihnen gehörte auch Philipp Melanchthon, der am selben Tag wie Luther an den Kurfürsten schrieb. Walter hatte ihn um Hilfe gebeten, nachdem er bei seinen auswärtigen Bewerbungen um eine Neuanstellung erfolglos geblieben war. So hatte er sich bereits im Februar u.a. bei Herzog Albrecht von Preußen mit dem selbst gedichteten Lied *Albrecht sein wir worden tauft* und drei anderen ungenannten, fünfstimmig gesetzten Liedern als Komponist bzw. indirekt um eine Anstellung als *»eygner diener«* beworben (TEXT 1). Die Auflösung der Kantorei hatte sich also lange angedeutet, möglicherweise bereits seit Regierungsantritt des neuen Kurfürsten im Mai 1525.

Nachdem Walter erst im Herbst vom Kurfürsten nach Wittenberg zu Luther geschickt worden war und ihm auch eine Abschrift der neuen deutschen Messe überreicht hatte, zwang ihn die Not sehr bald zur Bereitschaft, sich außer Landes zu begeben. Dies bedeutete einen großen Schritt Walters von der ehemals sicher geglaubten Festanstellung in die plötzliche und in diesem Ausmaß bisher unbekannte Eigenverantwortlichkeit. Eine solche Situation *»der spezifischen Torgauer Unsicherheit«*, in der die Frage der zukünftigen Auftragsvergabe und Finanzierung zur Komposition und Aufführung (kirchen-)musikalischer Werke völlig ungeklärt blieb, hatte es bis dahin nicht gegeben.[92] Diese Möglichkeit, ja Aufforderung zur Eigeninitiative Walters dürfte sich durch die vermutlich schon seit Längerem angebahnte Ehe und irgendwie zu finanzierende Familiengründung noch verstärkt haben. Wenn ihm das Schicksal eines Weggangs aus Torgau auch erspart geblieben ist, so hatte Walter doch zunächst mit den Ablehnungen

90 GURLITT 1933, 35.

91 Zitiert nach BLANKENBURG 1991, 59; vgl. TAUBERT 1868, 4.

92 LÜTTEKEN 1999, 69f.

oder gar Nichtbeantwortungen seiner Bewerbungen – sicher unternahm er vor der Auflösung der Hofkantorei noch mehr Anstrengungen dieser Art – mehrere Monate lang ein schweres Kreuz zu tragen und sich auch nach einer ganz neuartigen Beschäftigungsmöglichkeit umzusehen.

Melanchthon war nun eine jener einflussreichen Personen im Umfeld des Kurfürsten, deren Eingreifen Linderung der Existenzängste versprach. Er ersuchte den Kurfürsten, Walter materiell zu unterstützen, da dieser bisher *»stille vnd zuchtig«* gewesen sei und mit seiner Kunst der Allgemeinheit Nutzen gebracht habe, indem er den Gesang, der zurzeit sehr gebraucht werde, *»gemacht«* habe. Solche Lehrer seien jetzt, da sich der Kirchengesang ändere, vonnöten, damit nicht nur die alten Gesänge *»unterdrückt«* werden, sondern auch neue und bessere entstehen können. Solche Lehrer zu fördern, achte Melanchthon gänzlich für ein gutes und rechtes Werk, da Gott daran Wohlgefallen habe. Bisher habe man mit der Singerei und anderen Sachen an vielen Orten viel *»Unnutz«* getrieben. Warum solle man die edle Kunst Musica nicht zu Gottes Ehre recht gebrauchen? Darum bitte er den Kurfürsten, den armen Gesellen Johann Walter gnädig zu bedenken und ihm zu helfen.[93]

Die erbetene kurfürstliche Unterstützung blieb aber noch lange aus. Eine Ausnahme bildete lediglich die einmalige Gabe von Bier, Wein und Weißmehl für *»Walter singer«* anlässlich seiner *»wirtschafft«* (Hochzeit), die ebenfalls im Sommer 1526 stattfand.[94] Walter heiratete Anna Hesse, die Tochter des (verstorbenen[95]) kurfürstlichen Reiseschmieds Hans Hesse, womit er in eine der wohlhabenderen stadtbürgerlichen Familien Torgaus einheiratete.[96] Der Eintrag zu diesen Hofausgaben erfolgte am Tag des Aufbruchs des Kurfürsten aus Torgau am 26. Juni 1526 zu einer mehrmonatigen Reise. Aus diesem Datum wurde früher geschlossen, Walters Hochzeit habe ebenfalls am 26. Juni (Dienstag) stattgefunden, wofür aber kein Nachweis vorliegt. Vielmehr dürften die Gaben zur Vorbereitung der Feierlichkeit bereits mehrere Tage oder Wochen vor der Hochzeit erfolgt sein, zu-

93 1526, 20. Juni, Wittenberg: Ersuchen Philipp Melanchthons an Kurfürst Johann um Unterstützung Johann Walters. WMR-HSTA: EGA, Reg. Rr, S. 1–316, Nr. 2091, Bl. 3r–v. Literatur: zuerst FÖRSTEMANN 1834, 42f., und BRETSCHNEIDER I 1834, Nr. 385, Sp. 799; zuletzt RICHTER 2013, Dok. 8.

94 1526, 26. Juni, Torgau: Ausgabe des kursächsischen Hofes anlässlich Walters Hochzeit. Aus: Liste der Ausgaben (Reisebuch) des kursächsischen Hofes 27.05.–22.09.1526. WMR-HSTA: EGA, Reg. Bb, Nr. 5229, Bl. 73v. Literatur: zuerst MOSER 1929, 190; zuletzt RICHTER 2013, Dok. 9.

1526/27, 1. Mai bis 1. Mai, Torgau: Ausgabe von Weißmehl an Johann Walter anlässlich seiner Hochzeit. Aus: Rechnung über das Amt Torgau 1526/27. WMR-HSTA: EGA, Reg. Bb, Nr. 2443, Bl. 85r. Literatur: RICHTER 2013, Dok. 10.

95 Laut GURLITT 1933, 37, war Hans Hesse bereits 1517 verstorben.

96 Quelle angegeben in Anm. 26. Vgl. HERZOG 2013, 86.

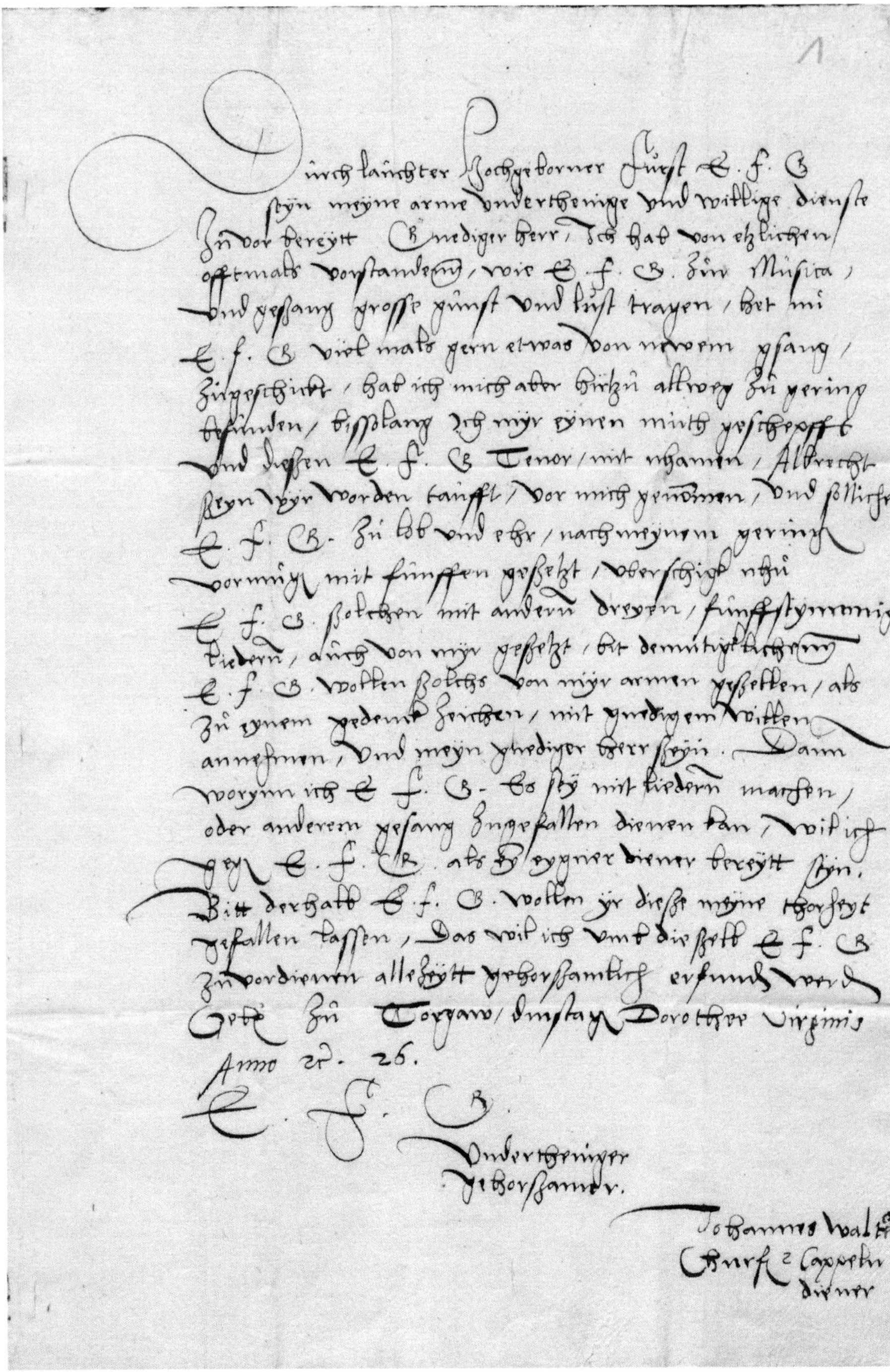
Durchlauchter Hochgeborner Fürst E. f. G.
seyn meyne arme undertheinige und willige dienste
zuvor bereytt. Gnediger herr, Ich hab von etzlichen
offtmals verstanden, wie E. f. G. zur Musica,
und gesang grosse gunst und lust tragen, het mir
E. f. G. viel mals gern etwas von newem gsang
zugeschickt, hab ich mich aber hirzu allweg zu gering
befunden, bisslang ich mir eynen muth geschepfft
und diesen E. f. G. Tenor, mit namen, Albrecht-
steyn wyr worden tanzt, vor mich genomen, und sollichs
E. f. G. zu lob und ehr, nach meynem gering
vormugen mit funffen gesetzt, ubersthick ich
E. f. G. solchen mit andern dreyen, funffstymmig
Liedern, auch von myr gesetzt, bit demutiglich
E. f. G. wollen solchs von myr armen gesellen, als
zu eynem gedenckzeichen, mit gnedigem willen
annehmen, und meyn gnediger herr seyn. Dann
worynn ich E. f. G. es sey mit liedern machen,
oder anderem gesang zugefallen dienen kan, wil ich
gern E. f. G. als derselbigen eygner diener bereytt seyn.
Bitt derhalb E. f. G. wollen ir diese meyne thorheyt
gefallen lassen, Das wil ich umb dieselb E. f. G.
zu verdienen allezeyt gehorsamlich erfunden werden.
Geben zu Torgaw, dinstag Dorothee virginis
Anno etc. 26.
E. f. G.
Undertheniger
gehorsamer.
Johannes Walter
Churf. Cappelln
diener

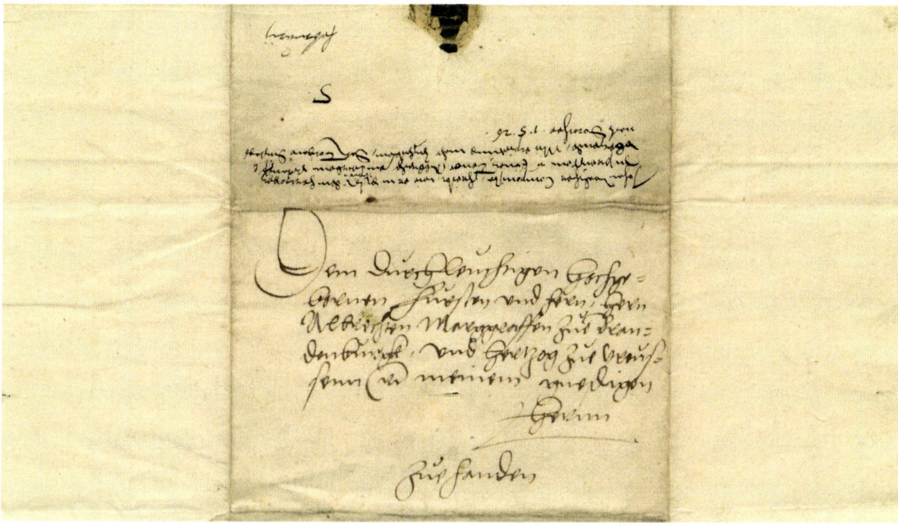

Schreiben Johann Walters an Herzog Albrecht von Preußen (Walter-Autograf).
BLN-GSTA: XX. HA, HBA, A4 K. 182.
Literatur: zuerst FÜRSTENAU 1863, Sp. 250f.; abgebildet in STALMANN 1960, Anhang

TEXT 1 (mit 2 Abbildungen)
1526, 6. Februar, Torgau
Bitte Walters an Herzog Albrecht von Preußen um Annahme seines Liedes *Albrecht sein wir worden tauft* und anderer Gesänge

Durchlauchter hochgeborner furst e‹wr› f‹urstlichen› g‹naden› seyn meyne arme vnderthenige vnd willige dienste zuvor bereytt Gnediger herr, Ich hab von etzlichen offtmals vorstandenn, wie e‹wr› f‹urstlichen› g‹naden› zur musica, vnd gesang grosse gunst vnd lust tragen, het nu e‹wrn› f‹urstlichen› g‹naden› viel mals gern etwas von newem gsang, zugeschickt, hab ich mich aber hirtzu allweg zu gering befunden, bissolang ich myr eynen muth geschepfft vnd dießen e‹wr› f‹urstlichen› g‹naden› tenor, mit nhamen, Albrecht seyn wyr worden taufft, vor mich geno‹m›men, vnd solliche‹n› e‹wrn› f‹urstlichen› g‹naden› zu lob vnd ehr, nach meynem gering‹en› vormug‹en› mit funffen geßetzt, vberschigk nhu e‹wrn› f‹urstlichen› g‹naden› solchen mit andern dreyen, funffstymmig‹en› liedern, auch von myr geßetzt, bit demutigklichenn e‹wr› f‹urstlichen› g‹naden› wollen ßolchs von myr armen geßellen, als zu eynem gedenck zeichen, mit gnedigem willen annehmen, vnd meyn gnediger herr seyn. Dann worynn ich e‹wrn› f‹urstlichen› g‹naden› es sey mit liedern machen, oder anderem gesang zugefallen dienen kan, wil ich geg‹en› e‹wr› f‹urstlichen› g‹naden› als ey‹n› eygner diener bereytt seyn. Bitt derhalb e‹wr› f‹urstlichen› g‹naden› wollen yr dieße meyne thorheyt gefallen lassen, Das wil ich vmb die ßelb e‹wr› f‹urstlichen› g‹naden› zuvordienen allezeytt gehorsamlich erfund‹en› werd‹en› Geb‹en› zu Torgaw, dinstag‹e›, Dorothee Virginis anno ‹et›c. 26.

E‹wr› f‹urstlichen› g‹naden›

vndertheniger gehorßamer.

Johannes Walter
churf‹ürstliche›r cappeln diener |

Dem durchleuchtigen hochgebornen fursten vnd hern, hern Albrechten marggraffen zue Brandenburgk, vnd hertzog zue Preussen ‹etc.› meinem gnedigen hernn zue handen

[Ergänzung:] Johan Walther componista, schreibt, wie er m‹einem› g‹nedigen› h‹errn› dem hertzogen in Preussenn ‹etc.› einen tenor Albrecht sein wir wordenn getaufft ‹etc.› vberge[be]nde, mit erpietung mehr zuschickenn, Dat‹um› Torgaw dinstags nach Dorothee. 1.5.26. 5. februarij.

[Rest eines grünen Siegels]

mal dem Kurfürsten (bzw. seinen Räten) klar war, dass er längere Zeit abwesend sein würde und später nichts mehr dazu beitragen könnte.[97] Am 8. Mai 1527 kam als erstes Kind Walters gleichnamiger Sohn Johann zur Welt. Auch wenn 1531 noch von (mehreren) Kindern die Rede war – die Formulierung »*mit weib vnnd kindern*«[98] könnte indes eine feste Formel gewesen sein –, blieb der junge Johann Walter der einzige Nachkomme.[99]

Auch nach seiner Heirat scheint sich Walter weiter in protestantischen Regionen außerhalb der Landesgrenzen um eine Anstellung bemüht zu haben. So bedankte sich der Nürnberger Stadtrat am 18. Januar 1527 bei ihm für die Verehrung eines Werkes mit einer Gegenzahlung:

Johann Waltern, der eym Rath den Reymen V‹erbum› D‹omini› M‹anet› I‹n› E‹ternum› geschannckt, soll man 4 f. zu vererung schenncken.[100]

Dieser »*Reym*« über die Worte *Verbum Domini manet in aeternum* (»*Des Herrn Wort bleibet in Ewigkeit*«) aus 1 Petr 1,25[101] – die reformatorische Devise der Ernestiner – muss kein Werk in gebundener Sprache, also eine eigene Dichtung Walters gewesen sein, denn »*Reim*« konnte damals auch einfach einen Wahlspruch oder einen Spruchvers aus der Bibel meinen. Wahrscheinlich handelte es sich um Walters gleichnamige sechsstimmige humanistische Devisenmotette mit eigenem

97 Laut Taubert 1868, 3, fand die Hochzeit im Herbst statt.

98 Quelle angegeben in Anm. 107.

99 Zum Werdegang des Sohnes: Taubert 1868, 6, 9; Holstein 1884, 190; Bossert 1899, 12f.; Aber 1921, 88; Gurlitt 1933, 55, 72f.; Niemöller 1969, 540–542; Blankenburg 1991, 95; Herzog 2013, 104ff.; Herzog 2016, 485f. Nach Blume 1931, 15, soll *Lieblich hat sich gesellet*, eine geistliche Kontrafaktur des gleichnamigen Liedes, von Walters Sohn, dem jungen Johann Walter, stammen, der auch Texte zu Walters »*Valete*«-Werk Christlich Kinderlied von 1566 beigesteuert haben soll.

100 1527, 18. Januar, Nürnberg: Eintrag in einer Akte des Bayerischen Staatsarchivs Nürnberg. Zitiert nach Gurlitt 1933, 37.

101 Vgl. Jes 40,8: »*Das Wort unsers Gottes bleibet ewiglich.*«

lateinischen Cantus firmus, wie sie in den Auflagen des GEISTLICHEN GESANGBÜCHLEINS seit 1528/1534 und auch in den späteren Torgauer Notenhandschriften überliefert ist.[102] Es war jedenfalls ein offizielles Werk, das Walter wohl zunächst dem Kurfürsten gewidmet hatte, vielleicht um das Schlimmste abzuwenden, und später weiterverwendete.

Weitere Hilfe erhielt Walter zwischen 1527 und 1531 in Form eines aus dem Amt Torgau gereichten *»Gnadenkorns«* in der Höhe von anfänglich 24 Scheffeln, später von zwölf Scheffeln.[103]

Die erste kurfürstliche Unterstützung kam erst um den Jahreswechsel 1527/28, und zwar in Form eines Walter lebenslang verschriebenen Teils der Einkünfte aus einer frei gewordenen Vikarie in der Altenburger Stiftskirche in einer Höhe von 25 Gulden.[104] Diese Verschreibung erfolgte allein aufgrund seiner ehemaligen Mitgliedschaft in der aufgelösten Hofkantorei ohne Forderung einer weiteren Gegenleistung. Schließlich hatte sich Walter als Musiker überqualifiziert bzw. auf einen Sonderbereich spezialisiert und war kaum zu anderweitigem Broterwerb fähig. Möglicherweise spielten bei den Erwägungen des Kurfürsten weitere Gesuche von Gelehrten sowie Walters angeschlagene Gesundheit (S. 69) eine Rolle; langjährige Verdienste konnte Walter jedenfalls noch nicht vorweisen. Eine Wiederanstellung am Hof war vollkommen ausgeschlossen.

1530 folgte auf Ersuchen Walters eine zweite Beihilfe.[105] Kurfürst Johann verschrieb ihm für seine früheren Leistungen in der Hofkantorei erblich jene Kahlaer *»behausung, inn der burck gnant«*, die in vorreformatorischer Zeit zu der Vikarie des Altars Unser lieben Frauen in der dortigen St.-Margarethen-Kirche gehört hatte und sich im Besitz des Kapellmeisters und ehemaligen Lehensinhabers

102 STALMANN 1960, 107, 188.

103 1527/28, 1. Mai bis 1. Mai, Torgau: Ausgabe von *»Gnadenkorn«* an Johann Walter. Aus: Rechnung über das Amt Torgau 1527/28. WMR-HSTA: EGA, Reg. Bb, Nr. 2445, Bl. 80r. Literatur: zuerst MOSER 1929, 190; zuletzt RICHTER 2013, Dok. 12.

1528/29, 1. Mai bis 1. Mai, Torgau: Ausgabe von *»Gnadenkorn«* an Johann Walter. Aus: Rechnung über das Amt Torgau 1528/29. WMR-HSTA: EGA, Reg. Bb, Nr. 2447, Bl. 62r. Literatur: RICHTER 2013, Dok. 13.

1530/31, 1. Mai bis 1. Mai, Torgau: Ausgabe von *»Gnadenkorn«* an Johann Walter. Aus: Rechnung über das Amt Torgau 1530/31. WMR-HSTA: EGA, Reg. Bb, Nr. 2450, Bl. 87r. Literatur: zuerst MOSER 1929, 190; zuletzt RICHTER 2013, Dok. 19.

104 1527, 8. Dezember, Torgau: Kurfürstliche Begnadung Johann Walters mit einer Vikarie in der Altenburger Stiftskirche. Urkunde Kurfürst Johanns (Abschrift). WMR-HSTA: EGA, Kopialbuch F. 14, Bd. II, Bl. 17v–18r. Vgl. Reg. Rr, S. 1–316, Nr. 5, Bl. 3v. Literatur: zuerst MÜLLER 1911, 403; zuletzt RICHTER 2013, Dok. 11.

105 1530, 20. Februar, Torgau: Kurfürstliche Verschreibung eines Priesterhauses in Kahla an Johann Walter. Urkunde Kurfürst Johanns (Abschrift). WMR-HSTA: EGA, Kopialbuch F. 14, Bd. II, Bl. 109v–110r. Literatur: zuerst MÜLLER 1911, 397; zuletzt RICHTER 2013, Dok. 17.

Rupsch befand. Dafür sollte Walter alle bürgerlichen Pflichten und Bürden wie andere Kahlaer Bürger tragen und den üblichen Zins an das Amt Leuchtenburg entrichten. Da Rupsch damals noch lebte, geschah die Bewerbung Walters um dieses Lehen sicher auf dessen Vorschlag hin. Das Kahlaer Anwesen wird Walter vermietet oder verkauft haben, da er in Torgau ansässig war und dort auch das Bürgerrecht erwarb.[106]

1531 verdoppelte der Kurfürst die erste Zulage von 25 auf 50 Gulden und teilte Walter einen Malter Korn aus den Einkünften des Zisterzienserklosters Buch bei Leisnig zu.[107] Grund dafür waren inzwischen Walters musikalische Dienste in Schule und Stadtkirche zusammen mit den Schülern und den erwachsenen Sängern der Stadtkantorei, nachdem er von den Visitatoren verpflichtet worden war, den Schulknaben Musikunterricht zu erteilen sowie an allen Sonn- und Festtagen den Gesang in der Pfarrkirche zu leiten, weil dies zu Lob und Ehre Gottes gereiche und der Bewahrung der Musik im Gedächtnis der Jugend diene.[108] Dies hatte Walter vermöge seines gesundheitlichen Zustands auch zugesagt. Diese neue Verschreibung hatte er Martin Luther, Justus Jonas, Philipp Melanchthon und anderen Gelehrten zu verdanken, die den Kurfürsten wiederholt um Unterstützung seiner Familie *»mit weib vnnd kindern«* ersucht hatten. Die Summe wurde ihm jährlich in zwei Raten zu Neujahr und Sankt Johannis ausgezahlt.

1536 wurde dieser Betrag nochmals erhöht.[109] Bisher hatten die Einkünfte aus dem Altenburger Stift jährlich 25 Gulden betragen, wobei der übrig gebliebene Rest zur Unterstützung eines Studenten verwendet worden war. Da diese studentische Förderung nun zu Ende ging, hatte Walter darum gebeten, ihm diesen Überschuss ebenfalls zukommen zu lassen. Da er nun schon seit einigen Jahren auf Geheiß der Visitatoren Musikunterricht in der Schule erteilte und durch seinen Fleiß auch die Kantorei in der Pfarrkirche am Leben hielt – dies wollte und konnte er dank seines körperlichen Zustands auch weiterhin tun –, verschrieb ihm der Kurfürst nun das gesamte Einkommen aus der genannten Vikarie.

106 Herzog 2013, 87.

107 1531, 10. August, Torgau: Kurfürstliche Verschreibung einer Zulage für Johann Walter. Urkunde Kurfürst Johanns (Abschrift). WMR-HStA: EGA, Kopialbuch F. 14, Bd. II, Bl. 144r–v. Vgl. Reg. Rr, S. 1–316, Nr. 5, Bl. 4r. Literatur: zuerst Aber 1921, 86; zuletzt Richter 2013, Dok. 21.

108 Dieser Befehl der Visitatoren ist heute nicht mehr nachweisbar. Der wiedergegebene Inhalt lässt sich aber mit Luthers *»Denkzettel«* im Anschluss an die Visitation von 1529 (S. 258) verbinden. Herzog 2016, 480.

109 1536, 2. April, Torgau: Erweiterung der kurfürstlichen Einkünfte Johann Walters aus der Altenburger Vikarie. Urkunde Kurfürst Johann Friedrichs I. (Konzept). WMR-HStA: EGA, Reg. Mm, Nr. 704, Bl. 1r–2r. Literatur: zuerst Aber 1921, 86f.; zuletzt Richter 2013, Dok. 31.

Stadt- und Schulkantorat in Torgau (um 1526–1548)

Gründung der Stadtkantorei

Die aus einer Zwangssituation heraus entstandene neuartige Beschäftigungsmöglichkeit Walters bestand, nachdem sich der über 50-jährige ehemalige Kapellmeister Rupsch zurückgezogen hatte, in der Übernahme der musikalischen Regie in der Stadt. Unter Berufung auf Luther und seine eigene Mitwirkung bei der Realisierung der neuen gottesdienstlichen Ordnung konnte er ein neues musikalisches Ensemble gründen: die erste bürgerliche Stadtkantorei, bestehend aus Chorknaben der Schule (zumeist Diskantisten/Sopran, dazu u.U. wenige Alt- und unvollkommene Männerstimmen) sowie erwachsenen, bürgerlichen Sängern (Alt, Tenor, Bass). Er benötigte sie für die neuen evangelischen Gottesdienste in der Pfarrkirche, um nach dem in Wittenberg gefeierten Neuanfang nun auch in der Hauptresidenzstadt Torgau mehrstimmige Gesänge einführen zu können.[110]

Indes war diese Ensembleart nicht neu. Bereits in vorreformatorischer Zeit hatte es vergleichbare musikalische Einrichtungen gegeben. Neben den päpstlichen und fürstlichen Kantoreien, die ebenfalls in der Kombination erwachsener Alt-, Tenor- und Bass-Sänger und junger Diskantistenknaben sangen, waren es vor allem die Kaland- und andere Bruderschaften, welche als Laiensänger unter Zuhilfenahme von Singknaben, Kurrenden und Chorales (ältere Schüler), teils gefördert durch fürstliche Stiftungen, die Gottesdienste durch Chorgesänge ebenso bereicherten wie die klösterlichen Sänger. Alle diese Chöre wurden von Kantoren, teils auch als Sangmeister bezeichnet, geleitet bzw. unterrichtet. Von daher war auch der Beruf des Kantors kein originär reformatorischer.[111]

Da schon vor der ersten Visitation von 1529 mehrere Gottesdienste wöchentlich gehalten wurden, konnte Walter sehr viel erfolgreiche Vorarbeit leisten, ohne dass es ein geregeltes Anstellungsverhältnis bei Kirche oder Schule gegeben

110 Näheres über den eher fließenden Übergang zum Luthertum in Torgau, angefangen bei der Missachtung der Gottesdienste seit 1521 und der Einrichtung des Gemeinen Kastens 1522 als Ersatz für die sich auflösenden geistlichen Lehen und Stiftungen über die Berufung des lutherischen Pfarrers Gabriel Didymus 1523 und die Gastpredigten von Reformatoren bis hin zur radikalen Reduktion der Messlesungen 1525 noch vor Einführung der Reformation u.v.a.m., bei KNABE 1881, 1f. und 10, Anm. 9.

111 WERNER 1902, 1ff.; RAUTENSTRAUCH 1903; RAUTENSTRAUCH 1907, passim; ABER 1921, 35–45, 90; GURLITT 1933, 39ff., 48f.; WERNER 1933, 120f.; EHMANN 1934, 192f.; GRAFF 1937, 258f. Zu den Kantoren in den mittelalterlichen Universitätsstädten PIETZSCH 1936ff./1971, passim. Einen Einblick speziell in die Torgauer Verhältnisse bietet HERZOG 2016, 140ff.

hätte. Hiermit ist nicht gesagt, dass es gar keine Vergütungen gab, nur basierten diese - leider gibt es keine Nachweise von ihnen - auf internen Regelungen, die noch nicht durch die Visitatoren bestätigt worden waren. 1529 konnte man dann auf einen seit Jahren eingesungenen Chor zurückgreifen, dessen Mitglieder wiederum schon in vorreformatorischer Zeit auf ihre jeweils eigene Weise, sei es als Geistliche, als Mitglieder der ehemaligen Hofkantorei oder als Schüler, Erfahrungen im gottesdienstlichen Singen gesammelt hatten. Damit eröffneten sich Walter ganz neue musikalische Wege, denn während der Rahmen für die Aufführung der Werke nun geklärt war, gab es nach wie vor keinen Auftraggeber zur Komposition bestimmter Werke.[112] Walter war somit sowohl in der Auswahl des Repertoires, das zum Teil auch von anderen Komponisten stammte, als auch in der Wahl der eigenen Kompositionstechniken völlig frei, solange die neue liturgische Ordnung eingehalten wurde.

So vorteilhaft dies schien, so führte diese hausgemachte *»Unvereinbarkeit zwischen städtischer Patronage und komponierender Klientel«*[113] doch im Laufe der weiteren Entwicklung des Kantoreiwesens zu häufigen Problemen der Geistlichkeit mit den kompositorischen Selbstverwirklichungsversuchen einiger Kantoren, welche dem musikalischen Anspruch ihrer Werke Vorrang vor Gemeindegesang und Textverständlichkeit gaben - ein Phänomen, das Luther nicht intendiert hatte. Dabei ist die Frage, ob Luther nicht willens oder nicht in der Lage gewesen sei, der Stadtkantorei die alten Konturen der ehemaligen Hofkantorei zu verleihen, falsch gestellt, denn die Torgauer Kantorei hatte nichts mit Luther zu tun. Es ging Luther auch gar nicht primär um mehrstimmige Musik, allerhöchstens im Rahmen des Schulunterrichts. Walter hat seine Chance genutzt, um sich zu verwirklichen, wenn auch unter häufigem Rückgriff auf veraltete Kompositionstechniken. Luther mischte sich weder in Walters GEISTLICHES GESANGBÜCHLEIN von 1524 noch später in die Torgauer Figuralmusik ein.

Zu welchem Zeitpunkt die Kantorei gegründet wurde, ist unbekannt. Dies könnte schon kurz nach Auflösung der Hofkapelle geschehen sein, da die neuen Gottesdienste schon seit Herbst 1525 in Gang gekommen waren und Walter spätestens seit Sommer 1526 ein neues musikalisches Betätigungsfeld benötigte.[114] Möglicherweise hatte er sogar bereits während seiner Anstellung in der Hofkantorei den Geistlichen (inklusive Schulpersonal) in der Pfarrkirche und im Hospital[115] Hilfestellung gegeben. Da er sowohl die musikalische Liturgie zusammen mit Luther ausgearbeitet als auch zahlreiche Figuralgesänge in seinem

112 LÜTTEKEN 1999, 71.

113 Ebd., 74.

114 Vgl. dagegen STAEHELIN 1998, 26, wonach die Initiative zur Gründung der Stadtkantorei *»wohl nicht oder doch höchstens in begrenztem Umfang von ihm ausgegangen sein mag«*.

115 KNABE 1881, 2.

GEISTLICHEN GESANGBÜCHLEIN erfolgreich publiziert hatte, war er selbstverständlich an einem Gelingen der Gottesdienste in Torgau besonders interessiert. Demgegenüber dürften andere kursächsische Gemeinden anfangs noch ziemlich auf sich gestellt gewesen sein, solange sie keine Hilfe durch die Visitatoren erhielten.

Gemäß der kursächsischen Instruktion für die Visitatoren und Melanchthons UNTERRICHT DER VISITATOREN von 1527/28[116] wurde die erste Torgauer Visitation im April 1529 im Beisein Luthers durchgeführt. Wenngleich die Kantorei schon seit längerer Zeit als lose musikalische Vereinigung existierte, dürfte die Gründung der eigentlichen Kantoreigesellschaft, die mit einer ersten (nicht mehr erhaltenen) Regelung der rechtlichen, finanziellen und musikpraktischen Fragen für ihre Mitglieder einhergegangen sein muss, erst auf diese Visitation zurückzuführen sein. Zwar fehlen Quellen aus der Zeit vor 1529, doch finden sich im Rechnungsbuch des Gemeinen Kastens von 1529 mehrfach Hinweise darauf, dass sämtliche Vorgänge der Gesellschaft auf Anordnung der Visitatoren geschahen. Diese können also erst 1529 offiziell geregelt worden sein. Unter anderem fand auf entsprechende Anweisung am 29./30. August 1529 die wohl erste reguläre *»collacion der singer«* statt, die gleichwohl lediglich eine neu installierte Einrichtung aus vorreformatorischer Zeit war. Hierbei handelte es sich um eine offizielle Jahresfeier bzw. um ein Festmahl der Kantoreiangehörigen mit einer Art Mitgliederversammlung und anschließendem fröhlichen Beisammensein. Die Veranstaltung wurde von dem Gemeinen Kasten und dem Stadtrat mit einer gewissen *»Zubuße«* (Zuschuss) an Geldern, Fisch usw. gefördert, um die Sänger

> *zu solchem singen vnd gotts dinst, dester williger vnd vleissiger* [TEXT 2]

zu machen. Derartige jährliche Collationen lassen sich auch in den Folgejahren nachweisen, wobei sich die Höhe der Beihilfen im Laufe der Jahre änderte.[117] Inhaltlich wurde der Personenkreis 1531, vielleicht auch schon 1530, eingegrenzt in der Art, dass nur

> *dy, ßo syngen konden, zu solcher cantorey, vnd gott‹es› dinst, desto williger vnd vleissiger sein sollen.*[118]

Es traten also bereits in der frühen Zeit nichtsingende Mitglieder der Kantoreigesellschaft bei.

116 RICHTER 1846-1, 77ff.; BURKHARDT 1879/1981, 23ff.

117 Der Jahrgang 1530 fehlt. – 1531: TRG-STA: H 2736, Bl. 75r. – 1532: TRG-STA: H 2737, Bl. 65r. – 1535: H 2738, Bl. 58v. – 1536: H 2739, Bl. 71v und 72r. – 1537: H 2740, Bl. 67v und 72v. – 1539: H 2741, Bl. 33v, 85r und 88r. – 1540: H 2742, Bl. 72v. – 1542: H 2734, unfoliiert. – 1545 (?): H 2743, Bl. 17v und 47r. – 1546: H 2744, Bl. 65r. – 1547: H 2745, Bl. 45r und 69r. – 1548: H 2746, Bl. 75r. – Vgl. KNABE 1881, 20; RAUTENSTRAUCH 1907, 121; HERZOG 2013, 92; HERZOG 2016, 482.

118 TRG-STA: H 2736, Bl. 75r.

Rechnung des Gemeinen Kastens von 1529 (Auszüge).
TRG-STA: H 2735, Bl. [31]r und [33]v.
Literatur: unpubliziert

TEXT 2
1529, gesamtes Jahr [Torgau]
Ausgaben für Kantorei

ij ß. li g. xi d. i heller,	zubues[1] zu der collacion der singer, welche ynen vff beuelh, der hern visitatorn, gegebn derhalb das sie hinfurder zu solchem singen vnd gotts dinst, dester williger vnd vleissiger sein soltten, hat die collacion in sum‹m›a, xvi guld‹en› iij g. xi d. 1 heller, lauts des vberanttwortn vorzeignus, gestanden, das ander als viii f. hat ein rath, vnnd alle die fisch, so vff das malh darzu verbraucht, auch gegeben, xiiij tisch seint vff beide tag, zu angezeigter collacion gespeiset wurd‹en› Gescheen sontags nach Assumpcionis Marie,	[31]r
xviiɉ g.	Georgen Loser, die er zuanrichtung des buchs, do die cantores aussing‹en›, außgegeben,	[33]v
xxi g.	Johansen Walther, zuerhaltung vnd steur[2] desselben buchs, dis jar geben, wens von notten[3] ist, sal ym als dan zusterckung solchs buchs vnd cantorei mehr vorgestrackt vnnd geben werden,	

Textkritische Hinweise

1: Zuschuss. – 2: Unterstützung. – 3: vonnöten (nicht: von Noten).

Bei diesen Feierlichkeiten wurde selbstverständlich musiziert. So erinnerte sich später Walters Wittenberger Musikverleger Georg Rhau in seinen VESPERARUM PRECUM OFFICIA,

> *daß ich nun einige Male in Torgau einem Convivium von Musikern beigewohnt habe, das man fast jedes Jahr zu halten pflegt. Dort sang man nach den einzelnen Gängen im Kontrapunkt mit verschiedenen Stimmen irgendeinen Psalm auswendig. Dieser Wechsel von Speisen und Gesängen hat es mir so angetan, daß ich zu behaupten wage, jenes Convivum sei wegen der würdigen und ehrenhaften Gestaltung nicht nur ruhm- und glanzvoll, sondern wegen der dabei wiedergegebenen Gesänge der göttlichen Psalmen vor allem heilig und ehrwürdig gewesen.*[119]

119 RHAU 1540 (1545?). Lateinische Vorrede des Verlegers und Herausgebers Georg Rhau. Deutsche Übersetzung, zitiert nach BLANKENBURG 1991, 65.

Es ging also nicht nur um den Gaumen-, sondern vor allem um den Ohrenschmaus. Die Feiern waren gewissermaßen musikalische Höhepunkte außerhalb des schulischen und gottesdienstlichen Geschehens. Dabei scheinen es keineswegs allzu ausgelassene Runden gewesen zu sein, vielmehr waren sie – in gehöriger Disziplin im Wechsel mit den Speisegängen – mit anspruchsvollen Darbietungen angefüllt, die wohl allein Walters Regie zu verdanken waren. Diesem Zweck dienten wohl auch seine kleinen Instrumentalstücke SECHSUNDZWANZIG FUGEN von 1542, um die musikalischen Einlagen klanglich zu bereichern. Sie dürften von besonders talentierten Schülern eingeübt und bei diesen Gelegenheiten zum Besten gegeben worden sein.

Doch zurück in die Zeit der ersten Torgauer Visitation von 1529. Es wird berichtet, dass Georg Löser und Johann Walter besondere Beihilfen erhielten. Löser war 1522–1526 Schulmeister gewesen und wurde 1530 Stadtrichter.[120] Er hatte ein Notenbuch – wohl das erste für die Torgauer Kantorei überhaupt – anlegen lassen, und Walter sollte es nun fortsetzen, wofür ihm im Bedarfsfall

> *zusterckung solchs buchs vnd cantorei mehr vorgestrackt vnnd geben werden* [TEXT 2]

sollte. Dieses Notenbuch war wohl noch ganz frisch und neu, da die Höhe der Ausgaben für dessen Einrichtung – diese wurden gewöhnlich per Quittung nachgewiesen – noch bekannt war. Als verantwortungsvolle Torgauer Persönlichkeit hatte Löser das Buch auf seine Kosten anlegen lassen. Dies schließt nicht aus, dass Walter schon damals wie auch in späterer Zeit der Notenschreiber war. Ein Datum ist bei dem Eintrag ins Rechnungsbuch nicht angegeben, doch ist er einer der letzten unter den Gemeinen Ausgaben von 1529 und verweist somit auf das Jahresende. Zweifellos hatte er etwas mit Walters baldigem Beginn als festangestellter Schulkantor zu tun und war eine Folge der nunmehr geregelten neuen Zuständigkeiten. In ähnlicher Weise wurde 1548 ja auch dem neuen albertinischen Hofkapellmeister Walter das vorhandene Notenmaterial von dem damaligen Kurator der Hofkapelle Neefe zur weiteren Nutzung und Bestandserweiterung ausgehändigt. Welche Gesänge das Notenbuch enthielt, ist unbekannt. Da nur von einem einzelnen Buch die Rede ist, handelte es sich vermutlich um ein großes Chorbuch, in dem u.a. Kirchengesänge, welche sonst nur in Stimmbüchern erhältlich waren, z.B. jene aus Walters GEISTLICHEM GESANGBÜCHLEIN, mit allen Stimmen enthalten waren, um gemeinsam daraus singen zu können. Choralgesänge für die Liturgien am Altar scheinen es nicht gewesen zu sein, da das Buch für die »*cantores*«, also für die gesamte Sängerschar, mithin für Figuralgesänge, und nicht für die »*chorales*« gedacht war.

120 HERZOG 2016, 143.

Einrichtung des Schulkantorats

Mag es für die neuen erwachsenen Sänger leichter möglich gewesen sein, sich an den Gottesdiensten aktiv singend zu beteiligen und sich neben ihren hauptberuflichen Tätigkeiten auch noch für Singproben – laut späterer Schulbesoldungsordnung von 1546 fanden diese freitags und sonnabends statt – zeitlich einzurichten, so musste für die Schüler eine Einrichtung geschaffen werden, die zwar aus alten und an liturgischen Amtshandlungen bereits sehr reichen Traditionen hervorging, aber nun den neuen musikalischen Erfordernissen angepasst war und die Knaben verpflichtete, das Singen weiterhin täglich einzuüben und die täglichen Gottesdienste mitzugestalten, obwohl ein großer Teil der einträglichen liturgischen Handlungen weggefallen war. Diesen materiellen Einbußen war wohl auch die Aufstellung einer aus sieben Schülern bestehenden Kurrende – wieder eine Einrichtung, die es schon in vorreformatorischer Zeit gegeben hatte – geschuldet, um ihnen dank ihrer zusätzlichen Einnahmen den Besuch der Schule zu ermöglichen.[121] Vor dieser neuen Aufgabe stand gerade die herausragende Residenzstadt Torgau, die als einzige kursächsische Stadt über eine große Schule mit 170 Schülern[122] und ausreichend Personal verfügte. Ein solcher Idealzustand schwebte nicht nur Luther vor, der sich für die Einführung der quadrivialen Musikerziehung in der Schule im Rahmen der Artes liberales stark gemacht hatte,[123] sondern auch dem Humanisten Philipp Melanchthon, dem die Reformierung des deutschen Schulwesens nach humanistischen Grundsätzen zu verdanken ist und der wie Luther für die Musik einen festen Platz als kulturpädagogisches Programm neben den anderen Fächern einforderte, auch für andere Städte und deren zumeist *»fast ganz darniederliegend[e]«*[124] Schulen. Nachdem in früheren Zeiten die besten Sängerknaben aus der Torgauer Schule gewöhnlich für die Hofkapelle abgezogen worden waren,[125] bestanden nun mit vollständigem Schulchor die besten Voraussetzungen, den neuen musikalischen Herausforderungen gerecht zu werden, denn anders als früher ging es nicht mehr nur um das Absingen der Messe, sondern auch um die Verknüpfung des choralen Singens mit dem Gemeindegesang, darüber hinaus sogar um anspruchsvolle Figuralmusik, wie sie anfänglich nur Torgau zu bieten hatte.

Über den Musikunterricht in der Schule besagt die Torgauer Visitationsordnung von 1529:

121 Taubert 1868, 5; Knabe 1881, 7; Pallas 1911, 10.

122 Burkhardt 1879/1981, 41; Knabe 1881, 4; Pallas 1911, 5.

123 Ehmann 1934, 191f.

124 Burkhardt 1879/1981, 41.

125 Taubert 1868, 4f.

Nachmittag.
Umb zwelf hor sollen die ersten drey classes oder haufen dieselb stund oder drey viertel durch den schulmeister und Cantor in der musica exerciret und geübt werden. Under der stunde soll die weyl der pedagog einer den cleynen haufen quartam classem die alphabetarios abwarten, von den andern, damit sie eynander am singen nicht irren, an eynen besundern ort die deutzschen geseng und beten leren.[126]

Mit anderen Worten: Die ersten drei Klassen, also die größeren Schüler, sollten von 12 Uhr mittags bis 12.45 Uhr oder 13 Uhr vom Schulmeister und dem Kantor Musikunterricht erhalten, während die kleinsten Schüler in der vierten Klasse von einem der *»pedagog[en]«* in einem anderen Raum die deutschen Gesänge und das Beten lernen sollten. Im April 1529 war also noch vorgesehen, dass der Musikunterricht auf zwei gleichzeitig singende bzw. lernende, aber räumlich getrennte Gruppen verteilt werden sollte. Dabei implizierte die Nennung von Schulmeister und Kantor – in Torgau waren es dank Walter zwei verschiedene Personen – eine nochmalige Teilung der älteren Gruppe, sodass mindestens drei Lehrer am Musikunterricht beteiligt waren. 1531 sah dies schon ganz anders aus. Eine auf Bitten des Torgauer Stadtrats von Melanchthon erstellte kurze lateinische *»Einrichtung der Torgauer Schule, eingeteilt in Klassen und Lektionen«*, die in einer Abschrift überliefert ist, besagt:

HORÆ POMERIDIANÆ *Duodecima hora Musicorum est. Placet docentur puerj Musicen per totam scholam a Cantore.*	*[STUNDEN AN DEN NACHMITTAGEN* *Die zwölfte Stunde gehört den Musikern. Es ist gut, dass die Jungen als gesamte Schule vom Kantor in Musik unterrichtet werden.]*[127]

Melanchthon, der 1528 übrigens von nur drei statt vier Schulklassen ausgegangen war,[128] bestätigte also mit eigenen Worten, dass es keine Gruppentrennung mehr gab und dass allein der Kantor für den Musikunterricht in allen Klassen zuständig war. Er befürwortete dies auch, obwohl er selbst eine solche Variante urspünglich nicht ins Auge gefasst hatte. Da die Vereinigung aller singenden Personen, zu denen in den Übersingstunden noch die erwachsenen Kantoreimitglieder kamen, für das figurale Chorsingen Voraussetzung war, scheint diese Änderung ein Zugeständnis an die von Luther, Walter und anderen vehementen

126 Zitiert nach KNABE 1881, 5; vgl. PALLAS 1911, 7.

127 *»Constitutio Scholæ Torgen‹sis› in classibus et Lectionibus a Domino Philippo Melanchtone quarta Augustj Anno dominj M. D. XXXI ordinata« (»Einrichtung der Torgauer Schule, von Herrn Philipp Melanchthon am 4. August 1531 in Klassen und Lektionen eingeteilt«).* TRG-STA: H 7, Bl. 224–227, hier Bl. 225v. Vgl. die ähnliche Übersetzung in HERZOG 2016, 579. Vgl. TAUBERT 1868, 5. Weiteres zu Melanchthons Torgauer Schulplan bei HERZOG 2016, 445.

128 UNTERRICHT DER VISITATOREN, Kapitel *»Schulen«*. RICHTER 1846-1, 99–101.

Musikbefürwortern geforderten optimalen Bedingungen bei der Vorbereitung der Gottesdienste und an die gute Torgauer Situation gewesen zu sein.[129] Eine später ergänzte Anmerkung auf dem Titelblatt:

D‹octor› Luther hat auch dergleichen didacticam a‹nn›o 1528 gestellet,

macht deutlich, dass Luther bereits 1528 ein solches Unterrichtssystem aufgestellt hatte, wobei Querverweise auf andere Publikationen, in denen dies nachgelesen werden könne, dasselbe weiter untermauern sollen. Inwieweit sich in derartigen früheren Entwürfen auch der Musikunterricht von der allgemeinen Torgauer Visitationsordnung unterschied, sei dahingestellt. Die Quelle zeigt jedenfalls, dass das von Melanchthon und den Visitatoren theoretisch erarbeitete System in der Praxis nicht vollends umgesetzt wurde, sondern dass zumindest der Musikunterricht – so werden weitere Quellen zeigen – noch enger auf Johann Walter zugeschnitten wurde.[130] Dass dieser neben den bisherigen vier Lehrern (Schulmeister, zwei Pädagogen, Infimus)[131] noch im Nachhinein zusätzlich aufgenommen und dabei nur mit einer täglichen Musikstunde bedacht wurde, drückt sich auch in den Besoldungslisten der Rechnungen des Gemeinen Kastens durch die Position des Kantors an allerletzter Stelle aus.

Auf jeden Fall bedurfte es nun eines *»aparten«*[132] Kantors, der nicht mehr wie bisher zugleich die Organistendienste versah,[133] sondern allein auf das (triviale) Singen und die (quadriviale) Musiktheorie spezialisiert war und die Schüler nicht nur in der Choralmusik, sondern auch in der Figuralmusik unterweisen konnte. Hierbei dürfte es weniger um Spezialkenntnisse, wie die damaligen Techniken des Komponierens, als lediglich um elementaren Musikunterricht, wie einfaches Notenlesen zur Vorbereitung der Gottesdienste, gegangen sein, wie er später von Hein-

129 Vgl. die ähnlich lautenden Anweisungen in Wittenberg. Boës 1958/59, 23.

130 Auch nach Joachim Stalmann bedeutete die Torgauer Visitationsordnung von 1529 nur einen Anfang, der noch nicht viel von der späteren Entwicklung verriet. Stalmann 1960, 18.

131 Vgl. das Kapitel *»Schule«* und Weiteres in den Editionen Knabe 1881, 2, 4–7 und 10, Anm. 9; Sehling 1902, 36ff., 149ff., 674ff.; Pallas 1911, 5–8.

132 Trg-StA: H 7, zitiert nach Taubert 1868, 5.

133 Das Thema Orgel und Organisten spielt in diesem Buch nur eine sehr untergeordnete Rolle, da die Orgel zur Walter-Zeit im Gemeindegesang noch keine Begleitfunktion ausübte und der Organist allenfalls zu besonderen höfischen Anlässen auf einem kleineren Instrument, z.B. Virginal oder Positiv, neben den Instrumentalisten die Singstimmen verstärkte. Lediglich bei Wechselgesängen zwischen Chor und Orgel trat er mit den Sängern in Berührung. Diese versweise Alternatimpraxis in den liturgischen Gesängen hatte ebenfalls nicht direkt etwas mit Walter zu tun, da auch bei figural auskomponierten Werken die Orgel immer nur für die Intonation bzw. für die einstimmig-choralen Abschnitte zuständig war, während der Chor nur jeden zweiten Vers mehrstimmig-figural zu singen hatte. Der Organist agierte also selbstständig und von den Einsätzen des Chores losgelöst. Walter hat als Kantor deshalb nie etwas für die obligate Orgel komponiert. Und nicht zufällig fehlt auf den frühen Darstellungen der Kantoreien der Organist (S. 71ff.).

rich Faber in einer viel rezipierten lateinischen Systematik, dem COMPENDIOLUM MUSICAE von 1548, entwickelt wurde und über Jahrzehnte Gültigkeit behielt.[134]

Diese Aufgabe übernahm Johann Walter, welcher endlich 1530 von der Stadt als Schulkantor eingesetzt wurde. Zuvor waren jedoch noch einige bauliche Vorbereitungen im Schulgebäude nötig, denn Walter sollte von nun an in der Schule wohnen. So ist dem Rechnungsbuch des Gemeinen Kastens von 1529 zu entnehmen (TEXT 3), dass Walters zukünftige Schulwohnung, bestehend wohl aus einem Stüblein mit Seitenkammer im Obergeschoss und einer Küche mit Seitenkammer unten, komplett neu hergerichtet werden musste: Unter anderem wurden die Wände der Stube mit Holz getäfelt, der Fußboden mit unterschiedlich großen Brettern verlegt, die Feuermauer (Schornstein) in vielen einzelnen Schritten instandgesetzt, ein Herd und Ofenfüße gemauert, ein Kachelofen und neue Glasfenster mit Fensterläden eingebaut sowie Möbel – erwähnt sind Bänke und Sponden (Bettgestelle) – und verschließbare Türen angefertigt bzw. mit neuen Schlössern versehen. Zudem erhielt Walter einen eigenen Schweinestall. Bis auf die Dauer einzelner Bauarbeiten von mehreren Tagen gibt es zu diesen umfangreichen Baumaßnahmen keine genauen Zeitangaben; lediglich der Fußboden scheint Ende August 1529 teilverlegt worden zu sein. Mit großer Wahrscheinlichkeit hat die Instandsetzung der Schulwohnung den ganzen Sommer und Herbst gewährt, nachdem die Visitation, in der dies vermutlich angeordnet worden war, erst im April stattgefunden hatte und die Baumaßnahmen frühestens im Mai begonnen haben können. Bis zum Jahresende hatte Walter dann noch Zeit, seine neue Wohnung zu beziehen, um im Januar seine Tätigkeit offiziell als Kantor aufzunehmen. Die kostenlose Unterbringung in der Schule war übrigens eine weitere Übernahme einer vorreformatorischen Einrichtung, von welcher nicht nur das Lehrerpersonal, sondern auch die Chorales profitiert hatten.[135] Sie fand nun, Lehrer und Chorales zumeist in jeweils einer Person vereinigend, in der Zeit der großen schulischen und musikalischen Umbrüche ihre Fortsetzung.

Wo Walter bisher gewohnt hatte, geht aus den Akten nicht hervor. Es war aber durchaus üblich, vor dem Erwerb eines eigenen Grundstücks mit Bürgerrecht zunächst im Haus der Schwiegereltern zu wohnen, genauso wie derjenige leibliche Nachkomme, der dann das Elternhaus erbte. Walter könnte also, sofern er nicht woanders zur Miete gewohnt hat, seit seiner Entlassung aus der (im Schloss untergebrachten) Hofkapelle im Sommer 1526 zunächst bei Familie Hesse untergekommen sein, wo er auch heiratete, eine Familie gründete und für dreieinhalb Jahre wohnen blieb.[136] Wer weiß, ob nicht sogar der Zeitpunkt der Heirat, der mit

134 Näheres dazu bei KÜSTER 2016, 73f.

135 RAUTENSTRAUCH 1907, 18.

136 Vgl. GURLITT 1933, 44. Heiraten und Taufen fanden damals gewöhnlich im Privaten und nicht in der Kirche statt, wobei die zuständige Geistlichkeit ebenfalls nach Hause kam.

Rechnung des Gemeinen Kastens von 1529.
TRG-STA: H 2735, Bl. [27]v–[29]v.
Literatur: unpubliziert

TEXT 3
1529, gesamtes Jahr [Torgau]
Ausgaben für Bautätigkeiten in der Schule, besonders in Walters Wohnung

Ausgab vor die gebeude der pfarren capplanheuser vnnd schulen, [27]r

[...]

1 ß. xi g. vi d. Brosi‹us› Zym‹m›erman vnd Thomas Thewichen, hat yeder xiij tag, gearbeit, haben die stellen [][a] tag, her Lorenz haus gedackt, vnd vff der schulh an Johan Walthers stublen, gearbeit, vnd ander notturfft mehr gethan, [27]v

[...]

xvi g. vi d. Brosi‹us› Zym‹m›erman, vnd Thomas Thewichen hat yeder, iij tag gearbeit, als ein rym[1] vff der pfar, ein bodem vff der schulh, in Walthers stublen, gelegt, vnd her Lorenzen ein schweinkoben gemacht sontags nach Bartholomei [28]r

v† g. Brosi‹us› Zym‹m›erman, vnd Thomas Thewichen, hat yeder i tag gearbeit, haben ein nawen palcken, in einer kamer vff der schulh eingezogen, die feuermeuer an Walthers stublen mit brethen beschlagen, vnd das fenster ym selben stublen anders gemacht auch die thyer zcwuschen dem korn hauss, vnd der schulen, do die schwein yren außgang haben, gemacht,[2]

[...]

xii† g. id‹em›[3] [Clement dem kernner[4]] von xxv karn leymen Ist zur feuermeuer vff der pfarren, vor her Johans stublen vnd zu Walthers stublen vff der schulh vnd zubesserung her Lorenzen feuermeur komen,

[...]

Auff die schule, [28]v

[...]

iiij g. id‹em›[3] [Gallen glaser] vor vor ij fenster zu Walthers kam‹m›er,

v g. vor ein schlos in ein kamer oben hat Walther

i† g. von dem schlos in der kuchen kam‹m›er wider anzurichten

[...]

vi† g. Hansen Krezschmar, hat selb drit i tag gearbeit, als Walthers feuermeuer gedeckt, Hans Custers feuermeuer gebessert, vnd geflickt, auch die wandt gegen er Symon ym steinbruch mit brethen beschlagen, [29]r

xv g. v d. hat Johan Walther von dem schwein koben, vff der schulen zu machen, außgeben als zym‹m›erlon fhurlon, vor nagel, vnd vor essen vnd trincken, lauts seins vorzeichnus vnd handtschriefft

	Vor Walthers stublen	[29]r
li g.	Hansen Custer hat dasselb stublen geteffelt, auch die bencke vnnd thier gemacht,	
iij g. iij d.	vor iij ß. i mandel, ganze brethnagel zum teffeln ader sponden komen,	
x g.	vor ein mandel vij ellige breth, so mit zum bodem komen,	
ij g. viij d.	vor iiij halbe sparholzer i zu viij d. so mit zur feuermeuer komen,	
v g.	vor iiij cleine aspen[5], zu stickholz[6] zur feuermeue[r]	
xliij g.	Jorg Rheynen von der feuermeuer zu cleiben vnd zu sticken, welche ym angedingt,	
vij g.	Wendische Jorgen, hat iij tag gemauert als den herdt den fuß zum offen vnnd ander flickwergk mehr gemacht,	
xxxiij g.	Hansen Schuler vom offen zumachen,	
xviij g.	Gallen glaser, von den ij fenstern im stublen,	
ij g. iiij d.	vor halbe brethnagel, die leisten ym stublen mit angeschlagenn,	[29]v
i g.	von den hacken grosser zu machen do die fenster liede ynne hangen,	
vi d.	vonn denselben fensterlieden zuhengen,	
iiij d.	vor nagel domit man die bandt an dieselben lied geschlagen,	
ij g.	vor ij eisserne stangen vnd kloben[7], an die selben fenster, liede, domit sie der windt nicht zuschlecht, noch schaden thun magk,	
xv g.	Hansen cleinschmide, von der stubthyer zuhengen, vor das schlos vor die bandt handthabn hacken schlossel vnd alle zugehorung ‹etc.›	
v g.	idem[3] von dem schlos ann der schulhaußthier dasselb wider angericht vnd viij schlossel vorendert,	
iij g. iij d.	Hansen Schuler hat ix kacheln in Bart‹holomæi› Georgen stublen eingesezt vnd vi fußkacheln in der vndern stuben eine zu iiij d.	
viij g.	vor xxij vi ellige breth auch zum stublen komen, vom rathe genomen	

Textkritische Hinweise

a: Zahl fehlt.

1: Rimm (Querbalken). – 2: Randbemerkung aus späterer Zeit: »Damals die Schuhle noch den Sontages Küster gegen uber gewesen.« – 3: demselben. – 4: Fuhrmann. – 5: Espenholz. – 6: Hölzer zum Dazwischenstecken. – 7: gabelförmige Aufhängevorrichtung.

der Auflösung der Hofkapelle zusammenfiel, auch im Hinblick auf Walters zeitweilige Versorgung bei der Schwiegermutter – der Schwiegervater war bereits verstorben – mit besonderem Bedacht gewählt worden ist, nachdem Walter mit seinen auswärtigen Bewerbungen bisher erfolglos geblieben war. Die Hausübernahme durch Walters Schwager Dominicus erfolgte, der Hesse'schen Vereinbarung über das Vaterteil von 1529 gemäß, knapp drei Jahre später. Dies wäre dann noch vor Walters Auszug aus diesem Haus geschehen.

Einkünfte und Wohnverhältnisse

Am 12. Januar 1530 fand nach der Ratswahl eine Bürgerversammlung im Rathaus statt, auf der Johann Walter, der wegen Augenproblemen nicht daran teilnehmen konnte, in Abwesenheit erstmals[137] als Kantor bestätigt wurde.[138] Damit war die schwierigste Zeit endlich überwunden. In den ersten beiden Jahren verdiente Walter jeweils elf Gulden, ferner einen Anteil am Quatember- bzw. Schulgeld, das je nach Anzahl der Schüler unterschiedlich hoch ausfiel. Mit dem Schulkantorat war zugleich sein Dienst im Sonnewald'schen Gestift als einer der sechs Chorales verbunden, die seit 1480 täglich Messen zu singen hatten und auch nach Einführung der Reformation, nunmehr ersetzt durch Kirchen- und Schuldiener, von der Stiftung profitierten. Damit bezog Walter ein weiteres jährliches Einkommen von neun Gulden.[139] Diese Einträge fehlten 1529 noch; Walter war damals also definitiv noch kein Schulkantor, auch nicht im letzten Quartal. Dies schließt nicht aus, dass er schon früher als Choralis etwas dazuverdient hat, wenn auch noch nicht in amtlich geregelter Form. Hinzu kamen Walters kurfürstliche Zulagen. Alles in allem kamen 1531/32 stattliche 70 Gulden jährlich zusammen, zu denen noch die unbekannten Einkommen aus der Vermietung des Kahlaer Anwesens sowie Korn, Schulgeld und weitere, aus der Leitung des Chores resultierende unregelmäßige Einnahmen zu besonderen Anlässen hinzugerechnet werden müssen.

Darüber hinaus konnte die Familie Walter 1529 gemäß der Vereinbarung mit Walters Schwiegermutter Besitzansprüche geltend machen, die ebenfalls in das Etat der Familie eingeflossen sind: Am 7. Juni 1529 trafen die vier Erbbeteiligten

137 Die Erweiterung des Gemeinen Kastens von der Armenversorgung (seit 1522) zu einer geregelten Kirchenkasse 1529, verbunden mit Übergabe des bisherigen Kirchenvermögens und der Anfertigung jahrgangsweiser Rechnungen über Einnahmen und Ausgaben, wurde durch die Visitationsordnung geregelt. Deshalb gibt es keine früheren Jahrgänge vor 1529, die eindeutig belegen könnten, dass Walter früher noch nicht angestellt war. Aber sowohl die Einrichtung der Kantorenwohnung in der Schule als auch die Übergabe des Gesangbuches an Walter, die erst 1529 erfolgten, das Fehlen jeglicher Schulbesoldung in der Rechnung des Gemeinen Kastens von 1529, wohingegen sich die Ausgaben für Baumaßnahmen häufen, sowie die damals vorhandene bzw. vorgesehene Anzahl von nur drei Lehrern neben dem Schulmeister, zu denen Walter später noch hinzukam, schließen andere Interpretationen aus. Auch die Formulierung bei seinen Kollegen Flemming (Schulmeister) und Crodel (Bakkalaureus), die *»wiederum«* bestätigt wurden – im Gegensatz zu Walter, der als letzter Kollege *»auch«* (= zusätzlich) angenommen wurde –, legen dies nahe.

138 1530, 12. Januar, Torgau: Amtliche Bestätigung Walters als Schulkantor durch den Torgauer Stadtrat. Aus: Torgauer Ratsprotokollbuch von 1530. TRG-STA: H 673, Bl. 4r. Vgl. 1536 in TRG-STA: H 677, Bl. 6r. Literatur: RICHTER 2013, Dok. 16.

139 1531, gesamtes Jahr [Torgau]: Johann Walters Einkommen als Schulkantor. Aus: Rechnung des Gemeinen Kastens von 1531. TRG-STA: H 2736, Bl. 37v–38v. Literatur: RICHTER 2013, Dok. 23.

Barbara Hesse und ihre drei Kinder Franz, Dominicus und Anna vor dem Torgauer Stadtrat eine Vereinbarung zum Vaterteil, wobei Johann Walter als Schwiegersohn bzw. Ehemann der Tochter Anna dieselbe vertrat. Zum einen sollten die Mobilien aus dem Besitz des Vaters gleichmäßig auf die drei Kinder verteilt werden. Zum anderen stand Walters Frau derselbe Anteil von 100 Gulden zu wie seinen beiden Schwagern. Da die Walters bisher nur 30 Gulden erhalten hatten, sollten am kommenden Michaelistag die restlichen 70 Gulden ausgezahlt werden, wobei die eine Hälfte in barer Münze, die andere Hälfte als Biergeld (aus den Bierverkäufen der Witwe) erfolgen sollte. Drittens hatte der eine Sohn Dominicus Hesse das Haus seiner Mutter unter der Verpflichtung, die Witwe darin weiter wohnen zu lassen und zu versorgen, für 700 Gulden übernommen. Von diesen 700 Gulden stand der Mutter die eine Hälfte von 350 Gulden zu, die andere Hälfte den drei Kindern zusammen. 50 Gulden hatte die Mutter Dominicus geschenkt. Von dem Anteil für die Kinder durfte Dominicus ein Drittel, also 116 Gulden und 14 Groschen, behalten und sollte die anderen beiden Drittel, also 230 Gulden und 7 Groschen, seinem Bruder Franz und seiner Schwester Anna abzahlen. Die Zahlung der ersten 100 Gulden sollte am kommenden Michaelistag erfolgen. In den folgenden Jahren sollten jeweils zu Michaelis weitere 40 Gulden so lange gezahlt werden, bis die Summe von 533 Gulden und 7 Groschen Hausanteil, die der Mutter und den beiden Geschwistern zustand, beglichen war. Von dem jeweils entrichteten Geld sollte die Mutter die eine Hälfte behalten und die andere Hälfte Franz Hesse und Anna Walter überlassen. Alle diese jährlichen Zahlungen sollten dreifach schriftlich festgehalten werden. Diesem Vertrag kann man also entnehmen, dass die Familie Walter aus dieser Erbschaft 125 Gulden (100 Gulden aus der baren Erbschaft sowie 25 Gulden aus dem Anteil am Haus) erhielt, denen in den kommenden Jahren bis 1539/40 weitere zehn Gulden jährlich folgen sollten.[140]

Bescheidener fiel dagegen Walters Beerbung des ehemaligen Kapellmeisters Rupsch aus, der im Sommer 1530 verstarb. Rupsch hatte am 25. Januar 1529 die Versorgung seiner Frau geregelt und sein Testament aufgesetzt. Dabei hatte er auch Walter bedacht, und zwar mit zwei Gulden sowie mit einem weiteren Gulden, sofern Walter bei Rupschs Beisetzung den Sarg mit tragen würde. Da Rupsch jedoch die zu vererbenden Gelder selbst benötigte, musste er diese Schenkung am 21. Mai 1530 wieder rückgängig machen. Außerdem hatte er Walter eine Schaube (Mantelrock) versprochen, die Walter dann auch erhielt. Walter war sowohl bei der Unterzeichnung des Testaments als auch bei dem

140 1529, 7. Juni, Torgau: Vergleich zwischen der Witwe Barbara Hesse und ihren Kindern. Aus: Torgauer Stadtbuch 1529–1533. TRG-STA: H 671, Bl. 19r–20r. Weitere Einträge zu Franz Hesses Witwe Margareta und ihrem Schwager und Vormund Johann Walter von 1532/33 in ebd., Bl. 168f. und 195f., sowie zu Walters Schwiegermutter Barbara Hesse 1537 im Torgauer Ratsprotokollbuch 1537, H 678, Bl. 28f. Literatur: RICHTER 2013, Dok. 15.

zweiten Nachtrag am 12. August 1530 nach Rupschs Tod als Zeuge anwesend. Bei dieser Gelegenheit scheint er auch einen der beiden silbernen Pokale erhalten zu haben, die ursprünglich für Rupschs Witwe bestimmt gewesen waren.[141]

1532 reduzierten sich Walters Einkünfte von 70 auf 60 Gulden, und zwar in zweierlei Schritten:

1. Zum einen bewilligte ihm der Stadtrat am 18. August 1531 in Anwesenheit des Pfarrers Gabriel Zwilling (Didymus) zur Förderung und Lehre der gemeinen Jugend zehn Gulden für Herberge und Holz.[142] Dies geschah unter Verweis auf die acht Tage zuvor erfolgte Verdopplung der kurfürstlichen jährlichen Zulage von 25 auf 50 Gulden und ein Malter Korn, nachdem Walter eingewilligt hatte, gegen diese Zulage zeitlebens die Stadtkantorei zu leiten sowie in der Schule die eine Musikstunde zu geben.[143] Dank des städtischen Wohngeldes wollte Walter künftig dafür auf seine anderen Verdienste als Choralis etc. verzichten. Allerdings sollte das aktuelle Vierteljahr noch unter der alten Besoldung laufen. Hier muss angemerkt werden, dass Walter bereits im Februar 1531 auf seinen Wunsch hin von seinem Chorales-Dienst befreit worden zu sein scheint (S. 69), auch wenn er in den Akten noch bis zum Jahresende als solcher weitergeführt wurde.

2. Im zweiten Quartal des Folgejahres 1532 wurde ein neuer, dritter Bakkalaureus (Donet Michel / Donat Michael) angestellt, der zugleich als Choralis verpflichtet wurde.[144] Damit verringerte sich Walters bisheriges jährliches Gehalt von elf auf zehn Gulden, die ihm von nun an jedes Jahr ausgezahlt wurden.[145] Bei dieser Änderung handelte es sich jedoch nicht um eine geringfügige Kürzung aufgrund einer minimalen Verringerung des Unterrichtsumfangs, den der Bakkalaureus ergänzte, sondern um das neu verordnete Wohngeld, wohingegen der neue Bakkalaureus Walters bisheriges volles Schulgehalt erhielt.

141 1529, 25. Januar / 1530, 21. Mai, 10. und 12. August [Torgau]: Conrad Rupschs Testament. Aus: Torgauer Stadtbuch 1529–1533. Trg-StA: H 671, Bl. 2v–3v. Literatur: zuerst Gurlitt 1933, 18; zuletzt Richter 2013, Dok. 14.

142 1531, 18. August, Torgau: Beschluss zur Neubesoldung des Schulkantors Walter durch den Stadtrat. Aus: Torgauer Ratsprotokollbuch von 1531. Trg-StA: H 674, Bl. 32r. Literatur: zuerst Gurlitt 1933, 45; zuletzt Richter 2013, Dok. 22.

143 Quelle angegeben in Anm. 107.

144 1532, gesamtes Jahr [Torgau]: Johann Walters Neubesoldung als Schulkantor. Aus: Rechnung des Gemeinen Kastens zu Torgau von 1532. Trg-StA: H 2737, Bl. 32v–33r. Literatur: Richter 2013, Dok. 25. Vgl. das geänderte Chorales-Personal ebd., Bl. 33v.

145 1535: Trg-StA: H 2738, Bl. 34r. - 1536: H 2739, Bl. 42v. - 1537: H 2740, Bl. 40r. - 1539: H 2741, Bl. 40v. - 1540: H 2742, Bl. 42r. - 1542: H 2734, unfoliiert. - 1545 (?): H 2743, Bl. 17r. - 1546: H 2744, Bl. 35v. - 1547: H 2745, Bl. 44r. - 1548: H 2746, Bl. 38r.

Das Wohngeld war ein Äquivalent für die bisherige freie Beherbergung in der Schule, aus der Walters Familie in ein neues Heim umzog. Ein weiterer Eintrag aus demselben Jahr bezieht sich auf etliche Türbänder, Vorhängeketten und Schlösser, die Walter auf seine Kosten anbringen bzw. ausbessern ließ.[146] Hier ging es vermutlich um Reparaturen seiner Wohnung im Schulgebäude, die er durch seinen Auszug verlassen hatte.

Im Sommer 1532 erwarb Walter ein kleines Haus in geschlossener Bebauung. Er kaufte dem Beutler Marx Otto Haus und Grundstück in der Stümpfergasse (heute Wittenberger Straße 19, BILD 5) für 154 Gulden ab und ließ dies im Stadtbuch extra vermerken.[147] Entgegen der in der Literatur vorherrschenden Annahme, dass Walter entsprechend der damaligen Regel die Summe in Raten abgezahlt habe, war dieser in der Lage, den vollen Kaufpreis zu entrichten. Das 1531 noch als Mietshaus mit 150 Gulden versteuerte kleine Grundstück befand sich im Erweiterungsgebiet innerhalb der Ringmauern mit »*kleinen Erben*« ohne Braurecht[148] und umfing einen dreiachsigen Neubau mit Erd- und Obergeschoss, aber ohne Keller, sowie mit einer bewohnbaren Fläche von ca. 100 m^2. Hiervon umfasste die Wohnstube, in der Walter seit 1546 drei Schlosssängerknaben unterrichten sollte, 14 m^2. Aus der Steuerliste von 1542 geht neben dem Steuerwert von 200 Gulden auch der Besitz zweier Ziegen hervor, die wohl wegen der beengten Verhältnisse anstelle anderer Haustiere gehalten wurden. Ebenso spricht der ungewöhnliche Verzicht auf einen Garten außerhalb der Ringmauern für eine außergewöhnliche, nicht die vergleichsweise hohen Einkommensverhältnisse widerspiegelnde Bescheidenheit der Walters in Bezug auf immobile und andere materielle Güter, wie sie auch in Walters Dichtungen und in seiner Zurückhaltung als Musiker in seinen Vorreden zum Ausdruck kam.[149] Bei einem Steuersatz von 5 Gulden pro 1 000 ergaben sich an jährlichen Steuern 1 Gulden 2 Pfennige und 1 Heller.[150] Dieser Besteuerungswert erhöhte sich bis 1551 laut damaliger Steuerliste – sie ist die erste aus der albertinischen Zeit Torgaus, und in ihr ist auch das Haus des jungen Johann Walter verzeichnet – auf 250 Gulden,

146 Erstattung von Walters Ausgaben im Schulgebäude. Quelle angegeben in Anm. 144, Bl. 59v.

147 1532, 17. Juli, Torgau: Erwerb eines Grundstückes in Torgau durch Johann Walter. Aus: Torgauer Stadtbuch 1529–1533. TRG-STA: H 671, Bl. 172r. Literatur: zuerst HOLSTEIN 1884, 189 (auf 1537 datiert); zuletzt RICHTER 2013, Dok. 24.

148 Durch Abtrennung geschaffene kleine Grundstücke, die in der Regel von ärmeren Bürgern, vorwiegend des nichtzünftigen Handwerks, bewohnt wurden. HERZOG 2016, 465.

149 Näheres zu Walters Grundstück siehe HERZOG 2013, 88–91; ferner HERZOG 2016, 481. Die ehemals verbreitete Behauptung, Walter habe über das Bierbraurecht verfügt, ist damit widerlegt, zumal in Walters kleinem Haus gar kein Platz zum Brauen war. Vgl. RICHTER 2013, Dok. 57, Anm. 2.

150 1542, 19. März, Torgau: Johann Walters Türkensteuern. Aus: Torgauer Türkensteuerregister 1542. WMR-HSTA: EGA, Reg. Pp, Nr. 302, Bl. 176v. Literatur: RICHTER 2013, Dok. 39.

die Walter mit 2 x 14 Groschen und 7 Pfennigen, also mit 2 Pfennigen pro Schock, jährlich zu versteuern hatte.[151] Dieser Betrag lässt sich noch bis 1556 nachweisen.[152] Seit 1557 betrug der Steuerwert seines Grundstücks wieder 70 Silberschock bzw. 200 Gulden.[153]

Das Wohngeld wurde übrigens etwa seit dieser Zeit, als Walter aus der Schule auszog – in der zweiten Visitation von 1534 wurde es endgültig festgeschrieben –, allen verheirateten Lehrern zugestanden, damit diese »*zu verhutung allerlei unrichtickeit*« nicht ihre Familien mit Ehefrauen, Töchtern und Mägden in der Schule wohnen lassen mussten. Denn bisher hatte aus Gründen der Sittlichkeit

kein großer Knabe und Geselle auf der Schule geduldet[154]

werden können. Der Zeitpunkt von Walters Auszug hing also weniger mit individuellen Gegebenheiten zusammen, sondern war eine Reaktion auf Probleme grundsätzlicher Art. Es handelte sich um eine strukturelle Änderung innerhalb des erst vor Kurzem neu errichteten, wenn auch aus Vorzeiten übernommenen Torgauer Schulsystems. Möglicherweise war sie von vornherein geplant gewesen; die finanzielle Situation Walters hatte wohl aber keine andere Lösung erlaubt, als eine kleine Wohnung für seine Familie in der Schule einzurichten. Nach seinem Auszug konnte die Wohnung von den unverheirateten Schulkollegen weiter genutzt werden. Vor diesem Hintergrund ist davon auszugehen, dass der neue Bakkalaureus Walters Schulwohnung bezog. Könnte vielleicht auch der Zuzug des vierten und im Zusammenhang mit Walters autobiografischem Bericht bekannten Bakkalaureus Michael Schulteis ein ebensolcher Vorgang gewesen sein? Demnach wäre zunächst der vorherige Bakkalaureus mit Heiratsabsichten wieder ausgezogen, und Schulteis konnte 1534/35 einziehen, um dann seinerseits mit seiner Heirat 1537 wieder auszuziehen.

Die Anstellung des neuen Lehrers war übrigens auf Walters eigenen Wunsch geschehen. Die Entscheidung dazu muss Walter im Zusammenhang mit der kurfürstlichen Zulage vom August 1531, die ihm bedeutend mehr einbrachte als der Schuldienst, getroffen haben, denn während noch im Februar jenes Jahres lediglich vom Verzicht Walters auf den Chorales-Dienst, nicht aber von einem neuen Schulkollegen die Rede war, stand Walters Wunsch zu diesem Schritt eine

151 1551, 2. Februar, Torgau: Steuerveranlagungen der beiden Johann Walters. Aus: Torgauer Landsteuerregister 1551. DD-SHSTA: Obersteuerkollegium, Nr. 357, Bl. [13]v, 352r. Literatur: RICHTER 2013, Dok. 59.

152 1553: Ebd., Nr. 357, Bl. 284v. – 1554–1556: Nr. 418, unfoliiert.

153 1557: Ebd. Nr. 430, unfoliiert. – 1561/62: Nr. 462, unfoliiert. – 1665: Nr. 487, unfoliiert. – 1565–1569: Nr. 628, unfoliiert. – 1567: Nr. 552, unfoliiert. – 1568: Nr. 588, unfoliiert. – 1570–1572: Nr. 667, Bd. 8, Bl. 191v (Walters Witwe).

154 Zitiert nach HERZOG 2016, 358/360. Vgl. BURKHARDT 1879/1981, 188.

Woche nach Erteilung der Zulage fest. Diese Beihilfe war somit auch der Auslöser für Walters Auszug. Wer weiß, wie lange Walter auf eine solche Lösung gewartet und sowohl den Auszug der Familie als auch die berufliche Entlastung ersehnt hatte. Dass Walters Hauskauf und die Neueinstellung des Bakkalaureus erst viele Monate nach der Bewilligung des Wohngeldes erfolgten, könnte damit zusammenhängen, dass zum einen die Bewerbungsfrist für die neuen Lehrerkanditaten eine gewisse Zeit erforderte und dass zum anderen Walter schon im Sommer 1531 ausgezogen ist, und zwar in eine Mietwohnung, sei es nun in jenem Haus, das er knapp ein Jahr später kaufte, oder in einem anderen.

BILD 5
Torgau, Wittenberger Straße 19: Walters Wohnhaus, heutige Ansicht. Foto: JH

Kompetenzen als Schullehrer und Chorleiter

Musikunterricht

Der Auszug aus der Schule 1532 bedeutete freilich nicht, dass Walter nun keinen Schulunterricht mehr zu erteilen hatte. Im Gegenteil wurde das Paket seiner musikalischen Aufgaben jetzt erst richtig festgeschnürt. Denn Bedingung für die Auszahlung des Wohngeldes waren seine nach wie vor täglich zu haltende Musikstunde in der Schule sowie die Leitung des Chores in den sonn- und feiertäglichen Gottesdiensten der Pfarrkirche. Demgegenüber scheint der neu angestellte Bakkalaureus den Latein- und Religionsunterricht und die anderen gewöhnlichen Schulpflichten, wie sie in der ersten Torgauer Visitationsordnung von 1529 für alle Schuldiener festgelegt worden waren, übernommen zu haben. Somit wurde ein rein musikalisches, auf Walters Person zugeschnittenes Kantorat eingerichtet, das gemäß der späteren Schulbesoldungsordnung von 1546 im Falle von Walters Abgang auch nicht wieder ausgeschrieben werden sollte. Dass die Stelle letztendlich doch nicht gestrichen wurde, steht auf einem anderen Blatt.

Auf alle Fälle wurde Walter nicht, wie früher behauptet, erst mit der Einrichtung der neuen Lehrerstelle 1532 oder gar nach Neuregelung der Schulbesoldung durch den Schulmeister Marcus Crodel 1545/46 vom Latein- und Religionsunterricht befreit oder erteilte diese Fächer womöglich zeit seines gesamten langjährigen Wirkens als Schulkantor. Denn es gibt keinen einzigen Hinweis darauf, dass Walter jemals etwas anderes als Musik unterrichtet hat, wie es später für andere Kantoren üblich wurde.[155] So heißt es in der kurfürstlichen Verschreibung von 1531, dass Walter laut Anordnung der Visitatoren von 1529 lediglich

> *die jugent alhie in der schulh, in der musica vnnderweisen sol.*[156]

Auch der eine Woche darauf erfolgte städtische Wohngeldbeschluss besagt lediglich, Walter habe sich u.a. dazu verpflichtet, weiterhin

> *dy eine stunde, mit der musica, mit der jugent zuzubring‹en› nach seinem vermugend‹en› vleis.*[157]

Hier ist nur von einer täglichen Musikstunde die Rede. 1536 wurde bestätigt, dass sich Walter

> *die jugent in der musica zuvnderweisen vleissig ertzaiget*[158]

155 Vgl. die Torgauer Visitationsordnung von 1575, wonach der Kantor in fünf oder vier Wochenstunden den Schülern außer den Grundlagen der Musik auch Luthers Katechismus, die Sprüche Catos und die Etymologie näherbringen sollte. PALLAS 1911, 34.

156 Quelle angegeben in Anm. 107.

157 Quelle angegeben in Anm. 142.

habe. Walter war also von Anfang an von sämtlichen außermusikalischen Verpflichtungen befreit. Als Gründe für die Begrenzung des Unterrichts auf Musik werden ausschließlich gesundheitliche Beschwerden Walters und die *»schwacheit seins leibes«*[159] genannt, die allerdings nicht näher beschrieben werden. Man beachte etwa die Einschränkung *»nach seinem vermugend‹en› vleis«* oder die Aufforderung durch den Stadtrat vom 6. Februar 1531:

> *Walter, sal seine beschweru‹n›g der einen stunden halb‹en›* [mit] *gedult trag‹en›, dy chorales sollen yn der* [dienste] *entheb‹en›.*[160]

Diesen Worten ist zu entnehmen, dass Walter die eine Stunde Musikunterricht als *»Beschwerung«* empfand, wenngleich er dennoch

> *solchs seins leibs halbenn vormoglich zuthun willens*[161]

sei. Immerhin kam ihm die Stadt entgegen und stellte ihn vorzeitig vom Chorales-Dienst frei.

Rückwirkend dürfen Walters eingeschränkte Fähigkeiten auch auf seine erste kurfürstliche Beihilfe von 1527 bezogen werden, wo es heißt, dass er

> *zu wenig anderm dinst geschickt*[162]

sei. Alles lässt darauf schließen, dass Walter schon recht lange, vielleicht von Geburt an, unter körperlichen Beschwerden (Behinderung?), vielleicht insbesondere mit den Augen, litt. Auch sein in den Quellen erwähntes, wohl aber schon lange verschollenes Bildnis, das sogar in einer frühen Quelle Erwähnung findet:

> *sein Bildnis ist auch bey einem Tuchmacher Walther von seinen Nachkommen, wie er eine Rolle vol geschriebener Noten in der Hand hält, in Torgau noch zu sehen,*[163]

und möglicherweise aus der Cranach-Werkstatt stammt, soll nach Eindruck des ehemaligen Torgauer Schülers Erich Siptitz, der dieses oder ein anderes Walter-Porträt[164] zu Beginn des 20. Jahrhunderts noch zu Gesicht bekam, einen *»stark kurzsichtig[en]«* Mann darstellen.[165]

158 Quelle angegeben in Anm. 109.

159 Quelle angegeben in Anm. 142.

160 1531, 11. Januar, 3. und 6. Februar, Torgau: Ermahnungen des Torgauer Schulpersonals durch den Stadtrat. Aus: Torgauer Ratsprotokollbuch von 1531. TRG-STA: H 674, Bl. 6v. Literatur: RICHTER 2013, Dok. 20.

161 Quelle angegeben in Anm. 107.

162 Quelle angegeben in Anm. 104.

163 KRUDTHOFF 1754 A, 18. Literatur: zuerst TAUBERT 1868, 9; zuletzt RICHTER 2013, Dok. 54.

164 Von Walters Porträt gab es möglicherweise mehrere Ausführungen. MIELSCH 1931, 92; GURLITT 1933, 79.

165 Vgl. den Erinnerungsbericht SIPTITZ 1971/1996/2013. Erich Siptitz, der in der Verwaltung des Betriebes VEB Carl Zeiss arbeitete, hatte dem Kahlaer Kantor Hans-Georg Fischer

Gottesdienste

Walters gesundheitliche Probleme betrafen natürlich nicht nur die eine tägliche Musikunterrichtsstunde in der Schule, sondern auch die Leitung der Kantorei in den Gottesdiensten der Pfarrkirche an den Sonn- und Feiertagen. Auch hier hatte Walter eingeräumt, dass er sich eigentlich nicht zutraue, seinen Dienst »*zuuorwesen*«. Dank der kurfürstlichen Zulage von 1531 habe er sich aber bereit erklärt, der Kantorei in der Pfarrkirche »*auf sein lebenlang furtzusein*«.[166] Die Betonung liegt hier auf »*lebenlang*« – ein scheinbar wagemutiges Versprechen angesichts der starken »*Beschwerungen*«, die er allein im Schulunterricht zu ertragen hatte. Auch fünf Jahre später sagte er noch zu, die Chorleitung dank seines Leibesvermögens weiterhin ausüben zu können und zu mögen, zu sollen und zu wollen.[167] Da Walter bei der Aufstockung seines Gehaltes plötzlich besser in der Lage zu sein schien, seine Pflichten zu erfüllen, und er bei seinen Tätigkeiten als Chorleiter offenbar leichter über seine »*Beschwerungen*« hinwegsehen konnte, wird man zu Spekulationen darüber angeregt, ob er die anspruchsvolle Chorleitung in den Gottesdiensten, in denen er immerhin seine eigenen Werke aufführen konnte, viel lieber ausübte als den lästigen Schulunterricht für die vielen Knaben, von denen ein Großteil unmusikalisch war. 1529 waren immerhin 170 Jungen an der Schule, deren Zahl bis 1546 sogar noch auf 400 ansteigen sollte. Auch mag das Lob der Kantorei, das inzwischen die Runde gemacht hatte, ein Anreiz für Walter gewesen sein, sich noch mehr anzustrengen, um seinem angestrebten Ziel, dem Singen vor dem hochverehrten lutherischen Kurfürsten, wie ehemals geschehen, näherzukommen.

In der Tat war die Torgauer Kantorei so erfolgreich, dass ihr bei der zweiten Torgauer Kirchenvisitation von 1534, die zwar nicht mehr von Luther und Melanchthon, aber immerhin von Spalatin und anderen Gelehrten durchgeführt wurde, ein eigener Absatz zugestanden wurde:

1971 einen Schriftsatz des Manuskripts übergeben, welcher ihn auf Hektografenpapier abschrieb und von dem nunmehr 13-seitigen Text mehrere Durchschläge erstellte, die er verbreitete und 2011 auch der Verfasserin zur Verfügung stellte. Diese reichte die Vorlage an Matthias Herrmann, den Organisator der wissenschaftlichen Johann-Walter-Tagung von 2012, weiter, welcher sich auf die Suche nach einem Cranach-Fachmann begab. Über die Direktion der Galerie Alte Meister konnte Michael Hofbauer gefunden werden, welcher den Text einer kritischen Prüfung unterzog. 1996 war ein Teil des Textes bereits in SCHNEIDERHEINZE 1996 B veröffentlicht worden, wobei die vollständigen Personennamen getilgt wurden. Hinzuweisen ist noch auf den mündlichen, nicht im Manuskript festgehaltenen Hinweis von Erich Siptitz, das Gemälde sei beschädigt gewesen, und zwar an jener Stelle, wo das sichtbare Ohr dargestellt ist (das andere Ohr ist in der seitlichen Darstellung nicht zu sehen). Diese Stelle sei auffällig ausgebessert worden und könnte als Hilfe bei der Identifizierung dienen, falls das Gemälde einmal auftauchen sollte. Zur Verlässlichkeit der Ausführungen von Siptitz siehe HOFBAUER 2013.

166 Quelle angegeben in Anm. 142.

167 Quelle angegeben in Anm. 109.

> *Dieweil Gott der allmechtige dise stat Torgaw vor viel andern mit einer herrlichen musica vnd cantorey begnadt, so bedenck‹en› die visitatores das man den leuten so darzu dienen billich hinfur wie bißher im jar einst ein collation zu einer ergetzlickeit gebe, desgleichen das auch ein rat one das auch denselben personen in iren gewerben, souil ym‹m›er moglich vnnd thuelich, ein vorteil vor andern thu, sie dester williger zu solcher christlichen vnd erlichen vbung zumachen, auch andere darzu dester bas zubewegen, bissolang inen ein ordentliche jerliche verehrung dafur gemacht werde.*[168]

Etwa in diese Zeit fällt auch Rhaus großes Lob der Torgauer Kantorei und ihrer musikalisch anspruchsvollen jährlichen Zusammenkünfte (S. 54). Aus diesem Grund bekräftigten die Visitatoren, dass die jährliche »*Collation*« weiterhin vom Gemeinen Kasten finanziert werden solle, um die Sänger zu dieser christlichen und ehrlichen Übung noch williger zu machen, ohne sie jedoch zu übervorteilen, und um auch andere zur Teilnahme zu bewegen.

1536 bestätigte sogar der Kurfürst dem Kantor, dass er

> *durch solch‹en› seine‹n› vleis, die canterei in vns‹er› pfarkirchen alhie, am maist‹en› erhalt‹en› hadt.*[169]

Damals genoss die Kantorei bereits die kurfürstliche Unterstützung, die in Form einer Stiftung von 100 Gulden jährlich genau in jenem Jahr 1536 erstmals ausgezahlt werden sollte und vermutlich mit auf das Lob der Kantorei bei der zweiten Visitation von 1534 zurückzuführen ist. Weitere Hinweise auf den Erfolg der Kantorei finden sich auch in besonderen Attributen für Walter, etwa dem ihm zugeeigneten Titel des kurfürstlich-sächsischen Sängermeisters (S. 172). Diese Bezeichnung hatte nichts mit der Qualität seines Singens zu tun, sondern verweist, als Synonym für »*Kapellmeister*« verwendet, auf Walters Vorzüge als Chorleiter, die vor allem an der Qualität seiner Kantorei bemessen wurden.

Wie hat man sich nun das Singen der Kantorei(en) in den Gottesdiensten – ungeachtet der unten genauer beschriebenen liturgischen Abläufe – äußerlich vorzustellen? Während Chöre auf den Sängeremporen und bei der Gemeinde im Kirchenschiff (nur Schüler) kaum bildlich festgehalten wurden, gibt es von der Chorbuchpraxis im Altarraum einige Darstellungen aus dem 16. Jahrhundert, so etwa den Titelkupfer in dem musiktheoretischen Buch PRACTICA MUSICA von Hermann Finck von 1556 (TITELBILD): Hier musiziert eine aus sechs Diskantistenknaben und ca. neun Erwachsenen – vermutlich je drei Altisten, Tenoristen und Bassisten – bestehende Kantorei, die durch typische Blasinstrumente – zwei

168 Torgauer Visitationsordnung von 1534. WMR-HSTA: EGA, Reg. Jj, Nr. 6, Bl. 269v. Teilabschrift auch in TRG-STA: H 7, Bl. 279r. Literatur: zuerst TAUBERT 1868, 4; zuletzt RICHTER 2013, Dok. 26.

169 Quelle angegeben in Anm. 109.

Krummhörner und eine Posaune – verstärkt wird. Alle lesen gemeinsam aus einem Chorbuch ab, das auf einem mit Karyatiden verzierten, einseitig benutzten Doppelpult aufgestellt ist. Die Darstellung veranschaulicht eine dreifache Stimmenbesetzung sowie die Möglichkeit der klanglichen Anreicherung durch Instrumentalisten, welche dieselben Töne musizieren wie die Sänger. Der Kantor steht vorne und ist gerade im Begriff, das große Blatt umzuwenden. Wenngleich in Walters Schlosskantorei die Erwachsenenstimmen nur zweifach besetzt waren (1546 belegt), so kamen zu besonderen Anlässen, wie der Torgauer Kirchweihe von 1544 oder Hochzeiten hoher Standespersonen, größere Besetzungen in Frage. Bei der fürstlichen Vermählung von 1548 etwa sangen drei Altisten, fünf Tenöre und vier Bassisten neben Breslauer Instrumentalisten im Gottesdienst.

Die Chorpultpraxis hielt sich noch lange und kam selbstverständlich auch in den weiterhin genutzten vorreformatorischen Kirchräumen zur Anwendung, so auch noch Ende des 16. Jahrhunderts (BILD 6): Im Chorraum einer Kirche singt eine kleine Gruppe von Erwachsenen und Knaben vor einem Hochaltar. Sie wird vom Kantor in langem Mantel und Schlapphut angeleitet, der diesmal ganz hinten steht. Der Chorstock, das Attribut seiner Amtswürde, dient zum Dirigieren und zum Strafen. Das auf dem Pult liegende Chorbuch zeigt schwarze Choralnoten, die auf liturgischen Choralgesang hinweisen. Dieser scheint mehrstimmig ausgeführt worden zu sein (S. 213), da auch Erwachsene mitwirken.

Besonders bekannt ist die Darstellung des späteren Dresdner Kapellmeisters Heinrich Schütz mit seiner Kantorei (BILD 7): Die Darstellung zeigt die Innenansicht der Dresdner Schlosskapelle nach dem zweiten Umbau von 1662 mit Fritzsche-Orgel, doppelchörigen Musikeremporen über dem Altar und reicher figürlicher Ornamentik, wie sie eines Kurfürsten würdig war. Im Mittelpunkt des unbestuhlten Kirchenraumes steht die Kantorei, versammelt um den Kapellmeister sowie um ein doppelseitiges Chorpult. Auf den Emporen sind unter den mehrchörig musizierenden Instrumentalisten auch Frauen als Allegorien bzw. biblische Figuren zu erkennen. Derartige Anhaltspunkte weisen auf den symbolischen Charakter des Bildes ohne Bezug auf eine konkrete Aufführungssituation hin.[170] Dessen ungeachtet zeigt die Darstellung die fortdauernde Praxis, von den großen, noch aus der vorreformatorischen Zeit stammenden Chorpulten zu singen. Das Singen der gesamten Kantorei im Kirchenschiff war indes zu Walters Zeit nicht üblich, da sowohl die Pfarr- als auch die Schlosskirche in Torgau bestuhlt waren (vgl. BILD 8). Lediglich zu besonderen Anlässen, wie fürstlichen Vermählungen, wurde die Bestuhlung zum Teil entfernt, um vor allem der Herrschaft Platz einzuräumen. Auch die Anzahl der Sänger nahm mit der Zeit zu.[171]

170 HEINEMANN 2001.

171 Vgl. den Bestand der Dresdner Hofkapelle zwischen 1548 und 1586 in RICHTER 2017, 224ff.

BILD 6
Anton Möller: Evangelische Knabenkantorei vor Hochaltar.
Handzeichnung, Ende 16. Jahrhundert. BLN-STM

BILD 7
David Conrad: Schlosskapelle mit Heinrich Schütz im Kreise seiner Hofkantorei.

(2 Abbildungen)
Titelkupfer aus dem Geistreichen Gesang-Buch von Christoph Bernhard (Bernhard 1676)

Die Kantorei im Blickfeld des Kurfürsten

Mit dem Erfolg der Kantorei wuchs Walters größte Hoffnung auf eine ebensolche positive Entwicklung der Kirchenmusik am Hof Kurfürst Johanns. Wenn dieser auch keine neue Hofkantorei gründete (nachdem er sie erst 1526 entlassen hatte), so unterstützte er doch seit 1528 immerhin Walter mit schrittweisen Besoldungszulagen. Da war es nur noch ein kleiner Schritt, um auch der ganzen Kantorei eine Unterstützung zukommen zu lassen. In der Tat hatte ihr der Kurfürst eine beträchtliche Beihilfe von 100 Gulden jährlich versprochen, deren Höhe von der Kantorei vorgeschlagen worden war und vermutlich auf Walter zurückging. Indes kam es entgegen früheren Behauptungen nie zu einer solchen Regelung, und es blieb bei wiederholten Vertröstungen.

Nach dem Tod des Kurfürsten am 16. August 1532 ruhte nun die Hoffnung aller auf dessen Sohn Kurfürst Johann Friedrich I. Tatsächlich bewilligte dieser drei Jahre nach Regierungsantritt endlich die versprochene Stiftung. Am Gründonnerstag 1535 ordnete er erstmals die jährliche Zahlung der 100 Gulden an den Torgauer Stadtrat für Ostern an.[172] Dies tat er in Erinnerung des väterlichen Versprechens, auf Bitten der Kantorei und auf Martin Luthers Mahnung, dass nach der Theologie die Musik vor allen anderen Künsten erhalten werden müsse, sowie zum Lobe Gottes, zur musikalischen Erziehung der Jugend und zur Förderung der Musik im Land. Allerdings verzögerte sich die Auszahlung erneut um ein ganzes Jahr. Grund war eine plötzlich noch am Karfreitag geforderte vorherige Rücksprache mit dem Torgauer Stadtrat, um zunächst ein konkretes Verzeichnis über die Kantoreigesellschaft zu erhalten. Der Stadtrat sollte dem Leiter der Kantorei Johann Walter auftragen, sich mit den anderen Kantoreimitgliedern hinsichtlich der Aufteilung dieser Summe zu vergleichen und ein entsprechendes Verzeichnis anzulegen. Dieses sollte er dann bei der nächsten Anwesenheit des Kurfürsten in Torgau vortragen oder im Falle, dass sich dessen Ankunft verzögerte, ihm zuschicken. Nach Einsicht in diesen *»anschlag«* wollte sich der Kurfürst dann mit Gnaden erzeigen.[173] Zwar gibt es ein solches Personenverzeichnis

172 1535, 25. März, Weimar / 10. August, Torgau: Aufrichtung einer kurfürstlichen Stiftung von 100 Gulden für die Torgauer Stadtkantorei. Verordnung Kurfürst Johann Friedrichs I. vom 25. März 1535 an die Sequestratoren zu Meißen und im Vogtland (Konzept). WMR-HStA: EGA, Reg. Oo, Nr. 953, Bl. 1f. Eine spätere Abschrift vom 10. August desselben Jahres, ebd., Bl. 4f., weicht wegen des fortgeschrittenen Jahres inhaltlich geringfügig ab. Literatur: zuerst Rautenstrauch 1907, 120f. (fehlerhafte Signatur Oo 593 und auf Dienstag statt Donnerstag datiert); zuletzt Richter 2013, Dok. 28.

173 1535, 26. März, Weimar: Auftrag an Johann Walter zur Erstellung eines Verzeichnisses über die Aufteilung der kurfürstlichen Kantoreigelder. Verordnung Kurfürst Johann Friedrichs I. an den Torgauer Stadtrat (Konzept). WMR-HStA: EGA, Reg. Oo, Nr. 953, Bl. 3. Literatur: Richter 2013, Dok. 29.

BILD 8
Torgau, Pfarrkirche Unser lieben Frauen, Blick nach Osten. TRG-STA

leider nicht mehr, doch scheint alles wunschgemäß bewerkstelligt worden zu sein, denn die Anweisung konnte im August mit einigen Monaten Verspätung und mit verändertem Wortlaut wiederholt werden, sodass der Auszahlung der Stiftung zum nächsten Ostertermin nun nichts mehr im Wege stand.

Diese großartige Förderung wurde sogar noch begleitet von einer weiteren kurfürstlichen Beihilfe zur jährlichen »*Sänger Collation*«, zu welcher der Kurfürst seit 1536 Wildbret beisteuerte, und die (letztmalige) Erhöhung der Beihilfe für Johann Walter erfolgte ebenfalls im selben Jahr. Somit markiert das Jahr 1536, nach zehn langen Jahren des mühevollen Aufbaus und der musikalischen Arbeit mit der Kantorei und zeitlich etwa in der Mitte von Walters Tätigkeit als Kantor, den ersten großen Meilenstein auf dem Weg Walters zurück an den kurfürstlichen Hof. Dies ermöglichte zugleich die Herstellung mehrerer Notenbücher für die Pfarrkirche. Indes hatte die Stiftung nichts mit etwaigen musikalischen Verpflichtungen der Kantorei in den Hofgottesdiensten, die auch dem Kurfürsten zugute gekommen wären, zu tun. Oder vielleicht doch?

Der erste eindeutige Beleg für das Singen der Kantorei am Hof betrifft die Vermählung Herzog Johann Ernsts von Sachsen-Coburg, des deutlich jüngeren Halbbruders des Kurfürsten, mit Herzogin Catharina von Braunschweig-Grubenhagen 1542. Wie gewöhnlich nahmen die Trauungszeremonien zwei Tage ein. Die eigentliche Trauung fand am 12. Februar (Sonntag Exsurge) im Großen

Saal des Schlosses statt, nachdem man von der ursprünglich vorgesehenen Stadtkirche, die neben der Hofstube auch als Ersatzhofkirche genutzt wurde, abgesehen hatte. Dabei führte die Kantorei zusammen mit den Trompetern

> *lustige gesenge der musica sampt zcincken vnnd pausauenenn*[174]

auf. Mit *»lustig«* waren keine weltlichen Unterhaltungsmusiken gemeint, sondern geistliche Werke, die – in einem speziellen Wortsinn von *»lustig«* – anmutig und erhebend waren. In ähnlicher Weise hatte schon Georg Rhau der Kantorei *»heiligen und ehrwürdigen«* Gesang bei ihren Jahresfeiern bescheinigt (S. 54). Der Ablaufplan bestätigt die vollzogenen feierlichen Handlungen. So sollte

> *die cantorey, sampt dem* [Organisten] *Johan vonn Kölnn, eynn psalm oder zwene zusingenn vnnd zuschlahenn, auch die trometer mit zinckenn vnnd posaunenn, furgenohmen werd‹en›.*[175]

Es ging also um instrumental verstärkten Psalmengesang.

Im Einsegnungsgottesdienst am Folgetag in der Pfarrkirche (BILD 8) wurden erneut

> *cristliche lobgesenng sambt der musica, mit zcinckenn, posaunen, vnnd virginal*[176]

musiziert, und laut Ablaufplan sollten

> *die singer mit dem organistenn vnnd trometer mit posaunenn vnnd zinckenn vffs prechtigst hinein bestelt werdenn.*[177]

Die Psalmen wurden leider nicht im Einzelnen benannt und können auch von anderen Komponisten komponiert worden sein. Der für 1548 als Predigttext nachgewiesene Hochzeitspsalm 128 *Beatus omnis, qui timet Dominum (Wohl dem, der den Herren fürchtet)*, welcher als vierstimmige Komposition von Ludwig Senfl

174 1542, 12./13. Februar, Torgau: Auftritt der Kantorei bei der fürstlichen Vermählung. Bericht über die Vermählung Herzog Johann Ernsts von Sachsen-Coburg mit Herzogin Catharina von Braunschweig-Grubenhagen. DD-SHSTA: Loc. 10561/13, Bl. 154–182, hier Bl. 155v. Eine frühere, ursprünglich kürzere, aber stark korrigierte Fassung findet sich in WMR-HSTA: EGA, Reg. D, Nr. 78, Bd. II, Bl. 42–57 (die noch kürzere Fassung Bl. 1–4). Sie ist hinsichtlich der betreffenden Textabschnitte mit vorliegender Fassung gleichlautend. Literatur: RICHTER 2013, Dok. 38.

175 1542, 12./13. Februar, Torgau: Ablaufplan für die Vermählung Herzog Johann Ernsts von Sachsen-Coburg mit Herzogin Catharina von Braunschweig-Grubenhagen in Torgau. DD-SHSTA: Loc. 10561/13, Bl. 23–61, hier Bl. 32r–v. Eine frühere, ursprünglich kürzere Fassung vom selben Schreiber, in der u.a. die Mitwirkung der Musiker durch einen anderen Schreiber nachträglich ergänzt wurde, findet sich in WMR-HSTA: EGA, Reg. D, Nr. 78, Bd. I, Bl. 66–89/101 (die noch kürzere Fassung Bl. 102–120). Literatur: RICHTER 2013, Dok. 37.

176 Quelle angegeben in Anm. 174, Bl. 56v.

177 Quelle angegeben in Anm. 175, Bl. 34r.

BILD 9
Torgau, Pfarrkirche Unser lieben Frauen: Sängerempore im südlichen Seitenchor. Foto: JH

in Pluralform *Beati omnes, qui timent Dominum (Wohl denen, die den Herren fürchten)* in zwei Torgauer Notenhandschriften überliefert ist,[178] stammt nicht aus Walters Hand und damit aus einer späteren Zeit. Er kann damals also nicht erklungen sein, sonst hätte Walter ihn selbst in seine Notenhandschriften aufgenommen. Demgegenüber könnte Walters selbst gedichtetes Lied *Johanns Ernst bin ich getauft* erklungen sein, welches in die nächste Ausgabe seines GEISTLICHEN GESANGBÜCHLEINS von 1544 Eingang gefunden hat.

Die Figuralgesänge wurden wie gewöhnlich von der Sängerempore aus musiziert, wo ein gemischtes Ensemble von bis zu neun Sängern zuzüglich einiger Instrumentalisten gerade noch Platz hatte (BILD 9). Anscheinend verhallten aber die Klänge in diesem riesigen Kirchenraum zu sehr, denn bei der nächsten großen Fürstenvermählung von 1548 wurde die Kantorei ins Kirchenschiff näher an die Ohren der Herrschaft versetzt. Dies könnte an der Mitwirkung der verstärkenden Instrumente gelegen haben, die bei aller üppigen Klangpracht die Textverständlichkeit erschwerten.

Fürstliche Vermählungen hatten in Torgau schon in früheren Jahren stattgefunden, auch zur Walter-Zeit. Die erste war die Trauung bzw. *»Heimfahrt«* des noch nicht regierenden Herzogs Johann Friedrich mit Herzogin Sibylla von Cleve 1527. Damals war aber an eine vokal-instrumental gemischte Prachtbesetzung nicht zu denken, denn Kurfürst Johann hatte gerade die Hofkantorei aufgelöst. So kamen während des Gottesdienstes nur Orgel und Saiteninstrumente zum Einsatz.[179] Könnte die Stadtkantorei aber bei der nächsten Vermählung der Kurprinzessin Maria mit Herzog Philipp von Pommern 1536 mitgewirkt haben? Leider sind über diese Feierlichkeiten keine Informationen erhalten.[180] Vor dem Hintergrund jedoch, dass Kurfürst Johann Friedrich die Kantorei schätzen gelernt hatte und ihr genau seit dieser Zeit eine Unterstützung zukommen ließ, darf man annehmen, dass sie bereits damals in Anspruch genommen wurde, zumal die Trauungszeremonien nicht im Schloss, sondern in der Stadtkirche vollzogen wurden, also am hauptsächlichen Wirkungsort der Kantorei. Immerhin geben die Akten zur Stadtkirche Auskunft über eigens für die Trauung vorgenommene bauliche Veränderungen im Kirchenraum. So wurde das Gebäude mit aufwendigen Baumaßnahmen in Ordnung gebracht und den Bedürfnissen der hohen Gesellschaft angepasst: Teile des festen Gestühls, darunter sogar der Predigtstuhl, wurden herausgenommen und die Ratsstühle versetzt, um an deren Stelle besondere Stühle für das Brautpaar, die Herrschaft und andere fürstliche Gäste

178 GERHARDT 1949, 90.

179 DD-SHSTA: Loc. 10561/17, und WMR-HSTA: EGA, Reg. D, Nr. 58, Bd. IV, Bl. 159–168/176; vgl. ferner ebd., Reg. Bb, Nr. 4342, sowie die bei ABER 1921, 84, wiedergegebene Liste der Instrumentalmusiker.

180 Die Akte WMR-HSTA: EGA, Reg. D, Nr. 73, enthält keine Informationen zum Zeremoniell während der Trauungsfeierlichkeiten, sondern nur Eheverträge etc.

einzubauen und sie nach den Feierlichkeiten wieder abzubrechen. Einige Stühle standen schon zur Fastnacht, zwei Tage nach der Trauung am Sonntag Estomihi (27.02.), wieder da, andere waren reparaturbedürftig und ließen viele Wochen auf sich warten.[181] Ein solcher Aufwand ist weder für die im Schloss zelebrierte *»Heimfahrt«* von 1527 noch für die Vermählung von 1542 belegt. Oder doch? Immerhin wurde für Letztere geplant, dass für den Gottesdienst in der Pfarrkirche (nach der Trauung im Schloss)

> *die kirch sauber gemacht, deßgleich‹en› fur die furstenn vnnd graffenn vnndenn inn der kirchenn, die stule zugericht, mit samet beschlahenn,* [...] *auch die borkirche vor die braut vnnd furstinn, auch das annder frauenzimmer, mit tapistereyenn vnnd tebichenn, do dann ire f‹urstlichen› g‹naden› vnnd sie, irenn standt habenn sollenn, zugericht werdenn,*[182]

sollte. Wenn also erneut im Kirchenschiff Stühle für die Herrschaft eingerichtet wurden, so müssen dafür andere entfernt worden sein, wenn auch nicht alle.

Von nun an könnten einige Kantoreimitglieder zu besonderen Anlässen im Schloss musiziert haben. 1540 sind außer Walter der Schulmeister und der Organist belegt:

> *Der Schulmeister, Kantor und Johann von Köln, haben M. gnädigsten Herrn gesungen und auf dem Positiv geschlagen.*[183]

Der direkte Kontakt Walters und des Schulmeisters Marcus Crodel – dieser war übrigens der Vater von Walters zukünftiger Schwiegertochter – zum Kurfürsten gab ihnen auch die Möglichkeit, sich bei demselben für Belange der Kantorei einzusetzen. Denn nachdem 1534 der verstorbene Torgauer Gelehrte, Gerbermeister und Sänger Balthasar Summer[184] von der Kantorei noch *»mit Der gantzen Schule«* und einem auf ihre Kosten gestifteten Grabmal beigesetzt worden war,[185] hatten inzwischen weitere Todesfälle einiger Sänger der Kantorei, die damals noch nicht sehr groß war, sehr zugesetzt. Daher klagten die beiden 1541 über deren schlechten Zustand und über die Gefahr, dass die Kantorei bald ganz zerfallen werde, sofern man ihr nicht durch Anstellung neuer Sänger zu Hilfe komme. Unter anderem ersuchten sie den Kurfürsten, den aus den albertinischen Ländern vertriebenen und völlig verarmten Tuchmacher Valentinus Khun, der derzeit als *»der best vnd tuglichst«* Altist in der Kantorei benötigt werde, durch eine milde Gabe zu unterstützen, damit dieser nicht ebenfalls noch gezwungen

181 TRG-STA: H 2739, Bl. 56–58.

182 Quelle angegeben in Anm. 175, Bl. 34r.

183 Zitiert nach GURLITT 1933, 50f. Die dort angegebene Sekundärquelle BUCHWALD 1893, 85, ließ sich leider nicht verifizieren.

184 KADATZ 2004, 104.

185 Entwicklung der Torgauer Kantoreigesellschaft bis 1556. Aus: KRUDTHOFF 1754 A, 12. Literatur: RICHTER 2013, Dok. 27.

werde, sein Haus aufzugeben und wegzuziehen. Auch die Kantorei habe ihm zehn Gulden gegeben (TEXT 4). Mit dieser Geste hatte sie zugleich eine ihrer aus den früheren Bruderschaften übernommenen sozialethischen Aufgaben erfüllt.[186] Walters und Crodels Bitte war erfolgreich, denn der Kurfürst und sein mit ihm regierender Bruder verschrieben dem Altisten ebenfalls zehn Gulden.[187] Sicher war dies kein Einzelfall.[188]

Für die Aufstellung neuer Sänger nach 1540 scheint die fürstliche Vermählung von 1542 ein besonderer Anreiz gewesen zu sein. Als weitaus bedeutenderer Anlass erfolgte dann am 5. Oktober (17. Sonntag nach Trinitatis) 1544 die Weihe der neuen Torgauer Schlosskapelle bzw. -kirche. Sie war schon seit Längerem geplant,[189] konnte aber erst ab Anfang 1544 von Nicolaus Gromann als frisch angestelltem Nachfolger der verstorbenen Baumeister Conrad Krebs und Andreas Günther errichtet werden. Nachdem die Weihe für den Sommer vorgesehen gewesen und wegen Verzögerungen verschoben worden war, wurde sie dann recht übereilt vollzogen, obwohl die Ausstattung der Kirche noch gar nicht abgeschlossen war und auch nicht alle Persönlichkeiten anwesend waren: Es fehlte Melanchthon. Als Grund für den Termin wird Luthers angeschlagene Gesundheit vermutet.[190] Für diesen Staatsakt, in dessen Predigt Luther übrigens keiner Huldigungszeremonie folgte, sondern lediglich das für diesen Sonntag vorgegebene gewöhnliche Evangelium aus Luk 14,1–11 über die Heilung eines Wassersüchtigen auslegte, durfte Walter eine Festmotette komponieren. So berichtet die BÖHME-CHRONIK, dass seine siebenstimmige Motette über Psalm 119 *Beati immaculati in via (Wohl denen, die ohne Wandel leben)* aufgeführt worden sei, wobei die Bassstimme die Worte *»Vive Luthere, Vive Melanchthon«* etc. gesungen habe.[191] Dieses Stück war bereits im Februar des Jahres im Druck erschienen und ist als Walters berühmte sogenannte Kirchweihmotette in die Geschichte eingegangen.

186 Vgl. GURLITT 1933, 49.

187 1541, 11. Oktober, Torgau: Kurfürstliche Unterstützung des Torgauer Altisten Valentinus Khun. Schreiben Kurfürst Johann Friedrichs I. und Herzog Johann Ernsts an den Kammerschreiber Christoph Heinebolh (Reinschrift mit Siegel). WMR-HSTA: EGA, Reg. Aa, Nr. 2991, Bl. 17r–v. Literatur: zuerst ABER 1921, 91; zuletzt RICHTER 2013, Dok. 36.

188 ABER 1921, 91.

189 Vermutlich wurde bereits mit dem Abbruch der alten Martinskapelle 1533 im Zuge der Errichtung des Saalbaus ein Kapellneubau erwogen, um die Gottesdienste nicht dauerhaft in der Hofstube abhalten zu müssen. HOPPE 1996, 194. KRAUSE 2004, 175.

190 KRAUSE 2004, 184. Zur Baugeschichte der Schlosskapelle siehe FINDEISEN/MAGIRIUS 1976, 170–173; KRAUSE 1994; KRAUSE 2004.

191 1544, 5. Oktober, Torgau: Weihe der Torgauer Schlosskirche. Bericht in der BÖHME-CHRONIK. HA-ULB: Sign. Pon. Hist. 2°244, 206. Auch im Fragment TRG-STA: H 7, Bl. 35v. In der Fassung H 123, 158, fehlt der Passus über das Lied. Weitere Einträge zur BÖHME-CHRONIK auch in TRG-STA: H 37 und H 41. Vgl. KRUDTHOFF 1754 B. Literatur: zuerst GRULICH 1855, 63f.; zuletzt RICHTER 2013, Dok. 40.

Die Erlaubnis zur Aufführung solch eines von Walter zum Teil sogar selbst gedichteten Werkes, verbunden mit einem größtmöglichen aufführungspraktischen Aufwand in maximaler vokal-instrumentaler Besetzung, bekräftigt, dass Walter schon seit Längerem in engerer Verbindung zum Hof stand, die über seine bloße Funktion als Stadtkantor hinausging. Hier scheint sein Wirken als zeitweiser Erzieher bzw. Musiklehrer der beiden Prinzen, wie sie aus der entsprechenden Widmung der Zweitausgabe seines LOB UND PREIS DER LÖBLICHEN KUNST MUSICA von 1538 herausgelesen werden kann und auch im Beschwerdebrief von Walters Schwager Hanns Sontagk von 1599 Erwähnung fand, einen großen Einfluss ausgeübt zu haben. Diese Tätigkeit war eine große Anerkennung von kurfürstlicher Seite, und dies, obwohl Walter über gar keinen Magistertitel verfügte, der ihn dazu berechtigt hätte, die Rolle eines üblichen Prinzenerziehers zu übernehmen. Von daher dürften sich seine erzieherischen Aufgaben auf die Musik (und auf einen begrenzten Zeitraum) beschränkt haben. Könnte das Lobgedicht womöglich die Antwort auf diese höchst ehrenvolle Aufgabe gewesen sein?

Der Bericht über die Kirchweihe in den Fassungen der BÖHME-CHRONIK aus dem 18. Jahrhundert enthält noch eine weitere Bemerkung über Walter:

> *Dieser Johann Walther der Ältere ist 54 Jahr Churfürstl‹icher› Sächß‹ischer› alter Capell Meister u‹nd› Musicus gewesen. D‹octor› Luther hat das Lied componiret, Ein feste Burg ist unser Gott, ihm zugeschicket, er solle eine Melodey darzu machen, die erste gefället ihm nicht, schreibt ihm Noten vor, so und so muste es seyn.*[192]

Hierzu zwei Anmerkungen:

1. Es wurde erwähnt, Walter sei 54 Jahre alter Kapellmeister gewesen. Dies ist falsch formuliert. Ungeachtet dessen, dass Walter erst 1548 Kapellmeister wurde und daher diesen Titel nur 22 Jahre lang getragen haben kann, könnte mit der Zahl 54 auch das Jahr von Walters Pensionierung gemeint gewesen sein.[193] Hier sei auch auf das unscheinbare Wörtchen *»alt«* im Sinne von *»pensioniert«* hingewiesen, mit dem Walter seit 1554 von seinem Amtsnachfolger Mattheus Le Maistre unterschieden wurde, da sein einmal erhaltener Kapellmeistertitel weiterhin Gültigkeit behielt. Es muss sich also um eine fehlerhafte Abschrift einer falsch verstandenen Vorlage gehandelt haben. Sie wurde immer weiter kolportiert, denn dieser Fehler findet sich auch in allen anderen Abschriften der BÖHME-CHRONIK aus der Zeit nach Michael Böhme. Der auf die höfischen Dienste beschränkte Kapellmeistertitel darf übrigens nicht verwechselt werden mit Walters Prädikat des kurfürstlich-sächsischen Sängermeisters, das schon seit 1531 gültig war (S. 172).

192 Ebd.

193 SCHRÖDER 1940, 15.

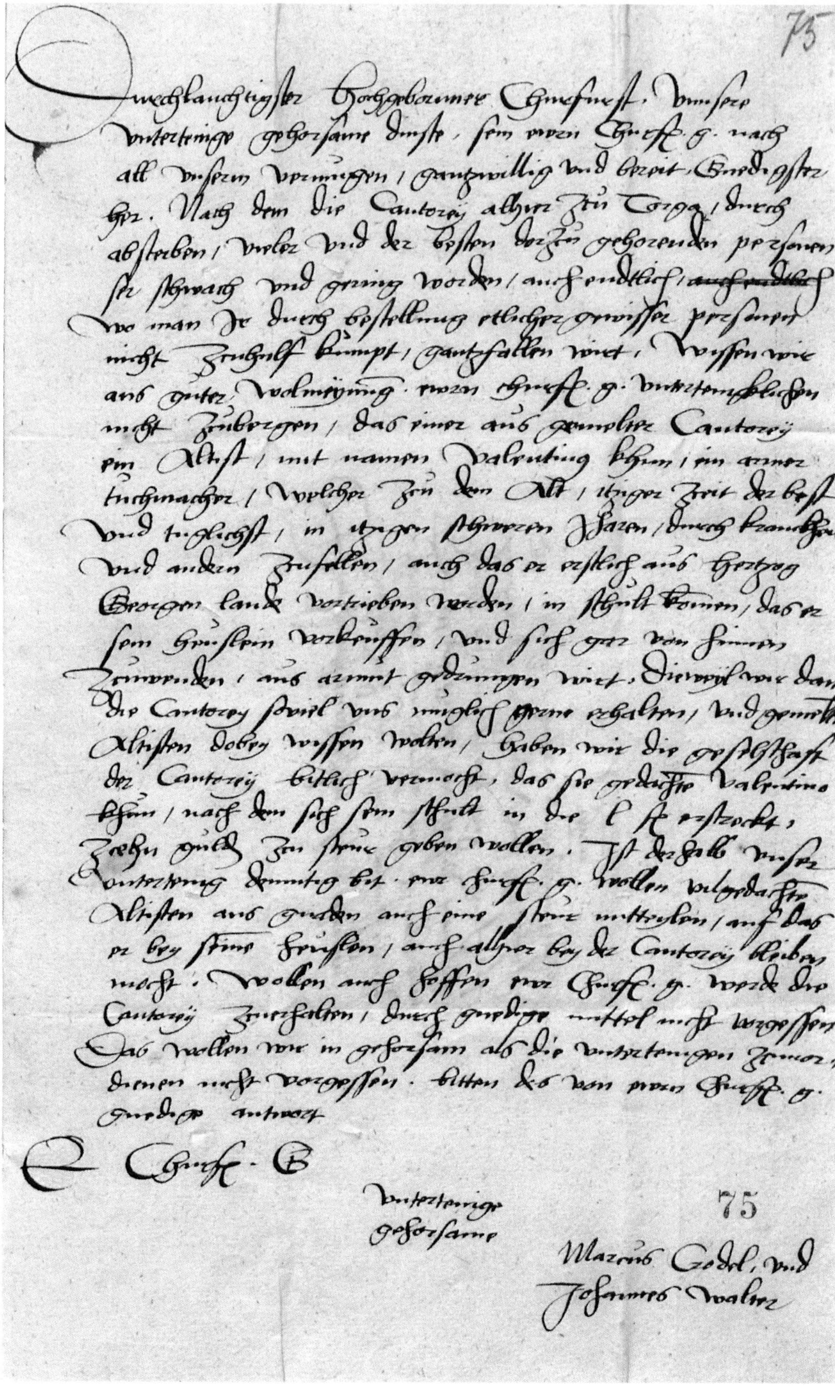
75

Durchlauchtigster Hochgeborner Churfurst, Unser
unterthenige gehorsame dinste, sein ewern Churf. g. nach
all unserm vermugen, gantzwillig und bereit, Gnedigster
Her. Nach dem die Cantorey alhier zu Torgau, durch
absterben, vieler und der besten darzu gehorenden personen
seer schwach und gering worden, auch endlich, ~~auch endlich~~
wo man Ir durch bestellung etlicher gewisser personen
nicht zuhulf kumpt, gantz fallen wirt, wissen wir
aus guter wolmeynung ewern churf. g. unterthenigklichen
nicht zuberegen, das einer aus gemelter Cantorey
ein Altist, mit namen Valentin Schuen, ein armer
tuchmacher, welcher zu dem Alt, itziger zeit der best
und tuglichst, in itzigen schweren Jaren, durch kranckheit
und andern zufellen, auch das er erstlich aus Hertzog
Georgen lande vertrieben worden, in schult komen, das er
sein Heuslein verkauffen, und sich gar von hinnen
zuwenden, aus armut gedrungen wirt. Dieweil wir dan
die Cantorey soviel uns muglich gerne erhalten, und gemelte
Altisten dobey wissen wolten, haben wir die gesellschaft
der Cantorey bitlich vermocht, das sie gedachten Valentino
Schuen, nach dem sich sein schult in die l fl erstreckt,
zehen gulden zu steure geben wollen. Ist derhalb unser
unterthenig demutig bit, ewer churf. g. wollen vilgedachten
Altisten aus gnaden auch eine steure mitteylen, auf das
er bey seinem heuslein, auch alhier bey der Cantorey bleiben
mocht. Wollen auch hoffen ewer Churf. g. werde die
Cantorey zuerhalten, durch gnedige mittel nicht vergessen
Das wollen wir in gehorsam als die unterthenigen zuvor,
dienen nicht vergessen. bitten des von ewern churf. g.
gnedige antwort

E. Churf. G.

unterthenige
gehorsame

75

Marcus Godel, und
Johannes walter

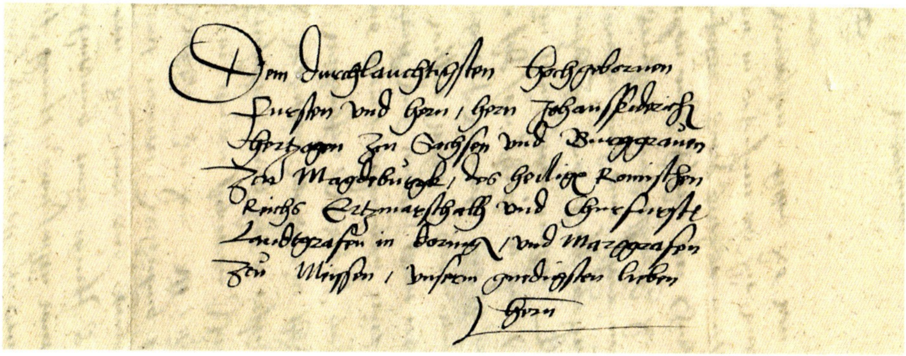
Dem durchlauchtigsten hochgebornen
fursten vnd hern, hern Johansfriderich
hertzogen zcu Sachsen vnd burggrauen
zcu Magdeburgk, des heilige Romischen
Reichs ertzmarschalh vnd churfurste
landtgrafen in doring, vnd marggrafen
zcu Meissen, vnsrem gnedigsten lieben
hern

Schreiben Johann Walters an Kurfürst Johann Friedrich I. (Walter-Autograf).
WMR-HSTA: EGA, Reg. Aa, Nr. 2991, Bl. 75.
Literatur: zuerst ABER 1921, 90f.; zuletzt RICHTER 2013, Dok. 35

TEXT 4 (mit 2 Abbildungen)
[1541, vor dem 11. Oktober, Torgau]: Marcus Crodels und Johann Walters Bitte um Unterstützung des Altisten Valentinus Khun

Durchlauchtigster hochgeborner churfurst. Vnnsere vntertenige gehorsame dinste, sein ewrn churf‹urstlichen› g‹naden› nach all vnserm vermugen, gantzwillig vnd bereit, gnedigster her. Nach dem die cantorey alhier zcu Torga, durch absterben, vieler vnd der besten dorzcu gehorenden personen ser schwach vnd gering worden, auch endtlich, wo man ir durch bestellung etlicher gewisser personen nicht zcuhulf kumpt, gantzfallen wirt, wissen wir aus guter wolmeynung. ewrn churf‹urstlichen› g‹naden› vntertenigklichen nicht zcubergen, das einer aus gemelter cantorey ein altist, mit namen Valentin‹us› Khun, ein armer tuchmacher, welcher zcu dem alt, itziger zceit der best vnd tuglichst, in itzigen schweren jharen, durch kranckheit vnd andern zcufellen, auch das er erstlich aus hertzog Georgen lande vortrieben worden, in schult kom‹m›en, das er sein heuslein vorkeuffen, vnd sich gar von hinnen zcuwenden, aus armut gedrungen wirt. Dieweyl wir dan die cantorey soviel vns muglich gerne erhalten, vnd gemelte‹n› altisten dobey wissen wolten, haben wir die geselschaft der cantorey bitlich vermocht, das sie gedachte‹m› Valentino Khun, nach dem sich sein schult in die L f. erstreckt, zcehn guld‹en› zcu steur geben wollen. Ist derhalb vnser vntertenig demutig bit. eur churf‹urstlichen› g‹naden› wollen vilgedachte‹m› altisten aus gnaden auch eine steur mitteylen, auf das er bey seine‹m› heuslen, auch alhier bey der cantorey bleiben mocht. Wollen auch hoffen ewr churf‹urstlichen› g‹naden› werde die cantorey zcuerhalten, durch gnedige mittel nicht vorgessen das wollen wir in gehorsam als die vntertenigen zcuuordienen nicht vorgessen. Bitten dis von ewrn churf‹urstlichen› g‹naden› gnedige antwort

E‹wr› churf‹urstlichen› g‹naden›

vntertenige gehorsame

Marcus Crodel, vnd
Johannes Walter |

Dem durchlauchtigsten hochgebornen fursten vnd hern,
hern Johansfriderich‹en› hertzogen zcu Sachsen vnd burggrauen zcu Magdeburgk,
des Heilig‹en› Romischen Reichs ertzmarschalh vnd churfurst‹en›
landtgrafen in Doring‹en›, vnd marggrafen zcu Meissen,
vnserm gnedigsten lieben hern‹n›

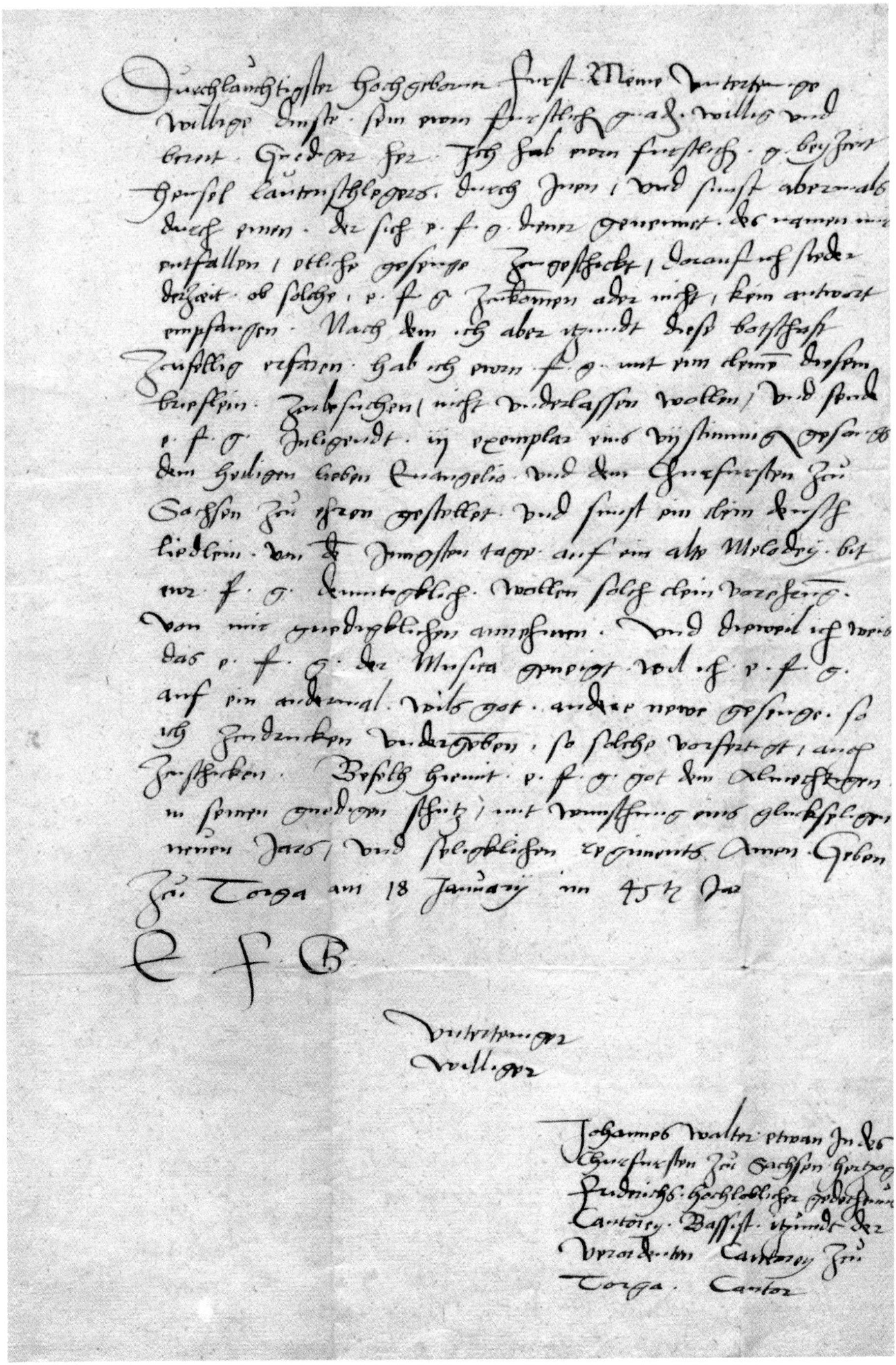
Durchlauchtigster Hochgeborner Furst. Meine vntertenige
willige dinste sein ewrn furstlich gnaden willig vnd
bereit. Gnediger Herr. Ich hab ewrn furstlich g. bey
Hensel lautenschlegern durch ihnen, vnd sunst abermals
durch einen, der sich e. f. g. diener genennet, des namen mir
entfallen, etliche gesenge zugeschickt, darauf ich bis
daher ob solche e. f. g. zukomen oder nicht, kein antwort
empfangen. Nach dem ich aber itzundt diese botschafft
zufellig erfaren, hab ich ewrn f. g. mit ein kleine diesem
brieflein zu besuchen nicht vnderlassen wollen, vnd schick
e. f. g. vnderthenigklich ij exemplar eins vij stimmigen gesangs
dem heiligen lieben Euangelio vnd dem Churfursten zu
Sachsen zu ehren gestellet, vnd sunst ein klein deutsch
liedlein von dem Jungsten tage, auf ein alte Melodey. bit
ewr f. g. demutiglich wollen solch klein vorehrung
von mir gnediglichen annehmen. Vnd dieweil ich weis
das e. f. g. der Musica geneigt, will ich e. f. g.
auf ein andermal, wils got, ander newe gesenge, so
ich gedencken vndergeben, so solchs vorstatet, auch
zuschicken. Befelh hiemit e. f. g. got dem Almechtigen
in seinen gnedigen schutz, mit wunschung eins gluckseligen
newen Jars, vnd seligklichen regiments. Amen. Geben
zu Torga am 18 January im 45 Jar

E. F. G.

Vnterteniger
williger

Johannes walter etwan In des
Churfursten zu Sachssen Hertzog
Fridrichs hochloblicher gedechtnus
Cantorey Bassist itzundt der
Vnordentlichen Cantorey zu
Torga. Cantor

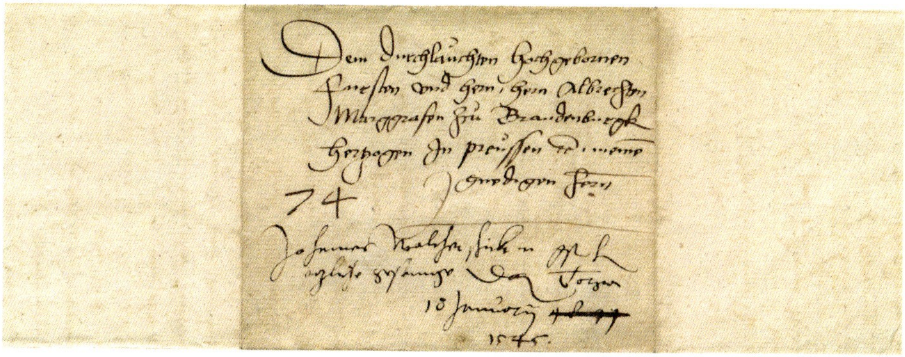

Schreiben Johann Walters an Herzog Albrecht von Preußen (Walter-Autograf).
BLN-GSTA: XX. HA, HBA, A4 K. 213.
Literatur: zuerst FÜRSTENAU 1863, Sp. 248f., 251; abgebildet in STALMANN 1960, Anhang

TEXT 5 (mit 2 Abbildungen)
1545, 18. Januar, Torgau
Versendung der Kirchweihmotette an Herzog Albrecht von Preußen

Durchlauchtigster hochgeborner furst meine vntertenige willige dinste sein ewrn furstlich‹en› gnad‹en› willig vnd bereit. Gnediger her. Ich hab ewrn furstlich‹en› g‹naden› beyzceit Hensel lautenschlegers. durch inen, vnd sunst abermals durch einen. der sich e‹wr› f‹urstlichen› g‹naden› diener genennet. des namen mir entfallen, etliche gesenge zcugeschickt, dorauf ich sieder derzceit. ob solche, e‹wrn› f‹urstlichen› g‹naden› zcuko‹m›men ader nicht, kein antwort empfangen. Nach dem ich aber itzundt diese botschaft zcufellig erfaren. hab ich ewrn f‹urstlichen› g‹naden› mit eim cleine‹m› diesem brieflein. zcubesuchen, nicht vnderlassen wollen, vnd sende e‹wrn› f‹ürstlichen› g‹naden› inligendt. iij exemplar eins vij stimmig‹en› gesangs dem heiligen lieben euangelio. vnd dem churfursten zcu Sachsen zcu ehren gestellet. vnd sunst ein clein deu[t]sch liedlein. von de‹m› jungsten tage auf ein alte melodey. bit ewr f‹urstlichen› g‹naden› demutigklich. wollen solch clein vorehru‹n›g von mir gnedigklichen annehmen. Vnd dieweil ich weis das e‹wr› f‹urstlichen› g‹naden› der musica geneigt. wil ich e‹wrn› f‹urstlichen› g‹naden› auf ein andermal. wils Got. andere newe gesenge. so ich zcudrucken vndergeben, so solche vorfertigt, auch zcuschicken. Befelh hiemit. e‹wr› f‹urstlichen› g‹naden› Got dem Almechtigen. in seinen gnedigen schutz, mit wunschung eins gluckseligen neuen jars, vnd seligklichen regiments. Amen. Geben zcu Torga am 18 januarij im 45t‹en› jar

E‹wr› f‹urstlichen› g‹naden›

vnterteniger williger

Johannes Walter
etwan in des churfursten zcu Sachsen hertzog Fridrichs.
hochloblicher gedechtnus cantorey. bassist.
izundt der verordenten cantorey zcu Torga. cantor |

Dem durchlauchten hochgebornen fursten vnd hern, hern Albrechten marggrafen
zcu Brandenburgk hertzogen in Preussen ‹etc.› meine‹m› gnedigen herrn‹n›

[ERGÄNZUNG:] Johennes Walther schickt m‹einem› g‹nedig›st‹en› h‹errn› ezliche gesennge
Dat‹um› Torgaw 18 januarij 1545.

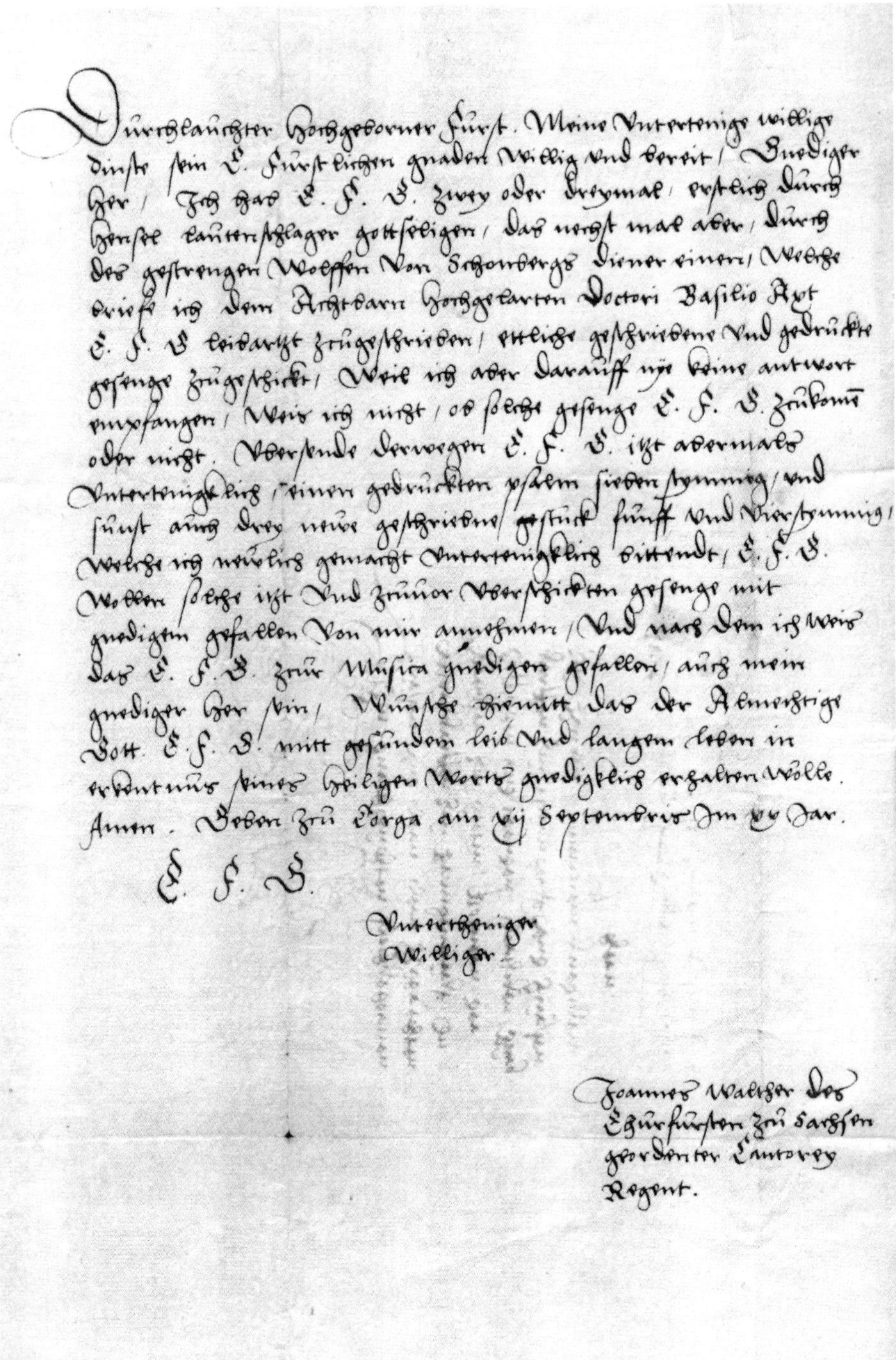

Durchlauchter Hochgeborner Furst. Meine Untertenige willige dinste sein E. Furstlichen gnaden Willig und bereit / Gnediger Her / Ich hab E. F. G. zwey oder dreymal / erstlich durch Hensel Lauttenschlager gottseligen / Das negst mal aber / durch des gestrengen Wolffen Von Schonbergs diener einen / Welche briefe ich dem Achtbarn Hochgelarten Doctori Basilio Ayt E. F. G. leibarzt zugeschrieben / etliche geschriebene Und gedruckte gesenge zugeschickt / Weil ich aber darauff nye keine antwort empfangen / Weis ich nicht / ob solche gesenge E. F. G. zukomen oder nicht. Versende derwegen E. F. G. itzt abermals Untertenigklich / einen gedruckten psalm sieben stymmig / und sunst auch drey newe geschriebene gestuck funff Und vierstymmig / Welche ich newlich gemacht Untertenigklich bittendt / E. F. G. Wollen solche itzt Und zuvor Verschickten gesenge mit gnedigem gefallen Von mir annehmen / Und nach dem ich weis das E. F. G. zur Musica gnedigen gefallen / auch mein gnediger Her sein / Wunsche hiemitt das der Almechtige Gott E. F. G. mitt gesundem leib Und langem leben in erkentnus seines heiligen Worts gnediglich erhalten Wolle. Amen. Geben zu Torga am xij Septembris Im xx Jar.

E. F. G.

Untertheniger
Williger

Joannes Walther des
Churfursten zu Sachsen
geordenter Cantorey
Regent.

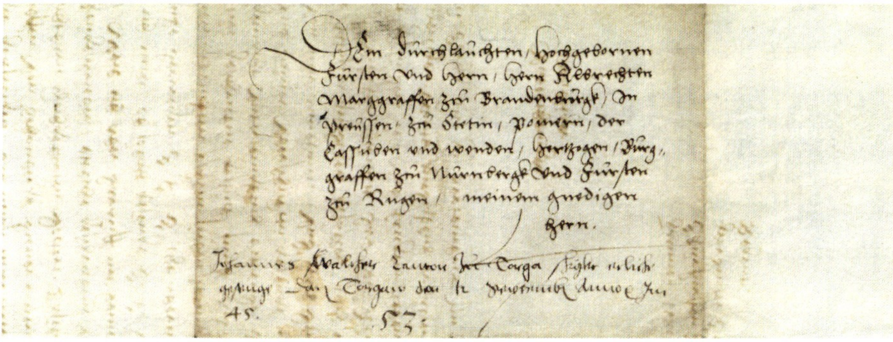

Schreiben Johann Walters an Herzog Albrecht von Preußen (Walter-Autograf).
Bln-GStA: XX. HA, HBA, A4 K. 214.
Literatur: abgebildet in STALMANN 1960, Anhang

TEXT 6 (mit 2 Abbildungen)
1545, 12. September, Torgau
Erneute Versendung der Kirchweihmotette an Herzog Albrecht von Preußen

Durchlauchter hochgeborner furst. Meine vntertenige willige dinste sein e‹wrn› furstlichen gnaden willig vnd bereit, Gnediger her, Ich hab e‹wrn› f‹urstlichen› g‹naden› zwey oder dreymal erstlich durch Hensel lautenschlager gottseligen, das nechst mal aber, durch des gestrengen Wolffen von Schonbergs diener einen, welche briefe ich dem achtbarn hochgelarten doctori Basilio Axt e‹wr› f‹urstlichen› g‹naden› leibartzt zcugeschrieben, ettliche geschriebene vnd gedruckte gesenge zcugeschickt, Weil ich aber darauff nye keine antwort empfangen, weis ich nicht, ob solche gesenge e‹wrn› f‹urstlichen› g‹naden› zcukome‹n› oder nicht. Vbersende derwegen e‹wrn› f‹urstlichen› g‹naden› itzt abermals vntertenigklich, einen gedruckten psalm sieben stymmig, vnd sunst auch drey newe geschriebne stuck[a] funff vnd vierstymmig, welche ich newlich gemacht vntertenigklich bittendt, e‹wr› f‹urstlichen› g‹naden› wollen solche itzt vnd zcuuor vberschickten gesenge mit gnedigem gefallen von mir annehmen, vnd nach dem ich weis das e‹wr› f‹urstlichen› g‹naden› zcur musica gnedigen gefallen, auch mein gnediger her sein, wunsche hiemitt das der almechtige Gott e‹wr› f‹urstlichen› g‹naden› mitt gesundem leib vnd langem leben in erkentnus seines heiligen worts gnedigklich erhalten wolle. Amen. Geben zcu Torga am xij septembris im xv[b] jar.
E‹wr› f‹urstlichen› g‹naden›

vntertheniger williger.

Joannes Walther
des churfursten zcu Sachsen
geordenter cantorey regent. |

Dem durchlauchten, hochgebornen fursten vnd hern, hern Albrechten marggraffen zcu Brandenburgk, in Preussen, zcu Stetin, Pomern, der Cassuben vnd Wenden, hertzogen, burggraffen zcu Nurnbergk vnd fursten zcu Rugen, meinem gnedigen hern.

[ERGÄNZUNG:] Johannes Walther cantor zu Torga schigkt etliche gesenge
Dat‹um› Torgaw den 12 septemb‹ris› Anno ‹etc.› im 45. [Signum]

Textkritische Hinweise

a: vorhergehendes »ge« gestrichen; vermutlich war »gesenge« gemeint. – b: Gemeint ist »xlv«.

2. Der zweite Satz enthält die Information, Luther habe Walter gebeten, eine Melodie zu *Ein feste Burg ist unser Gott* zu schreiben, und da ihm die erste Melodie nicht gefallen habe, habe er ihm bestimmte Noten vorgeschrieben. Man kann somit davon ausgehen, dass die Melodie dieses Liedes kein alleiniges Werk Luthers, sondern ein Gemeinschaftswerk Luthers und Walters gewesen ist, wenn sie nicht sogar überwiegend von Walter stammt, der nach Luthers Vorgaben eine neue, die endgültige Melodie schuf. Somit ist die ewige Diskussion um die Identität der Melodieschöpfer in Walters Liedsätzen von Neuem entfacht, kann an dieser Stelle aber nicht weitergeführt werden. Dieser Zusatz ist übrigens nicht in allen Fassungen der BÖHME-CHRONIK enthalten und scheint eine spätere, aus einer anderen Quelle stammende Ergänzung zu sein, die ursprünglich nicht in Böhmes *»Original«*-Fassung gestanden hatte. Da diese Chronik zur Torgauer Stadtgeschichte bisher unpubliziert geblieben ist, hatte diese vereinzelte Information bisher offenbar keinen Zugang in die Welt der Musik, sodass bis zum heutigen Tag allein Martin Luther als Erfinder der Melodie von *Ein feste Burg* gilt. Die Auskunft, Luther habe das Lied *»componiret«*, bezieht sich, wie aus dem Kontext zu entnehmen ist, nicht auf die Melodie, sondern auf den Text, entsprechend der Bedeutung des lateinischen Wortes *»componere«* als lediglIches *»Zusammensetzen«*.

Anfang 1545 übersandte Walter drei Exemplare des Druckes seiner Kirchweihmotette sowie *»ein clein deu[t]sch liedlein. von de‹m› jungsten tage auf ein alte melodey«* an Herzog Albrecht von Preußen zur *»vorehrung«*. Mit dem Liedlein vom Jüngsten Tag war Walters geistliche Umdichtung des noch im selben Jahr bei Georg Rhau erschienenen weltlichen Bergreihen *Herzlich tut mich erfreuen* gemeint. Da seine Kontrafaktur erst 1552 als SCHÖNER [...] BERGREIHEN im Druck erschien und Walter sein Liedlein auch nicht als Druck bezeichnete, handelte es sich um eine sehr frühe handschriftliche Fassung, die unmittelbar nach dem gerade im Druck befindlichen musikalischen Satz der weltlichen Vorlage entstanden sein muss. Nachdem Walter schon früher einige Gesänge an den Herzog geschickt hatte, wollte er ihm später, weil dieser *»der musica geneigt«* sei, weitere gedruckte Gesänge zuschicken (TEXT 5). Da er hierauf (erneut) keine Antwort erhielt, wiederholte er das Ganze ein Dreivierteljahr später (TEXT 6). Auf dieselbe Art dürfte Walter auch anderen verehrten Persönlichkeiten begegnet sein und ihnen die neuesten Stücke zukommen lassen haben, wie es auch mit einem Satz seines figuralen MAGNIFICAT-Zyklus (1554) geschehen ist.

Die Stadtkantorei als neue Hofkantorei

Mit der Weihe der Torgauer Schlosskapelle 1544 wurde buchstäblich eine neue Zeit der Hofkirchenmusik in Torgau eingeläutet, zwar noch ohne Glocken, aber mit Walters Kirchweihmotette, mit der ein zweistimmiges Festgeläute nachempfunden wurde.[194] Von nun an durfte die Stadtkantorei regelmäßig im Schloss singen. Damit avancierte sie zur neuen *»heimlichen Hofkantorei«*[195]. Diese Sonderstellung unter allen damals entstandenen Kantoreien genoss sie dank ihres ungewöhnlichen Leiters und ihrer hohen künstlerischen Leistung.[196]

Aus den Jahren 1545/46 existieren drei eigenhändige Bestätigungen Walters für den Erhalt eines quartalsweise gezahlten Honorars für die tägliche musikalische Aufwartung der Stadtkantorei auf dem Torgauer Schloss, und zwar in den Quartalen Trinitatis und Crucis 1545 (Letztere mit Siegel) sowie im Quartal Reminiscere 1546 (TEXT 7ff.). Die Höhe des Honorars betrug stets 20 Gulden, 5 Groschen und 3 Pfennige. Aufs ganze Jahr hochgerechnet ergaben sich daraus 81 Gulden – eine Summe, die sogar deutlich höher ausfiel als die 64 Gulden (zuzüglich Hofkleidung), die Walter 1525 als einfacher Hofbassist erhalten hatte, oder die 40 bzw. 45 Gulden (plus Kostgeld und Wein) 1548 als späterer Hofkapellmeister. Sie entsprach auch nicht jenen 100 Gulden, die der Kurfürst der Stadtkantorei verschrieben hatte. Zudem erhielt Walter diese Vergütung aus der kurfürstlichen Kammer und nicht aus den Mitteln der Sequestratoren. Es handelte sich also um eine spezielle Besoldung Walters dafür, dass er die Kantorei im Schloss leitete, und zwar täglich.

Selbstverständlich wurde nicht nur Walter, sondern das gesamte Ensemble besoldet. Ein Beleg aus derselben Zeit zeigt, dass es sich um insgesamt neun (namentlich nicht genannte) Sänger handelte: um sechs Erwachsene – je zwei Altisten, Tenoristen und Bassisten – sowie um drei Chorknaben der Schule. Erstere verdienten mit umgerechnet jeweils 10 Gulden jährlich nur einen Bruchteil von Walters Gehalt, und die Knaben wiederum nur die Hälfte von ihnen. Aufgrund ihrer Schulversäumnisse wurden sie ersatzweise von einem Bakkalaureus unterrichtet, welcher aufs Jahr hochgerechnet sechs Gulden erhielt.[197] Auch wenn Walter nicht zu dieser Gehaltsgruppe gehörte, da er separat bezahlt wurde, ist

194 SCHNEIDERHEINZE 1996 A, 244.

195 STALMANN 2007, Sp. 431.

196 ABER 1921, 90.

197 1546 [März, Torgau]: Vierteljährliche Hofbesoldung von neun Sängern. Liste der Ausgaben am kursächsischen Hof für das Quartal Reminiscere 1546. WMR-HSTA: EGA, Reg. Bb, Nr. 4608, Bl. 16r. Literatur: zuerst ABER 1921, 91; zuletzt RICHTER 2013, Dok. 50. Hier zeichnet sich eine Parallele zu den drei von einem Schulmeister unterrichteten Knaben aus der früheren ernestinischen Hofkapelle von 1518 ab, wenn auch die Gehälter jetzt viel geringer ausfielen. RAUTENSTRAUCH 1907, 15f.

davon auszugehen, dass er mitgesungen hat. Vermutlich war diese überschaubare Gruppe der Kopf der Stadtkantorei, also eine Auswahl der besten Sänger. Die genaue Anzahl der damaligen singenden Mitglieder ist unbekannt; erst nach Walters Tod ist von ca. 30 Bürgern zuzüglich Chorknaben die Rede.[198] Hinzu kam der separat agierende Organist, der junge Johann Oyart. Das Gehalt der sechs erwachsenen Sänger, das im Vergleich sowohl zu Walters Besoldung als auch zu jener der Hofkapellsänger von 1525 deutlich geringer ausfiel, lässt darauf schließen, dass sie als Laiensänger aufgrund ihrer anderweitigen Verpflichtungen bei ihren hauptberuflichen Tätigkeiten musikalisch weniger zu leisten hatten als die Mitglieder einer Hofkapelle. Dass sie sich indes nicht (nur) in der Art von Chorales an den liturgischen Gesängen der Geistlichkeit beteiligten, sondern vor allem Figuralgesänge darboten, wie sie in der Stadtkirche nur an den Sonn- und Feiertagen üblich waren, zeigen die umfangreichen Notenbücher für die Schlosskapelle (S. 216).

Ergänzt man das nicht belegte Vierteljahr, so ist ziemlich ein ganzes Jahr – von Mai 1545 bis März 1546 – abgedeckt. Dass nicht schon seit der Weihe der Schlosskirche im Oktober 1544 regelmäßig gesungen wurde, besagt Walters Titulierung als *»des churfursten zcu Sachsen geordenter cantorey regent«* in dem erwähnten zweiten Brief an Herzog Albrecht von Preußen vom 12. September 1545 (TEXT 6), welche er in seinem früheren Brief an denselben vom 18. Januar (TEXT 5) noch nicht getragen hatte. Die Kantorei war also im Januar noch nicht vom Kurfürsten verpflichtet worden (vgl. S. 173). Vermutlich hingen die Verzögerungen mit den anhaltenden Arbeiten an der Kirche zusammen, welche zum Zeitpunkt der Weihe noch nicht abgeschlossen waren.

Dessen ungeachtet hatte die Weihe neue Wege zur Aufführung von Kirchenmusik in Torgau eröffnet. Die neue dreigeschossige Kapelle verfügte an zentraler Stelle über dem Altar über eine neuartige Empore für die Sänger, die womöglich extra für Johann Walters Kantorei konzipiert worden war,[199] wohingegen der Einbau der Längsemporen eher dogmatischen, praktischen und künstlerischen Gründen geschuldet war.[200] Oberhalb der Sängerempore befand sich noch eine *»hülzern außladunge«*[201] – vermutlich eine Schwalbennestempore – für die Orgel, die nur von einem Außenraum aus begehbar war und unabhängig von Walters Kantorei zum Einsatz kam.

198 Schreiben des Weimarer Superintendenten Bartholomäus Rosinus an Herzog Johann Wilhelm I. von Sachsen-Weimar vom 30. Mai 1571. WMR-HSTA: EGA, Reg. Aa, Nr. 2991, Bl. 69r. Online-Edition durch die Verfasserin unter: www.quellenlese.de/angebote/dokumente/dokumente-4-beispiele.htm.

199 KRAUSE 1994, 35f.

200 GRAFF 1937, 93.

201 Zitiert nach KRAUSE 2004, 179.

Die aus der Lichtenburger Antoniterkirche stammende Orgel konnte gerade noch rechtzeitig vor der Weihe von dem Bautzner Orgelbaumeister Anton Lehmann aufgestellt werden. Ob sie jenes ursprünglich für die Torgauer Klosterkirche (vgl. BILD 10, Nr. 3) vorgesehene Instrument war, welches ebenfalls aus dem aufgelassenen Antoniterkloster stammte, bedarf weiterer Nachforschung. So hatte bereits 1532 der aus Bautzen angereiste Orgelbaumeister Blasius Lehmann (Antons Vater?) während eines mehrwöchigen Aufenthalts zusammen mit dem Organisten Johann Oyart – neben der Errichtung zweier neuer Orgeln in der Torgauer Pfarr- und der Klosterkirche – ein aus Lichtenburg angeschafftes Orgelpositiv für das Kloster instandgesetzt. Möglicherweise war der Bau einer Orgelempore, der dadurch in der Klosterkirche erforderlich geworden worden war, nicht realisiert und die Orgel deshalb nicht angemessen nutzbar gemacht worden.[202] Auf alle Fälle war Anton Lehmann, der sich schon damals an dem großen Torgauer Orgelbauprojekt beteiligt hatte, gewissermaßen als Kenner der Torgauer Orgeln für die Aufstellung des neuen Instruments in der Schlosskapelle bestens geeignet.

Zu ebener Erde kam vor dem Altar ein durch ein Holzgitter umfriedeter Standort für die Kantorei mit einem in der Mitte aufgestellten Chorpult hinzu (vgl. BILD 7). Für das chorale und figurale Repertoire waren damit ideale Musizierbedingungen geschaffen, die vermutlich nicht nur auf Luthers persönliches Einwirken zurückgehen, sondern auch auf den Eindruck, den die Kantorei bei früheren Aufwartungen im Schloss und in der Pfarrkirche beim Kurfürsten hinterlassen hatte. Als weitere reformatorische Errungenschaft kam im Hauptschiff ein (neben vielen anderen Ausstattungsstücken erst später nachgeliefertes) neuartiges Bankgestühl hinzu.[203] So konnte die Hofgesellschaft von nun an – wie die kurfürstliche Familie auf den dem Altar gegenüber hängenden Queremporen – den Gottesdienst sitzend verbringen, wenn auch weiterhin nach Geschlechtern getrennt. Sogar für die Kantorei waren am Gitter innenseitig umlaufende Bänke angebracht worden.[204]

202 Die Besprechungen dazu hatten im Vorjahr zusammen mit Lehmanns beiden Söhnen sowie einigen Torgauer Amtsträgern, darunter Johann Walter, stattgefunden. TRG-STA: H 2737, Bl. 45v–46v, 56r–57v, 64r. – 1535 wurden von *»Meister Blasius«* und Johann Oyart weitere Reparaturen eines Regals in der Pfarrkirche durchgeführt, die Renovierung des Positivs im Kloster 1537 allein durch den Organisten. TRG-STA: H 2738, Bl. 46v; H 2740, Bl. 55v.

203 KRAUSE 2004, 176.

204 Ebd., 176/179. Über die weitere Einrichtung der Torgauer Schlosskirche, die wegen des Aufstiegs Dresdens zur neuen Residenz lange Zeit weitgehend unverändert geblieben ist, gibt ein Inventar von 1610 Auskunft. Näheres dazu bei HOPPE 1996, 194ff.

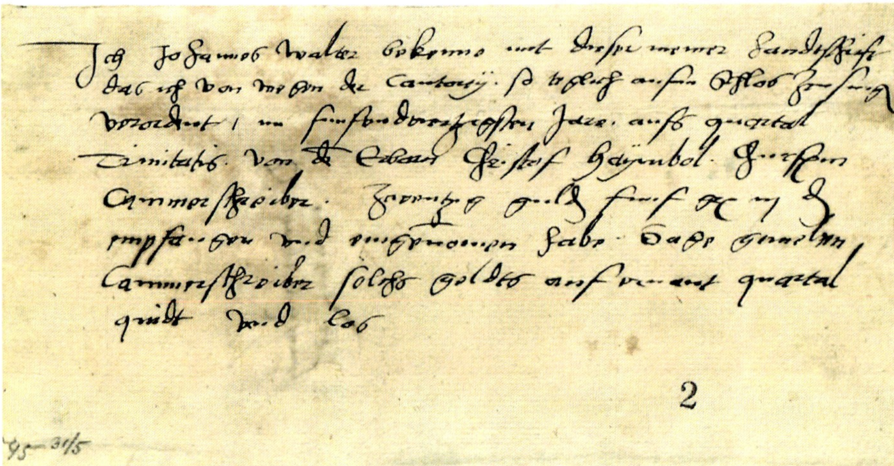

Quittung Johann Walters (Walter-Autograf).
Wmr-HStA: EGA, Reg. Rr, S. 1–316, Nr. 2091, Bl. 2.
Literatur: zuerst Aber 1921, 90; zuletzt Richter 2013, Dok. 41

TEXT 7 (mit Abbildung)
1545 [Mai, Torgau]: Johann Walters vierteljährliche Hofbesoldung

Ich Johannes Walter bekenne mit dieser meiner handtschrift das ich von wegen der cantorey. so teglich aufm schlos zcusing‹en› verordnet, im funfvndviertzigsten jare. aufs quartal Trinitatis. von de‹m› erbarn Christof Haynebol. churf‹urstliche›m cammerschreiber zcwentzig guld‹en› funf gr. iij d. empfangen vnd eingeno‹m›men habe. Sage gemelten ca‹m›merschreiber solchs geldts auf ernant quartal quidt vnd los

Dass der Kurfürst keine eigene Hofkantorei gründete, sondern einfach die Stadtkantorei bestellte, für die er sogar eigene Chor- und Stimmbücher anlegen ließ, sagt sehr viel über die Qualität aus, welche die Kantorei seit ihrem knapp 20-jährigen Bestehen erreicht hatte. Hiervon profitierte keineswegs nur der tatsächlich musizierende Kopf der Kantorei, sondern die gesamte Schule. Denn nachdem der Kurfürst schon 1544 landesweit angeordnet hatte, die Einkommen der Geistlichen und Schuldiener zu erhöhen,[205] vergönnte er 1545 der Torgauer Schule eine Zulage von 80 Gulden, die er ab dem Michaelistag jährlich zahlen wollte, um auch auf diesem Wege die Kirchenmusik zu unterstützen und Walter zur Leitung der Stadtkantorei in der Schlosskapelle zu verpflichten.

205 Herzog 2016, 458.

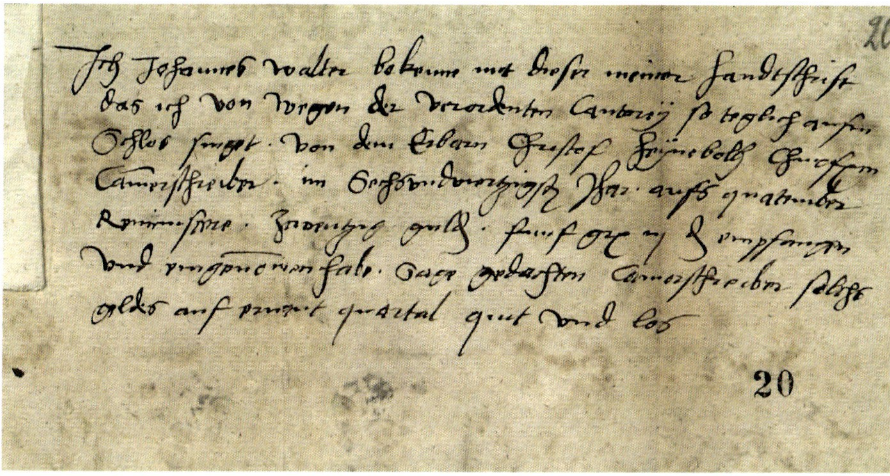

Quittung Johann Walters (Walter-Autograf).
WMR-HSTA: EGA, Reg. Aa, Nr. 2991, Bl. 20.
Literatur: RICHTER 2013, Dok. 49

TEXT 8 (mit Abbildung)
1546 [März, Torgau]: Johann Walters vierteljährliche Hofbesoldung

Ich Johannes Walter bekenne mit dieser meiner handtschrift das ich von wegen der verordenten cantorey so teglich aufm schlos singet. von dem erbarn Christof Heynebolh churf‹urstliche›m cam‹m›erschreiber. im sechsvndviertzigst‹en› jhar. aufs quatember Reminiscere. zcwentzig guld‹en›. funf gr. iij d. empfangen vnd eingeno‹m›men habe. Sage gedachten camerschreiber solchs geldes auf ernant quartal quit vnd los

Diese Information ist einem ausführlichen, mehrere Blätter umfassenden Entwurf des Schulmeisters Marcus Crodel vom 28. August 1545 über die vorhabende Schulreform nach dem Vorbild der Knabenschulen zu Goldberg (Schlesien) und Zwickau mit Vorschlägen zur Aufteilung dieser 80 Gulden zu entnehmen.[206] Demnach betrug Walters Anteil an der Zulage zehn Gulden, die er zusätzlich zu den bisherigen zehn Gulden für die tägliche Durchführung einer Musikstunde (und die Leitung der Kantorei in der Pfarrkirche) erhalten sollte, um fortan die Ge-

206 1545, 28. August, Torgau: Kommentar des Torgauer Schulmeisters Marcus Crodel zur Besoldung der Schuldiener, mit mehreren Anhängen. WMR-HSTA: EGA, Reg. O, Nr. 549, Bl. 1–8. Literatur: zuerst GURLITT 1933, 42f. und 46 (unvollständig und auf 1541 datiert); zuletzt RICHTER 2013, Dok. 42. Näheres zu Crodels Schulreform und dem weiteren Aufblühen der Schule bei HERZOG 2016, 449ff.

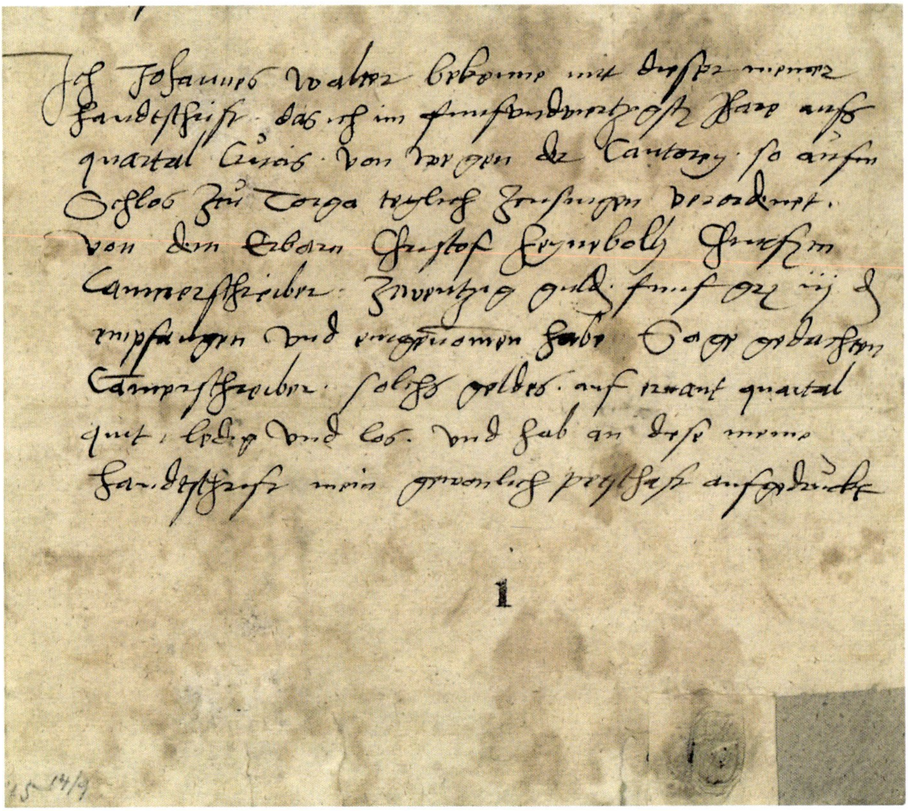

Quittung Johann Walters (Walter-Autograf mit Siegel).
WMR-HSTA: EGA, Reg. Rr, S. 1–316, Nr. 2091, Bl. 1.
Vgl. die Nachbildung des Siegels in BILD 3.
Literatur: zuerst ABER 1921, 90; zuletzt RICHTER 2013, Dok. 43

TEXT 9 (mit Abbildung)
1545 [September, Torgau]
Johann Walters vierteljährliche Hofbesoldung

Ich Johannes Walter bekenne mit dieser meiner handtschrift. das ich im funfvndviertzigst‹en› jhare aufs quartal Crucis. von wegen der cantorey. so aufm schlos zcu Torga teglich zcusingen verordnet. von dem erbarn Christof Heynebolh churf‹urstliche›m cammerschreiber. zcwentzig guld‹en›. funf gr. iij d. empfangen vnd eingeno‹m›men habe Sage gedachten ca‹m›merschreiber. solchs geldes. auf ernant quartal quit, ledig vnd los. vnd hab an diese meine handtschrift mein gewonlich petschaft aufgedruckt

[Siegel;
vgl. BILD 3]

Gesänge auch in der Schlosskirche zu leiten. Weiterführende Gedanken seitens der Schulkollegen gingen in die Richtung, Walter zu einem etwas umfangreicheren Schulunterricht zu bewegen, der mehr als nur Musik umfasste. So sollte er bisweilen eine Stunde die Schüler im Lektionenhören unterrichten. Hier kam erstmals ein außermusikalisches Fach ins Gespräch, von dem aber in der bald darauf erfolgenden neuen Schulbesoldungsordnung von 1546 keine Rede mehr war. Nach Walters Abgang sollte sein Amt auf einen der drei mittleren Kollegen übertragen werden, wobei Walters 20 Gulden jährlich gleichmäßig auf die verbleibenden fünf Kollegen aufgeteilt werden sollten. Ferner sollte die Schülerzahl auf 400 begrenzt werden.[207]

Dank dieser kurfürstlichen Zuwendung konnte am 10. Februar 1546 eine ganz neue Schulbesoldungsordnung verabschiedet werden, in der die musikalische Versorgung aller drei Gotteshäuser (Pfarr-, Kloster- und Schlosskirche; vgl. BILD 10, Nrn. 1–3) endgültig festgeschrieben wurde.[208] Was Walters Person betraf, enthielt die Regelung u.a. folgende Punkte:

1. Walters neue Schulpflichten, die sich aus der kurfürstlichen Zulage ergaben, bestanden nicht im zusätzlichen Sprachunterricht, sondern darin, jene Schüler, die zum Singen im Schloss und im Chor (Sängerempore der Pfarrkirche) geeignet waren, für drei zusätzliche Stunden in der Woche in seinem eigenen Haus zu unterweisen. Bei diesen Schülern handelte es sich vermutlich nur um jene drei Schüler, die zu eben dieser Zeit summarisch als Schloss-Singerknaben belegt sind und auch als Einzige für die Figuralmusik auf der Sängerempore in der Pfarrkirche in Frage kamen. Wohl kaum dürfte Walter weitere Schüler, die nur für die Choralmusik in der Pfarrkirche geeignet waren, zu sich genommen haben. Bei der großen Anzahl von damals ca. 400 Schülern wären es auch unter Abzug der unmusikalischen Kinder und der größeren Schüler nach Einsetzen des Stimmbruchs viel zu viele gewesen, denn der Proberaum in Walters Privathaus betrug lediglich 14 m^2 und bot Platz für nur wenige Sänger (S. 65).[209] Laut Schulbesoldungsordnung fanden jedenfalls die beiden freitags und sonnabends durchgeführten Übersing-

207 Gurlitt geht auf diese Schülerzahl ein, weist sie jedoch der Schulbesoldungsordnung von 1546 zu. GURLITT 1933, 46. Laut Knabe 1881, 10, Anm. 8, ging die Zahl der Schüler 1550, als *»die Schul in den Sterbensläuften schier wüst gewesen«*, sogar auf 70 zurück.

208 1546, 10. Februar, Torgau: Neue Schulbesoldungsordnung. Unsignierte Verordnung des Schulmeisters Marcus Crodel. TRG-STA: H 42, unfoliiert. Ein undatierter Entwurf in WMR-HSTA: EGA, Reg. O, Nr. 549, Bl. 9–14, weicht im Wortlaut geringfügig ab. In dieser Weimarer Akte befinden sich weitere, zum Teil stark korrigierte Entwürfe. In der Literatur wurde diese Ordnung auf die 1530er-Jahre vordatiert und mit Walters Anstellung als Kantor bzw. mit der zweiten Visitationsordnung in Verbindung gebracht. Literatur: zuerst TAUBERT 1870, 11–13; zuletzt RICHTER 2013, Dok. 48.

209 Blankenburg bezieht die Aussage über den dreistündigen Musikunterricht in Walters Haus allein auf die erwachsenen Sänger, obwohl eindeutig von Schülern die Rede ist. BLANKENBURG 1991, 62.

stunden ebenso wie die drei bisherigen Spezialmusikstunden für die Schüler (montags, dienstags, donnerstags) weiterhin in der Schule statt. *»Übersingen«* bedeutete das vollstimmige Durchsingen mit dem ganzen Chor nach dem Einstudieren der einzelnen Stimmen.

2. Die musikalischen Vorbereitungen auf die hohen Kirchenfeste zu Weihnachten, Ostern und Pfingsten wurden intensiviert, indem in der jeweiligen Woche zuvor das gemeinsame Übersingen mit der gesamten Kantorei täglich durchgeführt werden sollte.
3. Im Falle, dass nach Walters Weggang von den verbliebenen Kollegen keiner als Kantor geeignet wäre, sollte einer von ihnen entlassen werden, damit ein neuer Kantor angestellt werden könne. Um dies zu vermeiden, sollte der Schulmeister darauf achtgeben, dass die Kollegen Walters musikalische Unterweisungen wahrnahmen und wenigstens einer von ihnen dessen Stelle ersetzen konnte. Dieser neue Kantor sollte dann sämtliche Gottesdienste sowohl in der Schloss- als auch in den beiden Stadtkirchen zu jeder Zeit mit Gesängen versorgen. Falls er in der Schlosskirche keinen Dienst hatte, sollte er stattdessen in der Schule wie die anderen Schulkollegen unterrichten. Verschont wurde er lediglich mit den Vespern in der Pfarrkirche, außer an Sonn- und Festtagen. Diese recht genauen Vorstellungen waren wohl eine Absicherung für die Zukunft, etwa für den Fall, dass sich Walter ganz und gar aus städtischen Diensten zurückziehen könnte, um fortan nur noch dem Kurfürsten zu dienen. Auf jeden Fall sollten sie die wohl als sehr stark empfundene Arbeitsteilung zwischen Kantor, der nur für die Pfarrkirche zuständig war, und anderen Lehrern, denen die Gesänge in der Klosterkirche und sonstige Schulfächer oblagen, aufheben oder zumindest abmildern.
4. Walter wurde vom Kurfürsten als ein alter Hofdiener angesehen und durfte außer im Todesfall nur mit dessen Erlaubnis abgehen. Hier wird offenbar, dass Walter an die Weisungen des Kurfürsten als *»Compatronus«*[210] gebunden war. Während seine Schulkollegen nur dem Pfarrer und dem Stadtrat unterstanden,[211] waren Walter, der Schulmeister und der Organist, der zugleich Stadt- und Hoforganist war, dem Kurfürsten untergeben und aufgrund ihres Anstellungsverhältnisses für die Musik am Hof prädestiniert. Hiervon hatte der Kurfürst bereits 1540 oder noch eher, also lange vor der Weihe der Schlosskapelle, Gebrauch gemacht. Um eine dauerhafte Qualität der Hofkirchenmusik zu gewährleisten, war ihm und vielleicht auch Walter selbst an diesem Eingriff in die Rechte des Rates sehr gelegen.[212]

210 Taubert 1870, 11.

211 Zu den entsprechenden Kompetenzstreitigkeiten, die bei der zweiten Torgauer Vistitation 1534 zwischen Geistlichkeit und Stadtrat aufkamen, siehe Herzog 2016, 356ff.

212 Vgl. Herzog 2013, 95.

In diesen Zusammenhang passen nach den Bemühungen um die Unterstützung des Altisten Valentinus Khun auch die Vorgänge um Adrian Petit Coclicus, einen jener damals vermehrt in Sachsen auftretenden niederländischen Musikeremigranten, in diesem Fall einen ehemaligen kaiserlichen Kapellisten, Josquin-Schüler und (im Gegensatz zu Walter) sehr fortschrittlichen frankoflämischen Komponisten, der konvertiert war und in Wittenberg geheiratet hatte. Er hatte sich erfolglos mit einer Komposition um eine kurfürstliche Unterstützung bzw. um eine Dozentur an der Wittenberger Universität beworben[213] und erhielt am 31. Januar 1546 seine Abfindung ausgerechnet über Walter.[214] Dies deutet darauf hin, dass Walter als alter Hofdiener – neben seiner Tätigkeit als (musikalischer) Prinzenerzieher – sogar für Vermittlungsaufgaben zwischen Hof und Stadt herangezogen wurde.

Wider Erwarten setzte das tägliche Singen der Kantorei im Schloss bereits Ende Juni 1546, als der Kurfürst gezwungen war, in den Schmalkaldischen Krieg zu ziehen,[215] also nach ca. 1¼ Jahren und gerade einmal 4½ Monate nach Inkrafttreten der neuen Ordnung, wieder aus. Somit erfuhr die erfreuliche Entwicklung Walters, der erst kürzlich am Höhepunkt seiner musikalischen Karriere angekommen war, ein jähes Ende. Ohne die Kriegswirren, in deren Folge der Kurfürst in Gefangenschaft geriet, seine Kurwürde verlor und mit der Wittenberger Kapitulation vom 19. Mai 1547 Wittenberg und Torgau in albertinischen Besitz gelangten, hätte die Kantorei weiterhin im Torgauer Schloss vor dem ernestinischen Kurfürsten gesungen. Es war

> *der wohl entscheidendste und als schmerzlichst empfundene Einschnitt in Walters Leben.*[216]

213 Gurlitt 1933, 57f.

214 1546, 31. Januar, Torgau: Johann Walters Übermittlung einer Geldsumme für den Komponisten Adrianus Petit Coclicus. Aus: Liste der fürstlichen Ausgaben 13.12.1545–21.03.1546. Wmr-HStA: EGA, Reg. Bb, Nr. 5331, Bl. 165v. Literatur: zuerst Gurlitt 1933, 57; Crevel 1940, Dok. 5, 375; zuletzt Richter 2013, Dok. 47.

215 Laut Böhme-Chronik verließ er zusammen mit seinem gesamten Hofgesinde Torgau Ende Juni 1546. Trg-StA: H 7, Bl. 37v, und H 123, 164; Ha-ULB: Hist. 244, 212.

216 Herzog 2013, 95.

Albertinische Hofkapelle (1548–1554)

Die Hofkantorei in Torgau

Nach der Übernahme der Kurwürde durch den albertinischen Herzog Moritz am 4. Juni 1547 gründete der neue Kurfürst nach dem Vorbild der ehemaligen kursächsischen (ernestinischen) Hofkapelle, die übrigens eine Dresdner Gründung vor der Leipziger Teilung von 1485 gewesen war,[217] die albertinische Hofkapelle von Neuem und ernannte auf Melanchthons Rat[218] Johann Walter zu deren Kapellmeister. Als Gründungsdatum gilt der 22. September 1548 (Mauritii) gemäß der an diesem Tag ausgestellten Kantoreiordnung, die u.a. Folgendes beinhaltet:

Die Kantorei sollte aus mindestens neun Diskantistenknaben sowie elf erwachsenen Alt-, Tenor- und Bass-Sängern bestehen, von denen einer zugleich die Knaben unterwies. Die Sänger, die vom Kapellmeister Johann Walter ausgewählt wurden und unter denen Johann Walter selbst sowie sein Sohn, der junge Johann Walter, als Bassisten erschienen, sollten entsprechend ihren jeweiligen Leistungen nach Ablauf eines halben (Probe-)Jahres weiter gefördert werden. Der Kapellmeister, dem sich alle Sänger einschließlich des Organisten[219] in musikalischen Fragen unterzuordnen hatten, wurde ermächtigt, Widersacher mit Vorwissen der kurfürstlichen Räte aus der Kapelle zu entlassen und an ihrer Statt neue Musiker anzunehmen. Kleinere Streitigkeiten zwischen den Kapellmitgliedern sollten vom Kapellmeister geschlichtet werden, die größeren vom Kurfürsten oder dessen Räten. Die Sänger sollten sich eines anständigen Lebenswandels befleißigen und Ausschweifungen vermeiden oder andernfalls bestraft werden. Die Kapellsänger sollten täglich zweimal (vor- und nachmittags) singen; ferner wurden die Knaben sowie der (dritte) Bassist Johannes Cellarius mit liturgischen Aufgaben betraut. Vor jedem Singen sollten sich die Sänger in Johann Walters Haus treffen und von dort aus geordnet in Gliedern zu jeweils zwei Personen zum Schloss laufen, beginnend mit den Knaben und gefolgt von den Erwachsenen. Wegen des schwierigen Repertoires sollten die Sänger täglich eine Stunde zusammen singen und auch sonst, wenn sie der Kapellmeister zum Üben rief, zum Singen erscheinen oder andernfalls bestraft werden. Ferner wurde die Besoldung der einzelnen Kapellsänger geregelt, an erster Stelle Johann Walters jährliches Einkommen von 40 Gulden sowie 14 Groschen Kostgeld wöchentlich

217 Herrmann 1987; Kurzfassungen/Bearbeitungen in Herrmann 2001 und Herrmann 2002. Vgl. Steude 1998, 37f.

218 Gurlitt 1933, 60.

219 Nach Fürstenau 1866, 167, waren es zwei Organisten.

und einer täglichen Viertelkanne (= ca. $^3/_8$ Liter) Wein. Neben dem Organisten sollten von den elf erwachsenen Sängern neun in der Hofstube gespeist werden (Walter und Sangerhaus aßen bei Walter zu Hause) und allabendlich mit Bier, im Winter auch mit Licht versorgt werden. Jährlich sollten alle Kapellmitglieder ein neues Kleid bekommen, der Kapellmeister und der Organist jeweils zwei. Da die Knaben bei dem Kapellmeister wohnten und gespeist wurden, sollte dieser zusammen mit Tenorist Johannes Sangerhaus, ihrem Lehrer und Erzieher, der sie im christlichen Glauben, in der Sprache sowie in der Musik unterweisen sollte und ebenfalls bei dem Kapellmeister sein Essen einnahm, auf diese achten, damit sie gut erzogen würden. Zur Ernährung der Knaben sollte Walter (neben seinem Gehalt und Kostgeld) wöchentlich 10 Groschen pro Knabe sowie allabendlich vier Kandeln bzw. Kannen (= ca. 4,5 Liter) Bier erhalten. Alle weiteren Ausgaben für die Knaben sollte er auf Rechnung auslegen. Unter dem Siegel wurde ergänzt, dass dem Kapellmeister von den neun Kannen Schlaftrunk für die Erwachsenen eine (= ca. 1,1 Liter) gereicht werden sollte, während der Lehrer von den vier Kannen für die Knaben eine bekam.[220]

Was kann man daraus entnehmen? Zum einen gibt die Quelle über Walters neue Besoldung Auskunft. Jetzt erhielt Walter ein Gehalt von 40 Gulden zuzüglich Kostgeld, Wein, Bier und Kleidung. Dieses wurde später sogar auf 45 Gulden erhöht,[221] sodass knapp 80 Gulden zusammenkamen, die mit Walters früherem Gehalt am ernestinischen Hof vergleichbar waren und das Vierfache seines Einkommens als Kantor betrugen. Hinzu kamen weiterhin die Einnahmen aus den erledigten geistlichen Lehen. Zum anderen wird hier u.a. beschrieben, wann und wie die Aufwartungen der täglich im Hofkleid zu erscheinenden Kapellisten zu erfolgen hatten, nämlich einmal vor- und einmal nachmittags und beginnend mit einem ordnungsgemäßen Zug von Walters Haus aus (wo die Knaben untergebracht waren) ins Schloss. Hiermit war natürlich nicht Walters neue Dresdner Wohnung gemeint, sondern sein Haus in Torgau, denn abgesehen davon, dass in

220 1548, 22. September, Torgau: Kantoreiordnung für die kursächsische Hofkapelle. Urkunde Kurfürst Moritz' (Reinschrift mit Siegel). DD-SHSTA: Loc. 8687/1, Bl. 3–8. Online-Edition durch die Verfasserin unter: www.quellenlese.de/angebote/dokumente/dokumente-4-beispiele.htm. Die unsignierte Konzeptfassung in ebd., Ältere Urkunden, Nr. 11369, wurde nachträglich korrigiert und stimmt inhaltlich nahezu mit der vorliegenden Urkunde überein. Literatur: nach GLEICH 1730, 94f., WALTHER 1732, 645, und FORKEL 1784, 161, zuerst in FÜRSTENAU 1849, 3–6 und 9–15; zuletzt RICHTER 2013, Dok. 51 (mit Abb.).

221 [Zwischen 3. Oktober 1553 und 29. September 1554, Torgau]: Kost- und Dienstgeld für die kursächsische Hofkapelle. Undatierte Liste über die Ausgaben für die kursächsischen Hofdiener. DD-SHSTA: Loc. 32673, Gen. 586, unfoliiert. Die ältere Fassung vom 3. Oktober 1553 in Loc. 4519/3, Bl. 135–169 und 175–207/3, weicht geringfügig ab. Vgl. die ebenfalls undatierte Personenliste mit Johann Walter und den Kapellknaben, aber ohne Gehaltsangaben in ebd., Bl. 219–232, besonders Bl. 229r–230r, die im Vergleich zur vorliegenden Liste personelle Veränderungen aufweist. Literatur: zuerst KADE 1862, 6; zuletzt RICHTER 2013, Dok. 61.

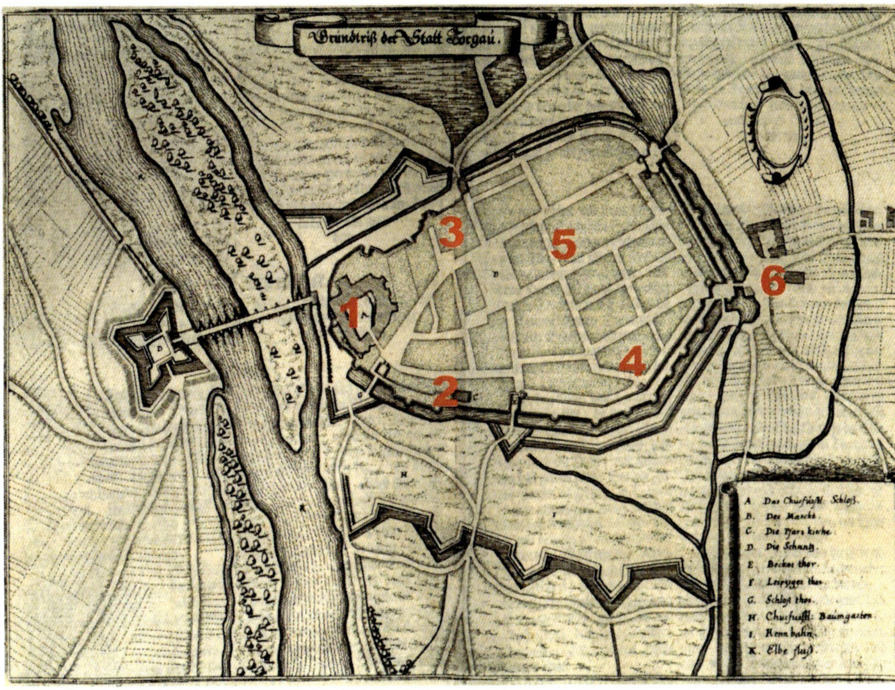

BILD 10
Torgau um 1650. Aus der TOPOGRAPHIA von Matthäus Merian (MERIAN 1650), S. 170 (Auszug). Stadtplan mit den Standorten Schloss (1), Pfarrkirche Unser lieben Frauen / Marienkirche (2), Klosterkirche St. Peter und Paul (3), Walters Wohnhaus in der Stümpfergasse (4), Haus des Sohnes, des jungen Walter, hinter den Fleischbänken (5) und Hospitalkirche zum Heiligen Geist (6)

diesem Anwesen mit 100 m^2 Wohnfläche (S. 65) genügend Platz für die Unterkunft der neun Kapellknaben vorhanden war,[222] zumindest nach Walters bescheidener Lebensart, weist das Wort *»Haus«* deutlich auf Walters eigenes Grundstück in Torgau hin, da er in Dresden kein eigenes Anwesen besaß. Demgegenüber ist in den späteren Dresdner Kantoreiordnungen von 1555 und 1568 lediglich von *»Herberge«* die Rede, also von der Kapellknabenwohnung, die der Hof dem Kapellmeister zur Verfügung stellte.[223] Der Aufzug der Sänger begann also in Walters Haus in der Stümpfergasse, ging an der Marienkirche vorbei und führte schließlich ins Schloss bzw. in die Schlosskirche (BILD 10, Nrn. 4 – 2 – 1).

222 Vgl. HERZOG 2013, 95.

223 DD-SHSTA: Loc. 8687/1, Bl. 18v, und Loc. 32435, Rep. XXVIII, Kantoreiordnung Nr. 1, Bl. 6r. 1592 sollten sich die Sänger vor ihren Auftritten nicht mehr beim Kapellmeister, sondern in der Hofstube des Schlosses versammeln. Ebd., Kantoreiordnung Nr. 2, Bl. 6r.

Da sich diese Anordnungen nicht auf die Dresdner, sondern auf die Torgauer Ortsverhältnisse bezogen, ist dies ein Beleg dafür, dass die Hofkapelle - entgegen den Aussagen in der älteren Literatur - nicht gleich in die neue Residenz nach Dresden umgezogen, sondern zunächst in Torgau verblieben ist. Hierauf weisen weitere Indizien in anderen Quellen:

1. Die soeben beschriebene Kantoreiordnung vom 22. September 1548 wurde in Torgau ausgestellt.
2. Die Vermählung Herzog Augusts zwei Wochen später fand in der Torgauer Pfarrkirche statt.
3. Laut einer Kostgeldliste vom 15. Januar 1549 (ohne Ortsangabe) erhielt der Lautenist Meister Hans (Weiler) nur dann Kostgeld, *»wen er im hoflager ist«*[224]. Im Gegensatz zu den *»cantores so eine zeit zu hof gangen«*,[225] hielt er sich also nicht ständig im Hoflager auf. Welches Hoflager, wenn nicht das Torgauer, soll damit gemeint gewesen sein?[226]
4. In zwei Torgauer Quellen vom Februar 1549 wurde Walter vonseiten der Torgauer Schule als Musikverständiger befragt bzw. empfohlen, was auf dessen ununterbrochene Anwesenheit in Torgau hindeutet.[227]
5. Am 20. Februar 1550 erhielt Walter keine Genehmigung, in Torgau Bier zu brauen und nach Dresden mitzunehmen.[228] Da er von Haus aus kein Bierbraurecht besaß, war die Einholung einer Genehmigung erforderlich. Immerhin verehrte ihm der Stadtrat ersatzweise als Zeichen seiner Anerkennung für dessen geleistete Schuldienste ein Fass Bier. Da kein Ort der Zustellung erwähnt ist, dürfte ihm das Bier noch in Torgau gereicht worden sein.[229]
6. Im Bewusstsein dessen, dass sich Walter von Dresden aus nicht mehr um seine Torgauer Verwandten kümmern konnte, gab er am 22. August 1550 die Vormundschaft über das Kind seines verstorbenen Schwagers Dominicus Hesse ab:

224 DD-SHStA: Loc. 4519/3, Bl. 108–114, hier Bl. 112r.

225 Bei den *»cantores«* handelte sich um die in der Gründungsurkunde verzeichneten erwachsenen Mitglieder der Hofkantorei exklusive des Kapellmeisters und des Knabenpräzeptors, welche immer gemeinsam mit den Knaben zu Hause bei Walter ihre Mahlzeit einnahmen.

226 Zu Torgau als Hoflager seit 1525 Herzog 2013, 78.

227 Quellen angegeben in Anm. 257 und 259.

228 1550, 7. und 20. Februar sowie 10. März, Torgau: Erhöhung des Torgauer Schulpersonals, Bierschenkung an Johann Walter sowie Bestätigung des neuen Schulkantors. Aus: Torgauer Ratsprotokollbuch von 1550. Trg-StA: H 686, Bl. 20v–21v, 24v–25r, 30v/31v. Literatur: zuerst Schneiderheinze 1996 A, 245; Schneiderheinze 1996 B, 39; zuletzt Richter 2013, Dok. 57, und Herzog 2016, 466.

229 Herzog 2013, 97.

Dominicus Hessen seligen kindern seind zu vormunden geordent vnd bestetiget worden, nemlich, Jacob Schueknecht, Jacob Helt Fabian Hanck, Bernhart Sachs Vnd an statt Johan Walters, wolle sich Marx Winckler zu einem vormunden gebrauchen lassenn, vnd Fabian Rosencrantz ist der frauen zu einem vormunden geordent etc.[230]

Die beiden letztgenannten Punkte deuten darauf hin, dass die Hofkantorei – nach einer Verzögerung von Februar bis August 1550 – bald darauf nach Dresden umgezogen ist.[231] Dies wird auch durch Walters Bericht über seine Kontaktaufnahme mit Nicolaus von Amsdorff bestätigt, wonach er

im 1550 jare [...] *die zeit mitt wonung zw Dreßden bey der cantorey*

untergebracht war (TEXT 11, Teil I). Der Umzug fand also 1550 statt. Noch genauer lässt sich die Zeit eingrenzen durch die Angabe, er sei

kurz zuuor ehe Magdeburgk belagert worden

auf Amsdorff zugekommen (Teil II). Da die mehr als ein Jahr andauernde Belagerung Magdeburgs durch Herzog Georg von Mecklenburg, der auf kaiserlicher Seite gegen die Gnesiolutheraner vorging, am 22. September 1550, zufällig genau zwei Jahre nach der Kapellgründung, begann, war der Umzug wohl Ende August oder Anfang September erfolgt. Unmittelbar danach muss sich Walter an Amsdorff gewandt und von diesem auch noch Antwort erhalten haben. Dass Walter die Korrespondenz mit Amsdorff erst nach seinem Umzug aufnahm, könnte mit einem stärkeren Druck zu tun gehabt haben, dem sich Walter als Gnesiolutheraner in Dresden ausgesetzt sah, da seine Familie und die Kapellknaben, denen er aus Glaubensgründen den Abendmahlsbesuch verwehrte, nun nicht mehr in seinem eigenen Heim in Torgau wohnten, sondern in einer vom Kurfürsten bereitgestellten Behausung.

Für die 1550/51 erschienene letzte Auflage von Walters GEISTLICHEM GESANGBÜCHLEIN, dessen neu hinzugekommene Werke bisher seiner Dresdner Tätigkeit zugeordnet worden waren, bedeutet dies, dass Walter selbige gänzlich noch in Torgau zusammengestellt hatte. Inwieweit dieser feine Unterschied zu neuen Schlussfolgerungen für die Liturgien führen könnte, die in Torgau (S. 192ff.) und Dresden[232] trotz übereinstimmender kursächsischer Kirchenordnung unterschiedlich gehandhabt worden sein dürften, bedarf weiterer Untersuchungen.

230 1550, 22. August, Torgau: Klärung der Vormundschaft für Dominicus Hesses Witwe und Kinder. Aus: Torgauer Ratsprotokollbuch von 1550. TRG-STA: H 686, Bl. 76r. Literatur: RICHTER 2013, Dok. 58. – Walter hatte 1532 auch die Vormundschaft über Margareta, die Witwe seines anderen Schwagers Franz, übernommen. HERZOG 2013, 87. Diese Vormundschaft hatte sich wohl durch deren Tod bereits erledigt.

231 Auch die Kurfürstin verließ Torgau Ende 1550. HERZOG 2013, 83/276.

232 Zur Liturgie und Kirchenmusik in den Dresdner Hofgottesdiensten siehe SCHMIDT 1961.

Doch bevor es so weit war und der Umzug stattfinden konnte, standen umfangreiche Aufgaben beim Aufbau der Hofkantorei und der musikalischen Ausgestaltung wichtiger Ereignisse in Torgau an. So fand bereits am 7. Oktober (19. Sonntag nach Trinitatis) 1548[233], zwei Wochen nach Gründung der Hofkantorei, die große fürstliche Vermählung Herzog Augusts mit der Königstochter Anna von Dänemark statt. Da die Kantorei noch nicht mit den späteren *»welschen«* (italienischen) Instrumentalisten zusammengeführt werden konnte – diese wurden erst seit 1549 nach Dresden geholt und waren ohnehin zunächst als bildende Künstler (nicht als Musiker) mit der Ausgestaltung des neuen Dresdner Residenzschlosses beschäftigt[234] –, mussten zu diesem bedeutenden Anlass auswärtige Musiker aus Breslau herangeholt werden. Bei dieser Gelegenheit lernte Walter auch Caspar Othmayr, Hofkomponist Markgraf Albrechts von Brandenburg-Culmbach, kennen, einen Komponisten lutherischer Gesinnung.

Um die neue Hofkantorei zusammenstellen zu können, erhielt Walter Befehl zur öffentlichen Bekanntmachung, dass der Kurfürst geeignete Sänger suche. Am 10. August verfasste Walter einen Text, in dem er die Interessenten nach Torgau zum Vorsingen einlud:

> *Der durchlauchtigest hochgeborne Fürst und herre, her Moritz hertzog czu Sachsen und churfürst etc. hat eine fürstliche cantorey im vorhaben anczurichten dorauf Ire churfürstlichen gnaden mir Johann Walter, cantor zcu Torga umb wohlgestimpte geübte und ansehnliche personen czu solcher cantorey dinstligen mich in folgende instruction czu bewerben bevelh getan.*
>
> *Nemlich das ich allen personen die ich durch mein sonderlich oder offentlich schreiben besuchen würde, vormeldung thun sal das diejhenigen, so sich czu einer fürstlichen cantorey tuchtig befinden, auch zcu solcher vorhabenden cantorey, mit dinst sich einczulassen lust und geneigten willen auf schirst künftig Bertolomei ader aufs lengst Sontags dornach czu Torga ankomen mogen. So sollen sie von denen die ire churfürst‹lichen› gnaden dorczu verordnet versucht und verhort werden. Alsdan wollen ire churfürst‹lichen› gnaden mit denen die wolgestimpt und tuchtig befunden, des solts und der bestallung halb noch eins jeden geschiglickeit einig werden, und die andern mit czerung freuntlich abfertigen.*
>
> *Derhalb hab ich Johannes Walter diesen aignen boten abgefertigt, mit freuntlicher bit, es wolle ein jeder wes standes ader dignitet er sey, dieser meiner ofnen eigenen handtschrift und petschaft glauben geben und czu*

233 In der BÖHME-CHRONIK sowie der Literatur ist immer vom 8. Oktober die Rede; die Vermählung fand jedoch laut vorliegenden Dokumenten am Sonntag und nicht am Montag statt. Vgl. dazu auch DD-SHSTA: Loc. 10550/6.

234 Die Brüder Tola aus Brescia. FÜRSTENAU 1866, 167f.: 1550, nach WECK 1680.

solcher cantorey durch sich selbst ader durch andere mit freuntlicher forderung sich erczeigen und nachdem ich sunderlichen bevelh nach guten wolgestimpten Altisten czutrachten, so mogen die jhenigen so czum Alt eine reine wolklingende stimme hetten sich des vorsehn das sie für andern gefoddert werden. Bitte einen jeden gantz freuntlich wolle diss mein einfeldig schreiben mir czum besten deuten. Das wil ich hinwider meins vermogens willig und gerne vordienen.

Geben czu Torga am Tag Laurentii im 1548.

Und nachdem aber auf mein ausschreiben so ich an etliche orte getan, etliche ungestimpte junge Succrescenten, bey welchen die mutacion noch nicht volkommen albereit ankommen sein, die ich dan mit cleiner czerung alsbalt abgefertiget, so hoffe ich ein jeder werde sich selbs pruefen, ob er czu einer fürstlichen cantorey tuchtig, dan unser gnedigster her wil wolgestimpte ansehnliche personen, die nach der mutacion etliche jhar gesungen und vollkommene reine stymen haben. Do nhu dergleichen so gar ungestimpte mit unvolkommenen stymen ankommen wurden, und sie irer hofnung nach dermassen nicht mit czerung abgefertiget würden, das sie solchs dem Walter ader nymant sunsten auflegen wollen, wiewol ich domit nymant abschrecken wil, dan man findet oftmals bey einem jungen mutanten eine styme, des muss sich nicht vorsehn, dorumb wirt ein jeder seiner stymhalb am besten gelegenheit wissen.

[Rückseite]

Joan Waltherus componista enotat adolescentes ad cantoriam Electoris Mauritii Anno 1548.[235]	*[Der Komponist Johann Walter macht im Jahr 1548 die Erwachsenen auf die Kantorei Kurfürst Moritz' aufmerksam.]*

Hieraus sind verschiedene Dinge zu entnehmen:

1. Walter scheint diesen Text zwar mehrfach ausgefertigt, aber nicht besonders weitstreuend, sondern nur an jene wichtigen Personen und Institutionen versandt zu haben, zu denen er selbst gute persönliche Beziehungen pflegte. Darauf deuten die Formulierung, Walter solle die Ausschreibung allen Personen mitteilen, die er durch dieses Schreiben *»besuche«*, sowie der Hinweis auf einen eigenen Boten. Der zitierte Beleg beispielsweise stammt aus der Universität Leipzig, wo Walter selbst einmal studiert hatte. An Studenten wurden letztendlich fünf an der Zahl in die Kapelle aufgenommen.[236]

235 1548, 10. August, Torgau: Stellenausschreibung durch Walter. Leipzig, Universitätsarchiv: Rep. G. A. X 10, zitiert nach STIEDA 1921, 269. Die Akte scheint verschollen zu sein, denn die Signatur war laut Auskunft vom 21.12.2018 nicht auffindbar.

236 GURLITT 1933, 62.

2. Walters Ausschreibung muss sich über mehrere Wochen hingezogen haben bzw. in mehreren Schüben erfolgt sein, denn im Nachtrag ergänzte er, dass bereits einige ungeeignete »*Succrescenten*« (Heranwachsende) erschienen waren, deren Männerstimme noch nicht voll entwickelt war. Das Ausfertigungsdatum vom 10. August (Laurentii) gibt also nicht den Zeitpunkt der ersten oder einzigen Ausschreibung wieder, sondern einen späteren Termin, nachdem Walter und der Kurfürst bereits schlechte Erfahrungen mit »*etlichen*« Bewerbern gemacht hatten. Somit dürften auch die zwischen dem 24. (Bartholomäi) und 26. August, nur vier Wochen vor Gründung der Kantorei anberaumten Vorsinge- bzw. Ankunftstermine der Bewerber in Torgau eher in die Endphase der Personenauswahl gefallen sein. Die hervorgehobene besondere Förderung von Altisten durch den Kurfürsten scheint an dessen musikalischen Vorlieben gelegen zu haben. Vor diesem Hintergrund wird verständlich, dass Kurfürst Moritz schon bald darauf als ersten niederländischen Sänger einen Altisten nach Dresden zog bzw. dass er sich überhaupt veranlasst sah, über die Landesgrenzen hinaus nach ganz anderen professionellen Sängern Ausschau zu halten.[237]

Wiederum einige Tage später wurde am 19. August am Schwarzen Brett der Wittenberger Universität ein von Rektor Caspar Cruciger lateinisch verfasster Anschlag veröffentlicht. In diesem wurden Studenten, die Tenor oder Bass singen wollten, zur Bewerbung aufgefordert, wobei erneut auf das Problem der noch nicht ausgereiften Stimmen hingewiesen wurde:

> [...] *Hauptsächlich werden dabei solche Leute gesucht, welche dem Jünglingsalter entwachsen mit sonorer und klangreicher Stimme sowohl Bass als auch Tenor singen können. Diejenigen also, welche die Natur damit begabt hat und Lust haben, bei dieser Capelle für kirchliche Zwecke zu dienen, mögen nach Torgau sich begeben, sei es am St. Bartholomäustage oder an den nächstfolgenden, und sich darüber gegen den Musicus Johann Walter erklären, dem von Seiten des Erlauchten Fürsten hierüber Instructionen gegeben worden sind. Auch können sie, wenn sie wollen, von dem Dr. der Theologie, Georg Major allhier, Briefe an Walter empfangen. Den 19. August 1548.*[238]

237 Näheres zur Hofkapelle usw. bei RICHTER 2017.

238 Übersetzt in FÜRSTENAU 1863, Sp. 261f., nach SCRIPTORUM TOMUS I 1560, Bl. 218f. Die anderen Studenten wurden am 5. Oktober davor gewarnt, nach Torgau zu kommen, da die Reise gefährlich sei und ihnen auch keine Mittel für die Übernachtungen zur Verfügung ständen. SCRIPTORUM TOMUS I 1560, Bl. 223.

Hierauf nimmt auch die BÖHME-CHRONIK Bezug, wobei 19. August und 5. Oktober zusammengezogen wurden: »*dorzu* [zur Vermählung] *den 19. aug‹ust› zu Wittenberg vom rectore Casparo Crucigero öffentlich angeschlagen, das so iemandt in choro musico sich woltte gebrauchen lassen, der soltte sich angeben, denen andern studiosis aber verbotten, das sich*

Offenbar wurden nun keine Altisten mehr gesucht. Obwohl der anberaumte Vorsingetermin noch gar nicht stattgefunden hatte, müssen also die drei Altisten, die später namentlich in der Kantoreiordnung auftauchten - der Wittenberger Student Paulus Aldus aus Schweidnitz, Johann Brüssel/Priesel aus Roßwein und der Leipziger Student Johann Hoffmann aus Oelsnitz - inzwischen ausgewählt gewesen sein. Vielleicht hatte es doch schon einen inoffziellen Vorsingetermin speziell für den Kurfürsten gegeben. Warum nur drei Altisten angenommen wurden, während an Bassisten vier (darunter die beiden Walters) und an Tenoristen sogar fünf Sänger[239] angestellt wurden, bleibt offen. Später wurde die Zahl der Altisten ebenfalls auf fünf erhöht und somit ausgeglichen.[240]

Alles in allem erfolgte die Zusammenstellung der Sänger in sehr kurzer Zeit, zumal bei den damaligen mehrtägigen Reiserouten von Walters Bote(n) wie auch der Bewerber, die aus ganz Kursachsen anreisten und darüber hinaus nur wenige Tage Vorbereitungszeit hatten. Kurfürst Moritz scheint die Kapellgründung erst im Juli 1548 veranlasst zu haben, nachdem er im Juni von einer viermonatigen Augsburgreise zurückgekehrt war.[241] Dass er die Hofkantorei gewissermaßen im letzten Moment neben der bereits vorhandenen Stadtkantorei gründete, könnte damit zusammenhängen, dass die nur nebenberuflich tätigen Mitglieder der Stadtkantorei mit den anstehenden Aufgaben überfordert waren oder dass der Kurfürst seinen neuen Status auch auf dem Gebiet der Musik demonstrieren wollte. Es wird zudem vermutet, dass bei der Vermählung beide Kantoreien zusammenwirkten.[242]

Übrigens sollte die Vermählung gemäß der Ehestiftung nicht erst im Oktober, sondern schon am 19. August (Sebaldus) stattfinden. Da der Kurfürst jedoch zunächst noch außer Landes weilte und der Zeitpunkt seiner Rückkunft unsicher war, wurde die Vermählung bereits im April auf den Oktober verschoben. Dies geschah gegen den Willen des Bräutigams, der seine königlichen Schwiegereltern nicht vor den Kopf stoßen wollte, indem sich deren Rückreise in den ungünstigen Winter verzögerte. Zudem wollte der Bräutigam die Feier in Dresden durchführen. Auch einige Räte bevorzugten Dresden wegen der Unterkünfte

niemandt der gefahr halben dahin begebe, denn sie nicht ohne gefahr vnter den reutern seyn könnten, würden auch keine | herbrigen [= Herbergen] *haben, soltten daheime ihre studien abwartten [...].«* Quelle angegeben in Anm. 250.

239 Unter ihnen befand sich Jacobus Haupt, der auch eine Matthäuspassion sowie eine Auferstehungshistorie komponierte und damit die lange Tradition der Festhistorien am Dresdner Hof begründete. STEUDE 1998, 43f.

240 RICHTER 2017, 224.

241 Vgl. dazu das Iterinar des Herzogs/Kurfürsten Moritz in HERRMANN U.A. 2006, 1119–1160, bes. 1140f.

242 STEUDE 1998, 41f.

sowie den Sommer wegen der jagd- und fischbaren Tiere.[243] Der Zeitpunkt der Vermählung kam also recht ungelegen. Von daher war es kein Wunder, dass die letzten Vorbereitungen der Zeremonien in großer Eile geschahen, denn die Stadt Torgau und das Hoflager mussten für ein solch großes Ereignis von europäischem Rang erst gerüstet werden.

Laut Ablaufplan sollte der große Festgottesdienst nicht, wie ursprünglich vorgesehen, in der neuen Schlosskirche, sondern in der deutlich größeren Pfarrkirche stattfinden.[244] Im Gottesdienst sollten

> *etliche hupsche* [= geistreiche] *psalm‹en›, durch die musica gesungen werden.*[245]

Die eigentliche »*Zusammensetzung*« sollte im Schloss vollzogen werden, und zwar »*im grossen sahle, vnder dem himel*«[246]. Höchstwahrscheinlich haben dort ebenfalls die Musiker aufgewartet, denn auch bei den Mahlzeiten sollten

> *viel gutter musicen geordennt werd‹en›,*[247]

ebenso natürlich bei den allabendlichen Tänzen und Mummereien. Nach zahlreichen Turnieren am Montag und am Dienstag war erneut für den Mittwoch ein Gottesdienst mit »*musica*«[248] vorgesehen. Diesem sollten weitere Tourniere am Mittwoch und am Donnerstag sowie eine abschließende Jagd am Freitag folgen.

Der Plan wurde auch in etwa so ausgeführt. So wird berichtet, dass

> *man etzlich schöne Gesäng figurirt, auch zum Teil mit Instrumenten darein geblasen*

habe. Hier wird deutlich, dass nicht alle Stücke mit Instrumentalisten besetzt, sondern einige Gesänge auch rein vokal gesungen wurden. Etwas genauer wird ein nach der Predigt eingefügtes Stück beschrieben:

> *Nach geschehener Predigt haben der Königlichen Stadt Breslau Musici ein herrlich Stück sex vocum geblasen.*[249]

243 Näheres dazu in DD-SHStA: Loc. 10550/6.

244 1548, 7.–13. Oktober, Torgau: Ablaufplan zur Vermählung Herzog Augusts mit Prinzessin Anna von Dänemark. MER-KHMSM: ohne Signatur, Bl. 27r. Zwei leicht abweichende Vorentwürfe dieses Auszugs mit Vorschlag der Schlosskirche finden sich in DD-SHStA: Loc. 10550/5, Bl. 26–41, hier Bl. 28v, sowie Bl. 254/259, hier Bl. 254r. Literatur: zuerst STEUDE 1998, 40–43 (Dresdner Entwurf); zuletzt RICHTER 2013, Dok. 52.

245 Ebd., Bl. 27v.

246 Ebd., Bl. 5v; vgl. den Dresdner Entwurf, Bl. 242v.

247 Ebd., Bl. 28r.

248 Ebd., Bl. 29r.

Man erfährt nicht nur, dass es die Stadtmusiker von Breslau waren, die man nach Torgau angefordert hatte, sondern auch, dass ein sechsstimmiges Stück offenbar rein instrumental, also allein von den Bläsern (ohne Walters Mitwirkung) musiziert wurde.

Die BÖHME-CHRONIK berichtet ebenfalls von der Torgauer Vermählung.[250] Sie gibt zwar den 8. statt den 7. Oktober an, verrät aber ein wichtiges Detail über die damalige musikalische Aufführungspraxis in der Torgauer Pfarrkirche. So wurde die von Johann Walter geleitete Brautmesse auf Anordnung Dr. Johannes Neefes nicht von der sogenannten Sängerempore aus (BILD 9) gesungen, sondern

> *vnten mitten in der kirchen, das mans besser hören kunte.*

Hiermit muss die Vierung gemeint gewesen sein. Vermutlich wurde wieder ein Teil des festen Gestühls herausgenommen, wie es bereits 1536/42 geschehen war, um den hohen Anwesenden genügend Platz zu bieten. Gepredigt wurde über den Hochzeitspsalm 128 *Beatus omnis, qui timet Dominum (»Wohl dem, der den Herren fürchtet«)*, der zugleich die Grundlage einer Vertonung gewesen sein dürfte. Da von Walter keine Vertonung dieses Psalms bekannt ist, scheint er ein fremdes Werk aufgeführt zu haben, welches später in einer diesen Psalm betreffenden Sammlung des Gnesiolutheraners Clemens Stephani abgedruckt worden sein könnte. Vermutlich handelte es sich eher um eine sechs- oder fünfstimmige als um eine vierstimmige Motette.[251] Eine solche von Ludwig Senfl ist in den Torgauer Walter-Handschriften aus der Zeit nach Walter ab 1548 überliefert.

Dr. Johannes Neefe war der Kurator der Hofkantorei. Er war der kurfürstliche Leibarzt und ein musikalisch sehr kompetenter Mann. Er war es auch, der dem neuen Kapellmeister am 10. August 1548 – am Tag der wiederholten öffentlichen Bekanntmachung der Stellenausschreibung durch Walter – ein Konvolut an Noten überreichte, mit denen die musikalische Arbeit aufgenommen werden konnte.[252] Denn nach der Zusammenstellung der Sänger und den musikalischen Vorbereitungen auf die Vermählungsfeierlichkeiten bestand Walters nächste Aufgabe in der Beschaffung bzw. Vervollständigung des Notenrepertoires für die regelmäßigen Gottesdienste, die wohl spätestens nach der Vermählung einsetzten, nachdem vielleicht zuvor noch die Stadtkantorei diese Aufgabe erfüllt hatte.

249 Halle, Universitäts- und Landesbibliothek Sachsen-Anhalt: Sign. Vc 2898, beides zitiert nach BLANKENBURG 1991, 88. Vgl. HERRMANN 2004, 141.

250 1548, 7.–13. Oktober, Torgau: Bericht über die Vermählung Herzog Augusts mit Prinzessin Anna von Dänemark. Aus: BÖHME-CHRONIK. TRG-STA: H 123, 179. Die Abschriften in TRG-STA: H 7, Bl. 42r, und HA-ULB: Sign. Pon. Hist. 2°244, 229, weichen stark ab. Literatur: zuerst TAUBERT 1868, 7f.; zuletzt RICHTER 2013, Dok. 53.

251 STEPHANI 1569. Vgl. STEUDE 1998, 41.

252 Quelle angegeben in Anm. 512, erste Seite.

Torgauer Kantorat und Stadtkantorei ohne Walter

Mit seiner neuen Anstellung am albertinischen Hof musste Walter 1548 sein Schulkantorat aufgeben. Da er vermutlich erst nach der Rückkunft des Kurfürsten im Juni mit seinem neuen Amt konfrontiert wurde, erfolgte der Abschied von der Torgauer Schule ebenfalls kurzfristig. Dennoch erhielt er bis zum Ende des Jahres das volle Gehalt, indes mit der Anmerkung, dass er solches

> *hinfurder nichtt empfechtt, dieweill er seine bestallung zu hoffe hatt.*[253]

Während dieser Eintrag eine fortgesetzte Tätigkeit in den Herbstmonaten parallel zum Kapellmeisteramt suggeriert, enthält die von Wilhelm Krudthoff 1754 auszugsweise übersetzte Lebensbeschreibung des Torgauer Stadtphysikus und Schulinspektors Balthasar Gabriel Summer den Hinweis, dass Walter bereits 1548 aus dem Dienst ausschied.[254] So heißt es in einer Übersicht über den Inhalt des Schulunterrichts 1548 über Walter:

> *Joh‹ann› Walther Senior trieb die Musick weil Er aber nach hofe gezogen, übete Weiß, des Spangenbergers Musick*[255] *mit den Schülern.*[256]

Man kann mit hoher Wahrscheinlichkeit davon ausgehen, dass Walter die Schule mit Beginn seiner Arbeit als Kapellmeister im August 1548 verlassen hat, wenngleich er zunächst weiterhin Besoldung erhielt. So etwas kam auch bei anderen verabschiedeten Schuldienern vor.

Walters Stelle wurde nicht sofort durch einen neuen Kantor besetzt, sondern zunächst durch eine Ersatzperson vertreten. Wie der Schulmeister Marcus Crodel im Februar 1549 (kurz vor seinem Tod) mitteilte,[257] sollten nach Meinung Walters und des Torgauer Stadtrats deren Aufgaben auf zwei verschiedene Personen aufgeteilt werden. Das Kantorat sollte nicht mehr allein von dem Bakkalaureus Bartholomäus Weiß (*»Albus«*) verwaltet werden, denn dieser hatte Probleme mit seiner Stimme. Stattdessen sollten auch dem Bakkalaureus Martinus Becker, der den Schülergesang in der Kirche anstimmen sollte, bestimmte Wochenstunden zugeteilt werden. Dabei sollte Martinus als Bassist den Gesang unterrichten, während Weiß den Knaben die Texte der lateinischen Musik näherbringen und bei den Gesangsstunden im Schülerchor als Altist mitsingen sollte. Beide sollten auch auf die Diskantisten und die Tenoristen achten. In der sechs-

253 Trg-StA: H 2746, Bl. 38r. Vgl. Herzog 2013, 88.

254 Näheres zu Summer bei Mielsch 1926/27.

255 Quaestiones Musicae von Johann Spangenberg, 1542ff.

256 Krudthoff 1754 A, 18. Literatur: zuerst Mielsch 1931, 92; zuletzt Richter 2013, Dok. 54.

257 1549, 11. Februar, Torgau: Regelung des Torgauer Schulkantorats. Schreiben des Torgauer Schulmeisters Marcus Crodel. Trg-StA: H 2459, unfoliiert. Vgl. den Hinweis bei Krudthoff 1754 A, 54. Literatur: Richter 2013, Dok. 55.

ten Morgenstunde in der Klosterkirche (vgl. BILD 10, Nr. 3) sollten Martinus, Basilius Franckenau und Ambrosius Winckler einander abwechseln. Hieraus ist zu entnehmen, dass der Musikunterricht zwar aufgeteilt, das Singen in der Pfarrkirche jedoch von einer einzigen Person übernommen werden sollte, und zwar nicht mehr von Weiß, sondern von Becker.

Als Crodel drei Tage später beim Bürgermeister um die Genehmigung der durch die Schüler aufgeführten Komödie ADELPHOE des antiken Komödiendichters Terenz bat, verkündete er, dass Becker vom Schulpersonal ausgewählt worden sei, um den abwesenden Kantor als Sänger zu vertreten. Als Begründung führte Crodel an, dass Becker stimmbegabt und in der Lage sei, den Gesang anzustimmen. Deshalb sei dieser auch vor vielen Jahren – in Torgau war er spätestens seit 1544[258] – in Halle als Kantor tätig gewesen. Im Zweifelsfall könne sich Martinus diese Kenntnisse leicht beim Kapellmeister Johann Walter aneignen.[259]

Damit scheinen sich also Walter, Schulpersonal und Stadtrat einig gewesen zu sein: Neuer Ersatzchorleiter wurde der Bakkalaureus Martinus Becker. Dies blieb auch so, als wiederum ein Jahr später, im Februar 1550, zu den bisherigen fünf Schuldienern – 1. Schulmeister, 2. (erster) Bakkalaureus bzw. Supremus, 3. Kantor, 4. (anderer) Bakkalaureus, 5. Infimus – zwei Collaboranden hinzukamen, die keine Lehraufträge hatten, sondern vom Rat zur Überwachung der anderen beauftragt worden waren, wofür sie anteilig von deren Gehältern besoldet wurden. Ausgleichsweise sollte bis zur Ernennung des neuen Kantors dessen frühere Besoldung unter den Schulkollegen aufgeteilt werden, wobei der Infimus Martinus Becker weiterhin die Leitung des Schülerchores in der Kirche innehaben sollte. Hier ist darauf aufmerksam zu machen, dass Becker wie schon Walter stets an letzter Stelle des Lehrpersonals stand. Da die Besoldung der Lehrer entsprechend ihren Aufgaben abgestuft werden sollte und er das niedrigste Gehalt erhielt, scheint er ausschließlich die Gottesdienste musikalisch geleitet und die Gesänge natürlich mit der Kantorei einstudiert zu haben, aber von weiteren Unterrichtsaufgaben verschont geblieben zu sein, zumindest solange kein Kantor vorhanden war. Diese Phase dauerte aber nur wenige Wochen, denn am 10. März 1550 wurde das Kantorat durch den Stadtrat endlich wieder neu besetzt, und zwar mit Michael Vogt, dem ehemaligen Kantor der Fürstenschule zu Meißen, welcher wohl aber erst Mitte Mai seinen Dienst antrat.[260]

258 HERZOG 2016, 460.

259 1549, 14. Februar, Torgau: Ersetzung des abwesenden Kantors. Schreiben des Torgauer Schulmeisters Marcus Crodel an den Bürgermeister Andres Spaltholz. TRG-STA: H 7, Bl. 228r–v. Ein Teil des Briefes findet sich in einer leicht abweichenden Abschrift bei KRUDTHOFF 1754 A, 54. Literatur: zuerst TAUBERT 1868, 11; zuletzt RICHTER 2013, Dok. 56.

260 Quelle angegeben in Anm. 228. Vgl. TRG-STA: H 2747, Bl. 44v (vgl. 26v); ferner TAUBERT 1870, 12, und GURLITT 1933, 58. Laut Visitationsurkunde von 1578 stammte Vogt aus Leipzig, hatte in Wittenberg studiert (wo er u.a. Schüler von Coclicus war; GURLITT 1933,

Damit stand nun endgültig fest, dass das ursprünglich nur für Walter 1529 eingerichtete Schulkantorat nach dessen Weggang weiterhin bestehen blieb. Ebenso scheint sich am Umfang der Unterrichtsstunden und der Auftritte des Chores in den Gottesdiensten nichts gravierend geändert zu haben, nachdem alles in der Schulbesoldungsordnung von 1546 endgültig festgelegt worden war – natürlich abzüglich der Aufwartungen im Schloss. Man kann also von einem fortwährenden Wirken der Stadtkantorei in den Gottesdiensten der Kloster- und der Pfarrkirche in der neuen, albertinischen Zeit ausgehen. Inzwischen ließ sich dieses Phänomen aber auch in anderen Städten beobachten. Vor diesem Hintergrund stellte sich Walters Kantorat gerade erst nach dessen Abgang 1548 (nach ersten Andeutungen in der neuen Schulbesoldungsordnung von 1546) als Ausgangspunkt für eine flächendeckende Entwicklung heraus.

Die Anstellung des neuen Kantors ausgerechnet im Jahr 1550, kurz bevor Walter nach Dresden ging, scheint kein Zufall gewesen zu sein. Es ist zwar nicht bekannt, aus welchen Gründen sich die Neubesetzung so lange hingezogen hat, doch kann anhand anderer Belege aus Walters Leben, in denen er sich mit seiner starken Präsenz in Probleme der Stadt Torgau eingebracht hat, vermutet werden, dass Walter bei der Neubesetzung sehr viel mitgeredet und möglicherweise frühere Bewerber nicht akzeptiert hat. Offiziell war er dazu zwar nicht berechtigt, doch könnten Stadtrat und Schule die Meinung dieses hochverdienten Musikers respektiert haben, was ja auch aus den genannten Dokumenten von 1549 hervorgeht. Als dann Walters Umzug nach Dresden bevorstand, muss es ihm sehr am Herzen gelegen haben, seine Kantorei in guten Händen zu wissen. Von daher erfolgte Vogts Anstellung gerade zum *»richtigen«* Zeitpunkt.

Ebenso wenig zufällig war das Ausbleiben der Stiftung für die Stadtkantorei seit ungefähr derselben Zeit. Kurfürst Moritz hatte zu *»anfang seiner liebe[n] churfürstlichen regierunge«*[261], also offenbar noch vor der Gründung der Hofkantorei, die ehemals ernestinische Stiftung für die Stadtkantorei bestätigt. Die Originalurkunde ließ sich leider bisher nicht auffinden, doch beziehen sich alle späteren Kantoreiverordnungen auf dessen Regierungszeit und das Jahr 1548. Allerdings setzten die Zahlungen plötzlich für mehrere Jahre aus. Dies muss 1550/51 geschehen sein, denn in der neuen Stiftung für die Stadtkantorei durch den nachfolgenden Kurfürsten August vom Oktober/November 1555 ist von einer unbezahlten Phase von *»vier jahren vngefehrlich«* die Rede. Bei diesem Zeitraum handelte es sich ausgerechnet um jenen, den Walter in Dresden verbrachte, wo er sich nicht um die Belange der Torgauer kümmern konnte.

57f.) und war 1578 53 Jahre alt, bei seinem Torgauer Kantoratsantritt 1550 demnach 25. Er wurde als guter Mann auf dem Gebiet der Musiktheorie und in der Musikpraxis gewürdigt. Pallas 1911, 44. 1574 errichtete er in Torgau ein Haus und starb am 10. März 1606. Gurlitt 1933, 58.

261 Quelle angegeben in Anm. 313.

Hofkantorei und Instrumentalisten in Dresden

Nach dem Umzug der Hofkantorei nach Dresden im August/September 1550 und dem weiteren Ausbau des Residenzschlosses fand in der Fastnachtszeit 1553 der erste nachweisbare Festgottesdienst anlässlich der Hochzeit zweier adliger Angehöriger des kursächsischen Hofes statt, den die Hofkantorei zusammen mit den »*welschen*« (italienischen) Instrumentalisten musikalisch gestaltete. Die Trauungszeremonie wurde am 12. Februar (Sonntag Estomihi) in dem »*grossen newen sahl*«, dem späteren sogenannten Riesensaal, gehalten,

> *Auf welchem sahl seiner churfurstlichen gnaden cantorej mit der welschen musica vnd instrumenten die dan gantz lieblich vnd zierlich gesungen vnd auf instrumenten geschlagen.*[262]

auftrat. Am Folgetag, dem Fastnachtsmontag, fand erneut im Riesensaal der Einsegnungsgottesdienst mit

> *viel christlichen schonen gesang durch die cantorej vnnd instrument gesungen*[263]

statt. Die Hochzeits- und Karnevalsfestlichkeiten waren von diversen Lustbarkeiten angefüllt, darunter von einer durch die Welschen musizierend begleiteten Mummerei.

Ein Jahr darauf wurden noch prächtigere Fastnachtsfeierlichkeiten begangen, diesmal unter der Ägide des neuen Kurfürsten August. Sie fanden ausgerechnet während der stillen Trauerzeit statt, die seit dem Tod Kurfürst Moritz' für ein ganzes Jahr galt und erst zur Hälfte vorüber war. Kurfürst August suchte den Verlust seines Bruders Moritz durch eine »*vnzeittige freude*« auszugleichen, und zwar unter dem Vorwand,

> *das gescheene ding vnwiderbringlich sein, das wir auch mit vnserm bekommerung vnnd sorgen wenigk ausrichten, sondern vns selbst mehr damit schadenn, dan wir denen so seligklich vorschiedenn damit tzu hulff oder statten kommen.*[264]

262 1553, 12. bis 17. Februar, Dresden: Fürstliche Fastnachtsfeierlichkeiten am Dresdner Hof. Bericht des kurfürstlichen Sekretärs Johann Jenitz. DD-SHStA: Loc. 10526/4, unfoliiert. Vgl. die unsignierte Abschrift in ebd., OHMA G, Nr. 1, Bl. 1–16. Literatur: zuerst Blankenburg 1991, 89; zuletzt Richter 2013, Dok. 60.

263 Ebd.

264 1554, 4. bis 8. Februar, Dresden: Fürstliche Fastnachtsfeierlichkeiten am Dresdner Hof. Bericht des kurfürstlichen Sekretärs Johann Jenitz. DD-SHStA: Loc. 10526/4, unfoliiert. Vgl. die unsignierte Abschrift in ebd., OHMA G, Nr. 1, Bl. 17–34. Literatur: Richter 2013, Dok. 62.

Diesmal fand sogar eine Doppelhochzeit zweier Brautpaare aus dem Kreis des kursächsischen Hofes statt. Da die Zeremonien erst am Sonntag Nachmittag, dem 4. Februar (Sonntag Estomihi) 1554, begannen, wurde der Vormittagsgottesdienst noch ohne festliche Musik begangen. Der Trauungsgottesdienst im *»schonenn grossen sahll«* (Riesensaal) fand wieder erst am Abend statt, wobei

> *fur* [= von] *der churfurstlichenn weytberuhmbtenn cantorey vnnd musicis etliche treffentliche liebliche stuck vnnd muteten gesungenn vnnd geschlagenn wordenn,*

um die Zuhörer

> *durch solche gaistliche gesenge zur andacht geschickt*

zu machen. Auch der Einsegnungsgottesdienst am Folgetag wurde wieder mit prächtiger Musik gefeiert, diesmal aber nicht mehr wie noch 1553 im Riesensaal, sondern in der neuen *»schloß kirchenn«*,

> *doselbst ist abermals die cantorey mit denn instrumentistenn vorordent gewesenn, welche eine lieblich vnd kunstliche messe gesungenn vnnd denn gesang mit denn instrumenten prechtigk erhobenn*

hat. Bei der anschließenden Mahlzeit wurden

> *von d‹er› gedempfftenn musica vnnd instrumentistenn viell lustig(er) kurtzweyll vnnd fröligkaith gemacht,*[265]

und bei der späteren Mummerei wirkten zwölf Instrumentalisten mit, wobei die Welschen durch die Trompeter und Pauker verstärkt wurden.[266]

Wiederum drei Wochen später wurde am Vormittag des 28. Februar 1554 ein öffentlicher Festgottesdienst in der Dresdner Schlosskapelle anlässlich der Taufe des kursächsischen Erbprinzen Alexander unter Beteiligung der Hofkantorei und der Instrumentalisten gefeiert. Dabei

> *hat die cantorey das offitium in der kirchenn mit schönenn gesengenn* [begleitet], *welche die welschenn instrumentistenn mit dreien posaunen vnd dreien zinckhen sehr herlich erhobenn vnnd getziret, Sonderlich sindt alda etlich carmina gratulatoria die zu lobe vnnd frolockung des new gebornenn hertzogenn vnnd negst uolgendenn churfurstenn zu Sachssenn etc. componirt vnnd vff sechs stimmenn abgesatzt, gesungen wordenn.*[267]

265 Alle vier Zitate: ebd.

266 Ebd.: *»zwene zinckenblaser mit grossen gekrombtenn zinckenn vnd cornuen* [...] *zwene fidler mit klainen welschen gaigenn* [...] *zwene pfeyffer mit schallmaien* [...] *zwene posauner* [...] *zwene mit kromphornern* [...] *ein drommelschlaher vnnd pfeyffer* [...]«.

267 1554, 28. Februar, Dresden: Fürstliche Taufe am Dresdner Hof. Bericht des kurfürstlichen Sekretärs Johann Jenitz. DD-SHStA: Loc. 10526/4, unfoliiert. Vgl. die unsignierte Abschrift in ebd., OHMA G, Nr. 1, Bl. 35–43. Literatur: Richter 2013, Dok. 63.

Erneut wurde die anschließende

maltzeit in aller fröligkait nit mit wenig‹er›m pracht oder geringerm kosten dan tzuuorn die maltzeiten in der fastnacht beschriebenn gehalten.

Zu den Feierlichkeiten gehörte wieder eine Mummerei mit

8 personenn auß der welschenn musica.[268]

Worin bestanden nun Walters Aufgaben? Grundsätzlich war er nur für die Gesänge bei den kirchlichen Handlungen - seien es die Trauungszeremonien oder die Einsegnungsgottesdienste, sei es im Riesensaal oder in der Schlosskapelle - zuständig, denn er war lediglich als Leiter der Kantorei, nicht der erst später hinzugekommenen Instrumentalisten angestellt worden. Diesen oblag die Musik bei Tafel (in der Trauerzeit zum Teil in *»gedämpfter«* Art), Tanz und Mummerei, von Aufzügen der Trompeter und Pauker als dritter Gruppe abgesehen. In den instrumental verstärkten Kirchengesängen kamen jedoch beide Ensembles zusammen und dürften von Walter angeleitet worden sein, da die Instrumentalisten dieselben Stimmen spielten wie die Vokalisten (colla parte). Hier konnte durch Abstufungen in der Mehrfachbesetzung der einzelnen Stimmen sowie vor allem durch Besetzungswechsel (rein vokal - vokal-instrumental gemischt - rein instrumental) eine noch größere klangliche Vielfalt erreicht werden, wie sie in späterer Zeit durch die Konzeption der räumlich besonders wirksamen Mehrchörigkeit zu weiterer Perfektion gelangen sollte. In der Tat wurde von solchen vokal-instrumental gemischten Gesängen, die bei diesen Feierlichkeiten von 1553/54 als *»ganz lieblich und zierlich«*, *»schön«*, *»prächtig«* und *»sehr herrlich«* hervorgehoben wurden, reger Gebrauch gemacht, was sich auch auf frühere Festgottesdienste übertragen lässt. Paradoxerweise bedeutete diese Art der Zusammenführung der Instrumentalisten mit den Sängern bei den zum Teil öffentlich gehaltenen Festivitäten zugleich das Ende des ursprünglich rein höfisch-geistlichen *»Kapell«*-Charakters des Ensembles und den Anfang der öffentlich-weltlichen Instrumentalmusik, woraus schließlich die heutige Sächsische Staatskapelle hervorgegangen ist.[269]

An Instrumenten sind bei der fürstlichen Taufe drei Posaunen und drei Zinken erwähnt. Das waren jene Typen, die in ihrer damaligen Stimmung der menschlichen Stimme sehr ähnlich waren und sich gut zur Mischung mit den Sängern eigneten: die hohen Zinken für die Oberstimmen, die tiefen Posaunen für die Männerstimmen (vgl. TITELBILD, dort Krummhörner statt Zinken). Dabei konnten die Instrumentalisten durch Trompeter ergänzt werden, nämlich durch die sogenannten musikalischen, d.h. in die Kapelle integrierbaren Trompeter. Die Zahl

268 Beide Zitate: ebd.

269 LAUX 1964, 8.

der Italiener belief sich 1553 auf sechs Personen zuzüglich eines weiteren Zinkenisten, jene der Trompeter auf insgesamt acht. Hier kann man vielleicht von zwei oder drei musikalischen Trompetern ausgehen. Zusammen mit dem Lautenisten und dem Pauker kommt man auf zwölf Instrumentalisten, die bei einer der Mummereien von 1554 tatsächlich erwähnt sind. Hinzu kamen die mittlerweile auf zwei Personen verdoppelten Organisten. Dass es in den Gottesdiensten nicht nur um die Verstärkung durch Posaunen und Zinken ging, zeigt die Bemerkung bei der erstgenannten Trauung, dass *»auf Instrumenten geschlagen«* wurde. Hier könnten außer der Orgel bzw. ihren für kleinere Räume geeigneteren Ausführungen (Positiv usw.)[270] auch Lauten zum Einsatz gekommen sein. Mit *»Schlagen«* war jedenfalls nicht Trommel- oder Paukenspiel wie bei Aufzügen gemeint, sondern das Anschlagen von Tasten bzw. Saiten.

Die Kantorei selbst war ebenfalls seit Herbst 1548 um vier Personen angewachsen und umfasste mit zehn Diskantistenknaben, fünf Altisten, sechs Tenoristen (später zum Teil als Vaganten verwendet) und drei Bassisten (neben Johann Walter als viertem) insgesamt 25 Personen (Stand: Herbst 1553[271]) – eine stattliche Anzahl, mit der Walter eine noch größere Flexibilität in der Gestaltung der einzelnen Stücke erhielt, nachdem er erst wenige Jahre zuvor am ernestinischen Hof mit lediglich neun Sängern (drei Diskantistenknaben und jeweils zwei Altisten, Tenoristen und Bassisten) angefangen hatte. Alles in allem stand ihm ein gewaltiger Klangkörper von 24 Sängern und sechs, vielleicht sogar acht bis zehn Bläsern sowie zwei oder drei *»schlagenden«* Instrumentalisten zur Verfügung.

All dies erforderte besonderes Geschick Walters nicht nur bei der jeweiligen Zusammenstellung der Sänger und Spieler, sondern auch bei der Auswahl der Werke, die sich sowohl für den festlichen Anlass eignen als auch die vorhandenen Besetzungsmöglichkeiten ausschöpfen mussten. Welche *»christlichen»* und *»geistlichen Gesänge«* wurden musiziert? Für den ersten Trauungsgottesdienst 1553 sind *»etliche treffendliche liebliche Stück und Motetten«* als Vorbereitung auf die Predigt dokumentiert, für den zweiten Einsegnungsgottesdienst 1554 *»eine lieblich und künstliche* [= kunstvolle] *Messe«* und für den Taufgottesdienst 1554 sechsstimmige *»carmina gratulatoria«* (Gratulationslieder), die eigens zum Lob des Prinzen komponiert worden waren. Die Hauptwerke (Psalmen) dürften Bezüge zur jeweiligen Predigt hergestellt, die Themen Hochzeit bzw. Taufe beinhaltet haben und Vertonungen derselben Bibelstellen gewesen sein (Motetten). Indes ist mit Blick auf Walters Unzufriedenheit mit der musikalischen und kirchenpolitischen Situation am albertinischen Hof (s.u.) auszuschließen, dass er sich selbst

270 Zur Typologie der Orgeln siehe die verschiedenen Bände des SYNTAGMA MUSICUM von Michael Praetorius, 1615ff.

271 Zum Personalbestand der kursächsischen Hofmusiker 1548–1586 siehe RICHTER 2017, 224–227. Vgl. RICHTER 2013, Dok. 61.

kompositorisch beteiligt hat. Wie bei der fürstlichen Vermählung von 1548 könnten einige Werke sogar ganz ohne Walters Mitwirkung aufgeführt worden sein.

Bei all dem spielte auch die Akustik eine wesentliche Rolle, denn die Gottesdienste wurden in verschiedenen Räumen zelebriert. Laut dem später vom Hofprediger Paul Jenisch angelegten Amtsbuch der Dresdner Schlosskirche[272] wurde für sämtliche am Hof veranstaltete Trauungszeremonien der Riesensaal benutzt.[273] Auch die Einsegnungsgottesdienste an den Folgetagen fanden bei fürstlichen Vermählungsfeierlichkeiten im Riesensaal statt,[274] bei Hochzeiten von Mitgliedern der Hofgesellschaft hingegen in der Schlosskirche.[275] Schaut man nun auf die Situation von 1553, so stellte sich diese noch etwas anders dar. So entsprach der Einsegnungsgottesdienst am Tag nach der Adelstrauung, der im Riesensaal gehalten wurde, nicht dieser späteren Tradition. Grund dafür waren die noch nicht abgeschlossenen Baumaßnahmen an der Schlosskapelle, welche zwischen 1551 und 1555 nach dem Torgauer Vorbild errichtet wurde und 1553 *»noch allerding nit fertig«*[276] war. 1554 sah dies schon anders aus. Während die Trauungszeremonie wieder im Riesensaal stattfand, konnte der Folgegottesdienst bereits in der Schlosskapelle gehalten werden.[277] Bei der Prinzentaufe drei Wochen später wurde ebenfalls die neue Kirche benutzt.[278] Somit darf das Jahr 1554 als Beginn der Gottesdienste in der neuen Schlosskapelle angesehen werden. Diesem muss freilich eine bisher unbekannte, von Johann Walter musikalisch geleitete Kirchweihe vorausgegangen sein. Das alles geschah zwar noch vor der endgültigen Fertigstellung des Kirchenraumes.[279] Indes war auch die Torgauer Schlosskapelle bei ihrer Einweihung 1544 noch lange nicht fertig gewesen.

Der Riesensaal nahm das gesamte zweite Obergeschoss des Ostflügels ein und wies eine beachtliche Grundfläche von ca. 57 m x 13 m auf, womit er etwa dreimal so lang war wie die Schlosskapelle. Dafür war er mit lediglich ca. 5 m Höhe und flacher Kassettendecke (BILD 11) viel niedriger als der zweigeschossige Kirchenraum.[280] Die Akustik dürfte daher deutlich trockener gewesen sein. Hierauf scheint man aber bei den abendlichen Unterhaltungsveranstaltungen keine Rück-

272 Näheres dazu bei RICHTER 2016.

273 DD-LKAS: Best. 92, Nr. 1, Bl. 180 (156) r.

274 Ebd., Bl. 180 (156) v.

275 Ebd., Bl. 181 (157) r.

276 Quelle angegeben in Anm. 262.

277 Nach MAGIRIUS 1989, 58, MAGIRIUS 2009, 14, und DÜLBERG 2011, 176, waren die Arbeiten an der Schlosskapelle 1554 nahezu abgeschlossen.

278 Vgl. DD-LKAS: Best. 92, Nr. 1, Bl. 182 (158) v.

279 So wurde das Portal der Schlosskapelle laut der verewigten Jahreszahl erst 1556 beendet.

280 Zum Riesensaal siehe OELSNER 1989; DELANG 1989, 50; OELSNER 1998, 378, 388; DÜLBERG/OELSNER/POHLACK 2009, 48; zur Schlosskapelle MAGIRIUS 1989, 58.

BILD 11
Dresden, Residenzschloss, Riesensaal, schmale Südwand. Valentin Wagner: Darstellung des Traumes von König Nebukadnezar. Zeichnung, vor 1628. DD-LfDS.
An der Oberkante ist die niedrige Kassettendecke des eingeschossigen Raumes angedeutet.

sicht genommen zu haben, denn es kamen besonders laute Instrumente, wie Schalmeien, Posaunen und Krummhörner, zum Einsatz. Dasselbe galt im Torgauer Schloss für den Großen Saal im ersten Obergeschoss des prachtvollen Wendelsteinflügels, der mit seiner flachen, stützenlosen Decke und einer Größe von 48 m x 11 m x 5,7 m dem Dresdner Riesensaal recht ähnlich war[281] und 1542 ebenfalls Zinken und Posaunen verkraften musste. Sicher verfügten beide Säle bereits damals über die erst später nachweisbaren Trompeterstühle, wie sie für Festsäle dieser Zeit typisch waren. Die Mitwirkenden dürften demzufolge von einem etwas erhöhten Ort aus gesungen und gespielt haben.

281 Zum Typus des Großen Saals bzw. zu seiner Ausstattung in Torgau siehe Hoppe 1996, 173ff. und 428ff.

Konflikte in Glaubensfragen

Man sollte meinen, dass sich Walter nun als Hofkapellmeister endlich verwirklichen konnte, nachdem er schon immer von einem vergleichbaren Posten am ernestinischen Hof geträumt hatte, wie man an seiner unaufhörlichen Verehrung für seine ehemaligen Landesherren erkennen kann. Doch bei aller Pracht der damaligen höfischen Kirchenmusik geriet Walter in starke Zwiespälte, die ihn bald resignieren ließen und noch zu Lebzeiten des bereits 1553 gefallenen Kurfürsten Moritz dazu bewogen, um seine Entlassung in den Ruhestand zu bitten. Die Konflikte wurden im Wesentlichen durch zwei Gründe verursacht, die beide auf die albertinischen Kurfürsten zurückzuführen waren: durch das Leipziger Interim von 1548 und durch das Engagement ausländischer Musiker seit 1549.

Als strenger Verfechter des Luthertums bemühte sich Walter zeitlebens um die Bewahrung der *»reinen«* Lehre und geriet nach dem kleinen Leipziger Interim, das der Kurfürst kurz nach Walters Anstellung als Kapellmeister als Reaktion auf das große (kaiserliche) Augsburger Interim von 1548 erließ, zunehmend in Bedrängnis. Walter sah sich wie andere treue Anhänger Luthers als Gnesiolutheraner und setzte sich gegen das Aufstreben der Adiaphoristen zur Wehr. Bei den *»Adiaphora«*, den neutralen *»Mitteldingen«*, die für evangelischen und katholischen Gottesdienst gleichermaßen geeignet sein sollten, handelte es sich um wiedereinzuführende altgläubige Zeremonien – Marien- und Fronleichnamsfeste und Stundengebete – sowie um Gegenstände – Hochaltäre (Bilderverehrung), Lichter und Messgewänder. Letztendlich blieben für die Protestanten als einzige Neuerungen – abgesehen von kleinen Änderungen in der Liturgie (S. 192ff.) – nur die Priesterehe und der Laienkelch beim Abendmahl übrig. Insbesondere wurde immer wieder auf den *»papistischen Chorrock«* abgehoben. Er kennzeichnete die innere Haltung ihrer Träger und diente den Adiaphoristen als Symbol bzw. als *»des babpsts feldzeichen«* der *»papistischen pfaff[en]«*[282]. Die Adiaphoristen wurden auch als Philippisten bezeichnet, da Philipp Melanchthon, der die Anwendbarkeit der Adiaphora nicht in Zweifel zog, für die Ausarbeitung dieser Kompromisslösung im Auftrag des Kurfürsten verantwortlich zeichnete. Ihm und den *»Wittenbergern«* wurde vorgeworfen, sich dem Papsttum zu unterwerfen. Da das Gnesiolutheranertum zugleich für den Anspruch der Ernestiner auf die Rückerlangung ihrer Kurwürde und Herrschaft stand, führte dies einerseits zu einer umso stärkeren Verehrung des ehemaligen ernestinischen Landesherrn, Kurfürst Johann Friedrichs, dessen (inszeniertes) Martyrium mit dem des Heilands verglichen wurde, und andererseits zu einer Abneigung gegen den Albertiner Kurfürst Moritz, dessen Interimsregelungen als Gottlosigkeit betrachtet wurden.[283]

282 Herzog 2016, 431ff. (466ff.).
283 Herzog 2013, 99f.

Walter nahm Kontakt zu Gleichgesinnten auf, vor allem zu dem oppositionellen Magdeburger Kreis: zu Nicolaus von Amsdorff und Matthias Flacius. Wie aus einem Brief an Flacius vom 1. November 1552 hervorgeht (TEXT 10 im Anschluss an dieses Kapitel), hatte Walter bereits *»drey jharlang«* seiner Familie und den Kapellknaben, die ihm als *»vater«* befohlen waren, die Teilnahme am Abendmahl im Hofgottesdienst verweigert. Hierzu hatte er sich von Amsdorff beraten lassen, mit welchem er demnach bereits 1549 in Kontakt getreten war. Grund für die neuerliche Anfrage bei Flacius war das Gebaren des *»pædagogus«* (Kapellknabenlehrers), der für die Erziehung der Kapellknaben zuständig war[284] und sich selbst als *»der singerknaben zcuchtmeyster«* bezeichnete. Er war zu Ostern 1552 auf Walter zugekommen, um die Knaben im Abendmahl zu unterweisen. Als ihm die Korrespondenz mit Amsdorff entgegengehalten wurde, habe er sie nicht gelten lassen, da es sich nur um private und keine öffentlichen Texte gehandelt habe. Seither seien viele Gespräche dieser Art geführt worden und waren an Walter auch nicht spurlos vorübergegangen, denn wie konnte man es mit seinem Gewissen vereinbaren, dass man um des Chorrocks willen andere Christen vom Sakrament (Abendmahl) ausschloss? Außerdem erschien ihm dieses Vorgehen inkonsequent, denn wenn man das Abendmahl aus der Hand eines Adiaphoristen verweigere, müsse man auch auf dessen Taufhandlungen und Predigten verzichten. All das und weitere Fragen zu beantworten wurde Flacius nun gebeten. Walters Gewissen und seine Angst um die Torgauer, die an der Pest starben, vermutlich weil sie lange Zeit keine Predigten mehr gehört und an ihrem Ende auch das Abendmahl nicht genossen hätten, zwangen ihn zu diesem Notruf und seiner Bitte an Flacius, derartige Fragen öffentlich abzuhandeln. Walter unterzeichnete lediglich mit seinem Namen und nicht mit dem Kapellmeistertitel – einer von mehreren Hinweisen darauf, dass er sein Amt nicht mit besonderem Stolz bekleidete. Obwohl Walter und Flacius einander noch nicht persönlich kannten – *»wiewol ich mit ewer ach‹baren› vnbekant«* –, war sein Name als Kantor und Publizist in Magdeburg geläufig. Dies gab Walter Hoffnung, von Flacius Antworten zu erhalten.

Wie man aus Walters umfassendem Bericht über seine Korrespondenz mit Amsdorff erfährt, welcher im Anschluss an diesen Brief abschriftlich überliefert ist, hatte sich Walter allerdings nicht schon 1549, sondern erst 1550 an den Theologen gewandt, und zwar, als er schon in Dresden wohnte (TEXT 11, Teil I). Die Angabe *»drey jharlang«* vom November 1552 war demnach entweder stark aufgerundet und scheint grob die Kalenderjahre 1550–1552 beinhaltet zu haben, oder sie war ganz falsch, denn eigentlich umfasste sie nur die Zeit zwischen Sommer 1550, als die Hofkantorei nach Dresden umzog, und Herbst 1552, also nur zwei

284 RICHTER 2017, 217.

Jahre. Man erfährt auch, dass nach der Formulierung des Leipziger Interims 1548[285] und seiner Teilpublikation 1549 erst 1550 eine verbindliche *»newe kirchordnung in Meissen*[286]*«*, in Kraft trat. Sie veranlasste Walter, sich überhaupt an Amsdorff zu wenden, wobei er seinen Sohn, den jungen Johann Walter, mit der Übermittlung des Briefes beauftragte. Dass es sich tatsächlich um Walters erste Kontaktaufnahme mit Amsdorff handelte, sieht man an seinen weiteren Schreiben an denselben, denn die nächste Sendung, welche vorerst unbeantwortet blieb, geschah *»zum andern mal«*, ein weiterer Brief folgte *»zum dritten mal«*. 1549 gab es also noch keinen diesbezüglichen Kontakt mit Amsdorff.

Auf alle Fälle erhielt Walter schon beim ersten Mal ausführliche Antwort. Amsdorffs Ansicht nach war es Lutherischen *»erlaubt«*, Predigten von Adiaphoristen zu hören, aber nur unter größter Vorsicht, denn Letzteren gehe es weniger um das Wort Gottes als um die Bewahrung ihrer Güter. Man solle auch nichts darauf geben, dass die Mehrheit anders denke, denn sie tue unter dem Schein der Gottseligkeit Unrecht, wenn auch betrogen durch den Antichrist, der im Namen Christi regiere, die Leute mit List an sich ziehe und sie von der Wahrheit des Evangeliums abbringe.

Als Walter später nach *»fast drey iar«* – hier wiederholt er den Zeitraum von drei Jahren – vermehrt gegen Einwände, wohl nicht nur vonseiten des *»pædagogus«*, anzukämpfen hatte, schrieb er erneut an Amsdorff (TEXT 11, Beginn Teil II). Dies geschah *»im vorgangenen sümmer«*, also im Sommer 1552 im Anschluss an die zu Ostern geführten Gespräche mit dem *»pædagogus«* und weiteren Diskussionen. Diesem Brief fügte er drei Anlagen bei:

- ein Exemplar seines frisch gedruckten SCHÖNEN GEISTLICHEN [...] BERGREIHEN,
- ein handschriftliches *»büchlein der sprüch des glaubens aus der ganzen heyligen schriefft«*, welches er *»zusam‹m›en gebunden«*, also selbst zusammengestellt hatte, wobei es sich bei den Sprüchen vermutlich um eigene Reimdichtungen handelte, die er 1568 in EIN GUT NEU JAHR ZUR SELIGKEIT publizierte,
- seine Gegenargumente gegen die Erwiderungen seiner Widersacher, welche er *»inn einer sünderlichen meiner schriefft«*, also in einem ausführlicheren Text, handschriftlich ausgearbeitet hatte.[287]

285 Vgl. die Bedenken der Wittenberger Theologen zum Interim, 16. Juni 1548. BRETSCHNEIDER VI 1839, Nr. 4249, Sp. 924ff.

286 Meißen = Kursachsen: Mit *»Meissen«* war nicht die Stadt, sondern das Land (Markgrafschaft) Meißen bzw. der 1547 neu geschaffene Meißnische Kreis (mit Torgau und Dresden) gemeint, sonst hätte es *»zu Meißen«* geheißen. Vgl. den ähnlichen Begriff *»meißnisches interim«* im selben Dokument, welches synonym für das Leipziger Interim verwendet wurde.

287 Diese seine Widerlegungen bleiben leider unbekannt, da sie in den Dokumenten nicht mitgeteilt werden.

Man kann davon ausgehen, dass der Brief in etwa denselben Inhalt hatte wie jener, den Walter einige Wochen später an Flacius formulierte. Er konnte allerdings nicht Amsdorff, sondern nur dessen Bruder Christoph von Amsdorff überbracht werden, da der Adressat inzwischen nach Eisenach verzogen war,[288] sodass sich die Zustellung stark verzögerte. In seiner *»nott«* wandte sich Walter nun mit oben erwähntem Brief an Flacius. Wie man aus Walters Bericht entnehmen kann, antwortete Letzterer ihm auch und riet ihm, erneut an Amsdorff zu schreiben. Dies tat Walter am 1. Januar 1553, wobei er sicherheitshalber seinen eigenen Boten mit der Überbringung beauftragte. In diesem Brief (Teil II) zählte Walter noch einmal alle fünf *»kegenwürff«* systematisch auf, die *»mir teglich fürgehalten werden«*:

1. Wenn das Abendmahl bei den Adiaphoristen Sünde und Unrecht wäre, müssten dasselbe auch Kindtaufe, Predigt und dergleichen sein.
2. Die Sakramente gründeten sich auf keine Person, ob diese nun fromm oder böse sei, sondern auf Gott. So bekenne Amsdorff in seinem Buch gegen Dr. Pommer selbst, dass ihre Kommunion in Wittenberg recht sei.
3. Diesen Zank habe es auch schon bei den Donatisten und den Arianern gegeben. Damals hätten die rechten Christen aber widerstanden und die Sakramente dennoch von den Ketzern empfangen, was die Rechtmäßigkeit ihrer Handlungen beweise.
4. Wenn Walter bekenne, dass die von den vermeintlich heuchlerischen Chorrockträgern gehaltenen Predigten rein seien, so müsse er es vor Gott verantworten, wenn er sich des Befehls Christi entziehe und auch anderen Ursache gebe fernzubleiben.
5. Wären Abendmahl, Taufe und Predigt der Adiaphoristen unrecht, so hätten sich die Magdeburger Theologen in ihren Schriften öffentlich dazu geäußert und die Christen vor den Adiaphoristen gewarnt. Da dies aber nicht geschehen sei, müsse Amsdorffs privates Schreiben an Walter als verdächtig gelten, und Walter müsse sich vorsehen, dass er sich und andere nicht verführe (und als Ketzer eingestuft werde).

Da sich Walter *»zu schwach«* fühlte, um solche Gegenwürfe genugsam zu widerlegen, bat er Amsdorff wie schon Flacius dringend um Ratschlag, wie er sich zukünftig verhalten solle, sowie um die öffentliche Abhandlung dieser Sache, denn wie Christus sage, scheue die Wahrheit das Licht nicht. Abschließend bat er noch um die Rücksendung seines handschriftlichen Büchleins mit den Glaubenssprüchen.

288 Brinkel 1960, 137.

Prompt erhielt er am 13. Januar eine wiederum sehr ausführliche Antwort von Amsdorff, welcher ihn sehr freundschaftlich grüßte und gleich auf beide Briefe Walters einging (Teil III). Bezüglich des ersten vom Sommer 1552 nannte er Justus Menius und die Erfurter Drucker, die ihn aufgehalten hätten, und fügte neben dem von Walter zurückerbetenen Büchlein, welches er gerne hätte drucken lassen, einen leider nicht abschriftlich erhaltenen Brief von Menius bei. Bezugnehmend auf seinen früheren Ratschlag von 1550 hatte sich nichts geändert, und Walter solle sich dem *»pædagogus«* gegenüber weiterhin so verhalten, wie er bisher getan hatte. Das Argument des Knabenlehrers, das private Schreiben Amsdorffs an Walter sei ungültig, tat er als *»lauter muttwille«* ab, denn dann müssten auch alle anderen Briefe gedruckt werden. Letztendlich stehe es jedem frei, seinen Ratschlägen zu folgen oder nicht. Dass die Superintendenten stille blieben, sei kein Wunder, denn es gebe keinen einzigen Theologen, der fähig sei, die *»offentliche sünde vnd böse thaten«* Kurfürst Moritz' zu strafen; vielmehr werde derselbe von ihnen noch als ein christlicher Fürst gelobt und gepriesen.

Noch ausführlicher ging Amsdorff auf Walters letzten Brief und die fünf genannten Erwiderungen der Chorrockträger ein. Als Anlage fügte er zudem eine Abhandlung speziell der Frage bei, ob ein Christ das Abendmahl aus der Hand eines Adiaphoristen empfangen dürfe. Auf diesen Text, der vielleicht für den Druck bestimmt war, wies er gleich einleitend hin. Seine Antworten auf Walters Fragen, die er dennoch gesondert formulierte, waren – kurz gefasst – folgende:

1. Da damit (= mit allen genannten Handlungen) dem Antichrist gedient werde, könne es nicht gebilligt werden, denn niemand könne zwei Herren dienen.
2. Obwohl die Sakramente an keine Person gebunden seien, könnten sie doch nur von denen gereicht werden, die äußerlich der Kirche dienen, auch wenn sie (innerlich) Ketzer und Sünder seien. Solange sie im Amt seien, dürfe man von ihnen die Sakramente empfangen, nicht aber, wenn sie ihres Amtes enthoben seien, denn dann befinden sie sich außerhalb der Kirche. Dasselbe gelte für die Papisten, die sich außerhalb der Kirche befinden, da der Papst durch Gottes Wort als Antichrist verdammt worden sei, und ebenso für die Adiaphoristen, die sich mit dem Papst vereinigt hätten.
3. Damit sei zugleich beantwortet, dass es den Christen nicht geschadet habe, die Sakramente von den Donatisten und den Arianern zu empfangen, denn Letztere seien als Kirchendiener geachtet worden.
4. Sollte die Predigt der Adiaphoristen auch rein sein, was kaum möglich sei, und werde die Kommunion nach Christi Befehl gehalten, so stoße es sich dennoch daran, dass sich die Adiaphoristen mit dem Antichrist vereinigt haben. Dies dürfe nicht unterschätzt werden, denn so werde aus beiden Kirchen, Christi und des Antichrists, eine Kirche gemacht und behauptet, dass einer zugleich in beiden Kirchen sein könne. Dies sei das größte Ärgernis auf Erden.

5. Von den Magdeburger Theologen sei mehr als genug darüber geschrieben und jedermann vor den Adiaphoristen gewarnt worden. Wer Amsdorff für verdächtig halte, der solle dahinfahren; niemand könne gehalten werden. Jeder solle aber darauf achten, dass er nicht schon gebunden ist, denn niemand könne zwei Herren dienen, nämlich Gott/Christus einerseits und der Welt/dem Kaiser/dem Papst andererseits. Wer – so die »*Apokalypse*« des Johannes 14 – das Tier und sein Bild anbete und sein Malzeichen an seine Stirn oder Hand nehme, werde vom Wein des Zornes Gottes trinken.

Seinen Worten fügte Amsdorff die Verfügung an: Wer diesen Worten nicht glauben und folgen wolle, solle seinem eigenen Gutdünken folgen, und wer sich nicht an Gottes Wort binden lassen wolle, den solle der Chorrock ewig binden. Amen. Bevor er den Brief mit einem Lob Gottes und den besten Wünschen für Walter schloss, erklärte er noch kurz, dass die Drucklegung solcher Texte bisher am Widerstand der Drucker gescheitert sei.

Diese genugtuenden Worte, die Walter »*nicht zcu taddeln, noch zcustraffen*« wusste, mögen wie Balsam auf seine Seele gewirkt haben. Sie dürften ihn in seiner persönlichen Auffassung nochmals bestätigt und darin bestärkt haben, weiter standhaft zu bleiben. Die Dokumente waren für ihn so wichtig, dass er sie sammelte, wobei er zum Teil die eigenen Briefe und die jeweiligen Antworten darauf abschrieb und Lücken im Nachhinein zusammenfassend ergänzte. Vermutlich schickte er die Sammlung später an Flacius, der immerhin so viel Interesse an ihr zeigte, dass sie zumindest auszugsweise in einem von ihm angelegten Sammelband erhalten geblieben ist.[289]

Selbstverständlich reichte Walter Amsdorffs Kommentare auch an »*ettliche*« andere weiter, u.a. an seinen nicht minder standfesten Freund, den abgesetzten Torgauer Superintendenten Gabriel Didymus, mit dem er viele Unterredungen hielt. Dieser hatte eine von Amsdorff zum Teil abweichende Auffassung. Es war schon festzustellen, dass Amsdorff selbst in seinem ersten Brief das Hören der Predigt eines Adiaphoristen im Gegensatz zum Abendmahlsbesuch noch unter Vorbehalt gebilligt hatte, im zweiten Brief aber vollkommen ausschloss. Didymus wiederum war, bezugnehmend auf den ersten Brief, der gegenteiligen Ansicht, nämlich dass der Abendmahlsbesuch »*ettwas leidlicher*« als das Predigthören zu erlauben sei, da sich die Predigthörer der Abgötterei der Adiaphoristen teilhaftig machten, während das Abendmahl ein Kompromiss sei für Glaubensschwache, die darauf nicht verzichten könnten. Ebenso sei die adiaphoristische Kindertaufe unvermeidlich, und auch er selbst habe eines seiner Kinder in Torgau taufen lassen.

289 BRINZING 1998, 78f.

Derartiges berichtete Walter in einem weiteren, aber abgebrochenen Brief unbekannten Datums an einen unbekannten Adressaten (TEXT 12). Dem Inhalt ist zu entnehmen, dass das Schreiben wohl im Sommer 1553 verfasst wurde, und seine Überlieferung in Flacius' Sammlung deutet darauf hin, dass dieser der Adressat war. Darin gab Walter weitere Auskünfte über die aktuelle Situation, wobei er sich, ausgehend von Torgau, um Verallgemeinerungen bemühte.

1. Es gebe viele Geistliche und Gemeindemitglieder, welche die Adiaphoristen für große Sünder halten, deren Predigten aber nicht vermeiden können und sich an den Spruch Matthäi halten, wonach Jesus das Volk aufgefordert hatte, alles zu tun, was die Schriftgelehrten und die Pharisäer vorgaben, aber nicht nach deren Werken zu handeln, da sich selbige auch nicht danach richteten. Gleichwohl befürchteten die Gnesiolutheraner eine Abstumpfung ihrer Herzen, sollten sie weiter zu allem schweigen.

2. Sie könnten auch ihre Kinder nicht mit gutem Gewissen zur Taufe bringen oder auswärts, wo Chorrock und neue Ordnung nicht gelten, taufen lassen, denn es sei den Geistlichen verboten, fremde Kinder zu taufen.

3. Die Geistlichen könnten sich, wenn sie sich nicht öffentlich gegen die Adiaphoristen stellten, deren Sünde teilhaftig machen.

Hieraus stellten sich für Walter zwei neue Fragen:

1. Dürfe ein Christ an jenen Orten, wo die neue Ordnung nicht gelte, das Abendmahl empfangen? Führe dies nicht dazu, dass die Geistlichen in den nichtadiaphoristischen Gemeinden über die Adiaphoristen öffentlich schweigen und sich so deren Sünde teilhaftig machen? Ihrer Meinung nach gingen sie andere Gemeinden nichts an, und Einmischung sei ohnehin verboten.

2. Dürfe ein Christ auch von jenen, die den Chorrock angezogen und wieder abgelegt haben, daraufhin ihres Amtes enthoben, später aber mit der Möglichkeit des Verzichts auf den Chorrock vom Stadtrat wieder eingesetzt worden seien, während der Superintendent den Chorrock weiter trage, wie kürzlich in Torgau geschehen, ...

Hier bricht das Dokument mitten auf der Seite ab, sodass unklar ist, auf welche Kirchenzeremonie (Predigt, Abendmahl, Taufe) sich die zweite Frage bezieht. Der erwähnte Vorfall in Torgau betraf Balthasar Arnold, den alten, verdienten Torgauer Diakon, der nach einiger Zeit den Chorrock abgelegt hatte und 1551 suspendiert, 1553 aber wieder eingesetzt worden war.[290]

290 Ebd., Anm. 43; Herzog 2016, passim.

Walter machte sich also sehr viele Gedanken darüber, wie sich die Geistlichkeit verhalten sollte, und stellte Fragen, die über seine musikalischen Kompetenzen und seine persönliche Verantwortung als Kapellmeister und Betreuer der Kapellknaben weit hinausgingen. Er mischte sich in die Kirchenpolitik ein und scheute sich nicht, die Geistlichen seines Ortes zu befragen, ja offenbar von ihnen sogar Rechenschaft zu fordern, obwohl viele Punkte gar nicht seine eigene Situation in Dresden berührten. Da die überlieferte Korrespondenz aus den Jahren 1550 bis 1553 stammt, als Walter in Dresden wohnte und ein direkter Kontakt zur Torgauer Geistlichkeit schwierig war, muss er eine große Anzahl an Briefen nach Torgau geschickt haben. Diese scheinen nicht befriedigend beantwortet worden zu sein, sonst hätte sich Walter nicht immer wieder nach Magdeburg gewandt. Schon 1549 hatte er die Entsetzungen seiner befreundeten Mitglieder der Torgauer Geistlichkeit, des Superintendenten Gabriel Didymus und des Kaplans (Diakons) Michael Schulteis, und deren Ersetzung durch willfährige Geistliche, die nun in extra neu angefertigten bzw. angeschafften Chorröcken ihre Dienste antraten, persönlich in Torgau miterlebt. Nun verfolgte er von Dresden aus die weiteren Vorkommnisse in der Torgauer Gemeinde (wie auch den Niedergang der Lateinschule) aufs Intensivste. Wie seine späteren Niederschriften zeigen, nahm dies nach seiner Rückkehr nach Torgau erwartungsgemäß noch größere Ausmaße an.

In Dresden selbst zog er mehrere Konsequenzen daraus. Zum einen hielt er, wie geschildert, sich, seine Familie und – vermutlich die gesamte Dresdner Zeit über bis zu seiner Pensionierung 1554 – auch die ihm untergebenen Kapellknaben vom Abendmahl fern. Da er kein Geistlicher war, blieb er von einer Suspendierung verschont und konnte sein Amt weiter fortsetzen – wenngleich die kursächsische Hofordnung vom 3. Oktober 1553 das Hofgesinde verpflichtet hatte,

> *das hochwirdige Sacrament, des leibs vnnd bluts Christi zum offtermall* [zu] *empfangen.*[291]

Die Betonung liegt auf »*offtermall*«. Es bestand also durchaus die Möglichkeit, in begründeten Sonderfällen fernzubleiben. Allerdings war die Hofordnung als Reaktion auf gewisse, nicht näher mitgeteilte unliebsame Zustände am Hof ausgearbeitet worden, denn der Kurfürst leitete sie mit folgenden Worten ein:

> *Nachdeme wir bishero, eine merckliche vnordenung, an vnserm hoff, vnnd vnther vnserm hoffgesinde befunden, Auch die leuffte itzo ahne das dermassen vorfallen das die hohe notturfft erfordern will, vnnser hofregiment hinfurder anderer gestalt zubestellen.*[292]

291 1553, 3. Oktober, Torgau: Hofordnung Kurfürst Augusts. DD-SHStA: Loc. 32436, Rep. XXVIII (Hofordnung), Nr. 3a, Bl. 1v–2r. Vgl. Steude 1998, 52.

292 Ebd., Bl. 1r.

Geht man davon aus, dass hier auch und vor allem auf die konfessionellen Konflikte Bezug genommen wurde, so könnte es vor dem 3. Oktober mit der allgemeinen Verpflichtung zum Abendmahlsbesuch noch etwas lockerer zugegangen sein. In diesem Fall hätte Walter möglicherweise bis zu jenem Tag gegen gar keine Verpflichtung verstoßen. Was indes den Ausschluss der Kapellknaben betrifft, so scheint der Hof ihm gegenüber ziemlich tolerant gewesen zu sein, da sie nicht ihm alleine unterstanden und die starken Spannungen zwischen Walter und dem Knabenlehrer erst nach zwei Jahren zunahmen.[293] Über den *»pædagogus«* hinaus gehörten vor allem die Hofprediger zu den unangenehmen Personen in Walters persönlichem Umfeld, denn sie waren zwangsläufig dem Kurfürsten ergeben und nahmen einige Jahre später sogar an einem Verhör Walters teil. Johann Albinus war jener Adiaphorist, dessen Abendmahl Walter verweigerte, und Christian Schütz folgte ihm 1553 im Amt.[294]

Zusammen mit den ausländischen Musikern (s.u.) waren somit fast alle Menschen, mit denen Walter in seinem beruflichen Alltag zu tun hatte, eine Plage. Wie Walters Dokumentensammlung nahelegt, ist es unwahrscheinlich, dass er, von Amsdorff und seinesgleichen angefeuert, in dieser Sache klein beigegeben hat. Er blieb hartnäckig, zumal ihm an einer weiteren Beschäftigung am Hof gar nicht gelegen war und er schon nach kurzer Zeit um seine Pensionierung ersuchte, nachdem er vermutlich spätestens seit Inkrafttreten der neuen Kirchenordnung beklagt haben dürfte, dieses Amt angetreten zu haben. Flacius gegenüber äußerte sich Walter jedenfalls in einem entschuldigenden Ton:[295] Da er das Singen in Kirche und Schule

> *fur einen göttlichen beruff halte, vnd daraus zcu schreyten vnd solchs zcuuorlassen nicht weiß. So bin ich bey der cantorey, so itzt zcu Dresden blieben* [TEXT 10].

Weitere Konsequenzen Walters waren neben dem Verzicht auf Kompositionen für den albertinischen Hof[296] die Entwendung der ernestinischen Chorbücher aus der Torgauer Schlosskapelle 1553, um sie ihrem ursprünglichen Besitzer zurückzugeben, sowie der Versand eines seiner in Dresden für den eigenen Bedarf (in Torgau) komponierten figuralen Magnificat-Sätze 1554 an Herzog Christoph von Württemberg als würdigen Verfechter des Luthertums und den *»allerersten«* Empfänger dieses Werkes, nachdem Walters ehemaliger Landesherr Kurfürst Johann Friedrich gerade verstorben war, sodass dieser als erster Adressat nicht mehr in Frage kam.

293 Brinzing 1998, 77.

294 Steude 1998, 51.

295 Herzog 2013, 95.

296 Kade 1862, 9f.; Fürstenau 1866, 175f.

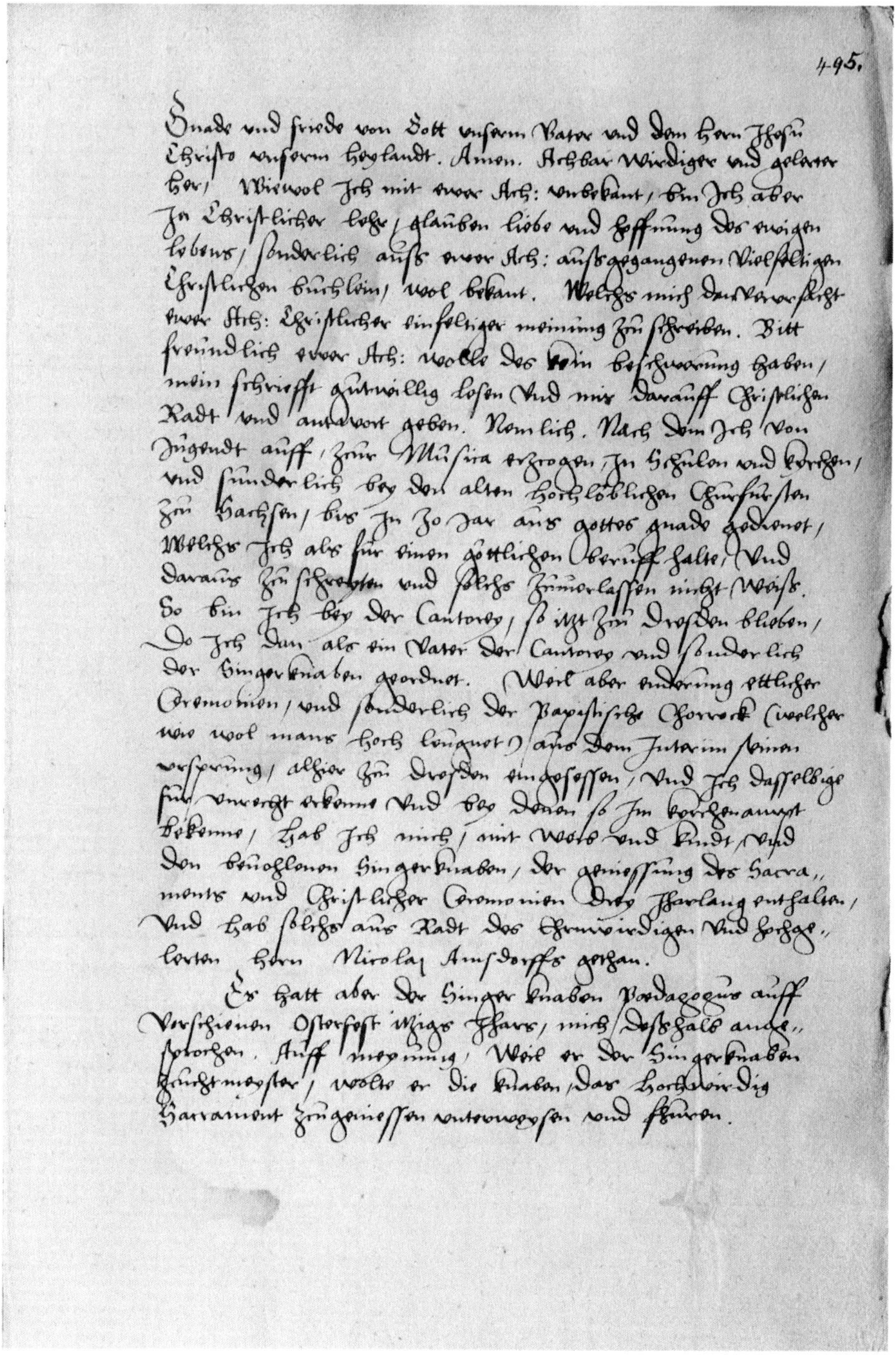

495.

Gnade und friede von Gott unserm Vater und dem herrn Jhesu Christo unserm heylandt. Amen. Achtbar Wirdiger und gelarter her, Wiewol Ich mit ewer Ach: unbekant, bin Ich aber In Christlicher lehr, glauben liebe und hoffnung des ewigen lebens, sonderlich auss ewer Ach: ausgegangenen vielfeltigen Christlichen buchlein, wol bekant. Welchs mich dan verursacht ewer Ach: Christlicher einfeltiger meinung zu schreiben. Bitt freundlich ewer Ach: wolle des kein beschwerung haben, mein schriefft gutwillig lesen Und mir darauff Christlichen Radt und antwort geben. Nemlich. Nach dem Ich von Jugendt auff, zur Musica erzogen, In Schulen und kirchen, und sunderlich bey den alten hochloblichen Churfursten zu Sachssen, bis In 30 Jar aus gottes gnade gedienet, Welchs Ich als fur einen gottlichen beruff halte, Und daraus zu schreyten und solchs hinderlassen nicht weiss. So bin Ich bey der Cantorey, so itzt zu Dresden blieben, do Ich dan als ein Vater der Cantorey und sonderlich der Singerknaben geordnet. Weil aber enderung etlicher Ceremonien, und sonderlich der Papistische Chorrock (welcher nu wol mans hoch leugnet) aus dem Interim seinen ursprung, alhier zu Dresden eingeschlossen, Und Ich dasselbige fur unrecht erkenne Und bey denen so In hochgenant bekenne, hab Ich mich, mit Weib und kindt, und den bevohlenen Singerknaben, der geniessung des Sacraments und Christlicher Ceremonien drey Jharlang enthalten, Und hab solchs aus Radt des Ehrwirdigen Und hochgelerten hern Nicolaj Amsdorffs gethan.

Er hatt aber der Singer knaben Paedagogus auff verschienen Osterfest itzigs Jhars, mich deshalb angesprochen. Auff meynung, Weil er der Singerknaben Zuchtmeyster, wolle er die knaben das hochwirdig Sacrament zugeniessen unterweysen und furen.

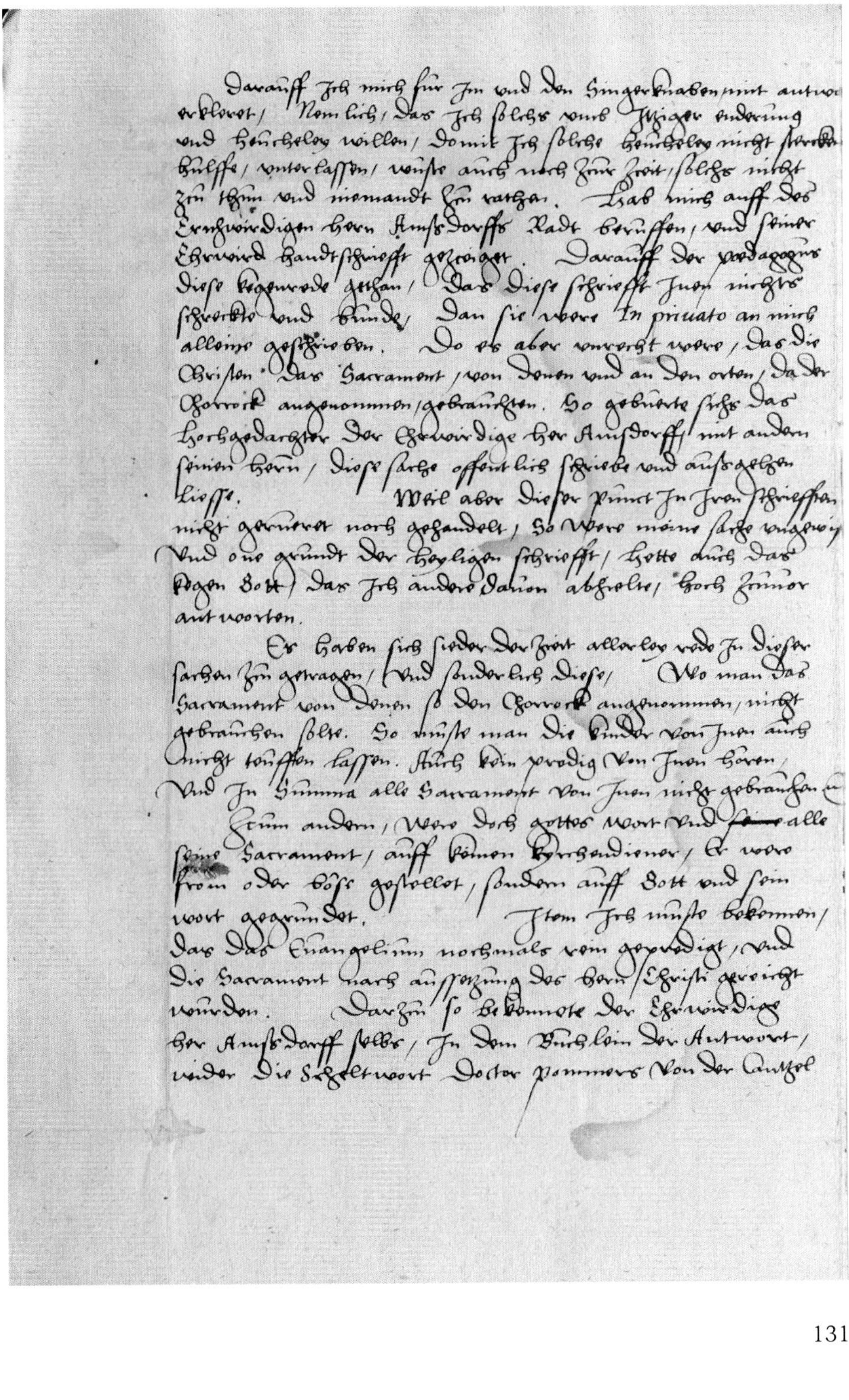

Darauff Ich mich fur Jn und den Singerknaben mit antwo
erkleret, Nemlich, Das Ich solchs umb Itziger enderung
und heucheley willen, Damit Ich solche heucheley nicht sterkt
hulffe, unterlassen, wuste auch noch zur zeit, solchs nicht
zu thun und niemandt zu rathen. Hab mich auff des
Erwirdigen hern Amsdorffs Radt beruffen, und seiner
Ehrwird handtschrifft gezeiget. Darauff der Pedagogus
diese kegenrede gethan, Das diese schrifft Jnen nichts
schedtte und binde, Dan sie were In priuato an mich
alleine geschrieben. So es aber unrecht were, das die
Christen Das Sacrament, von denen und an den orten, da der
Chorrock angenommen, gebrauchten. So gebuerte sichs das
hochgedachter der Ehrwirdige her Amsdorff mit andern
seinen hern, diese sache offentlich schriebe und ausgehen
liesse. Weil aber dieser Punct Jn Jren schrifften
nicht gerurt noch gehandelt, So were meine sache ungewis
Und one grundt der heyligen schriefft, Hette auch das
kegen Gott, das Ich andere davon abhielte, hoch zuvor
antworten.

Es haben sich sieder der zeit allerley rede Jn dieser
sachen zugetragen, Und sonderlich diese, Wo man das
Sacrament von denen so den Chorrock angenommen, nicht
gebrauchen solte. So muste man die kinder von Jnen auch
nicht teuffen lassen. Auch kein predig von Jnen horen,
Und Jn Summa alle Sacrament von Jnen nicht gebrauchen.

Zum andern, Were doch gottes wort und alle
seine Sacrament, auff keinen kirchendiener, Er were
from oder bose gestellet, sondern auff Gott und sein
wort gegrundet. Item Ich muste bekennen,
das das Euangelium nochmals rein gepredigt, und
die Sacrament nach aussetzung des hern Christi gereicht
wurden. Darzu so bekennete der Ehrwirdige
her Amsdorff selbs, Jn dem Buchlein der Antwort,
wider die Scheltwort Doctor Pommers von der Cantzel

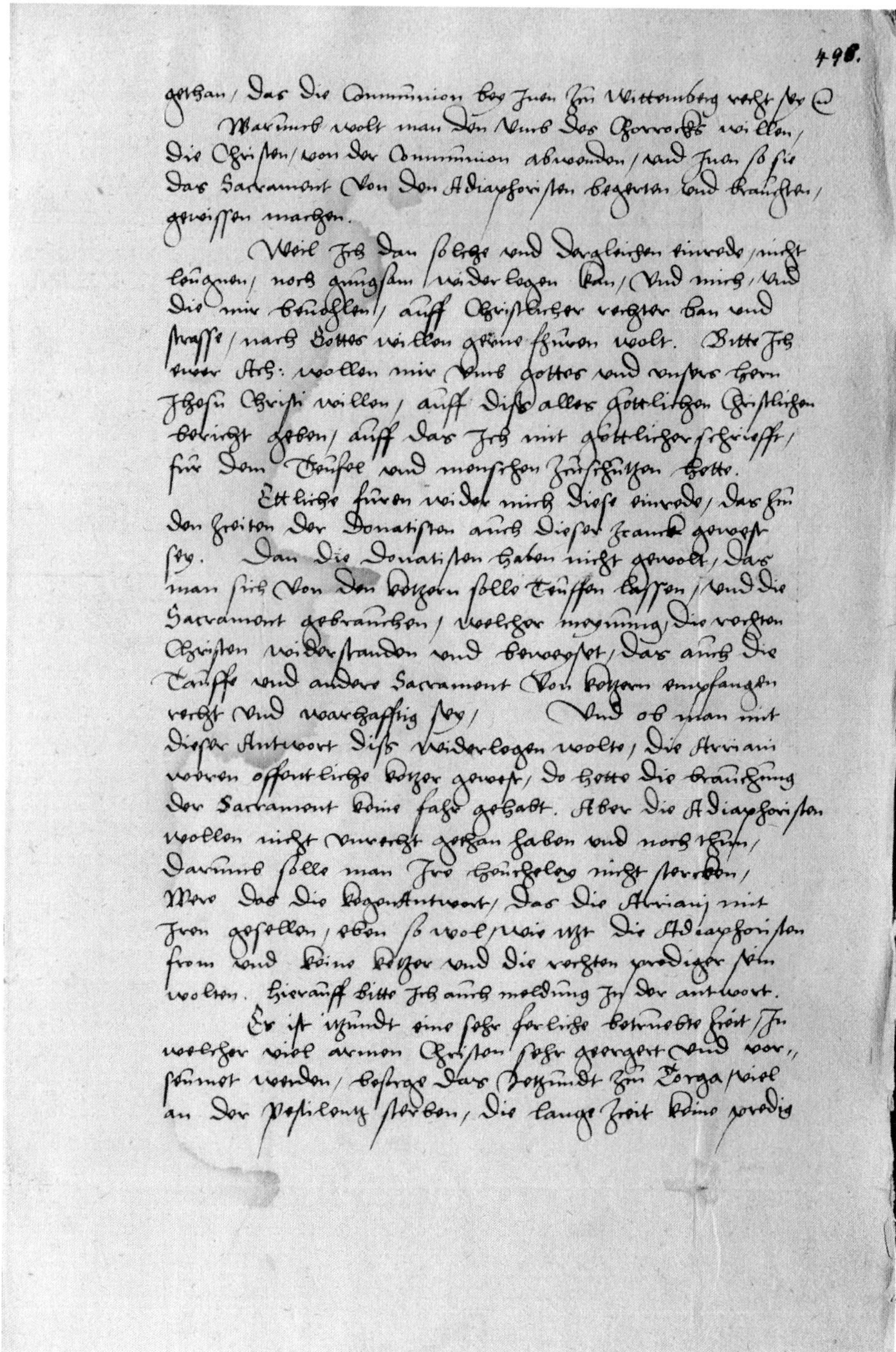

498.

gethan, das die Communion bey Juen zu Wittemberg recht sey.
Warumb wolt man den umb des Chorrocks willen,
die Christen, von der Communion abwenden, und Juen so sie
das Sacrament von den Adiaphoristen begerten und brauchten,
gewissen machen.
Weil Ich dan solche und dergleichen einrede, nicht
leugnen, noch gnugsam widerlegen kan, Und mich, und
die mir beuohlen, auff Christlicher rechter ban und
strasse, nach Gottes willen gerne furen wolt. Bitte Ich
E. Ach.: wollen mir umb gottes und unsers hern
Jhesu Christi willen, auff dis alles gottlichen Christlichen
bericht geben, auff das Ich mit gottlicher schrifft,
fur dem Teufel und menschen zuschutzen hette.
Etliche furen wider mich diese einrede, das zu
den zeiten der Donatisten auch dieser zanck gewest
sey. Dan die Donatisten haben nicht gewolt, das
man sich von den ketzern solle tauffen lassen, und die
Sacrament gebrauchen, welcher meynung die rechten
Christen widerstanden und bewisen, das auch die
Tauffe und andere Sacrament von ketzern empfangen
recht und warhafftig sey. Und ob man mit
dieser Antwort dis widerlegen wolte, die Arriani
weren offentliche ketzer gewest, so hette die brauchung
der Sacrament keine fahr gehabt. Aber die Adiaphoristen
wollen nicht unrecht gethan haben und noch thun,
darumb solle man Jre heucheley nicht sterken,
Wer das die kegenAntwort, das die Arriani mit
Jren gesellen, eben so wol, wie itzt die Adiaphoristen
from und keine ketzer und die rechten prediger sein
wolten. Hierauff bitte Ich auch meldung zu der antwort.
Es ist itzundt eine sehr ferliche betrubte zeit, In
welcher viel armen Christen sehr geergert und ver-
stürmet werden, besorge das itzundt zu Torgaw viel
an der Pestilentz sterben, die lange zeit keine predig

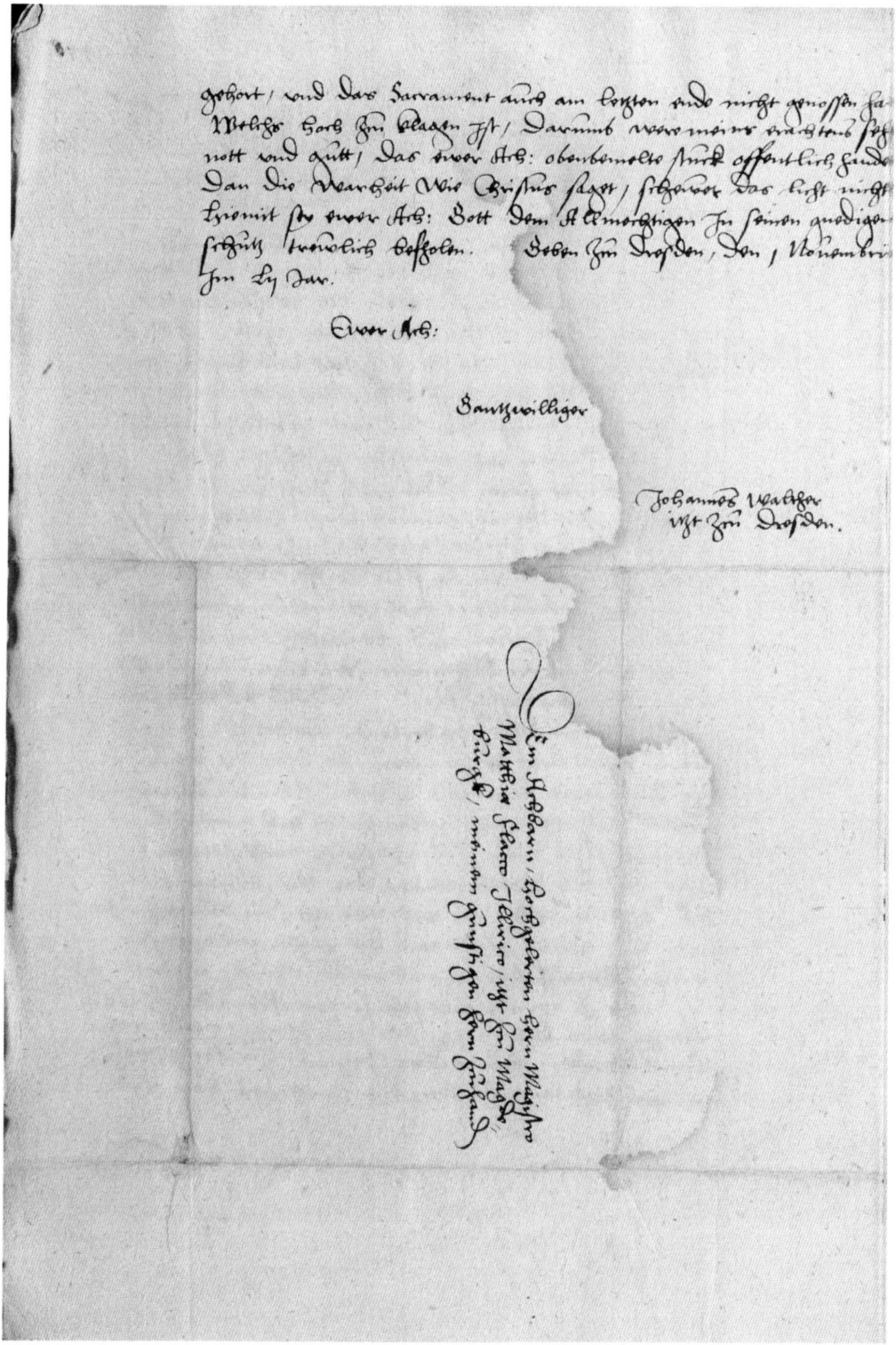
gehort / und das Sacrament auch am letzten ende nicht genossen ha[t]
Welchs hoch zu klagen ist / Darumb were meins erachtens ho[ch]
nott und gutt / das ewer Ach: obenbemelte stuck offentlich [...]
Dan die warheit wie Christus saget / scheuet das licht nicht
hiemit sey ewer Ach: Gott dem Allmechtigen In seinen gnedigen
schutz treulich befholen. Geben zu Dresden, den 1 Novembri[s]
Im Lx Jar.

Ewer Ach:

Gantzwilliger

Johannes Walther
itzt zu Dresden.

Dem Achtbarn / hochgelerten herrn Magistro
Matthia Flacio Illyrico / itzt zu Magdeburgk / meinem gunstigen herrn zuhanden

Brief Johann Walters an Matthias Flacius (Walter-Autograf).
WBL-HAB: Cod. Guelf. 82 Helmst., Bl. 495r–496v.
Literatur: BRINKEL 1960, 137, 139f.; BRINZING 1998, 86–89

TEXT 10 (mit 4 Abbildungen)
1552, 1. November, Dresden
Bericht Walters an Matthias Flacius
über die Adiaphoristen in Dresden sowie seine diesbzüglichen Fragen

Gnade vnd friede von Gott vnserm Vater vnd dem Hern Jhesu Christo vnserm Heylandt. Amen. Achbar wirdiger vnd gelerter her, wiewol ich mit ewer ach‹baren› vnbekant, bin ich aber in christlicher lehr, glauben liebe vnd hoffnung des ewigen lebens, sonderlich auß ewer ach‹baren› außgegangenen vielfeltigen christlichen buchlein, wol bekant. Welchs mich den vervrsacht ewer ach‹baren› christlicher einfeltiger meinung zcu schreiben. Bitt freundlich ewer ach‹bar› wolle des kein beschwerung haben, mein schriefft gutwillig lesen und mir darauff christlichen radt vnd antwort geben. Nemlich.

Nach dem ich von jugendt auff, zcur musica erzcogen, in schulen vnd kyrchen, vnd sunderlich bey den alten hochlöblichen churfursten zcu Sachsen, bis in 30 jar aus Gottes gnade gedienet, welchs ich als fur einen göttlichen beruff halte, vnd daraus zcu schreyten vnd solchs zcuuorlassen nicht weiß. So bin ich bey der cantorey, so itzt zcu Dresden blieben, do ich dan als ein vater der cantorey vnd sonderlich der singerknaben geordnet. Weil aber enderung ettlicher ceremonien, vnd sonderlich der papistische chorrock (welcher wie wol mans hoch leugnet) aus dem interim seinen vrsprung, alhier zcu Dresden eingesessen, vnd ich dasselbige fur vnrecht erkenne vnd bey denen so im kyrchenampt bekenne, hab ich mich, mit weib vnd kindt, vnd den beuohlenen singerknaben, der geniessung des sacraments vnd christlicher ceremonien drey jharlang enthalten, vnd hab solchs aus radt des ehrnwirdigen vnd hochgelerten hern Nicolaj Amsdorffs gethan.

Es hatt aber der singer knaben pædagogus[1] auff verschienen osterfest itzigs jhars, mich deßhalb angesprochen. Auff meynung, weil er der singerknaben zcuchtmeyster, wolte er die knaben, das hochwirdig sacrament zcugeniessen vnterweysen vnd fhuren. | Darauff ich mich fur im vnd den singerknaben, mit antwort erkleret, nemlich, das ich solchs vmb itziger enderung vnd heucheley willen, domit ich solche heucheley nicht stercken hulffe, vnterlassen, wuste auch noch zcur zceit, solchs nicht zcu thun vnd niemandt zcu rathen. Hab mich auff des ernhwirdigen hern Amßdorffs radt beruffen, vnd seiner ehrwird handtschriefft gezceiget. Darauff der pædagogus diese kegenrede gethan, das diese schriefft inen nichts schreckte vnd bunde, dan sie were in priuato an mich alleine geschrieben. Do es aber vnrecht were, das die christen das sacrament, von denen vnd an den orten, da der chorrock angenommen, gebrauchten. So gebuerte sichs das hochgedachter der ehrwirdige her Amsdorff, mit andern seinen her‹r›n, diese sache offentlich schriebe vnd außgehen liesse. Weil aber dieser punct in iren schriefften nicht gerueret noch gehandelt, so were meine sache vngewiss vnd one grundt der heyligen schriefft, hette auch das kegen Gott, das ich andere dauon abhielte, hoch zcuuorantworten.

Es haben sich sieder der zceit allerley rede in dieser sachen zcu getragen, vnd sonderlich diese, wo man das sacrament von denen so den chorrock angenommen, nicht gebrauchen solte. So muste man die kinder von inen auch nicht teuffen lassen. Auch kein predig von inen hören, vnd in summa alle sacrament von inen nicht gebrauchen ‹etc.›

Zcum andern, were doch Gottes wort vnd alle seine sacrament, auff keinen kyrchendiener, er were from oder böse gestellet, sondern auff Gott vnd sein wort gegrundet.

Item[2] ich muste bekennen, das das euangelium nochmals rein gepredigt, vnd die sacrament nach aussetzung des hern Christi gereicht wurden. Darzcu so bekennete der ehrwirdige her Amßdorff selbs, in dem buchlein der antwort, wider die scheltwort doctor Pommers[3] von der cantzel | gethan,[4] das die communion bey inen zcu Wittemberg recht sey ‹etc.›

Warumb wolt man den vmb des chorrocks willen, die christen, von der communion abwenden, vnd inen so sie das sacrament von den adiaphoristen begerten vnd brauchten, gewissen machen.

Weil ich dan solche vnd dergleichen einrede, nicht leugnen, noch gnugsam widerlegen kan, vnd mich, vnd die mir beuohlen, auff christlicher rechter ban vnd strasse, nach Gottes willen gerne fhuren wolt. Bitte ich ewer ach‹bar› wollen mir vmb Gottes vnd vnsers hern Jhesu Christi willen, auff diß alles göttlichen christlichen bericht geben, auff das ich mit göttlicher schriefft, fur dem teufel vnd menschen zcuschutzen hette.

Ettliche furen wider mich diese einrede, das zcu den zceiten der donatisten[5] auch dieser zcanck gewest sey. Dan die donatisten haben nicht gewolt, das man sich von den ketzern solle teuffen lassen, vnd die sacrament gebrauchen, welcher meynung, die rechten christen widerstanden vnd beweyset, das auch die tauffe vnd andere sacrament von ketzern empfangen recht vnd warhafftig sey, Vnd ob man mit dieser antwort diß widerlegen wolte, die arriani[6] weren offentliche ketzer gewest, do hette die brauchung der sacrament keine fahr gehabt. Aber die adiaphoristen wollen nicht vnrecht gethan haben vnd noch thun, darumb solle man ire heucheley nicht stercken, were das die kegenantwort, das die arrianj mit iren gesellen, eben so wol, wie itzt die adiaphoristen from vnd keine ketzer vnd die rechten prediger sein wolten. Hierauff bitte ich auch meldung in der antwort.

Es ist itzundt eine sehr ferliche betruebte zceit, in welcher viel armen christen sehr geergert vnd vorseumet werden, besorge das jetzundt zcu Torga, viel an der pestilentz sterben, die lange zceit keine predig | gehort, vnd das sacrament auch am letzten ende nicht genossen haben, welchs hoch zcu klagen ist, Darumb were meins erachtens sehre nott vnd gutt, das ewer ach‹bar› obenbemelte stuck offentlich handelte, dan die warheit wie Christus saget, schewet das licht nicht, Hiemit sey ewer ach‹bar› Gott dem Allmechtigen in seinen gnedigen schutz trewlich befholen. Geben zcu Dresden, den 1 nouembris im Lij jar.

Ewer ach‹bar›

gantzwilliger

Johannes Walther
itzt zcu Dresden.

Dem achbarn, hochgelerten hern magistro Matthiæ Flacco Illirico,
itzt zcu Magdeburgk, meinem gunstigen hern zcuhand‹en›

Textkritische Hinweise

1: Vermutlich Lazarus Lengefelder als Nachfolger von Johannes Sangerhaus. – 2: Ebenso. – 3: Johannes Bugenhagen, genannt Pomeranus. – 4: »Antwort auff Doct. Pommers scheltwort, so er auff der Cantzel aussgeschütt hat, am Sontag nach Vdalrici. M.D.XLIX.« – 5: Anhänger des Donatus von Karthago (4. Jh.). – 6: Anhänger des Arius aus Alexandria (um 300).

Zusammengefasste und originale Schreiben Johann Walters
und Nicolaus von Amsdorffs, 1550–1553 (anonyme Abschrift).
WBL-HAB: Cod. Guelf. 82 Helmst., Bl. 499r–506r.
Literatur: BRINKEL 1960, 136–138, 140–142; SCHNEIDERHEINZE 1996 B, Abb. 7;
BRINZING 1998, 94–106

TEXT 11
[1550–1553:] Gesammelte Dokumente Walters über seine Korrespondenz mit Nicolaus von Amsdorff

[I: Walters erste Anfrage von 1550 und Amsdorffs Antwort]

Nach dem ein newe kirchordnung in Meissen im 1550 jare furgenom‹m›en, vnd an ettlichen örten angericht worden, hab ich Johannes Walther der ich die zeit mitt wonung zw Dreßden bey der cantorey, an den ehrwirdigen hochgelarten herrn Niclas von Amsdorff drey fragen thun lassen,

Nemlich die erste, wie ich mich in solcher enderung halten, ob ich auch die predigt hören, vnd das sacrament von denen so die enderung angenommen, empfahen vnd gebrauchen könte,

die ander, wo vnd an welchem ort ich wonen solt,

die dritte, ich spürte das iederman an sölcher enderüng wenig schew hette, hörten die predigt vnd giengen zum sacrament wie zuuor, do sie dran vnrecht theten, müsten alle bürger vnd der ganze hauffe vnrecht thun,

Auff sölche drey fragen, hat gedachter der ehrwirdige herr Niclas von Amsdorff folgende schriefftliche seine antwort mir vberschickt, |

Auff die erste frage

Alles was izund geboten, oder angericht wirdt, des geschiet nicht dem keyser allein, sonder viel mehr dem bapst vnd römischen antichrist zu gefallen, denn sie wolln das bapsthum wiederumb auffgericht vnd Luthers lehr heiliger gedechtnuß getilget haben, Darumb wer in ihre interim groß oder klein, augspurgisch oder leipzigisch williget, der williget inn antichrist vnd seine diener, verleugnet Christum vnd sein wort, denn man kan nicht zweyen herrn dienen, Christo vnserm lieben Herrn vnd dem antichrist, Christus spricht selber, Wer nicht mitt mir ist, der ist wieder mich, Nun ist die leipzigisch ordnung nicht mit Christo, sie ist nicht Christus vnsers lieben Herrn befel vnd ordnung, darumb ist sie wieder Christum vnsern lieben Herrn, vnd warhafftig ein ordnung des antichrists, vnd alle die sie halten sind diener des antichrists,

Nu weis ich niemant zu rathen, das er vom antichrist oder seinen dienern vnd verwandten das sacrament entpfahe vnd neme, denn wers thut der betet die bestien an, vnd nimpt von ihr das malzeichen an seine stirn vnd hende,

Die predigt mag er wol hören, er sehe aber zu das er allein Gottes wort durch seinen son vns verkundiget vnd offenbart gleube vnd folge, vnd sich für allem andern es sey so schön vnd gut als im‹m›er mehr wolle, sich treulich und fleissig hüte, denn es ist gewiß wieder den Herrn Christum, wie er sagt vnd vns warnet, Was nicht mit mir ist, das ist wieder mich, welcher spruch izunt zu dieser greulichen zeit fleissig vnd wol zu mercken ist,

Derhalben alle so die leipzigische ordnung annemen sind antichrist[l]ich, sie mügen sich schmücken vnd entschüldigen so hoch sie immer können vnd mögen, so geschichts doch dem antichrist zu ehren vnd gefallen, | vnd nemen von der bestien das malzeichen an ihre stirne vnd auff ihre hende auff das sie keuffen vnd vorkeuffen mügen, hoc est[1], das sie nicht inn die acht gethan werden vnd bey ihren gütern bleiben mögen ‹etc.›

Aüff die ander frage.

Ich halt es dafur das es gleich so viel sey, an welchem ort man ist, da die mutation vnd vorenderung fürgenom‹m›en wirdt, Nam qui in uno reus est omnium reus est[2], Es heisset allein mein oder laß gar sein, Non potestis utroq‹ue› pede claudicare inquit Helias[3]. Ihr künt nicht zu gleich Christo vnd dem antichrist dienen, vnd also vff beiden achseln tragen, es sey inn wenigem oder inn vielen ‹etc.› Daraus folget

die dritte antwort

von sich selbst, nemlich das ein ieder auff sich selbst sehe, was er gleub oder thue, vnd nicht auff ander leut sie seint so gelert vnd from‹m› als sie im‹m›er wollen, Nam eruditio, diuitiæ et propria iustitia sunt imposturæ et pestis pietatis, quòd rarissimè istis tribus rectè utimur[4].

Darumb wer Christo folgen wil der mus sich nicht allein erwegen der leute zorn vnd vngnad sondern auch leibs vnd gutes, wie Christus an viel örten des evangelij sagt,

Mus auch nicht auff die meinge der bürger sehen, denn der gröste hauff thut vnrecht, wie das wol zu beweisen were nach der lenge, vnd darff keins beweysens, wir sehen alle fur augen, das der gröste teil vnd schier alle von Christo zum antichrist fallen, doch vnter eim schein der gottseligkeit wie Paulus geweissagt hatt,

Denn der antichrist wird nicht als ein öffentlicher feind Christi vnd des euangelij regieren, sondern vnter der lehr vnd namen Christi, mitt betrugk vnd grosser list | wird er die leut an sich ziehen, vnd sie von der warheit des evangelij wenden, wie man denn izt mitt dem meißnischem interim vnd ordination thut, ‹etc.›

Niclas von Amsdorff.

Auff sölche des ehrwirdigen herrn Amsdorffs schriefft, habe ich mich mitt meinem bevolnen haußgesindt fast drey iar lang des sacraments enthalten, Als aber allerley kegenrede mir fürgehalten worden, habe ich dem herrn Amsdorff zum andern mal geschrieben, vnd weil mein botte sein ehrwirde nicht antroffen, ist mir auf sölche schrifft kein antwort worden, Nach dem ich aber mittler weil dem achtbarn hochgelerten herrn Ma‹tthiæ› Fla‹cio› Illi‹rico› sölche einrede zugeschickt, hab ich aus rath seiner ach‹baren› dem ehrwirdigen herrn Niclas von Amsdorff zum dritten mal wie folget geschrieben. |

[II: Walters dritte Anfrage, Dresden, 1. Januar 1553]

Gnade vnd friede in Christo mit wündschung eines seligen newen jars, ehrwirdiger herr vnd vater in Christo. Nach dem ich ewer ehr‹wirden› kurz zuuor ehe Magdeburgk belagert worden, durch meinen sohn, wie ich mich inn dieser zeit, weil zu Torgaw vnd Dreßden in der kirchen enderung ettlicher ceremonien geschehen, halten sölle, hab fragen lassen, darauff mir ewer ehrw‹irden› ein schriefftliche antwort auff drey fragen zugeschickt, der ich ewer ehr‹wirden› abermals ein copia innliegent vbersende,[5]

Nu hab ich mich aus Gottes gnaden nach sölcher lehr vnd antwort bißher gehalten, Weil aber ich mich, mitt meinem haußgesinde, vnd bevohlenen singerknaben, der geniessung des sacraments genzlich enthalten, vnd mich der kirchendiener geeussert, hatt man durch ander leut an mich, durch ettliche kegenrede sezen lassen. Welche kegenwürff[6] ich das mehrerteyl inn einer sünderlichen meiner schriefft, wie ich sölche mitt gutem grundt vorlegen[7] künte vnd sölte, ewer ehr‹wirden› sambt einem gedruckten geistlichen bergkreyen, vnd ein büchlein der sprüch des glaubens aus der ganzen heyligen schriefft, im vorgangenen sümmer, mitt eigner bottschafft vberschickt,

Weil aber der bote anzeigte, das er ewer ehrw‹irden› zw Magdeburgk nicht antroffen, sondern ewer ehr‹wirden› vettern Christoff von Amsdorff, mein schriefft vnd zusam‹m›en gebunden büchlein vnd gesang, zugestellet, des er jm innliegendt, sein eigen handschriefft zum zeugnus gegeben, habe ich bißher stets gehofft, ew‹er› ehrw‹irden› werden mir auff sölch mein schreiben zw ewer ehr‹wirden› gelege‹n›heit antworten.

Sintemal aber der vorzugk sich bißher erstrackt, vnd ich nicht wissen kan, ob sölche meine schriefft vnd büchlein ewer ehrw‹irden› zukom‹m›en oder nicht, vnd auch obengedachte | kegenwürff mir teglich fürgehalten werden. Bin ich aus nott vorursacht diesen meinen eigenen bothen an ewer ehr‹wirden› abzufertigen, vnd bitte demüglichen vmb Gottes willen ewer ehr‹wirden› wollen mir auff folgende einrede aus heiliger schriefft, gnugsam antwort vnd bericht mitteilen, damitt ich mich fur den adiaphoristen vnd dem teuffel selbs schüzen köndt,

Der erste kegenwürff, auff das, do ich mich mitt den singerknaben vnd meinem hausgesinde, der geniessung des sacrame‹n›ts bißher genzlich enthalten, vnd mich auff ew‹er› ehr‹wirden› selbs gegebenen rath berüffen.

Do es sünde vnd vnrecht, das man an den orten vnd von denen, so enderung der ceremonien angenom‹m›en das sacrament brauchte, müste die tauffe der kinder, predigt hören vnd dergleichen, auch vnrecht vnd sunde sein.

2

Weren doch die sacrament, auff keine person from‹m› oder böse, wie Lutherus heiliger gedechtnuß, sehr offt selbs meldet, sondern auff Gottes wort gegründet, So bekennete der ehrwirdige herr Amsdorff selbs, inn dem büchlein wieder D‹octor› Pom‹m›er[8], das ihre com‹m›union zu Wittembergk recht wehre,

3

Dieser zanck were bey zeiten der donatisten vnd arrianer auch gewesen, do ettlich gesagt vnd vormeinet, man solte von den kezern sich nicht teuffen lassen noch andere sacrament empfangen, welchem die rechten christen wiederstanden vnd beweiset, das die tauff vnd sacrament von den kezern empfangen recht were. |

4.

Ich müste ia bekennen, das die predig des euangelij von denen so den chorrock, welchen ich heucheley hiesse, angezogen, rein were, auch die sacrament nach einsezung des herrn Christi gereicht würden, Warumb wolte ich dann mich vnd die meinen von dem befehl Christi vmb des chorrocks willen entziehen, vnd andere leute sich auch dauon zu entziehen vrsach geben, welchs ich kegen Gott zuuorantworten hette,

5

Do es vnrecht were, das die christen von den adiaphoristen das sacrament empfiengen, ihre kinder teuffen liessen, vnd predigt hörten, so hetten sölchs die magdeburgischen theologen inn ihren schriefften öffentlich sollen ausgehen lassen, hette ihnen auch gebüret alle christen dafür zu warnen, Weil sie aber sölchs nicht gethan, vnd diesen punct niemals gerüret, vnd öffentlich gehandelt, so were diese schriefft, vom herrn Amsdorff an mich inn priuato gethan, vordechtig, gülte, bünde vnd erweisete nichts, hette mich für zusehen, das ich mich vnd andere nicht vorfürte, ‹etc.›

Derwegen ehrwirdiger herr vnd vater bitte ich vmb Gottes willen wollen mich berichten, wie ich mich sölcher kegenwürffe, die ich gnugsam zuuorlegen[7] zu schwach bin, auffhalten sol, vnd hielte meins erachtens sehr nötigk, das sölche sache inn einer öffentlichen schriefft von ewer ehr‹wirden› den armen christen zu trost gehandelt würde, dann die warheit wie Christus sagt schewet das liecht nicht.

Lezlich do ewer ehr‹wirden› mein negst schreiben vnd büchlin von sprüchen des glaubens zukom‹m›en, bitte ich sölch buchlein mitt diesem boten mir zu vberschicken, vnd | mir mein schriefftlich offtmals ansuchen, zu gut halten, Das bin ich vmb ewer ehr‹wirden› als meinen günstigen herrn vnd vater zuuordienen erbötigk, Geben zu Dreßden am newen jarstag im anfangk des liij jars

Ew‹er› ehrw‹irden›

ganzwilliger

Johannes Walter
izt zu Dreßden,

Auff sölche meine dritte schriefft hatt mir der ehrwirdige herr Niclas von Amsdorff folgende antwort zugeschickt, |

[III: Amsdorffs Antwort, Eisenach, 13. Januar 1553, mit Anhang]

Mein lieber Johann Walter, ich hette euch auff ewern ersten brieff lengst gern geantwortet, wo ich bottschafft gehabt hette, so seint mir auch one das ewer brieff vnd büchlein langsam zukom‹m›en, zu dem, hatt mich er Iustus Mœnius vnd die drücker zu Erfurdt lang auffgehalten, denn doselbst hett ichs gern drücken lassen, Woran es aber gefeilet werdet ihr aus er Iusti Mœnij brieff sehen, welchen ich euch hiemit neben ewrem büchlein zusende,[9]

Was aber das heilige sacrament belanget, habt ihr vorhin mein meinung gehört, dabey ichs noch wenden vnd bleiben lasse, vnd die antwort so ihr der knaben pædagogo gegeben habt, dabey lasset es auch bleiben, Das aber der pædagogus saget er gebe nichts vff mein schriefft dieweil ich sie inn priuat an euch geschrieben, vnd nicht hab drücken lassen, ist ein lauter muttwille, Dann solt ich alle brieffe so ich den leuten schreibe drücken lassen, müste ich viel drücker haben, es ist allenthalben davon genug gedruckt, wers sonst lesen vnd zu herzen nemen wolt, Ich hab euch vnd eim ieden christen meinen rath nach dem mas der gnaden die mir mittgeteilt ist, trewlich mittgeteilt, wer im folgen wil, wol gut, wer nicht wil, der mags lassen,

Das ettliche superattendenten inn dieser sache stillschweigen ist kein wunder, ist doch vnter allen theologen nicht einer, der herzogk Moriz seine offentliche sünde vnd böse thaten straffen dürffte, ia sie loben vnd preisen in als ein christlichen fürsten,

Das sey gnug auff den ersten brieff, |

Auff den izigen brieff hab ich mein meinung so viel ich vorstehe kürzlich begrieffen, darinne auff alle kegenwürff gnugsam geantwortet ist, welche ich euch hierinne verwart zuschicke. Wil aber gleichwol vmb ewer bitt willen auff izlichen gegenwurff mein antwort inn sonderheit stellen,

Auff den ersten, Wenn man nit ergernis gebe des antichrists kirche damit zu bestetigen, so möcht mans als ein gebrechen geschehen lassen, dieweil aber dem antichrist damitt gehofürt vnd gedienet wirdt, so kan ichs nicht billichen noch rahten, quia nemo potest duobus dominis seruire[1] ‹etc.›

Auff den andern, Ob wol die sacrament an kein person, so im dienst vnd ampt der kirchen sein, gebunden seint, so kan sie doch niemand administrirn vnd reichen, er sey denn ein glied vnd diener der kirchen eusserlich, ob ehr gleich ein kezer oder sünder were, So lang ehr im ampt vnd dienst gelietten wirt, so mag man von ihm die sacrament empfahen, Wenn er aber von der kirchen verbant, verdampt, vnd abgesezt wird, so sol vnd kan kein christen das sacrament von ihnen empfahen, quia sunt extra ecclesiam[11], Dieweil dann der babst durch Gottes wort für den antichrist verdampt, offenbart vnd erklert ist, so sol vnd kan kein christen von den papisten das sacrament empfahen, quia sunt extra ecclesiam[11]. Dieweil dan die adiaphoristen sich zum bapst gesellet, mitt den meßbischoffen vnd opfferpfaffen sich voreiniget haben, so seint sie mitt den papisten in gleichem verdamnis, darumb kan von ihnen mitt gutem gewissen das sacrament niemant empfahen.

Damitt ist auch auff den dritten kegenwurff geantwortet, denn die donatisten vnd arianer wurden für diener der kirchen geacht vnd gehalten, derhalben schadet den | christen nichts, das sie von ihnen getaufft wurden ‹etc.› Nu aber nach der offenbarung des antichrists kan man ihn vnd seinen anhang niemant fur der kirchen diener achten vnd halten, derhalben auch von seinen adiaphoristen das heilig sacrament mitt gutem gewissen nicht kan noch mag empfangen werden, Quia sunt cum antichristo et ideo quoq‹ue› extra ecclesiam Christi[12].

Auff den vierdten gegenwurff, Vnd ob gleich bey den adiaphoristen das euangelium rein were, welchs doch nicht wol müglich ist, vnd die com‹m›union recht nach Christi vnsers lieben Herrn befehl vnd ordnung gehalden würde, so stösset sichs doch daran, das sie sich mitt dem antichrist vereiniget vnd vergleicht haben, welchs ein sölch ergernis ist, das allein dorumb die adiaphoristen zu meiden seint, vnd sich vor ihnen zu hüten iederman schüldig vnd pflichtig ist, Es ist nicht so ein geringe vnd schlecht ding vmb die adiaphoristen wie sie meinen denn sie machen aus beiden Christi vnd des antichrists kirchen eine kirche vnd das einer zugleich in beiden kirchen seyn künne vnd möge, welchs das gröste ergernis vff erden ist, Wer nun sölchs ergernis von sich geben wil, der mags vff sein gewissen thun, ich kan vnd wils auch niemant rathen. Vnd wenn nu gleich die com‹m›union recht ist, so solt man sich doch vmb dieses ergernis willen sölcher com‹m›union niemant teilhafftigk machen,

Auff den fünfften ist von den theologen zu Magdeburgk mehr denn gnug geschrieben vnd iederman vermanet vnd gewarnet, das er sich für den adiaphoristen hüten sol, wer es fmist [?], sehen, lesen, vnd hören wolt, Aber es seind der heuchler ausfluchte, wer mich vordechtig helt, vnd mir nicht folgen wil, der fahr im‹m›er hin, ich kan niemant halten noch binden, Sie sehen aber zu, das | sie nicht schon gebunden seint, denn der da sagt, Nemo potest duobus dominis, seruire[10] (scilicet Deo et mu‹n›do, Christo et cæsari, hoc est aduocato papæ[13]) wirdt nicht liegen noch triegen, derselb, wirdt ihn das band domitt sie gebunden seint, zu seiner zeit wenn das stündlein kömpt, ihrem gewissen wol anzeigen, vnd sie lernen was gesagt sey, So iemand das thier vnd sein bilde anbetet, vnd nimbt das malzeichen an seine stirn oder hand, der wirdt trincken vom wein des zorns Gottes ‹etc.› Apoca‹lypsis› 14[14]

Wer diesem vnd oben angezeigten sprüchen nicht gleuben noch folgen wil, der folge seinem eigen gutdüncken, vnd wer sich Gottes wort nicht wil binden lassen, den binde der chorrogk ewiglich amen, Ich wolt dis vnd anders wol drügken lassen, aber wir haben keine drügker, so wolln die andern vns nichts drügken, Gott sey gelobt inn ewigkeit amen. Hiemitt seit Gott befohlen, der tröste vnd stercke euch inn dem erkentnis Christi vnsers lieben herrn amen, Datum Eysenach den xijj ianuarij 1553.

Niclas von Amsdorff. |

Ob ein Christen das sacrament von den adiaphoristen entpfahen möge.

Wer das heilige hochwirdige sacrament empfahen wil, der mus vnd sols empfahen von denen so in der kirchen seind, das ist, so man in der christlichen kirchen für diener der kirchen oder für christen helt, ob sie gleich kezer vnd sünder seind, denn so lange die kirche sie für ihre diener vnd glieder helt, irret noch hindert ihre sünde vnd kezerey ihr ampt vnd dienst gar nicht,

Wenn sie aber von der kirchen öffentlich als sünder vnd kezer erklert vnd verdampt, aus der kirche gestossen, vnd verbannet würden, als denn gülde ihr ampt vnd dinst nicht mehr. Derhalben niemandt so sölches weiß, nemlich das sie verbant vnd vordampt seind, von ihnen das heilige sacrament empfahen sol, sich teuffen noch absoluirn[15] lassen,

Denn von denen so öffentlich ausser der kirchen Christi seind, sol man kein sacrament empfahen, denn sie können keins reichen noch geben, dieweil sölches allein denen gehört vnd gebürt, so in der kirchen für diener Christi geacht vnd gehalten werden, Dann sölches ampt vnd dinst mus im namen vnd befeel vnsers Herrn Jesu Christi geschehen vnd ausgerichtet werden,

Welchen befehl niemandt, denn dem es von der kirchen befohlen, vnd darzu erwelet ist, exequirn[16] vnd ausrichten kan, Denn wer wolt sich vnterstehen sünde zuuorgeben, wie inn der darreichunge der sacrament geschiet, wens von Christo vnserm lieben Herrn, den aposteln vnd ihren nachkom‹m›en den predigern vnd dienern des euangelij nitt befohlen wehre, |

Dieweil es dann nun kunth vnd offenbar ist, das der babst mitt seinen meßpfaffen den bischoffen vnd cardinelen durch die predigt des euangelij fur den antichrist erklert vnd erkant ist, Derhalben ehr mitt seinem anhang von der kirchen Christi verdampt verbant, vnd also durch vrteil vnd sentenz des heiligen euangelij aus der kirchen gestossen vnd geworffen ist, das ehr vnd die seinen hinfort nicht mehr fur glieder, viel weniger für pastores oder diener der christlichen kirchen können geacht oder gehalten werden.

Dieweil dann auch die adiaphoristen zu Wittembergk, Leipzigk vnd Dresen, in der newen leipzigischen ordnung sich mitt dem bapst vnd seinen meßbischoffen verglichen vnd vereiniget haben, vnd neben dem euangelio inn die newe schmire vnd messe ‹etc.› gewilliget, vnd an etlichen orthen an vnd auffgericht, Auch die from‹m›en prediger zw Torgaw (darumb das sie sölche newe ordnung nitt haben willigen, noch annehmen wollen, durch ihr geschrieben vrteil vnd sentenz[17] so sie h‹erzogk› Morizen zugeschickt vnd vbergeben) seind abgesezt vnd veriaget worden, so können sie nicht mehr bey vnd mitt vns inn der christlichen kirchen sein, sondern haben sich selbst von vns abgesondert, vnd zum bapst gekahrt vnd gewandt, mitt dem sie sich vereiniget vnd verglichen haben, wie das die newe leipzigische ordnung vnd die drey bücher, so doctor Pfeffinger zu Leipzigk hat drücken lassen,[18] welche die newe ordnung als ein zucht vnd disciplin verteidigen, klerlich zeugen vnd ausweisen,

Derhalben dieselben alle, sie sind zu Wittembergk Leipzig oder Dresen, für diener der kirchen Christi nicht können noch mögen geacht vnd gehalten werden denn es stehet geschrieben, Wer nicht mitt mir ist, der | ist wieder mich, Wer beim antichrist ist, der ist nicht mitt Christo, Wer nicht mitt Christo ist, der ist wieder Christum, Dieweils nu die adiaphoristen mitt dem bapst halten, vnd sich mitt ihm verglichen haben, so künnen sie nicht mitt vnd bey Christo sein, sondern seind wieder Christum, das ist, sie seind seine feinde.

Vnd hilfft die adiaphoristen nicht, das sie sich des euangeliums ruhmen, predigen, vnd predigen lassen, denn es stehet geschrieben: Niemand kan zweyen herren dienen ‹etc.› Dieweil sie denn dem antichrist vnd seinen meßbischoffen mitt ihrer newen ordnung dienen, vnd zu gefallen leben, so können sie dem Herrn Christo mit ihrem predigen nicht dienen, vnd wenn sie gleich alle stunden das euangelium predigten, Denn das euangelium kan den antichrist nitt dulden noch leiden, Denn wer sich mitt dem antichrist vergleicht vnd voreiniget, der ist ein feind Christi vnd seines worts, vnd hilfft hie kein entschüldigung, beschönung, noch schmücken,

Daraus folget vnwiedersprechlich das kein Christen das heilige sacrament von den adiaphoristen empfahen kan, noch sal, bis sol lange sie busse thun, ihren irthum erkennen, bekennen vnd wiederruffen.

Niclas von Amsdorff,

Textkritische Hinweise

1: Das heißt. – 2: Denn wer in einem angeklagt ist, ist in allem angeklagt. – 3: Du kannst nicht auf beiden Füßen hinken, sagt Elias. – 4: Denn Bildung, Reichtum und eigene Gerechtigkeit sind Betrügereien und das Verderben der Frömmigkeit, weshalb wir diese drei sehr selten richtig anwenden. – 5: Teil I. – 6: Erwiderung. – 7: widerlegen. – 8: »Antwort auff Doct. Pommers scheltwort«, 1549. – 9: Anlagen fehlen. – 10: Denn niemand kann zweien Herren dienen. – 11: Denn sie befinden sich außerhalb der Kirche. – 12: Denn sie sind mit dem Antichrist und darum auch außerhalb der Kirche. – 13: (nämlich Gott und der Welt, Christus und dem Kaiser, das heißt, dem berufenen Papst). – 14: Apk 14,9–10. – 15: lossprechen. – 16: vollziehen. – 17: Meinung. – 18: U.a. »Grüntlicher vnd Warhafftiger Bericht«, »Von den Traditionibvs, Ceremoniis, Oder Mitteldingen«, beide 1550.

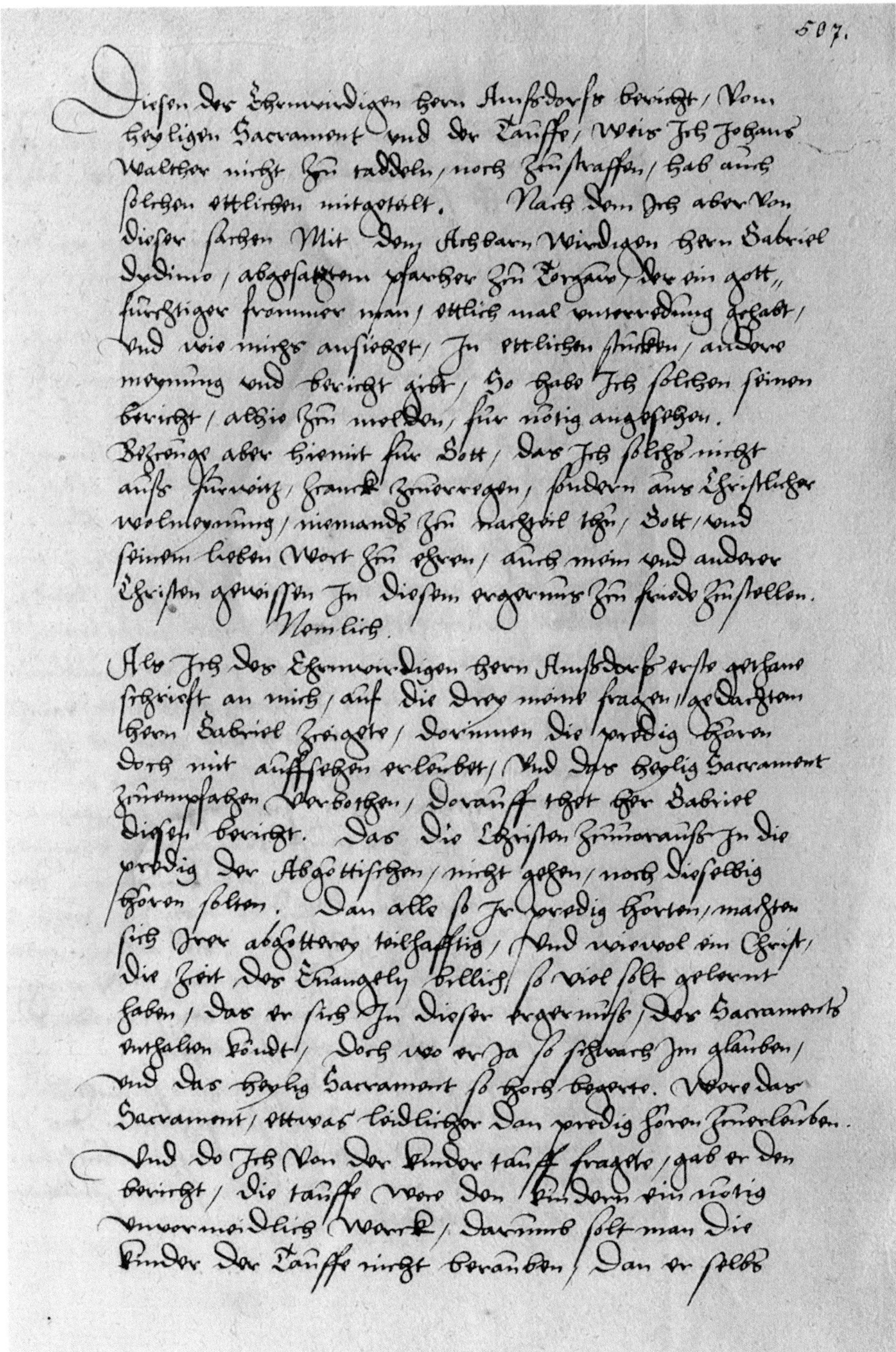
507.

Diesen der Ehrwirdigen hern Amßdorfs bericht, Vom
heyligen Sacrament und der Tauffe, Weis Ich Johans
Walther nicht zu taddeln, noch zu straffen, hab auch
solchen ettlichen mitgeteilt. Nach dem Ich aber von
dieser sachen Mit dem Achtbarn, Wirdigen hern Gabriel
Didimo, abgesatzten pfarher zu Torgau, der ein gott=
furchtiger frommer man, ettlich mal unterredung gehabt,
Und wie mich ansiehet, In ettlichen stucken, andere
meynung und bericht gibt, So habe Ich solchen seinen
bericht, alhie zu melden, fur notig angesehen.
Bezeuge aber hiemit fur Gott, das Ich solchs nicht
auß furwitz, zanck zuerregen, sondern aus Christlicher
wolmeynung, niemands zu nachteil thue, Gott, und
seinem lieben Wort zu ehren, auch mein und anderer
Christen gewissen In diesem ergernus zu friede zustellen.
Nemlich.

Als Ich der Ehrwirdigen hern Amßdorfs erste gethane
schrieft an mich, auf die drey meine fragen, gedachten
hern Gabriel zeigete, dorinnen die predig horen
doch mit auffsehen erleubet, Und das heylig Sacrament
zuempfahen verbothen, Darauff gibt her Gabriel
diesen bericht. Das die Christen zuvorauß In die
predig der Abgottischen, nicht gehen, noch dieselbig
horen solten. Dan alle so Ir predig horten, machten
sich Irer abgotterey teilhafftig, Und wiewol ein Christ,
die zeit des Euangely billich, so viel solt gelernt
haben, das er sich In dieser ergernuß, des Sacraments
enthalten kondt, Doch wo er Ja so schwach Im glauben,
und das heylig Sacrament so hoch begerte. Were das
Sacrament, etwas leidlicher dan predig horen zuerleuben.
Und do Ich Von der kinder tauff fragete, gab er den
bericht, die tauffe were den kindern ein notig
unvermeidlich Werck, darumb solt man die
kinder der Tauffe nicht berauben, Dan er selbs

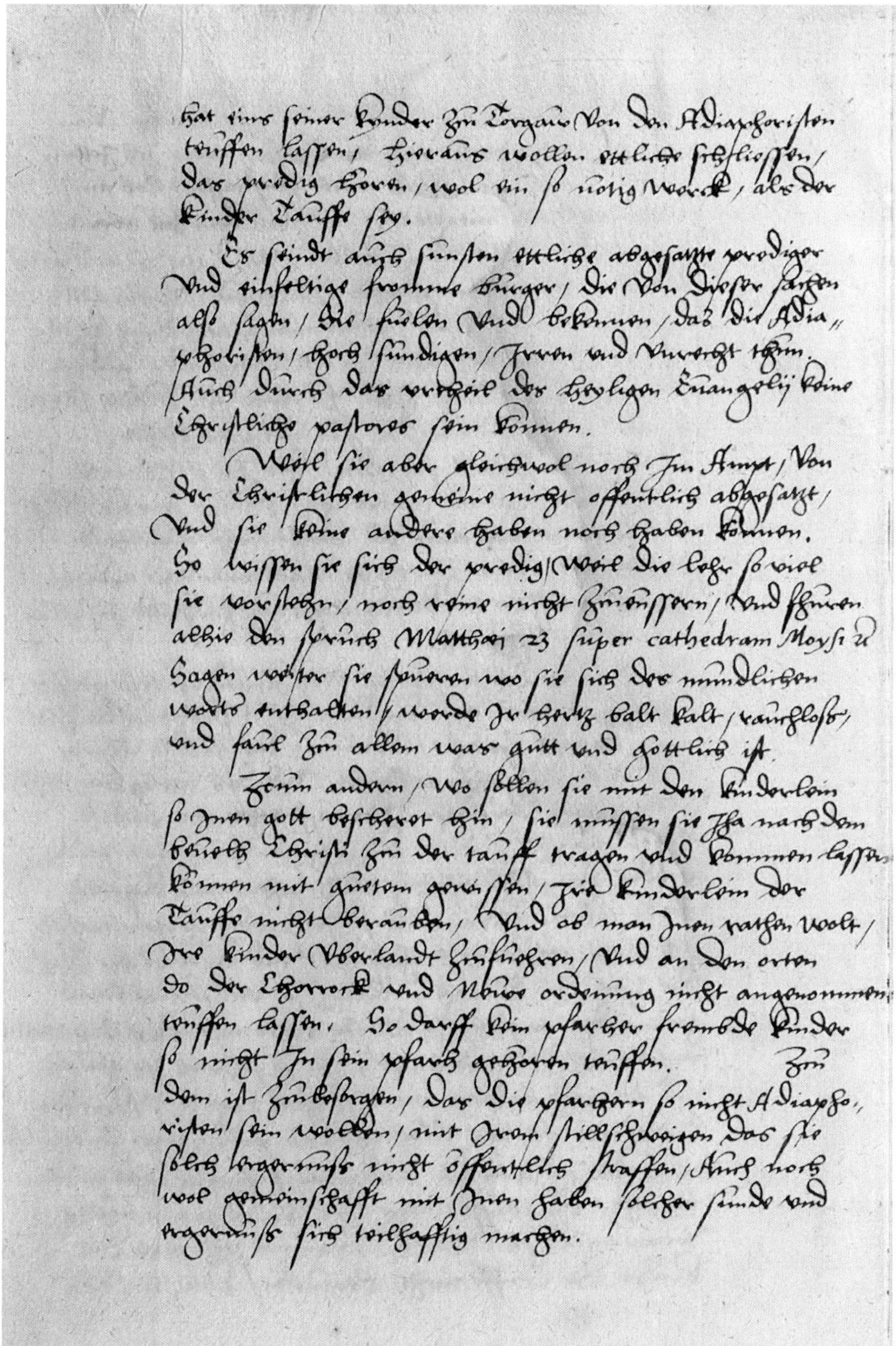
hat eins seiner kinder zu Torgau von den Adiaphoristen
teuffen lassen, hieraus wollen etliche schließen,
das predig horen, wol ein so notig werck, als der
kinder tauffe sey.
Es sindt auch sunsten etliche abgesatzte prediger
und einfeltige fromme burger, die von dieser sachen
also sagen, die fulen und bekennen, das die Adiaphoristen, horte sundigen, Irren und unrecht thun.
Auch durch das urtheil des heyligen Euangelij keine
Christliche pastores sein konnen.
Weil sie aber gleichwol noch Im Ampt, von
der Christlichen gemeine nicht offentlich abgesatzt,
und sie keine andere haben noch haben konnen.
So weissen sie sich der predig, weil die lehr so viel
sie vorstehn, noch reine nicht zu entziehen, und fuhren
alhie den spruch Matthaei 23 super cathedram Moysi &c
Sagen weiter sie spuren wo sie sich des mundlichen
worts enthalten, werde Ir hertz balt kalt, ruchloß,
und faul zu allem was gutt und gottlich ist.
Zum andern, Wo sollen sie mit den kinderlein
so Inen gott bescheret thun, sie mussen sie Ja nach dem
befelch Christi zu der tauff tragen und kommen lassen.
Konnen mit gutem gewissen, Ire kinderlein der
Tauffe nicht berauben, und ob man Inen rathen wolt,
die kinder uberlandt zu furen, und an den orten
do der Chorrock und newe ordenung nicht angenommen
teuffen lassen. So darff kein pfarher frembde kinder
so nicht In sein pfarh gehoren teuffen. Zu
dem ist zubesorgen, das die pfarhern so nicht Adiaphoristen sein wollen, mit Irem stillschweigen das sie
solch ergernus nicht offentlich straffen, Auch noch
wol gemeinschafft mit Inen haben solcher sunde und
ergernus sich teilhafftig machen.

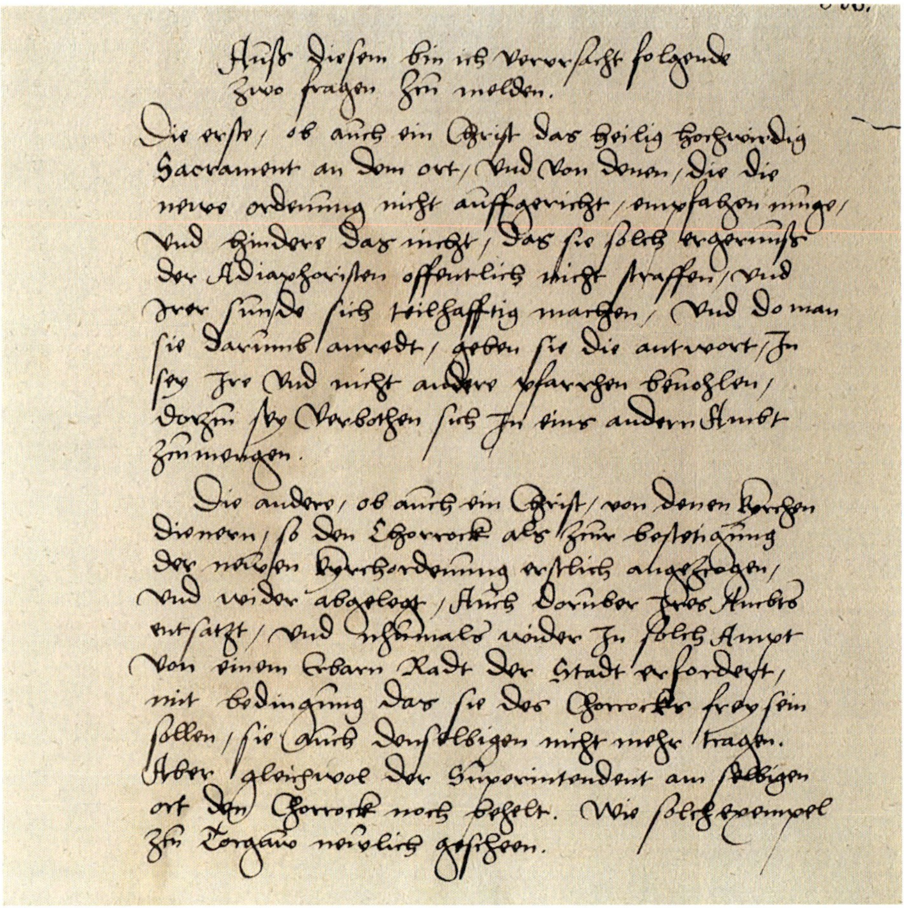

Auß diesem bin ich verursacht folgende
zwo fragen zu melden.
Die erste, ob auch ein Christ das heilig hochwirdig
Sacrament an dem ort, vnd von denen, die die
newe ordenung nicht auffgericht, empfahen muge,
vnd hindere das nicht, das sie selbst ergernuß
der Adiaphoristen offentlich nicht straffen, vnd
jrer sunde sich teilhafftig machen, Vnd do man
sie darumb anredt, geben sie die antwort, Es
sey jre vnd nicht andere pfarrhen beuohlen,
dorzu sey verbothen sich jn eine andern Ambt
zu mengen.
Die ander, ob auch ein Christ, von denen kirchen
dienern, so den Chorrock als zur bestetigung
der newen kirchordenung erstlich angezogen,
vnd wider abgelegt, auch doruber jres Ambts
entsatzt, vnd nochmals wider jn solch Ampt
von einem Erbarn Radt der Stadt erfordert,
mit bedingung das sie des Chorrocks frey sein
sollen, sie auch denselbigen nicht mehr tragen.
Aber gleichwol der Superintendent am selbigen
ort den Chorrock noch helt. Wie solchs wol
zu Torgaw newlich geschehen.

Schreiben Johann Walters an Matthias Flacius (?). Fragment (Walter-Autograf).
WBL-HAB: Cod. Guelf. 82 Helmst., Bl. 507r–508r.
Literatur: BRINKEL 1960, 142f.; BRINZING 1998, 107–109

TEXT 12 (mit 3 Abbildungen)
[1553, nach dem 19. Mai, Torgau]
Bericht Walters über einen Kommentar von Didymus zu Amsdorffs Antworten

Diesen des ehrnwirdigen hern Amßdorfs bericht, vom heyligen sacrament vnd der tauffe, weis ich Johans Walther nicht zcu taddeln, noch zcustraffen, hab auch solchen ettlichen mitgeteilt. Nach dem ich aber von dieser sachen mit dem achbarn wirdigen hern Gabriel Dydimo, abgesatztem pfarher zcu Torgaw, der ein gottfurchtiger frommer man, ettlich mal vnterredung gehabt, vnd wie michs ansiehet, in ettlichen stucken, andere meynung vnd bericht gibt, so habe ich solchen seinen bericht, alhie zcu melden, fur nötig angesehen.

Bezceuge aber hiemit fur Gott, das ich solchs nicht auß furwitz, zcanck zcuerregen, sondern aus christlicher wolmeynung, niemands zcu nachteil thu, Gott, vnd seinem lieben wort zcu ehren, auch mein vnd anderer christen gewissen in diesem ergernus zcu friede zcustellen. Nemlich.

Als ich des ehrnwirdigen hern Amßdorfs erste gethane schrieft an mich, auf die drey meine fragen, gedachtem hernGabriel zceigete, dorinnen die predig hören doch mit auffsehen erleubet, vnd das heylig sacrament zcuempfahen verbothen, dorauff thet her Gabriel diesen bericht. Das die christen zcuuorauß in die predig der abgöttischen, nicht gehen, noch dieselbig hören solten. Dan alle so ir predig hörten, machten sich irer abgötterey teilhafftig, vnd wiewol ein christ, die zceit des euangelij billich, so viel solt gelernt haben, das er sich in dieser ergernuß, des sacraments enthalten köndt, Doch wo er ja so schwach im glauben, vnd das heylig sacrament so hoch begerte. were das sacrament, ettwas leidlicher dan predig hören zcuerleuben.

Vnd do ich von der kinder tauff fragete, gab er den bericht, die tauffe were den kindern ein nötig vnvormeidlich werck, darumb solt man die kinder der tauffe nicht berauben, dan er selbs | hat eins seiner kynder zcu Torgaw von den adiaphoristen teuffen lassen, Hieraus wollen ettliche schliessen, das predig hören, wol ein so nötig werck, als der kinder tauffe sey.

Es seindt auch sunsten ettliche abgesatzte prediger vnd einfeltige fromme burger, die von dieser sachen also sagen, sie fuelen vnd bekennen, das die adiaphoristen, hoch sundigen, irren vnd vnrecht thun. auch durch das vrtheil des heyligen euangelij keine christliche pastores sein können. Weil sie aber gleichwol noch im ampt, von der christlichen gemeine nicht offentlich abgesatzt, vnd sie keine andere haben noch haben können. So wissen sie sich der predig, weil die lehr so viel sie vorstehn, noch reine nicht zcueussern, vnd fhuren alhie den spruch Matthæj 23 super cathedram Moysi[1] ‹etc.›[2] Sagen weiter sie spueren wo sie sich des mundlichen worts enthalten, werde ir hertz balt kalt, rauchloß[3], vnd faul zcu allem was gutt vnd göttlich ist.

Zcum andern, wo sollen sie mit den kinderlein so inen Gott bescheret hin, sie mussen sie jha nach dem beuelh Christi zcu der tauff tragen vnd kommen lassen, können mit guetem gewissen, ire kinderlein der tauffe nicht berauben, vnd ob man inen rathen wolt, ire kinder vberlandt zcufuehren, vnd an den orten do der chorrock vnd newe ordenung nicht angenommen teuffen lassen. So darff kein pfarher frembde kinder so nicht in sein pfarh gehören teuffen. Zcu dem ist zcubesorgen, das die pfarhern so nicht adiaphoristen sein wollen, mit irem stillschweigen das sie solch ergernuß nicht öffentlich straffen, auch noch wol gemeinschafft mit inen haben solcher sunde vnd ergernuß sich teilhafftig machen. |

Auß diesem bin ich vervrsacht folgende zwo fragen zcu melden.

Die erste, ob auch ein christ das heilig hochwirdig sacrament an dem ort, vnd von denen, die die newe ordenung nicht auffgericht, empfahen muge, vnd hindere das nicht, das sie solch ergernuß der adiaphoristen offentlich nicht straffen, vnd irer sunde sich teilhafftig machen, vnd do man sie darumb anredt, geben sie die antwort, in sey ire vnd nicht andere pfarrhen beuohlen, dorzcu sey verbothen sich in eins andern ambt zcumengen.

Die andere, ob auch ein christ, von denen kyrchen dienern, so den chorrock als zcur bestetigung der newen kyrchordenung erstlich angezcogen, vnd wider abgelegt, auch doruber ires ambts entsatzt, vnd nhumals[4] wider in solch ampt von einem erbarn radt der stadt erfordert, mit bedingung das sie des chorrocks frey sein sollen, sie auch denselbigen nicht mehr tragen. aber gleichwol der superintendent am selbigen ort den chorrock noch behelt. wie solch exempel zcu Torgaw newlich gescheen.

Textkritische Hinweise

1: auf Moses Stuhl. – 2: Matth 23,1–3. – 3: ruchlos. – 4: nunmehr.

Konflikte in musikalischen Fragen

Mit den Konflikten in Glaubensfragen hing in gewisser Weise auch das zweite Problem mit den Musikern zusammen. 1549 begann der Kurfürst, der

> *weder Mühe noch Kosten* [scheute], *seinem neugestalteten Institute einen Glanz zu verleihen, wie ihn nur die kaiserliche Kapelle unter Cornelius Canis aufzuweisen hatte,*[297]

ausländische Musiker zu engagieren, die rein gar nichts mit Walters seit 25 Jahren aufgebauter Tradition des mehrstimmigen deutschen Kirchengesangs zu tun hatten. Zum einen handelte es sich um die bereits erwähnten italienischen Instrumentalisten, die zunächst seit 1549 in Dresden als bildende Künstler angestellt waren, aber noch unter Kurfürst Moritz mit der Hofkantorei zusammengeführt wurden, und zum anderen um niederländische Sänger, von denen die ersten - ein Altist und zwei von ihm betreute Kapellknaben aus Antwerpen[298] - ebenfalls bereits seit 1549 in der Kantorei mitwirkten. All diese Musiker kamen aus katholischen Gebieten und mussten zunächst konvertieren, um überhaupt angestellt werden und am Hofgottesdienst teilnehmen zu können. Von einer überzeugten lutherischen Glaubensstärke, wie sie Walter an den Tag legte, konnte also keine Rede sein. Von zwei späteren niederländischen Kapellknaben ist sogar bekannt, dass sie abseits von den deutschen Kapellknaben bei dem neuen niederländischen Kapellmeister Mattheus Le Maistre, der sie aus seiner Heimat mitgebracht hatte, wohnten und dort - jenseits aller lutherischen Erziehungsmöglichkeit - auch eigenen Schulunterricht erhielten. Dasselbe kann für die ersten beiden Kapellknaben angenommen werden, die vermutlich bei dem namentlich unbekannten Altisten untergekommen sind.

Abgesehen von sprachlichen Verständnisschwierigkeiten waren diese Separationen nicht gerade für die Einheit der Kapelle förderlich, zumal die neuen Musiker - gewissermaßen als Schmerzensgeld für ihre Auswanderung und den Verlust ihrer Heimat - ein Mehrfaches der deutschen Gehälter und dann gleich noch zeitlich unbegrenzt *»aufs Leben«* erhielten, und dies, obwohl die Italiener, wie es in den nächsten Kantoreiordnungen von 1555, 1568 und 1592 verlautet, als *»sonderlich unfleißig«* galten,[299] was zwangsläufig zu Zerwürfnissen mit dem Kapellmeister führen musste. Andererseits verfügten sie gerade im Bereich des Instrumentalen über weit mehr Fähigkeiten und waren in der aktuellen interna-

297 Kade 1862, 8.

298 Ebd., ohne Quellenangabe.

299 Richter 2017, 212. Vgl. Fürstenau 1849, 23f.

tionalen frankoflämischen Musik buchstäblich viel weiter bewandert als Walter, der selbst über die Grenzen Kursachsens nie hinausgekommen ist und sich der nationalen Musik des Luthertums verschrieben hatte. Je mehr sich Walter der musikalischen Qualitäten der Welschen im virtuosen Spielen und Komponieren einerseits und andererseits ihres Mangels an Disziplin und Respekt dem Kantor gegenüber bewusst wurde, desto klarer dürften ihm die Grenzen seiner Autorität deutlich geworden sein. Während er wohl nicht nur aus Glaubensgründen auf neue Kompositionen für den Hof verzichtete, sondern wahrscheinlich ohnehin gar nicht mehr als Komponist gefragt war, lag Walters Stärke neben seinen Qualitäten als Sänger, Lehrer und Chorleiter vor allem im gründlichen Sammeln, Anlegen und Ordnen von Noten, wie ihm von kurfürstlicher Seite bescheinigt wurde. Hier gingen die späteren Kapellmeister nicht mehr so ordentlich vor. Doch den neuen musikalischen Wind, der mit dem Eindringen fremder und nicht von Walter selbst ausgewählter Musiker in den Hof hineinblies, konnte Walter nicht aufhalten. Für eine Karriere als weltoffener Kapellmeister war er nicht geeignet. Wohl deshalb ließ er seiner 1550/51 erschienenen letzten Auflage des GEISTLICHEN GESANGBÜCHLEINS auch keine weitere mehr folgen.[300] Walter setzte diese Reihe nicht mehr fort, sondern verlagerte fortan seinen Schwerpunkt auf Lieddichtung und kirchenpolitisches Engagement.

Zu allem Unglück kamen nach dem Regierungswechsel im Sommer 1553 Verpflichtungen der Hofmusiker bei der Tafel hinzu. Wie man aus Walters Äußerungen und aus seinem Wesen allgemein entnehmen kann, hat er sich an ihnen vermutlich überhaupt nicht gerne beteiligt. Ursprünglich war er auch nicht dafür zuständig gewesen. Wenngleich Tafelmusik neben weltlichen und instrumentalen Unterhaltungsstücken damals vor allem geistliche Gesänge beinhaltet haben dürfte, so ist in der Kantoreiordnung von 1548 lediglich von zwei täglichen Auftritten der Kantorei, nämlich vor- und nachmittags, die Rede, womit nur die Früh- und die Nachmittagsgottesdienste (Metten/Hauptgottesdienste und Vespern) gemeint gewesen sein können.[301] Kurfürst August legte sich aber nicht mehr auf bestimmte Tageszeiten fest, sondern verlangte den Einsatz der gesamten Kantorei oder auch nur ausgewählter Sänger auf Ansagen. Diese Umstellung kam natürlich nicht erst mit der neuen Kantoreiordnung von 1555 zu-

300 Ob Walter sein kirchenmusikalisches Schaffen auch aus dem Grund abbrach, weil er sein Stadtkantorat aufgegeben hatte und nun die musikalischen Vorlieben des neuen Torgauer Kantors Geltung hatten, sei dahingestellt. Immerhin war das GEISTLICHE GESANGBÜCHLEIN nicht nur für die Torgauer Kantorei bestimmt, und es flossen auch einige Gelegenheitswerke darin ein, die nicht für die gewöhnlichen Gottesdienste gedacht waren. Gewiss aber war die letzte Auflage keine »*Vollendung dieses Werkes*«, für die Walter »*beinahe 30 Jahre*« benötigt habe. KADE 1862, 102. Walter hätte sein Werk sicher ständig weiter ergänzt und perfektioniert, wenn nicht triftigere Gründe ihn zu einer Kursänderung bewogen hätten.

301 Vgl. SCHMIDT 1961, 27.

stande, sondern dürfte bereits nach dem Regierungswechsel – entsprechend den Vorlieben des neuen Kurfürsten – eingetreten sein. Die dadurch vielleicht allmählich überhandnehmende Präsenzpflicht der Kapellisten sowohl im kurfürstlichen Alltag als auch bei vielen besonderen Gelegenheiten, z.B. Gastmahlen, und der zunehmende Unterhaltungscharakter der musikalischen Aufwartungen außerhalb der Gottesdienste, die Walter als einzig wichtig erschienen, dürften seine Frustration weiter verstärkt haben. Der von Kurfürst August angestrebte Abbau des reformatorischen Charakters der Kapelle zugunsten eher machtbestimmter Musikpflege ging mit dem allmählichen Verlust des ehemals stadtbürgerlichen Charakters des kursächsischen Kantoreiwesens einher.[302]

Seit Walters Bitte um Pensionierung wurden zudem auf der Suche nach einem neuen Kapellmeister – es wurde schließlich ein Niederländer (Mattheus Le Maistre) – weitere niederländische Sänger angestellt, deren Zahl schließlich so groß war, dass sie ein vollstimmiges, von der deutschen Kantorei unabhängiges Ensemble bildeten und in einigen Personallisten sogar als separate Gruppe erschienen. Damit avancierten sie zu Konkurrenten der deutschen Kantorei und wurden von dem neuen Kapellmeister natürlich auch bevorzugt. Umgekehrt ist durchaus vorstellbar, dass es Walter sehr schwergefallen ist, nicht die Deutschen zu bevorzugen. Da seine Aufgabe jedoch darin bestand, die fremden Gesangsvirtuosen in seine Kantorei zu integrieren, waren Neid und Missgunst Tor und Tür geöffnet. So musste der neue Kurfürst feststellen,

> *das sich nicht allein allerley vnainigkeit gezennck spaltung vnnd rottirung vnnder den alten vnnd newen gesellen in d‹er› cantorey zugetragen, sonnd‹er›n* [sich] *auch ettlich vnnd‹er›stannden* [haben] *einannd‹er› zuueracht‹en› vnnd muntlich vnnd schrifftlich an iren ehren annzugreiffenn vnnd zuschmehen, auch bisweilen gewaldt zubrauchen, vnnd die hand aneinand‹er› zulegen.*[303]

Theoretisch hatte Walter, der als Kapellmeister für die Schlichtung von Streitigkeiten zwischen den Kapellmitgliedern zu sorgen hatte, das Recht, mit Vorwissen der kurfürstlichen Räte Widersacher aus der Kapelle zu entlassen und an ihrer Stelle neue Musiker anzunehmen. Doch wie oft mag er von diesem Recht Gebrauch gemacht haben? In Wirklichkeit war er es selbst, der frühzeitig ausschied, indem er um Entlassung in den Ruhestand bat.

302 Schneiderheinze 1996 B, 12; vgl. Gurlitt 1933, 69.

303 1555, 1. Januar, Torgau: Kantoreiordnung für die kursächsische Hofkapelle. Loc. 8687/1, Bl. 9–26, hier Bl. 11r. Vgl. Fürstenau 1849, 21, 24ff.; Schäfer 1854 B, 407f., 413f., 421; Fürstenau 1867, 56ff. Online-Edition durch die Verfasserin unter: www.quellenlese.de/angebote/dokumente/dokumente-4-beispiele.htm.

Resignation und Pensionierung

Am 7. August 1554 wurde ihm endlich die Pensionsurkunde ausgestellt.[304] Bescheinigt wurden ihm der erfolgreiche Aufbau der Hofkantorei durch die Ausbildung der Kapellknabendiskantisten und anderer Sänger sowie das fleißige Ordnen der Gesänge und die Herstellung von Notenmaterial. Bezeichnenderweise fand das Komponieren von Kirchenmusik keine Erwähnung, und zwar nicht, weil Walter in diesem Punkt nicht herausragend genug gewesen wäre, sondern weil er überhaupt nichts für die Hofgottesdienste komponiert hatte. Seine letzte Auflage des GEISTLICHEN GESANGBÜCHLEINS war noch in Torgau entstanden, seine handschriftlichen Magnificat-Sätze von 1554 nahm er ebenfalls wieder nach Torgau mit, und alle anderen Werke aus seiner kurzen Zeit als Hofkapellmeister waren Bekenntniswerke, die nicht für die Gottesdienste bestimmt waren.

Als Grund für die Entlassung in den Ruhestand gab Walter sein Alter an, das ihn an der weiteren Ausübung seines Amtes hinderte und ihn dazu bewogen habe, Kurfürst August *»zw vielmalen«*[305] um Pensionierung zu ersuchen. Eine Alterssicherung sei ihm auch von Kurfürst Moritz zugesagt worden. Wie aus Walters Brief an Flacius von 1552 hervorgeht, scheint er 1550 freiwillig mit der Hofkantorei nach Dresden gezogen zu sein, denn er war *»bey der cantorey, so itzt zcu Dresden«*, absichtlich *»[ge]blieben«* (TEXT 10). Allem Anschein nach hätte er sie auch verlassen, auf den Umzug verzichten und sich noch in Torgau pensionieren lassen können.[306] Grund für sein Bleiben war wohl der abschreckende Gedanke, an der Kirchenmusik, welche er nach fast 30-jähriger Tätigkeit *»zcuuorlassen nicht weiß«*, nicht mehr aktiv teilhaben zu können, denn das Torgauer Kantorat war inzwischen neu besetzt worden; es gab also kein Zurück mehr. Dieses Schicksal, die Beendigung seiner Laufbahn als Kirchenchorleiter, ereilte ihn nun vier Jahre später dennoch – wenn ihm auch die unsäglichen Bedingungen in Dresden die Entscheidung, so paradox es klingen mag, erleichtert haben dürften.

Walter erhielt nun anstelle der bisherigen 80 Gulden immerhin noch 60 Gulden, die ihm lebenslang jährlich in zwei Raten zu Ostern und Michaelis ausgezahlt werden sollten.[307] Die ursprünglich vorgesehenen 45 Gulden[308] wurden nach-

304 1554, 7. August, Dresden: Johann Walters Pensionierung. Urkunde Kurfürst Augusts (Konzept). DD-SHSTA: Kopialbuch 221, Bl. 104. Literatur: zuerst FÜRSTENAU 1849, 22; zuletzt RICHTER 2013, Dok. 64.

305 Quelle angegeben in Anm. 303, Bl. 10v.

306 Dieselbe Frage ist bei dem Kapellknabenlehrer Johannes Sangerhaus zu stellen, der spätestens 1553, vielleicht aber schon mit dem Umzug der Kantorei, durch Lazarus Lengefelder ersetzt wurde. RICHTER 2017, 217/224.

307 Diese 60 Gulden sind auch in den späteren Hofordnungen von 1558, 1560 und 1563 belegt. Vgl. DD-SHSTA: Loc. 32436–32440, Rep. XXVIII, Hofordnung 3c, Bl. 206r; Hof-

träglich großzügig aufgestockt, vermutlich als Zeichen der Anerkennung sowie als Zugeständnis des Kurfürsten, der Walter weiterhin zum Singen mit der Torgauer Stadtkantorei im Schloss bewegen wollte. Allerdings wurde Walter verpflichtet, dass er noch bis zum künftigen Michaelistag die Kantorei

> *wiederumb in ein richtige ordnung bringen vnd fassenn helffe, damit die newen vnd alten cantores irer stim vnd arth halben zu singen in ein rechte liebliche concordantz vnd harmonej bracht werd‹en› mochten.*

Unverkennbar ist die Bezugnahme einerseits auf musikalische Differenzen zwischen deutschen (*»alten«*) und niederländischen (*»neuen«*) Sängern[309] und andererseits auf den besseren Zustand der Kantorei vor Einführung der Niederländer (*»wiederum«*). Diese Formulierung klingt geradezu scheinheilig, waren es doch die Kurfürsten selbst, denen die Anschaffung der Niederländer zu verdanken war. Vor dem Hintergrund der weiter anhaltenden, bis zu Handgreiflichkeiten reichenden Zwistigkeiten unter den Sängern, die auch nach Walters Weggang nicht gebändigt werden konnten, verkommt dieser letzte, unmöglich realisierbare Auftrag an Walter, beinhaltend u.a. die Ausstrahlung von *»Lieblichkeit«*, zu einer reinen Formsache. Der Kurfürst zeigte jedenfalls kein ernsthaftes Interesse daran, das Problem bei der Wurzel zu packen, da er sogar noch mehr Niederländer heranholte und damit weitere Konflikte mit den Deutschen heraufbeschwor, wohl in der Hoffnung, dass sich der Streit mit der Zeit von alleine legen würde. Warum Walter dann noch acht Wochen hingehalten wurde, könnte etwas damit zu tun gehabt haben, dass das Geschäftsjahr erst zu Michaelis zu Ende ging.

Im Herbst 1554 kehrte Walter endlich nach Torgau zurück. Obwohl er noch sein eigenes Anwesen besaß, scheint er mit seiner Frau nach einer heute nicht mehr verifizierbaren Quelle[310] in das Haus seines Sohnes hinter den Fleischbänken (heute Breite Straße 6; BILD 10, Nr. 5) gezogen zu sein, wo beide auch gestorben sein sollen. Das seinige müsste Walter also vermietet haben. Das andere Haus mit Bierbraurecht hatte der junge Johann Walter nach 1551 erworben. Da er es um 1563 mit väterlicher Unterstützung zu einem stattlichen Patrizierhaus umgestaltete, wird der Einzug der Eltern erst im Anschluss daran erfolgt sein.[311]

ordnung 4, Bl. 207v; Hofordnung 4a, Bl. 90r; Hofordnung 4b, unfoliiert; Hofordnung 4c, Teil 1, Bl. 94r, und Teil 2, Bl. 163v; Hofordnung 4d, Bl. 151v; Hofordnung 4i, Bl. 140v; Hofordnung 36, Bl. 33r; Loc. 32673, Gen. 586, unfoliiert.

308 Laut erster Konzeptfassung. Sie entsprachen dem bisherigen Dienstgeld (ohne Kostgeld).

309 Die Bezeichnungen *»alt«* und *»neu«*, die sich nicht auf Alter oder Bestallungsdatum der Kapellmitglieder bezogen, blieben auch später in Gebrauch.

310 TRG-STA: H 7, nach TAUBERT 1868, 9. Diese Information ist heute nicht mehr auffindbar. HERZOG 2016, 491.

311 Näheres zum Haus des Sohnes bei HERZOG 2013, 84, 97f.

Lebensabend in Torgau (1554–1570)

Die Stadtkantorei unter Walters neuer Mitwirkung

Das Erste, was Walter in Torgau (und sicher auch schon von Dresden aus) unternahm, war seine Bemühung um die Reaktivierung der kurfürstlichen Stiftung für seine Stadtkantorei im Jahr 1555, zu welcher er *»viel geholffen haben soll«*[312]. Dabei scheint es keineswegs mit Fürsprachen Walters getan gewesen zu sein, denn offenbar musste die Kantorei, deren Oberhaupt Walter ja gar nicht mehr war, selbst vorbringen, dass sie schon seit vielen Jahren an allen Sonn- und Festtagen in der Pfarrkirche jeweils zweimal (Messe und Vesper) sowie bei Bedarf auf Wunsch der Herrschaft in der Schlosskirche *»figuriret«* habe, wofür sie von den ernestinischen Kurfürsten und auch von Kurfürst Moritz eine jährliche Summe von 100 Gulden erhalten habe. Da die Zahlung jedoch in den letzten ca. vier Jahren ausgefallen war, bestand nun die Gefahr einer dauerhaften Beeinträchtigung der Kantorei, der etliche Bürger angehörten.

Daraufhin erneuerte Kurfürst August diese Stiftung.[313] Ähnlich wie bei der ernestinischen Stiftung von 1535 erfolgte die Zahlung aus dem Amt Torgau und sollte auf die einzelnen Mitglieder verteilt werden, weshalb zur Nachvollziehbarkeit und Missbrauchsverhütung entsprechende Quittungen erstellt werden sollten. Auch hier dürfte ein zuvor erstelltes Personenverzeichnis erforderlich gewesen sein. Anders als in ernestinischen Zeiten begann bzw. endete das Geschäftsjahr allerdings nicht zu Ostern, sondern, um ein Halbjahr versetzt, zu Michaelis Ende September. Nachdem Walter die Hofkapelle nach Michaelis 1554 hatte verlassen dürfen, datiert die Neuverschreibung der Stiftung durch Kurfürst August vom 2. Oktober 1555, also vom Beginn des neuen Abrechnungszeitraums 1555/56. Seit Walters Entlassung hatte es somit ein ganzes Jahr und seit Regierungsantritt des neuen Kurfürsten über zwei Jahre bis zu dieser Neustiftung gebraucht. Und da die Zahlung immer zu Michaelis erfolgen sollte, war

312 Quelle angegeben in Anm. 316.

313 1555 [2. Oktober/November], Dresden: Kurfürstliche Neuverschreibung von 100 Gulden für die Torgauer Kantorei. Urkunde Kurfürst Augusts (Abschrift 17. Jh.). TRG-KA: o. Sign. [Acta des Lyceums], unfol. In einer leicht abweichenden Abschrift von 1753 in derselben Akte ist die Stiftung auf den 2. Oktober datiert. Weitere Abschriften sollen sich nach TAUBERT 1870, 15, im Sächsischen Hauptstaatsarchiv, Dresden, befinden. Vgl. ferner KRUDTHOFF 1754 A, 12, sowie Teilabschrift in TRG-STA: H 7, Bl. 279r. In der BÖHME-CHRONIK (TRG-STA: H 123, 193; HA-ULB: Sign. Pon. Hist. 2°244, 247f.) ist diese Ordnung verkürzt mit anderen Worten wiedergegeben und auf den 2. November datiert. Literatur: zuerst TAUBERT 1868, 12f.; zuletzt RICHTER 2013, Dok. 66.

der Termin wieder einmal wie schon 1535 gerade verpasst worden. Die Kantorei musste also erneut ein ganzes Jahr bis zum Herbst 1556 auf ihr erstes Geld warten.

Diese Zeit nutzte sie, um sich auf die Auftritte vor dem Kurfürsten vorzubereiten. Denn mit der regelmäßigen Zahlung war sie wie schon unter Kurfürst Moritz verpflichtet worden, nicht nur regelmäßig in der Pfarrkirche, sondern auch, sooft die Herrschaft in Torgau weilte, in der Schlosskirche zu singen. Sollte das Erscheinen des Kurfürsten dem ehemaligen Kapellmeister Johann Walter vermeldet werden, so sollten sich auf dessen Geheiß der Kantor (Michael Vogt) zusammen mit den Schulknaben sowie die Stadtkantorei in der Schlosskirche einfinden, wo sich Walter, wie ehemals in der Dresdner Schlosskapelle geschehen, bereithalten sollte. Bezeichnenderweise wurde nicht der Kantor dazu befehligt, obwohl dieser als Erster für diese Aufgabe in Frage gekommen wäre. Walter war demnach nicht wirklich in den Ruhestand getreten, sondern offenbar verpflichtet worden, als ranghöherer Kapellmeister - diesen Titel trug er lebenslang auch nach seiner Pensionierung - zumindest bei besonderen Aufwartungen vor der Herrschaft seinem Kollegen noch ein wenig unter die Arme zu greifen. Da es keine speziell ausgebildete Torgauer Schlosskantorei mehr gab, könnte hier auch der Versuch des Kurfürsten erkennbar sein, dank Walters Mitwirkung wie zu ernestinischen Zeiten nur mit einer gezielten Auswahl der besten Sänger konfrontiert zu werden. Auch die Stadt dürfte Walters Mitwirkung - anders als seine baldigen Einmischungen in die Kirchenpolitik - begrüßt haben. Denn unter dem seit 1553 wirkenden Torgauer Superintendenten und Adiaphoristen Caspar Heidenreich wurde die Figuralmusik zunehmend zugunsten des Choralgesangs zurückgedrängt. Walters Einbeziehung zumindest zu besonderen Anlässen verhieß dem Torgauer Rat, *»der die Musicam lieb hat«* und sich sehr über Heidenreich beschwerte,[314] ganz wie in früheren Zeiten das Singen klangschöner mehrstimmiger Kirchenmusik.

In großer Erwartung auf die lang ersehnte hohe Summe wurde 1556 nicht nur für 11 Groschen in eine Sanduhr für den *»Chor«* (Sängerempore) investiert, welche die Viertel- und Halbstunden angeben konnte.[315] Am Gründonnerstag des Jahres erließ der Torgauer Stadtrat auch eine Vermahnung des Inhalts, dass die Sänger pünktlich erscheinen und keinen Anlass zum Verlust der 100 Gulden geben sollten. Um Unruhe in der Kirche zu vermeiden, sollte keiner, der nicht mitsang, den Platz versperren, den die Sänger nach dem Singen auf dem Chor einnahmen. Außerdem sollten die jungen Sänger den alten Sängern sowie hohen

314 GURLITT 1933, 74.

315 TRG-STA: H 2753, Bl. 44r. Vgl. HERZOG 2016, 389, 485.

Gästen genügend Platz auf dem Chor einräumen.[316] Diese Vermahnung ist die früheste erhaltene Fassung einer Torgauer Kantoreiordnung. Die nächste überkommene, vom Stadtrat bestätigte Ordnung stammt vom 25. Oktober 1596.[317]

Aus all dem ergibt sich die Frage, inwieweit Walter tatsächlich in die Tätigkeit der Torgauer Stadtkantorei eingebunden wurde. Denn für das Weihnachtsfest 1562 ist belegt, dass Kurfürst August anstelle der Torgauer Sänger die *»cantores«* seiner Dresdner Hofkapelle (ohne Instrumentalisten) nach Torgau kommen ließ.[318] Lag es vielleicht daran, dass Walter kirchenpolitisch unbequem geworden war, oder lehnte er selbst aus Glaubenskonflikten jegliche Mitwirkung in den Gottesdiensten ab, oder war er aus anderen Gründen nicht mehr in der Lage dazu? Musste der Kurfürst extra seine Hofkantoren nach Torgau bestellen, weil es ohne Walter nicht ging oder weil die Kantorei nicht mehr über die gewohnte Qualität oder das gewünschte figuralmusikalische Repertoire verfügte? Auch 1566 scheint es Probleme mit der Kantorei und ihrer Stiftung gegeben zu haben, denn damals mussten Gutachten namhafter Theologen eingeholt werden, womöglich um die 100 Gulden jährlich erneut zu rechtfertigen.[319] Walters Einbeziehung in die Torgauer Kirchenmusik scheint entweder mit der Zeit zurückgegangen oder gar nicht erst wiederbelebt worden zu sein. Möglicherweise blieb der allmählich Vereinsamende den Gottesdiensten sogar ganz fern, da er weder das Abendmahl noch die Predigt der Adiaphoristen gutheißen konnte, und kam dadurch auch nicht mehr in den Genuss der Kantoreigesänge unter seinem Nachfolger. Mit dem Thema Geistlicher Gesang hatte er allerdings noch nicht gebrochen, denn er veröffentlichte noch eine ganze Reihe an neuen musikalischen Werken mit Bekenntnischarakter.

316 1556, 2. April, Torgau: Vermahnung der Torgauer Kantorei. Urkunde des Torgauer Stadtrats. Abschrift in der BÖHME-CHRONIK. TRG-STA: H 123, 49–51. HA-ULB: Sign. Pon. Hist. 2°244, 70–72, sowie die Abschrift in der *»Nachleße«* zu KRUDTHOFF 1754 B, 730f., weichen im Wortlaut stark ab. Vgl. KRUDTHOFF 1754 A, 12. Literatur: zuerst TAUBERT 1868, 13f., nach Krudthoff; zuletzt RICHTER 2013, Dok. 68.

317 1596, 25. Oktober [Torgau]: Ordnung der Kantoreigesellschaft. Urkunde des Torgauer Stadtrats mit anhängendem Siegel (Abschrift ohne Unterschrift und Siegel). TRG-STA: H 1573, Bl. 247v–254r. Online-Edition durch die Verfasserin unter: www.quellenlese.de/angebote/dokumente/dokumente-4-beispiele.htm.

318 DD-SHSTA: Rentkopial 1562, Bl. 352r. Laut Tageregister von 1563 hielt sich der Kurfürst noch bis zum 21. Februar 1563 in Torgau auf. Ebd., Loc. 8679/3. Auch 1561 verbrachte er das Weihnachtsfest in Torgau. Vgl. ebd., Rentkopial 1561, Inhaltsverzeichnis.

319 TAUBERT 1870, 15. Leider waren die Dresdner Akten ohne Angabe der (damals noch nicht vorhandenen) Signatur nicht auffindbar.

Kirchenpolitisches Engagement

Da Walter in seiner gesamten Dresdner Zeit unter dem neuen, adiaphoristischen Kirchenzeremoniell der albertinischen Kurfürsten gelitten hatte, war es für ihn selbstverständlich, sich nach seiner Pensionierung 1554, frei von beruflichen Verpflichtungen, in Torgau umso stärker für das Gnesiolutheranertum zu engagieren, zumal die frisch eingesetzten Adiaphoristen auch nach dem Augsburger Religionsfrieden von 1555 dieselben blieben. Mehr als 15 Jahre des Un-Ruhestands waren ihm noch vergönnt, in denen er seine ganze Kraft in entsprechende Bekenntniswerke stecken konnte. Dabei wandte er sich neben der Musik vor allem der Dichtkunst zu, die er in den kirchenpolitischen Dienst stellte. Daneben setzte er sein Schrifttum und seine Korrespondenzen mit Freunden und Theologen fort und trat in der Torgauer Öffentlichkeit auf. Dies führte dazu, dass er am 19. Juli 1560 vom Stadtrat verwarnt wurde, er solle zur Bewahrung der Ruhe in der Gemeinde nicht weiter versuchen, sich in Kirchenangelegenheiten einzumischen in der Art, dass er die Kirche reformiert, der Geistlichkeit Vorhaltungen macht und »*schmehebucher*« verbreitet. Ansonsten werde der Rat mit größerer Härte gegen ihn vorgehen. Da Walter an diesem Tag krank war, wurde die Verwarnung bei der nächsten Sitzung am 24. Juli in Walters Anwesenheit wiederholt.[320]

Es wurde bisher vermutet, dass es sich bei den erwähnten Schmähbüchern um Drucke Walters gehandelt habe, die heute nicht mehr existieren. Jedoch dürfte Walter seine Ausarbeitungen nicht im Druck veröffentlicht haben. Zum einen bat er immer wieder die führenden gnesiolutheranischen Theologen um derartige Publikationen, um endlich etwas Verbindliches in der Hand zu haben, da er sich selbst »*zu schwach*«, d.h. theologisch-rhetorisch zu wenig fundiert fühlte, um dergleichen druckreif ausformulieren zu können. Hierfür gibt es Belege sowohl aus den frühen 1550er-Jahren in Dresden wie aus den frühen 1560er-Jahren in Torgau. Sie dürften seine gesamte Schaffenszeit seit dem Leipziger Interim von 1548 betroffen haben. Zum anderen war sogar Amsdorff anfänglich am Widerstand der Drucker gescheitert, und wieso sollten die Drucker, die Walter in erster Linie als Komponisten schätzten, dessen kirchenpolitische Gedanken für geeigneter oder weniger verfänglich halten als jene der Theologen? Zum Dritten hatte Walter seine gründlich erarbeiteten Widerlegungen gegen die Einwände der Adiaphoristen, die er Amsdorff schickte, ebenfalls nur handschriftlich ausgefertigt. Hätte er sie drucken lassen, wäre dies von ihm und seinen Korrespondenten erwähnt und entsprechend beurteilt worden. Entweder ging es in der Stadtrats-

320 1560, 19. und 24. Juli, Torgau: Verwarnung Johann Walters durch den Torgauer Stadtrat. Aus: Torgauer Ratsprotokollbuch von 1560. TRG-STA: H 695, Bl. 17r–v. Literatur: zuerst GURLITT 1933, 73; zuletzt RICHTER 2013, Dok. 71.

sitzung von 1560 um die – wie sich Georg Major ausdrückte – *»Schandbücher«* der gnesiolutheranischen Theologen,[321] oder – näherliegend – um Walters handschriftliche Textentwürfe. Das Wort *»Buch«* bedeutete nicht zwingend, dass der Text gedruckt gewesen sein muss, sondern bezog sich lediglich auf dessen äußere Form: auf mehrere Bögen unbekannten oder leeren Inhalts, die zusammengebunden oder -geheftet waren. Auch Walters *»schriftlich antwort. so ich im vorrat bey mir«* hatte, als er 1561 erneut verhört wurde, deutet der Formulierung nach auf ein handschriftliches, kein gedrucktes Format hin. Dass er mehrere davon im Vorrat hatte, kann nichts anderes heißen, als dass er mehrere Abschriften zur Weitergabe angefertigt hatte. Und da er im mündlichen Verhör erneut von seiner *»schwacheit«* sprach, hatte sich an seiner Selbsteinschätzung seit Jahren nichts geändert. Das Drucken kirchenpolitischer Schriften wird er also zeit seines Lebens den Theologen überlassen haben. Dies schloss freilich nicht aus, dass er als anerkannter Musiker und Humanist seinen Gedanken mittels selbst gedichteter kirchenpolitischer Liedtexte, die er tatsächlich in großem Umfang publiziert hat, über die Stadtgrenzen hinaus öffentlich Luft machen konnte.

Einige Monate nach dem Verhör Walters durch den Torgauer Stadtrat kam es zu einer weiteren Vorladung, und zwar auf Geheiß des Kurfürsten. Walter legte darüber ein ausführliches Gedankenprotokoll an, welches als Konzept erhalten ist und von dem er vermutlich mehrere Reinschriften angefertigt hat (TEXT 14 im Anschluss an dieses Kapitel). Es ist undatiert, lässt sich aber dank der darin erwähnten Publikation Melanchthons vom November 1560 zeitlich genauer zuordnen. Seine Überlieferung ist erneut Flacius zu verdanken, der es in seiner Dokumentensammlung aufbewahrt hat.

Walter gliederte das Protokoll in drei Teile:

1. den Verlauf des Verhörs,
2. die anschließende Befragung des Superintendenten durch Walter,
3. seine kurz zusammenfassenden Schlussfolgerungen.

1\.
Walter wurde von den kurfürstlichen Räten in Anwesenheit dreier Hofprediger, des Torgauer Superintendenten sowie vier seiner Kollegen verhört, weil er angeblich heimliche Zusammenkünfte organisiere, Predigt und Sakrament (Abendmahl) verachte und einige arme Weiber irre mache. Aus Gütigkeit wollte aber der Kurfürst, bevor er eine ernste Strafe verhing, Walters Erklärung hören. Darauf hatte sich Walter vorbereitet und *»als ein vnberedter«* seine Antwort schriftlich ausgearbeitet. Doch diese wurde nicht angenommen, stattdessen sollte er sich mündlich erklären. In der folgenden Auseinandersetzung ging es in erster Linie

321 Herzog 2016, 427.

um Walters Fernbleiben vom Abendmahl. Walter begründete es mit der nicht zu billigenden Sünde und Heuchelei der adiaphoristischen Kirchendiener. Darauf reagierten der Superintendent (Caspar Heidenreich[322]) und der Hofprediger (Christian Schütz[323]) heftig: Das Tragen des Chorrocks stehe allen frei und sei keine Heuchelei, zumal es nach Luthers Auffassung bei allen Zeremonien um die Liebe gehe. Deshalb handelten sie recht. Manche hätten – auf Walters Frage hin – den Chorrock wieder abgelegt, weil dies ein freies Ding sei, und Balthasar Arnold habe widerrufen (seinen Chorrock abgelegt), weil er eben widerrufen habe. Walter habe also keine Ursache für sein selbst erdachtes Ärgernis, und ihr Gewissen sei rein. Als Walter wiederholte, dass man damit den Feinden der lutherischen Lehre geheuchelt habe, wurden beide zornig und forderten Walter auf, ihre Gewissen nicht zu beschweren, denn Christus habe das Richten über andere verboten. Walter solle zunächst seine großen Balken herausziehen und die kleinen Splitterlein ruhen lassen. Walter wurde mit so vielen Pfeilen beschossen, dass er nicht wusste, auf welchen er zuerst reagieren sollte. Abschließend wurde ihm gedroht, dass er das Land verlassen müsse und seiner Vergünstigungen verlustig gehe, sollte er weiterhin Verächter des Abendmahls bleiben. Deshalb sollte Walter kurz anzeigen, was er tun wolle. Daraufhin antwortete Walter, sein größtes Problem sei, dass nach Luthers Auffassung Christus das Abendmahl nicht nur zur Stärkung des Glaubens und zur Vergebung der Sünde eingesetzt habe, sondern auch zur Gemeinschaft und zum Bekenntnis des Glaubens. Er könnte es (also) nicht mit seinem Gewissen vereinbaren, wenn er den Adiaphoristen Recht gäbe und ihre Gemeinschaft teilte. Auch wenn er das Abendmahl, weil es auf keiner Person stehe (von jedem Geistlichen gereicht werden könne), von ihnen wohl empfangen könnte, bezeuge er hiermit vor allen Herren öffentlich, dass er ihrer Sünde unschuldig sein wolle. Sie sollten es verantworten. Hiermit (mit der Unantastbarkeit der geistlichen Würde) waren Superintendent und Hofprediger zufrieden. Die Mitglieder des Kirchenamts wollten es mit gutem Gewissen verantworten und auf sich nehmen, und die Räte hatten von dieser Protestation genug. Walters Dank dafür, dass er zu keinem Abendmahlsbesuch verpflichtet wurde, wurde gebilligt.

2.

Wegen der vielen Vorhaltungen und weil Walter nichts Schriftliches einreichen konnte, ging er, um sein Gewissen zu befreien, zum Superintendenten und befragte ihn zu mehreren strittigen Punkten. Dieser antwortete ihm auch gerne.

322 Linientreuer Nachfolger des 1549 nach dem Leipziger Interim eingesetzten, 1553 aber wieder verabschiedeten Georg Mohr.

323 Nachfolger des adiaphoristischen Hofpredigers Johann Albinus (S. 129), der im Laufe seiner Amtstätigkeit immer mehr Kompetenzen in Personalangelegenheiten an sich riss, z.B. bei der Hofkapelle. RICHTER 2017.

1. Bezüglich der Rechtfertigungslehre bejahte dieser die Frage, ob es recht sei zu sagen, dass der Mensch allein durch den Glauben an Christus gerecht werde.
2. Die Frage, ob es recht sei zu sagen, dass der Mensch vornehmlich durch den Glauben an Christus gerecht werde, verneinte er, denn das Wort »*vornehmlich*« bedeute, dass es daneben noch etwas mehr gebe.
3. Ob gute Werke zur Seligkeit nötig seien, wurde verneint. Sie seien alleine Früchte des Glaubens, und er habe es in diesem Stück nie mit Dr. Major gehalten.
4. Ob Luther in seinem Bekenntnis und in seinem Buch gegen Erasmus' VOM FREIEN WILLEN recht geschrieben habe, als er sagte, dass alle Lehre, die den menschlichen freien Willen preise, ein Irrtum sei, da sie sich gegen Christus und dessen Hilfe wende, wurde so beantwortet: Luthers Meinung an sich sei recht, sie werde aber falsch verstanden, denn etliche schließen daraus, dass Gott eine Ursache der Sünde sei. Dies sei böse und falsch. Walters daran angeschlossene Frage, ob die Wiedergeburt allein Gottes Werk sei, wurde bejaht.
5. Ob er an das Abendmahl Christi glaube und dafürhalte, dass im Brot und im Wein der wahre Leib und das wahre Blut Christi wesentlich enthalten seien, nicht allein nach ihrer Kraft und Wirkung, wurde bejaht, und ob er es mit Melanchthons diesbezüglicher Schrift halte, die dieser vor vielen Jahren an den Pfalzgrafen geschrieben habe, ebenfalls. Etliche ließen diese Schrift aber nicht gelten, da sie keine öffentliche sei.
6. Ob die Lehre vom Gesetz und vom Evangelium wert zu unterscheiden sei – das Gesetz zur Bestrafung und Offenbarung der Sünde, das Evangelium zur Gnade in Christus –, bejahte er, wenn auch Christus gesagt habe, dass der heilige Geist die Welt wegen der Sünde des Unglaubens strafen werde. Dass gleichwohl die Strafe der Sünde zum Gesetz gehöre und das Evangelium zur Gnade, wurde bejaht.
7. Ob der Papst der Antichrist sei, wurde bejaht, und ob jene, die dem Antichrist heucheln, sündigen und Unrecht tun, ebenfalls. Habe er dem Antichrist geheuchelt, so solle ihn Gott richten.

Walter bezeugte hierauf vor Gott, dass der Superintendent ihm diese Antworten gegeben habe. Sollte dieser Walter betrügen, so könne er doch Gott nicht betrügen. Da er meine, von Heuchelei frei zu sein, müsse Walter, der die Heuchler für große Sünder halte, die Sache Gott befehlen.

3.

Zusammenfassend stellte Walter fest, dass nun offiziell bekannt sei, warum er sich des Abendmahls enthalte, und dass er die Sünden der Heuchler nicht billigen und auch nicht in ihrer Gemeinschaft sein wolle. Zudem hätten die Adiaphoristen ihn damit losgesprochen, dass sie die Schuld auf sich nähmen. So hoffte er, das Ärgernis damit ausgeräumt zu haben. Da er nicht mit dem Herzen richten durfte und den Superintendenten, der auf alle Fragen richtig geantwortet hatte, keiner falschen Lehre überführen konnte, wusste er die Sache nicht höher zu treiben und hoffte, sich damit genug gegen neues böses Gewissen und gegen seine Vertreibung als aufrührerischer Sakramentierer, Schwärmer usw. verwahrt zu haben.

Diesem Protokoll nach hatte sich Walter also nicht an die Warnungen des Stadtrats gehalten und sich über alle Verbote hinweggesetzt. Er produzierte und vervielfältigte weiterhin verbotene Schriften und blieb dauerhaft der Predigt und dem Abendmahl, also den Gottesdiensten schlechthin, fern. Dass er sich mit Gleichgesinnten, vor allem mit Theologen, in Zusammenkünften traf, um mit ihnen zu diskutieren und auch interessierte Laien, darunter Ehefrauen, aufzuklären, wurde ihm als heimliche Meuterei und Irremachung vorgeworfen. Doch Walter blieb trotz der Drohung des Kurfürsten, ihn des Landes zu verweisen, standhaft und beharrte auf seinem Verzicht auf das Abendmahl, da es hierbei um die Gemeinschaft und das Glaubensbekenntnis gehe und er auf keinen Fall die Gemeinschaft mit den sündigen Adiaphoristen teilen könne. Glücklicherweise scheint seine Haltung keine Konsequenzen nach sich gezogen zu haben, denn nachdem man den Vorwürfen gegen ihn auf den Grund gegangen war, die Theologen in ihrer Würde unverletzt geblieben waren und sie ihre vermeintliche Schuld der Heuchelei auf sich genommen hatten, erhielt Walter die Erlaubnis, weiterhin dem Abendmahl fernzubleiben. Es wird vermutet, dass Walter weitere, nicht erwähnte Zugeständnisse gemacht hat, um sich einer Strafe zu entziehen, z.B. den Verzicht auf die weitere Einmischung in das Tun der Pfarrer.

Die recht zügige Beendigung des Verhörs durch die kurfürstlichen Räte, die von dieser Protestation schnell genug hatten, und die Konzentration der Fragen auf Walters Fernbleiben vom Abendmahl sprechen dafür, dass die Vorladung zum einen für die Räte nur eine Formsache und zum anderen allein dem Torgauer Superintendenten, mit dem Walter in erster Linie zu tun hatte, geschuldet war, denn gerade dieser wurde ja mit dem Abfallen der Gemeindemitglieder tagtäglich konfrontiert. Er war deshalb neben dem Hofprediger auch derjenige, der Walter hauptsächlich verhörte, und wohl aus demselben Grund stellte Walter ihm anschließend noch die theologischen Gegenfragen zum Abendmahl, um ihn der papistischen Heuchelei zu überführen. Dabei handelte es sich um *»alle theologischen Streitpunkte der Jahre seit dem Interim«* – ein Beweis für Walters intensive Verfolgung der Auseinandersetzungen zwischen den theologischen Lagern und zugleich ein theologisches Bekenntnis, welches sich auch in Walters späten Dichtungen niederschlagen sollte.[324]

324 Brinzing 1998, 83.

Zu dieser strengen Einhaltung der lutherischen Lehre und zu Walters von Beginn an gepflegtem, intensivem Umgang mit Luthers Schriften auf der Ebene eines Theologen passt der schon 25 Jahre zurückliegende Vorfall mit dem Wiedertäufer Bartel Hopfe von 1536.[325] Hopfe war aufgrund seiner Schmähworte gegen die Sakramente der Taufe und des Bluts Christi gemäß dem 1528 erlassenenen kurfürstlichen Mandat[326] inhaftiert worden und sollte nun der Stadt verwiesen werden. Zuvor wurde er vom Torgauer Stadtrat in Anwesenheit des Superintendenten (Didymus) verhört. Seiner Worte, die er in der Trunkenheit ausgesprochen hatte, konnte er sich zwar nicht mehr erinnern. Johann Walter aber, der als Zeuge vorgeladen war, gab sie vor den Augen aller Anwesenden wieder. Demnach hatte der Wiedertäufer Walters Schwager Dominicus Hesse (und dessen Mutter Barbara) gefragt, ob dieser einen Bibelkundigen kenne, mit dem er über die Sakramente sprechen könne. Daraufhin sei Walter hinzugezogen worden und habe mit ihm ein Gespräch geführt. Hieraus sei hervorgegangen, dass Walter die Kindertaufe als von Christus erwünscht ansehe, während der Wiedertäufer dies anzweifle. Ferner bezweifle dieser, Christus habe mit seinem Satz *»Das ist mein Leib ...«* das Brot gemeint, denn dieser habe unmöglich in das Brot hineinkriechen können. Als Zusatzbemerkung ist ergänzt, dass Hopfe nach eigener Aussage bei den Wiedertäufern in Malitzsch im Fürstentum Liegnitz gewesen sei. Aus diesem Vorfall kann geschlossen werden, dass Walter schon damals als Ansprechpartner in Frage kam, wenn es um theologische Fragen ging. Als strenger Lutheraner sah Walter die Wiedertäufer, die Luther zu den Schwärmern zählte, als sehr gefährlich an und war deshalb sogar bereit, gegen Mitglieder des eigenen Familienverbandes auszusagen: Hopfe war ein Schwager der Familie Hesse.[327]

Doch zurück zur Befragung Heidenreichs um 1561. Dieser beantwortete alle Fragen in Walters bzw. Luthers Sinne, sodass ihm Walter nichts vorwerfen konnte. Immerhin bewahrten diese Übereinstimmungen mit dem Superintendenten und das Urteil der kurfürstlichen Räte Walter wiederum vor neuen Gewissenskonflikten und seiner Verfolgung als Aufrührer.

Vermutlich erfolgte diese Befragung noch vor Heidenreichs Weigerung, Gnesiolutheraner mit christlichen Ehren zu begraben: Obwohl es dem Superintendenten nicht gelungen war, Walter auf höchster Ebene zu überführen, wusste er auf lokaler Ebene seinen Machtbereich mit städtischer Unterstützung auszunutzen und strafte die Abendmahlsverächter ab. Am 17. Juni erlebte Walter das un-

325 1536, 20. November, Torgau: Verhörung des Wiedertäufers Bartel Hopfe. Aus: Torgauer Ratsprotokollbuch von 1536. TRG-STA: H 677, Bl. 33r–34r. Literatur: zuerst BLANKENBURG 1991, 68; zuletzt RICHTER 2013, Dok. 32.

326 HERZOG 2016, 352f.

327 HERZOG 2013, 86.

ehrenhafte Begräbnis Elisabeth Richters, Frau des Torgauer Stadtrichters Valentin Richter und Tochter des geschmähten Superintendenten Didymus. Nachdem bereits Didymus, dessen Sterben 1558 Walter als Mitglied des engeren Freundeskreises begleiten durfte,[328] nur mit reduziertem Geläut und in Abwesenheit des neuen Superintendenten bestattet worden war und sich die Familie Didymus auch weiterhin in Sachen *»zurruttung«* der Kirchenordnung engagiert hatte, musste das Begräbnis der Tochter sogar in aller Stille ohne Schüler und unter Ausschluss der Öffentlichkeit vollzogen werden. Zuvor war der Familie angedroht worden, ihr den Zugang zu Taufe und Abendmahl zu verwehren und Begräbnisse *»an* [= ohne] *Pomp«* durchführen zu lassen.[329] Die Verstorbene war, da sie mit dem neuen Pfarrer *»übel«* stand, nicht mehr zum Abendmahl gegangen. Sie hatte denselben Weg eingeschlagen wie Walter und erhielt nun die Quittung dafür.

Walter schrieb über das Begräbnis drei Tage später an Matthäus Judex (TEXT 13). Zunächst wies er erneut auf die Wichtigkeit hin, die Frage, wie sich die Christen beim Abendmahl der *»halsstarrigen«* Adiaphoristen verhalten sollen, öffentlich im Druck zu klären, da Handschreiben nicht anerkannt würden. An dieser misslichen Situation hatte sich also seit zehn Jahren nichts geändert. Melanchthons im November 1560 erschienener BERICHT UND RATSCHLAG zählte natürlich nicht dazu, da er vom Hauptvertreter des Wittenberger Gegenlagers verfasst worden war (zunächst nur handschriftlich an den Pfalzgrafen versandt und im Nachhinein zum Druck befördert). Walter erwähnte auch, dass er schon Matthias Flacius darüber geschrieben hatte. Vermutlich bezog er sich dabei nicht auf den zehn Jahre alten Brief von 1552, sondern hatte ihm seither noch mehr Schreiben gesandt. Weiter hoffte Walter auf eine Publikation durch Nicolaus Gallus, da dieser von den Adiaphoristen mehr geachtet und ernst genommen werde, und bat den Adressaten um Hilfe, da dies bei den schwachen Christen viel bewirken würde und den stolzen Adiaphoristen ein Stück ihres Mutes nähme. Dies sei der höchste Wunsch vieler einfältiger und frommer Christen. Die Adiaphoristen seien so trotzig, dass sie niemanden, der vor seinem Tod nicht das Abendmahl von ihnen empfangen habe, *»mit den schulern noch kirchendienern«* begraben ließen. Dies sei vor drei Tagen mit der Tochter des verstorbenen Pfarrherrn geschehen, obwohl sie eine gute Christin gewesen sei und zuvor auch etliche Male das Abendmahl empfangen habe. Die Gemeinde sei sehr bestürzt, denn so würden *»die geuerliche rotten«*, wie sich die Adiaphoristen ausdrücken, *»gedempft«*.

Begräbnis *»ohne Schüler«*, wie es in der BÖHME-CHRONIK verlautet,[330] bedeutete: ohne Gesang (der Kurrende). Walter selbst ergänzte sogar: *»ohne Kirchendiener«*.

328 HERZOG 2016, 426/576. Zu Didymus GURLITT 1915/2008, 13ff.; HERZOG 2016, 402ff., 419ff.

329 Ebd., 429f.

330 BÖHME-CHRONIK. HA-ULB: Sign. Pon. Hist. 2°244, 269. Dort dem Jahr 1562 zugeordnet.

Brief Johann Walters an Matthäus Judex (Abschrift).
MÜN-BSTB: Cod. Mpnac. germ. 1318, Bl. 60r.
Literatur: zuerst u.a. GURLITT 1933, 74

TEXT 13
[1561, 19. Juni, Torgau]
Walters Bericht über das unehrenhafte Begräbnis einer Didymus-Tochter

Ein brieff Jöannis Walther an Matheum Judicem.

Es sagen ir vil, das gut vnd von nöten were, das von diser sache, wie sich die christen in communione[1] bej den halstarrigen adiaphoristen halten sollen, offentlich im druck geschriben wurde, den‹n› sie sagen priuata scripta thun vnd dringen nicht so durch als publica.

Darumb hab ich dem hern Illyrico deshalb geschriben, vnd do es sein könd, so möcht ich gerne, das d‹er› achtbar herr Nicolaus Gallus dauon ein buchlein ließ ausgehen, denn den hern Gallum v‹er›achten die adiaphoristen nicht so gar als den hern Illyricum, Wo des name an einem buche stet, des haben sie genug. Ich bitt e‹uer› ach‹t›bar› wolt dazu helfen, Mich dunckt es solte bej den schwachen christen vil thun vnd den stolzen adiaphoristen ein stuk von jrem mutt niderlegen.

Vil einfeltiger frommer leute begeren und wunschen solchs aufs höchste, denn d‹er› adiaph‹oristen› trotz ist gros. Sie wollen auch niemant, der nicht kurtz fur seim ende, das sacrament von jnen empfeet, mit den schulern noch kirchendienern begraben lassen, wie fur dreien tagen her Gabriels des v‹er›storbenen alten pfarhers tochter geschehen, die doch ein offentlich christlich gut gezeugnis, vnd auch zuuor etlich mal das sacrament empfangen. Das arme volk ward hefftig daruber v‹er›sturtzt, dan die adiaph‹oristen› v‹er›meinten durch disen weg die geuerliche rotten wie sies nennen, zedempfen.

A‹nn›o 19. junij

Dies bedeutete wohl: ohne Predigt. Das Begräbnis scheint also unter völligem Verzicht auf geistliche Zeremonien verlaufen zu sein und dürfte der Bestattung eines Selbstmörders geähnelt haben.[331] Ob Walter dennoch das eine oder andere Lied angestimmt hat? Dieses Schicksal drohte auch allen anderen Abendmahlsverächtern, so auch Walter. Dennoch verfolgte er unbeirrt seinen Weg weiter, wie man an seinen späteren Druckwerken erkennen kann.

Auf dieses unwürdige Begräbnis bezugnehmend, antwortete Amsdorff am 6. August erneut auf Walters Fragen,[332] nämlich darauf,

1. ob die Adiaphoristen das Abendmahl administrieren und distribuieren können,
2. ob ein Christ von den Adiaphoristen das Abendmahl empfangen solle.

331 Zu den stillen Begräbnissen siehe GRAFF 1937, 365ff.

332 FORTGESETZTE SAMMLUNG 1722, 25–29. Vgl. BRINKEL 1960, 138f.

Die Antworten entsprachen dem, was er schon früher geäußert hatte, und auch den Argumentationen Walters im Verhör. Sie lauteten – auszugsweise wiedergegeben – folgendermaßen:

1. Ja, denn Papisten, Ketzer und Sünder können wie die rechten Christen taufen und das Abendmahl reichen, wenn sie Christi Ordnung gemäß Luthers Schrift einhalten. Denn die Sakramente stehen auf keiner Würdigkeit des Dieners. Gott dulde die Adiaphoristen, wie er den Papst etliche 100 Jahre geduldet habe. Wie Judas, der ein verlorenes Kind des Teufels gewesen sei und dennoch taufte und predigte, seien sie Gott darum nicht gut genug. Das Sakrament der Adiaphoristen werde nicht verdammt, aber sie selbst werden ob ihrer Adiaphoristerei verdammt. Deshalb solle von ihnen das Abendmahl nicht empfangen werden, wie Antwort 2 zeige.
2. Wenn es kein Ärgernis gebe, ja, ansonsten nein. Denn da sie sich mit dem Antichrist vereinigt hätten, seien sie *»ein Rott und Synagoga des Teuffels«* und Christi Feinde, auch wenn sie sonst recht lehrten. Denn wer in einem Stück unrecht sei, sei es in allen Stücken (Jacobus), und wer sich beschneiden lasse, müsse das ganze Gesetz einhalten, usw. (Paulus). Deshalb müssen sie verdammt und gemieden werden, aber nicht wegen ihrer Person oder des Sakraments, sondern wegen des Ärgernisses. Sonst mache man sich ihrer Sünde teilhaftig. Sie nennen die Gnesiolutheraner heimliche Rotten und drohen ihnen, so vorzugehen, wie sie mit Valten Ritters (= Richters) Frau verfahren sind. Sie verdammen sie als Ketzer und rühmen sich als rechte Christen. Eine Einwilligung würden sie ihnen als Irrtum auslegen. Der Kuckuck solle an Amsdorffs Stelle ihr Mutieren rechtfertigen.

Abschließend betonte Amsdorff, dass er diesen Text nicht als *»fledermeusse noch winckell schrifft«* (unbedeutendes Machwerk) verfasst habe, sondern als Gottes Wort, damit jeder Christ *»pflichtig vnd schuldig«* sei, seinen Nächsten in seiner Not zu trösten, und bezeugte dies mit seiner Handschrift. Mit dieser Affirmation verlieh er seinen Ausführungen den Status der Allgemeingültigkeit, so als wären sie gedruckt worden. Er fasste sie auch nicht in Form eines persönlichen Briefes an Walter, sondern unter der allgemeinen Überschrift: *»Antwordt auff Johann Walthers Fragenn«* für einen größeren Leserkreis ab. Möglicherweise sah er sie für den öffentlichen Druck vor. Auch wenn sich hiervon bisher weder eine gedruckte noch eine handschriftliche Originalfassung gefunden haben, so hatten sie ein eigenes Gewicht und konnten dank ihrer besonderen Überlieferung 1722 als historisches Dokument in der Literatur publiziert werden.

Diese Antworten waren eine erneute, von ganz hoher Stelle aus theologisch begründete Bestätigung für die Rechtmäßigkeit von Walters Denken und Handeln und dürften dessen Unternehmungen in Torgau weiter vorangetrieben haben.

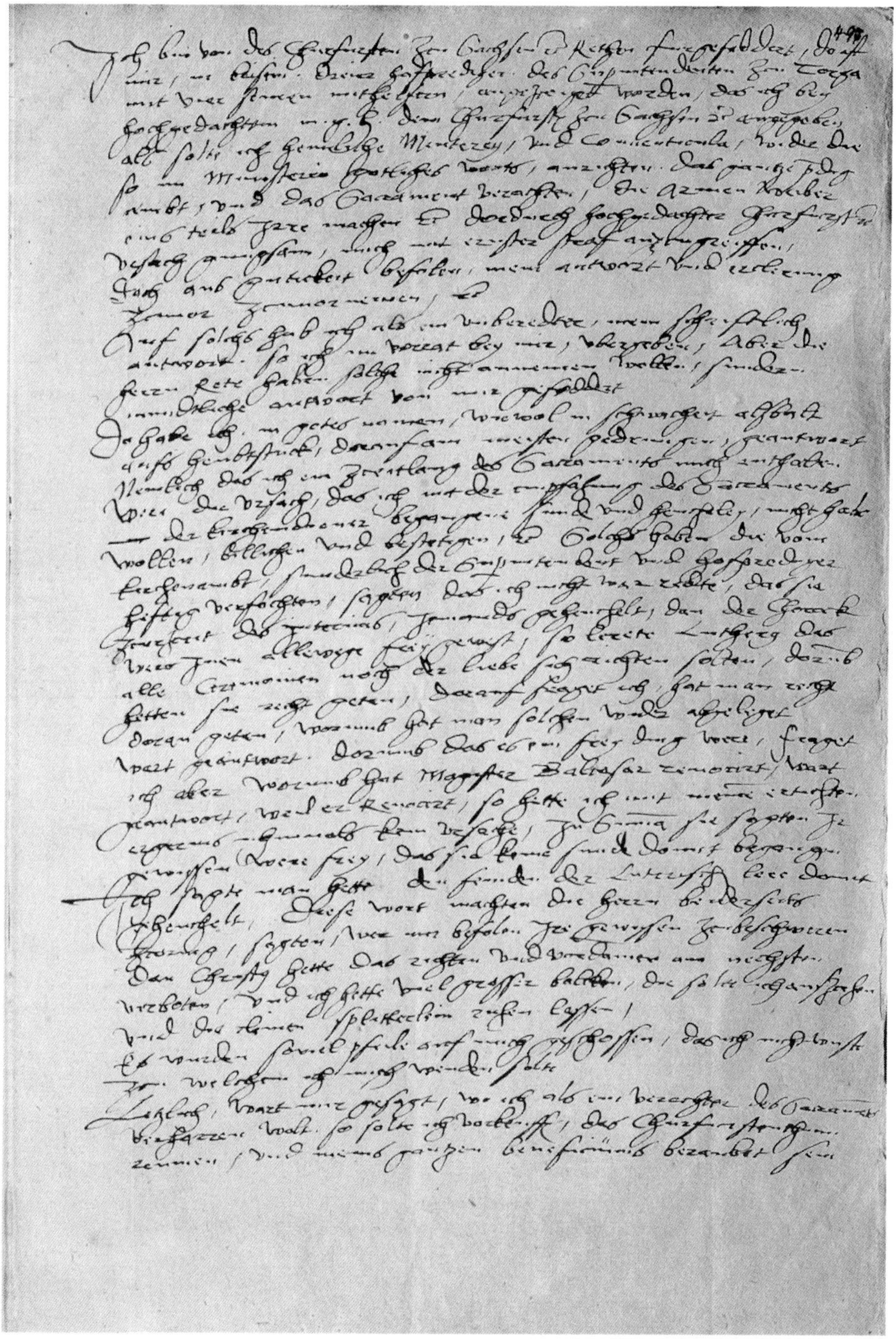

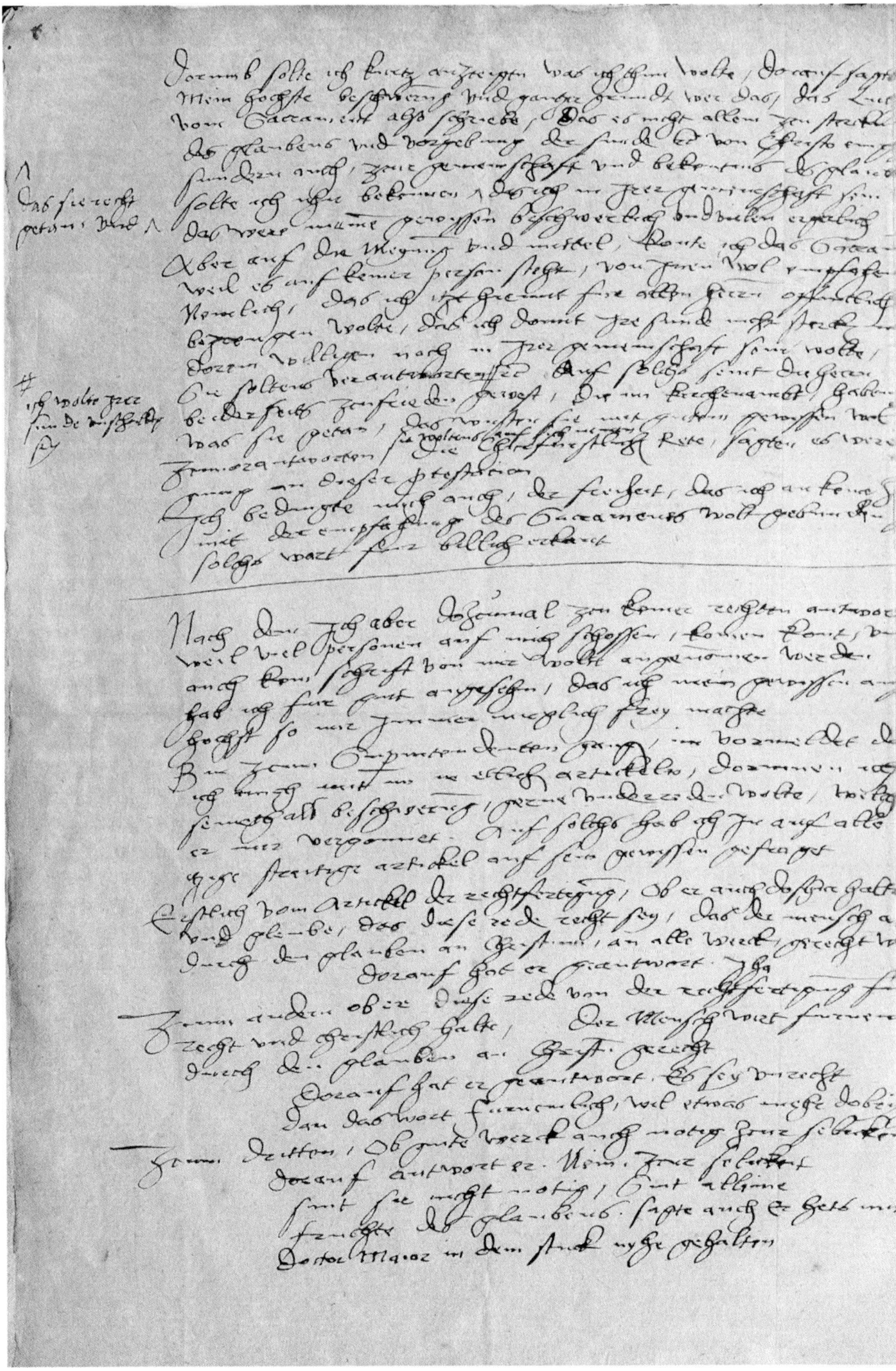

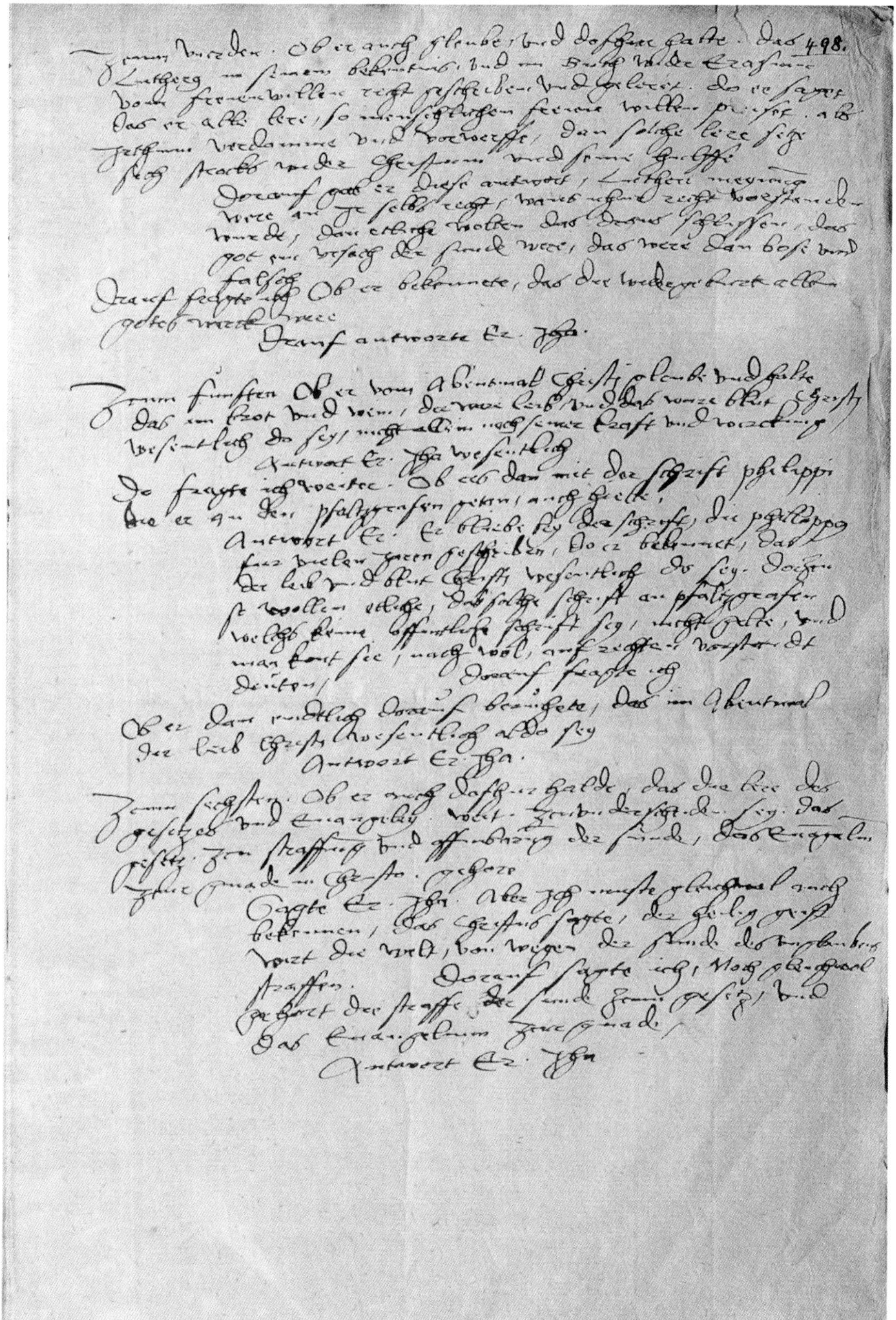
Zum dritten. Ob er auch glaube, und dafür halte, das 498.
Lutherus in seinem bekentnus, und im buch wider Erasmum
vom freien willen recht geschrieben und gelert. Da er sagt
das er alle lere, so menschlichen freien willen preiset, als
gottes gnaden verdamme und verwerffe, dan solche lere sey
stracks wider Christum und seine hulffe
Darauf gab er diese antwort, Lutheri meynung
were an ir selbs recht, wann sie nur recht verstanden
wurde, dan etliche wollen daraus schliessen, das
got ein ursach der sund were, das were dan böse und
falsch
Darauf fragte ich: Ob er bekennete, das die widergeburt allein
gotes werck were
Darauf antwortte Er: Ja

Zum funften Ob er vom Abentmal Christi glaube und halte
das im brot und wein, der war leib und das ware blut Christi
wesentlich da sey, nicht allein nach seiner kraft und wirckung
Antwort Er: Ja wesentlich
Da fragte ich weiter. Ob er's dan mit der schrift philippi
die er an den pfaltzgrafen geten, auch halte,
Antwort Er. Er bleib bey der schrift, die philipps
fur vielen jaren geschrieben, da er bekennet, das
der leib und blut Christi wesentlich da sey. Doch
sie wollen etliche, das solche schrift an pfaltzgrafen
welche keine offentliche schrift sey, nicht halten, und
man hort sie, nach wol, auf zeigen verstendt
deuten/ Darauf fragte ich
Ob er dan endlich darauf beruhete, das im Abentmal
der leib Christi wesentlich alda sey
Antwort Er. Ja.

Zum sechsten. Ob er auch dafür halde, das die lere des
gesetzes und Evangelii wol zu underscheiden sey. das
gesetz zur straffung und offenbarung der sunde, das Evangelium
zur gnade in Christo gehore
Sagte Er: Ja. Aber Ich muste gleichwol auch
bekennen, das Christus sagte, der heilig geist
werd die welt, von wegen der sunde des unglaubens
straffen. Darauf sagte ich, Noch gleichwol
gehoret der straffe der sunde zum gesetz, und
das Evangelium zur gnade,
Antwort Er. Ja

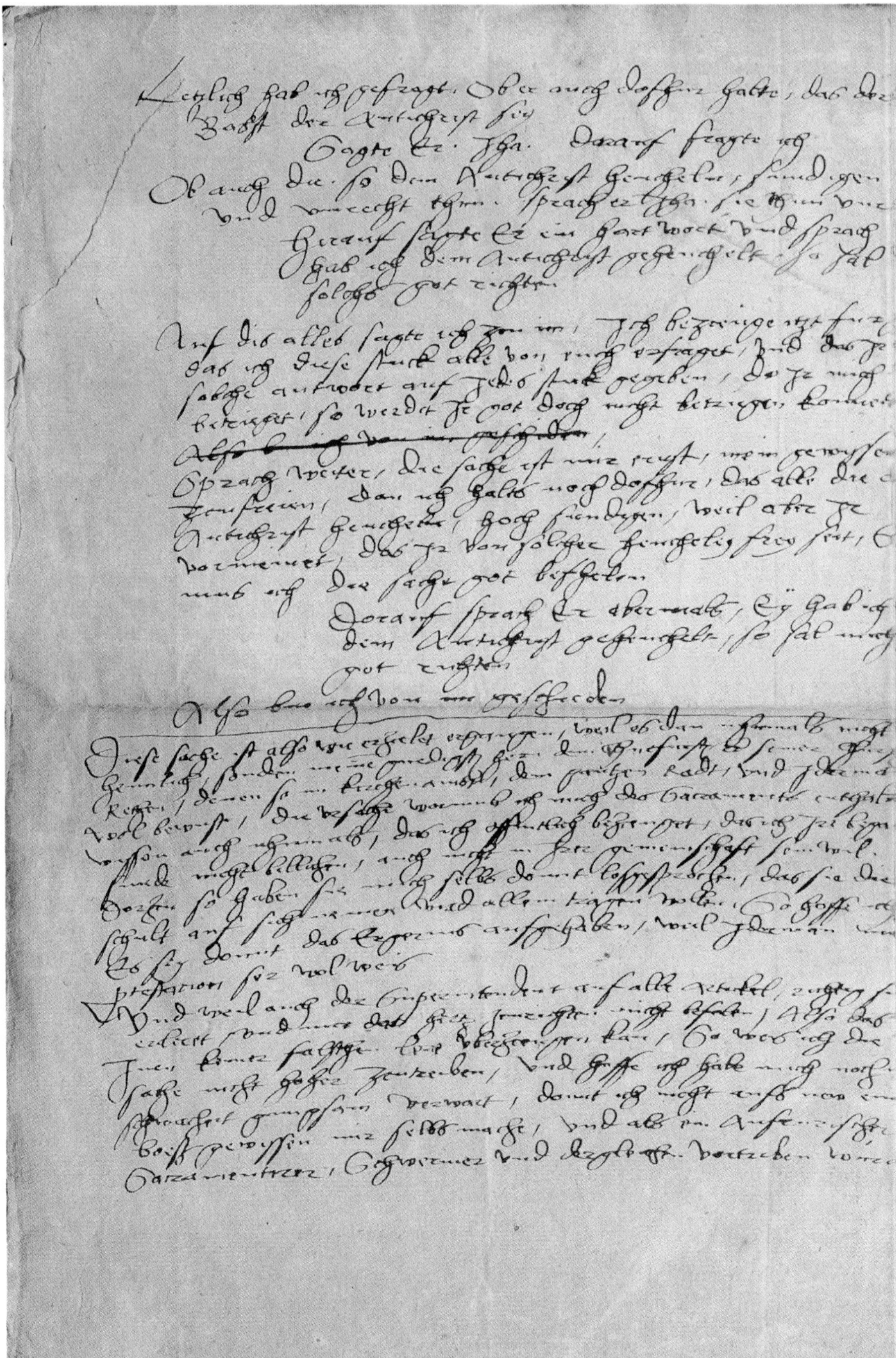
Letzlich hab ich gefragt, Ob er auch dafür halte, das der Babst der Antichrist sey
Sagte Er: Ja. Darauf fragte ich
Ob auch die, so dem Antichrist heuchlen, sündigen vnd vnrecht thun. Sprach er Ja, sie thun vnrecht
Herauf sagte Er ein hart wort vnd sprach
Hab ich dem Antichrist geheuchelt, so sol solchs got richten
Auf dis alles sagte ich [illegible] im, Ich bezeuge itzt [illegible] das ich diese stuck alle von euch erfraget, vnd das Ir solche antwort auf jedes stuck gegeben, [illegible] so werdet Ir got doch nicht betriegen können
Sprach weiter, die sache ist nur recht, mein gewisse [illegible] Confession, dan ich halte noch dafür, das alle die [illegible] Antichrist heuchlen, hoch sündigen, weil aber Ir vormeinet, das Ir von solcher heuchlerey frey seit, [illegible] mus ich der sache got befehlen
Darauf sprach Er abermals, Ey hab ich dem Antichrist geheuchelt, so sol mich got richten
Also bin ich von im geschieden
[illegible]

Schreiben Johann Walters. Konzept (Walter-Autograf).
WBL-HAB: Cod. Guelf. 82 Helmst., Bl. 497r–498v.
Literatur: zuerst BRINKEL 1960, 138f.; vgl. BRINZING 1998, 81ff., 89ff.; HERZOG 2016, 428f.

TEXT 14 (mit 4 Abbildungen)
[nach 1560, November, Torgau]
Bericht Walters über sein von Kurfürst August angeordnetes Verhör sowie über seine Fragen an den Torgauer Superintendenten Heidenreich

Ich bin von des churfursten zcu Sachsen ‹etc.› rethen furgefoddert, do ist mir, in beisein dreier hofprediger. des sup‹er›intendenten zcu Torga mit vier seinen mithelfern, angezceigett worden, das ich bey hochgedachtem m‹einem› g‹nädigsten› h‹errn› dem churfurst‹en› zcu Sachsen ‹etc.› angegeben als solte ich heimliche meuterey, vnd conuenticula[1], vorder die so im ministerio gotliches worts, anrichten. das gantze p‹re›dig ambt, vnd das sacrament verachten, die armen weiber eins teils irre machen ‹etc.› dordurch hochgedachter churfurst ‹etc.› vrsach gnugsam, mich mit ernster straf anzcugreiffen, doch aus gutickeit befolen, mein antwort vnd erclerung zcuuor zcuuornemen, ‹etc.›

Auf solchs hab ich als ein vnberedter, mein schriftlich antwort. so ich im vorrat bey mir, vbergeben, Aber die herrn rete haben solche nicht annemen wollen, sundern mundtliche antwort von mir gefoddert Do habe ich, in Gotes namen, wiewol in schwacheit alsbalt aufs heubtstuck, darauf am meisten gedrungen, geantwort nemlich Das ich ein zceitlang des sacraments mich enthalten were die vrsach, das ich mit der empfahung des sacraments der kirchendiener begangene sunde vnd heucheley, nicht habe wollen, billichen vnd bestetigen, ‹etc.› Solchs haben die vom kirchenambt, sunderlich der sup‹er›intendent vnd hofprediger heftig verfochten, sagten das ich nicht war redte, das sie zcurzceit des interims, jemands geheuchelt, dann der chorock were inen allewege frey gewest, so lerete Luther‹us› das alle ceremonien noch der liebe sich richten solten, doru‹m›b hetten sie recht getan, Dorauf fraget ich, hat man recht doran getan, worumb hat man solchen wider abgeleget wart geantwort. dorumb das es ein frey ding were, Fraget ich aber worumb hat magister Baltasar reuocirt[2], wart geantwort, weil er reuocirt, so hette ich mit meine‹m› ertachten ergernus nhumals[3] kein vrsache, In sum‹m›a sie sagten ir gewissen were frey, das sie keine sunde domit begangen Ich sagte man hette den feinden der luterisch‹en› lere domit geheuchelt, Diese wort machten die herrn beiderseits zcornig, sagten, wer mir befolen ire gewissen zcubeschweren dan Christ‹us› hette das richten vnd vordam‹m›en am nechsten verboten, vnd ich hette viel grosser balcken, die solte ich auszcihen vnd die cleinen splitterlein ruhen lassen,

Es wurden soviel pfeile auf mich geschossen, das ich nicht wuste zcu welchem ich mich wenden solte Letzlich, wart mir gesagt, wo ich als ein verachter des sacrame‹n›ts verharren wolt. so solte ich vorkeuff‹en›, das churfurstenthum reumen, vnd meins gantzen beneficiums beraubet sein | Dorumb solte ich kurtz anzceigen was ich thun wolte,

Dorauf sagte ich Mein hochste beschweru‹n›g vnd gantzer grundt wer das, das Luther‹us› vom sacrament also schriebe, das es nicht allein zcu sterckung des glaubens vnd vorgebung der sunde ‹etc.› von Christo eingesetzt sundern auch, zcur gemeinschaft vnd bekentnus des glaubens Solte ich nhu bekennen das sie recht getan, vnd[a] das ich in irer gemeinschaft sein wolt das were meine‹m› gewissen beschwerlich vnd vielen ergerlich Aber auf die meynu‹n›g vnd mittel [?], konte ich das sacrament weil es auf keiner person steht, von inen wol empfahen Nemlich, das ich itzt hiemit fur allen herr‹e›n offentlich bezceugen wolte, das ich domit ire sunde nicht sterck‹en› noch dorein willigen noch in irer gemeinschaft sein wolte, Sie soltens verantworten ich wolte irer sunde vnschuldig sey[n][b] ‹etc.›

Auf solchs seint die herrn beiderseits zcufrieden gewest, Die im kirchenambt, haben gesagt was sie getan, das wusten sie mit gutem gewissen wol zcuuorantworten sie woltens auf sich nemen[c], Die churfurstlich‹en› rete, sagten es were gnug an dieser p‹ro›testacion

Ich bedangte mich auch, der freiheit, das ich an keine zceit mit der empfahung des sacraments wolt gebunden sein Solchs wart fur billich erk[l]aret

---

Nach dem ich aber dozcumal zcu keiner rechten antwort weil viel personen auf mich schossen, komen kont, vnd auch kein schrift von mir wolte angeno‹m›men werden hab ich fur gut angesehen, das ich mein gewissen aufs hochst so mir immer muglich frey machte

Bin zcum sup‹er›intendenten gang‹en›, im vormeldet das ich mich mit im in etlich‹en› artickeln, dorinnen ich seinethalb‹er› beschweru‹n›g, gerne vnderreden wolte, welchs er mir vergonnet. Auf solchs hab ich in auf alle itzige streitige artickel auf sein gewissen gefraget

Erstlich vom artickel der rechtfertigu‹n›g, ob er auch dofhur halte vnd gleube, das diese rede recht sey, das der mensch allein durch den glauben an Christum, an alle werck, gerecht werde

Dorauf hat er geantwort. Jha

Zcum andern ob er diese rede von der rechtfertigu‹n›g fur recht vnd christlich halte, der mensch wirt furnemlich durch den glauben an Christu‹m› gerecht

Dorauf hat er geantwort. Es sey vnrecht dan das wort furnemlich, wil etwas mehr dobey haben

Zcum dritten, ob gute werck auch notig zcur selickeit

Dorauf antwort er. Nein. Zcur selickeit sint sie nicht notig, Sint alleine fruchte des glaubens. Sagte auch er hets mit doctor Maior in dem stuck nyhe gehalten |

Zcum vierden. ob er auch gleube, vnd dofhur halte. das Luther‹us› in seinem bekentnis, vnd im buch wider Erasmu‹m› vom freien willen[4] recht geschriben vnd geleret. do er saget das er alle lere, so menschlichen freien willen preiset. als irthum verdamme vnd vorwerffe, dan solche lere setze sich stracks wider Christum vnd seine hulffe

Dorauf gab er diese antwort, Lutheri meynu‹n›g were an ir selbs recht, wans nhur recht vorstanden wurde, dan etliche wolten das draus schlissen, das Got eine vrsach der sunde were, das were dan bose vnd falsch

Drauf fragte ich ob er bekennete, das die widergeburt allein Gotes werck were

Drauf antwortet er. Jha.

Zcum funften ob er vom abentmal Christj gleube vnd halte das im brot und wein, der ware leib, vnd das ware blut Christj wesentlich do sey, nicht allein nach seiner kraft vnd wirckung

Antwort er. Jha wesentlich

Do fragte ich weiter. ob ers dan mit der schrift Philippi die er an den pfaltzgrafen getan,[5] auch hielte.

Antwort er. Er bliebe bey der schrift, die Philipp‹us› fur vielen jaren geschriben, do er bekennet, das der leib vnd blut Christj wesentlich do sey. Dorzcu so wollen etliche, das solche schrift an pfaltzgrafen welchs keine offentliche schrift sey, nicht gelte, vnd man kont sie, nach wol, auf rechten vorstandt deuten,

Dorauf fragte ich ob er dan endtlich dorauf beruhete, das im abentmal der leib Christj wesentlich aldo sey

Antwort er. Jha.

Zcum sechsten. ob er auch dafhur halde, das die lere des gesetzes vnd euangelij. wert. zcuvnderscheiden sey. das gesetz. zcu straffu‹n›g vnd offenbaru‹n›g der sunde, das eua‹n›gelium‹m› zcur gnade in Christo. gehore

Sagte er. Jha. Aber ich muste gleichwol auch bekennen, das Christus sagte, der heilig geist wirt die welt, von wegen der sunde des vnglaubens straffen.

Dorauf sagte ich, Noch gleichwol gehort die straffe der sunde zcum gesetz, vnd das euangelium zcur gnade,

Antwort er. Jha |

Letzlich hab ich gefragt, ob er auch dofhur halte, das der babst der antichrist sey

Sagte er. Jha.

Dorauf fragte ich ob auch die. so dem antichrist heucheln, sundigen vnd vnrecht thun.

Sprach er Jha. sie thun vnrecht Hirauf sagte er ein hart wort vnd sprach Hab ich dem antichrist geheuchelt, so sal solchs Got richten

Auf dis alles sagte ich zcu im, ich bezceuge itzt fur Got das ich diese stuck alle von euch erfraget, vnd das ir mir solche antwort auf jedes stuck gegeben, Do ir mich nhu betrieget, so werdet ir Got doch nicht betriegen konnen Sprach weiter, die sache ist mir ernst, mein gewissen zcufreien, dan ich halts noch dofhur, das alle die dem antichrist heucheln, hoch sundigen, weil aber ir vormeinet, das ir von solcher heucheley frey seit, So mus ich die sache Got befhelen

Dorauf sprach er abermals, Ey hab ich dem antichrist geheuchelt, so sal mich Got richten

Also bin ich von im geschieden

Diese sache ist also wie erzcelet ergangen, weil es dan nhumals[3] nicht heimlich, sondern meine‹m› gnedigst‹en› her‹r›n dem churfurst‹en› ‹etc.› seiner churf‹urstlichen› rethen, denen so im kirchenambt, dem gantzen radt, vnd jderman wol bewust, die vrsache worumb ich mich des sacraments enthalten wissen auch nhumals, das ich offentlich bezceuget, das ich ire begangne sunde nicht billichen, auch nicht in irer gemeinschaft sein wil. Dorzcu so haben sie mich selbs domit losgesprochen, das sie die schult auf sich nemen vnd allein tragen wollen. So hoffe ich es sey domit das ergernus aufgehaben, weil jderman mein p‹ro›testacion ser wol weis

Vnd weil auch der superintendent auf alle artickel, richtig sich ercleret, vnd mir das hertz zcurichten nicht befolen, also das ich inen keiner falschen lere vberzceugen kan, so weis ich die sache nicht hoher zcutreiben, vnd hoffe ich habe mich noch meiner schwacheit genugsam verwart, domit ich nicht aufs neu ein boeß gewissen mir selbs mache, vnd als ein aufrurischer sacramentirer, schwermer vnd dergleichen vortrieben wurde

Textkritische Hinweise

1: Zusammenkünfte. – 2: widerrufen. – 3: nunmehr. – 4: »DE SERVO ARBITRIO Martini Lutheri ad D‹octorem› Erasmum Roterodamum. Norembergæ 1526.«, gerichtet gegen »DE LIBERO ARBITRIO ΔΙΑΤΡΙΒΗ, SIVE Collatio, Desiderij Erasmi Roterodami. Primum legito, deinde iudicato. BASILEÆ APVD IOANNEM BEB.«. – 5: »Bericht vnd Rathschlag Philippi Melanthonis, Vom streit des heiligen Nachtmals, vnd zenkischen Kirchendienern. Geschrieben an einen Churfürsten. des Reichs. Mit zugethaner notwendiger, warhafftер vnd trewer erinnerung. [Schluss:] Zu Regenspurg nachgedruckt, durch Heinrichen Geisler, Anno M. D. Lx. im Nouember.«

a: »das sie recht getan, vnd« am Rand ergänzt. – b: »ich wolte irer sunde vnschuldig sey[n]« am Rand ergänzt. – c. »sie woltens auf sich nemen« darüber ergänzt.

Vorsorge für die Familie, Tod

Neben seinem starken kirchenpolitischen Einsatz ging der ruhelose Walter auch anderen Nebentätigkeiten nach. So erarbeitete er im Auftrag des Torgauer Stadtrats für den Handel in der Stadt eine Ordnung für Korn, Butter und Käse, die er am 13. März 1557 in Angriff nahm:

> *1557* [...]
> *Johannß Walther senior musicus eine ordnung mit den kornkauff butter vnnd kese angefangen.*[333]

Dies war keine abwegige Beschäftigung, war Walter doch aufgrund seiner Gründlichkeit und seiner Fähigkeiten gerade im Ordnen und Schreiben besonders dafür geeignet. Immerhin wurde der Vorgang in der Chronik als etwas Besonderes festgehalten. Walter war freilich auf derartige Nebenbeschäftigungen nicht angewiesen. Diese Tätigkeit fällt in die frühe Zeit seines Un-Ruhestands in Torgau, als es anscheinend noch keine Beschwerden über ihn beim Stadtrat über seine aufrührerischen Unternehmungen in Kirchensachen gab.

Für seine Familien in Kahla und Torgau traf er ebenfalls Vorkehrungen. 1556 ließ er auf dem Friedhof der Hospitalkirche zum Heiligen Geist in der Torgauer Vorstadt ein Erbbegräbnis für sich und seine Nachkommen anlegen (BILD 12; vgl. BILD 10, Nr. 6) und löste in der Pfarrkirche gegen eine Gebühr von 12 Groschen drei Kirchenstühle seines verstorbenen Schwiegervaters Hans Hesse zur lebenslangen Nutzung:

> *Einnam leuttegelt*
> [...]
> *j ss.* *Johan Walter der Elder churfurstliche'r capelmeister gegeben, vor ein sonderlich begrebnus aufm spitthal kirchoff.*
>
> *Einnamgelt von den stenden vnd sthuelen in den kirchen*
> [...]
> *xij g.* *hatt Johan Walther der Elder churfurstliche'r capelmeister vor drey stende gegeben, welche zuuorn seines weibes vatern gewesen sein.*[334]

333 1557, 13. März, Torgau: Ordnung für Kornkauf, Butter und Käse durch Johann Walter. Aus: BÖHME-CHRONIK. TRG-STA: H 123, 195. In HA-ULB: Sign. Pon. Hist. 2°244, 251, ist nach »*musicus*« das genaue Datum ergänzt: »*hat den 13 martij*«. Literatur: zuerst SCHNEIDERHEINZE 1996 A, 245; zuletzt RICHTER 2013, Dok. 70.

334 1556, erstes Halbjahr [Torgau]: Anlage eines Erbbegräbnisses sowie Kirchstuhllösung durch Johann Walter. Aus: Rechnung des Gemeinen Kastens zu Torgau von 1556. TRG-STA: H 2752, Bl. 4v und 8v. Literatur: RICHTER 2013, Dok. 69.

Die Hospitalkirche, seit der Reformation zum Torgauer Hauptbegräbnisplatz geworden, war nach den Zerstörungen durch den Schmalkaldischen Krieg erst 1554 wiedererrichtet und am Mittwoch nach Catharinä (28.11.) unter Mitwirkung der *»ganze[n] Cantorey«* mit *»cantu figurali«* (Figuralgesang) neu geweiht worden,[335] natürlich unter der Leitung des neuen Kantors Michael Vogt und sicher in Walters Anwesenheit, der gerade aus Dresden zurückgekehrt war. Walters Erbbegräbnis wurde im 17. Jahrhundert weiter gestaltet, gehörte aber zu jenen Gräbern, die nach Angabe Friedrich Lebrecht Kochs durch die Verwüstungen des Siebenjährigen Krieges wieder eingingen, noch bevor der Friedhof 1811 durch die Errichtung von Festungsanlagen ganz zerstört wurde.[336]

In einer Beschreibung der Epitaphien des Hospitalfriedhofs aus dem 18. Jahrhundert werden die Gräber mehrerer Walter-Generationen bis 1708 beschrieben, darunter auch das Wappen der Familie Walter sowie vier Porträts, von denen das erste den Kapellmeister als ersten Bestatteten darstellte.[337] Die von dem Gelehrten Joachim von Beust verfasste lateinische Inschrift dazu – auf Deutsch: *»Du sängest keine so liebliche Weise, Meister Walter, sänge mit dir nicht zugleich auch die belebende göttliche Macht«* – war im Unterschied zu den Symbolen, die den drei anderen Porträts zugeordnet waren, besonders eng auf Walter zugeschnitten. Der Verweis auf die gottgewollte Gesangskunst verdeutlichte zum einen den starken christlichen Glauben des Musikers, zum anderen Walters Bedeutung als Sänger. Seine Verdienste als Musiklehrer in der Torgauer Schule bzw. als Leiter der Kantorei, als Kapellmeister sowie als Komponist wurden zwar nicht explizit erwähnt, lassen sich aber in dem verwendeteten Begriff *»Magister«* fassen. Dieses Wort muss nicht unbedingt mit *»Magister«* im engeren Sinn als Absolvent eines Universitätsstudiums gleichgesetzt werden, was dennoch manche Forscher zu der Auffassung verleitet hat, Walter habe sein Universitätsstudium in Leipzig als Magister (Philosophiae) abgeschlossen.[338] Indes hat er weder selbst dieses Prädikat verwendet, noch ist in den zeitgenössischen Originalakten über ihn ein Hinweis darüber zu lesen. Vielmehr lässt sich *»Magister«* auch im allgemeinen Sinn als *»Meister«* (Lehr- bzw. Sängermeister) übersetzen, womit auf die ihm von anderer Seite zugeeignete Titulierung als kurfürstlich-sächsischer Sängermeister Bezug genommen wäre. Damit wären Walters Bedeutung als Leiter diverser musikalischer Vokalensembles und seine musikalische Vorbildfunktion in allen städtischen und höfischen Diensten generell umschrieben.

335 HA-ULB: Sign. Pon. Hist. 2°244, 25. HERZOG 2016, 390f. Vgl. KRUDTHOFF 1754 B, 499.

336 Näheres zu den Grabstätten und zu Walters Nachkommen bei HERZOG 2013, 101ff.; HERZOG 2016, 392ff., 492.

337 [Um 1730, Torgau]: Beschreibung des Walter'schen Erbbegräbnisses auf dem Torgauer Hospitalkirchhof. TRG-STA: H 2612, Bl. 74v–76r. Literatur: zuerst TAUBERT 1870, 13; zuletzt RICHTER 2013, Dok. 77.

338 WETZEL 1724, 355; WALTHER 1732, 645; vgl. dagegen zuerst TAUBERT 1868, 6.

* * *

An dieser Stelle sei ein Exkurs zu Walters Titeln und Bezeichnungen eingefügt. Zunächst ist zu seiner Benennung als *»Churfürstlicher von Sachsen senger meyster«*, die in den Ausgaben seines GEISTLICHEN GESANGBÜCHLEINS seit 1534 auftaucht, Folgendes zu ergänzen: Das Prädikat des Sängermeisters durfte Walter theoretisch seit 1530 tragen, nachdem der frühere kurfürstliche Sänger- bzw. Kapellmeister Rupsch gestorben und der Titel frei geworden war.[339] Er hatte aber nichts mit einer tatsächlichen Anstellung Walters als ernestinischer Hofkapellmeister zu tun, denn es ist höchst unwahrscheinlich, dass der Kurfürst Rupsch wunschgemäß aus Altersgründen in den Ruhestand versetzte, um einerseits Walter zum neuen Kapellmeister zu ernennen und andererseits die Hofkantorei samt Walter zu entlassen. Wenn Walter 40 Jahre später Rupsch als *»alten Sangmeister«* bezeichnete (TEXT 16), was das Vorhandensein eines zweiten, jungen Sangmeisters voraussetzte, so kann dies nur aus der Rückschau geschehen sein, nachdem Walter Rupschs Funktion nach der Auflösung der Hofkapelle 1526 und damit noch vor dessen Tod übernommen hatte, allerdings zunächst in der Stadt und erst später wieder am Hof. Die besondere Titulierung als *»kurfürstlich-sächsischer«* Sängermeister war auch ohne höfische Anstellung zutreffend, und zwar seit 1531: Damals nahm der Kurfürst bei der Erhöhung der Zulage für Walter nicht auf mehr dessen frühere Dienste in der Hofkantorei, sondern auf seine derzeitigen Verpflichtungen in Schule und Stadtkirche Bezug. Indem er Walter für einen aktuellen Dienst bezahlte, erkannte er ihn offiziell als Diener und damit als Nachfolger Rupschs an. Diese Art finanzielle Unterstützung war vielleicht vor Rupschs Tod gar nicht möglich gewesen – wenngleich sich diese Entwicklung durch die Übertragung von Rupschs Kahlaer Wohnung an Walter schon damals abgezeichnet hatte. Da der Titel erst seit 1531 gültig war, kann Walter ihn vorher auch nicht getragen haben. Nicht ohne Grund wurde er seit seiner Entlassung zunächst weiterhin als *»Komponist«* und *»Musicus«* bezeichnet, so etwa in einem Brief Luthers an ihn vom 21. Dezember 1527.[340]

Was Walters eigene handschriftliche Briefe und Dokumente betrifft – zehn sind in diesem Buch als Autografe oder Abschriften wiedergegeben –, so hielt sich Walter allerdings mit Titulierungen sehr zurück. Allein in zweien fehlen sie völlig: in einem zusammen mit dem Schulmeister Marcus Crodel verfassten Bittschreiben an den Kurfürsten 1541 (TEXT 4) sowie in seinem Testament für die Kahlaer Verwandten 1562 (TEXT 15). In beiden Fällen hielt er seinen Namen für ausreichend, da er den Adressaten persönlich bekannt war. In seinen Schreiben an die befreundeten Theologen Matthias Flacius 1552 (TEXT 10) und Nicolaus von Amsdorff 1553 (TEXT 11, Teil II) gab er ohne jeglichen Hinweis auf seinen Status

339 Vgl. BLANKENBURG 1991, 130f.

340 Abgebildet in BLUME 1931, Tafel II / BLUME 1965, Abb. 6. Transkription bei BLANKENBURG 1991, 57.

außer seinem Namen lediglich zu erkennen, dass er *»itzt zu Dresden«* weilte, und in seinen letzten beiden Schreiben an die ernestinischen Herzöge, mit denen ihn ebenfalls Gefühle geistiger Zusammengehörigkeit verbanden, begnügte er sich mit einem lockeren *»Bürger zu Torgau«* (TEXT 20; TEXT 21, hier noch ergänzt um seine Geburtsstadt Kahla). Lediglich in vier Briefen, und zwar ausgerechnet in jenen an auswärtige Fürsten, gab er etwas genauer über seinen jeweiligen Berufsstand Auskunft:

1. 1526, als er sich bei Herzog Albrecht von Preußen um eine Anstellung bewarb, war er (gerade noch) *»churfürstliche›r cappeln diener«* (TEXT 1)
2. 1545, als er demselben Herzog erneut schrieb,
   - das erste Mal als *»etwan in des churfursten zcu Sachsen hertzog Fridrichs. hochloblicher gedechtnus cantorey. bassist. izundt der verordenten cantorey zcu Torga. cantor«* (TEXT 5),
   - das andere Mal als *»des churfursten zcu Sachsen geordenter cantorey regent«* (TEXT 6).

   Dieser feine Unterschied besagt, dass Walter zwischen den Ausfertigungen beider Briefe einen Statuswechsel vom ehemaligen Bassisten unter Kurfürst Friedrich zum aktuellen Leiter der von Kurfürst Johann Friedrich beorderten Kantorei vollzogen hatte. Walter war also zwischen dem 18. Januar und dem 12. September 1545 zu einer Art Hofkapellmeister aufgestiegen. Dies kann nur mit dem Beginn der regelmäßigen Aufwartungen Walters im Schloss zusammenhängen, von denen der erste erhaltene Beleg im Mai 1545 erstellt wurde.
3. 1554, als er Herzog Christoph von Württemberg eine neue Komposition schickte, war er (gerade noch) *»Churfurstlicher Sechsischer Cantorey Capellmeister«* (TEXT 17).

Ähnliches lässt sich bei den Publikationen beobachten. Auch hier gibt es nur wenige Ausnahmen, in denen Walter nicht auf einen Titel, wenn nicht sogar auf seinen Namen, verzichtet hat:

1. die oben beschriebenen späteren Ausgaben seines GEISTLICHEN GESANGBÜCHLEINS (1534ff.) mit dem Prädikat des kurfürstlich-sächsischen Sängermeisters,
2. der an die ernestinischen Prinzen gerichtete undatierte Zweitdruck seines LOB UND PREIS DER LÖBLICHEN KUNST MUSICA (1538), in dem sich Walter im Titel als *»der Cantorey zu Torgaw Cantor«* und in der Vorrede als *»Bürger, vnd der Cantorey zu Torgaw Cantor«*[341] vorstellte,
3. der Druck seiner Kirchweihmotette CANTIO SEPTEM VOCUM (1544) mit der Titulierung *»Electoris Saxoniæ Symphonista« (»Kapellmeister des Kurfürsten zu Sachsen«),*

341 Zitiert nach dem Faksimile in BLANKENBURG 1991, 428.

4. das für die Schlosskirche angefertigte (handschriftliche) GOTHAER CHORBUCH von 1545 *»Ab Ioanne Gewalthero earundem Ecclesiasticarum cantionum moderatore« (»von Johann Walter, dem Leiter derselben Kirchengesänge«)*,
5. der Zyklus MAGNIFICAT OCTO TONORUM (1557) von dem *»Musico clarissimo« (»sehr berühmten Musikgelehrten«)*,
6. das CHRISTLICH KINDERLIED (1566) des *»Churfürstlichen alten Capellmeister[s]«*.

Zunächst ist festzustellen, dass die Titel, sofern überhaupt, nur dort auftauchen, wo es auch um Musik geht. So enthalten zwar Walters SCHÖNER [...] BERGREIHEN mit dem geistlichen Sommerlied *Herzlich tut mich erfreuen* (1552), sein NEUES CHRISTLICHS LIED mit dem Weckruf *Wach auf, wach auf, du deutsches Land* (1561) und seine Gedichtsammlung EIN GUT NEU JAHR ZUR SELIGKEIT mit einer neuen Bearbeitung von *Verbum caro factum est* (1568) ebenfalls Notentexte, hier war es dem Komponisten aber um seine Dichtungen zu tun. Da Walter nie einen Dichterberuf ausgeübt hat, fehlen bei den Textdrucken entsprechende Titulierungen. Umgekehrt enthält sein Lobgedicht auf die Musik (2.) zwar keine Noten, hat aber die Musik zum Thema, weshalb sich Walter zumindest den Prinzen gegenüber als Kantor zu erkennen gab, womöglich auch im Hinblick darauf, dass diese Publikation über den Hof hinaus in andere Kreise gelangen könnte, denen der Torgauer Kantor unbekannt war. Derartiges erübrigte sich in allen Drucken, die für die Allgemeinheit und Walters Sinnesgenossen bestimmt waren.

Ferner muss der gewaltige Titel des kurfürstlich-sächsischen Sängermeisters im GEISTLICHEN GESANGBÜCHLEIN (1.) dem Komponisten von anderer Seite zuteilgeworden sein, denn aus seinen Briefen wissen wir, dass sich Walter selbst, wenn überhaupt, lediglich als Kantor bezeichnet hat (außer in seiner kurzzeitigen Sonderfunktion als Hofkapellmeister). Wenngleich Kantor und Sängermeister letztendlich dieselbe Bedeutung hatten, so bevorzugte Walter doch jenen Begriff, der auch in den Rechnungen des Torgauer Gemeinen Kastens wiederkehrt. Dass der Titel des kurfürstlich-sächsischen Sängermeisters in den letzten Ausgaben seines GEISTLICHEN GESANGBÜCHLEINS von 1550/51 beibehalten werden konnte, war dem Zufall zu verdanken, dass Walter zum Kapellmeister des neuen, albertinischen Kurfürsten ernannt worden war, sodass der Titel zutreffend blieb. Ungültig war dieser nur in der kurzen Phase zwischen dem Verlust der ernestinischen Kurwürde und der Gründung der albertinischen Hofkapelle, und in der Tat wurde Walter in den Stellenausschreibungen für die zukünftigen Kapellsänger vom 10. und 19. August 1548 beruflich neutral, wenn auch seinen fachlichen Kompetenzen angemessen, als *»Komponist«* und *»Musicus«* bezeichnet, da seine bisherige Tätigkeit als Kantor nicht mehr von Belang war.[342]

342 Zum Unterschied zwischen der auf Walters musiktheoretische Ausbildung hinweisenden Bezeichnung *»Musicus«* und seinem auf die Musikpraxis bezogenen Beruf des Kantors siehe BLANKENBURG 1991, 369f.

Seinen Beruf hatte Walter ohnehin nur in Schreiben an fürstliche Personen und so auch in seinem Lobgedicht von 1538 für die ernestinischen Prinzen erwähnt (2.). Nach seiner Pensionierung bevorzugte er den Begriff des *»alten Kapellmeisters«*, wobei er ihn wiederum nur in dem für eine Fürstlichkeit gedachten Druck verwendete (6.). Dieser wertfreie Titel behielt unabhängig von Walters gefühltem Alter oder seiner eingeschränkten Arbeitsfähigkeit bis zum Lebensende Gültigkeit und signalisierte lediglich, dass es neben Walter nun noch einen neuen Kapellmeister gab.

Die Fremdtitulierung traf auch auf den von Walter nicht selbst besorgten Druck seines figuralen MAGNIFICAT-Zyklus (5.) zu, in welchem dem *»Musico clarissimo«* (*»sehr berühmten Musikgelehrten«*) einerseits eine recht übertriebene Würdigung zuteilwurde, während andererseits der Bezug zu Walters ehemaligem Kapellmeisteramt, das mit dem Werk nichts zu tun hatte, beiseite gelassen wurde.

Demgegenüber rührt der in der lateinischen Kirchweihmotette (3.) verwendete Titel *»Electoris Saxoniæ Symphonista«*, welche der deutschen Bezeichnung des kurfürstlich-sächsischen Sängermeisters gleichbedeutend war (verwandt mit *»symphoniacus«* = Kapell-/Figuralsänger bzw. *»symphoneta«* = Komponist), von keiner Fremdausgabe her, sondern stammt von Walter selbst. Dies ist u.a. daran zu erkennen, dass dieser ihn auch in seinem für den Kurfürsten komponierten Psalm 121 als Akrostichon verarbeitet hat. Seine Verwendung hängt damit zusammen, dass Walter hier ausnahmsweise nicht als Stadtkantor oder Privatperson, sondern tatsächlich im Dienst des Kurfürsten aufgetreten ist.[343] Man kann aus dem verwendeten Titel schließen, dass Walter und seine Sänger keineswegs aus lauter Freude oder Untertänigkeit unentgeltlich sangen, sondern für ihr Singen entlohnt wurden. Der Titel *»Electoris Saxoniæ Symphonista«* ist indes nicht gleichbedeutend mit dem oben genannten Titel *»des churfursten zcu Sachsen geordenter cantorey regent«*. Im ersten ging es um den Kapellmeister des Kurfürsten, im zweiten um den Leiter der vom Kurfürsten verpflichteten Kantorei. Der Unterschied bestand darin, dass die Kantorei anfangs noch keine regelmäßigen Verpflichtungen hatte, sondern nur einen Sonderdienst leistete. Der Begriff »*Moderator* [= Leiter] *derselben Kirchengesänge*« im GOTHAER CHORBUCH (4.) schließlich, der nach dem Beginn der regelmäßigen Auftritte der Kantorei im Schloss ebenfalls Verwendung fand, sagt lediglich aus, dass Walter für die Auswahl und musikalische Leitung der Gesänge verantwortlich zeichnete, unabhängig davon, welcher beruflichen Tätigkeit er nachging bzw. welchen Status er beim Kurfürsten, dem Auftraggeber des Chorbuchs, innehatte. Hier schließt sich der Kreis zu Walters Handschreiben.

* * *

343 Vgl. Ebd., 75.

Doch zurück zu Walters Biografie. Am 1. April 1562 setzte Walter für seine Kahlaer Verwandten ein Testament auf, in dem er 100 Gulden stiftete und so begabten Nachkommen ein Universitätsstudium in Jena finanzierte (TEXT 15). Es ist zwar von späterer Hand als *»testament vnd letzter wille«* bezeichnet, jedoch handelt es sich eigentlich um kein Testament, sondern um eine private Stiftung für seinen Kahlaer Familienzweig. Infolge der neuen Landesteilung von 1547 waren die Torgauer Walters von den Kahlaer Walters und Blanckenmüllers noch weiter entfernt als früher, da Kahla ernestinisch geblieben war, und möglicherweise im Begriff, sich mit Walters Tod ganz von ihnen zu lösen. Um sich weiterhin in Erinnerung zu halten, rief Walter wohl diese Stiftung ins Leben. Von daher verwundert es nicht, dass für die Torgauer Nachkommen kein solches Testament überliefert ist. Wahrscheinlich hat Walter nie eines geschrieben, denn sein verbleibendes Erbe war aufgrund dessen, dass er neben seiner Witwe nur einen einzigen Sohn hinterlassen würde, ganz einfach zu regeln.

Das umfangreiche Dokument hat folgenden Inhalt: Johann Walter bzw. Blanckenmüller vererbte seinen Kahlaer Verwandten 100 Gulden zu je 21 Groschen, die er in (87,50) Talern zu je 24 Groschen beim Stadtrat in Kahla hinterlegt hatte. Von dieser Summe sollten nach seinem Tod seine Brüder Hans Blanckenmüller aus Kahla, der gleichnamige Hans Blanckenmüller aus Borschitz (Großpürschütz), die Kinder seines (verstorbenen) Bruders Nickel Blanckenmüller sowie seine Schwester Clara *»beckerin«* jeweils zehn Gulden erhalten. Die restlichen 60 Gulden waren für ein oder mehrere talentierte Nachkommen der genannten Geschwister sowie seines *»Vetters«* Hans Walter in Kahla zur Unterstützung ihrer Studien an der Jenaer Universität bestimmt, wovon jedes studierende Kind von dem Kahlaer Stadtrat 10 oder 15 Gulden erhalten sollte. Für den Fall, dass seine Frau Anna verwitwete oder verarmte, sollte sie über den übrig gebliebenen Teil der 100 Gulden verfügen dürfen. Hingegen sollten weder sein Sohn (der junge Johann Walter in Torgau) noch dessen Erben Anspruch auf das Geld haben. Sollte Johann Walter diesen seinen letzten Willen widerrufen, so sollte ihm der Stadtrat zu Kahla die hinterlegten 100 Gulden sowie das Testament innerhalb eines Vierteljahres aushändigen. Zeugen waren neben einigen anderen Kahlaer Bürgern sein Bruder Hans Blanckenmüller sowie sein *»Vetter«* Hans Walter. Johann Walter übergab seinen Letzten Willen dem Stadtrat zur Verwahrung und bat die Beteiligten, sich daran zu halten, wie auch Johann Walter zeitlebens ehrlich zu Diensten stehen wollte. Besiegelt wurde das Testament mit den Petschaften Johann Walters sowie aller Zeugen, von denen jene, die schreiben konnten, auch eine Unterschrift leisteten. Bestätigt wurden die Siegel und Unterschriften abschließend von dem Torgauer Stadtschreiber.

Indes eignete sich keine Person aus den Kahlaer Familien für ein Universitätsstudium. Deshalb wurde die Summe eine Generation später zweckentfremdet. So besagt die Beschwerde von Walters Schwager Hanns Sontagk d.Ä. an den Kahlaer

In nahmen der heiligen dreifaldigkeit Amen
Erasmus Nitzsch Tabellio
manu propria
Johan Walters zu Torgau
Testament vnd letzter
Wille

Stiftungsurkunde mit Johann Walters eigenhändiger Unterschrift (mit Siegeln). Gesamtansicht und Detail mit Siegelreihe. KA-KA: ohne Signatur. Vgl. BILD 3 und S. 369. Literatur: zuerst DENNER 1931-2 [Sp. 6f.]; zuletzt RICHTER 2013, Dok. 72

TEXT 15 (mit 3 Abbildungen)
1562, 1. April, Torgau: Walters Testament für die Verwandten in Kahla

Im nahmen der heiligen dreyfaldigkeitt, amen. Demnoch ich Johan Walther der Elder sonsten Blanckenmoller genant, bei mir gedencke, das ich ein sterblicher Mensch bin geboren, vnd nuhn ein gutte zeit vff erden gelebett, also das es fast mit mir dohien geratten, das mich der ewige Gott von diesem elende, in kurtz mochte abfordern, welches ich dan in seinen gotlichen gnedigen willen gestaldt haben will, vnd aufn vhall beuelh ich meine seële, in die hende seiner gotlichen barmhertzigkeit, der wolle auch durch das vordienst, leiden vnd sterben, vnd sonderlich vmb die froliche vferstehung seines lieben sohns Jësu Christi meines erlosers vnd seligmachers, meine seële, wan sie von meinem leibe wirt abscheiden, leitten vnd bewaren zur ewigen seligkeit, amen. Ich will auch das sodan mein corper noch christlich‹en› brawch ehrlichen zum begrebnus soll gestattet werden, Vnd dieweill Gott der almechtige, durch seinen milden segen mir meine narung, dermassen hat gesegnett vnd gemehrett, dorfur ich vnd mein liebes weib seiner almechtigkeit nicht gnugsam dancken konnen nach vormogen. Als hab ich mit einwilliung gedachts meines lieben weibes Anna, Gott dem almechtigen vnd seinem lieben euangelio zw ehren, von solchen vns von Gott gegebenen vnd vnsern wolerwonnenen guttern vortestirt vnd vormacht, meinen armen geschwistern vnd derselben kindern vnd erben einhundert gulden reinisch ihe[1] ein vnd zwantzigk zinsgroschen gutter gebottener sechsischer muntz vor ein gulden gerechnett, so ich an gutten alden thalern einen zw vier vnd zwantzigk groschen getzalt, bei einem erbarn weisen rath der stadt Kala in Doringen, als meinem lieben vatterlandt, erlegt, Vortestire vormache vnd bescheide berurtte einhundert gulden, gemeltten meinen geschwistern vnd derselben kinder vnd erben, wie volgett, nemlich‹en›, zehen gulden Hansen Blanckenmoller zw Kala, zehen gulden Hansen Blancken Moller zw Borschitz, zehen gulden Nickel Blancken Mollers kindern, vnd zehen gulden Clara beckerin meiner lieben schwester. Die sollen sie noch meinem tode, vnd ehr nicht, von einem erbarn rath zw Kahla entpfahen, meiner vnd meines lieben weibes darbei zugedencken, So viel aber die hinderstelligen sechzigk gulden anlangen thut, ist mein entlicher wille vnd gemutt, das dieselben bei einem erbarn rath zw Kahla sollen liegen bleiben, bis obgemelter meiner geschwister kinder, oder derselben kinds kinder, oder meines vettern des jungen Hans Walters kinder, eines oder mehr wirt studiren, wan man als dan iren vleis vnd geschickligkeit wirt befinden, vnd sie zun[a] studijs geschickt vnd tuchtigk seindt, vnd in der vniuersitet zw Jhena studiren wollen, so solle von obgemeltten sechzigk gulden ein erbar rath zw Kahla, meine gonstige lieben herren, einem iedenn knaben, so lange solch geldt der sechzigk gulden werden vnd reichen wirtt, zehen oder funfzehen gulden zw einer hulf vnd stewer geben vnd reichen, mein vnd meines lieben weibes dorbei zugedencken. Wiewol mit diesem bescheidt, do Got der almechtige, wegen vnser woll vordientten sunden, ein brandt, oder zugk[2], (das der almechtige noch seiner grossen barmhertzigkeit vorkommen vnd nicht gestatten wolde. amen.) vber das landt sold ergehen, vnd ich mit tode wero vorfallen vnd meine liebe hausfraw Anna noch am leben were, oder auch, do sie sonst‹en› mit augenscheinlich‹er› blozlicher armutt, do Got fur[3] sei vberfiele, vnd nott leiden soltte, vf den vhall vnd ehr nicht, solt gedacht mein liebes weib macht haben sich zw der vbermaß der itzo legirtt‹en› hundert gulden zuhalden, damit sie in irem alder vnd hochster nott nicht an den bettelstab (do Gott fur[3] sei) kommen moge, Aber noch irem tode, soll sich wider vnser sohn, derselben kindere oder vnsere beider erben an solch‹en› vortestirt‹en› gelde, ettwas zuerlangen, gantz vnd gar nichts antzumassen noch zu vnderfahen haben, alles treulichen vnd sonder geferde. Vnd dis will ich als meinen letzten willenn stehtt vheste vnd vnuerbruchlichen[a] gehalden haben, so fern ich nicht ein anders hirin schaffen vnd vorordenen werde, bei meinem leben, welches ich mir dan zw jeder zeit zu thuen bedingt vnd vorbehalden will haben, Vnd wan ich diese widderruffung werde oder mochte thuen, soll als dan ein erbar rath zw Kahla mir die hinderlegten hundert gulden, in frist eines virtels jars, neben dem zwgestaldt‹en› testament, wider vberantwortten, vnd dis seind meine zeugen, nemlichen die ersamen wolweisen Hans Förtzsch[4], Ditterich Muller, Quirinus Heseling[5], Clement Gunderman, Andres Clemen, Hans Blanckenmoller vnd Hans Walter burgere zw Kala, welchen ich solches vortraulichen habe angezeigt, So hab ich diesen meinen letzten willen, mit selbst eigener handt vnderschrieben, denselben obgemelt‹en› meinen lieben herren vnd forderren einem erbarn weisen rath der stadt Kahla zwvorwaren lassen vberantwortten, vnd bitte sie demutig, das sie vber diesen meinen letzt‹en› willen treulichen wolten halden, das dem also gantztreulichen nochgangen werde, wie dan ire e‹hrbaren› w‹eisen› mir des schriftlich‹en› vnder irem stadt insigell zugesagt, das wirtt inen Gott vorgelden, vnd vnbelohnett nicht lassen, vnd ich will es, die zeit meines lebens vmb ihre e‹hrbaren› w‹eisen› gantzwillig vordinen Vrkundtlich mit meinem Joan Walters des Eldern sonsten Blanckenmollers, vnd der obengenant‹en› zeugen furgedruckt‹en› petzschaften besiegelt vnd bekreftigett, zw welcher sigelung wir die oben benantt‹en› gezeugen, das es zum zeugknus geschehen sei, vns hirmitt bekennen, haben vns auch die wir schreiben konnen mit eigenen henden vnderschrieben, doch in andere wege vns vnd vnsern erben ane[6] schaden, Geschehen vnd geben mittwochs nach der frolichen vferstehung Jesu Christi so do wahr der erste tag aprilis im tausent funfhundert vnd in dem zwei vnd sechzigst‹en› jar.

[VON LINKS NACH RECHTS]

Das dis, mein Johan Walters des Eldern, letzter, bestendiger, vnd entlicher wille sey, bekenne ich mit dieser meiner selbst aignen handtschrifft vnd gewonlichem meinem petschaft [Siegel mit »I W«]
[Siegel mit »H F«] dieses bekenne ich Hans Förtzsch[4] mit meiner eigenen hantschrifft etc.
[Siegel mit »D M«]
[Siegel mit »Q H«] dieses bekene ich Quirinus Heseling[5] mit meiner eigenen handtschrifft
[Siegel mit »C G«] Cleme‹nt› Gunderma‹n› Eygene handt
[Siegel mit »A C«] Andreas Clemen Eygene handt
[Siegel mit »I B«]
[Siegel mit »I W«] dis mein handtschrifft Hansen Walters burger zu Kala

[Stempel des Torgauer Stadtschreibers] Vnd ich Erasmus Nitzsch offenbarer notarius vnd dieser zeit gesch[worener][a] st[adt]schreiber[a] und burger zw Torgaw, hirmit offentlich bekenne, nochdem ich gedachts herren Johan Walters des Eldern etc. letzten willen, vf sein beger vnd bitt hab vf dis offene instrument begriffen vnd vorfasset, sich auch die angegebenen zeugen (wiewol mir die nicht vorgestaldt worden.) zum zeugknus mit iren selbst‹en› eigenen henden ein jeder, so schreiben gekont, vnderschrieben vnd dorneben ire gewonliche petzschaft aufgetruckt, als hab ich mich, der ich vom gedacht‹en› herrn testatore hirzw sonderlich erfordert requirirt vnd gebetten bin, mit eigener handt auch vnderschrieben, vnd mein gewonlich notariat zeichen hirbei gemarckt, Geschehe‹n› im jar tag vnd beisein wie obenn,

Erasmus Nitzsch Tabellio
manu propria s‹ub›ß‹cripsi›t[7] |

[ERGÄNZUNG] Johan Walters zu Torgau testament vnd letzter wille

Textkritische Hinweise

a: Wort kaum erkennbar. – 1: je. – 2: Kriegszug. – 3: für = dagegen. – 4: Inhaber der Dittrichsmühle. – 5: Bürgermeister. – 6: ohne. – 7: hat mit eigener Hand unterzeichnet.

BILD 12
Torgau, Hospitalkirche, um 1810. Zeichnung von J. C. A. Bürger (Ausschnitt). TRG-STA.
Das Kreuz verweist auf den Standort des ehemaligen Walter'schen Erbbegräbnisses darunter.

Stadtrat von 1599,[344] dass Hans Walter, Johann Walters *»Vetter«*, vor einigen Jahren auf Weisung der Regierung in Weimar 60 oder mehr Gulden zur Einlösung eines Landstücks geliehen bekommen hatte, ohne die Summe wieder zurückzuerstatten, und nun nach seinem Tod seien seine Erben im Begriff, alles unter sich aufzuteilen. Dagegen protestierte Sontagk heftig, wobei er, um ebenfalls an die Hälfte der Summe (50 Gulden) zu gelangen, vorgab, dass diese allein seiner Frau als der leiblichen Schwester dieses *»Vetters«* zustehe. Dabei verschwieg er, dass Johann Walter noch andere Geschwister, die Blanckenmüllers, hatte. Vor diesem Hintergrund erfüllte Walters Stiftung doch in gewisser Weise die Funktion eines Testaments, denn nur mit solch einer Handhabe war die erbrechtliche Verteilung von Geldern und anderen Wertsachen an Personen

344 1599, 12. Februar, Kahla: Beschwerde Hanns Sontagks über die Missachtung des Testaments von Johann Walter. Schreiben an den Kahlaer Stadtrat. KA-STA: Bestand 0413/03, Sig. 901. Literatur: zuerst DENNER 1935, 398, 400, 421–423; zuletzt RICHTER 2013, Dok. 75.

außerhalb der Familie möglich. Andererseits kann man Sontagk sehr dankbar sein, denn seinem Brief ist überhaupt erst die wichtige Information von Walters Aufnahme bei einer anderen Familie zu entnehmen, welche weder im Testament noch in der Stammliste, der *»Prosapia Waltheriana«*, Erwähnung gefunden hatte.

Wie eingangs erwähnt, verstarb Walter am 10. April 1570. Wann er auf seinem Erbbegräbnisplatz (BILD 12) bestattet wurde und ob er mit allen Ehren – mit Kirchendienern, Schülern und Geläut – begraben wurde, obwohl der adiaphoristische Superintendent Heidenreich immer noch in Torgau regierte, bleibt offen.

Der wohlhabende Walter hinterließ ein beträchtliches Nachlassvermögen in der Höhe von 1 629 Gulden.[345] Dies hatte er nicht nur seiner Einheirat in eine der wohlhabenderen stadtbürgerlichen Familien Torgaus, der erfolgreichen Vermarktung seines GEISTLICHEN GESANGBÜCHLEINS und seinen zunehmenden städtischen und kurfürstlichen Gehältern und Zulagen, die zum Teil einander überlagerten und ihn *»zu einnem stadtlichen vormögen kommen«*[346] ließen, zu verdanken. Vielmehr dürfte seine extreme Bescheidenheit und Sparsamkeit hierzu beigetragen haben, wie sie nicht zuletzt an seinem sehr kleinen, eines angesehenen Hofdieners und Gelehrten unwürdigen Grundstück (Handwerkerhaus) ohne Braurecht und ohne Garten deutlich wird. Andererseits war es ihm dadurch gerade in seinen letzten Jahren möglich, Bekenntniswerke auf eigene Kosten zu veröffentlichen, den Kahlaer Verwandten 100 Gulden zu überschreiben und sogar den Sohn beim Ausbau seines Hauses zu einem stattlichen Patrizierhaus finanziell zu unterstützen. Je weniger Wert Walter auf materielle Dinge für den eigenen Bedarf legte – hiervon zeugen in hohem Maße auch seine Gedichte –, umso großzügiger zeigte er sich den Verwandten gegenüber. Dass er während des Schmalkaldischen Krieges zusammen mit anderen Torgauer Bürgern dem Stadtrat für die Kriegsunternehmungen des Kurfürsten Geld leihen konnte,[347] zeugt von einer großen materiellen Fülle, die sich bereits in den ersten 20 Jahren seiner Chorarbeit angesammelt hatte. In dieser erkannte Walter dankbar Gottes Liebe:

> *Gott der almechtige, durch seinen milden segen mir meine narung, dermassen hat gesegnett vnd gemehrett, dorfur ich vnd mein liebes weib seiner almechtigkeit nicht gnugsam dancken konnen nach vormogen* [TEXT 15].

Allerdings bewahrte ihn dieser Wohlstand nicht vor Trauer und Trübsinn angesichts der sich immer weiter zuspitzenden Lage der evangelischen Kirche wie der ganzen damaligen Gesellschaft, welcher – so deuten es seine Dichtungen – das baldige Ende bevorstand.

345 HERZOG 2013, 98, 101.

346 Quelle angegeben in Anm. 344.

347 GURLITT 1933, 56.

Schaffen

Der Komponist: Musik für die Gottesdienste, Unterstützung Luthers

Luthers positives Verhältnis zur Musik, seine als ausgebildeter Theologe über bloßen Dilettantismus weit hinausgehenden Musikkenntnisse als Tenorist, Instrumentalist und Komponist, seine Lieblingskomponisten Josquin des Prez und Ludwig Senfl, seine Aufforderung, die Kinder zur Schule zu schicken, um sie durch die Musik zum Wort Gottes und zur reinen Lehre zu erziehen, sowie nicht zuletzt seine These, dass die Musik als Regiererin des Herzens gleich an zweiter Stelle nach der Theologie komme, sind weithin bekannt. Wenngleich sich Luther nie in einer besonderen Publikation systematisch über Musik geäußert hat und eine noch genauere Analyse seiner nur sehr verstreut in unterschiedlichen Kontexten zu findenden Aussagen auch divergierende Wertungen und eine zeitliche Entwicklung im Denken Luthers offenbaren würde, die möglicherweise das Bild des über alle Kritik erhabenen Reformators ins Wanken brächte,[348] so kann man doch als gegeben voraussetzen, dass Luther ein musikalischer Mensch war und aus diesem Grund im Gottesdienst Musik, die über Einstimmigkeit hinausging – sei es vokale Mehrstimmigkeit, Instrumentalverstärkung oder Orgelspiel –, befürwortet hat. In seinem Verständnis der Musik als einer gottgegebenen und für Christen verbindlichen Kunst zum Preis und zur Erkenntnis Gottes verkörperte Luther einen der beiden Pole in der damaligen kirchenmusikalischen Kontroverse. Am anderen Pol standen Ulrich Zwingli mit seinem absoluten Kirchenmusikverbot sowie Johannes Calvin (nach ihm auch der Schwärmer[349] Andreas Karlstadt) mit seiner Beschränkung auf einstimmigen Gesang (nach dem Prinzip: ein Gott – eine Taufe – ein Glaube – ein Gesang).[350]

Genauso bekannt ist Walters Einstellung zur Musik, insbesondere seine eher konservative Haltung gegenüber den neu aufkommenden frankoflämischen Kompositionstechniken wortgebundener Textausdeutung, dem an den Wortinhalten stärker orientierten cantus-firmus-freien, durchimitierenden Figurieren. Stattdessen bevorzugte er, bedingt durch die gregorianischen Evangelien- und die Kirchenliedmelodien, das althergebrachte cantus-firmus-bezogene Diskantieren

348 Herbst 2013, 9.

349 Der Begriff »*Schwärmer*« rührt von der bildlichen Vorstellung eines Bienenschwarms, der den Angefallenen umschwärmt, sodass dieser seine Orientierung verliert. Michael Beyer in Marx/Kluth 2004, 113.

350 Herrmann 2004, passim.

über der melodietragenden Tenorstimme. Die folgenden Kapitel sollen nicht dazu dienen, dies durch Musikanalysen erneut ausführlich zu beleuchten. Vielmehr wird Walters geradezu *»innige Beziehung zu Luther«*[351] im Vordergrund stehen. Sie hat seinen Lebenslauf maßgeblich geprägt und unterscheidet sich deutlich von denen anderer Komponisten und Kantoren. Auskünfte über Walters enges freundschaftliches Verhältnis zu Luther geben Walters eigene Aussagen über Luther, sein Engagement bei der gemeinsamen Reformierung der gottesdienstlichen Liturgien sowie seine für die Gottesdienste gedachten Notenpublikationen, mit denen er den lateinischen Kirchengesang in Luthers Sinn verteidigte.

Erinnerungen an Martin Luther und die Choralreform

Als Walter zu Ende seines Lebens über die schöne gemeinsame Zeit mit Luther berichtete (TEXT 16), mit dem er *»gar manche liebe Stunde gesungen«* habe, erwähnte er nicht nur die 40 Jahre zurückliegende dreiwöchige Erarbeitung der musikalischen Liturgie für die deutsche Messe in Wittenberg, sondern äußerte sich auch über seine Bemühungen um die Reform der alten (gregorianischen) Choräle. Bei dieser großen Aufgabe habe zum einen seine Begabung, sein *»von Gott empfangenes Pfund«*, eine Rolle gespielt. Zum anderen war Walter wie Luther zutiefst davon überzeugt, dass sich viele vorreformatorische Gesänge textlich zum Lob Gottes eigneten, auch wenn sie lateinisch waren. Damit widersprach er jenen, die lateinisch mit päpstlich gleichsetzten. Dies war eine Anspielung auf die vielen Diskussionen um die Verbannung der lateinischen Sprache aus den Gottesdiensten, die vor allem mit dem Namen Thomas Müntzers verbunden und zu Walters Lebensende – im Zuge der Zurückdrängung des Allgemeinen Priestertums, der deutschen Sprache und des Kirchenliedes in den 1550/60er-Jahren[352] – aktueller denn je waren. Nach Walters Erinnerung hatte Luther sowohl die Vespern durch die Anordnung kurzer, reiner Choralgesänge für die Schüler als auch die lateinischen Kurrendegesänge mittels Antiphonen und Reponsorien neben deutschen Liedern vor dem Verfall bewahrt. Darüber hinaus sei Luther ein Meister im Dichten und Vertonen deutscher Choralgesänge gewesen. So wiesen etwa die Noten des deutschen Sanctus *Jesaja, dem Propheten, das geschah* – in der DEUTSCHEN MESSE ist es sogar mit Noten wiedergegeben (BILD 14) – die richtige Silbenbetonung auf, da Luther nach dem Vorbild Vergils darauf geachtet habe, dass sich die Musik nach dem Text(klang) richtet. (Walter hat sie

351 STAEHELIN 1998, 25.
352 BLUME 1931, 67f.

sogleich in der nächsten Auflage seines GEISTLICHEN GESANGBÜCHLEINS von 1528/1534 fünfstimmig vertont, wobei er als Einziger Luthers Weise unverändert in den Tenor-Cantus-firmus übernommen hat.[353]) Nicht zuletzt hatte Luthers Begeisterung Walter angesteckt. Das Singen von Choral- und Figuralgesängen habe Luther so fröhlich gemacht, dass er gar nicht mehr damit aufhören wollte.

Walters Bericht spiegelt seine große Verehrung für den Reformator wider und beinhaltet zugleich die Gründe für sein Komponieren. Es ging ihm wie Luther nicht nur um die Erhaltung der mehrstimmigen Musik in den Gottesdiensten überhaupt, sondern auch um die Beibehaltung des Lateins in den Gesängen. Schaut man auf Walters Beispiele von Chorälen, die er für die Feiertage Weihnachten, Ostern, Himmelfahrt, Pfingsten und Trinitatis geeignet fand, so ist in der Tat ein deutliches Übergewicht an lateinischen Gesängen festzustellen, deren Beibehaltung Walter ausdrücklich verteidigte. Dies ist nicht verwunderlich, sollten die Gottesdienste an den hohen Feiertagen doch, wie noch zu sehen sein wird, in lateinischer Sprache bzw. lateinisch-deutsch gemischt gehalten werden. Bis zum Zeitpunkt von Walters Bericht stieg der Anteil an lateinischen Gesängen in den gewöhnlichen Messen laut sächsischer Kirchenordnung sogar noch weiter an. Lateinische Werke fanden in den evangelischen Gottesdiensten noch lange Zeit Verwendung. Hierfür spricht auch ihre zunehmende Zahl in Walters Œuvre, nicht zuletzt in seinen Notenhandschriften, die vornehmlich Werke für die musikalischen Vespern bereithielten. Nur ab und zu findet sich unter den Vespern für die Feiertage auch ein deutscher oder gemischtsprachiger Liedsatz, z.B. *In dulci iubilo* oder *Joseph, lieber Joseph mein.*[354]

Zum anderen ging es Walter um die Berücksichtigung der Wortakzente in den deutschen wie lateinischen Vertonungen. Luther selbst hatte sich 1524 im ersten Teil von WIDER DIE HIMMLISCHEN PROPHETEN (publiziert 1525) zur richtigen Akzentsetzung in den Gesängen geäußert:

> *Ich wolt heutte gerne ain deutsche Messe haben, Ich gee auch damit vmb, Aber ich wolt ja gerne, d‹as› sy ain rechte deutsche art hette, Denn das man den lateinischen text verdolmetscht, vnd lateinischen thon oder noten behelt, laß ich geschehe‹n›, Aber es laut nit ertig* [= artig], *noch rechtschaffen. Es můß bayde text vnd noten, accent, weyse vn‹d› geberde, auß rechter můter sprach, vnd stymme komme‹n›, sonst ists, alles ain nachkommen* [= nachahmen], *wie die affen thůn.*[355]

353 GERHARDT 1949, 66, 107.

354 Ebd., 57. Vgl. HEIDRICH 1998 B, Anm. 49.

355 LUTHER 1525 B, Bl. Jiiir. Zur Datierung STALMANN 1960, 9.

Zuallererst waren gemäß Luthers Prinzip der Textreinheit und nach Walters Maßstab der musikalischen Sauberkeit Reformen der alten, falsch oder missverständlich geschriebenen lateinischen Antiphonen, Hymnen usw. vonnöten, indem die sogenannten Barbarismen entfernt wurden, wobei u.a. betonte/unbetonte Silben korrekt mit schweren/leichten Noten verbunden und Melismen auf unbetonten Silben gestrichen wurden. Konnten vereinfachte, sangbare Melodien auch während des einstimmigen Singens ad hoc durch Weglassen der Melismen gebildet werden, so war das Akzentproblem damit noch nicht gelöst. Diesem künstlerischen Programm widmete sich Walter während seiner gesamten Kantoratszeit.

Leider publizierte er keine systematische Zusammenstellung dieser neuen, liturgisch festgelegten Weisen, sodass dieser Schaffensteil Walters verloren gegangen ist. Lediglich die erwähnte kurze Aufstellung einiger Beispielchoräle für die Feiertage, zumeist in lateinischer Sprache, scheint Teil dieses fragmentarisch gebliebenen Vorhabens gewesen zu sein. Dabei handelte es sich teils um reine Bibeltexte in Form von Introiten, Responsorien oder Antiphonen und teils um Umdichtungen, wie Hymnen, Sequenzen und Lieder, die gleichermaßen *»aus der Propheten vnd Aposteln Schrifften gezogen«* waren.[356] Von diesen Beispielen sind nur die Textincipits bekannt, denn Walters überlieferte mehrstimmige Bearbeitungen dieser Choräle, seine Cantiones latinae (lateinische Gesänge) für den Figuralgesang, zeigen keine auffälligen Veränderungen dieser Art und scheinen mit Walters ausführlich geschilderten Choralbearbeitungen für den einstimmigen Gesang durch die Schüler nicht identisch zu sein. Man kann heute also nicht mehr nachvollziehen, wie weit Walter tatsächlich in die Substanzen der Choralmelodien eingegriffen hat. Durch liturgische Bücher anderer Komponisten wurde später Ersatz für Walters Vorarbeit geschaffen, u.a. durch die PSALMODIA von Lucas Lossius von 1553.[357]

Die Überlieferung seiner Erzählung ist dem Hofkapellmeister und Musikgelehrten Michael Praetorius zu verdanken, welcher sie etwa 50 Jahre später sowohl in der LEITURGODIA SIONIA LATINA von 1612 als auch im ersten Band seines SYNTAGMA MUSICUM von 1615 veröffentlichte.[358] Praetorius stand zu Torgau in enger Bezie-

356 Der Begriff *»aus der Schrift gezogen«* tauchte 1523 auch bei Luther auf, als er darauf hinwies, dass die Gesänge gerade in den Sonntagsmessen und -vespern – sie waren deutlich besser besucht als die Gottesdienste unter der Woche – beibehalten werden sollten, denn sie seien *»fast* [= sehr] *gutt, vnd aus der schrifft getzogen«*. LUTHER 1523 B, Bl. A iij v.

357 Zu Walters Choralreform STALMANN 1960, 38, 146ff.; STALMANN 1964, 168ff.; BLANKENBURG 1991, 319ff.

358 Näheres zur heute verschollenen autografen Vorlage, die Praetorius zur Verfügung stand, bei STALMANN 1964, 166–168. Demnach hatte sie nichts mit einer späteren Überlieferung

hung, hatte sein Vater Michael Schulteis (Schulz) doch 15 Jahre lang in Torgau gewirkt: seit 1534 als Bakkalaureus und nach einem kurzen Studium in Wittenberg seit 1539 als Kaplan, bevor er 1549 aufgrund seiner Äußerungen gegen das Leipziger Interim und die Philippisten – ähnlich wie der Superintendent Gabriel Didymus und andere – zunächst in Wittenberg inhaftiert und dann seines Amtes enthoben wurde, woraufhin er als einer der »*exules Christi*«[359] die Stadt innerhalb einer Woche verlassen musste.[360] Er dürfte sowohl als Schulkollege wie als gnesiolutheranischer Glaubensgenosse Walters eine enge Beziehung zu diesem gepflegt haben. Da er nach Walters Tod nach Torgau zurückkam, könnte er oder sein Sohn Michael, der immerhin einige Jahre lang die von Walter wesentlich mitgeprägte Torgauer Lateinschule besuchte, Walters wertvollen Bericht sichergestellt haben, sei es nun aus Walters Nachlass oder aus dem Besitz der Kantorei.[361] Praetorius' große Verehrung für den ehemaligen Torgauer Kantor geht aus seiner lateinischen Vorrede zu Walters autobiografischem Bericht hervor. Dort heißt es, übersetzt ins Deutsche:

> *Besonderes Lob aber unter den Tondichtern unseres Zeitalters verdient in den deutschen Kirchen der überaus gewichtige und anhörbare Begründer der Lutherischen Kithara* [= Musik] *Johannes Walther, Magister* [= Meister] *in der Kapelle der sächsischen Herzöge und Kurfürsten Johann Friedrich und Moritz* [...].[362]

Michael Praetorius, der Walter nicht nur als Urkantor, sondern als Begründer der evangelischen Kirchenmusik überhaupt ansah, war für lange Zeit der letzte, der sich mit dem Werk Walters noch als eines Komponisten »*unseres Zeitalters*« beschäftigte. Alle späteren Herausgeber des 18. Jahrhunderts wussten kaum noch etwas (Richtiges) über Walter zu berichten.

in Coburg zu tun, obwohl Fürstenau behauptet hatte, diese dort vorgefunden und direkt aus ihr zitiert zu haben, während er frühere Veröffentlichungen des Textes völlig unerwähnt ließ. FÜRSTENAU 1849, 16ff.

359 GURLITT 1933, 70.

360 Näheres zu Schulteis bei GURLITT 1915/2008, 10–35; HERZOG 2013, 84; HERZOG 2016, passim. 1535 ist Michel von Puntzel in der Rechnung des Gemeinen Kasten zu Torgau erstmals als vierter, aber nicht mehr neuer Bakkalaureus nachweisbar. TRG-STA: H 2738, Bl. 34r. (Die Jahre 1533/34 und 1538 sind verschollen.) 1536 überholte er den dritten Bakkalaureus, und 1539 erscheint er unter dem Namen Michel Schultz als neuer, dritter Kaplan. Ebd., H 2739, Bl. 42r–v; H 2741, Bl. 40r. Er war auch Kantoreimitglied und Hauslehrer. GURLITT 1933, 52f., 98.

361 BLANKENBURG 1991, 110.

362 STALMANN 2013, 36.

PRAETORIUS 1615, 449–453.
Vgl. den ähnlichen Abdruck in PRAETORIUS 1612 [Bl. B5r–B6v].

TEXT 16
Johann Walters Bericht über seine Zusammenarbeit mit Martin Luther

VERBA Des alten Johan Walthers.

DIe Vrsachen, warumb ich den Choral Gesang (welcher im Text reine, in den Noten aber sehr verfelschet) corrigiret, seynd diese:

Dann 1. erstlich, haben mich darzu bewegt vnserer Vorfahren, vor vnserer zeit, lieben Christen vnd Heiligen, schöne, köstliche, Geistreiche künstliche lateinische vnnd deutsche Gesänge, aus der Propheten vnd Aposteln Schrifften gezogen, welche sie Christo zu ehren gemachet, vnd in jrer Gemeine, Gott zu lobe, gesungen. In welchen Gesängen man spüret, vnnd aus den frölichen Melodyen klärlich siehet, die grosse Frewde vnd Brunst jres Geistes, vber dem Göttlichem, vnerforschlichem hohem Werck der Menschwerdung Christi vnd vnser Erlösung, Derer ich etliche erzehlen muß: Als da ist, das

[Weihnachten]

Verbum Caro factum est.
Puer natus est nobis.
Grates nunc omnes reddamus Domino Deo.
Natus ante secula Dei Filius.
A solis ortus cardine.
Corde natus ex parentis ante mundi exordium.
Dies est lætitiæ. |
Ein Kindelein so löbelich.
Illuminare Hierusalem.

Item, von der frölichen Aufferstehung Christi.

Christus resurgens.
Victimæ Paschali laudes.
Salve festa dies.
Resurrexit Dominus.
Ad cœnam Agni providi.
Pax vobis ego sum, Halleluia.
Christ ist erstanden.

Von der Auffarth Christi.

Ascendo ad patrem.
Summi triumphum regis.
Ite in urbem [orbem] universum.
Christ fuhr gen Himmel.

Vom heiligen Geist.

Apparuerunt Apostolis.
Veni sancte Spiritus, & emitte cœlitus.
Sancti Spiritus adsit nobis gratia.
Veni creator Spiritus.
Nun bitten wir den heiligen Geist.

Von der heiligen Dreyfaltigkeit.

Summæ Trinitati.
Benedicta semper sit [sancta] Trinitas.
O adoranda Trinitas.
O veneranda Unitas, &c.
O lux beata Trinitas. |

Vnd solcher dergleichen Gesänge seind vielmehr: von welchen herrlichen Gesängen alle Christen bekennen müssen, daß sie hohen reichen verstand der heiligen Schrifft in sich haben, Vnd wann sie mit andacht vnd auffmerckung gesungen werden, die Hertzen der Menschen kräfftiglich zu Gott erwecken, vnd zu seinem Lobe reitzen.

Vnd wiewol man Leute findet, welche allein die deutsche alte Christliche Lieder für gut achten vnd loben, die Lateinische erzehlete Gesänge aber Päpstisch heissen, Solches ficht mich wenig an. Denn, so gedachte lateinische Gesänge deßhalben Päpstisch sein solten, daß sie von den Papisten in jhren Stifften gesungen werden, so müsten die deutsche Christliche alte Lieder auch Papistisch sein vnd heissen, weil sie die Papisten eben so wol als wir in jhren Kirchen singen.

2. Zum andern, so habe ich, Gott zu lobe vnd preiß, vnnd dem lieben Evangelio Christi zu ehren, zu solchem Wercke, auff bitte vnd anhaltung etlicher frommer Christen, mich vermögen lassen, vnd das empfangene Pfund, von Gott, nicht vergraben wollen.

3. Zum dritten, so weis vnd zeuge ich warhafftig, daß der heilige Mann Gottes Lutherus, welcher deutscher Nation Prophet vnd Apostel gewest, zu der Musica im Choral vnd Figural Gesange grosse lust hatte, mit welchem ich gar manche liebe Stunde gesungen, vnd offtmahls gesehen, wie der thewre Mann vom singen so lustig vnd frölich im Geist ward, daß er des singens schier nicht köndte müde vnd satt werden, vnd von der Musica so herrlich zu reden wuste.

Denn da er vor viertzig Jahren die deutsche Messe zu Wittenberg anrichten wolte, hat er durch seine Schrifft an den Churfürsten zu Sachsen, vnd Hertzog Johansen, hochlöblicher gedächtnuß, seiner Churfürstlichen Gnaden die zeit alten Sangmeister Ehrn Conrad Rupff, vnd Mich gen Wittemberg erfordern lassen, dazumahlen vön den Choral Noten vnd Art der acht Ton vnterredung mit vns gehalten, vnd beschließlich hat er von jhm selbst die Choral Noten octavi Toni der Epistel zugeeignet, vnnd Sextum Tonum dem Evangelio geordnet, vnnd sprach also: Christus ist ein freundlicher HERR, vnd seine Rede sind lieblich, darumb wollen wir Sextum Tonum zum Evangelio nehmen, vnd weil S‹anctus› Paulus | ein ernster Apostel ist, wollen wir Octavum Tonum zur Epistel ordnen: Hat auch die Noten vber die Episteln, Evangelia, vnd vber die Wort der Einsetzung des wahren Leibes vnnd Bluts Christi selbst gemacht, mir vorgesungen, vnd mein bedencken darüber hören wollen. Er hat mich die zeit drey Wochen lang zu Wittemberg auffgehalten, die Choral Noten vber etliche Evangelia vnnd Episteln ordentlich zu schreiben, biß die erste deutsche Meß in der Pfarkirchen gesungen ward, do muste ich zuhören, vnd solcher ersten deutschen Messe Abschrifft mit mir gen Torgaw nehmen, vnd hochgedachten Churfürsten jhrer Churf‹ürstlichen› Gn‹aden› aus befehl des Herrn Doctoris selbst vberantworten.

Denn er auch die Vesper, so die zeit an vielen Orten gefallen, mit kurtzen reinen Choral Gesängen, für die Schüler vnd Jugend widerumb anzurichten, befohlen: Deßgleichen, daß die arme Schüler, so nach Brod lauffen, für den Thüren lateinische Gesänge, Antiphonas vnd Responsoria, nach gelegenheit der zeit, singen solten: Vnd hatte keinen Gefallen daran, daß die Schüler für den Thüren nichts denn deutsche Lieder sungen. Daher seind die jenigen auch nicht zu loben, thun auch nicht recht, die alle Lateinische Christliche Gesänge aus der Kirchen stossen, lassen sich düncken es sey nicht Evangelisch oder gut Lutherisch, wenn sie einen Lateinischen Choral Gesang in der Kirchen singen oder hören solten: Wiederumb ists auch vnrecht, wo man nichts denn lateinische Gesänge für der Gemeine singet, daraus das gemeine Volck nichts gebessert wird. Derowegen seind die deutsche Geistliche, reine, alte vnd Lutherische Lieder vnd Psalmen für den gemeinen hauffen am nützlichsten: die Lateinischen aber zur vbung der Jugend vnd für die Gelärten

Vnd sihet, höret vnnd greiffet man augenscheinlich, wie der heilige Geist, so wol in denen Autoribus, welche die lateinischen, als auch im Herrn Luthero, welcher jetzo die deutschen Choral Gesänge meistestheils gedichtet, vnd zur Melodey bracht, selbst mit gewircket: Wie denn vnter andern aus dem deutschen Sanctus (Jesaia dem Propheten das geschah, etc.) zuersehen, wie er alle Noten auff den Text nach dem rechte‹n› accent vn‹d› concent so meisterlich vnd wol gerichtet hat, Vnd ich auch die zeit seine Ehrwürden zu fragen vervrsachet ward, woraus oder woher sie doch diß Stücke oder Vnter|richt hetten: Darauff der thewre Mann meiner Einfalt lachte, vnnd sprach: Der Poët Virgilius hat mir solches gelehret, der also seine Carmina vnd Wort auff die Geschichte, die er beschreibet, so künstlich applicirn kan: Also sol auch die Musica alle jhre Noten vnd Gesänge auff den Text richten.

Die Deutsche Messe und die Gottesdienste in Torgau

Wittenberg ist die Mutter und Torgau die Amme der Reformation.
Was Wittenberg einstmals edieret, hat Torgau zuerst privilegieret.[363]

Obwohl sich der zweite Spruch auf das von Torgau aus erteilte Wittenberger Druckprivileg für die Luther'sche Bibelübersetzung bezieht, könnte man gerade das besondere kirchenmusikalische Verhältnis zwischen Torgau und Wittenberg kaum treffender charakterisieren. Walters Verdienste sowohl bei der Ausarbeitung der einstimmigen Liturgien der evangelischen Gottesdienste in Wittenberg 1525 als auch bei deren praktischer Umsetzung in Torgau können nicht hoch genug eingeschätzt werden, von seinen mehrstimmigen Kompositionen ganz zu schweigen. Walters umfassende Erarbeitung der neuen Kirchengesänge förderte die gottesdienstliche Musik zuallererst in Torgau und erst daraufhin in anderen Gemeinden, so auch in der Wittenberger Pfarrkirche.[364]

Luthers Änderungen an den Gottesdiensten

Unter welchen liturgischen Bedingungen nahm Walter nun seine musikalische Arbeit auf und schuf Voraussetzungen dafür, dass die neuen Gottesdienste einerseits fast vollständig durchgesungen und andererseits noch zusätzlich durch mehrstimmige Figuralgesänge bereichert werden konnten? Hier muss man sich zunächst mit Luthers Auffassung, wie es mit der Musik in den evangelischen Gottesdiensten zu halten sei, anhand seiner frühen Publikationen befassen. Diese waren nur entwurfsartig und weitgehend unverbindlich formuliert und dienten als elementare Gerüste, normative Modelle und Rahmenregeln, um überall anwendbar zu sein.[365] Allein auf dieser Basis stellte Walter sein erstes mehrstimmiges Geistliches Gesangbüchlein mit dem damaligen Kernbestand der bisher erarbeiteten evangelischen Kirchengesänge zusammen.[366] Als er sich 1525 mit Luther zusammensetzte und nun auch die Choräle, Lesungen, Gebete usw. erarbeitete, welche ebenfalls gesungen werden sollten, übertrug er dessen Vorschläge in abgewandelter Form auf Torgau, wo dank seiner und anderer ehemaliger Hofsänger Anwesenheit und der verhältnismäßig großen Knabenschule besonders gute Voraussetzungen für musikalische Experimente herrschten, während es in Wittenberg zunächst an Musikern mangelte.

363 Zitiert nach Henze 1906, 31.

364 Die Wittenberger Schlosskirche, in der die Musikpflege seit der Reformation stark zurückging, kann hier außer Betracht bleiben, da sich Luthers Ordnungen auf die städtischen und dörflichen Gemeinden bezogen. Zur Schloss- und Universitätskirche Schlüter 2010, 19ff.

365 Werner 1933, 4; Schlüter 2010, 40; Küster 2015, vor allem 17–21; Küster 2016, 19ff.

366 Vgl. Ehmann 1934, 195.

Feiertage

Bezugnehmend auf das gottesdienstliche Singen hatte Luther zunächst 1523 die FORMULA MISSAE ET COMMUNIONIS, eine Gottesdienstordnung für die lateinischen Messen, veröffentlicht, welche 1524 auch in deutscher Übersetzung erschien.[367] Sie sollte weiterhin für die lateinisch orientierten Stifter, Dome und Stadtgemeinden mit ihren Lateinschulen[368] bzw. für die Festtage gelten, da es noch nicht genügend deutsche Kirchenlieder gab und Luther die lateinische Sprache als sehr nützlich für die Ausbildung der Schüler ansah.[369] Die Feiertagsgottesdienste wurden also weiterhin – wenn auch in *»gereinigter«* Form unter Verzicht auf das Stufengebet, den Kanon (stille Messe), das Messopfer usw. – in Latein gehalten; lediglich deutsche Lieder konnten ergänzt werden.[370] Was jedoch wie ein Zugeständnis an die damaligen Gegebenheiten aussieht, entsprach voll und ganz Luthers eigenen Vorstellungen, denn es waren umgekehrt die deutschen Gottesdienste, die er als Kompromiss für die Jugend, die *»Einfältigen«* und die Landgemeinden ohne Lateinschulen ansah und nur auf Drängen anderer *»erlaubte«*. Auch Walter setzte sich für die Aufrechterhaltung des Lateins in den Gottesdiensten ein, und seine zum Zuhören gedachten mehrstimmigen Sätze dürften den Gemeindegesang ebenso wenig gefördert haben wie die lateinische Sprache. Nicht einmal seine selbst geschaffenen Liedmelodien waren in Gänze für die Gemeinde geeignet, sondern dienten ebenfalls in erster Linie dem tenorbezogenen Figuralgesang, in dessen Realisierung er seine Hauptaufgabe sah.

Zu den evangelischen Feiertagen zählten außer den drei hohen Festen (mit Vigilien an den Vorabenden) zu Weihnachten (Nativitatis, 25.–27.12., mancherorts auch als Stephans- und Johannstage gefeiert), Ostern (Pascha) und Pfingsten (Pentecostes) und den heute noch bekannten arbeitsfreien Tagen zu Neujahr bzw. zur Beschneidung Christi (Circumcisionis, 01.01.), am Karfreitag und zu Christi Himmelfahrt (Ascensionis/Assumptionis) auch die Offenbarung Christi (Epiphanias, 06.01., mancherorts Dreikönigstag), Mariä Lichtmess (Purificationis, 02.02.), Mariä Verkündigung (Annunciationis, 25.03.), der Gründonnerstag, der Dreifaltigkeitssonntag (Trinitatis) und Johannis (24.06.). Im Gegensatz zu den Marienfesten hatte Luther die Heiligenfeste wie auch die Feste des heiligen Kreuzes (3. Mai, 14. September) als eigene Feiertage abgeschafft; sie konnten aber im Bedarfsfall auf den jeweiligen Sonntag verschoben werden.

367 LUTHER 1523 A; LUTHER 1524 B. Vgl. SEHLING 1902, 2ff.

368 In den Lateinschulen war die Amtssprache Latein. 1550 gab es in Torgau die Beschwerde, dass die Schüler deutsch sprechen. HERZOG 2016, 466.

369 Die Bedeutung der Alten Sprachen für die Schulbildung akzentuierte Luther 1524 auch in AN DIE RATSHERREN ALLER STÄDTE. Zur Sprachenfrage bei Luther siehe STALMANN 1960, 9f.

370 Wiedergegeben auch in der synoptischen Gegenüberstellung verschiedener, die Wittenberger Gottesdienste betreffender Ordnungen bei BOËS 1958/59, 4–11; vgl. 12, 16f.

Im Laufe der Zeit wurden Luthers Feiertagsvorschläge überarbeitet. So galten im albertinischen Sachsen – seit 1547 auch mit Torgau und Wittenberg – laut Kirchenordnung von 1548[371] als weitere Festtage: Pauli Bekehrung (25.01.), Mariä Heimsuchung (Visitationis, 02.07.), Mariä Magdalenä (22.07.), Enthauptung Johannis des Täufers (29.08.), Michaelis (29.09.) und der Stephanstag (= 2. Weihnachtsfeiertag, 26.12.) sowie die Aposteltage, darunter Philippi et Jacobi (01.05.), Bartholomäi (24.08.), Matthäi (21.09.), Simonis et Judä (28.10.), Andreä (30.11.), Thomä (21.12.) und der Johannstag (= 3. Weihnachtsfeiertag, 27.12.). Indes herrschte bei den kleineren Festen keine landesweit gültige Verbindlichkeit, vielmehr sollte es, wie in Melanchthons UNTERRICHT DER VISITATOREN von 1528 zu lesen war, *»nach gewonheit einer yeden Pfarhen gehalten«*[372] werden.

Was nun die Torgauer Verhältnisse betrifft, so kann man auf ein im Stadtarchiv aufbewahrtes liturgisches TORGAUER KANTIONAL von 1608 zurückgreifen (BILD 13), welches die zu singenden Epistel- und Evangelientexte des gesamten Kirchenjahres gemäß der Perikopenordnung enthält und in der Tat ein von der allgemeinen kursächsischen Kirchenordnung leicht abweichendes Feiertagskonzept überliefert.

So gab es neben den üblichen Feiertagen

- drei Weihnachtsfeiertage (zugleich als Stephans- und Johannstage begangen)
- Offenbahrung Christi / Heilige Drei Könige
- Gründonnerstag (ohne Passion; Matthäuspassion am Palmsonntag)
- Karfreitag (mit Johannespassion)
- drei Ostertage
- Himmelfahrt
- drei Pfingsttage
- Trinitatis

außerdem noch

- den Tag der unschuldigen Kinder (Innocentum, 28.12.)

sowie unter den unbeweglichen Feiertagen mit festen Kalenderdaten, die in verschiedene Kirchenwochen fallen konnten,

- Pauli Bekehrung
- Mariä Lichtmess
- Mariä Verkündigung
- Johannis
- Mariä Heimsuchung
- Matthäi
- Michaelis

zusätzlich noch

- Allerheiligen (01.11.).

371 KIRCHENORDNUNGEN 1548/1600. Vgl. SEHLING 1902, 88ff., 264ff. Zu den Besonderheiten der neuen, albertinischen Varianten siehe STALMANN 1960, 19ff.

372 Zitiert nach RICHTER 1846-1, 97.

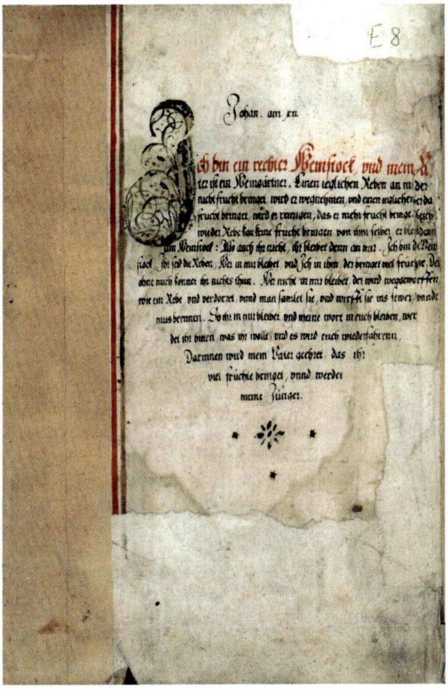
E 8
Johan. am xv.
Ich bin ein rechter Weinstock, und mein Va-
Darumen wird mein Vater geehret, das ihr
viel früchte bringet, vnnd werdet
meine Jünger.

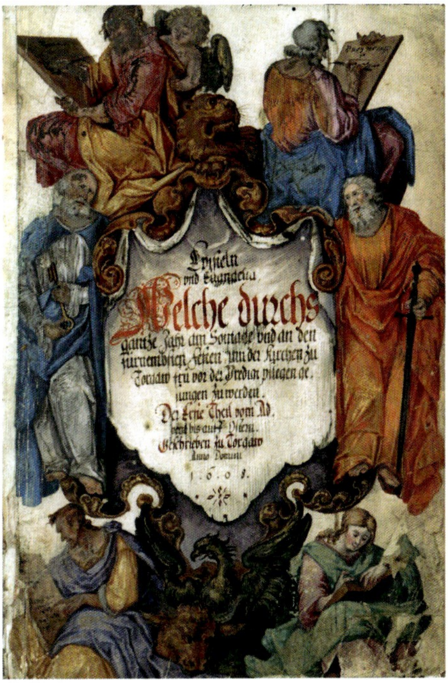
Episteln
und Euangelien
Welche durchs
gantze Jahr am Sontage und an den
fürnembsten Festen, in der Kirchen zu
Torgaw frü vor der Predigt pflegen gesungen zu werden.
Der Erste Theil vom Ad-
vent bis auff Ostern.
Geschrieben zu Torgaw
Anno Domini
1.6.0.8.

1.
Am Ersten
Sontage des Ad
vents Epistel
Rom: XIII.
So schreibt Sanct Paulus der heilig Apostel
Jesu Christi in seiner Epistel an die Römer am drey
zehendem Capitel.
Lieben Brüder weil wir
solches wissen, nemlich die zeit, das die

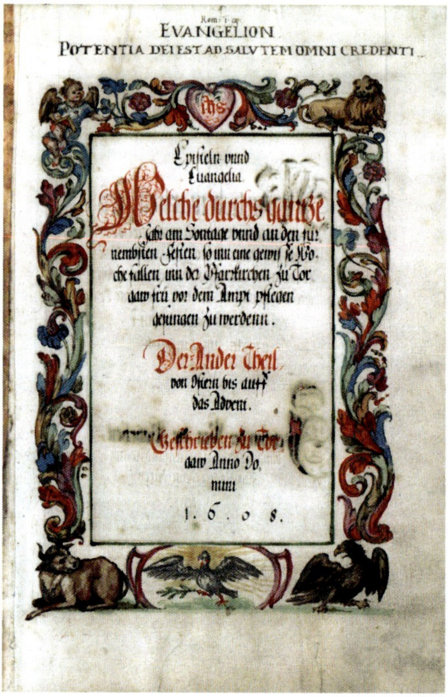
EVANGELION
POTENTIA DEI EST AD SALVTEM OMNI CREDENTI

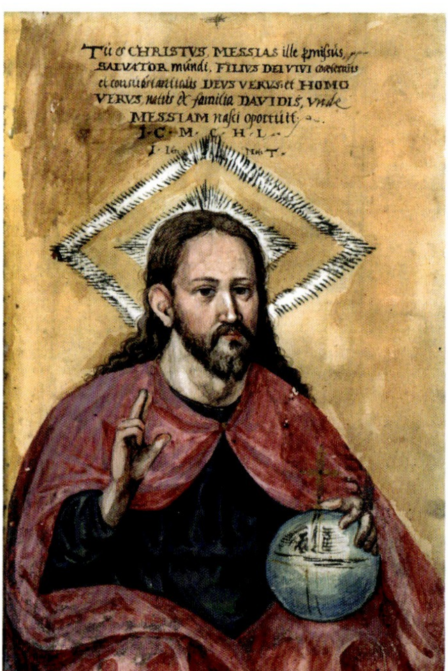

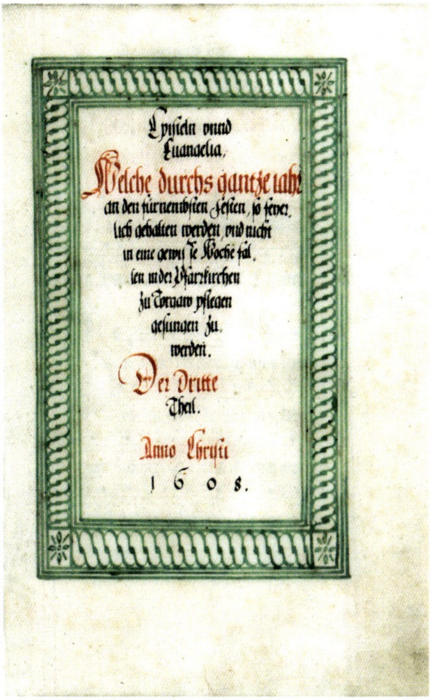

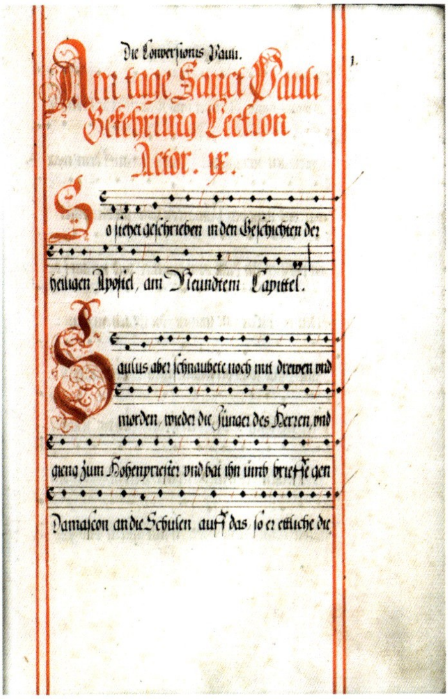

BILD 13 (10 Abbildungen)
TORGAUER KANTIONAL von 1608. TRG-STA

Gruppe 1 (4 Abbildungen):
Teil 1 mit den Episteln und Evangelien für die gewöhnlichen Sonn- und Feiertage vom 1. Advent bis zum Karfreitag.
Drei Titelseiten und erste Notenseite

Gruppe 2 (4 Abbildungen):
Teil 2 mit den Episteln und Evangelien für die gewöhnlichen Sonn- und Feiertage vom Ostersonntag bis zum 27. Sonntag nach Trinitatis.
Drei Titelseiten und erste Notenseite

Gruppe 3 (2 Abbildungen):
Teil 3 mit den Episteln und Evangelien für die unbeweglichen Feiertage.
Titelseite und erste Notenseite

Ein vergleichender Blick auf Wittenberg zeigt, dass dort beispielsweise in der Karwoche von Mittwoch bis Samstag die *»Historien [...] und das Leiden Christi«* gesungen wurden.[373] Da für die Passionen vier Tage vorgesehen waren, scheint man in Wittenberg alle vier Passionen gelesen zu haben, während es in Torgau nur zwei Lesungen gab: die Matthäuspassion am Palmsonntag und die Johannespassion am Karfreitag. Nicht üblich war damals die alte römisch-katholische und erst später wiederbelebte Praxis, die Leidensgeschichte aus allen vier Evangelien zusammenzuziehen.[374] All dies geschah ganz nach Luthers flexibler Einstellung den neuen Gottesdiensten gegenüber und nach seinem Grundsatz:

> *des tages eyne stunde, durch die woche, odder wie viel tage es gelüstet.*[375]

Dies ist ein erster Hinweis darauf, wie unterschiedlich die Gottesdienstordnungen in Wittenberg und Torgau und damit in nahe beieinanderliegenden kursächsischen Gemeinden realisiert wurden. Hinzu kam eine Fülle weiterreichender Überarbeitungen und Ordnungen in anderen evangelischen Ländern – mit dem Ergebnis, dass bis weit ins 18. Jahrhundert hinein ganz unterschiedliche, nicht normierte Gottesdienste entsprechend den Vorstellungen der jeweiligen verantwortlichen Geistlichkeit und den musikalischen Voraussetzungen gefeiert wurden.

Gewöhnliche Werk- und Sonntage

Für die gewöhnlichen Werk- und Sonntage erarbeitete Luther – nach einer noch vor der FORMULA MISSAE herausgebrachten Frühfassung einer Gottesdienstordnung (VON ORDNUNG GOTTESDIENSTS, 1523) und seinen Gedanken über die deutschen Messgesänge für die Schüler (DAS DEUTSCH GESANG, 1525) – im Oktober 1525, nachdem der neue Kurfürst die Reformation im ganzen Lande eingeführt hatte, eine genauere Ordnung: die DEUTSCHE MESSE, die Anfang 1526 im Druck erschien.[376] Sie enthält seine Vorschläge zu den drei verbliebenen Typen der allwöchentlich zu haltenden Gottesdienste: den Metten, den Messen und den Vespern. Ihre Bestandteile hatte Luther ebenso aus der alten Kirche übernommen wie jene der Feiertagsgottesdienste, von denen sich die gewöhnlichen Sonntagsmessen im Wesentlichen lediglich durch die deutsche Sprache unterschieden. Dabei waren nicht einmal die deutsche Predigt, die deutsche Abendmahlsvermahnung oder die deutschen Kirchenlieder Neuheiten geschweige denn Erfindungen Luthers.[377] Immerhin entfielen jetzt die spezifisch lateinischen Gesän-

373 Wittenberger Kirchenordnung von 1533. RICHTER 1846-1, 221. Vgl. SEHLING 1902, 700ff.

374 Von daher kann die im HANDBUCH I-3 1974, 99ff., unter Vorbehalt Walter zugeschriebene Mischvariante aus der Berliner Handschrift von 1552 nicht von Walter stammen.

375 LUTHER 1533 (1526), Bl. E [= F] iijv. Vgl. SEHLING 1902, 10ff.

376 LUTHER 1523 B; LUTHER 1525 A; LUTHER 1533 (1526).

377 BLUME 1931, 28; SCHULZ 1983, 299f.; MAU 2000, 109f.

ge, wie Antiphonen, Responsorien, Hymnen usw., wohingegen die Einsetzungsworte beim Abendmahl laut gesungen und nicht mehr leise gesprochen und die Gemeindegesänge nun offiziell in die Liturgie integriert wurden. Vor allem rückte die Predigt als Auslegung des Evangeliums an zentrale, alle anderen Teile des Gottesdienstes beherrschende Stelle, während das Abendmahl davon separiert wurde und fortan, nunmehr als bloßer Anhang, sogar um Besucher zu kämpfen hatte.[378] Hier ergriffen nach dem Leipziger Interim von 1548 die Adiaphoristen dreiste Maßnahmen, um die Gottesdienstbesucher zum Empfang des Abendmahls zu verpflichten (S. 159).

1. Metten (Matutin) – die täglichen Frühgottesdienste (TAB 1a)

Luther wünschte, dass man täglich früh eine Stunde um 4 oder 5 Uhr zusammenkommen solle und die Schüler, Priester usw. etwas Biblisches vorlasen, woraus anschließend vom Prediger – anders, als bisher in den Lektionen der Metten geschehen – ein Ausschnitt ausgelegt werden sollte, um den Zuhörern – dabei handelte es sich vorwiegend um die Schüler – die Texte verständlicher zu machen. Diese ca. 30-minütige Auslegung blieb später auf die Sonntage beschränkt, vermutlich weil da mehr Zuhörer teilnahmen. Stattdessen legte sich Luther auf die Durchführung von jeweils zwei Lesungen aus dem Katechismus und dem Neuen Testament fest,[379] wobei er für die zweite Lektion den einzelnen Wochentagen konkrete Themen zuwies. Die erste Lesung sollte, verteilt auf zwei oder drei Schüler, zunächst auf Latein und danach für die Laien auf Deutsch vorgelesen werden, die zweite Lesung gleich auf Deutsch. Zum Dank an Gott sollten weiterhin Psalmen, Responsorien und Antiphonen (= Psalmverse, aber auch neue Dichtungen) gesungen werden, aber so, dass der Gottesdienst die Zeit einer Stunde nicht überschritt, um die Seelen nicht, wie in den Klöstern und Stiftern geschehen, zu ermüden. Die 1523 und 1524 noch allgemein formulierte Zusammenfassung von Psalmen, Responsorien und Antiphonen wurde 1525 konkretisiert und in eine bestimmte Reihenfolge gebracht. Nach der zweiten Lesung sollte neuerdings auch ein deutsches Lied folgen. Dieses Lied war der einzige deutsche Gesang in der Mette. Alle anderen waren wie bisher lateinisch: die einleitenden Psalmen, die Antiphon zwischen den beiden Lesungen, das sonntägliche Benedictus (Luk 1,68–79) bzw. das Tedeum sowie nach der Kollekte das abschließende Benedicamus Domino.

378 Vgl. LUTHER 1530.

379 Gemäß der Torgauer Visitationsordnung von 1529 waren mittwochs auch Kapitel aus dem Alten Testament vorgesehen, wie überhaupt in den Metten von täglichen, auf verschiedene Geistliche verteilten Predigten (über die bloße Lesung hinaus) die Rede ist. Näheres zu den Unterschieden zwischen Luther (1523ff.), Melanchthon (1528) und den Torgauer Spezifika (1529ff.) siehe STALMANN 1960, 14ff.

TAB 1: Gottesdienste in den Städten nach Luthers DEUTSCHER MESSE 1526

<table>
<tr><td>a)</td><td colspan="5">Metten (Matutin) – die täglichen Nebengottesdienste an den frühen Morgen</td></tr>
<tr><td rowspan="2"></td><td colspan="3">Luther</td><td colspan="2">Kirchenordnung</td></tr>
<tr><td colspan="2">werktags</td><td>sonntags</td><td>werktags</td><td>sonntags</td></tr>
<tr><td rowspan="2">1</td><td colspan="5">Introitus: Psalmen lat.</td></tr>
<tr><td colspan="3">etliche</td><td colspan="2">1–3 mit Antiphon</td></tr>
<tr><td>2</td><td rowspan="2">Lesung</td><td>lat.</td><td rowspan="2">Predigt dt.</td><td rowspan="2">Predigt dt.</td><td rowspan="2">Lesung</td></tr>
<tr><td>3</td><td>dt.</td></tr>
<tr><td>4</td><td colspan="3">Antiphon</td><td>Psalm o.a. dt.
(Gemeindelied)</td><td></td></tr>
<tr><td>5</td><td colspan="2">Lektion dt.</td><td rowspan="3">Tedeum oder
Benedictus um-
einander
mit Vaterunser</td><td rowspan="3">?</td><td>Benedictus</td></tr>
<tr><td>6</td><td colspan="2">Lied</td><td>mit Antiphon</td></tr>
<tr><td>7</td><td colspan="2">Vaterunser
im Stillen</td><td>evtl. Tedeum dt.
(Gemeindelied)</td></tr>
<tr><td rowspan="2">8</td><td colspan="5">Kollekte</td></tr>
<tr><td colspan="3">mit Benedicamus Domino</td><td colspan="2"></td></tr>
</table>

<table>
<tr><td>b)</td><td colspan="4">Vespern – die täglichen Nebengottesdienste an den späten Nachmittagen</td></tr>
<tr><td></td><td colspan="3">Luther</td><td>Kirchenordnung</td></tr>
<tr><td rowspan="2">1</td><td colspan="4">Introitus: Psalmen lat. mit Antiphon</td></tr>
<tr><td colspan="3">etliche</td><td>1–3</td></tr>
<tr><td rowspan="2">2</td><td colspan="4">evtl. Hymnus</td></tr>
<tr><td colspan="3"></td><td>oder Responsorium</td></tr>
<tr><td>3</td><td rowspan="2">Lesung</td><td>lat.</td><td rowspan="2">sonntags:
Predigt dt.</td><td rowspan="2">Lesung</td></tr>
<tr><td>4</td><td>dt.</td></tr>
<tr><td rowspan="2">5</td><td colspan="4">Magnificat mit Antiphon</td></tr>
<tr><td colspan="3">oder Lied</td><td></td></tr>
<tr><td>6</td><td colspan="3">Vaterunser im Stillen</td><td></td></tr>
<tr><td>7</td><td colspan="4">Kollekte mit Benedicamus Domino</td></tr>
</table>

Legende

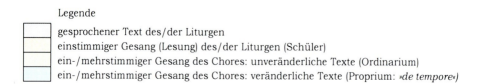

- gesprochener Text des/der Liturgen
- einstimmiger Gesang (Lesung) des/der Liturgen (Schüler)
- ein-/mehrstimmiger Gesang des Chores: unveränderliche Texte (Ordinarium)
- ein-/mehrstimmiger Gesang des Chores: veränderliche Texte (Proprium: »*de tempore*«)

und der kursächsisch-albertinischen Kirchenordnung 1539/1548/1600

c)	Messen – die Hauptgottesdienste an den Vormittagen der Sonn- und Feiertage		
	Luther	Kirchenordnung	
	mit Kommunion	mit Kommunion	ohne Komm.
1	Introitus: Lied oder Psalm dt.	Introitus: Psalm lat.	Responsorium
2	Kyrie eleison / Christe eleison / Kyrie eleison (LUTHER 1525 A: Herre/Christe/Herre, erbarm dich unser)		?
3	? (LUTHER 1525 A: Ehre sei Gott)	Gloria in excelsis/Et in terra pax	?
4	Kollekte dt.	oder lat.	?
5	Epistel dt.		?
6	(Gradual-)Lied mit dem ganzen Chor, z.B. *Nun bitten wir den heiligen Geist*	Sequenz oder Psalm dt. o.a.	Psalm dt. od. 1–2 Lieder
7	Evangelium dt.		?
8		Patrem (Credo in unum deum/ Patrem omnipotentem)*	?
	Glaubensbekenntnis/Credo dt. *Wir glauben all an einen Gott* mit der ganzen Kirche		
9	Predigt dt.		
10		an Festen und manchen Sonntagen: Präfation (Vorgebet) lat.	
	Vaterunser-Paraphrase (*»Lieben Freunde Christi«*) / Vorbereitung zum Abendmahl /Vermahnung	an Festen evtl. stattdessen: Sanctus lat. und Vaterunser	Psalm dt. oder Lied
11	Konsekration des Brotes / Elevation / Austeilung dazu Sanctus dt.: *Jesaja, dem Propheten* oder *Gott sei gelobet und gebenedeiet* oder *Jesus Christus, unser Heiland*	Konsekration / Elevation / Austeilung von Brot und Wein danach *Jesus Christus, unser Heiland* oder *Gott sei gelobet und gebenedeiet* an Festen stattdessen Agnus Dei lat. oder *Jesus Christus, unser Heiland* oder *Ich danke dem Herrn von ganzem Herzen* oder *Jesaja, dem Propheten, das geschah* zuletzt Agnus Dei dt.: *Christe, du Lamm Gottes*	
12	Konsekration des Kelches / Elevation / Austeilung dazu übrige Lieder oder Agnus Dei dt. *(Christe, du Lamm Gottes)*		
13	Kollekte und Segen	dazu evtl. *Gott sei gelobet*	

* Erst seit dem Visitationsbericht vom 11.10.1540 mit lateinischem Text, in der Kirchenordnung von 1539 noch ohne. STALMANN 1960, 21. Vgl. SEHLING 1902, 261ff. und 284ff.

2. Vespern – die täglichen Nachmittagsgottesdienste (TAB 1b)

Ähnliches sah Luther für die frühen Abende um 5 oder 6 Uhr mit etwa einstündigen Vespern und jeweils einer Lesung aus dem Alten Testament in lateinischer und deutscher Sprache[380] bzw. einer sonntäglichen Predigt vor. Die Typen der Gesänge waren in etwa dieselben wie in den Metten, wobei außer einem etwaigen lateinischen Hymnus vor allem das Magnificat (Luk 1,46–55) anstelle des sonntagmorgendlichen Benedictus als wesentlicher Bestandteil hinzukam. Diesem konnte unter Umständen wiederum ein Lied als einziger deutscher Text anstelle einer Antiphon folgen. Im Bedarfsfall konnte nach dem Essen noch eine zweite Vesper gefeiert werden. Wenngleich bei diesen täglichen Gottesdiensten nur mit *»kleynern hauffen«*[381] an Zuhörern zu rechnen war, sollten vor allem jene Schüler, aus denen später einmal gute Prediger werden könnten, die Texte lesen. Während diese vielen Nebengottesdienste gar nicht für die Gemeinde, sondern vor allem für die Schüler als Bestandteil des Schul- und Katechismusunterrichts gehalten wurden oder ganz wegfielen, sofern dergleichen nicht vorhanden waren,[382] sollten die sonntäglichen Vespern von der ganzen Gemeinde besucht werden.

3. Messen – die Hauptgottesdienste an den Sonn- und Feiertagen (TAB 1c)

Die großen Gottesdienste mit Predigten über das jeweilige Sonntagsevangelium, bei denen das gesamte Volk zu erwarten war, sollten in den meisten Gemeinden in deutscher Sprache gehalten werden und um 8 oder 9 Uhr beginnen. Hierfür entwarf Luther einen Ablaufplan mit festgelegten Melodien und Modi (Kirchentonarten) in Anknüpfung an die mittelalterlichen lateinischen Lektionstöne, aber unter Berücksichtigung des deutschen Sprachakzents, um sowohl Bibelworte als auch altkirchliche Mess- und andere Gesänge einfach und verständlich zu machen. Der Introitus (Nr. 1) sollte ebenso wie das anschließende Kyrie eleison (2) im 1. Ton (Dorisch) gesungen werden, die Epistel (5) im 8. Ton (Hypomixolydisch) und das Evangelium (7) im 5. Ton (Lydisch). Außerdem schlug Luther bestimmte Gesänge vor. Zu dem unveränderlichen, in jedem Gottesdienst wiederkehrenden Teil, dem Ordinarium missae (gewöhnlicher Teil der Messe), mit seinen Gliedern Kyrie – Gloria – Credo – Sanctus – Agnus Dei gehörte das Glaubensbekenntnis bzw. das deutsche Credo *Wir glauben all an einen Gott*[383], welches Luther als Gemeindelied vorsah (8: mit der ganzen Kirche). Für das Sanctus und das Agnus Dei

380 Möglicherweise handelte es sich um Stegreifübersetzungen zum Üben, da das Alte Testament damals noch nicht übersetzt vorlag. Vgl. STALMANN 1960, 13.

381 LUTHER 1523 B, Bl. A iij r.

382 GRAFF 1937, 206, 213.

383 Eines der fünf Katechismuslieder neben *Dies sind die heiligen Zehn Gebot* und *Mensch, willst du leben seliglich* (Zehn Gebote); *Vater unser im Himmelreich* (Vaterunser); und *Christ, unser Herr, zum Jordan kam* (Taufe). Von Walter dreimal vertont. GERHARDT 1949, 82f.

zum Abendmahl (11/12) hatte er das deutsche Sanctus *Jesaja, dem Propheten, das geschah* (BILD 14), ferner *Gott sei gelobet und gebenedeiet* und das Jan-Hus-Lied *Jesus Christus, unser Heiland* sowie abschließend das deutsche Agnus Dei *(Christe, du Lamm Gottes)* vorgeschlagen. Diese und ähnliche Lieder wurden bei jedem Abendmahl gesungen. Dagegen gehörten die kirchenjahreszeitlich abhängigen sogenannten De-tempore-Gesänge zum veränderlichen Proprium missae (eigentümlicher Anteil der Messe): der Introitus (1) und das für die Gemeinde gedachte, allerdings nur selten gewechselte Gradual- bzw. Sequenzlied (6: mit dem ganzen Chor). Für Letzteres hatte Luther als Beispiel das Pfingstlied *Nun bitten wir den heiligen Geist* genannt, welches auch in Walters Liste der weiterverwendbaren vorreformatorischen Choräle auftaucht (TEXT 16). Laut Kirchenordnung von 1539 kamen zudem an dieser Stelle deutsche Psalmen in Frage.

Die von mehreren Schülern einstimmig-choral bzw. im Wechsel mit der Orgel (Alternatim-Praxis) zu singenden Ordinariums- und Propriumsgesänge konnten theoretisch auch mehrstimmig-figural komponiert und von der ganzen Kantorei ausgeführt werden. Eine strikte Trennung zwischen einstimmigem Gemeindelied und mehrstimmiger Kunstmusik gab es jedenfalls nicht, und für alle betreffenden Gesänge kam sowohl Ein- als auch Mehrstimmigkeit in Frage. All diese Choral- (*»gleichförmige Musik«*, zumeist einstimmig, im *»Chor«* am Altar) und Figuralgesänge (*»vielförmige Musik«*, mehrstimmig, zierend und ausschmückend, zumeist von der Empore aus) sind von den ebenfalls gesungenen Lesungen und Gebeten durch die amtierende Geistlichkeit und ausgewählte Schulknaben zu unterscheiden, bei welchen man nicht von *»Singen«*, sondern von *»Lesen«* unter Angabe bestimmter Töne innerhalb der acht zur Verfügung stehenden Modi des gregorianischen Chorals sprach.

Dies schließt nicht aus, dass der eine oder andere Chorgesang mangels deutscher Vertonungen anfänglich ebenfalls nur einstimmig gesungen werden konnte – wenn man nicht stattdessen auf lateinische Werke zurückgegriffen hat. So hatte Luther z.B. für den Introitus einen deutschen Psalm vorgeschlagen, laut albertinischer Kirchenordnung wurde dann aber ein lateinischer daraus. Auch Walter, der genügend Gelegenheit gehabt hätte, eine deutsche Psalmvertonung nach der anderen zu komponieren und so die vielen Sonntage mit neuartigen deutschsprachigen Motetten zu bestücken, verzichtete darauf vollständig. Lediglich ein einziger deutscher Bibelpsalm ist aus Walters später Lebenszeit überliefert, als er schon lange kein Kantor mehr war und die Gottesdienste mitgestalten konnte: Psalm 1 *Wohl dem, der nicht wandelt im Rat der Gottlosen* von 1566. Er war auch gar nicht für die Liturgie bestimmt (S. 324). Walters zweite deutsche Motette, das *Vater unser, der du bist im Himmel* über den Prosatext des Vaterunser von 1528, war ebenfalls liturgisch frei und diente nicht als Ersatz oder Ergänzung des Gebetes.

Alles in allem waren theoretisch alle denkbaren (Teil-)Kombinationen möglich:

1. Die Gottesdienste konnten ganz lateinisch, ganz deutsch oder auch in gemischter Sprache gehalten werden.
2. Lateinische Texte ließen sich durch Luthers deutsche Übertragungen teilweise oder komplett ersetzen.
3. Lateinische und deutsche Texte konnte man durch entsprechende Lieder ersetzen bzw. ergänzen.
4. An bestimmten Stellen – vor und nach der Predigt sowie beim Abendmahl – durften geeignete Lieder frei hinzugefügt werden.[384]

Wer bei all dem Singen kaum eine aktive Rolle spielte, war die Gemeinde, denn sie sollte offenbar nur zwei nahezu unveränderte Lieder mitsingen: je eines vor und nach dem Evangelium. So erhielten die Lieder zwar neben Predigt und Gebet ihren festen liturgischen Ort und wurden zu unverzichtbaren Bestandteilen der deutschen evangelischen Gottesdienste. Sie wurden aber anfangs noch großenteils den amtierenden Kirchensängern zugeteilt, da die Gemeinde, die bisher nahezu vollkommene Passivität gewohnt war, mit den vielen Neuerungen im Gottesdienst ohnehin schnell überfordert war. Hierzu gehörten die deutschen Lesungen, denen man nun konzentriert zuhören musste, neue liturgische Gesänge, die man mitsingen musste, das Abendmahl in beiderlei Gestalt, an dem man sich regelmäßig beteiligen sollte, usw. Außerdem waren die Liedtexte, teils auch die Melodien zunächst noch weitgehend unbekannt und mussten auswendig gesungen werden. Damals gab es noch keine kostengünstigen Gesangbuchausgaben für jedermann, sondern nur wenige teure Exemplare für die Pfarrer, Lehrer und sonstigen Kirchensänger, daneben noch erschwingliche Liedblätter für den Hausgebrauch. Schule und Geistlichkeit, vor allem die Kirchner (nicht jedoch die Organisten, geschweige denn städtische Instrumentalisten, welche erst seit dem letzten Drittel des 16. Jahrhunderts Begleitfunktionen zu übernehmen begannen), unterstützten zwar den einstimmigen Gemeindegesang, sangen aber vermutlich wie sonst auch allein. Erst in späterer Zeit, nachdem die Lieder zunächst außerhalb der Gottesdienste Fuß gefasst hatten – sogar Walters GEISTLICHES GESANGBÜCHLEIN war im außergottesdienstlichen Kontext entstanden –, konnten sie Einzug in die Gottesdienste halten.[385] Auf Melanchthons Einschätzung von 1525:

> *Und ob man gleich allerding teutsch sänge, würden sie doch nicht alle mit singen, oder das gesang verstehen.*

folgte 1529 Luthers bitteres Resümee:

384 BLUME 1931, 34.

385 RAUTENSTRAUCH 1907, 12f.; STALMANN 1960, 1.

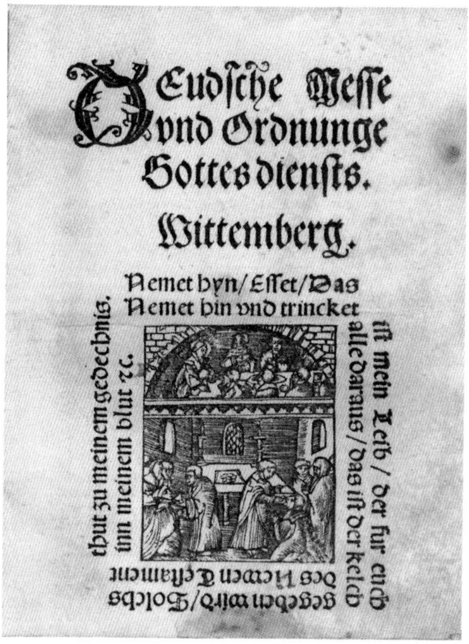

Deudsche Messe vnd Ordnunge Gottes diensts.

Wittemberg.

Nemet hyn/Esset/Das ist mein Leib/der fur euch gegeben wird/Solchs thut zu meinem gedechtnis.

Nemet hin vnd trincket alle daraus/das ist der Kelch des Newen Testament inn meinem blut ꝛc.

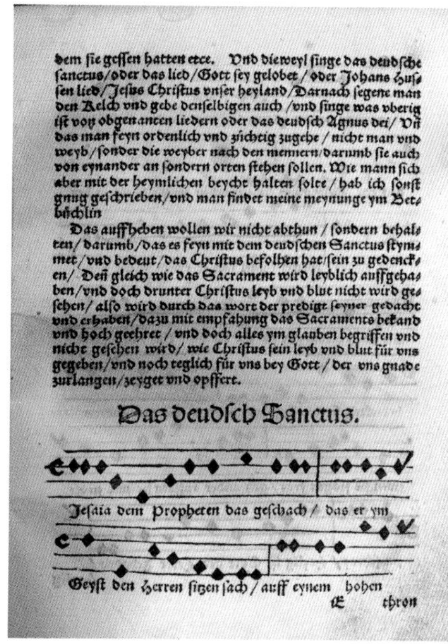

dem sie gessen hatten etce. Vnd dieweyl singe das deudsche sanctus/oder das lied/Gott sey gelobet/oder Johans Hussen lied/Jesus Christus vnser heyland/Darnach segene man den Kelch vnd gebe denselbigen auch/vnd singe was vberig ist von obgenanten liedern oder das deudsch Agnus dei/ Vnd das man feyn ordenlich vnd zuchtig zugehe/nicht man vnd weyb/sondern die weyber nach den mennern/darumb sie auch von eynander an sondern orten stehen sollen. Wie mann sich aber mit der heymlichen beycht halten solte/hab ich sonst gnug geschrieben/vnd man findet meine meynunge ym Betbüchlin

Das auffheben wollen wir nicht abthun/sondern behalten/darumb/das es feyn mit dem deudschen Sanctus stymmet/vnd bedeut/das Christus befolhen hat/sein zu gedencken/ Denn gleich wie das Sacrament wird leyblich auffgehaben/vnd doch drunter Christus leyb vnd blut nicht wird gesehen/also wird durch das wort der predigt seyner gedacht vnd erhaben/dazu mit empfahung das Sacraments bekand vnd hoch geehret/vnd doch alles ym glauben begriffen vnd nicht gesehen wird/wie Christus sein leyb vnd blut für vns gegeben/vnd noch teglich für vns bey Gott/der vns gnade zurlangen/zeyget vnd opffert.

Das deudsch Sanctus.

Jesaia dem Propheten das geschach/das er ym

Geyst den Herren sitzen sach/auff eynem hohen thron

Der Segen vber das volck.

Der Herr segene dich vnd behüte dich.
Der Herr erleuchte sein angesicht vber dir/vnd sey dir gnedig.
Der Herr hebe sein angesicht auff dich/vnd gebe dir frid.

Exercitatio odder vbunge der melodeyen.
Auff das man sich wol lerne schicken in melodeyen/vnd wol gewone der Colon/Comaten vnd der gleychen pausen/setze ich hye noch ein Exempel/Ein ander mag ein andere nemen.

Die Epistel.

So schreybt S. Pauel der heylig Apostel Jhesu Christi/zu den Corinthern. Dafur halt vns yederman/nemlich fur Christus diener/vnnd haushalter vber Gottis geheymnis/ Nun sucht man nicht mehr an den haushaltern/denn das sie trew erfunden werden/ Myr aber ists eyn geringe/das ich von euch gerichtet werde/odder von eynem menschlichem tage/ Auch richte ich mich selbest nicht/Ich byn wol nichts myr bewust/aber daryn byn ich nicht gerechtfertiget/ Es ist Der Herr

BILD 14 (3 Abbildungen)
DEUTSCHE MESSE UND ORDNUNGE GOTTESDIENST von Martin Luther (LUTHER 1533). TRG-STM. Titelseite, Luthers deutsches Sanctus *Jesaja, dem Propheten, das geschah*, von Walter lobend hervorgehoben (TEXT 16), sowie »*Exercitatio*« mit alternativen Melodiebeispielen Walters (?)

Ich sehe eure Gleichgültigkeit, wie ihr die frommen Lieder, die ihr täglich hören könnt, nicht lernt, und die regelmäßigen Gesänge der Schüler nun schon fast zwei Jahre überhaupt nicht achtet [...].[386]

Umso attraktiver musste den Komponisten die figurale Mehrstimmigkeit erscheinen, die von vornherein zum Zuhören gedacht war und den Kantoren ideale Möglichkeiten der Selbstverwirklichung bot. Hiervon profitierte vor allem Johann Walter, der mit seinem speziell für ihn maßgeschneiderten Kantorat, konzentriert auf das Komponieren und Niederschreiben von Notensätzen sowie auf die Vorbereitung und Bestellung der Sonntagsgottesdienste, seit 1530 den idealen Musikerberuf innehatte. Torgau avancierte dank seiner großen Lateinschule, auf deren Schüler Walter zurückgreifen konnte, und paradoxerweise dank der Auflösung der Hofkantorei bald zu einer Hochburg des evangelischen Figuralgesangs. Zumindest scheint hier der von Luther propagierte Choralgesang an den Sonn- und Feiertagen – da waren besonders viele Gemeindemitglieder und auch der Kantor anwesend – zugunsten des Figuralgesangs zurückgedrängt worden zu sein. Als Luther schrieb, man könne die lateinischen Gesänge nach Bedarf verringern oder vermehren, dürfte er sich nicht nur auf deren Quantität, sondern auch auf die Qualität, mithin auf die Art der Besetzung, die Satzform und den musikalischen Anspruch je nach aufführungspraktischer Situation bezogen haben. Dass Luther selbstverständlich auch die Mehrstimmigkeit hochhielt, ist allgemein bekannt und geht allein aus seiner Vorrede zum GEISTLICHEN GESANGBÜCHLEIN hervor. Nur konnte er diese nicht überall gleichermaßen voraussetzen. Und welcher Ort könnte damals für die Mehrung des mehrstimmigen Kirchengesangs besser geeignet gewesen sein als Torgau?

Walters Mitwirkung an der Deutschen Messe

An dieser Stelle kommt nun endlich Johann Walter ins Spiel. Luther war einerseits zur Förderung des Allgemeinen Priestertums aller Gläubigen und andererseits zur Bekämpfung des Schwärmertums sowie nach den zum Teil völlig unbrauchbaren deutschen Gottesdienstentwürfen Thomas Müntzers[387] von allen Seiten zur Ausarbeitung der deutschen Messe gedrängt worden. Da er sich selbst aber dieser Aufgabe nicht ganz gewachsen fühlte, ließ er zur Hilfe und Absicherung seiner musikalischen Vorstellungen den damaligen Kapellmeister Conrad Rupsch und Johann Walter als Berater nach Wittenberg kommen. Rupsch brachte nicht wie Walter drei Wochen, sondern nur sehr kurze Zeit bei Luther zu und ließ sich vom selben Fuhrmann gleich wieder nach Torgau zurückbringen. Er scheint Walter als über 20 Jahre jüngeren und fähigen Mitarbei-

386 Beides zitiert nach BOËS 1958/59, 14.

387 Müntzer hatte die Melodien der alten lateinischen Hymnen weiterverwendet und einfach mit deutschen Texten unterlegt, sodass es zu Unstimmigkeiten bei den Wortakzenten kam.

ter, zu dem er durch seine frühere Kahlaer Bekanntschaft eine väterliche Zuneigung entwickelt haben mochte und der sich schon durch das GEISTLICHE GESANGBÜCHLEIN qualifiziert hatte, empfohlen und in Wittenberg vorgestellt zu haben, nachdem er ihn möglicherweise schon 1523/24 in die Hofkantorei eingeschleust hatte. Da eine vorherige persönliche Zusammenarbeit Walters mit Luther am GEISTLICHEN GESANGBÜCHLEIN eher unwahrscheinlich ist (s.u.), kann es sein, dass Walter erst bei dieser Gelegenheit mit Luther persönlich zusammengekommen ist, von früheren miterlebten Auftritten Luthers, z.B. bei der Leipziger Disputation 1519, einmal abgesehen. Diese Vermutungen bleiben aber Spekulation. Auf alle Fälle entwickelte sich schnell eine lebenslange freundschaftliche Zusammenarbeit zwischen Walter und Luther.

Von Walter selbst erfahren wir, wie es damals in Wittenberg zuging (TEXT 16). Seinem autobiografischen Bericht, der oben bereits unter dem Blickwinkel der Choralreform betrachtet wurde, ist zu entnehmen, dass die musikalische Liturgie und die Auswahl der Kirchentonarten für die Altargesänge auf Luther zurückgehen. Den 8. Ton (Hypomixolydisch) für die Epistel habe Luther (nach mittelalterlichem Tonartenverständnis) wegen des ernsten Apostels Paulus gewählt, den 6. Ton (Hypolydisch) für das Evangelium (im Druck steht dieses im leicht abweichenden 5. Ton Lydisch) wegen der Freundlichkeit und Lieblichkeit der Reden Christi. Auch die Melodien für die Evangelien, die Episteln und die Abendmahlsworte stammten von Luther. Walters Aufgaben bestanden in der Korrektur dieser Töne sowie in ihrer *»ordentlichen«*, also fehlerlosen Niederschrift. Aus mehreren Gründen kann man davon ausgehen, dass sich Walter bei dieser Erzählung sehr zurückgenommen und seine Mitwirkung weitgehend verschwiegen hat (wie auch Luther in seinen Publikationen den Namen Walter nie fallen ließ):

1. Walter nahm beim Korrigieren von Luthers Vorschlägen tatsächlich Änderungen an diesen vor. Darauf weisen Unterschiede zwischen der Druckfassung von 1526 und einem früheren handschriftlichen Entwurf Luthers hin, welcher aus der Zeit der Zusammenarbeit mit Walter von 1525 stammt.[388]
2. Walters Wertschätzung von Luthers vorbildlicher Berücksichtigung der Akzentübereinstimmungen zwischen Tönen und Silben deutet nicht nur darauf hin, dass er ebenfalls besonderen Wert auf richtige Akzentsetzung legte. Vielmehr wird er Luthers Vorschläge vor allem in dieser Hinsicht Korrektur gelesen und ggf. verbessert haben.
3. Obwohl nur wenige Melodiebeispiele im Druck veröffentlicht worden sind, dürften zunächst möglichst viele durch das gesamte Kirchenjahr zu singende Texte – Walter spricht von *»etliche[n] Evangelia vnnd Episteln«*, die er *»ordentlich zu schreiben«* hatte – erarbeitet worden sein, um ein veröffentlichungsreifes Konzept erstellen zu können. Auch wenn Luther mit der Arbeit schon

388 Näheres über den Vorentwurf bei BLANKENBURG 1991, 311ff.

eher begonnen haben kann, dürfte die Fülle an Aufgaben eine Arbeitsteilung erfordert haben. Es ist also nicht auszuschließen, dass Walter einige der Gesänge alleine übernommen hat, um sie zur Diskussion zu stellen oder gleich in seine Schublade für Torgau zu legen.

4. Im Anhang der DEUTSCHEN MESSE wurde als Übungsmaterial jeweils ein Beispiel für die Episteln und die Evangelien wiedergegeben. Diese Alternativmelodien, die später in der sächsischen Kirchenordnung gleich direkt neben Luthers Varianten Platz fanden, scheinen von Walter zu stammen. So zeigt das TORGAUER KANTIONAL von 1608, dass in Torgau für die Epistel zum Dritten Advent (1. Kor 4,1–5) ausgerechnet diese abgedruckte Zweitmelodie bevorzugt wurde (BILD 15). Auch die Melodie für das Evangelium zum 15. Sonntag nach Trinitatis (Matth 6,24–34) ähnelt der alternativen Variante in auffälliger Weise, wobei die geringfügigen Differenzen vor allem durch den Zeitabstand zwischen 1525 und 1608 und die Verwendung unterschiedlicher Bibelausgaben zustandegekommen sein können. Da sich die Liturgen bei der Bildung der Melodien im Rahmen der von Luther (und Walter) vorgegebenen Regeln recht frei bewegen konnten, dürften die Lesungen trotz übereinstimmender Texte in fast jeder Gemeinde anders geklungen haben. Dieses Phänomen lässt sich auch bei Walters Passionen beobachten. Die bereits geäußerte Vermutung, dass die zweite, verbesserte Melodie auf den im Komponieren erfahreneren Johann Walter zurückgehen könnte,[389] wird also durch das TORGAUER KANTIONAL bestärkt. Walter scheint nicht nur den Abdruck exemplarischer Beispiele in der DEUTSCHEN MESSE veranlasst, sondern sie auch in Torgau weiter vervollständigt zu haben. Auf diese Vorarbeit konnte dann die Geistlichkeit zurückgreifen, als sie ihr erstes Kantional, das (erste) Vorgängerexemplar des TORGAUER KANTIONALS von 1608, erstellte (oder tat dies Walter für sie?). Übrigens bevorzugte auch Luther die alternativen Melodien, die man aber, wie er selbst schrieb, nicht in Wittenberg benutzte. Da sie ihm besser gefielen, empfahl er sie weiter.[390] Diese Information bekräftigt erneut, dass in der von der Universität geprägten Stadt Wittenberg andere Verhältnisse herrschten als in der Residenzstadt Torgau.

Vermutlich gehen also die liturgischen Melodien zu einem nicht unerheblichen Teil auf Walter zurück, weshalb weniger Luther als wohl eher Walter die *»Musikalisierung der einstimmigen liturgischen Gesangsformen in deutscher Sprache«*[391] zu verdanken ist. Er hat aber in seiner zurückhaltenden Bescheidenheit, die er auch sonst an den Tag legte, allein Luthers Ideen in seinem Bericht in den Vordergrund gerückt.

389 BLANKENBURG 1991, 314f.

390 BOËS 1958/59, 16.

391 BLANKENBURG 1991, 318.

BILD 15 (3 Abbildungen)
Epistel aus 1. Kor 4,1–5 zum Dritten Advent.
Variante 1 (Luther) und Übungsvariante (Walter) aus der DEUTSCHEN MESSE von Martin Luther (LUTHER 1533; vgl. BILD 14) sowie TORGAUER KANTIONAL (vgl. BILD 13)

Luther hatte betont, dass seine gesamte für Wittenberg geschaffene Ordnung für andere Gemeinden unverbindlich sei. Sie wurde zwar zum allgemeinen Vorbild erhoben, erschien auch in mehreren Nachdrucken und ging letztendlich in die Visitations- und Kirchenordnungen ein, so auch in Melanchthons UNTERRICHT DER VISITATOREN von 1528, doch kam es schon nach kurzer Zeit zu Überarbeitungen, inbesondere was Luthers Bemühen um die stärkere Einbeziehung der Gemeinde in den Kirchengesang und die komplette Hinwendung zur deutschen

Sprache in den sonntäglichen Hauptgottesdiensten betraf. So finden sich u.a. in der HERZOG-HEINRICHS-AGENDE von 1539, der ersten evangelischen Kirchenordnung der Albertiner, der seit 1547 auch die Torgauer und Wittenberger Gemeinden unterstellt waren, für die gewöhnlichen Sonntagsgottesdienste einige lateinische Einschübe bzw. Alternativmöglichkeiten, z.B. das Gloria und das Patrem (TAB 1, Nrn. 3 und 8).[392] Bei diesen und weiteren Unterschieden handelte es sich offenbar um Übernahmen aus Wittenberg, wo sich seit den Visitationen von 1528 und 1533 einige Änderungen ergeben hatten.[393] Die Freiheiten der Gemeinden bestanden also nicht nur in der Auswahl geeigneter Feiertage, passender Melodien für die Liturgen und bestimmter Lieder für die Gemeinde sowie in der eventuellen Einschiebung von Figuralmusik für die Kantorei, sondern auch, wie oben schon angedeutet, in der unterschiedlich starken Vermischung lateinischer und deutscher Anteile. Auch in diesem Punkt unterschied sich Torgau von Wittenberg dieser Zeit[394], denn in Torgau war der Anteil an deutschen Gesängen höher:

1. Vor 1528 gab es in den Wittenberger Messen nur zwei deutsche Gemeindelieder: das Graduallied nach dem lateinischen Halleluja (6) und das Glaubenslied nach dem Patrem (8).[395] Ihre Anzahl stieg dann zwar weiter an, doch sollte es 1533 außer den Liedern keine deutschen Gesänge geben, auch nicht im Figuralgesang.[396] Weder wurden damals die Lesungen auf Deutsch gesungen, noch scheinen die deutschen Liedsätze aus dem GEISTLICHEN GESANGBÜCHLEIN mehrstimmig gesungen worden zu sein. 1536 waren immerhin auch die Abendmahlstexte deutsch.[397] Dass in Torgau ganz andere Bedingungen herrschten, liegt auf der Hand.

2. In Torgau wurden laut Visitationsordnung von 1529 sowohl für die Metten als auch für die Vespern – abweichend von Luthers Publikationen und der späteren Kirchenordnung[398] – gleich mehrere deutsche Lieder angesetzt. So sollten alle Schüler mit Ausnahme der »*Alphabetarii*« (Schulanfänger) vor dem Unterricht zunächst um 6 Uhr die Frühgottesdienste besuchen und jeweils vor und nach der Predigt die deutschen Lieder singen. Ähnlich verliefen die Nachmittagsgottesdienste um 15 Uhr. Hier sollten die Schüler nur die

392 Vgl. BOËS 1958/59, 16. Dafür wich man in Wittenberg schon bei der ersten Visitation von 1528 bei anderen Gesängen von der DEUTSCHEN MESSE ab und übernahm Melodien aus anderen Kirchenordnungen außerhalb Sachsens. BOËS 1958/59, 18; vgl. die Synopsis der Wittenberger Gottesdienste seit 1533 (1528) in SCHLÜTER 2010, 54ff.

393 SCHULZ 1983, 302.

394 Vgl. BOËS 1958/59, 16–20; KÜSTER 2015, 17–21.

395 Für die Introiten, Kollekten und Lesungen waren beide Sprachen möglich. Die Gesänge des Ordinariums scheinen nur in lateinischer Sprache erklungen zu sein. BOËS 1958/59, 16.

396 Wittenberger Kirchenordnung von 1533, Kapitel Gesänge. RICHTER 1846-1, 222f.

397 Wolfgang Musculus' Bericht über die Wittenberger Konkordienverhandlung 1536.

398 Vgl. BOËS 1958/59, 24ff.

deutschen Lieder vor der Predigt singen und sich anschließend zurück in die Schule begeben bzw. um 16 Uhr nach Hause entlassen werden, die anderen Lieder sollten allein vom Kirchner (Küster), den Altaristen (Chorales) und der Gemeinde gesungen werden.[399] Da für die Schüler ausschließlich von deutschen Liedern die Rede ist, müssen die lateinischen Lesungen und Gesänge – anders als von Luther ursprünglich vorgeschlagen – allein von den Geistlichen durchgeführt worden sein, wenn nicht sogar einige lateinische Texte ganz weggefallen und durch Lieder ersetzt worden sind. Darauf deutet der Eintrag zu den Vespern hin: Diese sollten nach der Predigt mit deutschen Liedern beschlossen werden (ohne Erwähnung lateinischer Liturgie).

Vor dem Hintergrund, dass andernorts nach dem Vorbild Thomas Müntzers sogar vollständig deutsch gehaltene Vespern angestrebt wurden,[400] bot Torgau damit eine liedreiche Kompromissvariante, die einerseits dem lutherischen Modell nicht zuwider war und andererseits dem Vorhandensein der überdurchschnittlich großen Torgauer Lateinschule mit ihren besonders vielen Schülern entgegenkam. Bei allem Streben nach optimaler Bildung der Schüler vor allem durch lateinische Gesänge scheint speziell in Torgau auch der deutsche Liedgesang ein geeignetes Mittel zur musikalischen Bildung gewesen zu sein, zumal die Unterrichtung der Lieder spätestens seit 1530 durch Walter selbst erfolgte.

Nichts mit Walter zu tun hatte hingegen das einstimmige Absingen der Lieder in den soeben beschriebenen Nebengottesdiensten (Metten, Vespern) an den Werktagen. Abgesehen davon, dass Walter 1529 noch gar kein Schulkantor war und die musikalische Betreuung der Knaben damals jenem *»Pedagogus vel Cantor«* oblegen haben dürfte, der im Visitationsprotokoll als einer der vier Lehrer aufgeführt ist, änderte sich daran weder nach Walters Anstellung 1530 noch nach der Einrichtung zusätzlicher Sonn- und Feierabendvespern 1534[401] etwas, denn Walters Verpflichtungen beschränkten sich gänzlich auf eine tägliche Unterrichts- bzw. Übersingstunde an den Nachmittagen unter der Woche in der Schule – also außerhalb der Gottesdienste – sowie auf die Leitung der gesamten Kantorei an den Sonn- und Feiertagen – also nicht an den Werktagen.[402] Dank des

399 KNABE 1881, 4f. Die Lehrer, die bisher um 7 Uhr *»horas privatas«* (nach der Sonnewald-Stiftung) zu singen hatten, wodurch es zu Verspätungen beim Unterrichtsbeginn kam, wurden nun vom Singen befreit und allein durch die Altaristen ersetzt.

400 Der Sprachenfrage in den Vespern widmet sich ganz speziell der Aufsatz HEIDRICH 1998 B.

401 Zu den gottesdienstlichen Neuerungen gemäß der Torgauer Visitationsordnung von 1534 siehe STALMANN 1960, 18.

402 Die absolute Beschränkung auf die Sonn- und Feiertage (ohne Vorabende), teils zusammenfassend als *»des heiligen Tages«* bezeichnet, wiederholt sich von Jahr zu Jahr in den Rechnungen des Gemeinen Kastens bis 1548. Quellen angegeben in Anm. 117. Diese genaue Formulierung unterscheidet sich von den Besoldungseinträgen seines Nachfolgers Michael Vogt, dessen Aufgaben mit keinem Wort beschrieben werden.

Schulcharakters dieser Nebengottesdienste, die vor allem mit Katechismus- und anderen Lernübungen verbunden waren, blieb Walter von ihnen verschont. Dass er in seinem ersten Anstellungsjahr noch als einer der sechs Chorales derartige gottesdienstliche Verpflichtungen zu erfüllen hatte, war eine kurze Übergangssituation, denn Walter wurde bereits nach einem Jahr von dieser Pflicht freigestellt und 1532 durch einen neuen Bakkalaureus ersetzt. Da Walter als Kantor also nicht für den werktäglichen Choral-, sondern nur für den sonn- und feiertäglichen Figuralgesang zuständig war, sagt Walters Anstellungsverhältnis zugleich aus, dass die Gottesdienste grundsätzlich nur an den Sonn- und Feiertagen figural gesungen wurden. Immerhin war dies ein Grund für Luthers abweichendes musikalisches Konzept, denn während Torgau von Anfang an auf die Kantorei zurückgreifen konnte, gab es in Wittenberg zunächst nur die Schulknaben, die unter der Leitung des Schulmeister-Kantors[403] ausschließlich Choräle sangen.[404]

Um zusammenfassend auf das einleitende Zitat zurückzukommen, sehen wir, dass Torgau zuerst das Privileg der evangelischen Kirchenmusik für sich beanspruchen konnte. Nachdem Wittenberg ihr das Leben eingehaucht hatte, diente ihr Torgau, welches auch als *»musikalisches Wittenberg«*[405] bezeichnet wurde, als Amme und gab ihr entsprechende Impulse. Dies betrifft sowohl Walters Verbesserung der von Luther vorgeschlagenen einstimmigen Liturgien für die Geistlichen als auch die erhöhte Anzahl an deutschen Liedgesängen für die Schüler. Darüber hinaus konnte sich die Torgauer Kantorei, die in Wittenberg zunächst noch gar nicht vorhanden war,[406] mit Figuralmusik einbringen (s.u.). Nicht die Torgauer Kantorei unter Walters Leitung war es, die *»unter Luthers Augen«* entstand[407], vielmehr war es die Wittenberger Kirchenmusik, die aus Torgau Anregungen empfing.[408]

403 Für den Wittenberger Kantor sind nach der Reformation erst seit der zweiten Wittenberger Visitation 1533 Gehaltsnachweise überliefert. Im Unterschied zu Walter benötigte er keine spezielle musikalische Ausbildung, hatte außer der Musik auch noch andere Fächer zu unterrichten und teilte sich die Leitung des Kirchengesangs mit drei Kollegen, wobei er auch einige wöchentliche Vespern (nicht die Metten) übernahm. SCHLÜTER 2010, 42ff. Zur (Nicht-)Unterscheidung zwischen Schulmeister und Kantor siehe KÜSTER 2016, 70f.

404 Wittenberger Kirchenordnung von 1533, Kapitel Gesänge. RICHTER 1846-1, 222f. Im Unterschied zu Torgau waren die Schüler in Wittenberg von den sonn- und feiertäglichen Vespern befreit, nicht aber von den Metten. SCHLÜTER 2010, 51.

405 EHMANN 1934, 201.

406 Vgl. GURLITT 1933, 47. Ein die Schüler unterstützender Studentenchor wurde erst 1536 installiert, und der erste Bericht von Figuralgesang stammt von 1543. SCHLÜTER 2010, 28, 60, 63. Bei der von WERNER 1902, 10, erwähnten Wittenberger Kantorei, welche sich anfangs in Luthers Hause traf und die Stammkantorei gewesen sein soll, handelte es sich um Luthers private Hauskantorei. Sie kann nicht mit Walters Schulkantorei verglichen werden.

407 GERHARDT 1949, 5.

408 Vgl. BLANKENBURG 1991, 324.

Die Torgauer Gottesdienste

Die beiden hauptsächlich genutzten Kirchen der Stadt Torgau waren die Pfarrkirche Unser lieben Frauen und die Klosterkirche St. Peter und Paul (vgl. BILD 10, Nrn. 2+3). Während Erstere den Sonn- und Feiertagsgottesdiensten vorbehalten war und deshalb später im Volksmund auch als *»Sonntagskirche«* bezeichnet wurde, fanden die Werktagsgottesdienste in der Kloster- bzw. *»Alltags«*-Kirche statt.[409] Dies traf zumindest auf die Metten der Walter-Zeit zu, denn die Vespern wurden erst nach dem Umzug der Schule ins Kloster 1557 aus der Pfarrkirche, die *»der alten Schule am nechsten war«*[410], in die Klosterkirche verlegt.

Werktage in der Pfarr- und Klosterkirche

Für die Werktagsgottesdienste bzw. für die Klosterkirche war Walter, wie gesagt, nicht zuständig. Dies geht aus seiner Verpflichtung hervor, (nur) die Sonn- und Feiertagsgottesdienste in der Pfarrkirche zu bestellen *(»den Chor regieren«).* Er hat also weder für die Metten in der Klosterkirche noch für die Werktagsvespern in der Pfarrkirche etwas komponiert, das seiner Leitung bedurft hätte. Alle betreffenden Gesänge erklangen demnach entweder einstimmig-psalmodierend oder im vierstimmigen Falsobordone-Satz, d.h. in einem akkordischen Betgesang, bei dem die jeweiligen Töne der einzelnen Stimmen genauso wie in den einstimmigen Lektionen nahezu jeder Rhythmik und Höhenänderung entbehren.[411] Hierzu zählen vor allem Walters chorale Psalmen und die nur geringfügig anspruchsvolleren Magnificat-Sätze aus den VESPERARUM PRECUM OFFICIA von Georg Rhau mit sogenannten germanischen Formeln.[412] Dabei dürften die tiefen Stimmen nicht von der Kantorei, sondern von den Geistlichen, den Lehrern oder älteren Schülern übernommen worden sein. Das Alter der Schüler an einer Lateinschule war damals nicht reglementiert und konnte auch junge Männer umfassen. So kam z.B. Luthers Sohn Hans erst im Alter von 16 Jahren nach Torgau, wo er an der Lateinschule Walters Musikunterricht genoss.[413] Zudem wurde bei der zweiten Torgauer Visitation von 1534 davor gewarnt, große Knaben und Gesellen auf der Schule wohnen zu lassen, solange dort auch die Familien der Schuldiener mit ihren Weibern und Mägden untergebracht waren (S. 66). In erster Linie ist hier aber an die sechs Chorales zu denken, die sich aus den jeweiligen Bakkalaureen, dem Küster und weiteren erwachsenen Personen zusammensetzten.[414]

409 HERZOG 2016, 352.

410 KRUDTHOFF 1754 B, 514. Vgl. TAUBERT 1868, 12; HERZOG 2016, 471f.

411 Vgl. Heinrich Schütz' Psalm 84 *Wie lieblich sind deine Wohnungen*, wo der Chor bei *»Herr Gott Zebaoth, höre mein Gebet«* kurzzeitig in einen gebetsartigen Deklamationston fällt.

412 RHAU 1540. WGA 4 (1973). Vgl. STALMANN 1960, 18, 145.

413 SCHLÜTER 2010, 59f.

414 Vgl. HERZOG 2013, 87. Da die Chorales seit 1535 nicht mehr als solche nachweisbar sind, obwohl sie sicher weiterhin existierten, scheinen sie nicht mehr vom Gemeinen Kasten

Von daher lassen sich auch andere *»bescheidene Falsobordone-Sätzchen«*[415] Walters den Offizien an den Werktagen zuordnen, wie umgekehrt alle figuralen Sätze nur an den Sonn- und Feiertagen gesungen worden sein dürften.

Die Drucklegung solcher choralen Sätze bewerkstelligte der Wittenberger Verleger Georg Rhau, der sich von dieser Torgauer Tradition der vierstimmigen Psalmlesungen anregen ließ und Walters Sätze neben ähnlichen Stücken von Thomas Stoltzer und Adam Rener herausgab.[416] Die Stücke dienten vor allem als Lernübungen für den allgemeinen Schulgebrauch, da solche besonders schlichten (*»simplicissimae«*) Sachen den Musikern mehr Langeweile als Vergnügen bereiteten.[417] Dabei gab Rhau manche dieser langen Psalmen gar nicht vollständig wieder, sondern (neben einigen Textänderungen) nur jeweils einen oder wenige Verse, die dann von den Schülern selbstständig improvisierend fortgeführt werden mussten. Der Abdruck erfolgte nicht in der für die rhythmisch-mensurierten Figuralgesänge üblichen weißen Mensuralnotion, sondern in schwarzen *»notae quadratae«* (BILD 16).

Da dieser Brauch aus einer alten, vorreformatorischen Falsobordone-Improvisationstradition hervorgegangen war und wie bei den Passionen keine anspruchsvollen Kompositionstechniken, geschweige denn Individualstile zuließ, könnte auch auf Komponistennamen verzichtet werden, wenngleich in den Quellen manchmal dergleichen angegeben sind.[418] Zudem dürften Walters erst 1540 publizierte Psalmen und Magnificat schon deutlich früher entstanden sein, nachdem derartige Gesänge bereits ins KLUGSCHE GESANGBUCH von 1533 aufgenommen worden waren.[419] Ähnlich wie Walters erst gegen Ende der 1530er-Jahre nachweisbare Passionen dürften sie schon bald nach seiner Anstellung als Kantor 1530 den gottesdienstlichen Alltag unterstützt haben. Sie sind auch im NÜRNBERGER TENORSTIMMBUCH von 1538 für die Pfarrkirche enthalten und ließen sich bestimmt auch in den früheren Notenbüchern der Walter-Zeit nachweisen, wären diese noch vorhanden (S. 258ff.). Walter hat solche Choralsätze nicht selbst publiziert, da es sich nicht um Figuralgesänge (für andere Kantoreien) handelte. Er hat sie lediglich in seinen Notenhandschriften festgehalten, welche offenbar von anderen Lehrern mitbenutzt und wohl deshalb zum Teil ergänzt wurden.

separat finanziert worden zu sein; stattdessen wurden ihre Schulgehälter erhöht. Diese Änderung verlief offenbar gleichzeitig zur Einrichtung von Stipendien für die Wittenberger Universität, für welche möglicherweise ein Teil der bisherigen Chorales-Gelder verwendet wurde. Vgl. hier Anm. 493.

415 STALMANN 1960, 87.

416 RHAU 1540. Vgl. EHMANN 1934, 201.

417 BLUME 1931, 64.

418 STALMANN 1960, 85f., 88ff., 141ff.; BLANKENBURG 1991, 301ff.

419 Im KLUGSCHEN GESANGBUCH erschienen die Lieder in der Reihenfolge Kirchenjahr, Katechismus, Psalmen und liturgische Gesänge.

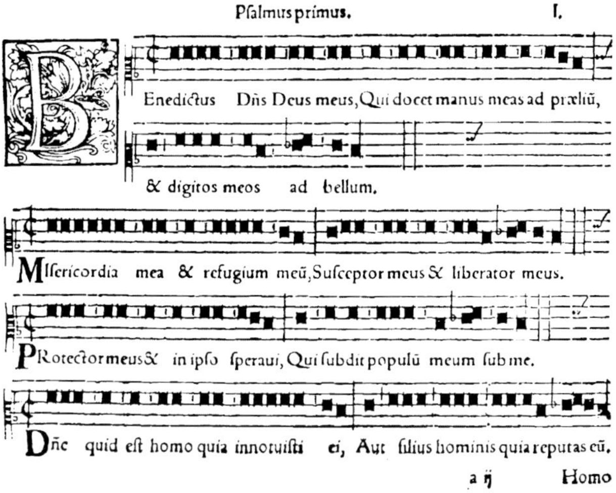

BILD 16
Johann Walter: Einleitender Psalm 144 *Benedictus Dominus adiutor meus (Gelobet sei der Herr, mein Hort)* für die Samstagsvesper im 6. Ton (Hypolydisch), mit Textländerungen. Aus den VESPERARUM PRECUM OFFICIA von Georg Rhau (RHAU 1540). Alt, Bl. a ijr

Sonn- und Feiertage in der Pfarrkirche

Im Unterschied zu den Werktagen wirkte Walter in den Sonntagsvespern persönlich mit, wenngleich in seinen Anstellungsunterlagen die Nebengottesdienste nicht im Einzelnen benannt sind.[420] In der späteren kurfürstlichen Stiftung von 1555 heißt es aber, dass die Kantorei

> *alle sontage undt fest, durchs gantze jahr, zwird‹en›* [= zweimal] *in der pfarrkirchen, vndt do man es begehrt, auch in der schloßkirchen figuriret*[421]

habe. Die Kantorei hatte also immer zwei Gottesdienste mit Figuralmusik zu versorgen. Hierfür kommen nur die Messe und die Vesper in Betracht, denn auch Luther hatte für die Sonntage lediglich Messen und Vespern vorgesehen, die Metten hingegen nur für das Gesinde, das an den Hauptgottesdiensten nicht teilnehmen konnte, also für eine sehr kleine Ausnahmegruppe. Aus diesem Grund könnte sich die vergleichsweise schlichte Struktur seiner vierstimmigen Vertonung des lateinischen Tedeum ergeben haben, das laut Kirchenordnung nur für die sonn- und feiertäglichen Metten in Frage kam. Konnten solche figuralen Sätze vielleicht ganz allein von den Chorales und einer Schülerauswahl ohne Walters Zutun gesungen werden? In dieser Hinsicht sollten auch einmal alle anderen Figuralwerke für die Offizien, die Walter in seinen Notenhandschriften

420 Für die Zeit nach Walter (1551) ist allerdings belegt, dass es mehrere Schuldiener gab, die für das Halten und Singen der *»horas«* an den Sonntagmorgen besoldet wurden. HERZOG 2016, 468.

421 Quelle angegeben in Anm. 313.

für die Pfarrkirche notiert hat, untersucht werden. Kann man diese womöglich in anspruchsvollere Sätze für die Vespern der Kantorei einerseits und in sanglich leichtere für die Metten der amtierenden Kirchensänger trennen? Das späte Auftauchen des Tedeum im GEISTLICHEN GESANGBÜCHLEIN von 1544 lässt darauf schließen, dass in den Metten zunächst auf andere, chorale Werke zurückgegriffen und diese Lücke gewissermaßen erst um 1538 geschlossen wurde. Dasselbe trifft auf die figuralen Magnificat-Sätze für die Vespern zu: Diese komponierte Walter sogar erst in seiner Dresdner Zeit. Während seines gesamten Torgauer Kantorats führte er demnach ausschließlich fremde Magnificat-Werke auf.

Alle Tage in der Schlosskirche

Bei den etwa zwischen März 1545 und Juni 1546 durchgeführten Diensten Walters in der Torgauer Schlosskapelle (bzw. laut Walters Quittungen: im Schloss) kann von einer völlig anderen Situation ausgegangen werden, nämlich von tatsächlich geleiteter Musik in den werktäglichen Nebengottesdiensten, die – so attestiert Walter selbst – sogar täglich stattfanden und zu den Hauptgottesdiensten noch hinzukamen. Das obige Zitat, wonach die Schlosskantorei nur dann, *»do man es begehrt«*, aufgetreten sei, bezog sich auf die spätere Zeit unter Kurfürst Moritz, welcher hiervon aber nie Gebrauch gemacht zu haben scheint.

Wie aus den überlieferten Notenhandschriften hervorgeht, stimmte das sonn- und feiertägliche Repertoire großenteils mit demjenigen für die Pfarrkirche überein. Worin die Unterschiede zwischen den nicht von Walter begleiteten Werktagsgottesdiensten in der Pfarr- und der Klosterkirche und denen in der Schlosskirche unter Walters Mitwirkung bestanden, sollte anhand der zum Teil erfolgten Neuzuordnungen der Notenhandschriften (S. 255ff.) weiter untersucht werden. War in Letzteren vielleicht der figurale Anteil höher, oder war sich Walter nicht zu gut, chorale Dienste in der Schlosskirche zu übernehmen, nachdem er sich von seinen Chorales-Diensten in der Pfarr- und Klosterkirche extra hatte befreien lassen? Ging es also auch hier um schlichten Choralgesang, wenngleich natürlich von viel feinerer sanglicher Qualität? Darauf deuten zumindest jene Choralwerke (Magnificat, Passionen usw.), die im GOTHAER CHORBUCH für die Schlosskapelle notiert sind. Auf alle Fälle dürften die täglichen Aufwartungen

> *nicht nur auf allgemeine Ansprüche des Hoflagers zurückzuführen sein, sondern eher auf kurfürstliche Andachten in der Schlosskirche.*[422]

Vor diesem Hintergrund sollten die Notenhandschriften auch in Bezug auf mögliche Vorlieben des Kurfürsten, auf dessen Wunsch hin die Schlosskirche errichtet und die täglichen Gottesdienste eingerichtet wurden, untersucht werden.

422 HERZOG 2013, 93.

Zur Koordination der Gesänge in allen drei Kirchen

Wie hat man sich nun die Organisation der Aufwartungen der Kantorei bzw. der Schüler in allen drei Kirchen in der kurzen Blütezeit 1545/46 vorzustellen? Da einer der Bakkalaureen aus der Schule zusätzlich vom Hof besoldet wurde, um den fehlenden Unterricht mit den drei ausgewählten Schloss-Sängerknaben nachzuholen (S. 91), ist davon auszugehen, dass die Kantorei vor 16 Uhr mindestens einmal auf dem Schloss gesungen hat, denn danach hatten die Schüler keinen Unterricht mehr, der nachzuholen gewesen wäre. Da es unwahrscheinlich ist, dass im Schloss Offizien aus logistischen Gründen ausgefallen sind, müssen diese entweder zeitlich versetzt zu jenen in der Kloster- (6 Uhr[423]) und der Pfarrkirche (15 Uhr) stattgefunden haben, oder aber – näherliegend – die drei Schloss-Sängerknaben wurden von diesen schulischen Offizien freigestellt, um ausschließlich für das Schloss zur Verfügung zu stehen. Daraus resultierte dann auch Walters Verpflichtung, dieselben bei sich zu Hause extra zu unterrichten (S. 97) – natürlich nur im Fach Musik, denn für die ausgefallene allgemeine Schulbildung war der Bakkalaureus zuständig. Für Walters Nachfolger war vorgesehen, dass er sogar sämtliche Gottesdienste sowohl in der Schloss- als auch in den beiden Stadtkirchen zu jeder Zeit mit Gesängen zu versorgen hatte. Das Arbeitspensum des Kantors sollte also noch deutlich erweitert werden.[424]

Da Walter werktags nur im Schloss mitzuwirken hatte, hielt sich seine Chorarbeit – neben der täglichen Musikstunde um 12 Uhr für alle Schüler und den drei zusätzlichen wöchentlichen Privatmusikstunden speziell für die Schloss-Sängerknaben – in Grenzen. Wie aber mögen die anderen sechs erwachsenen Schloss-Sänger, die neben ihren Hauptberufen ebenfalls täglich im Schloss aufwarteten und auch noch an den Wochenenden mitwirkten, wo sie gleich zwei Kirchen mit Musik zu versorgen hatten, den enormen Zuwachs an Arbeit gemeistert haben? Möglicherweise konnten sie dank ihrer höfischen Besoldung ihre eigentlichen Haupttätigkeiten etwas einschränken. Damit wäre in der Tat von einer *»heimlichen Hofkantorei«* auf Honorarbasis zu sprechen. An den Wochenenden fanden ihre Dienste vielleicht auch im wöchentlichen Wechsel zwischen Stadt und Schloss statt, wie es später in anderen Residenzstädten üblich wurde.

423 Von den Gesängen in der Klosterkirche ist 1549 dokumentiert, dass sie in der sechsten Morgenstunde stattfanden und dass während der Vakanz des Kantorats die vorhandenen Lehrer bei der Bestellung der Metten einander abwechseln sollten. Für die Vespern findet sich keine Regelung, da diese damals noch in der Pfarrkirche gehalten wurden.

424 Vgl. die Bestätigung vom 30. September 1563: *»Der Cantor (soll) vornehmlich die arme Jugend die fundamenta Musices quam simplicissime dociren und lehren, auch neben dem Cantu figurali sie die Responsoria, so iederzeit im Jahr gefallen, (die da rein und nicht gefälschet) neben den Antiphonis anrichten, wird aber Gott, (wie wir hoffen und bitten) geschickte Knaben geben und bescheren, mit denen mag er sich wohl die Musicam secundum artem zu tradiren und lehren unterfahen. Denn man nichts liebers siehet, denn daß durch Gottes Verleihung die liebe Jugend in allen artibus fideliter und fundaliter (sic!) unterweiset werde.«* Zitiert nach TAUBERT 1868, 12.

Figuralwerke für die Kantorei: Die Notendrucke

An welchen Stellen wurden nun die mehrstimmigen Gesänge integriert, und welche Werke sah Walter für welche Gottesdienste vor? Diese überaus komplexe Frage, die angesichts des gewaltigen, mehrere Bände füllenden kirchenmusikalischen Walter'schen Œuvres eigentlich die umfassendste ist und ein eigenes Buch füllen könnte, wurde bereits in den einschlägigen Walter-Biografien ausführlich erörtert. Dabei trat immer wieder das Problem auf, dass sich die meisten Werke gar nicht eindeutig zuordnen lassen, da weder Walter in seinen Handschriften oder Druckausgaben konkrete Hinweise gegeben und etwa zwischen den Offizien der Mette und der Vesper unterschieden hat noch es für die regelmäßigen Sonn- und Feiertage in Torgau Belege gibt. Wahrscheinlich hatte Walter auch gar nicht die Absicht, seine Werke auf bestimmte liturgische Stellen in den Gottesdiensten festzulegen, sondern stellte eine möglichst große Auswahl an Sätzen zur Verfügung, die nicht nur in den Torgauer Gottesdiensten, sondern auch in anderen Gemeinden flexibel benutzbar waren, natürlich im Rahmen der durch die Gottesdienstordnungen vorgegebenen Texttypen und kirchenjahreszeitlich abhängigen Inhalte. Umso größere Bedeutung erlangten Walters Notenausgaben, die überall greifbar waren und dazu dienten, die Torgauer Kirchenmusik nach außen zu tragen. Deshalb wird im Folgenden – nach einem kurzen einleitenden Überblick – das Augenmerk auf Walters Druckveröffentlichungen liegen, da sie aus dem Wirken der Torgauer Stadtkantorei (bzw. anfänglich der Hofkantorei) heraus entstanden sind. Sie sagen in ihrer Beschaffenheit und Zusammensetzung über Walters Denk- und Vorgehensweise als Komponist und Luther-Verehrer viel mehr als die einzelnen Stücke – es sei denn, Walter publizierte besonders herausragende Werke als Einzeldrucke.

Walter bevorzugte eindeutig das veränderliche Proprium. Für die Messe stellte er vor allem lateinische Introitus-, Alleluja- und Sequenzsätze bereit, die sich immerhin bestimmten Festen und den jeweils enthaltenen Gottesdienstabschnitten zuordnen lassen. In noch höherer Anzahl tat er dies für die Offizien (Metten und Vespern) in Form lateinischer Responsorien, Hymnen, Antiphonen usw., welche indes als selbstständige Motetten zumeist gottesdienstlich frei verwendbar waren. Demgegenüber fehlen in Walters Œuvre die unveränderlichen Ordinariumsgesänge für die Messe vollständig. Um dennoch ein vollständiges Repertoire in den Gottesdiensten zu gewährleisten, nahm Walter Werke anderer Komponisten (Isaac, Josquin, Senfl usw.) in seine Handschriften auf und dürfte auch fremde Druckausgaben verwendet haben. Da Messen schon in vorreformatorischer Zeit mehrstimmig komponiert worden waren, hatte sich bereits eine unübersehbare Menge angesammelt, aus denen man nur noch die lutherisch vertretbaren Sätze herauszugreifen brauchte. Deshalb erachtete es Walter wie andere seines Berufes nicht für nötig, Weiteres dieser Art zu komponieren, und konzentrierte sich stattdessen auf das neue, spezifisch evangelische Repertoire. Möglicherweise spielte auch der hohe künstlerische Anspruch eine Rolle, dem sich Walter, sich selbst bescheiden als geringen und unwürdigen Kompositionsschüler bezeichnend (S. 240), nicht gewachsen sah,[425] vielleicht auch die schon im 15. Jahrhundert in den deutschen Landen allgemein festzustellende Favorisierung der veränderlichen Messsätze.[426] Für die sonn- und feiertäglichen Metten schuf Walter eine vierstimmige figurale Vertonung des lateinischen Tedeum, wobei er für den Wechsel zwischen Vorsänger und Chor nur jeden zweiten Vers mehrstimmig setzte, und für die Vespern seinen großen, in einem eigenen Druck veröffentlichten Zyklus MAGNIFICAT OCTO TONORUM.

Walters kompositorisches Werk inklusive der von ihm einbezogenen fremden Werke lässt sich folgendermaßen gliedern:

1. liturgisch gebundene Musik, die sich melodisch (Cantus firmus) und textlich an die Abläufe der Gottesdienste hält, seien es veränderliche De-tempore-Stücke oder unveränderliche Ordinariumsteile, seien es deutsche oder lateinische Werke. Die deutschen Texte gliedern sich wiederum in:
   a) *»christlich gebesserte«* vorreformatorische Lieder
   b) Nachdichtungen lateinischer Hymnen
   c) Lieder speziell für das unveränderliche Ordinarium
   d) Passionen
2. liturgisch freie, unmittelbar aus der Bibel *»herausgezogene«* Motetten, zumeist lateinisch, die an keine bestimmten Gottesdienst(abschnitt)e gebunden waren und sich vielfach verwenden ließen. Sie verfügten dennoch häufig über einen festen, ursprünglich z.T. sogar liturgisch gebundenen Cantus firmus (Hauptmelodie im Tenor).
3. neue, liturgisch freie Liedsätze, zu denen z.T. auch Lieder der Gruppe 1 zählten, soweit sie der Liturgie entzogen wurden.[427]

Ein besonderer Schwerpunkt in Walters Schaffen lag auf den unter Punkt 2 genannten liturgisch freien Motetten – polyphonen Spruchvertonungen (Motto = Spruch, Bibelprosa) – über Psalm- und andere Bibeltexte sowie über humanistische Neudichtungen, vor allem jenen lateinischen ohne Cantus firmus, welche auf reinen, wenn zum Teil auch kompilierten und vertauschten Bibelvers(teil)en basierten. Sie waren unmittelbar *»aus der Schrift gezogen«*, dienten gewissermaßen als Bindeglieder zwischen frei gesprochener Verkündigung einerseits und liturgischer Kodifizierung von Wort und Melodie andererseits und standen in

425 STALMANN 1960, 102f.
426 STAEHELIN 1998, 27.
427 STALMANN 1960, 59f.

ähnlich enger Verbindung zum Schriftwort wie Predigt und Lied.[428] Insbesondere Psalmtexte, die laut Gottesdienstordnungen in allen drei Gottesdiensttypen und innerhalb derer sogar noch an mehreren Stellen vorkamen (TAB 1a–c), ließen sich recht beliebig verwenden, sei es nun mit oder ohne Doxologie.[429] Sie dienten aufgrund ihrer Ich-Bezogenheit als musikalische Gebete und waren zwecks Textverständlichkeit syllabisch und satztechnisch eher schlicht gehalten.

Von diesen Motetten im engeren Sinn sind die in die Liturgie fest eingebundenen Lied- bzw. Choralmotetten (neben einfacheren Liedsätzen) zu trennen. Dass im Werk Walters, des Herausgebers des ersten evangelischen Chorgesangbuches, die Kirchenliedbearbeitung eine besondere Rolle spielte, versteht sich von selbst. Diese war naturgemäß cantus-firmus-gebunden, wobei Walter eher zu den einfacheren Satztypen neigte.

Walters Druckveröffentlichungen spiegeln dieses figurale Repertoire. Im Gegensatz zu den handschriftlichen Notenbüchern, die Walter speziell für den eigenen Gebrauch in Torgau und später in Dresden anfertigte und in die er auch zahlreiche Werke anderer Komponisten einbezog (in Dresden nur solche), dienten sie der Verbreitung ausschließlich eigener Kompositionen über die Stadt- und Landesgrenzen hinaus. In erster Linie nutzte Walter dafür sein vielfach überarbeitetes GEISTLICHES GESANGBÜCHLEIN, dessen Entwicklung sich von 1524 bis zu Walters Umzug nach Dresden erstreckte. Es diente ihm gewissermaßen als Sammelstelle für immer wieder neue Sätze. Weitere Publikationen speziell für den gottesdienstlichen Gebrauch beschränken sich auf seine Torgauer Kirchweihmotette CANTIO SEPTEM VOCUM, ein Gelegenheitswerk anlässlich der Weihe der Torgauer Schlosskirche, sowie auf seinen figuralen Zyklus MAGNIFICAT OCTO TONORUM, den er erst nach seiner Rückkehr aus Dresden veröffentlichte. Alle anderen Musikdrucke von ihm stammen ebenfalls aus seinem zweiten großen Lebensabschnitt nach Beendigung seines Kantorats und waren deshalb grundsätzlich nicht mehr für die Gottesdienste bestimmt. Sie enthalten – wie auch schon die Kirchweihmotette – zum Teil selbst gedichtete Texte, dienten in erster Linie als Bekenntniswerke und werden unten in einem eigenen Kapitel erläutert.

Vereinzelte Sätze, darunter seine choralen Psalm- und Magnificat-Vertonungen für die Schüler (nicht für seine Kantorei), wurden in fremden Sammeldrucken publiziert. Hier ist der Musiklehrer und Wittenberger Verleger Georg Rhau hervorzuheben, der vor allem in den 1540er-Jahren, als sich die Inhalte des Musikunterrichts fest etabliert hatten, deutsche und vor allem lateinische Werke bedeutender frankoflämischer und deutschsprachiger Komponisten – unter Letzteren Georg Förster, Heinrich Isaac, Adam Rener, Ludwig Senfl und Thomas Stolt-

428 Ebd., 187.

429 HEIDRICH 1998 A, Anm. 2.

zer – für den gottesdienstlichen und schulischen Gebrauch herausbrachte und manche Werke sogar selbst in Auftrag gab. Seine Sammlungen gelten heute neben dem GEISTLICHEN GESANGBÜCHLEIN als Grundstock der damaligen evangelischen Kirchenmusik in Luthers Umfeld, wenn Rhau auch von Luthers persönlichen Favoriten bewusst abgewichen ist und eigene Schwerpunkte gesetzt hat. Als ehemaliger Thomaskantor wusste Rhau auch die Qualität der Torgauer Kantorei zu schätzen, weshalb er nicht nur von ihren musikalisch anspruchsvollen Jahresversammlungen schwärmte (S. 54), sondern ihr (bzw. dem Torgauer Stadtrat) 1541 sogar eine eigens zusammengestellte Sammlung, das OPUS DECEM MISSARUM QUATUOR VOCUM *(»Werk von zehn Messen zu vier Stimmen«)*, widmete.[430]

Als deutsch- bzw. gemischtsprachiges Beispiel sei exemplarisch Walters schlichter vierstimmiger Satz zu *In dulci iubilo* genannt, einem Weihnachtslied nach einer alten, schon im 14. Jahrhundert nachweisbaren Melodie, welche mit diesem Text aber erst seit dem KLUGSCHEN GESANGBUCH von 1535 verbunden war und dem wegen seiner lateinisch-deutschen Mischung das Wesen des Kinderliedes anhaftet. Es wurde gewöhnlich an den hohen Festtagen im Wechsel zwischen Chor und Gemeinde gesungen. Walters Vertonung erschien in Rhaus NEUEN DEUTSCHEN GEISTLICHEN GESÄNGEN von 1544, und zwar als einziger Liedsatz von ihm (BILD 17). Allerdings wurde sie dort – genauso wie in Walters eigenen Notenhandschriften seit 1538 – anonym wiedergegeben. Dennoch kann sie Walter zugeordnet werden, denn der Eisenacher Kantor Wolfgang Zeuner hat im EISENACHER KANTORENBUCH diesen Satz mit Walters Namen versehen (BILD 18). Dieses beachtliche Chorbuch enthält Werke von Musikern europäischen Rangs – Heinrich Finck, Johannes Galliculus, Heinrich Isaac, Josquin des Prez, Anton Musa, Jacob Obrecht, Conrad Rein, Adam Rener, Pierre de la Rue, Ludwig Senfl und Thomas Stoltzer – sowie weitere lateinische Werke von Johann Walter, die auch in anderen Quellen erschienen sind.[431] Rhaus Werksammlung ist wie Walters Gedichtsammlungen über die LÖBLICHE und die HIMMLISCHE KUNST MUSICA (1538/1564) mit Luthers Gedicht über die FRAU MUSICA sowie mit einer bildlichen Darstellung der Musica, einer Laute spielenden Dame, geziert. Sie diente noch vor der dritten deutschsprachigen Sammlung dieser Zeit, Johannes Kugelmanns CONCENTUS NOVI von 1540, als wichtigstes Komplement zu Walters GEISTLICHEM GESANGBÜCHLEIN, das Rhau ebenfalls seit 1544 verlegte.

Keinerlei Drucke gibt es von Walters Instrumentalmusik, denn diese war nicht für die Gottesdienste bestimmt. Deshalb finden sich auch keine Instrumentalstücke in seinen Torgauer und Dresdner Notenhandschriften. Lediglich in einer

430 RHAU 1541. Vgl. GURLITT 1933, 51f.

431 BLUME 1931, 10; SCHRÖDER 1931/32, 175; GRAFF 1937, 271; GERHARDT 1949, passim; WGA 3 (1955), 97. Näheres zum EISENACHER KANTORENBUCH bei SCHRÖDER 1931/32; BLANKENBURG 1991, 232, 254, 404; KÜSTER 2016, 109f.

einzigen, anonymen Leipziger Abschrift wurde eine kleine Sammlung Walters aus dem Jahr 1542 überliefert, welche zwei- und dreistimmige, in den acht Kirchentönen komponierte Kanons enthält.[432] Diese Abschrift der SECHSUNDZWANZIG FUGEN ist als Nachtrag im Vagans-Stimmbuch eines aus der Leipziger Thomaskirche stammenden Stimmbuchsatzes mit großenteils anonym und singulär überlieferten Werken aus den deutschsprachigen Gebieten, aber auch aus den Niederlanden, Frankreich, Spanien und Italien enthalten. Laut dem möglicherweise von Walter selbst formulierten Titel waren die 27 (nicht 26) Stücke für gleichstimmige Instrumente, insbesondere für Zinken, gedacht und sollten *»der Jugent tzu sonderlicher leichter anfürung vnd vbung«* dienen. Wahrscheinlich hat Walter sie im häuslichen Privatunterricht verwendet, in dessen Genuss nur die besten Schüler kamen. Neben anderen möglichen Instrumentalwerken Walters und weiterer Komponisten dürften sie aber nicht nur die musikpraktische und -theoretische Schulung der Jugendlichen bezweckt, sondern angesichts ihres teilweisen Tanzcharakters auch den Alltag der Kantorei und deren feierliche Zusammenkünfte als gesellige Stücke bereichert haben. Die angegebene Jahreszahl 1542 deutet auf das Jahr der Fertigstellung aller Stücke hin. Ob hier vielleicht doch ein heute nicht mehr erhaltener Druck vorlag, ob die Stücke für einen nicht zur Ausführung gelangten Druck vorgesehen waren, ob Walter die Sammlung lediglich als abgeschlossen betrachtete, um sie seinen talentierten Schülern handschriflich zur Verfügung zu stellen, oder ob ein Schüler dessen Stücke gesammelt und 1542 schließlich selbst zusammengestellt hat, bleibt offen. Auch wenn die Autorschaft nicht bei allen Sätzen zweifelsfrei geklärt zu sein scheint, stammen sie aus Walters Hoch-Zeit zu Beginn der 1540er-Jahre, als auch seine Aufwartungen im Schloss Fahrt aufnahmen.

1524–1551: Geistliches Gesangbüchlein

Kurz nachdem 1524 die ersten einstimmigen Gesänge Luthers und anderer Reformatoren erschienen waren,[433] brachte Walter noch im selben Jahr als erstes mehrstimmiges evangelisches Gesangbuch in Wittenberg sein GEISTLICHES GESANGBÜCHLEIN mit 38 deutschen (darunter 24 Lieder von Luther) und fünf lateinischen Sätzen zu drei bis fünf Stimmen heraus.[434] Einige Lieder erschienen hier zum ersten Mal, die meisten aber waren auch in den anderen Gesangbüchern enthalten. Da das Notenbuch mehrstimmige Werke für Chor enthält, wird es heutzutage auch als *»Chorgesangbuch«* bezeichnet, obwohl Walter diesen Begriff selbst nie benutzt hat.

432 LEIPZIGER STIMMBÜCHER. GURLITT 1933, 52; WGA 4 (1973), XIIff.; ORF 1977, passim; BLANKENBURG 1991, 283ff.; MARX/KLUTH 2004, Kat.-Nr. 398, 262f.

433 ACHTLIEDERBUCH 1524; ENCHIRIDION 1524; sowie Einblattdrucke mit Psalmliedern.

434 STALMANN 1960, 51ff.; BLANKENBURG 1991, 124ff.

BILD 17 (2 Abbildungen)
NEUE DEUTSCHE GEISTLICHE GESÄNGE von Georg Rhau (RHAU 1544). Tenorstimmbuch: Titelseite und Walters (anonymer) Liedsatz *In dulci iubilo* (Auszug aus Notenblatt)

BILD 18
Walters Liedsatz *In dulci iubilo*, handschriftlich mit Namen überliefert im EISENACHER KANTORENBUCH, um 1540. EIS-STA.

(2 Abbildungen)
Links: Alt (oben), Discantus (unten).
Rechts: Bassus (oben), Tenor mit Melodie (unten)

Bis zum heutigen Tag herrscht die Meinung vor, Walter habe die Lieder nicht alleine zusammengestellt, sondern Luther habe die Auswahl vorgenommen, welcher gewissermaßen als (Mit-)Herausgeber auch eine musikgeschichtlich bedeutsame Vorrede verfasst habe, in der er sich gegen die Feinde der Künste wandte und die kunstvolle Mehrstimmigkeit (den Tenorliedsatz) vor allem mit der musikalischen Ausbildung der Schüler begründete, um diese vor der primitiven weltlichen Musik der *»Abergeistlichen«* zu bewahren.[435] Indes hat Walter Blankenburg bereits 1973 anhand mehrerer Indizien festgestellt, dass das Gesangbuch ohne Luthers direkte Mitwirkung, allenfalls auf dessen Anregung und natürlich mit dessen Autorisierung, entstanden sein muss:[436]

1. Luthers Vorrede passt nicht 1:1 auf Walters Gesangbuch, denn Luther spricht nur von vierstimmigen Sätzen, während Walter die Stücke drei- bis fünfstimmig gesetzt hat. Außerdem ist von einem *»guten Anfang«* von Liedern die Rede, die Luther zusammengebracht habe, obwohl bereits andere Gesangbücher mit Lutherliedern erschienen waren. Luther scheint sich also auf die allgemeine Situation der Jahre 1523/24 bezogen zu haben, als die Liedproduktion gerade in Fahrt kam. (Allenfalls könnte auch ein früheres, vierstimmiges Konzept gemeint gewesen sein, das Walter dann eigenständig weiter ausgearbeitet hat, oder eine ganz andere, nicht erschienene Ausgabe.) Derartige Vorreden wurden nicht eigens für die betreffenden Werke verfasst und dürfen mit heutigen Vorworten, welche durch Dankesworte usw. aufs Engste mit dem jeweiligen Buchinhalt verwoben sind, nicht verwechselt werden. Vielmehr war damals ihre wiederholte Einbeziehung in unterschiedliche Notenausgaben, teils sogar von verschiedenen Herausgebern, gang und gäbe. Man findet dieselbe Vorrede Luthers auch in den zwar erweiterten, aber immer noch einstimmigen (!) ENCHIRIDIEN von 1525 und auch in späteren Notendrucken wieder.
2. Die Anordnung der Lieder folgte keiner bestimmten und womöglich von Luther vorgegebenen Reihenfolge, sondern scheint lediglich die Chronologie der Entstehung von Walters Sätzen widerzuspiegeln. Festlegungen auf bestimmte Kirchenjahreszeiten, Gottesdienste oder Messteile konnten sich – mit Ausnahme der wenigen von Luther in der DEUTSCHEN MESSE angegebenen Lieder und der in den einstimmigen Gesangbüchern ergänzten Vorschläge sowie der von Walter möglicherweise selbst eingebrachten Zuordnungen – erst im Laufe der Zeit entwickeln, da es anfangs kaum Auswahlmöglichkeiten gab und die unzähligen Messen und Offizien (Metten und Vespern) des Jahres gesanglich kaum zu trennen waren. Ursache für diese Unordnung in der

435 Vgl. seine Warnungen vor den *»schnöden«* Liedern in seinem an die Lehrer und Eltern gerichteten DEUTSCH GESANG (LUTHER 1525 A).

436 Darüber ausführlich BLANKENBURG 1973/74.

Liedfolge scheint der Zeitdruck gewesen zu sein, um das Buch noch im Herbst herausbringen zu können. In späteren Auflagen konnte Walter dann die Reihenfolge vornehmlich nach musikalischen Gesichtspunkten ändern.

3. Die Liedtexte müssen nicht unbedingt aus erster Hand, d.h. von Luther persönlich, zu Walter gelangt sein, denn auch die einstimmigen Gesangbücher entstanden ohne Luthers Zutun.
4. Walters Melodien folgten sowohl bei den Bearbeitungen mittelalterlicher Vorlagen als auch bei den neuen Weisen nicht dem Prinzip des möglichst vereinfachten, syllabischen und isometrischen Gesangs, wie ihn Luther für die Gemeinde vorsah, sondern dienten – als ligaturen- und melismenreiche Bearbeitungen des vorhandenen Materials – dem figurierten Kunstgesang zum Zuhören, nicht dem liedhaften Selbersingen.[437] (Indes sind auch spätere Herausgeber so verfahren, indem sie aus ursprünglich mehrstimmigen, mensural notierten Sätzen einfach die für den Gemeindegesang ungeeigneten Tenor-Melodien übernahmen. Dies lässt keinerlei Rückschlüsse auf die (Nicht-)Mitwirkung Luthers zu, denn die komplexeren polymetrischen Melodien konnten während des einstimmigen Singens wieder vereinfacht und in die isometrischen, in diastematischer Choralnotation entworfenen Urformen zurückgewandelt werden. Dadurch kam es auch zur Herausbildung unterschiedlicher rhythmischer Varianten.[438])
5. Hätte Walter vor der Erarbeitung der deutschen Messe bereits mit Luther zusammengearbeitet und die Entstehung des Chorgesangbuchs mit auf ihn gegründet, so hätte er dies in seinem autobiografischen Bericht erwähnt.

Das Gesangbuch war also kein Resultat eines intensiven Kontakts zwischen Walter und Luther, sondern hat erst den Anstoß dazu gegeben.

Anfänglich war Walters Druckausgabe vor allem für den privaten Gebrauch im Hausgottesdienst sowie für den von Herzog Johann verwalteten weimarischen Landesteil oder andere Regionen gedacht, wo die Reformation bereits Einzug gehalten hatte. Indes müssen auch in Torgau, Wittenberg und anderen kursächsischen Gemeinden, die sich schon lange von den überkommenen Gebräuchen der alten Kirche distanziert hatten, Walters Sätze bereits 1524/25 gesungen worden sein. Für Torgau etwa ist 1523 als Wendejahr anzusehen, nachdem sich u.a. der Hofprediger Spalatin vom Papsttum distanziert und der Kapellmeister und Geistliche Rupsch bereits 1522 verheiratet hatten.[439] Man muss zudem davon ausgehen, dass Walters Sätze schon in Umlauf kamen, als sie noch gar nicht gedruckt vorlagen. Geht man davon aus, dass Luthers Liedproduktion

437 Vgl. GENNRICH 1932, 36f.

438 BLUME 1931, 39f.

439 KEIL 2010, 39; HERZOG 2013, 81f.; HERZOG 2016, 162ff.; sowie hier, Anm. 70 (Rupsch).

nach ersten Anfängen im Jahr 1521 (?) spätestens 1523 ins Rollen kam und dass Walter ebenfalls seit 1523 ein sicheres Einkommen am Hof genoss, könnte er sein Liedsatzprojekt bereits damals in Angriff genommen haben, und auch Luthers Vorrede könnte schon aus dieser frühen Zeit stammen.

Dass Luthers auf den Schulunterricht abzielende Vorrede auch in den nachfolgenden Auflagen nach Einführung der Reformation in ganz Kursachsen beibehalten worden ist, dürfte neben der Gewichtung, die Luthers Name dem Gesangbuch verlieh, vor allem in der allgemeinen musikalischen Situation begründet gewesen sein: Für Wittenberg wie für viele andere Orte kam nur der Schulunterricht als wesentliches Kriterium für die Mehrstimmigkeit in Frage, da hier anfänglich noch gar keine Kantoreien zur Verfügung standen. In Torgau hingegen, wo Walter spätestens seit seiner Entlassung aus der Hofkantorei 1526 mit deren ehemaligen Mitgliedern in kürzester Zeit einen neuen Chor auf hohem Niveau aufstellen konnte, galt das Interesse des Kantors vor allem den sonntäglichen Gottesdiensten. Dadurch wurde Walter unaufhörlich zu weiteren Werken und Überarbeitungen angeregt, welche nach einem nahezu unveränderten Nachdruck seiner Erstausgabe bei Peter Schöffer in Worms 1525 bereits 1528 zu einer ersten erweiterten, heute aber nicht mehr erhaltenen Neuauflage führten, welche wiederum 1534 und, leicht verändert, 1537 bei Peter Schöffer und Mathias Apiarius in Straßburg nachgedruckt wurde. In dieser ergänzte Walter ein eigenes Vorwort, um die neue Musik gegen die *»teuflischen Christen«* (Schwärmer) zu verteidigen. Bis zu seinem Umzug nach Dresden kam es noch zu zwei Neuauflagen, in denen Walter die Stücke nach verschiedenen musikalischen, sprachlichen und liturgischen Kriterien neu ordnete, ergänzte, löschte, korrigierte oder bis zur Sechsstimmigkeit erweiterte, wobei er früheres Material und bewährte Satzelemente in neuen Bearbeitungen wiederverwendete. Diese Auflagen erschienen 1544 und 1550, und zwar – nach dem Umzug der Straßburger nach Venedig bzw. Bern[440] – bei dem bewährten Georg Rhau bzw. dessen Nachkommen in Wittenberg, gefolgt von einem letzten Nachdruck 1551. Schließlich umfasste die Sammlung mit 80 deutschen (zweimal so viel wie 1524) und 47 lateinischen Werken (neunmal so viel wie 1524) nahezu das Dreifache, wobei der Anteil der lateinischen Stücke ebenfalls auf mehr als das Dreifache angewachsen war.[441]

Seit der zweiten Auflage 1528 wurde Walters Chorgesangbuch als WITTENBERGISCHES GESANGBÜCHLEIN und seit der dritten Auflage 1544 als WITTENBERGISCH DEUTSCH GEISTLICH GESANGBÜCHLEIN bezeichnet, vermutlich um einen äußerlichen Bezug zu Luther in Wittenberg herzustellen und dieses Gesangbuch von denen anderer Autoren zu unterscheiden.

440 STALMANN 1960, 53.

441 ASPER 1998, 142.

BILD 19 (2 Abbildungen)
Hans Holbein d.J.: Porträt der französischen Gesandten am Hof von England.
Tempera auf Holz. 1533. London, National Gallery / BLN-BA.
Gesamtdarstellung und Detailansicht mit Walters GEISTLICHEM GESANGBÜCHLEIN

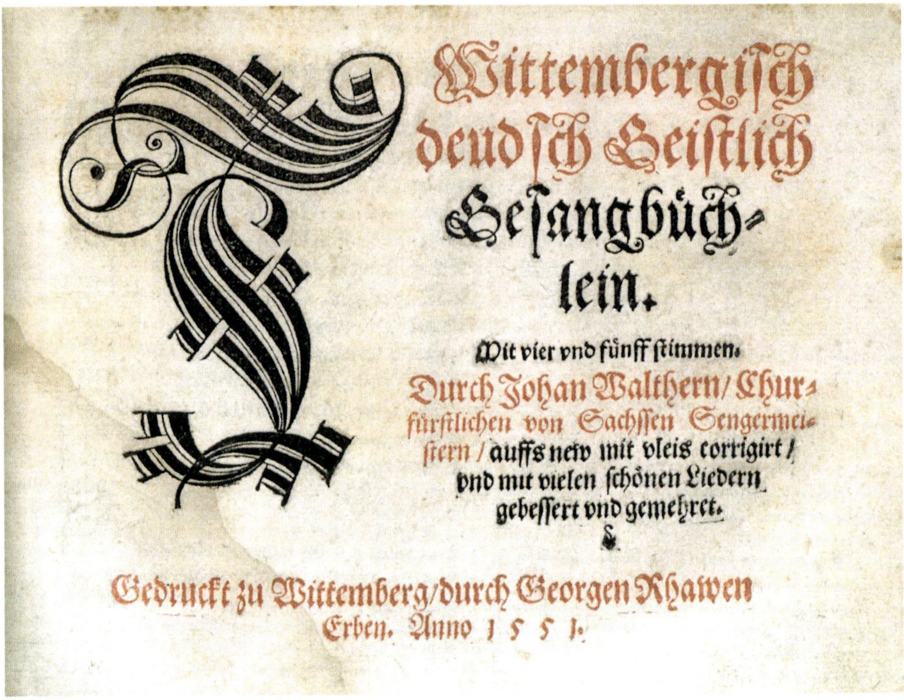

Wittembergisch deudsch Geistlich Gesangbüchlein.
Mit vier vnd fünff stimmen.
Durch Johan Walthern/ Churfürstlichen von Sachssen Sengermeistern / auffs new mit vleis corrigirt / vnd mit vielen schönen Liedern gebessert vnd gemehret.
Gedruckt zu Wittemberg/durch Georgen Rhawen Erben. Anno 1 5 5 1.

BILD 20
Letzte Ausgabe des GEISTLICHEN GESANGBÜCHLEINS von Johann Walter (WALTER 1551).

Mit dem GEISTLICHEN GESANGBÜCHLEIN war Walter sehr erfolgreich. Nicht nur hatte ihm Kurfürst Friedrich der Weise zum Ende des Jahres 1524 Exemplare der ersten Auflage abgekauft und ihn damit als Komponisten anerkannt, was Walter als eine besondere Genugtuung empfunden haben mag. Bereits im Folgejahr kam es zum besagten ersten Nachdruck in Worms, was auf eine starke Nachfrage des Buches außerhalb der Landesgrenzen schließen lässt und Walter bewog, das Buch noch vor seiner Anstellung als Kantor erneut in bearbeiteter Fassung zu publizieren. Darüber hinaus wurde das Gesangbuch dank seiner kirchenpolitischen Bedeutung und seines europäischen Stellenwertes 1533 sogar auf einem Gemälde Hans Holbeins d.J. als kirchenmusikalisches Symbol des Luthertums dargestellt (BILD 19). Das allegorische Bild zeigt Jean de Dinteville, den französischen Gesandten am englischen Hof, und Georges de Selve, den Bischof von Lavaux. Neben der Hoffnung auf die Wiedervereinigung der Konfessionen[442] bein-

442 SCHNEIDERHEINZE 1996 B, 43. Laut Walter Salmen kommen hier die Anspielungen auf die Toleranz des Botschafters gegenüber der Reformation und auf den Konflikt Englands mit

(2 Abbildungen)
Tenorstimmbuch: Titelseite und 1. Notenseite mit *Komm, heiliger Geist, Herre Gott.* MÜN-BSTB

haltet der Grundgedanke der Darstellung die Vergänglichkeit des irdischen Lebens mit Blick auf das Jenseits (Kruzifix, verzerrter Schädel als Symbol der Nichtigkeit alles Weltlichen). Neben astronomischen Gerätschaften (Astrolab, Instrumente zur Bestimmung der Sterne und der Zeit, Globus) und Musikinstrumenten (Laute mit gesprungener Saite als Symbol der Zwietracht, Futteral mit Flöten) ist die Tenorstimme von Johann Walters GEISTLICHEM GESANGBÜCHLEIN von 1525 dargestellt. Aufgeschlagen sind die Lieder *Komm, heiliger Geist, Herre Gott* – die deutsche Bearbeitung von *Veni Sancte Spiritus* – und *Mensch, willst du leben seliglich* – ein Katechismuslied über die Zehn Gebote, dessen Melodie von Walter stammt. Im Original erscheinen sie allerdings nicht zusammen auf einer Doppelseite. Hier hat sich der Künstler eine weitere Freiheit erlaubt, um die symbolische Aussagekraft des Bildes zu verstärken. Ersteres Lied erschien in den späteren Auflagen gleich als erster Satz (BILD 20).

der katholischen Kirche wegen der Ungültigkeitserklärung der Ehe Heinrichs VIII. mit Catharina durch den lutherisch beeinflussten Erzbischof von Canterbury zum Ausdruck.

1544: Cantio septem vocum

Bei einem so außergewöhnlichen Ereignis, wie es die Weihe der Torgauer Schlosskapelle am 5. Oktober 1544 darstellte, schien es selbstverständlich, das dafür komponierte Werk in einem eigenen Druck zu veröffentlichen.[443] Es handelte sich um Walters berühmte lateinische Kirchweihmotette, gedruckt mit dem Titelbeginn »*Cantio septem vocum*« (»*Gesang für sieben Singstimmen*«). Da der Druck noch vor der Weihe erfolgte, wurde er vermutlich auch für die Uraufführung benutzt. Neben heute nicht mehr erhaltenen Abschriften dürften die Musiker auch jene vier handschriftlichen Stimmbücher verwendet haben, die eigentlich für die Pfarrkirche gedacht und ursprünglich 1540 als Psalmstimmbücher angelegt worden waren, später aber durch aktuelle Sätze ergänzt wurden, u.a. durch die Kirchweihmotette (TAB 2, Nr. 6). Die Abschrift im GOTHAER CHORBUCH (BILD 31) entstand erst im Jahr darauf.

Neben dem kurz darauf komponierten 121. Psalm *Levavi [Levabo] oculos meos in montes* (»*Ich hebe meine Augen auf zu den Bergen*«), der ebenfalls singulär im GOTHAER CHORBUCH überliefert ist, handelt es sich um eine der beiden einzigen Kompositionen Walters, die für eine recht hohe Besetzung von sogar sieben Stimmen geschrieben sind. Es ist eine Vertonung von Auszügen aus dem 119. Psalm *Beati immaculati in via* (»*Wohl denen, die ohne Wandel leben*«). Die Komposition ist entsprechend den zusammengestellten Psalmpaaren 1/2, 5/6, 12/35, 36/37 und 171/175 in fünf Teile gegliedert. Die deutsche Übersetzung des lateinischen Originaltextes lautet gemäß der Luther-Bibelausgabe von 1545 in heutiger Schreibweise:

Teil 1 *Wohl denen, die ohne Wandel leben, die im Gesetz des Herrn wandeln!*
Wohl denen, die seine Zeugnisse halten, die ihn von ganzem Herzen suchen!

Teil 2 *O dass mein Leben deine Rechte mit ganzem Ernst hielte!*
Wenn ich schaue allein auf deine Gebote, so werde ich nicht zuschanden.

Teil 3 *Gelobet seiest du, Herr! Lehre mich deine Rechte!*
Führe mich auf dem Steige deiner Gebote, denn ich habe Lust dazu.

Teil 4 *Neige mein Herz zu deinen Zeugnissen und nicht zum Geiz.*
Wende meine Augen ab, dass sie nicht sehen nach unnützer Lehre,
sondern erquicke mich auf deinem Wege.

Teil 5 *Meine Lippen sollen toben, wenn du mich deine Rechte lehrest.*
Lass meine Seele leben, dass sie dich lobe, und deine Rechte mir helfen.

443 FÜRSTENAU 1863, Sp. 249f.; EITNER 1878, 89ff.; GURLITT 1933, 53f.; GERHARDT 1949, 30f., 39, 75f.; STALMANN 1960, 108f., 132ff.; WGA 3 (1955), 67f., 98; WGA 5 (1961), Vf., 3ff., 113; ORF 1977, 39f., 87; BLANKENBURG 1991, 69ff., 117f., 262, 277ff., 361f.; SCHNEIDERHEINZE 1996 A, 244; STAEHELIN 1998, 20f.; HEIDRICH 1998 A, 116, 118/122, 125ff., 131ff.; HEIDRICH 1998 C, 199; LÜTTEKEN 1999, 72f.

Walter verband den Text allerdings nur mit fünf der sieben Stimmen: Vier Tenöre sangen ihn in derselben Melodie, aber kanonartig zeitlich versetzt – im GOTHAER CHORBUCH als *»Fuga qvatuor vocu‹m› in vnisono.«* (*»Fuge zu vier Singstimmen im Einklang«*) bezeichnet (BILD 31).[444] Dies war eine Besonderheit, beschränkten sich Walters Imitationen doch gewöhnlich auf zwei Stimmen. Dabei wurden sie noch durch einen kontrapunktierenden Diskant ergänzt. Die verbleibenden beiden Stimmen Alt und Bass erhielten als zweite, weit bedeutendere Besonderheit dieses Werkes ganz andere Aufgaben: Der Psalm wurde mit zwei von den anderen Stimmen unabhängigen, ostinaten Melodien (Cantus firmi) verbunden, denen völlig andere Texte unterlegt wurden, und zwar sogar eigene Dichtungen Walters, ebenfalls in lateinischer Sprache: eine Huldigung auf den Landesfürsten und eine auf die Reformatoren. Die erste wies Walter dem Alt zu, der lediglich einen einzigen, ständig wiederholten Ton zu singen hatte. Sie lautet:

Vivat Johannes Friderich,	*[Es lebe Johann Friedrich,*
Elector et dux Saxonum,	*Herzog und (Kur-)Fürst der Sachsen,*
Defensor veri dogmatis,	*Verteidiger der wahren Lehre,*
Pacisque custos pervigil,	*und wachsamer Bewahrer des Friedens.*
Vivat per omne sæculum.	*Er lebe die ganze Zeit (ewiglich).]*

Jede Zeile entspricht einem der fünf Teile, wobei jede von ihnen jeweils durch ein vorangehendes dreimaliges *»Vivat«* (*»Es lebe«*) ergänzt und als Ganzes (zweimal) wiederholt werden musste.[445] Der Text der zweiten Melodie für den Bass, der in einem doppelt angeordneten kurzen Motiv immerhin zwei verschiedene Töne trompetenartig zu singen hatte, lautet:

Vive Luthere,	*Vive Melanthon,*
Vivite nostræ	*Lumina terræ.*
Charaque Christo	*Pectora, per vos*
Inclyta nobis	*Dogmata Christi*
Reddita, vestro	*Munere, pulsis*
Nubibus atris,	*Prodiit ortu*
Candidiore	*Dogma salutis*
Vivite longos	*Nestoris annos.*
A-	*men.*

Er wurde in jedem Teil komplett wiederholt und findet sich auch in der BÖHME-CHRONIK wieder.[446] Eine moderne Übersetzung lautet:

444 Vgl. BÖHME-CHRONIK, hier Anm. 191: *»per Fugas«*.

445 In der Walter-Gesamtausgabe ist eine Variante abgedruckt, in welcher die Textzeilen zusammengeschoben sind und später wiederholt werden, sodass z.B. Teil 1 schon bis zu Zeile 3 reicht.

446 Quelle angegeben in Anm. 191.

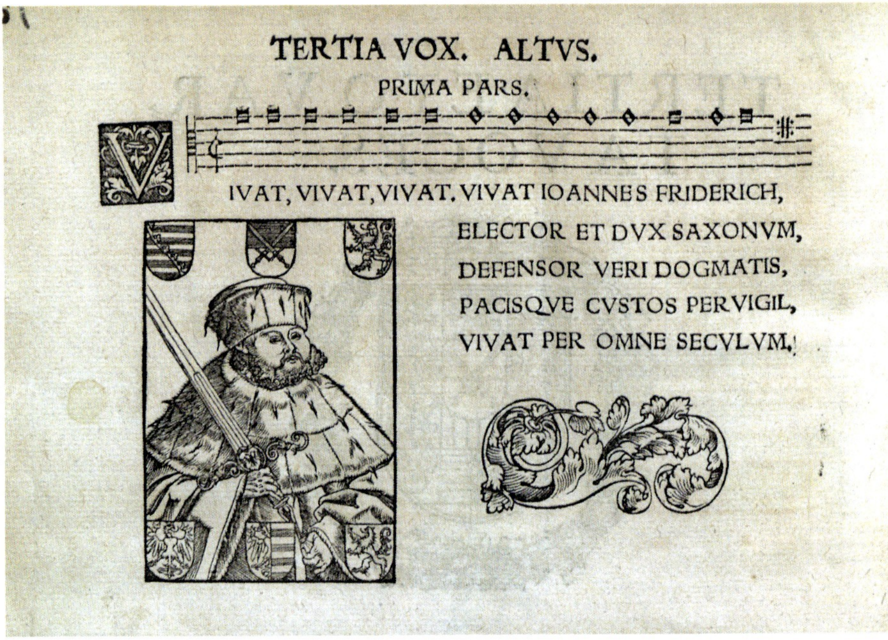

TERTIA VOX. ALTVS.

PRIMA PARS.

VIVAT, VIVAT, VIVAT. VIVAT IOANNES FRIDERICH,
ELECTOR ET DVX SAXONVM,
DEFENSOR VERI DOGMATIS,
PACISQVE CVSTOS PERVIGIL,
VIVAT PER OMNE SECVLVM.

282

QVINTA VOX. BASSVS.

PRIMA PARS.

Viue Luthere, Viue Melanthon,
Viuite noſtræ Lumina terræ,
Charaq; Chriſto Pectora, per vos
Inclyta nobis Dogmata Chriſti
Reddita, veſtro Munere, pulſis
Nubibus atris, Prodijt ortu
Candidiore Dogma ſalutis,
Viuite longos Neſtoris annos.

Amen.

BILD 21
CANTIO SEPTEM VOCUM von Johann Walter (WALTER 1544 A). MÜN-BSTB.

(4 Abbildungen)
Erste Notendoppelseite aus den Stimmbüchern 3/4 (oben) und 5/6 (unten)

Es lebe Luther, es lebe Melanchthon, es leben die Leuchten unserer Erde, die [dem Herrn] Christus teuren Herzen, durch euch sind uns die hochgepriesenen Lehren Christi zurückgegeben, durch euer Geschenk; nachdem die dunklen Wolken vertrieben sind, ist die Lehre des Heils in herrlicherem Glanz wieder aufgegangen. Lebet die langen Jahre des Nestor! Amen.[447]

In der fragmentarisch überlieferten Abschrift der BÖHME-CHRONIK ist zudem eine in gebundener Sprache abgefasste Übersetzung dieses Hymnus von dem Torgauer Superintendenten Paul Hofmann aus dem 17. Jahrhundert ergänzt. Sie sei hier in aktueller Lautfassung wiederholt:

Es lebe Lutherus, Melanchthon ingleichen,
Ihr müsset des Nestoris Jahre erreichen,
Ihr brennenden Lichter des sächsischen Landes,
Ihr edelsten Ziegel des christlichen Standes!
Durch eure Bemühungen können wir hören
In unseren Kirchen die göttlichen Lehren.
Ihr habet die finsteren Wolken vertrieben.
Die Menschengesetze, die mussten zerstieben.
Die Lehre, durch die wir den Himmel erlangen,
Die ist durch euch lieblich und herrlich aufgangen.
Es lebe Lutherus, Melanchthon ingleichen,
Ihr müsset des Nestoris Jahre erreichen!

Welchem genauen Aufführungszweck diese späte Umdichtung diente, die ebenfalls nach diesen beiden Basstönen gesungen werden konnte, bleibt offen.

Die Druckausgabe besteht aus vier Stimmbüchern, wobei in dreien von ihnen jeweils zwei Stimmen auf einer Doppelseite nebeneinandergestellt sind (BILD 21). Gemäß dem Textinhalt wurden unter der Bassstimme Porträts der gefeierten Reformatoren Martin Luther und Philipp Melanchthon bzw. deren Symbole, die Lutherrose und die erhöhte Schlange, aus der Cranach-Werkstatt ergänzt. In der Altstimme finden sich passenderweise zwei Porträts des Landesherrn Kurfürst Johann Friedrich I. Wie in der handschriftlichen Chorbuchfassung heben sich der Alt und der Bass als Träger des majestätischen Cantus firmus grafisch deutlich von den kleineren Notenwerten in den anderen Stimmen ab.

Allerdings unterscheiden sich Druck und Chorbuch in drei Details voneinander:

1. Im Chorbuch kommt der Alt ohne abschließendes *»Amen«* aus, wie es laut Druckfassung zumindest für die Teile 4 und 5 vorgesehen ist – wohl eine Korrektur des fehlerhaften Drucks.

447 BLANKENBURG 1991, 72.

2. Das Chorbuch enthält – als weitere Besonderheit – hinter jedem Teil eine eigene lateinische Strophe von Walter. Es sind Paraphrasierungen der vorangegangenen Psalmverse. Wie die Silbenzahl und ihre Notation direkt unter der Altstimme verraten, konnten diese Texte auf die Melodie der Altstimme gesungen werden, und zwar einmal komplett durch, ohne zweimalige Wiederholung. Die Huldigung auf den Kurfürsten konnte also durch diesen Text ersetzt werden. Demgegenüber scheint die Huldigung auf die Reformatoren bestehen geblieben zu sein. Der Eintrag ins Chorbuch legt nahe, dass das Werk in veränderter Textfassung für eine dauerhafte Verwendung, so auch nach einem Regierungswechsel, vorgesehen war.

3. Demgegenüber enthält das Titelblatt des Stimmbuchs 1+2 lateinische Distichen, die im Chorbuch fehlen und mit *»AD MVSICAE STVDIOSVM« (»für den Musikbeflissenen«)* überschrieben sind. Sie scheinen angesichts des darin enthaltenen Walter-Lobs nicht von diesem selbst zu stammen, da sich Walter mit Eigenloben sehr zurückgehalten hat. Hier verhielt es sich ganz ähnlich wie in dem Fremddruck seiner figuralen MAGNIFICAT-Sätze von 1557. Als Autor werden der Drucker Georg Rhau oder Melanchthon vermutet.

Bezüglich der vier Stimmen, die denselben Psalmtext zu singen hatten, ergab sich für sie – bis auf die Länge der Pause am Anfang und die Kadenz am Schluss – ein völlig identisches Notenbild, wie man an der zum Vergleich abgebildeten vierten und sechsten Stimme erkennen kann. Dies bedeutete freilich nicht, dass sie alle gleich klangen, denn eine wesentliche Rolle bei derartigen Festmusiken spielten die Instrumente. In diesem Punkt hatten die Musiker buchstäblich einen großen Spielraum, denn die fünf sehr ähnlich klingenden Teile dürften höchstwahrscheinlich durch die Hinzuziehung unterschiedlicher Instrumente nicht nur noch klangprächtiger (insbesondere bei den fanfarenähnlichen Rufen der Alt- und der Bassstimme), sondern auch strophenweise abwechslungsreicher gestaltet worden sein. Eine rein vokale Ausführung, wie sie im Notentext als Grundgerüst vorgegeben ist, wäre dem Charakter und der Funktion der Stückes keinesfalls gerecht geworden.

Dieses textlich-musikalisch besondere Konstrukt einer lateinischen Motette klingt zwar nicht besonders anspruchsvoll und war deshalb ehemals mit viel Kritik behaftet. Es ist aber höchst kunstvoll ausgearbeitet, indem drei verschiedene Texte und drei Melodien miteinander verwoben wurden, und stellt eine Besonderheit in Walters Schaffen dar. Allerdings ist die Idee nicht allein Walters Phantasie entsprungen, denn sie hatte konkrete musikalische Vorbilder. Das zweitönige Signal der Bassstimme kommt schon im Satz *Et in terra pax* des Niederländers Guillaume Dufay vor, dort ergänzt durch den Zusatz *»ad modum tubae« (»auf Trompetenweise«)*. Bei dieser Gelegenheit hat Walter Dufays zweistimmigen Kanon durch seine vierfache Imitation in den Tenorstimmen übertrumpft. Auch die einstimmige Altstimme gab es schon: bei Josquin des Prez, der laut einer

Überlieferung des Stückes am Ende von Glareans DODEKACHORDON im Auftrag König Ludwigs XII. von Frankreich ein Werk geschaffen hatte, bei dem der wenig musikalische König eine Stimme selber mitsingen konnte. Doch ungeachtet dieser möglichen Vorlagen hat Walter hier Techniken angewandt, die damals in Humanistenkreisen ohnehin allgemein bekannt waren: Er verband, vielleicht angeregt durch die 1507 veröffentlichten Odenvertonungen MELOPOIAE des Petrus Tritonius, den althergebrachten Typ der sogenannten Humanistenode – bei ihr ging es weniger um musikalischen Anspruch als um die rhythmische Umsetzung der antiken quantitierenden Metren – mit einem mehrstimmigen kontrapunktischen Satz, wobei er zugleich das mittelalterliche Verfahren der Mehrtextigkeit anwandte. Bei den ergänzten Paraphrasierungen in der Altstimme handelte es sich um ein antikes asklepiadeisches Versmaß nach Horaz. Dass Walter bei einer solchen Staats- bzw. Wappenmotette (ebenso wie in seiner frühen Devisenmotette *Verbum Domini manet in aeternum)* auch das Symbola-Verfahren anwandte, wie es etwa in Caspar Othmayrs 1547 erschienenen SYMBOLA ILLUSTRISSIMORUM PRINCIPUM geradezu massenhaft greifbar wurde, oder dass er sich an den tropierenden Psalmparaphrasen des berühmten Eoban Hessus, insbesondere an dessen Umdichtung des 119. Psalms, orientiert hat, versteht sich eigentlich von selbst. Alles in allem erreichte Walter in seiner Kirchweihmotette

> *ein fortgeschrittenes, zu einer ausgesprochenen Humanistenkunst avanciertes Stadium der Verbindung von Psalmvertonung und neulateinischer Dichtung.*[448]

Das bis an den Rand mit humanistischen Techniken angefüllte Werk, das Walter Anfang 1545 in drei Druckexemplaren auch an Herzog Albrecht von Preußen versandte, ist Ausdruck seiner schier grenzenlosen Verehrung für die drei Widmungsträger. Die Kirchweihe bot die ideale Möglichkeit, den für die Bewahrung der lutherischen Lehre wichtigsten Persönlichkeiten zu danken und ihnen ein bleibendes Denkmal zu setzen. Gerade seinem Freund Luther mag Walter durch die Übernahme überkommener Techniken seine geistige Übereinstimmung mit ihm, dem Josquin-Verehrer, signalisiert und seinen tiefen Dank für die fruchtbare Zusammenarbeit ausgedrückt haben. Ihn und Melanchthon bezeichnete er als *»lumina terræ« (»Lichter der Erde«).* Dieses von Gott geschickte Licht taucht in Walters späteren Dichtungen über den letzten Propheten Luther immer wieder auf. Dass sich Melanchthon nach Luthers Tod als Wendehals entpuppen und zum Anführer der Wittenberger Gegenpartei küren lassen würde, scheint Walter damals noch nicht geahnt zu haben. Er war ihm jedenfalls zu großem Dank verpflichtet, nachdem sich Melanchthon nach der Auflösung der Hofkapelle beim früheren Kurfürsten genauso für ihn verwendet hatte wie Luther. Er vertonte sogar noch zwei lateinische Psalmparaphrasen von ihm, die in der letzten Auflage seines GEISTLICHEN GESANGBÜCHLEINS von 1550/51 erschienen sind.

448 HEIDRICH 1998 A, 131f.

> *Hatte sich Johann Walter auch von dem T h e o l o g e n Melanchthon und der sich um diesen gruppierenden Partei der ›Adiaphoristen‹ prinzipiell und mit Nachdruck abgewandt, so will es scheinen, als habe er sich zu den – gleichwohl frühen – Schöpfungen des H u m a n i s t e n Melanchthon nach wie vor bekennen können.*[449]

Der neue Kurfürst schließlich war kein anderer als der Stifter der 100 Gulden jährlich für die Kantorei. Er war ein Gönner Walters, dem er wohl sogar die musikalische Erziehung seiner Söhne anvertraut hatte, und er war nicht zuletzt der Auftraggeber der neuen Kirche, des ersten evangelischen Kirchenbaus auf lutherischem Boden (nach dem Kirchneubau im böhmischen Joachimsthal von 1540), wohl unter besonderer Berücksichtigung der Erfordernisse für die Kantorei.

1568 brachte der Kantor Clemens Stephani aus Budweis (Böhmen) bei dem Nürnberger Verleger Ulrich Neuber neben der siebenstimmigen Kirchweihmotette und zwei weiteren fünfstimmigen lateinischen Motetten von Walter[450] Vereinfachungen der Huldigungsteile in Form zweier vierstimmiger Kanons mit ostinaten Bässen heraus, allerdings auf andere Texte.[451] Wahrscheinlich hatte er sie bei Walter in Auftrag gegeben, weil er von dessen groß besetzten Kanons beeindruckt war. Walter widmete sich an seinem Lebensende also noch einmal dem Themenbereich der humanistischen lateinischen Motette. All diese Werke stammen jedenfalls aus Walters Spätzeit nach Beendigung seines Kantorats, da sie in seinen Notenhandschriften keine Berücksichtigung gefunden hatten.

1555/1557: Magnificat octo tonorum

Anders als z.B. in Wittenberg, wo zumindest an den Feierabendvespern das deutsche Magnificat *»mitten in der kirchen mit dem volck«* gesungen werden konnte,[452] erklang das Magnificat in Torgau stets in Latein. Aus diesem Grund basieren sowohl Walters bereits beschriebene, von Georg Rhau in den VESPERARUM PRECUM OFFICIA von 1540 gedruckte chorale Magnificat-Sätze für die Chorales als auch Walters selbst veröffentlichter figuraler MAGNIFICAT-Zyklus für die Kantorei(en) auf der lateinischen Sprache. Dieser erschien 1557 (BILD 22). Wie aus Walters Brief an die ernestinischen Herzöge vom Neujahr 1556 zu entnehmen ist, hatte er ihn allerdings bereits früher im Druck veröffentlicht und versandte ihn nun zusammen mit diesem Brief sowie einem Epitaph auf den verstorbenen Kurfürsten Johann Friedrich an dieselben. Da nur ein Druck von 1557 bekannt ist, scheint das Werk zweimal gedruckt worden zu sein.[453] Walter Blankenburg hat

449 Ebd., 128/130f., 134.

450 STEPHANI 1568 A: *Bonum est homini* sowie *In tribus spiritus meus.*

451 STEPHANI 1568 B: *Qui Musicam colunt* sowie *Vivat Maximilianus.*

452 Gemäß der Wittenberger Kirchenordnung von 1533. RICHTER 1846-1, 223.

453 STALMANN 1960, 86.

dieser These mit der Begründung widersprochen, dass die Formulierung im Titel *»recens editum«* (*»frisch herausgegeben«*) sowie das Datum der Vorrede vom 15. September 1556 keine frühere Publikation zuließen, und hat Walters Brief lediglich als eine Vorankündigung der Versendung der dann erst im Folgejahr erschienenen Druckausgabe interpretiert.[454] Dem ist entgegenzuhalten, dass die Vorrede – in dieser begründete Walter wie immer die Figuralmusik biblisch, diesmal unter besonderer Berücksichtigung der Lobgesänge der Maria und der Hirten nach den Verkündigungen durch die Engel – auch erst vor der zweiten Drucklegung entstanden sein kann, ähnlich wie jene zur 2. Auflage seines GEISTLICHEN GESANGBÜCHLEINS von 1528ff. Außerdem sprach Walter in seinem Neujahrsbrief von 1556 ganz eindeutig zum einen von bereits erschienenen Stücken,

> *welche wie ich hoffe Gott der Herr im gesang vnd druck hatt wol gerathen lassen* [TEXT 20],

und zum anderen von *»diesem«* Boten als Überbringer des Werkes:

> *So habe ich solche newe Magnificat so bald sie im druck vorfertiget, ewern furstlichen gnaden* [...] *zcum seligen Nhewen Jhar* [...] *mit diesem meynem eigenen bothen, zcu vberschicken nicht vnterlassen wollen* [ebd.].

Walter schrieb, er habe die Magnificat-Sätze *»zcu Jhena zcu drucken vntergeben«*. Er war also selbst der Auftraggeber des Druckwerkes. Demgegenüber scheint der zweite Druck von 1557 ein Fremdauftrag gewesen zu sein, denn im Titel taucht der Begriff *»Musicus clarissimus«* (*»sehr berühmter Musikgelehrter«*) auf. Zudem wurde dem Komponisten mit dem Abdruck von Distichen des neulateinischen Dichters Johannes Stigelius gehuldigt, und dies, obwohl dieser ein Philippist und damit ein kirchenpolitischer Gegner Walters war. Andererseits ist bekannt, dass sich Walter selbst in seiner Bescheidenheit immer sehr zurückgehalten hat. Ganz im Gegenteil schrieb er in seiner Vorrede, er bitte *»als ein armer, geringer, vnwirdiger Schüler der Musica«* freundlich darum, *»mir meine Einfalt zu gut* [zu] *halten«*. Ganz ähnlich verlautete im GEISTLICHEN GESANGBÜCHLEIN seine Bitte an die Leser, *»solch mein unuermügen jnen gefallen* [zu] *lassen«*, da er *»dieser kunst noch wol ein Schüler«* sei. Es scheint also tatsächlich um zwei verschiedene Druckausgaben gegangen zu sein: Die erste vom Ende des Jahres 1555, vielleicht in zu geringer Auflage und anscheinend noch ohne Walters Vorrede, erfolgte in Walters Auftrag und wurde 1556 nach Weimar und Stuttgart verschickt, die zweite erschien 1557 auf Initiative eines anderen Interessenten, vielleicht des Jenaer Druckers Christian Rhode selbst, nun aber mit geändertem Titel sowie mit einer bei Walter bestellten Vorrede – genauso, wie Walter seinerzeit bei Luther eine (nicht mehr ganz auf sein Werk passende) Vorrede für sein GEISTLICHES GESANGBÜCHLEIN bestellt hatte.

454 BLANKENBURG 1991, 99ff.

MAGNIFICAT OCTO
TONORVM QVATVOR, QVINQVE, ET
Sex uocibus, à Iohanne VValthero Seniore, Muſico clariſſimo
compoſitum atq; recens editum.

TENOR

STIGELIVS.
Grata Deo, cætus Chriſtum profitentis imago,
Nunc gemit in ſcopulis, nunc canit Halcyone:
Sic Vualthere inter rumores, inter & arma,
Grata Deo molli ſenſa tenore canis.

IHENAE, EX OFFICI?
Chriſtiani Rhodij. Anno
1557.

BILD 22 (2 Abbildungen)
MAGNIFICAT OCTO TONORUM von Johann Walter (WALTER 1557). Tenorstimmbuch: Titelseite und Beginn des ersten Magnificat im 1. Ton (Dorisch). TRG-STM (beschädigt). Laut TAUBERT 1868, 9, befanden sich bis 1822 alle fünf Stimmbücher in klein 4° in der Torgauer Gymnasialbibliothek.

Komponiert hatte Walter den Zyklus noch früher, nämlich schon in seiner Dresdner Zeit, denn am 30. März 1554 hatte Walter eine Abschrift eines dieser Magnificat-Sätze, des Magnificat Sexti Toni, an Herzog Christoph von Württemberg überschickt (TEXT 17). Dieser war wohl nicht nur durch Walters Sohn mit der kursächsisch-lutherischen Reformationskunst vertraut gemacht worden,[455] sondern möglicherweise auch durch Thomas Zelling, Walters ehemaligen Schreibergehilfen bei der Herstellung eines Chorbuches für die Torgauer Pfarrkirche 1536, denn dieser war nun Sänger in der württembergischen Hofkapelle. Auf alle Fälle scheint es mehrere Verbindungen nach Württemberg gegeben zu haben. Die Überreichung des Magnificat an einen glaubwürdigen Vertreter der lutherischen Sache als ersten Empfänger des Werkes anstelle etwa einer untertänigen Widmung an den sächsischen Kurfürsten August dürfte eine Reaktion auf die unsäglichen Plagen, denen Walter durch die Adiaphoristen ausgesetzt war, aber auch auf das schier unerträglich gewordene Ausmaß der Verschwendung, auch in der Musik, bei den Lustbarkeiten am Hof während der Trauerzeit 1553/54 gewesen sein. Nicht ohne Grund hat Walter von seinen Sätzen keine Abschrift für seinen Nachfolger in Dresden hinterlassen und den Dresdner Musikalien einverleibt, sondern das Werk nach Torgau mitgenommen und bald darauf durch die Veröffentlichung allgemein zugänglich gemacht. Es war offensichtlich ein privates Werk Walters und von vornherein gar nicht für die Dresdner Hofkantorei, sondern für jene Kantoreien vorgesehen, die der wahren lutherischen Lehre folgten und Walters Arbeit zu schätzen wussten.

Als Gegenleistung für die kostbare Gabe erhielt Walter von dem württembergischen Herzog 20 Taler. Dabei handelte es sich um eine *»erhebliche Gratifikation«*[456]. Bei einer Berechnung des Talers mit 21 bzw. 24 Groschen entsprach dies 20 bzw. fast 23 Gulden und damit (mehr als) einem Drittel der Jahresrente Walters von 60 Gulden. Darüber hinaus zeigte der Herzog auch an den anderen Sätzen Interesse, genauso wie es sich Walter vorgestellt hatte. Die Summe wurde dem damals in Tübingen tätigen Sohn Walters anvertraut, scheint aber nicht allzu schnell nach Torgau gelangt zu sein, denn Walter fragte später noch einmal an, ob seine Sendung angekommen sei.[457] Für die nächste Sendung eines gedruckten Werkes erhielt Walter 1556 abermals 20 Taler. Hierbei ging es wohl um die erste Druckausgabe seines MAGNIFICAT-Zyklus.[458] Am 6. Juli 1562 erhielt Walter nochmals 8 Gulden für etliche Gesänge.

455 GURLITT 1933, 72.

456 BLANKENBURG 1991, 95.

457 BOSSERT 1899, 13.

458 STALMANN 1960, 86.

Schreiben Johann Walters an Herzog Christoph von Württemberg (Walter-Autograf).
Zitiert nach BOSSERT 1899, 12f.
Da die Archivsignatur unbekannt ist, kann leider keine Abbildung gezeigt werden.

TEXT 17
1554, 30. März, Dresden
Bitte Walters an Herzog Christoph von Württemberg um gnädige Annahme eines Magnificat-Satzes

Durchleuchtiger, Hochgeborner Furst, Meine vnterthenige vnd stets willige Dienste sind ewern Furstlichen gnaden allezeit zuuor. Gnediger Her, Ich habe aus Gottes gnaden das Magnificat, welchs ein sonderlicher, geistreicher, schöner Lobgesang Gottes, auff alle acht Tonos (wie dan zuuor von ettlichen Componisten auch geschehen) vier, funff vnd sechsstymig in Figuralgesang gesetzt, Hoffe, Gott der Her habe solche zu seinem Lob vnd eheren wol geradten lassen, welchs Ich aber noch zur Zeit wider In Druck noch sunsten niemandt gegeben.

Nach dem aber Ich bericht, das ewer F‹urstlichen› Gnad[en] nicht alleine zu der himlischen kunst Musica lust vnd geneygten willen, sondern auch eine schöne Cantorey haben vnd erhalten, So bin Ich vervrsacht, mit derselben newen Magnificat einem in vnterthenigkeit ewer F‹urstlichen› G‹naden› zuuorehren. Vbersende deswegen ewer F‹urstlichen› G‹naden› Ich in vnterthenigkeit ein Magnificat Sexti Toni mit vntertheniger bitt, weil ewer F‹urstlichen› G‹naden› mit solchem newen Magnificat zum allerersten damit vorehret werden, ewer F‹urstlichen› G‹naden› wollen dasselbig mit gnadigem wolgefallen annehmen. Vnd do Ich spueren wuerde, das ewer F‹urstlichen› G‹naden› Ich hiemit zu gefallen gethan, wolt Ich mich mit den andern Sieben Tonen in Vnterthenigkeit zuuerhalten wissen. Bitte in vnterthenigkeit, ewer F‹urstlichen› G‹naden› wollen mein gnediger Her sein vnd auch bey nechster zufelliger gewisser botschafft durch genedige antwort mich wissen lassen, ob solch mein new Magnificat ewern F‹urstlichen› G‹naden› vorpetzschafft [?] zukommen Das bin vmb ewer F‹urstlichen› G‹naden› Ich in vnterthenigkeit zuuerdienen erbotig. Geben zu Dresden am 30. Martii in liiij Jhar.

Ewer F‹urstlichen› G‹naden›

vntertheniger gantzwilliger

Johannes Walther, der elter,
Churfurstlicher Sechsischer Cantorey Capellmeister.

Traditionsgemäß vertonte Walter das Canticum Mariae (Lobgesang der Maria) nach Luk 1,46–55 mit dem Textanfang *»Magnificat anima mea Dominum« (»Meine Seele erhebet den Herrn«)* und der abschließenden Kleinen Doxologie *»Gloria Patri« (»Ehre sei dem Vater«)* in den acht Kirchentönen. Jedes Werk gliedert sich jeweils in mehrere Einzelsätze zu vier bis sechs Stimmen, denn ein Magnificat wurde stets im Wechsel zwischen Vorsänger/Organist, der den Psalmton anstimmte (Intonation), und dem Chor gesungen. Deshalb wurde nur jeder zweite Vers mehrstimmig vertont (bei der Doxologie mit gewissen Abweichungen die zweite Hälfte). Dies betrifft übrigens auch Walters chorale Psalmen und Magnificat, die in Georg Rhaus VESPERARUM PRECUM OFFICIA von 1540 erschienen sind.

Walter ließ den Sätzen, in die er sich in seiner düsteren Dresdner Zeit meditativ hineinvertiefen konnte, besonders viel Liebe angedeihen:

> *Wenn man, ohne auf Einzelheiten in den 52 Sätzen (2 zweistimmige, 25 vierst‹immige›, 12 fünfst‹immige› und 13 sechsst‹immige›) dieser Magnificat einzugehen, die Mannigfaltigkeit der musikalischen Behandlung des gleichen, achtmal wiederkehrenden Stoffes beachtet, die Kraft des Ausdrucks, die Kolorierung, die wechselnde Gruppierung der Stimmen, die kunst- und wirkungsvolle Kontrastierung des cantus firmus zu den kontrapunktierenden Stimmen auch in rhythmischer Beziehung, Ausnützung der Künste der Imitation und des Kanons im Anschluß an die Motive des gegebenen Gregorianischen Chorals, die Bindung der Sätze untereinander durch die gleichen Motive, kurzum: wenn man sieht, wie alle zur Verfügung stehenden Kunstmittel planvoll und abwechslungsreich verwendet werden, so gewinnt man den Eindruck, daß Johann Walter diese Magnificat mit besonderer Liebe ausgearbeitet und in ihnen den Gipfel seiner Kunst erstiegen hat.* […] *Wenn Luther es noch kennengelernt hätte, würde er an ihm vielleicht eine ähnliche Freude gehabt haben wie an manchem Satz von Josquin oder Senfl.*[459]

> *Sein Bestes leistete er in den großen Magnificat der Fünfzigerjahre, welche die Techniken in souveräner Freiheit abwechseln und mischen und der Durchimitation den ersten Platz einräumen.*[460]

459 WGA 5 (1961), VIII.

460 Stalmann 1960, 192. Eine genauere Werkanalyse wird S. 172ff. geboten. Vgl. ferner Blankenburg 1991, 286ff.

Choralwerke für die Chorales: Die Passionen

In den Bereich des veränderlichen Propriums fallen auch Walters Passionen, die allerdings nicht - wie etwa die für den Ostermorgen vorgesehenen lateinischen Prozessionsgesänge[461] - zur ergänzenden Figuralmusik, sondern zu den unmittelbar in die Liturgie eingebundenen Lesungen bzw. Choralgesängen zählten und allein von den Chorales ohne Walters Zutun bestritten worden sein dürfen. Dass sich Walter dennoch mit dieser Choralmusik auseinandergesetzt hat, ist wohl dem Umstand zu verdanken, dass die aus dem Gemeinen Kasten erfolgte Finanzierung der Gesänge in der Pfarrkirche, mithin der Gehälter und der Notenbücher, natürlich alle Gesänge beinhaltete, seien es nun die der Kantorei oder der Chorales. Genauso verhielt es sich mit Walters choralen Psalmen und Magnificat aus Georg Rhaus VESPERARUM PRECUM OFFICIA von 1540 für die Werktage. All diese Sätze haben gemeinsam, dass Walter sie selbst nie in Druck gegeben hat, da ihre Verwendbarkeit außerhalb der Torgauer Gottesdienste nicht garantiert war. Glücklicherweise kann man nicht nur auf ihre Überlieferung in den bekannten Torgauer Notenhandschriften, sondern auch auf das TORGAUER KANTIONAL von 1608 zurückgreifen, in welchem Walters Passionschöre festgehalten sind. Da es einen Einblick speziell in die Torgauer Praxis des Passionsgesangs erlaubt, sei diesem Thema hier ein eigenes Kapitel gewidmet.

Wie Walter schon Luthers Epistel- und Evangelientöne überarbeitet und ganz eigene Melodien geschaffen hatte, so entwarf er auch für die Matthäus- und die Johannespassion, die ja ebenfalls zu den Evangelien gehören, ganz neue Lektionsmelodien, die der deutschen Sprache in Luthers Bibelübersetzung angepasst waren und dessen Vorstellung von richtiger Wortdeklamation, Silbenbetonung usw. genauestens berücksichtigten. Dabei verzichtete er nahezu vollständig auf Melismen, welche in den alten lateinischen, gregorianischen Passionen die Textverständlichkeit sehr erschwert hatten, und vertonte die Texte weitgehend syllabisch. Allein die Verwendung der Muttersprache war eine reformatorische Neuschöpfung und erhöhte wesentlich die Erfahrbarkeit des Textes. Das althergebrachte Prinzip der Rolleneinteilung in Erzähler (Evangelist) und dramatische Personen behielt Walter bei, wobei er die Chöre (Turbae) als Erster vierstimmig setzte, nachdem sie bisher entweder einstimmig - durch den Soliloquenten (hohe Lage) - oder dreistimmig - zusammen mit den anderen beiden Figuren Christus (tiefe Lage) und Evangelist (mittlere Lage) - gesungen worden waren. Damit schuf der Urkantor zugleich das Urbild der deutschsprachigen Passion in Form einer Choralpassion, d.h. der choraliter gesungenen dramatischen Passion (nicht der Motettenpassion). Sie wurde in Dresden weitergepflegt,[462] sollte als neue Gattung

461 STALMANN 1960, 92ff.

462 STEUDE U.A. 1978, 5f.

in vielen musikalischen Varianten über drei Jahrhunderte lang in den evangelischen Gemeinden vorherrschen und schließlich in den oratorischen Passionen Johann Sebastian Bachs ihre Vollendung erfahren.[463]

Walters Passionen wurden in Torgau am Palmsonntag (Matthäuspassion) bzw. am Karfreitag (Johannespassion) gesungen. Dies ist nicht nur aus dem Index des GOTHAER CHORBUCHES bekannt, sondern besonders deutlich dem TORGAUER KANTIONAL von 1608 zu entnehmen. Dieses nicht mehr ganz unbekannte farbenprächtige liturgische Notenbuch[464] wurde bisher in der Forschung noch gar nicht berücksichtigt. Es enthält alle in Torgau gesungenen Episteln und Evangelien für das gesamte Kirchenjahr, welche in der aus der vorreformatorischen Zeit weitgehend unverändert übernommenen Perikopenordnung festgelegt worden waren. Die Niederschrift erfolgte wie üblich in schwarzer, diastematischer Choralnotation. Die Passionen, welche die gewöhnlichen Lesungstexte an besagten Tagen darstellten (BILD 23), heben sich grafisch von den anderen Texten ab, denn in ihnen sind die Passagen der redenden Figuren von der Schriftfarbe des Evangelisten (Schwarz) durch andere Farben (Blau, Gelb/Hellbraun, verschiedene Grüntöne und Rot) abgehoben. Weggelassen wurden ursprünglich die Noten der vierstimmigen Chorus-Abschnitte, denn diese waren schließlich nicht von den rollenverteilten Liturgen, sondern von den Chorales – die Kantorei war für die Lesungen nicht zuständig – zu singen. Lediglich die dazugehörigen Texte wurden zur Orientierung unter die leer gelassenen Notenzeilen geschrieben und ebenfalls farbig hervorgehoben.

Die weitere Benutzung des TORGAUER KANTIONALS brachte es mit sich, dass in späterer Zeit an diesen Stellen doch noch die Noten in brauner Tinte ergänzt wurden, und zwar jene der Bassstimme. Dabei wurden in der Matthäuspassion der F3- und in der Johannespassion der F4-Schlüssel verwendet, wenn diese auch nicht immer vorgezeichnet wurden. Ebenso finden sich an den Rändern in Dunkelbraun Ergänzungen von Melodie-Incipits von Kirchenliedern mit vollständigen Texten (meistens eine Strophe),[465] verbunden mit rötlichen Marken zur Einfügung der Lieder an den richtigen Textstellen, sowie nach den Passionsenden abschlie-

463 GERBER 1931, 133f., 137ff.

464 Das TORGAUER KANTIONAL von 1608 war bereits in der Torgauer Johann-Walter-Ausstellung von 1996 gezeigt worden, verbunden mit der Frage nach einer eventuellen Verbindung zu Walters Passionen. SCHNEIDERHEINZE 1996 B, 32. In der Walter-Edition von 2013 hat es die Verfasserin erstmals abgebildet. RICHTER 2013, 138f.

465 Matthäuspassion: *O hilf, Christe, Gottes Sohn; Ich lieg im Streit und widerstreb; Meinen Jesum lass ich nicht; O Lamm Gottes unschuldig; Zwar es haben meine Sünden; Führ uns, Herr, in Versuchung nicht; Ist meine Bosheit groß; Dein Backenstreich und Ruten frisch; In meines Herzens Grunde; O selig ist zu aller Frist / O Jesu du, mein Hilf und Ruh.*

Johannespassion: *Dein Will gescheh, Herr Gott, zugleich; Wie ist mir doch so herzlich bange; Was ist die Ursach aller solcher Plagen; Vergießen wird man mir mein Blut; Auf deinen Abschied, Herr, ich trau; Durch dein unschuldig Blut.*

ßende Danksagungen, die wiederum von anderen Schreiberhänden stammen.[466] Datumseinträge geben den 8. April 1690 bzw. nur das Jahr 1690 an, also den Dienstag nach Judica dieses Jahres, wenige Tage vor der Aufführung der ersten Passion. Leider ist unklar, worauf sich diese Daten beziehen. Zukünftige Analysen der vielen beteiligten Handschriften könnten Aufschlüsse über die Schreiber der Chornoten (Kantoren?) und womöglich über die Zeitpunkte der jeweiligen Einträge liefern. Auf alle Fälle liegt hier der Beweis dafür vor, dass die kostbaren liturgischen Noten wohl noch bis ins 18. Jahrhundert verwendet wurden.

Walter selbst hat seine Passionen in fast all seine Notenhandschriften übertragen (BILD 24ff.). Bezeichnenderweise beschränkte er sich dabei auf die Chöre, also ausgerechnet auf jene Abschnitte, die im liturgischen Kantional damals noch fehlten.[467] Sicher machten die Liturgen schon in der Walter-Zeit von solch einem *»Torgauer Solistenbuch«*[468], einem Vorgängerexemplar des TORGAUER KANTIONALS von 1608, Gebrauch[469], während der Chor seine eigenen Noten benötigte. Von daher ist es ganz logisch, dass Walter, der seine Notenhandschriften zwar in erster Linie für die Kantorei, zum Teil aber offenbar auch für die Chorales, angefertigt hat, in diesen die einstimmigen Textpassagen für die Liturgen weglassen konnte, da diese ja schon ihr eigenes Lesebuch hatten.[470] Walters vierstimmige Chöre im sogenannten Falsobordone-Satz sind ähnlich schlicht gehalten wie die Psalmen und Magnificat von 1540.[471] Grund war indes nicht ihre Aufführung während der Werktagsgottesdienste – der Palmsonntag und der Karfreitag waren Feiertage –, sondern es handelte sich lediglich um die Vertonung der Liturgie an den Turbae-Stellen in möglichst unverändertem, schlichtem liturgischen Sprechgesang. Die choralen Einschübe erfüllten also keine andere Funktion als die einstimmigen Abschnitte der Einzelpersonen.

Die Chöre dürften schon entstanden sein, als Walter im Rahmen seiner Arbeit bei Luther in Wittenberg 1525, sei es nun währenddessen oder erst danach, die übers Jahr zu singenden liturgischen Gesänge für die Torgauer Geistlichkeit schuf. Damit wäre die Entstehung der Passionen ebenfalls schon in die frühen Jahre ab 1525ff. zu datieren. Diese These unterstützt zugleich die vieldiskutierte Annahme, dass Walter die damals aktuellste Bibelfassung zur Grundlage genommen hat, nämlich die Bibelausgabe vom Dezember 1522.[472] Wenngleich

466 Matthäuspassion und Johannespassion: *Dank sei unserm Herrn Jesu Christo, der uns erlöset hat durch sein Leiden von der Höllen Pein.*

467 Vgl. die erste Fassung der Passionshistorien bei AMELN/GERHARDT 1939, 1 sowie 5.

468 WGA 4 (1973), VIII.

469 Vgl. das *»groß cantionalbuch«* im Inventar des Gemeinen Kastens von 1559/60 hier S. 268.

470 Vgl. dieselben Schlussfolgerungen bei AMELN/GERHARDT 1939, 5.

471 Ebd., 10.

472 Laut KADE 1896, 3, zwischen Dezember 1522 und 1527.

nicht ausgeschlossen ist, dass Walter theoretisch auch noch nach 1534, als eine neue Ausgabe erschien, die alte Textvariante von 1522 verwendet haben kann und die Passionen erst zwischen 1534 und 1538 entstanden sein können,[473] so scheint es doch eine zwingende Logik zu sein, dass beim Singen der Passionen in den Chorus-Abschnitten Lücken entstanden wären, wenn die Chöre nicht gleich zusammen mit den Einzelgesängen in einem Guss vertont worden wären. Da die deutsche Messe in Wittenberg vermutlich zu Weihnachten 1525 offiziell eingeführt wurde,[474] dürften die Passionen auch in Torgau seit 1526 regelmäßig gesungen worden sein. Dass es zunächst provisorische Frühfassungen der Chöre gegeben haben könnte, die nicht mehr in die überbliebenen Walter-Notenhandschriften der Jahre 1538ff. eingegangen sind, sondern in früheren, nicht mehr erhaltenen Quellen zu suchen wären (TAB 2, Nrn. 1–4), ist unwahrscheinlich. Ebenso wenig dürfte es einstimmige Fassungen der Chöre, die von den Liturgen einfach mitgesungen worden wären, gegeben haben, sonst wären diese Melodien im Kantional festgehalten worden, sicher auch noch in diesem späteren Exemplar.

Das Besondere am TORGAUER KANTIONAL von 1608 ist nicht nur die Überlieferung der in den Walter-Notenhandschriften fehlenden Einzeltexte samt Noten, sondern vielmehr, daraus resultierend, die Kombination verschiedener Bibelausgaben. Einerseits basiert das Buch auf der alten Torgauer Tradition, von der man annehmen kann, dass die enthaltenen liturgischen Melodien auf Walter zurückgehen. Andererseits wurde der liturgische Text später dem aktuellen Sprachgebrauch angepasst, indem bei den Einzeltexten eine jüngere Bibelausgabe verwendet wurde. Demgegenüber beziehen sich Walters Chöre, wie sie auch in den Walter-Notenhandschriften von 1538ff. überliefert sind, natürlich auf eine ältere Textfassung. Inwieweit neben den in der Literatur erwähnten Ausgaben der Bibel bzw. des Neuen Testaments von 1522 und 1534 weitere Ausgaben in Frage kommen und wie frei Walter und die Schreiber des TORGAUER KANTIONALS mit den Vorlagen umgegangen sind, muss noch systematisch durch textkritische Vergleiche untersucht werden. Dass sich die Notenschreiber des 17. Jahrhunderts durchaus Freiheiten genommen haben, wird allein an ihrem Umgang mit Walters Chören deutlich, wie im Folgenden erläutert wird.

Die erste Freiheit stellte alleine die Mischung der verschiedenen Fassungen dar. Die Einfügung der alten Chöre in die neue Lesung äußerte sich nicht nur darin, dass die Noten ergänzt wurden, sondern auch, dass die bisher verwendeten, unter die leeren Notenzeilen geschriebenen Chorus-Texte zurückkorrigiert wurden. Die auffälligste Stelle lautet *»Gott grüße dich, du lieber König der Juden«*

473 Vgl. GERHARDT 1949, 62.
474 BOËS 1958/59, 16.

(Matthäuspassion; BILD 25 links): Nachdem der Torgauer Schreiber von 1608 den Text *»Gegrüßet seist du, Judenkönig«* entsprechend dem Wortlaut der aktuellen Bibelfassung in Blau eingetragen hatte, korrigierte ihn später ein anderer Schreiber, nämlich der Ergänzer der Walter'schen Chornoten, in die *»richtige«*, ursprüngliche Textfassung und in derselben braunen Tinte wie die Noten. Diese trug er selbstverständlich in derselben Anzahl ein, wie es die Silben in der Walter'schen *»Urfassung«* erforderten, und notierte damit drei Noten mehr, als wenn der *»falsche«* Text beibehalten worden wäre. Ähnlich wurde bei *»Nimm weg, nimm weg«* verfahren (Johannespassion; BILD 25 rechts): Auch bei diesem aus der jüngeren Variante *»Weg, weg mit dem«* entstandenen Text wurden die entsprechenden Wörter gestrichen bzw. ergänzt und die Noten genau über den neu eingetragenen Silben eingefügt. Mehr Noten kamen auch bei *»Kreuzige, kreuzige«* hinzu, welches in *»Kreuzige ihn, kreuzige ihn«* korrigiert wurde (JP). Weniger Noten wurden eingetragen bei *»Was geht's uns an«* (MP) nach der Korrektur der Variante *»Was gehet uns das an«*. (Bei dem anschließenden *»da siehe du zu«* kam dafür eine Note hinzu, nachdem Walter das *»sieh[e]«* wie andere vergleichbare Wörter nur mit einem Notenwert versehen hatte.) In gleicher Weise wurden *»und nach dem Gesetze soll er sterben«* in *»und nach dem soll er sterben«* (JP), *»nach dreien Tagen auferstehen«* in *»... auferstehn«* (MP) sowie *»Lässest du diesen los«* in *»Lässt ...«* (JP) korrigiert.

Die zweite Freiheit bestand im stellenweisen Abweichen von Walters Vorlagen. So gab es Chöre, die wie die Einzeltexte in der späteren Textfassung verblieben oder anderweitig textlich angepasst wurden. Sie konnten offenbar stehen bleiben, weil sie entweder keine Auswirkungen auf Walters Noten hatten oder weil bestimmte geringfügige Änderungen erwünscht waren, deren Ursachen noch zu eruieren sind. Unkorrigiert blieben *»Wer ist's, der dich schlug«* (statt Walters *»Wer ist, der dich schlug«*, MP), *»Barrabam«* (statt *»Barrabas«*, MP), *»über unsre Kinder«* (statt *»über unser Kinder«*, MP), *»darum befiehl«* (statt *»... besieh«*, MP) sowie zahlreiche sonstige Lautanpassungen. Bei *»der erlöse ihn nu«* (statt *»... erlös ...«*, MP) und *»Halt, lass sehen«* (statt *»... sehn«*, MP) kam jeweils ein Ton hinzu, welcher nicht in den Walter-Handschriften enthalten ist, bei *»denn er hat sich selbst zu Gottes Sohn gemacht«* (statt *» ... selber ... «*, JP) wurde ein Ton entfernt. Bei *»denn deine Sprach verrät dich«* (statt *»und dein Sprach ...«*, MP) wurden die Noten so schlampig eingetragen, dass zu der ohnehin schon zusätzlichen Note versehentlich noch eine weitere hinzugekommen ist. Bei den um eine Silbe gekürzten Passagen *»ist er der König Israel«* (statt *»... König von Israel«)* und *»so steig er nu vom Kreuze«* (statt *»... steige ...«*, MP) wurden sogar alle Tonwiederholungen weggelassen und nach den jeweiligen Tonhöhenwechseln immer nur die erste Note eingetragen. Ebenso geschah es bei dem verlängerten *»Wäre dieser nicht ein Übeltäter, wir hätten dir ihn nicht überantwortet«* (statt *»Wär ...«* und *»... ihn dir ...«*, JP) und an vielen anderen Stellen, die keinerlei Abweichungen im Textlaut aufweisen.

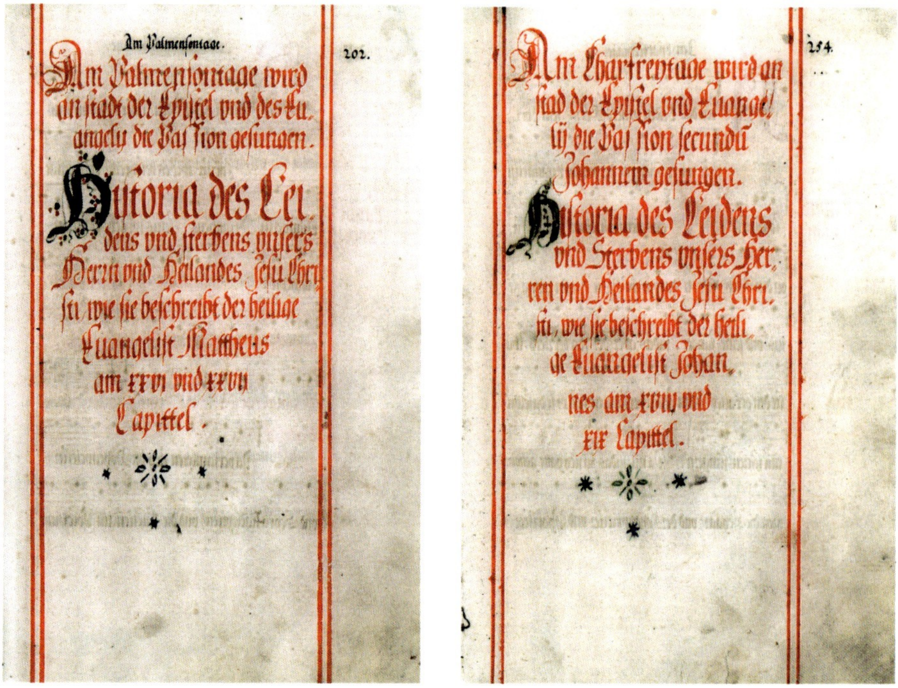

BILD 23 (2 Abbildungen)
TORGAUER KANTIONAL von 1608: Beginn der Matthäuspassion für die Palmsonntage (S. 202–242) und der Johannespassion für die Karfreitage (S. 254–282). TRG-STA

BILD 24
Johann Walter (Komponist und Schreiber): Ende der Matthäus- und Anfang der Johannespassion (nur Chöre) im NÜRNBERGER TENORSTIMMBUCH von 1538, Bl. 138v. NBG-GNM

BILD 25 (2 Abbildungen)
TORGAUER KANTIONAL von 1608: Korrigierte Abschnitte *»Gott grüße dich, du lieber König der Juden«* aus der Matthäuspassion (S. 232) und *»Nimm weg, nimm weg«* aus der Johannespassion (S. 272)

BILD 26 (3 Abbildungen)
Melodische Korrektur beim ersten *»Lass ihn kreuzigen«* im TORGAUER KANTIONAL (S. 229; links oben).
Die zweite Stelle (S. 230; links unten) stimmt mit dem GOTHAER CHORBUCH (Bl. 278v; rechts) überein.

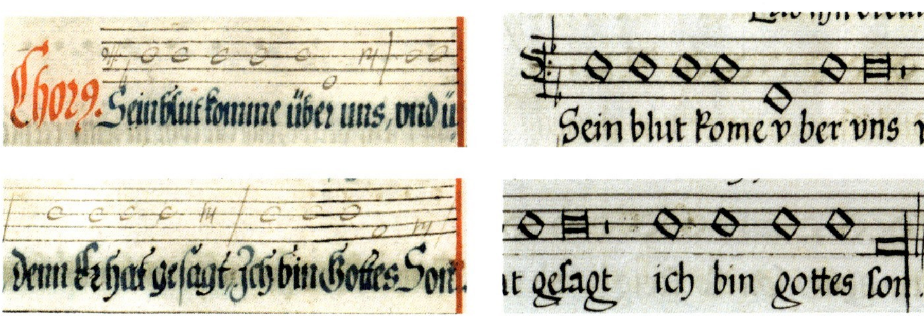

BILD 27 (4 Abbildungen)
Abweichungen bei *»Sein Blut komme über uns«* und *»Ich bin Gottes Sohn«* im TORGAUER KANTIONAL (S. 230/235; links) im Vergleich zum GOTHAER CHORBUCH (Bl. 278v/279v; rechts)

BILD 28 (2 Abbildungen)
Silbenlöschung und Tonverschiebung bei *»Er hat Gott vertrau(e)t«* im TORGAUER KANTIONAL (S. 235; links) im Vergleich zum GOTHAER CHORBUCH (Bl. 279v; rechts)

Als dritte Freiheit nahmen sich die Chornotenschreiber sogar das Recht heraus, manche der von Walter vorgegebenen Tonhöhen zu »*aktualisieren*«, zumindest in der Matthäuspassion, wie Vergleiche zwischen den Bassstimmen im TORGAUER KANTIONAL und im GOTHAER CHORBUCH zeigen. An einer Stelle wurde von Walters Fassung ganz bewusst abgewichen, und zwar beim ersten Mal »*Lass ihn kreuzigen*« (BILD 26): Die Noten wurden zunächst richtig eingetragen, im Nachhinein aber dem zweiten »*Lass ihn kreuzigen*« angepasst, indem die alten Noten wieder getilgt wurden. Man sang also beide Stellen gleich, und zwar in der zweiten Variante.[475] Ob dies ein Irrtum des Schreibers war und ob auch die Abweichungen bei »*Sein Blut komme über uns*« und »*Ich bin Gottes Sohn*« absichtlich oder versehentlich geschehen sind (BILD 27), bedarf weiterer Untersuchungen. Die melodische Änderung bei »*Er hat Gott vertraut*« (BILD 28) kam offensichtlich durch eine Silbenlöschung zustande und war der Aktualisierung der Textlaute geschuldet.

Wir haben es also bei dieser aus dem 17. Jahrhundert stammenden Überlieferung von Walters Chorus-Noten mit einer textlich-musikalischen Mischung zwischen Walters (weiterhin unbekanntem) »*Original*« und einer mittleren Fassung von 1608 zu tun. Ein solcher Vorgang war durchaus legitim, denn Passionshistorien wurden damals nicht als abgeschlossene, unveränderliche Werke eines Komponisten, sondern lediglich als veränderliche liturgische Modelle angesehen.[476] Die Möglichkeiten, die sich aus der Verwendung unterschiedlicher Bibelausgaben, Lektionstöne und -melodien sowie aus der Einfügung abgewandelter oder ganz neuer Chöre, im 16. Jahrhundert sogar figuraler Chorsätze,[477] ergaben, führten zu einer Vielzahl von Passionsvarianten, die aufgrund ihrer anonymen Überlieferung Festlegungen auf bestimmte Komponisten sehr erschweren. Nicht zuletzt weicht die vorliegende Mischfassung an vielen Stellen melodisch und textlich[478] auch von den Abdrucken der Walter'schen Passionen in der Gesamtausgabe sowie von anderen, Walter unter Vorbehalt zugeschriebenen und teils auf eine viel spätere Zeit datierten Teilwiedergaben von Passionsdrucken ab. Hier muss noch geklärt werden, welche von diesen und anderen, anonym überlieferten handschriftlichen Varianten, die Walter zugeordnet wurden, der ursprünglichen Form aus der Walter-Zeit am nächsten kommt.

475 Auch beim zweiten Mal »*Jesum von Nazareth*« (JP) finden sich Notenkorrekturen, diesmal allerdings in Walters Sinne, nachdem der Schreiber versehentlich die erste Variante zweimal eingeschrieben hatte.

476 AMELN/GERHARDT 1939, 9.

477 »*An etlichen Jahren hat man am Charfreitag die deutsche Passion gesungen, darauf der chorus figuraliter respondieret hat.*« Torgauer Kirchenvisitation von 1580, zitiert nach PALLAS 1911, 50.

478 So heißt es bereits im Eingang der Matthäuspassion nur »*Höret*«, nicht »*Höret an*«. Vgl. die richtige Textwiedergabe nach dem Grimmaer Manuskript bei KADE 1896, 2, oder die bei ORF 1977, 39, erwähnten beiden Passionen in den LEIPZIGER STIMMBÜCHERN.

Alles in allem scheinen sich in den Passionen des TORGAUER KANTIONALS von 1608 mehrere Phasen widerzuspiegeln:

1. 1608 wurde eine neuere Bibelvariante verwendet, die aufgrund ihrer geänderten Textfassung theoretisch mit Walters Passionen nichts mehr zu tun hatte. Dennoch dürften seine Chöre während des gesamten 16. Jahrhunderts weiterhin verwendet worden sein, ohne dass sich dies in den Solistenbüchern, so auch im TORGAUER KANTIONAL, schriftlich niedergeschlagen haben muss. Da sich die Liturgen unabhängig von den musikalischen Entwicklungen vermutlich immer an die aktuellsten Bibelausgaben gehalten haben, kam es bis 1608 zu gewissen Abweichungen vom »*Urtext*«, während sich der Chor weiterhin an Walter hielt, indem er aus dessen Handschriften und späteren Abschriften gesungen hat. Vor diesem Hintergrund liegt es nahe, dass die überlieferte Form bereits in der Zeit vor 1608 langjährige Verwendung fand, wobei die Liturgie aus einem Vorgängerexemplar gesungen wurde.
2. Nach 1608 wurden Walters Chöre im liturgischen Kantional schriftlich festgehalten, indem sie aus den Notenhandschriften der Pfarrkirche weitgehend unverändert übernommen wurden. An einigen Stellen wich man jedoch bewusst von ihnen ab, und zwar sowohl in textlicher als auch melodischer Hinsicht. Diese Änderungen könnten einer der Gründe für die Fixierung der Chöre im Kantional gewesen sein.
3. Vermutlich zu einem noch späteren (?) Zeitpunkt wurden, dem Trend der Zeit gemäß, als musikalisch rahmende Schlüsse chorische Danksagungen ergänzt. Ob diese noch ganz frisch waren oder ursprünglich von anderen Passionsfassungen außerhalb Torgaus stammten, bleibt der weiteren Forschung vorbehalten. Auf alle Fälle wurde das Singen der Bibeltexte in der Fassung von 1608 beibehalten, sonst wären die Danksagungen nicht in das weiterverwendete Kantional eingetragen worden.
4. In noch späterer Zeit scheinen unter weiterer Beibehaltung der Einzelgesänge von 1608 die Lieder ergänzt worden zu sein. Auch hier stellt sich die Frage nach der möglichen Weiterverwendung von Walters Chören oder aber ihrer Weglassung und Ersetzung durch andere Chöre, auch wenn Walters Chorbassstimme nicht eigens durchgestrichen worden ist.

Nach vielen gründlichen Untersuchungen zur Entwicklung und Überlieferung der Walter'schen Passionen und mehreren Versuchen ihrer Edition stehen nun also erneut quellenkundliche und musikanalytische Vergleiche mit anderen Passionen dieser Zeit sowie eine Auswertung der später ergänzten Kirchenlieder und Danksagungen an.[479] Möglicherweise lässt sich dann auch die Frage beant-

479 Vgl. die verschiedenen Fassungen der Passionshistorien bei AMELN/GERHARDT 1939. Hierzu gehören auch Hinweise wie »*Ad hanc germanicam passionem, quae Torgæ decantatur*« (»Zu

worten, auf welche dieser Phasen sich das angegebene Jahr 1690 bezieht. Besonders anzuregen wären auch eine Kritische Edition sowie vor allem die Restaurierung und die digitale Bereitstellung des Kantionals mit allen Episteln und Evangelien des gesamten Kirchenjahres, denn dieses einzige heute noch erhaltene liturgische Kantional aus dieser frühen Zeit Torgaus befindet sich aufgrund von Wassereinwirkungen, Wurmfraß und früherer regelmäßiger Benutzung teilweise in einem sehr schlechten Zustand. Auf alle Fälle kann nun endlich die seit Langem gestellte Frage nach der *»richtigen«* Ausführung der Einzelgesänge in Walters Passionen oder zumindest nach einer oder sogar mehreren in Torgau tatsächlich praktizierten Varianten beantwortet werden. Im TORGAUER KANTIONAL liegt eine spezifisch Torgauer Tradition vor, die zwar von Walter nicht für andere Gemeinden verbindlich vorgegeben, aber von ihm initiiert und in Torgau noch lange beibehalten worden ist.

dieser deutschen Passion, wie sie zu Torgau gesungen wird«) in einem verschollenen Stimmbuch der Leipziger Nicolaikirche. Zitiert nach WGA 4 (1973), VII.

Der Chorleiter: Anfertigung von Notenhandschriften

Einleitender Überblick

Neben den Schulstunden und der Chorleitung an den Sonn- und Feiertagen in der Torgauer Pfarrkirche sowie dem Komponieren von Werken für die Gottesdienste bestand Walters dritte wichtige Aufgabe als Kantor (bzw. später als Kapellmeister) in der Bereitstellung der dafür erforderlichen Noten.[480] Hierzu gehörten außer seinen eigenen Kompositionen auch Abschriften von Werken anderer Komponisten. Deshalb ist ihm die Anfertigung umfangreicher Notenhandschriften zu verdanken, die im Gegensatz zu den für die Allgemeinheit außerhalb Torgaus gedachten gedruckten Notenausgaben für den eigenen Gebrauch durch die Torgauer Stadtkantorei (bzw. die kursächsische Hofkantorei) bestimmt waren und das liturgische Repertoire des gesamte Kirchenjahres an Figuralmusik beinhalten, darüber hinaus die choralen Passionen, Psalmen, Magnificat u.a. für die Chorales. Im Gegensatz zu Georg Rhaus umfassenden Editionen von Werken europäischer Meister enthalten die Torgauer Handschriften mit Werken Josquins des Prez und Ludwig Senfls, der beiden Lieblingskomponisten Luthers, neben anderen Meistern der Josquin-, Isaac-, Senfl- und Gombert-Generationen vor allem die von Luther bevorzugte und gepflegte Musik.[481] Sie sind daher zugleich ein Abbild der Luther-Verehrung, die Walters gesamtes Leben durchzog.

Insgesamt sind vier Torgauer Notenhandschriften aus der Walter-Zeit, teils in Chor- und teils in Stimmbuchformat, erhalten, die in Gotha, Krakau (ehemals in Berlin) und Nürnberg aufbewahrt werden. Sie wurden von Carl Gerhardt (CG) neben zwei weiteren Torgauer/Wittenberger Notenhandschriften aus der Walter-Zeit[482] in seinen TORGAUER WALTER-HANDSCHRIFTEN einer gründlichen Analyse

480 Vgl. die ähnliche Aufgabenverteilung bei seinem Vorgänger, dem Kapellmeister Rupsch. MÜLLER 1911, 397ff.

481 GERHARDT 1949, 109.

482 Die ehemaligen Berliner, heute in Krakau befindlichen Notenbücher konnten leider nicht im Original einbezogen werden.
Nicht in die Betrachtung eingeschlossen sind zwei der sechs von Gerhardt ausgewerteten Notenhandschriften: – Das vor 1545 entstandene und heute in Jena aufbewahrte Chorbuch W (Weimar B) wurde für Wittenberg, nicht für Torgau und auch nicht unter der Obhut Walters hergestellt. GERHARDT 1949, 25ff. Wenngleich es bei den Schreiberhänden Übereinstimmungen gab, dürften sich die Herstellungskosten nicht in den Akten des Torgauer Gemeinen Kastens, sondern in Wittenberger Rechnungen finden. – Das Bass-Stimmbuch N_2 aus dem Germanischen Nationalmuseum Nürnberg (Hs 83795 [2]) entstand erst nach Walters Kantoratszeit. GERHARDT 1949, 16ff. Vgl. weitere, auf Privatinitiative angefertigte,

unterzogen. Der Begriff *»Walter-Handschriften«* ist etwas irreführend, da Walter bei Weitem nicht der alleinige Schreiber oder Komponist als vielmehr der Konzipient dieser Notensammlungen war. Es handelte sich um mehr oder weniger prachtvolle Reinabschriften, die er zusammen mit seinen Schreibergehilfen anfertigte und die nach seiner Amtszeit von anderen Schreibern fortgeführt wurden. Die Vorlagen waren meist frisch erschienene Notendrucke; vereinzelt finden sich aber auch Werke, die erst Jahre später erstmals im Druck erschienen und auf anderem Wege nach Torgau gelangt waren. Ebenso sind Werke Walters enthalten, die sonst nirgendwo überliefert sind. Von etwaigen handschriftlichen Notenentwürfen Walters, die beim Komponiervorgang entstanden oder als Druckvorlagen dienten, hat sich nichts erhalten.

Ergänzend zu den bereits erfolgten Analysen der Kompositionen und den Identifikationen der Komponisten und der Schreiberhände[483] sei hier nun die archivalische Parallelüberlieferung in Torgau befragt. Belege für die Notenhandschriften der Walter-Zeit gibt es allemal, und sie verraten, dass es nicht nur vier Walter-Handschriften in Torgau gegeben hat, was alleine schon *»merkwürdig viel Noten«*[484] zu dieser Zeit waren, freilich bedingt durch die Bestellung drei verschiedener Kirchen. Denn vermutlich waren es ursprünglich nicht weniger als neun von Walter bis 1548 angelegte bzw. weitergepflegte und zum Teil selbst beschriebene Chorbücher und Stimmbuchsätze (TAB 2). Theoretisch könnten es sogar noch mehr gewesen sein, welche in den nicht mehr erhaltenen Rechnungen des Gemeinen Kastens von 1530, 1533/34, 1538, 1541 und 1543–1545 (?) zu suchen wären. Alle nachgewiesenen Notenhandschriften wurden aus Papier gefertigt, es ging also um keine Pergamenthandschriften, wie sie von der Hofkapelle Kurfürst Friedrichs des Weisen und damit kurzzeitig auch von Johann Walter benutzt worden waren (heute: JENAER CHORBÜCHER).

Aus Walters kurzer Kapellmeisterzeit sind zwar keine Rechnungen für die Herstellung von Musikalien bekannt, aber immerhin ist ein umfangreiches Noteninventar erhalten, welches angesichts der am albertinischen Hof gepflegten Werke vor allem darüber Auskunft gibt, dass Walter mit Ausnahme der gekauften letzten Auflage seines GEISTLICHEN GESANGBÜCHLEINS keine eigenen Werke beigesteuert hat, weder alte noch neue. Dies ist bemerkenswert und vor dem damaligen kirchenpolitischen Hintergrund des Leipziger Interims durchaus nachvollziehbar.

Für seinen verehrten ernestinischen Herzog Johann Wilhelm I. von Sachsen-Weimar fertigte Walter zum Ende seines Lebens ebenfalls noch ein Chorbuch an.

aber nicht von Walter originär konzipierte Abschriften, etwa das bei GURLITT 1933, 91, Anm. 3, genannte Beispiel aus der Lutherhalle (heute: Lutherhaus) Wittenberg. Vgl. ferner das Kapitel über die Handschriften bei BLANKENBURG 1991, 401ff.

483 Vgl. außer GERHARDT 1949 auch die ausführlichen Betrachtungen in STALMANN 1960, 45ff.

484 WGA 4 (1973), VII.

TAB 2: Die handschriftlichen Torgauer Notenbücher 1529–1545

	Datierung	Format	Verwendung	CG	Heutiger Standort
1	vor 1529	Chorbuch	Pfarrkirche	–	?
2	vor 1535	Chorbuch (?)	Pfarrkirche	–	?
3	1535	Stimmbücher (?)	Pfarrkirche	–	?
4	1535/36	Chorbuch 400 Bl. gekauft und beschrieben	Pfarrkirche	–	?
5	1538 (?)	NÜRNBERGER TENORSTIMMBUCH Queroktav, ca. 15 cm x 20 cm	Pfarrkirche	N_1	Nürnberg, Germanisches Nationalmuseum: Hs 83795 [1]
6	1540 (Teil 1: Psalmen)	4 Psalmstimmbücher: BERLINER STIMMBÜCHER ca. 25 cm x 15 cm, jeweils ca. 100 Bl. (ca. 70 beschrieben)	Pfarrkirche	B_2	Krakau, Biblioteka Jagiellońska: Mus. ms. 40043
7	1543/44 (?)	BERLINER CHORBUCH ca. 47 cm x 35 cm, 382 Bl.	Pfarrkirche	B_1	Krakau, Biblioteka Jagiellońska: Mus. ms. 40013
8	1545	4 Psalmstimmbücher jeweils ca. 120 Bl. (ca. 90 beschrieben)	Schlosskirche	–	?
9	1545	GOTHAER CHORBUCH 41 cm 28 cm, 338 Bl.	Schlosskirche	G	Gotha, Forschungsbibliothek: Chart. A 98

Notenbücher für die Torgauer Stadtkantorei, 1529–1548ff.

Chorbücher und Notenschränke 1529–1534 (TAB 2, Nrn. 1 und 2)

Das erste Gesangbuch, das Walter 1529 nach der Gründung der Kantoreigesellschaft in Empfang nahm, war ein bereits angelegtes Buch unbekannten Inhalts, welches noch lange nicht abgeschlossen, sondern *»zusterckung«*, also zur fortgesetzten Erweiterung und Ergänzung gedacht war, wofür dem Kantor künftig *»mehr vorgestrackt vnnd geben werden«* sollte. Die Finanzierung handschriftlicher Gesangbücher war somit von Beginn an eingeplant und nicht zuletzt Luthers *»Denkzettel«* für den Gemeinen Kasten zu verdanken, den dieser im Anschluss an die in seinem Beisein durchgeführte erste Torgauer Visitation 1529 verfasst hatte. Nachdem im Visitationsprotokoll selbst nichts über die Kantorei vermerkt worden war, schlug er für deren Notenbücher die jährliche Gabe eines Gulden vor:

> *Hie zu Torgau mit dem gemeinen kasten zu reden; Zu erhalten die Cantorey vnd die gottliche lobliche kunst Musica wirdt begert ein kleines soldlein aus dem gemeinen kasten zu einem organisten vndt etwa einen f.* [= Gulden] *für papir vnd Schreiben, zu sangbuchern* [...].[485]

Neben diesem ersten Notenbuch muss es in der Pfarrkirche weitere Gesangbücher gegeben haben, denn 1535 fertigte ein Kleinschmied für die Kabuse auf dem Chor (Sängerempore), in der die Bücher untergebracht waren, für 12 Groschen ein Schloss mit zwei Riegeln sowie Türbänder an.[486] Dieser Wandschrank scheint für die Notenbücher als Schutz vor Beschädigung und Diebstahl vonnöten gewesen zu sein. Hierzu passen auch die damaligen Ausgaben für die Reparatur eines Chorbuches durch den Goldschmied, welcher für 3 Groschen neue Verschlüsse daran anbrachte. Ob es sich bei diesem *»nawen grossenn gesang buche«* um jenes von 1529 handelte oder um ein noch neueres, zwischen 1529 und 1535 entstandenes, muss offen bleiben, da nicht alle Jahrgänge der Rechnungen des Gemeinen Kastens überliefert sind. Auf alle Fälle sorgten beide Schmiede für die Absicherung der in Benutzung befindlichen Musikalien.

Stimmbuchpapier 1535 (3)

Ebenfalls 1535 wurden für die *»sengerey«* für 2½ Groschen zwei Buch Papier zu jeweils 15 Pfennigen gekauft.[487] Hier deutet alles auf kleinere Stimmbücher hin.

485 Zitiert nach HERZOG 2016, 351.

486 1535, gesamtes Jahr [Torgau]: Ausgaben für die Reparatur und die Herstellung von Notenbüchern der Pfarrkirche. Aus: Rechnung des Gemeinen Kastens zu Torgau von 1535. TRG-STA: H 2738, Bl. 47r, 48v, 49r. Literatur: RICHTER 2013, Dok. 30.

487 Ebd.

Dies ist an der Verwendung des Begriffs *»dreschnisches«* (?) Papier statt Regalpapier zu erkennen sowie am vergleichsweise geringen Materialpreis für ein Buch, der weniger als ein Viertel von dem für das Chorbuch von 1536 ausmachte. Obwohl die Menge von zwei Buch bzw. 50 Doppelblättern für einen vollständigen Stimmbuchsatz bei Weitem nicht ausreichte, dürfte es nicht um die Erweiterung bereits vorhandener, von Walter angelegter Stimmbücher oder um die Eröffnung eines ganz neuen Stimmbuchsatzes gegangen sein. Wenngleich der vorherige Jahrgang 1534 abhanden gekommen ist und die Stimmbücher theoretisch bereits im Vorjahr angelegt worden sein können, so fehlen komplett sämtliche sonstige Herstellungskosten, die spätestens im zweiten Jahr fällig gewesen wären. Umgekehrt sucht man im Folgejahr 1536 vergeblich nach entsprechenden Einträgen. Man betrachte hierzu auch den Eintrag zu den Psalmstimmbüchern von 1540, wo alle notwendigen Angaben zu Papierkosten, Schreib- und Binderlohn in einem einzigen Posten aufgelistet sind, weshalb jener Teil, der die Psalmen betrifft, innerhalb eines einzigen Jahrgangs entstanden sein muss. 1535 fehlt zudem die Angabe darüber, ob Walter die Blätter selbst beschreiben wollte bzw. sollte, wie sie von den unten beschriebenen Chorbüchern her bekannt sind. Alles in allem deutet die Formulierung darauf hin, dass das Papier lediglich für den Bedarf der *»sengerey«*, sei es nun für die Kantorei oder für die Chorales, gedacht war, also wohl für einfache Abschriften bereits vorhandener Noten. Genau zu diesem Zweck wurden ja auch die Stimmbücher von 1540 angelegt, denn sie dienten ursprünglich nur der Verfielfältigung des Psalmrepertoires. Aus diesem Grund findet man bei diesen vermutlich losen und bald wieder verlustig gegangenen Blättern in den TORGAUER WALTER-HANDSCHRIFTEN keine Übereinstimmungen mit den überlieferten Notenbüchern.

Chorbuch 1535/36 (4)

Darüber hinaus nahm Walter im selben Jahr 1535 noch ein weiteres Notenbuch in Angriff. Ein Rechnungseintrag in derselben Quelle beinhaltet die Ausgaben für sieben Buch (= 175 Bogen[488]) Regalpapier, welches Walter für die Kantorei mit Noten beschreiben wollte. Zunächst wurden hierfür 37 Groschen ausgegeben, pro Buch also 5¼ Groschen,[489] im nächsten Jahr 1536 noch einmal 7 Groschen

488 In der Literatur wird ein Buch bei Handschriften lediglich mit 24 statt 25 Bogen angegeben. Walter selbst berechnete jedoch ein Buch mit 25 Bogen, wie man aus seiner Rechnung zum Chorbuch von 1535/36 entnehmen kann, denn er kann unmöglich 400 Blätter beschrieben haben, wenn die gekauften acht Buch jeweils nur 24 Blätter umfasst hätten. Es ist davon auszugehen, dass dies von den Schreibern des Gemeinen Kastens auch in anderen Fällen so gepflogen wurde, sodass man das Zahlenverhältnis von 1:25 für Torgau dieser Zeit verallgemeinern kann.

489 Quelle angegeben in Anm. 486.

für ein weiteres Buch (= 25 Bogen).[490] Der deutlich höhere Preis im zweiten Jahr lässt auf einen anderen Papierhersteller schließen. Möglicherweise kaufte Walter schon damals bei dem seit 1533 in Wittenberg als Verleger tätigen Moritz Goltz ein, wie er es 1545 auch beim GOTHAER CHORBUCH tat.

Abgesehen davon, dass sich die Herstellung des Bandes recht lange hinzog und zwei Kalenderjahre berührte, weisen auch die einzelnen Produktionsschritte auf ein großes Chorbuch hin: Es wurde sogenanntes Regalpapier, also ein sehr großes Papierformat, verwendet. Die Angaben zu den damaligen Bogengrößen schwanken zwischen 48 cm x 64 cm und 50 cm x 72 cm. Die Blätter waren jeweils halb so groß und wurden nach dem Beschreiben und Binden noch zurechtgeschnitten, sodass die fertigen Chorbücher schließlich noch etwas kleiner herauskamen. Außerdem wurde das Buch zum Schutz vor zu starker Abnutzung und Beschädigung für 3 Groschen in hölzerne Deckbretter eingefasst und zusätzlich mit Klausuren (Verschlüssen) versehen, wobei von den bestellten zwei Paar für 12 Groschen nur eines verwendet worden ist. Darüber hinaus wurden 4¾ Groschen für Messingbuckel auf den Deckeln ausgegeben, 9 Pfennige für das Lochen der Buckel sowie 8 Groschen für das Einfassen des Bandes in Eckbuckel, wobei die Verschlussstifte mit Silber gelötet wurden. Nicht erwähnt ist der sicherlich vorhanden gewesenene Lederüberzug, den der Buchbinder, der 31½ Groschen erhielt, in seine Rechnung pauschal einbezogen haben dürfte. Alles in allem handelte es sich um eine damals übliche Praxis bei der Herstellung von großen Bänden für den Gebrauch durch die Liturgen bzw. Sänger vor dem Altar. Dabei dürften die Stimmen voneinander getrennt und im Uhrzeigersinn blockweise angeordnet worden sein: der Cantus/Discantus (Sopran) oben links, der Altus oben rechts, der Tenor unten rechts und der Bassus unten links.[491] Einen Eindruck von der äußeren Gestalt solch eines Buches vermittelt das (beschädigte) TORGAUER KANTIONAL von 1608 (BILD 29).

Was nun Walters Mitwirkung betrifft, so kann davon ausgegangen werden, dass er das Chorbuch nicht nur konzipierte, die darin einzuschreibenden Stücke festlegte und die einzelnen Produktionsschritte in Auftrag gab, sondern er war laut einem weiteren Eintrag in das Rechnungsbuch von 1536 auch derjenige, der das Buch selbst mit Noten beschrieb:

> *vj s. xl g. Johan Walther von nawen gesang buche zu notirn*
> *von i blat einen grosch‹en›.*

490 1536, gesamtes Jahr [Torgau]: Johann Walters Ausgaben für die Herstellung eines neuen Chorbuches. Aus: Rechnung des Gemeinen Kastens zu Torgau von 1536. TRG-STA: H 2739, Bl. 72v–73r. Literatur: RICHTER 2013, Dok. 33.

491 Vgl. die Beschreibung des EISENACHER KANTORENBUCHES (BILD 18), eines ähnlich gearbeiteten Chorbuches aus den 1540er-Jahren, von 53 cm x 38 cm x 12 cm, bei SCHRÖDER 1931/32, 173. Dieses Chorbuch weist eine andere Anordnung der Stimmen mit Diskant unten auf, um die Lesbarkeit für die kleinen Knaben zu verbessern.

BILD 29
TORGAUER KANTIONAL von 1608, Rückseite. Holzdeckel, mit geprägtem Leder überzogen sowie mit vier Eckbuckeln und zwei Verschlüssen versehen

Da er pro Blatt 1 Groschen in Rechnung stellte[492] und für diese Arbeit insgesamt 6 Schock 40 Groschen, also zusammen 400 Groschen, erhielt, ergibt sich ein Gesamtumfang von 400 beschrifteten Blättern. Diese Summe stimmt mit der angegebenen Papiermenge von acht Buch = 400 Blatt überein. Die dazugehörigen Singtexte wurden von einer anderen Person namens Thomas Zelling für insgesamt 80 Groschen, also für $^1/_5$ Groschen pro Blatt, eingetragen:

j s. xx g. Thomas Zellinge vom tex vnder zuschreyben,

492 So auch 1560 in der albertinischen Hofkapelle: »*Dem notistenn soll hinforth vonn einem blate regal papir so ehr in die cantorej notirt nicht mehr als ein groschen gegebenn werdenn*«. DD-SHStA: Loc. 32437, Rep. XXVIII (Hofordnung), Nr. 4c, Bl. 74r.

Der zeitliche Aufwand für die Textbeschriftung entsprach demnach einem Fünftel der Notenbeschriftung bzw. wurde in diesem Verhältnis berechnet. Zelling war in jenen beiden Jahren 1535/36 zugleich Wittenberger *»Stipendarius«*.[493]

Um welches Notenbuch ging es konkret? Leider findet sich ausgerechnet für dieses ausführlich dokumentierte Chorbuch in den TORGAUER WALTER-HANDSCHRIFTEN keine Entsprechung, denn das für die Pfarrkirche bestimmt gewesene ehemalige BERLINER CHORBUCH B_1 umfasst nur 382 Blätter. Zwar kann der Schweinslederüberzug in der Rechnung des Buchbinders üblicherweise unerwähnt geblieben und die auffällig runde Summe von 400 beschriebenen Blättern auch ein Pauschalbetrag gewesen sein. Die Papiermenge von acht Buch, welche vielleicht schon vorab komplett gekauft worden war, kommt in der Tat hin. Auch mag das Chorbuch in späterer Zeit einige Blattverluste erlitten haben. Hiervon ist in den Beschreibungen allerdings nichts erwähnt. Jedoch trifft auch die Datierung nicht zu, denn die Handschrift kann – so wurde anhand der enthaltenen Stücke festgestellt – erst nach dem NÜRNBERGER TENORSTIMMSTIMMBUCH N_1, also erst nach 1538, entstanden sein. Es handelt sich hier also um ein womöglich verloren gegangenes Chorbuch.

Stimmbücher 1538 (?) (5)

Geht man davon aus, dass sich alle von Walter für die Pfarrkirche hergestellten Noten auch in den Rechnungen des Gemeinen Kastens spiegeln, so bleiben für das ursprünglich auf 1530 vordatierte, später aber zeitlich zurechtgerückte NÜRNBERGER TENORSTIMMBUCH N_1[494], zu dem sich in den Torgauer Akten leider keine Informationen finden, nur die nicht mehr erhaltenen Jahrgänge 1538 und 1541 übrig. Mit Blick auf die Datierung der von Walter selbst eingetragenen Stücke ist das Jahr 1538 das überzeugendere. Somit wäre Gerhardts Vermu-

493 Sein Stipendium wurde neben einem weiteren aus dem Gemeinen Kasten zu Torgau finanziert, und zwar 1535 in einer Gesamthöhe von 15 Gulden. Er nahm jedoch nur zwei der ihm zugesagten vier Quartale in Anspruch, ohne einen Grund zu nennen. TRG-STA: H 2738, Bl. 35r. 1536 erhielt er alle Quartalszahlungen, wobei die Höhe ab dem zweiten Quartal angehoben wurde, sodass insgesamt mehr als 18 Gulden herauskamen. H 2739, Bl. 43v. – Hierzu steht die Tatsache, dass seit der Torgauer Visitation von 1529 jährlich zwei Stipendien zu je 30 (nicht 15) Gulden vergeben wurden (HERZOG 2016, 351, vgl. 603), im Widerspruch und bedarf weiterer Nachforschung. – Derselbe (?) Thomas Zelling war in der Kapelle des 1550 verstorbenen ersten protestantischen Herzogs Herzog Ulrich von Württemberg Tenorist, unter dessen Nachfolger Herzog Christoph Altist, Sekretär des Hofes (bereits seit 1544), des Oberrats und des Ehegerichts und starb 1566/67. BOSSERT 1899, 2, 10. Seine Kompetenzen einerseits als Sänger und andererseits als Sekretär, verbunden mit diversen Schreibarbeiten, passen bestens auf den Torgauer Notentextunterschreiber.

494 Seit Otto Kades Veröffentlichung (KADE 1871) wanderte es lange Zeit als *»Luther-Codex«* von 1530 durch die Musikgeschichte. Dies war eine irreführende Bezeichnung, da sich die vermeintliche Inschrift Luthers auf dem Titelblatt *»Hat myr verehret meyn guter freund herr Johann Walther Componist Musice zu Torgau 1530 dem Gott gnade Martinus Luther«* als Fälschung herausgestellt hat. GERHARDT 1949, 7ff.; STALMANN 1960, 46ff., besonders Anm. 5.

tung, dass der von Walter beschriebene Teil des Stimmbuchs spätestens 1539 fertig vorlag, noch zu präzisieren und auf 1538 einzugrenzen. Das Buch umfasst 275 Blätter, die fast alle beschrieben sind, und zwar zu mehr als drei Vierteln von Walter selbst.[495] Der Schweinsledereinband ist aufwendig gestaltet und weist bildliche Darstellungen Luthers (vorne) und Melanchthons (hinten) auf.

Psalmstimmbücher 1540 (6)

1540 ließ Walter vier ganz neue Psalmstimmbücher anlegen.[496] Damals kostete das Papier für acht Buch *»dreschnisch«* Papier 9 Groschen. Diese 9 Groschen durch acht geteilt, ergeben 13½ Pfennige pro Buch, also etwas weniger als jene 15 Pfennige von 1535. Für jedes Stimmbuch wurden wieder zwei Buch Papier und somit 50 Bogen bzw. 100 Blatt gekauft. Das Schreiben der Noten und der Texte kostete 50 Groschen. Die 16 Groschen für die Bindungen (inklusive Lederüberzügen) fielen insgesamt nur halb so hoch aus wie beim Chorbuch von 1536.

Schaut man nun in den TORGAUER WALTER-HANDSCHRIFTEN nach der Identität dieser Stimmbücher, so stößt man unweigerlich auf die BERLINER STIMMBÜCHER B_2, die ehemals in der Preußischen Staatsbibliothek zu Berlin unter der Signatur Mus. ms. 40043 aufbewahrt worden waren, nach dem Zweiten Weltkrieg aber in die Jagiellonen-Bibliothek nach Krakau überführt worden sind. Auch hier handelt es sich um einen Satz von vier Stimmbüchern. Sie umfassen zusammen 272[497], also jeweils durchschnittlich knapp 70 beschriebene Blätter und sind in drei Abschnitte gegliedert. Neben der übereinstimmenden Anzahl der Bände ist vor allem der Inhalt des ersten Teils auf den jeweils ersten ca. 15 Blättern ausschlaggebend, denn dieser enthält tatsächlich, wie die Bezeichnung *»psalm partis«* in der Akte nahelegt, 18 lateinische Psalmen, allerdings nicht in vier verschiedenen Stimmlagen, sondern nur in einer. Diese Psalmen sollten also einstimmig gesungen werden, wahrscheinlich in den werktäglichen Vespern und allein durch die Chorales und die Schulknaben. Die Verwendung von Stimmbüchern anstelle eines gemeinsamen einstimmigen Kantionals für alle beteiligten Psalmsänger deutet auf ihre Anwendung in der Schule als elementares Übungsmaterial hin. Dieses Format ermöglichte später die Ergänzung mehrstimmiger Figuralgesänge für die Sängerempore der Pfarrkirche.

495 Die Zuschreibung der Hände erfolgte in der Literatur vor allem anhand der unterlegten Texte. Es sieht aber so aus, als habe Walter am Ende der ersten beiden Abschnitte weitere Noten selbst eingeschrieben, die von anderen Schreibern lediglich textiert worden sind (Bl. 88v–94r, 103v–104r). Über Walter als Notenschreiber siehe auch S. 274.

496 1540, gesamtes Jahr [Torgau]: Johann Walters Ausgaben für vier Stimmbücher für Psalmen. Aus: Rechnung des Gemeinen Kastens zu Torgau von 1540. TRG-STA: H 2742, Bl. 57r. Literatur: RICHTER 2013, Dok. 34.

497 HEIDRICH 1998 C, 197.

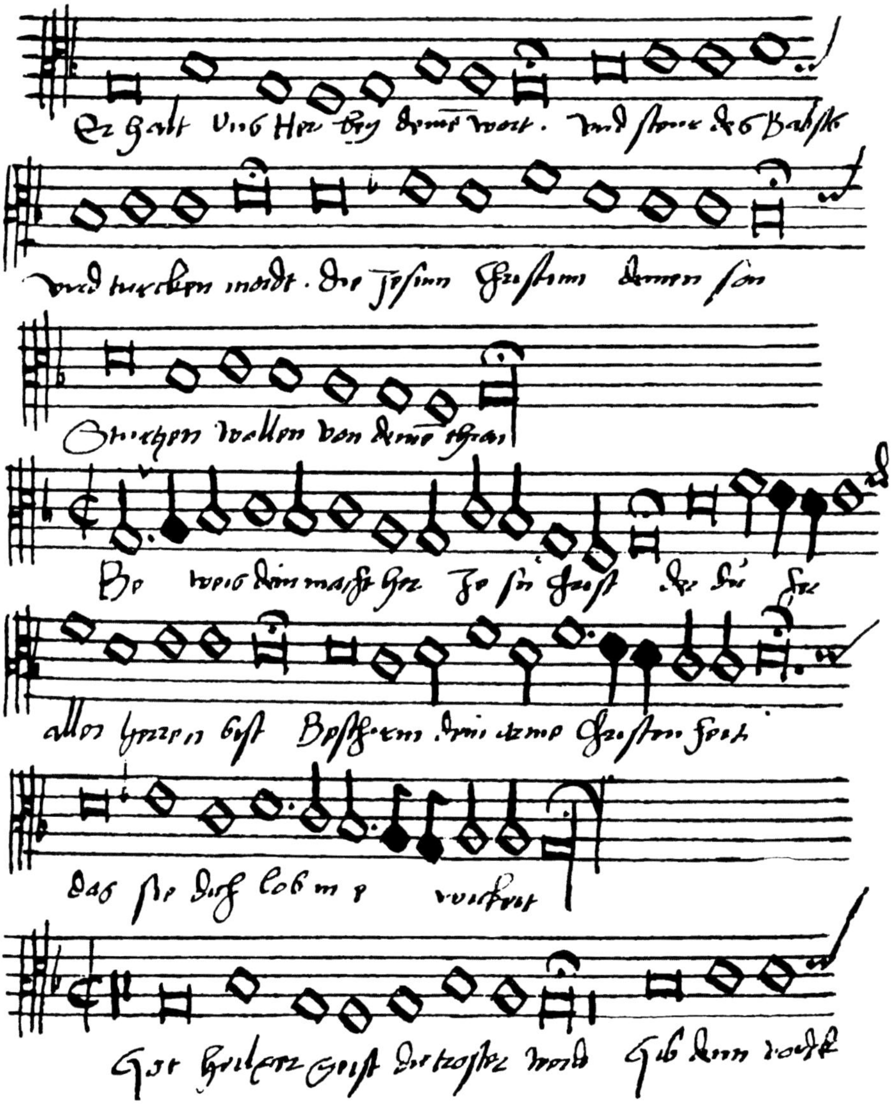

BILD 30
Johann Walter (Komponist und Schreiber): *Erhalt uns, Herr, bei deinem Wort.* Aus den BERLINER STIMMBÜCHERN. Tenorstimmbuch: Nr. 85, Bl. 42v. Nach GERHARDT 1949, Bildtafel 24

Untersuchungen der Handschriften hatten ergeben, dass dieser erste Teil nicht von Johann Walter geschrieben wurde. Die Vergütung der Schreibarbeiten von 50 Groschen erhielt also ein anderer Schreiber. Zudem ist nun erkennbar, dass bei Weitem nicht alle beschriebenen Blätter bezahlt wurden, sondern nur der erste Teil, denn nur dieser enthält die Psalmen, während die anderen Teile erst in den folgenden Jahren durch lateinische und deutsche Sätze ergänzt wurden und deshalb nicht schon 1540 vergütet werden konnten. Bei 15 Blatt pro Buch kommt man auf insgesamt 60 beschriebene Blätter und damit auf 10 Pfennige pro Blatt. Dieses Honorar entsprach etwa zwei Dritteln der Schreibarbeiten für das Chorbuch von 1536, das mit $1^1/_5$ Groschen pro Blatt vergütet wurde. Aus Walters Hand stammt nur ein einziges Stück in Teil 2, nämlich seine fünfstimmige Bearbeitung von *Erhalt uns, Herr, bei deinem Wort* (BILD 30), die nicht identisch ist mit dessen späterer sechsstimmiger Vertonung aus dem gleichnamigen Sammeldruck DAS CHRISTLICH KINDERLIED [...] ERHALT UNS HERR von 1566. Vor diesem Stück findet sich Walters Kirchweihmotette von 1544, die wohl zur Verstärkung der gedruckten Exemplare bei der Uraufführung dienen sollte.

Weiterhin wurde festgestellt, dass der erste Teil der Stimmbücher um 1540 begonnen und der zweite Teil um 1544 beendet wurde. Die Stimmbücher entstanden also nicht erst 1545 und sind deshalb auch nicht mit den in Walters Rechnung genannten vier Psalmstimmbüchern für die Torgauer Schlosskapelle von 1545 identisch. Dass die Kantorei ausgerechnet in den Jahren 1535/36 und 1540 in neue Notenbücher investieren konnte, ist kein Zufall: 1535 wurde die lang ersehnte kurfürstliche Stiftung von 100 Gulden bewilligt und 1536 erstmals ausgezahlt, und 1540 liegt der erste Nachweis für das Aufwarten Walters samt Schulmeister und Organist vor dem Kurfürsten vor. Möglicherweise wurde die Stadt durch solche wohlmeinenden Gesten des Kurfürsten dazu bewogen, ebenfalls noch stärker in das Vorhaben zu investieren und es nicht bei der Finanzierung der jährlichen Kantoreiversammlung bewenden zu lassen, sondern in Erinnerung an Luthers »*Denkzettel*« über den Gemeinen Kasten auch weiterhin für das notwendige Notenmaterial zu sorgen.

Chorbuch um 1543–1545 (?) (7)

In der 1540er-Jahren scheint Walter erneut ein Chorbuch angelegt zu haben, zumindest ist von zwei anfänglichen Buch Regalpapier für 7 Groschen die Rede.[498] Leider ist der Zeitpunkt der Niederschrift unbekannt, denn das besagte Fragment einer Rechnung des Gemeinen Kastens enthält keine Jahresangabe. In Frage kommen die Jahre 1538, 1541 und 1543–1545, die verloren gegangen sind. Laut Titelseite ist es von einem früheren Historiker auf »*warscheinlich* [...] *1545*« datiert worden. Sollten sich die Dinge allerdings wie schon 1535/36 so

498 [1543/44 (?), gesamtes Jahr, Torgau]: Ausgaben für Papier für ein Chorbuch der Torgauer Pfarrkirche. Aus: Rechnung des Gemeinen Kastens zu Torgau o.J. (spätere Beschriftung: »*Gehört zu einer Rechnung des gemeinen Kastens, warscheinlich zu der vom Jahre 1545*«). TRG-STA: H 2743, Bl. 28v–29r. Literatur: RICHTER 2013, Dok. 46.

verhalten haben, dass hier ein ganz neues Chorbuch angelegt wurde, welches im Folgejahr fortgesetzt wurde, so kämen nur die Jahrgänge 1543/44 in Betracht, denn die Akten von 1539 und 1546 als Fortsetzungen der Jahrgänge 1538 und 1545 enthalten keine derartigen Ausgaben. Man erfährt also weder etwas über den Gesamtumfang des Buches noch über sämtliche Herstellungskosten. Immerhin verrät die kurze Notiz, dass es Walter war, der Gesänge für die Kantorei einschreiben sollte. Vermutlich waren damit wieder nur die Noten gemeint, während die Textunterlegungen von einer anderen Person übernommen worden sein dürften, wie schon 1535/36 geschehen.

Was an dem neu gekauften Regalpapier allerdings auffällt, ist der sehr geringe Preis, der mit 3½ Groschen pro Buch nur die Hälfte der Papierkosten für das etwa zur selben Zeit entstandene Chorbuch für die Schlosskapelle (7 Groschen) ausmachte und auch noch deutlich unter den Kosten für das Regalpapier von 1535 (5¼ Groschen) lag. Entweder hat sich bei einer dieser Angaben ein Fehler eingeschlichen, oder Walter konnte wie schon bei den Stimmbüchern zwischen unterschiedlichen Papierqualitäten wählen, bzw. er kaufte das Papier bei einem besonders günstigen Anbieter. Möglicherweise waren die Noten auch für einen anderen Zweck gedacht und sollten nur als Ergänzung bzw. Erweiterung eines bereits vorhandenen Chorbuches dienen. Erwähnenswert ist die Formulierung des Papierkaufzwecks:

> *regal papir dorein der cantor etliche gesenge notiren sol vor die cantorei.*

Sie ist nahezu gleichlautend mit jener von 1535:

> *regal papir, darein der cantor etliche gesenge notiren wirt der cantorey zu gut.*

Es deutet also alles auf denselben Zweck und damit auf ein ähnliches Projekt zu einem ganz neu angelegten Chorbuch hin. Geht man nun also doch von einem vollständigen Chorbuch von ca. 1543/44 aus, so käme das bereits erwähnte BERLINER CHORBUCH B_1 in Frage, welches heute in der Jagiellonen-Bibliothek in Krakau aufbewahrt wird und dessen Entstehung bisher auf die Zeit nach dem Stimmbuch N_1 (1538) datiert wurde. Hier wären weitere Untersuchungen hilfreich, um diese Annahme zu bestätigen.

Notenbücher und -schränke in den 1550/60er-Jahren

Auch in Walters später Lebenszeit als Pensionär wurden selbstverständlich weiterhin Noten angeschafft. Im Inventar des Gemeinen Kastens von 1559/60 wird ein (schon länger vorhandenes) »*groß cantionalbuch*« erwähnt.[499] Da es nicht im Schrank der Kantorei aufbewahrt wurde, scheint es sich nicht um mehrstimmige

499 TRG-STA: H 2756, Bl. 67r.

Figuralsätze, sondern um die Noten der Episteln und Evangelien für die Liturgen gehandelt zu haben, gewissermaßen um einen Vorgänger des TORGAUER KANTIONALS von 1608.

Selbstverständlich wurde auch in Notendrucke investiert. So findet sich 1565/66 unter den Ausgaben des Gemeinen Kastens für die Schule und die neue Bibliothek der Hinweis auf die Anschaffung eines *»grossen newen psalterium, mit noten, den man teglich zur vesper gebraucht«*. Dieses wurde bei Samuel Selfisch in Wittenberg für 1 Silberschock und 12 Groschen, also umgerechnet für 3 Gulden und 9 Groschen, gekauft und anschließend für 20 Groschen beim Torgauer Buchbinder gebunden und mit Buckeln beschlagen.[500] 1568 gab Walters Nachfolger Michael Vogt für seine Kantorei eine Sammlung von Messen frankoflämischer Komponisten, darunter des Walter-Nachfolgers im kursächsischen Kapellmeisteramt Mattheus Le Maistre, heraus.[501]

Nachdem die Notenbücher ursprünglich in einem Kasten auf der Sängerempore der Pfarrkirche aufbewahrt worden waren, welcher 1559/60 noch einmal repariert wurde,[502] scheinen sie später in die Schule gelangt zu sein, denn 1562/63 wurde in der dortigen Stube des Kantors ein großer Schrank für die großen Kantionalbücher angefertigt.[503] Anscheinend hatte der Kasten auf dem Chor keinen Platz mehr. Darauf deuten räumliche Veränderungen auf der Sängerempore hin: 1560/61 wurde aus dem Kloster ein Positiv für den *»synger chor«* angeschafft, welches das bereits vorhandene und 1553 renovierte Regal ergänzt oder ersetzt zu haben scheint.[504] Dies erforderte nicht nur die Aufstellung eines Tisches sowie Decken und einen Leuchter für das Instrument,[505] bald auch erste Reparaturen[506], sondern darüber hinaus die Räumung eines Kirchenstuhles unter dem Chor, den Erasmus Bocche 1565/66 *»gutwillig«* extra für die Kantorei freigab.[507] Offenbar passte der mittlerweile auf ca. 30 Personen zuzüglich Chorschülern angewachsene Sängerchor[508] zusammen mit den Orgeln nicht mehr auf die Empore und musste sich bzw. seine Utensilien nun auch auf das Querschiff darunter verteilen. Umso weniger dürfte der ehemalige große Notenkasten auf der Sängerempore Platz gefunden haben.

500 Ebd., H 2762, Bl. 41r. PSALTERIUM 1565.

501 VOGT 1568. GURLITT 1933, 59.

502 TRG-STA: H 2756, Bl. 38v.

503 Ebd., H 2759, Bl. 40r. TAUBERT 1868, 12, gibt dafür das falsche Jahr 1561 an.

504 Ebd., H 2750, Bl. 43r.

505 Ebd., H 2757, Bl. 38r.

506 1561/62: Ebd., H 2758, Bl. 37r (57v) (Pfeifen); 1562/63: H 2759, Bl. 38v (Blasebälge).

507 Ebd., H 2762, Bl. 30r.

508 Quelle angegeben in Anm. 198.

Notenbücher für den ernestinischen Kurfürsten, 1545

Nach der Weihe der neuen Torgauer Schlosskapelle durch Kurfürst Johann Friedrich I. im Herbst 1544 und der Wiedereinrichtung täglicher geistlicher Gesänge im Schloss im Frühjahr 1545 nach fast 20-jähriger Pause lag es nahe, auch für den Hof entsprechende handschriftliche Notenbücher anzulegen. In der Tat finden sich 1545 zwei Belege für die Herstellung von vier roten (= braunen) Psalmstimmbüchern und einem Chorbuch. Sie wurden diesmal auf Weisung des Kurfürsten angefertigt, und die Material- und Personalkosten wurden nicht aus dem Gemeinen Kasten, sondern vom kurfürstlichen Kammerschreiber beglichen. Das erste Dokument (TEXT 18) beinhaltet eine Rechnung Walters, die entsprechend den beiden Notenhandschriften jeweils in Ausgaben für Papierkauf, Niederschrift und Bindung gegliedert ist. Im zweiten Dokument (TEXT 19) bestätigt Walter den Erhalt der gewünschten Summe. Mit Blick auf die regelmäßigen Gesänge der Kantorei, die erst nach dem 18. Januar 1545 zu täglichen Aufwartungen in der Schlosskirche verpflichtet wurde (S. 173), dürften auch die Notenbücher erst zu dieser Zeit in Angriff genommen worden sein. Da Walter seine Rechnung vor dem 6. November erstellte, ergibt sich eine maximale Herstellungszeit von 9½ Monaten. Und da das Chorbuch, dem Titel nach zu urteilen, bereits im Juli fertig vorlag, scheint sich die Anfertigung der Psalmstimmbücher zeitlich daran angeschlossen zu haben. Damit ergäben sich für das Chorbuch ca. sechs Monate und für die vier Stimmbücher ca. vier Monate – es sei denn, die Arbeiten hätten einander zeitlich überschnitten, da ohnehin mehrere Schreiber beteiligt waren.

Psalmstimmbücher 1545 (8)

Die Psalmstimmbücher fielen mit insgesamt 242 Bogen (10 Buch abzüglich 8 Bogen) deutlich umfangreicher aus als jene von 1540 für die Pfarrkirche mit nur 200 Bogen. Das Papier hierfür kostete pro Buch 13 Pfennige, also ungefähr so viel wie 1540 (13½ Pfennige), war allerdings *»planiert«* (nicht *»dreschnisch«*), also von höherer, eines Hofes würdigerer Qualität. Die Arbeit des Buchbinders wurde mit 12 Groschen pro Stimmbuch dreimal so hoch vergütet, wobei die Kosten für die selbstverständlichen Lederüberzüge wieder automatisch mit enthalten gewesen sein dürften. Die Erwähnung des Torgauer Buchbinders lässt den Schluss zu, dass auch auswärtige Handwerker in Frage gekommen wären. Das Honorar für die Schreibarbeiten – hier waren natürlich Walter und seine Leute selbst zu Gange – für 359 Blatt (Walter hat 360 in Rechnung gestellt) fiel mit 5 statt 10 Pfennigen pro Blatt wiederum nur halb so hoch wie 1540 aus. Pro Stimmbuch ergeben sich daraus durchschnittlich 90 Blatt. Demnach scheinen nur drei Viertel der jeweils ca. 120 Blätter beschrieben worden zu sein und dürften in der Folgezeit weiter gefüllt worden sein, wie es auch in anderen Notenhandschriften geschehen ist.

Leider halten die TORGAUER WALTER-HANDSCHRIFTEN auch für diese Psalmstimmbücher keine Exemplare bereit. Dass der BERLINER STIMMBUCHSATZ B_2, bestehend ebenfalls in vier Psalmstimmbüchern, nicht hierher gehört, wie ursprünglich unter Vorbehalt angenommen, sondern mit den Stimmbüchern von 1540 für die Pfarrkirche identisch ist, lässt sich neben der noch größeren Anzahl der Blätter vor allem anhand der Datierung der enthaltenen Stücke nachweisen. (Dass in Walters Dokument von roten Stimmbüchern die Rede ist, während die B_1-Stimmbücher in original braunes Leder gebunden waren, scheint kein Widerspruch zu sein, denn Rot und Braun waren in diesem Zusammenhang gleichbedeutend, um sie von dem weißen Leder bzw. Pergament abzuheben.[509]) Damit liegt erneut eine archivalische Dokumentation von Torgauer Notenhandschriften aus der Walter-Zeit vor, die verschollen sind,[510] und zwar in Form von vermutlich ebenfalls vier inhaltlich identischen Stimmheften, die für den einstimmigen Psalmgesang in den Vespern benötigt wurden, diesmal aber nicht für die Pfarrkirche bzw. Schule, sondern für die Schlosskirche. Einen Bedeutungsunterschied zwischen den *»psalm partis«* (1540) und den *»psalmbucher[n]«* (1545) dürfte es jedenfalls nicht gegeben haben. Dies schließt nicht aus, dass auch hier in späterer Zeit weitere Sätze ergänzt worden sind. Walter könnte die Psalmen aus den früheren Stimmbüchern von 1540 übernommen und erweitert haben, woraus sich der größere Umfang der Stimmbücher ergäbe.

Chorbuch 1545 (9)

Das Chorbuch im bewährten großen Regalpapierformat umfasste sieben Buch (= 175 Bogen), welche bei Moritz Goltz in Wittenberg gekauft wurden und wie schon 1536 7 Groschen pro Buch kosteten. Mit 350 gekauften bzw. 340 beschriebenen Blättern war das Chorbuch allerdings nicht ganz so umfangreich wie jenes von 1536 mit 400 Blatt. Auch das Zubehör war nicht ganz so teuer: Bei einem nahezu übereinstimmenden Binderlohn von 30 statt 31½ Groschen inklusive Einbindung in *»reusisches«* (?) Leder kosteten die Deckbretter nur noch 2 statt 3 Groschen, und die Ausgaben für die aus Wittenberg bezogenen Verschlüsse und Buckel betrugen mit 10 Groschen sogar nur etwa die Hälfte. Anders als das Zubehör wurde der Schreiblohn hingegen mit 16 statt 12 Pfennigen für alle 340 Blätter deutlich höher als 1536 vergütet. So kamen Walter und seine Mitarbeiter trotz geringeren Umfangs nahezu auf dasselbe Honorar wie 1536.

Bei diesem Chorbuch handelt es sich um das erfreulicherweise noch erhaltene GOTHAER CHORBUCH, welches 341 unterschiedlich stark beschriebene (und zum Teil sogar leer gebliebene) Blätter umfasst (BILD 31). 1553 entwendete Walter den kostbaren Band aus der albertinischen Torgauer Schlosskapelle, um ihn zu-

509 STEUDE 1998, 47.
510 HEIDRICH 1998 C, 200.

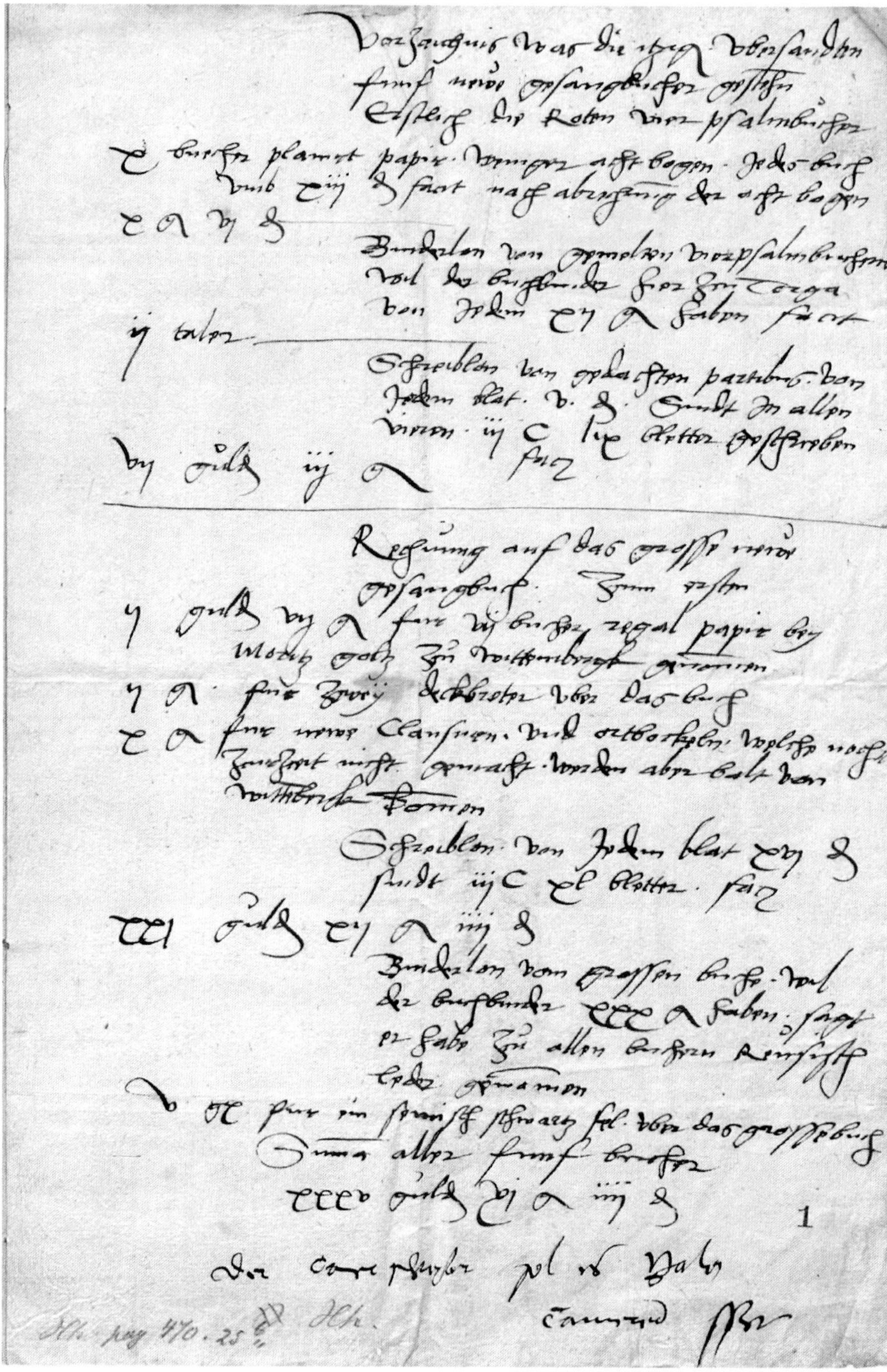

1

Unsignierte Liste Johann Walters (Walter-Autograf).
WMR-HSTA: EGA, Reg. Hh, Nr. 1557, Bl. 1r–v.
Literatur: zuerst HEIDRICH 1998 C; zuletzt RICHTER 2013, Dok. 44

TEXT 18 (mit Abbildung)
[1545, vor dem 6. November, Torgau]
Johann Walters Ausgaben für Notenbücher für Kurfürst Johann Friedrich I.

Vorzaichnis was die itzig‹en›. vbersandten funf newe gesangbucher gestehn

Erstlich die roten vier psalmbucher

	x buecher planirt papir. Weniger acht bogen. Jedes buch vmb xiij d. facit nach abrechnu‹n›g der acht bogen
x g. vj d.	
	Binderlon von gemelten vier psalmbuchern wil der buchbinder hier zcu Torga von jedem xij g. haben facit
ij taler	
	Schreiblon von gedachten partibus[1]. Von jedem blat. v. d. Sindt in allen vieren iij c‹enti› lix bletter geschrieben fac‹it›
vij gulden iij g.	

Rechnung auf das grosse newe gesangbuch.

	Zcum ersten
ij guld‹en› vij g.	fur vij bucher regal papir bey Moritz Goltz zcu Wittenbergk geno‹m›men
ij g.	fur zwey deckbreter vber das buch
x g.	Fur newe clausurn[2], vnd ortbockeln[3]. Welche nochzcurzceit nicht gemacht. Werden aber balt von Witte‹n›bergk ko‹m›men
	Schreiblon. Von jedem blat xvj d. sindt iij c‹enti› xl bletter. fac‹it›
xxj guld‹en› xij g. iiij d.	
	Binderlon vom grossen buche. Wil der buchbinder xxx g. haben. Sagt er habe zcu allen buchern reusisch leder geno‹m›men
v g.	fur ein semisch schwartz fel vber das grosse buch

Sum‹m›a aller funf bucher
xxxv guld‹en› xj g. iiij d.

[ERGÄNZUNG 1]	der ca‹mm›erschreyber sol es zalen camerm‹eister› s‹ub›ß‹c›r‹ipsit› |
[ERGÄNZUNG 2]	Vff beuehl des churf‹ursten› zu Sachss‹en› xxxv f. xj g. iiij d. fur v gesanngbucher inn die schloskirch‹en› zu Torgau.

Textkritische Hinweise

1: Stimmbüchern. – 2: Verschlüsse. – 3: Eck- bzw. Seitenbuckel.

sammen mit weiteren Pergament-Notenhandschriften (JENAER CHORBÜCHER) aus der Regierungszeit Kurfürst Friedrichs dem eigentlichen Besitzer, seinem verehrten ehemaligen ernestinischen Landesherrn, dem geborenen Kurfürsten Johann Friedrich in Jena, zukommen zu lassen. Von dort aus gelangte dieser nach langer Wanderschaft über Coburg zu Beginn des 18. Jahrhunderts in die Herzogliche Bibliothek nach Gotha, woher sich sein Name ableitet.[511]

Laut Titelblatt wurde das Chorbuch im Juli 1545 fertiggestellt. Es existierte also zur Weihe der Schlosskirche noch nicht, sondern entstand erst im Anschluss daran im Auftrag des Kurfürsten für dessen Hofgottesdienste, an denen einige Monate nach der Weihe auch Walters Schlosskantorei regelmäßig teilnahm. Dem Titel nach war Walter der *»Moderator«*, durch welchen der Band *»conscriptus«*, also zusammengeschrieben wurde. Dies bedeutet nicht, dass Walter alle Stücke selbst komponiert hat, denn ca. ein Viertel von diesen stammt von anderen Komponisten. Vielmehr fungierte er wie bei all seinen anderen Notenhandschriften gewissermaßen als Herausgeber. Was indes das *»Zusammenschreiben«* der Stücke durch Walter betrifft, so ist dieses – entgegen bisherigen Annahmen – wörtlich zu nehmen, denn es handelte sich nicht um ein lediglicher Auswählen und Zusammenstellen von Werken, die dann von anderen Schreibern ingrossiert wurden, sondern um das eigenhändige Niederschreiben der Werke durch Johann Walter selbst. Da die unterlegten Texte von einem anderen Schreiber, der auch aus anderen Notenhandschriften als Hauptschreiber bekannt ist, notiert worden sind, bezog sich Walter mit seiner Formulierung allein auf die Noten. Diese Arbeitstrennung zwischen Notenschreiben durch Walter und Textunterlegung durch einen anderen Schreiber lässt sich beim Chorbuch von 1536 für die Pfarrkirche dokumentarisch nachweisen und dürfte auch alle anderen Chorbücher Walters und zum Teil auch seine Stimmbücher betroffen haben. Der Wortteil *»scriptus« (»geschrieben«)* kommt übrigens noch in anderen Zusammenhängen vor, z.B. bei *»subscripsit« (»hat unterzeichnet«)*. Eindeutig ist damit tatsächliches Schreiben des Unterzeichnenden gemeint. Hätte Walter das Chorbuch nur inhaltlich zusammengestellt und die Schreibarbeiten von jemand anderem durchführen lassen, hätte ein anderes Wort dagestanden, z.B. *»conceptus«*.

Das Stadtmuseum Torgau hat einen Blindband dieses Chorbuches anfertigen lassen. Reproduziert wurde die erste Doppelseite von Walters siebenstimmiger Kirchweihmotette von 1545 (BILD 31). Wie in der CANTIO SEPTEM VOCUM, der Druckfassung von 1544 (BILD 21), heben sich der Bassus und der Altus als Träger des majestätischen Cantus firmus grafisch deutlich von den kleineren Notenwerten in den anderen Stimmen ab. Vier Stimmen singen dasselbe, aber kanonartig zeitlich versetzt. So muss von diesen vier Stimmen nur eine notiert werden, insgesamt also vier von sieben Stimmen.

511 STALMANN 1964, 166–168; BLANKENBURG 1972 A; HEIDRICH 1998 C, 200.

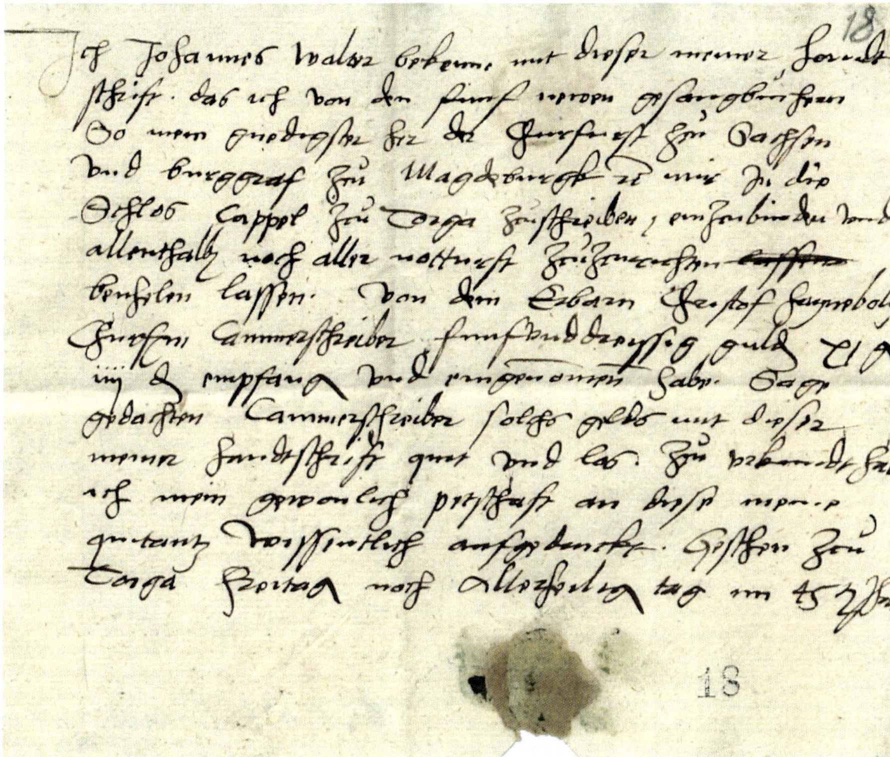

Quittung Johann Walters (Walter-Autograf mit Siegel).
WMR-HSTA: EGA, Reg. Aa, Nr. 2991, Bl. 18.
Literatur: zuerst ABER 1921, 100; zuletzt RICHTER 2013, Dok. 45

TEXT 19 (mit Abbildung)
1545, 6. November, Torgau
Rückerstattung der von Johann Walter berechneten Ausgaben
für fünf neue Notenbücher für Kurfürst Johann Friedrich I.

Ich Johannes Walter bekenne mit dieser meiner handtschrift. das ich von den funf newen gesangbuchern so mein gnedigster her der churfurst zcu Sachsen vnd burggraf zcu Magdeburgk etc. mir in die schlos cappel zcu Torga zcuschreiben, einzcubinden vnd allenthalb‹en› noch aller notturft zcuzcurichten beuhelen lassen. von dem erbarn Christof Haynebolh churf‹urstliche›m cammerschreiber funfvnddreissig guld‹en› xj g. iiij d. empfang‹en› vnd eingeno‹m›men‹n› habe. Sage gedachten cammerschreiber solchs gelds mit dieser meiner handtschrift quit vnd los. Zcu vrkundt hab ich mein gewonlich petschaft an diese meine quitantz wissentlich aufgedruckt. Geschen zcu Torga Freitag‹en› noch Allerheilig‹en› tag im 45t‹en› jhar

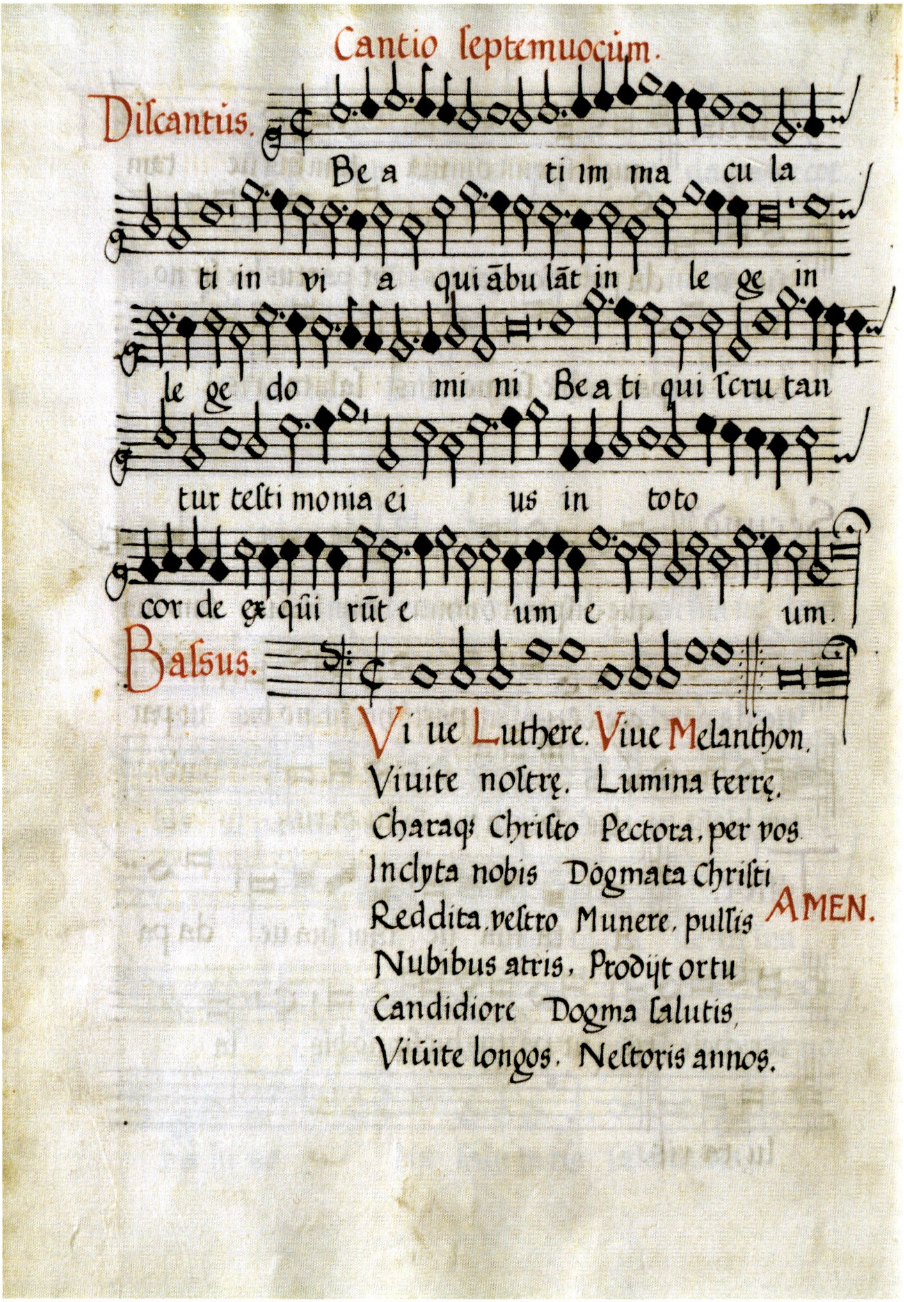

BILD 31
Johann Walter (Dichter, Komponist, Notenschreiber): *Beati immaculati in via* (Kirchweihmotette),

(2 Abbildungen)
handschriftlich überliefert im GOTHAER CHORBUCH, 1545. GTH-FB/TRG-STA. Beginn, Bl. 15v–16r

Notenbücher für die albertinischen Kurfürsten, 1548–1554

Für Walters Kapellmeisterzeit ist ein in der Fachliteratur bereits detailliert ausgewertetes Noteninventar vornehmlich über Messen und Motetten, also liturgische, zumeist kirchenjahreszeitlich gebundene Musik, darunter auch speziell für die Feste im Sommer und im Winter, erhalten.[512] Es gibt zum einen die Musikalien, die schon bei Walters Dienstantritt als albertinischer Hofkapellmeister 1548 vorhanden waren (Teil 1), und zum anderen jene Musikhandschriften und -drucke wieder, die Walter selbst in großem Umfang ergänzt hat (2/3). Das Inventar ist eine anonyme, nicht von Walters Hand stammende Abschrift, welche von dem neuen Kapellmeister Mattheus Le Maistre, der den Empfang der Musikalien von dem Sekretär Jenneß (Jenitz) bestätigte, am 16. Oktober 1554 unterzeichnet wurde. Mit Blick auf die in Torgau gewonnenen Erkenntnisse sei die Frage gestellt, ob sich Walter in der neuen Hofkantorei neben der Chorleitung und der Unterrichtung der Knaben seiner Hauptaufgabe, der Beschaffung von Noten, ebenso intensiv gewidmet hat wie als Kantor. Immerhin wurde ihm bei seiner Pensionierung attestiert, dass er bei der Zubereitung der Gesangbücher und dem Ordnen der Gesänge besonders fleißig gewesen sei. Wenngleich dieses Lob zugleich impliziert, dass Walter weniger oder gar nichts selbst komponiert hat, so wurde die Aneignung fremder Werke, die im Vergleich zum Repertoire der Torgauer Handschriften eher jüngeren Datums waren, doch sehr hoch eingeschätzt.

In der Tat ist Walters von A bis R reichende eigene Liste von Werken und Werksammlungen gegen die zehn 1548 von dem Kurator der Kapelle, dem kurfürstlichen Leibarzt Johannes Neefe, überantworteten Werke (fünf Drucke und fünf Handschriften) sowie eine später von dem Sekretär Johann Gentz (Jenitz) übergebene Motettensammlung (Handschrift) von beeindruckendem Umfang. Von diesen 17 Musikalien waren die ersten zwölf in Leder gebundene Handschriften (A–M), eines nur schlicht in Pergament geheftet (N) und die letzten vier vermutlich alle gedruckte Noten (O–R), darunter Walters letzte Auflage seines GEISTLICHEN GESANGBÜCHLEINS von 1550/51. Zieht man die Drucke ab, die Walter *»erzeiget«*, also beschafft hat, so hat er innerhalb von weniger als sechs Jahren pro Jahr durchschnittlich zwei Chorbücher bzw. Stimmbuchsätze *»schreibenn laßenn«*. Da der erste Notist der Hofkapelle erst nach Walters Dienstzeit 1560 angestellt wurde[513] und die Hofkapelle noch bis 1550 in Torgau geblieben ist, dürfte Walter

512 1554, 16. Oktober [Dresden]: Notenbestand der kursächsischen Hofkantorei. Liste der von Johann Walter an den neuen Kapellmeister Mattheus Le Maistre übergebenen Notenbücher der Dresdner Hofkapelle (Abschrift mit Unterzeichnung durch den neuen Kapellmeister). DD-SHSTA: Loc. 8687/1, Bl. 27r–28v. Literatur: zuerst FÜRSTENAU 1849, 26 (datiert auf 1555), und SCHÄFER 1854 A, 318ff.; zuletzt RICHTER 2013, Dok. 65. Vgl. STEUDE 1998, 44ff.; ferner GURLITT 1933, 68f., und STAEHELIN 1998, 22.

513 RICHTER 2017, 216.

zunächst auf seine bisherigen Schreiber und erst später auch auf Dresdner Schreiber zurückgegriffen haben. In der Literatur taucht wiederholt der Name des Altisten Moritz Bauerbach auf.[514] Freilich ist nicht auszuschließen, dass Walter sich bei dem einen oder anderen Notenbuch wieder selbst als Notenschreiber betätigt und nur die Textunterlegungen den anderen überlassen hat.

Welche Komponisten sind in dieser Liste vertreten? Während die meisten Werke anonym wiedergegeben sind und auch Walters Name bei den Handschriften fehlt, tauchen vereinzelt die Namen Adam Rener, Ludwig Senfl, Antonio Scandello und Johannes Reusch auf. Einige Werke lassen sich sogar etwas genauer datieren. So dürften die vermuteten Werke des Altisten Johann (Josquin) Baston[515] erst nach dem Herbst 1553, also in Walters Dresdner Spätzeit, hinzugekommen sein, da dieser damals noch nicht zur Hofkapelle gehörte.[516] Ähnlich verhält es sich mit den Werken des Instrumentalisten und späteren Kapellmeisters Antonio Scandello, da die Welschen ebenfalls vermutlich erst 1553 mit der Kantorei zusammengeführt wurden. Da diese Werke innerhalb der Gruppen (Messen, Handschriften) an jeweils letzter Stelle genannt sind, scheint Walter die jeweiligen Listenabschnitte in chronologischer Reihenfolge erstellt zu haben.

Interessanterweise gehörte Walters eigener figuraler Magnificat-Zyklus, von dem er im März 1554, also noch vor seiner Pensionierung, ein Stück an Herzog Christoph von Württemberg versandte, nicht zu den aufgelisteten Werken. Da in Dresden Vespern gehalten wurden, für welche die Magnificat-Sätze geeignet gewesen wären,[517] kann dies nur bedeuten, dass Walter sie für einen anderen Aufführungsort komponierte. Entweder wurde der Dresdner Hof auf die baldige Drucklegung vertröstet, oder aber – näherliegend – war ihm an einem solchen Werk Walters nicht dringend gelegen, da bereits vollständige Zyklen von Rener und Senfl vorlagen. In diesem Fall wären Walters Magnificat-Sätze ein rein privates Freizeitunternehmen gewesen. Es ist zwar nicht ausgeschlossen, dass Walter seine Sätze dennoch aufgeführt hat, doch sind seine starken Zwistigkeiten mit dem adiaphoristischen Lager bekannt, und auch der musikalischen Konkurrenz sah sich der Kapellmeister hilflos gegenüber. Von daher ist dies eher unwahrscheinlich. Dass er immerhin sein GEISTLICHES GESANGBÜCHLEIN als einziges eigenes Werk in die Sammlung eingebracht hat, kann nur darin begründet sein, dass dieses schon in der Frühzeit, vielleicht sogar noch vor dem Umzug der Hofkantorei nach Dresden, angeschafft worden war, als Walters Bedrängnis noch nicht so arg war. Außerdem bedurfte der Kauf eines Drucks, zumal eines eigenen, keines besonderen Aufwands. Vor diesem Hintergrund dürfte auch Walters

514 STEUDE 1998, 49.

515 Ebd., 46.

516 Vgl. die Übersicht zur RICHTER 2017, 224ff.

517 STALMANN 1960, 19f.; SCHMIDT 1961.

lobend hervorgehobene *»ordnung d‹er› gesenge vnd zuberaittung d‹er› gesangbucher«*, bei der er *»viel muhe vleiß vnnd arbaith«*[518] angewandt habe, eher in die Torgauer Zeit gefallen sein.

Alle Noten wurden zusammen mit jenen Stücken, die Walter von den Herren Neefe und Jenitz erhalten hatte, sowie einer lateinischen und einer deutschen Bibel für die Knaben vermutlich in den zwei verschließbaren Bücherkästen aufbewahrt, die ebenfalls in der Liste aufgeführt sind. Leider sind mit Ausnahme vermutlich eines einzigen Buches (I)[519] keine Noten mehr erhalten. Wahrscheinlich wurden sie während des Siebenjährigen Krieges bei der Beschießung Dresdens 1760 durch die Preußen zusammen mit dem gesamten alten Notenarchiv inklusive aller Schütz-Werke aus dem 17. Jahrhundert und der musikalischen Hinterlassenschaften der kursächsischen Sekundogenituren zu Naumburg-Zeitz († 1718), Merseburg († 1738) und Weißenfels († 1746) vernichtet.

Genauso wie die neuen Sätze des GEISTLICHEN GESANGBÜCHLEINS noch in Torgau entstanden, wurde das speziell für die Hofkantorei angefertigte handschriftliche Repertoire zunächst in der Schlosskapelle des Hoflagers Torgau aufgeführt. Obgleich hier bereits die Notenbücher des ehemaligen ernestinischen Kurfürsten Johann Friedrich vorhanden waren, darunter das GOTHAER CHORBUCH, wurden diese ebenso wenig benutzt wie die alten Pergament-Chorbücher Kurfürst Friedrichs (JENAER CHORBÜCHER), sonst wären sie beim Umzug der Kantorei nach Dresden 1550 als neues Eigentum Kurfürst Moritz' mitgenommen und 1554 im Inventar mit aufgelistet worden. Zudem offenbarte Walter später, dass er sie alle nach Hause genommen und *»heymlich davon niemandts bewust, bey mir gehabt«* (TEXT 20) hatte, bevor er kurz vor Pfingsten 1553 eine Gelegenheit fand, sie nach Jena zu bringen und ihrem rechtmäßigen Besitzer zurückzugeben. Diesem war es während seiner Gefangenschaft nicht möglich gewesen, sich neben der Überführung seiner bedeutenden fürstlichen Bibliotheksbestände aus Wittenberg nach Weimar bzw. Jena auch noch um die Torgauer Bücher zu kümmern.[520] Dass Walter die riesigen Bücher 1550 nach Dresden mitgenommen haben könnte, ist unwahrscheinlich und wäre auch gefährlich gewesen. Er muss sie also während seines mehrjährigen Dresdner Aufenthalts woanders versteckt haben. Wie schmerzhaft mag es für Walter gewesen sein, dass seine erst vor Kurzem mit viel Liebe angefertigten Handschriften und auch die alten Pergamentchorbücher, aus denen er selbst gesungen hatte, plötzlich so wertlos geworden und schutzlos dem Verfall preisgegeben waren? Die Idee, sie durch Entwendung vor der Verrottung zu bewahren, dürfte sehr schnell, vielleicht schon 1547 entstanden sein.

518 Quelle angegeben in Anm. 304.

519 STEUDE 1998, 47.

520 BLANKENBURG 1972 A, 35.

Notenbücher für die ernestinischen Herzöge, 1553/1570

Als letzte biografische Information über Walter zum Ende seines Lebens ist die Anfertigung eines allerletzten Chorbuches bekannt. Drei Monate vor seinem Tod übersandte Walter dieses gewissermaßen als Vollendung seines Lebens an den ernestinischen Herzog Johann Wilhelm I. von Sachsen-Weimar und erhielt dafür posthum 100 Gulden.

> *j c‹entum› f. Johann Waltern von Torga vor ein cancional so er m‹einem› g‹nedigsten› f‹ursten› vnnd herrn etc. in vnterthenigkeit dedicirt, lauts beuehls*[521]

Der Eintrag ist nicht datiert, ist aber der erste innerhalb der Rubrik *»Ausgabe Auff beuehll«*; die Zahlung scheint daher noch im Mai oder Juni 1570 erfolgt zu sein. Da der alte Walter zu diesem Zeitpunkt bereits verstorben war, ist der Eintrag ungenau formuliert, denn es kann nur der alte Walter das Werk komponiert und sein Sohn das Geld dafür erhalten haben. Dass das Kantional nicht von dem jungen Johann Walter stammen kann, ist einer Altenburger Quelle zu entnehmen, wonach der Sohn am 24. April noch 100 Gulden erhalten sollte, die der Herzog dem alten Walter als Geschenk für ein ihm zu Beginn des Jahres verehrtes Kantional versprochen hatte.

Um welches WEIMARER KANTIONAL es sich handelte, ist ungeklärt. Es wird vermutet, dass es inhaltlich identisch war mit einem vom Herzog autorisierten, heute aber nicht mehr identifizierbaren Gesangbuchdruck, für welchen der Theologieprofesser Johann Wigand am 19. Juli 1570 eine Vorrede verfasste, die handschriftlich erhalten ist. Es soll *»eine Sammlung von ausgewählten und kompositorisch überarbeiteten Chorälen«* gewesen sein.[522] Wie eng hier der Begriff *»Choral«* zu fassen ist – waren es nur deutsche Kirchenlieder oder höchstwahrscheinlich vornehmlich lateinische Werke, waren es einstimmige liturgische Choralgesänge oder höchstwahrscheinlich figurale Choralbearbeitungen – muss dahingestellt bleiben. Auf alle Fälle verweist die Bezeichnung *»cancional«* auf ein großes Chorbuchformat, und wie es für Walter typisch war, dürfte dieses im Stil seiner bisherigen Chorbücher weniger einstimmige Liturgie als vielmehr mehrstimmige Figuralsätze enthalten haben.

Walter hatte es offenbar ganz alleine angefertigt, denn der runden Summe von 100 Gulden kann keine genaue Rechnung mit diversen Herstellungskosten von-

521 1570 [Mai, Weimar]: Vergütung eines Kantionals von Johann Walter durch Herzog Johann Wilhelm I. von Sachsen-Weimar. Aus: Liste der Einnahmen und Ausgaben der fürstlichen Kammer am Weimarer Hof 21.05.1570–10.06.1571. WMR-HSTA: EGA, Reg. EGA, Reg. Bb, Nr. 5061, Bl. 14v. Literatur: zuerst TAUBERT 1870, 13f.; zuletzt RICHTER 2013, Dok. 74. Vgl. HOLSTEIN 1884, 189; GURLITT 1933, 78f.; BLANKENBURG 1991, 120f.

522 GEHRT 2012, 29.

seiten aller Beteiligter zugrunde gelegen haben, wenngleich das Buch auch gebunden worden sein muss. Zudem konnte Walter es sich leisten, das Kantional dem Herzog einfach zu schenken (zu dedizieren). Diese Gabe wurde wiederum überaus wohlwollend mit einem sehr hohen Pauschalbetrag abgegolten. Vor dem Hintergrund, dass Walter schon 1553 die Notenbücher der Ernestiner aus der Torgauer Schlosskapelle gerettet und dem Vater besagten Herzogs, Kurfürst Johann Friedrich I., zukommen lassen hatte, könnte der Herzog angesichts des GOTHAER CHORBUCHES, dessen Repertoire er als veraltet empfunden haben mag, die Anfertigung eines neuen Chorbuches in Auftrag gegeben haben – eine Herausforderung, für die kein anderer besser geeignet war als der treue Johann Walter, der den Herzog schon von Kindesbeinen an kannte, da er eine zeitlang sein musikalischer Lehrer gewesen war.

Der Autor: Latein – Dichtung – Theologie

Einleitender Überblick

Dank seiner Ausbildung an Lateinschule und Universität verfügte Walter über einen hohen Bildungsgrad. Hierzu gehörten gute Kenntnisse der Alten Sprachen, vor allem Latein. So befürwortete Walter übereinstimmend mit Luther und Melanchthon auch die Weiterpflege der lateinischen Sprache in Schule und Gottesdienst. Darüber hinaus zeigte er großes Interesse an theologischen Fragen. Seine ungebrochene Verehrung Luthers über dessen Tod hinaus und seine Begeisterung für die Reformation hatten eine *»gründliche[ ] theologische[ ] Durchbildung des Komponisten«*[523] zur Folge, die mit einer steten Verfolgung der aktuellen Kontroversen der Theologen einherging. Dies führte schließlich nach dem Tod seines als *»heiligen, von Gott erweckten Propheten, Deudscher Nation«*[524] verehrten väterlichen Freundes Martin Luther zu einem aufopferungsvollen Kampf für das Gnesioluthertum. Als *»Bibelhumanist«*[525] sah sich Walter aufgefordert, mit den Theologen über den Glauben zu diskutieren. Da er sich studienbedingt in der Dichtkunst auskannte und eine Affinität zum Reimen verspürte, verstand er sich nicht nur auf das Dichten humanistischer lateinischer Sinnsprüche, sondern konnte auch in deutschen Versen seine Kenntnisse der Meistersingerkunst anwenden und in Liedtexten seine kirchenpolitischen Ansichten verarbeiten. So war es eine logische Folge, dass er sich vor allem nach Luthers Tod als Schöpfer geistlicher Gedichte hervortat, mit denen er sein Bemühen um die Bewahrung der lutherischen Lehre zum Ausdruck brachte.

Interessanterweise publizierte Walter keine musiktheoretischen Werke, wie sie von Heinrich Faber, Hermann Finck und Johann Spangenberg bekannt sind. Mit Ausnahme einiger Strophen, die innerhalb seines großen Lobgedichts LOB UND PREIS DER HIMMLISCHEN KUNST MUSICA von 1564 auftauchen, vermittelt keine seiner Dichtungen und seiner umfangreichen Vorreden zu den Musikdrucken etwas über das Wesen der mehrstimmigen Musik oder über musikpraktische Fragen. Stattdessen stellte Walter stets einen Bezug zwischen der Musik schlechthin – sei sie nun ein- oder mehrstimmig, choral oder figural – und dem Göttlichen her. Walter ging es weniger um musikalische Fachfragen als um die Rechtfertigung

523 EHMANN 1934, 197.

524 WALTER 1564 B, Schlusswort.

525 Zum mitteldeutschen Humanismus und den *»Bibelhumanisten«* JUNGHANS 2004.

der Musik als Kunst (innerhalb der Sieben freien Künste), um die Kunst im theologischen Verständnis. Kunst war für Walter *»gleichbedeutend mit dem rechten Gebrauch der Musik im Dienste des wiedergewonnenen Evangeliums«*[526].

Auf der Basis der bereits ausführlich erörterten theologischen Ansichten und kirchenpolitischen Unternehmungen Walters wird es nun um sein dichterisches Schaffen gehen, und zwar soweit es in diesen historischen Kontext gestellt werden kann. Eine genaue Beurteilung seiner poetischen Qualitäten kann an dieser Stelle nicht geleistet werden und bleibt den Literaturwissenschaftlern vorbehalten.[527] Wenn sich der Hymnologe Walter Blankenburg, der die Werke hinsichtlich Aufbau, Versform usw. analysiert hat, angesichts der Massenproduktion von Versdichtungen zu dem etwas herablassenden Resümee verleiten lassen hat:

> *Man ist etwas betroffen, wie leicht ihm offenbar das Reimemachen von der Hand gegangen ist; steht doch der literarische Wert dieser späten Dichtungen in keinem rechten Verhältnis zu ihrem Umfang,*[528]

so sind Walters Dichtungen doch als Spiegelbilder seines eschatologischen Denkens von unschätzbarem Wert und geben gerade dank ihrer Fülle tiefen Aufschluss über den Urkantor als Christenmenschen, der ein fühlendes Herz hatte und die Welt zu retten versuchte. Die Warnung der Christenheit vor den Strafen Gottes und dem baldigen Jüngsten Gericht nahm neben der Musik einen mindestens ebenso wichtigen, wenn nicht schließlich gar den zentralen Platz in Walters Leben ein und ist deshalb einer ausführlichen Betrachtung wert.[529]

Walters Dichtungen lassen sich in drei Schwerpunkte gliedern und umfassen

1. Gedichte ohne Musik,
2. geistliche und kirchenpolitische Liedtexte und Sprüche, die Walter mit eigenen oder schon vorhandenen Melodien versehen und zum Teil mehrstimmig vertont hat,
3. kurze Devisen, Sprüche, humanistische Nebenstimmentexte und Psalmparaphrasen in lateinischer und deutscher Sprache.

Nachdem bezüglich der dritten Gruppe bereits Walters humanistische Kirchweihmotette exemplarisch in Augenschein genommen worden ist, soll im Folgenden der Fokus auf die beiden erstgenannten Gruppen gerichtet werden.

526 BLANKENBURG 1973/74, 96, vgl. 74. Näheres zu Walters Musikverständnis bei GURLITT 1933, 99ff.; BLANKENBURG 1991, 365ff. Zu Bezügen zwischen Musik und Bibel siehe KÜSTER 2016.

527 Nach HONEMANN 1999, 61, scheint eine solche noch nicht erfolgt zu sein.

528 BLANKENBURG 1973/74, 119.

529 Vgl. das große Lob Walters als eines *»der hervorragendsten Poeten«* bei MICHAELIS 1939, 30.

Dichtungen ohne Musik

Lobgedichte auf die Musik

1538: Lob und Preis der löblichen Kunst Musica

In seinem ersten ausführlichen Lobgedicht von 161 Reimpaaren (BILD 32)[530] schilderte Walter seine Musikanschauung. Als Schwester der Theologie und die größte aller Künste besitze die Musik göttliche Kraft und Reinheit, wie sie an vielen biblischen Beispielen und in der Natur offenbar werde. Denn Gott habe die Musik nicht nur zu seinem Lob, sondern auch als Trost zum Ausgleich für das menschliche Leid nach dem Sündenfall geschaffen. Das Gedicht mündet in eine Kritik an den musikunverständigen *»reglosen Stöcken«*, deren Abscheu vor der Musik Walter mit Dummheit und Gottlosigkeit gleichsetzte. Zur Bestärkung seiner Aussage stellte er dem Gedicht eine damals erstmals erschienene, später aber in anderen Büchern wiederholt abgedruckte Vorrede Luthers *»auff alle gute Gesangbücher«* über die göttliche FRAU MUSICA in 20 Reimpaaren voran.

Fünf vornehmliche Punkte zu Walters Musikanschauung, die das bis heute gültige Wesen evangelischer Kirchenmusik kennzeichnen, lassen sich aus diesem und dem späteren Lobgedicht auf die Musik von 1564 entnehmen:

1. Musik sei nicht – wie bei Luther – von Anbeginn der Welt erschaffen, sondern erst nach dem Sündenfall, und sei daher zugleich Aufgabe des Menschen. Sie gehöre eher zum geisteswissenschaftlichen Trivium (zusammen mit den Fächern Grammatik und Rhetorik) als zum naturwissenschaftlichen Quadrivium, wie es Walter selbst noch studiert hatte.
2. Musik folge nicht – wie bei Luther – erst an zweiter Stelle nach der Theologie, sondern sei deren ebenbürtige Schwester. Das gewünschte gleichberechtigte Miteinander von Theologen und Kirchenmusikern erfordere, dass beide Seiten mit den fachlichen Kompetenzen des Anderen ausgestattet seien.
3. Musik werde am Ende der Welt als einzige Kunst bestehen bleiben, denn in Gottes Reich werden alle Menschen zugleich Kantoren (= Sänger) sein.
4. Musik habe den genannten doppelten Endzweck: das Lob Gottes (Liturgie) und die Erbauung des Menschen (Verkündigung).
5. Musik diene der Verstärkung des Wortes, sowohl in affektiver Hinsicht wie in der Wahrnehmbarkeit, denn jedes Wort selbst habe schon Musik in sich.[531]

530 HOLSTEIN 1884, 204–206, 210–218; GURLITT 1933, 92ff.; STALMANN 1960, 25ff., 35ff.; WGA 6 (1973), XVII; BLANKENBURG 1991, 66ff., 356ff., 426ff.; ASPER 1998, 144.

531 STALMANN 2013, 38ff.

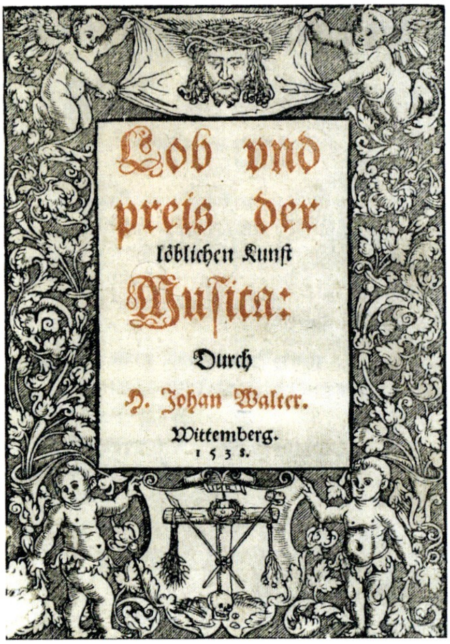
Lob vnd preis der löblichen Kunst Musica: Durch H. Johan Walter. Wittemberg. 1538.

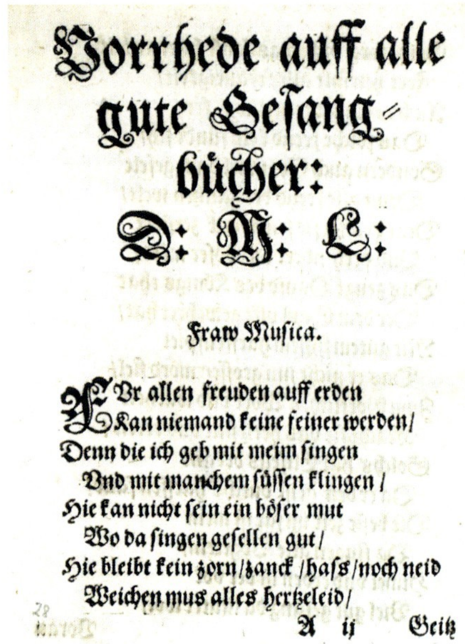
Vorrhede auff alle gute Gesang-
bücher:
D: M: L:

Fraw Musica.

FVr allen freuden auff erden
Kan niemand keine feiner werden/
Denn die ich geb mit meim singen
Vnd mit manchem süssen klingen/
Hie kan nicht sein ein böser mut
Wo da singen gesellen gut/
Hie bleibt kein zorn/zanck/hass/noch neid
Weichen mus alles hertzeleid/
A ij Geitz

BILD 32 (2 Abbildungen)
LOB UND PREIS DER LÖBLICHEN KUNST MUSICA von Johann Walter (WALTER 1538). WBL-HAB.
Titelseite und Beginn mit Luthers Gedicht der FRAU MUSICA *Für allen Freuden auf Erden*

Indem Walter Luthers Anschauung nicht 1:1 übernahm, erwies er sich als »*theologisch eigenständig denkende Persönlichkeit*«[532]. Und indem er die dem Verfall preisgegebene lutherische Figuralmusik der blühenden vorreformatorischen Musik entgegensetzte, deutet die Publikation auf die damals noch sehr schleppend vorangegangene Entwicklung der mehrstimmigen evangelischen Kirchenmusik in den kursächsischen Gemeinden hin. Walter publizierte das Gedicht ausgerechnet zu einer Zeit, als die Musik in Torgau selbst großen Aufschwung nahm und viel Unterstützung durch die Stadt und seit 1536 sogar durch den Hof erfuhr. So weist auch der abgedruckte Gruß an den Stadtrat in sechs Reimpaaren auf einen besonderen feierlichen Anlass, womöglich auf das bevorstehende jährliche Sängerfest (Collation) hin. In einer etwas späteren und auch etwas umfangreicheren, undatierten zweiten Ausgabe, die Walter den beiden älteren Söhnen des Kurfürsten, den Herzögen Johann Friedrich und Johann Wilhelm, widmete und der er anstelle von Luthers Vorrede und der Widmung an den Stadtrat einen offenen Brief an die Prinzen voranstellte, beklagte er, dass es aufgrund der ver-

532 SCHNEIDERHEINZE 1996 B, 10.

breiteten Überzeugung, Musik reize zu fleischlicher Begierde und Leichtfertigkeit, zu ihrem Verfall in den deutschen Landen gekommen sei. Dem wolle er nun mit seinen neuen Reimen entgegentreten.

Dieser Meistergesang war für den gesprochenen öffentlichen Vortrag zu einer besonderen Gelegenheit gedacht, wobei die zweimalige Publikation auf zwei verschiedene Anlässe deutet. Die Meistersingerkunst zeichnete sich durch Versformen aus, die weniger auf die Sprachmetrik als auf die Silbenzahl ausgerichtet waren. Metrische Unregelmäßigkeiten und mehrfach aufeinanderfolgende einsilbige Wörter (Monosyllabismus) dienten der Hervorhebung des Textinhalts. Walters Dichtung ähnelt im Wortlaut zum Teil sehr einem handwerklich gleichwohl überlegenen Werk des Magdeburger Meistersingers Valentin Voigt. Zum Meistergesang, welcher der scholastischen Musiklehre viel zu verdanken hatte, gehörte auch die Personifizierung der Musik, wie sie nicht nur in Luthers einleitendem Gedicht, sondern ebenso in immer wieder variierten bildlichen Darstellungen zum Ausdruck kam, so etwa in Walters späterem Lobgedicht von 1564.

1564: Lob und Preis der himmlischen Kunst Musica

In der unglückseligen Zeit unter den Adiaphoristen publizierte Walter ein ganz neues und deutlich umfangreicheres Lobgedicht auf die Musik in drei Teilen (BILD 33).[533] Im Hauptgedicht ging es wie ehedem um die theologische Rechtfertigung der Musik als *»Engelskunst«*, die sich aus ihrem göttlichen Ursprung sowie aus der in der Bibel und der Natur nachweisbaren Macht ergebe. Musik sei sowohl als gottgegebene Arznei als auch zum Lob Gottes zu gebrauchen. Abneigung gegen Musik sei unchristlich. Zur Bestärkung dessen fügte Walter erneut eine lange Vorrede Luthers bei, diesmal dessen lateinisches Vorwort zu Rhaus SYMPHONIAE IUCUNDAE von 1538, das Michael Praetorius später als *»Encomion musices«* (*»Lob der Musik«*) bezeichnet hat und Walter nun in deutscher Sprache präsentierte, allerdings in einer sehr freien und zum Teil eigenständig erweiterten Übertragung. Dabei konnte er auf eine kürzere deutsche Urfassung des Textes zurückgreifen, die später Wolfgang Figulus in seinen CANTIONES SACRAE von 1575 ebenfalls erstmals veröffentlichte.[534] Im Schlusswort setzte er sich wiederum für die als papistisches *»Katzengebeisse«*, *»Ochsengeschrey«* und *»geplerre«* beschimpfte Musik ein. Wie es für Walters späte Drucke typisch ist, spielte er auch auf die Adiaphoristen an, indem er einem Lutherporträt aus der Cranach-Werkstatt Worte über die von Luther prophezeiten Gottesstrafen unterlegte *(Gott hat durch mich dem deutschen Land)*, die er 1568 wiederverwendete.

533 HOLSTEIN 1884, 206–210; GURLITT 1933, 74f., 94ff.; STALMANN 1960, 25ff., 38ff.; BLANKENBURG 1991, 111f., 205f., 216f., 358ff., 369.

534 Näheres zum *»Encomion musices«* bei BLANKENBURG 1972 B; BLANKENBURG 1991, 365ff., 449ff.

Neben der auffälligen Verwendung der Zahl Sieben, wie sie sich an den jeweiligen Strophenzahlen ablesen lässt – eine Parallele zu Walters siebenstimmiger Kirchweihmotette –, zeichnet sich die umfassende Dichtung durch das im Originaldruck hervorgehobene kunstvolle Akrostichon »*MVSICA*« bzw. dessen Umkehrung aus, welches sich durch fast alle Strophen zieht. Zudem umfasst das Lobgedicht nicht nur theologisch inspirierte Dichtungen, sondern auch einige Strophen über das Wesen der mehrstimmigen Musik, welche Walter mit geistlicher Vokalmusik gleichsetzte.

M usick ist ein gewunden Krantz,
V nd gleich ein Himelischer tantz,
S üssiglich, jede stimme singt,
J n freuden zu der andern springt,
C oncordia vnd Charitas,
A us freud sich hertzen, halten mass.

A n diesem Tantz sich hören lest,
C horal mit Fugen ist das best,
J agt eins das ander artig fein,
S chwenckt sich, vnd kümpt bald wider ein,
V nd alle stimmen loben Gott,
M it freud, der die Kunst geben hat.

M ich hoch erfrewt, ein Cantorey,
V nd wol bestimpte Simphoney,
S chön, lustig, sie zusamen stehn,
J m schall vnd klang gar herrlich gehn,
C antores loben Gottes wort,
A us Gottes gabe, hie vnd dort.

Demnach sei die mehrstimmige Musik ein in sich vollkommener Schmuck, der aus mehreren Strängen (Stimmen) kunstvoll zusammengeflochten sei (»*jede stimme* [...] *zu der andern springt*«). »*Concordia vnd Charitas*« (Eintracht und gegenseitige Wertschätzung der Stimmen) »*halten mass*«; die Stimmen berücksichtigen also einander, wobei sie sogar »*Aus freud sich hertzen*«. Da die Musik »*[zu]gleich ein Himelischer tantz*« sei, sei der Choral das Wichtigste. Dabei wird der »*Choral mit Fugen*« (= im Kanon bzw. imitativ) als »*das best*« angepriesen, denn da »*Jagt eins das ander artig fein*«. Durch den Bezug zum Tanz avanciert

> *das mehrstimmige Musizieren zu einer besonders kunstvollen und gleichsam choreographisch gesteigerten Form des Gotteslobes.*[535]

Besonders erfreue Walter »*ein Cantorey, Vnd wol bestimpte Simphoney*«, also eine gute Kantorei in wohlgestimmtem Zusammenklang, wo die Sänger »*Schön, lustig*« (mit großer Lust am Singen) »*zusamen stehn, Jm schall vnd klang gar herrlich gehn*«.

535 Stalmann 1960, 39.

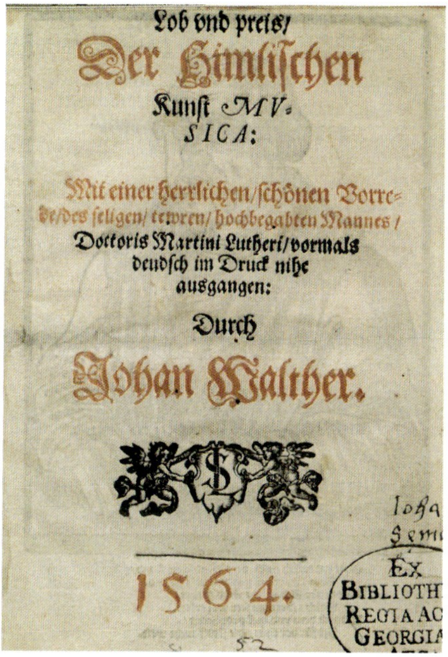
Lob vnd preis/
Der Himlischen
Kunst MV-
SICA:
Mit einer herrlichen/schönen Vorre-
de/des seligen/tewren/hochbegabten Mannes/
Doctoris Martini Lutheri/vormals
deudsch im Druck nihe
ausgangen:
Durch
Johan Walther.
1564.

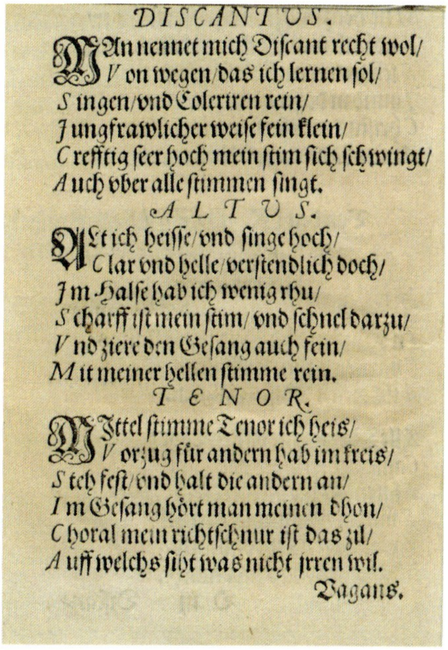
DISCANTUS.
MAn nennet mich Discant recht wol/
Von wegen/das ich lernen sol/
Singen/vnd Coleriren rein/
Jungfrawlicher weise fein klein/
Crefftig seer hoch mein stim sich schwingt/
Auch vber alle stimmen singt.
ALTUS.
ALt ich heisse/vnd singe hoch/
Clar vnd helle/verstendlich doch/
Jm Halse hab ich wenig rhu/
Scharff ist mein stim/ vnd schnel darzu/
Vnd ziere den Gesang auch fein/
Mit meiner hellen stimme rein.
TENOR.
MIttel stimme Tenor ich heis/
Vorzug für andern hab im kreis/
Steh fest/vnd halt die andern an/
Im Gesang hört man meinen thon/
Choral mein richtschnur ist das zil/
Auff welchs siht was nicht jrren wil.
Bagans.

BILD 33 (4 Abbildungen)
LOB UND PREIS DER HIMMLISCHEN KUNST MUSICA von Johann Walter (WALTER 1564 B). GTN-SUB. Titelseite, Luther-Porträt mit Warnspruch, Auszug über die Stimmgattungen und Frau Musica

Man erkennt deutlich Bezüge zu Luthers Vorwort von 1538, welches Walter hier auf Deutsch eingefügt hat, vor allem zu dem Passus über die

> *Musica, in welcher vor allem, das seltzam vn‹d› wol zu verwundern ist, das einer eine schlechte* [= schlichte] *weise oder Tenor (wie es die Musici heissen) her singet, neben welcher drey, vier oder fünff andere stimmen auch gesungen werden, die vmb solche schlechte weise oder Tenor, gleich als mit jauchtzen gerings herumbher, vmb solchen Tenor spielen, vnd springen, vnd mit mancherley art vnd klang, dieselbige weise wunderbarlich zieren vnd schmücken, vnd gleich wie einen Himlischen Tantzreien füren.*

Ein anderes, weiter unten folgendes Gedicht VON DEN IX MUSIS [= MUSEN] enthält zudem fünf Strophen über die einzelnen Stimmgattungen, in denen noch einmal auf die besondere Rolle des Tenors eingegangen wird:

DISCANTVS.
M An nennet mich Discant recht wol,
V on wegen, das ich lernen sol,
S ingen, vnd Coleriren rein,
J ungfrawlicher weise fein klein,
C refftig seer hoch mein stim sich schwingt,
A uch vber alle stimmen singt.

TENOR.
M Ittel stimme Tenor ich heis,
V orzug für andern hab im kreis,
S teh fest, vnd halt die andern an,
I m Gesang hört man meinen dhon,
C horal mein richtschnur ist das zil,
A uff welchs siht was nicht jrren wil.

ALTVS.
A Lt ich heisse, vnd singe hoch,
C lar vnd helle, verstendlich doch,
J m Halse hab ich wenig rhu,
S charff ist mein stim, vnd schnel darzu,
V nd ziere den Gesang auch fein,
M it meiner hellen stimme rein.

VAGANS.
M Ein stim sucht alle winckel vmb,
V agant ich heisse billich drumb,
S chön künstlich mein stim sich verdreht
J n örter da es ledig steht,
C othurnus bin ich jederman,
A uff alle art ich singen kan.

BASIS.
A Vs tieffem grund vnd fundament,
C limax mich Basis hat genent,
J ch singe, tapffer, ehrlich auch,
S tarck, tieff, nach meines alters brauch
V nd meine stimm den andern all,
M us geben rechten laut vnd schall.

Den Diskant bezeichnete Walter als *»jungfräulich«*, nicht weil er von *»Jungfrauen«* gesungen wurde, sondern weil dieser Begriff ein Synonym für *»Kind«* (Mädchen oder Junge) vor Einsetzen der hormonellen Veränderungen bei Erreichen der Geschlechtsreife war und die Knaben der Lateinschulen bzw. der Hofkapellen die

Oberstimmen übernahmen (heute: Sopran). Dagegen pflegte der Alt anders als in heutigen Knabenchören nicht von Jungen, sondern von falsettierenden Männern mit *»scharfer«* Stimme im *»Halse«* (Kopf) gesungen zu werden. Vielsagend als *»Basis«* bezeichnet ist die tiefste Stimme: der als *»Grund und Fundament«* mit *»Laut und Schall«* fungierende Bass. Der Tenor war nicht nur hinsichtlich der Tonhöhe die *»Mittelstimme«* des Chores, sondern in seiner herausgehobenen Funktion als Melodieträger das musikalische Skelett des Tenorliedsatzes schlechthin bzw. der protestantischen Liedmotette mit (figuriertem) Tenor-Cantus-firmus, als deren Begründer Johann Walter gilt. Der Tenor *»steht fest«*, denn der Choral war unveränderlich. Mit dem Choral als *»Richtschnur«* und *»Ziel«* aller Stimmen genoss der Tenor den *»Vorzug vor andern im Kreis«*. Mit *»Kreis«* war nicht nur die Gemeinschaft der Sänger gemeint, sondern zugleich ihre kreis- oder doppelt halbkreisförmige Anordnung um das große Chorpult (S. 71ff.). Hier lässt sich ein Bezug zu obigem Vers herstellen, wonach *»Schön, lustig, sie zusamen stehn«*. Als fünfte Stimme konnte der Vagant hinzukommen. Er gehörte keiner bestimmten Lage an, sondern war, wie sein Name sagt, ein Umherstreifer, der *»alle Winkel umsucht«*. Damit war sein von Stück zu Stück veränderlicher Wechsel zwischen den Mittelstimmen gemeint, denn diese Zweitstimme, die *»auf alle Art singen kann«*, übernahm gewöhnlich die Funktion entweder des zweiten Alts oder des zweiten Tenors. Keinesfalls war der Vagant eine lediglich Auffüllstimme, sondern übte, vergleichbar dem *»Cothurnus«* (Stiefel) für *»jedermann«*, wesentliche Funktionen aus, indem er etwa bei den Schlussakkorden häufig die Terz einer Tonika bildete, die ursprünglich in vierstimmigen Sätzen weggefallen war.

Beide Passagen geben Auskunft über die damalige Praxis des mehrstimmigen evangelischen Chorgesangs in original rein vokaler Ausführung auf der Basis eines feststehenden Tenors. War diese Satztechnik trotz Verwendung einer vorgegebenen Choralmelodie auch nicht die einzige mögliche, so bevorzugte Walter diese doch in seinen eigenen Kompositionen und sah sie, wie man an diesen Strophen erkennt, auch als die wesentlichste an. Dass sie indes keine genuin protestantische war, lässt sich an vielen katholischen und weltlichen Werken ähnlicher Art beobachten. Dessen ungeachtet verrät Walters Beschränkung auf die geistliche Vokalmusik jenseits der ebenfalls verfügbaren weltlichen Musik, wie sie vor allem von den frankoflämischen Komponisten in vielfältigen vokalen und instrumentalen Gattungen bereitgestellt wurde, dass er nur das von ihm selbst gepflegte Fach als *»Musica«* gelten ließ. Hier scheint sich seine unveränderte Treue zum seligen Martin Luther zu spiegeln, dessen alten Text über die Musik er nun erneut aus der Schublade holte und (neben anderen Vorlagen von ihm) dichterisch umsetzte. Immerhin nahm für Walter – als Neuerung der Reformation – die Musikpraxis denselben Rang wie die Musiktheorie ein.

Der Vollständigkeit halber zu erwähnen ist noch ein abschließendes Gedicht über das Bekenntnis zu Christus, dessen sieben unterschiedlich lange Strophen bis auf die letzte sämtlich mit *»Auf Christo«* bzw. *»Auf Christum«* beginnen – ähnlich wie Walters Lied *Allein auf Gottes Wort* – und den einzelnen Stimmgattungen Diskant, Alt, Tenor I/II, Vagans und Bass I/II zugeordnet sind. Vielleicht sollte diese Aufteilung auf so viele Stimmen – schon wieder sieben – ein Sinnbild für die gesamte Menschheit darstellen. Nicht zufällig betitelte Walter das Gedicht als *»Der Musica Testament vnd letzter wille, sampt allen jren stimmen«*. Der Endzweck der Musik sei also für jedermann das christliche Glaubensbekenntnis. Möglicherweise waren die Strophen als Meditationen über Tod und Auferstehung gedacht. Die letzte Strophe für Bass II über die Erlösung des Menschen durch Christi Opfertod, die aus dem Schema herausfällt und zugleich die kürzeste Strophe ist, hielt Walter, gewissermaßen als Quintessenz des christlichen Glaubens, offenbar für so grundlegend, dass er sie nicht nur seinen vorangehenden *»Christus«*-Strophen hinzufügte, sondern auch noch einmal in seiner letzten Gedichtsammlung von 1568 in leicht überarbeiteter Form publizierte.

Epitaphe auf seine verstorbenen Gönner

1546: Epitaphium des ehrwürdigen Herrn und Vaters Martini Luthers

Nach Luthers Tod am 18. Februar 1546, der Walter schwer getroffen hatte, setzte dieser seinem verehrten Freund wie viele andere, darunter Hans Sachs, ein Gedächtnis (BILD 34).[536] In 113 nach den Regeln der Meistersingerkunst gedichteten Reimpaaren über Luthers Leben kritisierte Walter das Papsttum, das er mit teuflischer Lehre, Heuchelei und Abgötterei gleichsetzte und Luther, dem Erneuerer des Evangeliums, gegenüberstellte. In Luthers Mund gelegt – beginnend mit *Zu Eisleb'n ist mein Vaterland* –, verlieh er der Aussage besonderes Gewicht. Sie dokumentiert einen Wesenszug Walters, der wie viele andere humanistisch Gebildete seine Lebensaufgabe nicht auf seinen Beruf (Musik) beschränkt sah und sich nun aufgefordert fühlte, als Vertreter Luthers mit äußerster verbaler Härte gegen den Antichrist (Papst) vorzugehen, um Luthers Vermächtnis zu bewahren. Walters Reime zeigen eindrucksvoll die Fähigkeit,

> *tiefe Lebenserfahrungen, wie sein inniges Verhältnis zur Musik oder die bewunderte reformatorische Leistung Luthers, in durchaus theologischer Dimension und in erkennbar gläubiger Überzeugung jeweils in dichterische Form zu bringen.*[537]

Wie sich bald herausstellen sollte, waren Walters Ängste nicht unbegründet; seine Worte lassen

536 HOLSTEIN 1884, 192f.; STAMMLER 1924; WGA 6 (1973), XVIf.; BLANKENBURG 1991, 355f.; KEIL 2010, 42.

537 STAEHELIN 1998, 21.

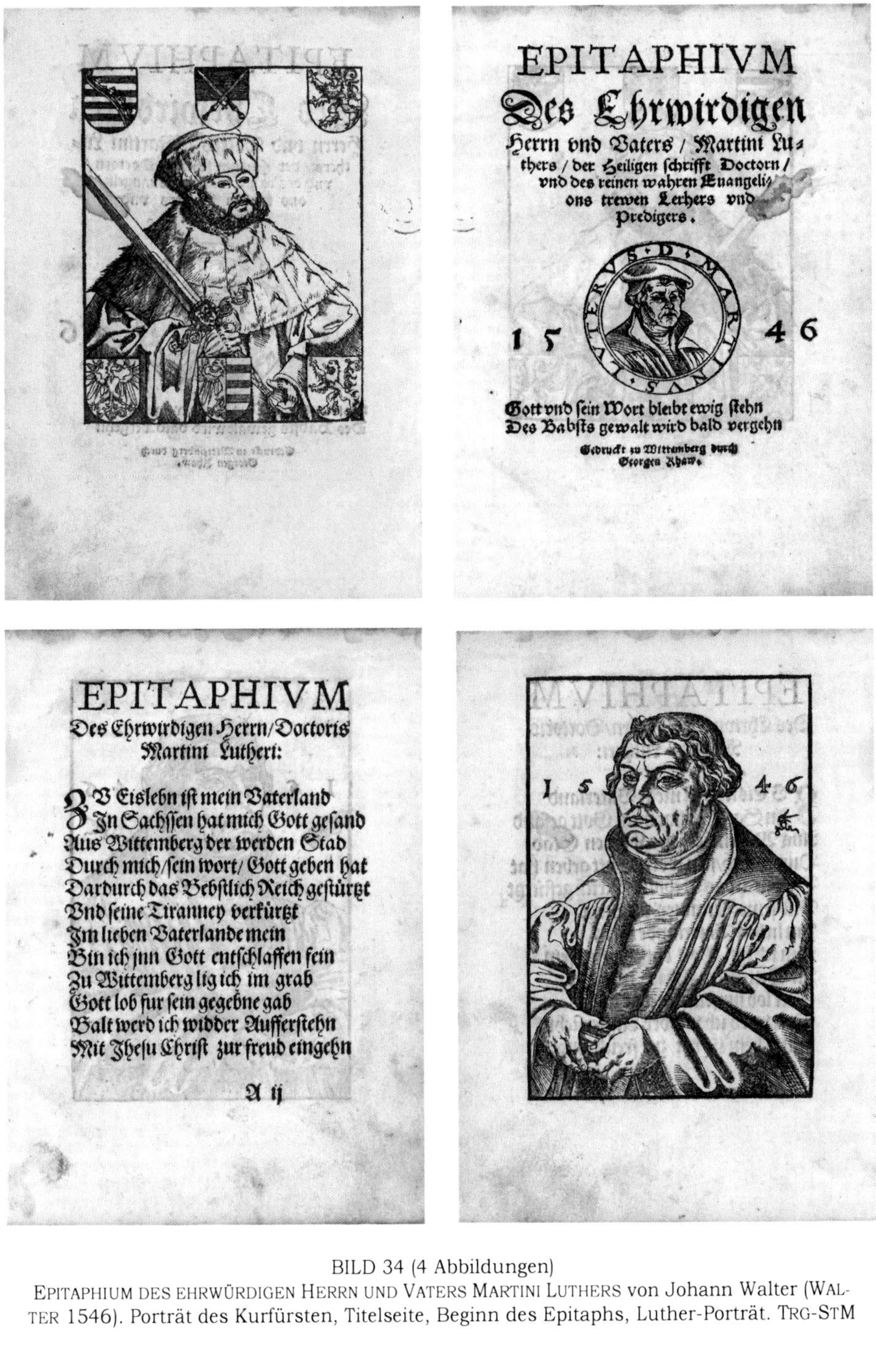

EPITAPHIVM
Des Ehrwirdigen
Herrn vnd Vaters / Martini Luthers / der Heiligen schrifft Doctorn /
vnd des reinen wahren Euangelions trewen Lerhers vnd
Predigers.

15 46

Gott vnd sein Wort bleibt ewig stehn
Des Babsts gewalt wird bald vergehn

Gedruckt zu Wittemberg durch
Georgen Rhaw.

EPITAPHIVM
Des Ehrwirdigen Herrn/Doctoris
Martini Lutheri:

ZV Eislebn ist mein Vaterland
In Sachssen hat mich Gott gesand
Aus Wittemberg der werden Stad
Durch mich/sein wort/ Gott geben hat
Dardurch das Bebstlich Reich gestürtzt
Vnd seine Tiranney verkürtzt
Im lieben Vaterlande mein
Bin ich jnn Gott entschlaffen sein
Zu Wittemberg lig ich im grab
Gott lob fur sein gegebne gab
Balt werd ich widder Aufferstehn
Mit Jhesu Christ zur freud eingehn

A ij

15 46

BILD 34 (4 Abbildungen)
EPITAPHIUM DES EHRWÜRDIGEN HERRN UND VATERS MARTINI LUTHERS von Johann Walter (WALTER 1546). Porträt des Kurfürsten, Titelseite, Beginn des Epitaphs, Luther-Porträt. TRG-STM

> *den tiefen Pessimismus, der seine letzten Lebensjahre überschattet hat, [...] spürbar vorausahnen.*[538]

Walters Polemik mündet in ein Gebet, in dem er, womöglich im Wissen um den bevorstehenden Schmalkadischen Krieg, sehr ausführlich um das Heil seines Kurfürsten bat.

Der anonyme Einzeldruck ist mit zwei Porträts des Verstorbenen sowie mit einer Darstellung Kurfürst Johann Friedrichs I. aus der Cranach-Werkstatt geziert.[539] Im selben Jahr erschien der Text auch in Nürnberg, allerdings nur mit einem Luther-Porträt. Walters Autorschaft ergibt sich aus inhaltlichen und stilistischen Übereinstimmungen mit anderen Wortschöpfungen Walters sowie aus einem hallischen Druckexemplar, in welchem sich die zeitgenössische Notiz findet:

Ioanne Gewalthero, Musico et cive Torgense Autore[540]	*[Von dem Autor Johann Walter, Musiker und Bürger zu Torgau]*

1556: Epitaph auf Kurfürst Johann Friedrich I.

In jenem Brief, mit dem Walter den ernestinischen Herzögen sein MAGNIFICAT OCTO TONORUM übersandte, erinnerte er auch daran, dass er vor drei Jahren (1553) einige Pergament-Notenbücher (JENAER CHORBÜCHER) sowie ein weiteres (GOTHAER CHORBUCH), die alle in der Torgauer Schlosskirche in Benutzung gewesen seien, heimlich nach Jena gebracht und dort dem Vater der Adressaten, dem mittlerweile verstorbenen Kurfürsten Johann Friedrich I., übermitteln lassen habe. Der Kurfürst habe ihm angeboten, sich in Jena persönlich bei ihm zu bedanken, sei dann aber durch seine plötzliche kriegsbedingte Abreise daran gehindert worden. Walter sei darum noch jetzt sehr bekümmert, zumal er nicht mit dem frühzeitigen Tod des geliebten Kurfürsten (dem er nicht zuletzt den Aufstieg der Stadtkantorei zur Hofkantorei verdankte) gerechnet hatte. Zum Andenken an ihn habe er ein 100 Verse umfassendes Epitaph verfassen wollen. Mangels historischer Nachrichten zum Werdegang des Kurfürsten, genauer gesagt: *»des ergangenen handels«* – hier sind wohl die Kriegshandlungen gemeint –, habe er jedoch davon ablassen müssen, und so habe er nur ein kurzes Epitaph gedichtet. Dieses übersandte er nun den Herzögen zusammen mit diesem Brief und dem MAGNIFICAT-Druck (TEXT 20).[541]

538 BLANKENBURG 1991, 81.

539 Abgebildet in HERZOG 2016, 486.

540 Zitiert nach WGA 6 (1973), XVI.

541 WGA 6 (1973), XVII; BLANKENBURG 1991, 95f., 355f.; HERZOG 2016, 427f.

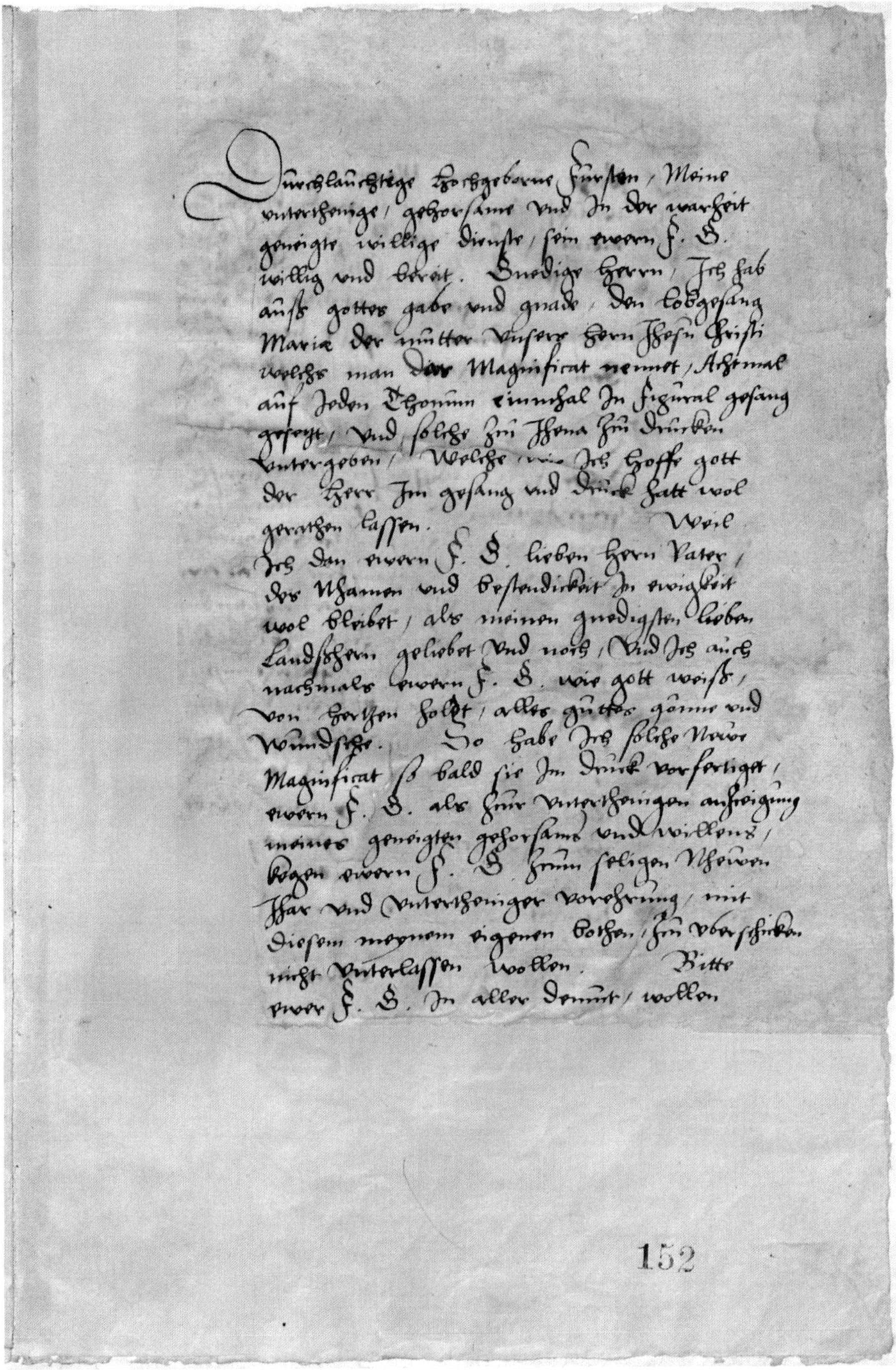

Durchlauchtige Hochgeborne Fursten, Meine
unterthenige, gehorsame und In der warheit
geneigte willige dienste, sein euern F. G.
willig und bereit. Gnedige Herrn, Ich hab
aus gottes gabe und gnade, den Lobgesang
Marie der mutter unsers Hern Jhesu Christi
welche man das Magnificat nennet, Achtmal
auf Jeden Thonum einmhal In figural gesang
gesetzt, und solchs zu Jhena zu drucken
untergeben, welchs wie Ich hoffe gott
der Herr Im gesang und druck hatt wol
geratten lassen. Weil
Ich den euern F. G. lieben Hern Vater,
des Namen und bestendikeit In ewigkeit
wol bleibet, als meinen gnedigsten lieben
Landsherrn geliebet und noch, Und Ich auch
nachmals euern F. G. wie gott weiss,
von hertzen holdt, alles guttes gonne und
wundsche. So habe Ich solche newe
Magnificat so bald sie Im druck verfertiget,
euern F. G. als Ihre unterthenigen anzeigung
meines geneigten gehorsams und willens,
kegen euern F. G. Ihrm seligen Hern
Vater und unterthenigen verehrung, mit
diesem meynem eigenen botten, zu uberschicken
nicht unterlassen wollen. Bitte
euer F. G. In aller demut, wollen

152

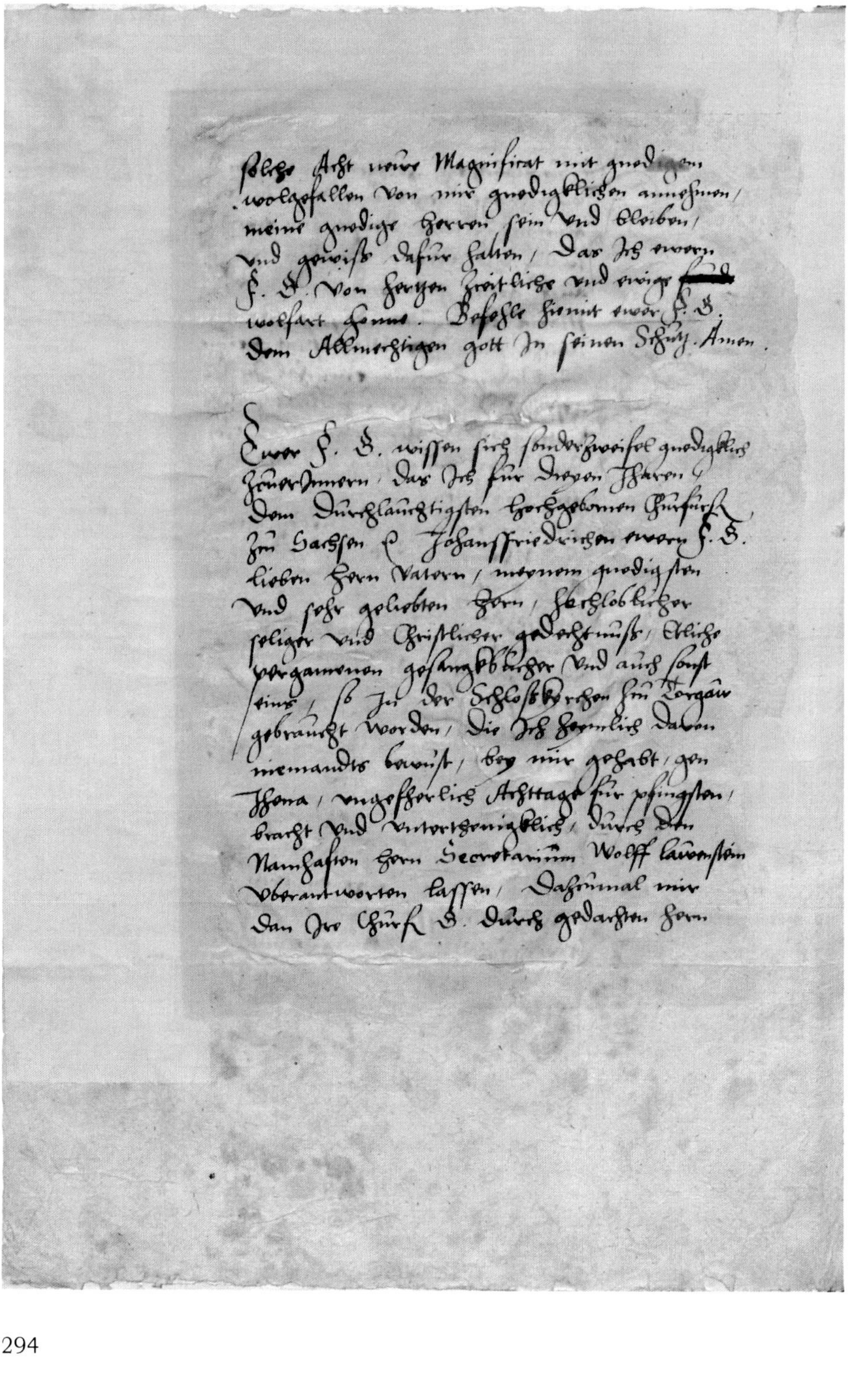
solche Acht newe Magnificat mit gnedigem
wolgefallen von mir gnedigklichen annehmen/
meine gnedige Herren sein vnd bleiben/
vnd gewiss dafür halten/ Das Ich ewern
F. G. von hertzen zeitliche vnd ewige
wolfart gonne. Befehle hiemit ewer F. G.
dem Allmechtigen gott In seinen Schutz. Amen.

Ewer F. G. wissen sich sonderzweifel gnedigklich
zuerInnern, das Ich für dreyen Jharen
dem Durchlauchtigsten Hochgebornen Churfürst
zu Sachsen etc Johansfriederichen ewern F. G.
lieben Hern Vatern/ meynem gnedigsten
vnd sehr geliebten Hern/ Hochlöblicher
seliger vnd Christlicher gedechtnüss/ Etliche
pergamenen gesangkbücher vnd auch sonst
eins/ so In der Schlosskirchen zu Torgau
gebraucht worden/ die Ich heimlich davon
niemandts bewust/ bey mir gehabt/ gen
Jhena/ vngeferlich Achttage für pfingsten/
bracht vnd vntertenigklich/ durch den
Namhaften Hern Secretarium Wolff lauenstein
vberantworten lassen/ Dazumal mir
dan der Churf. G. durch gedachten Hern

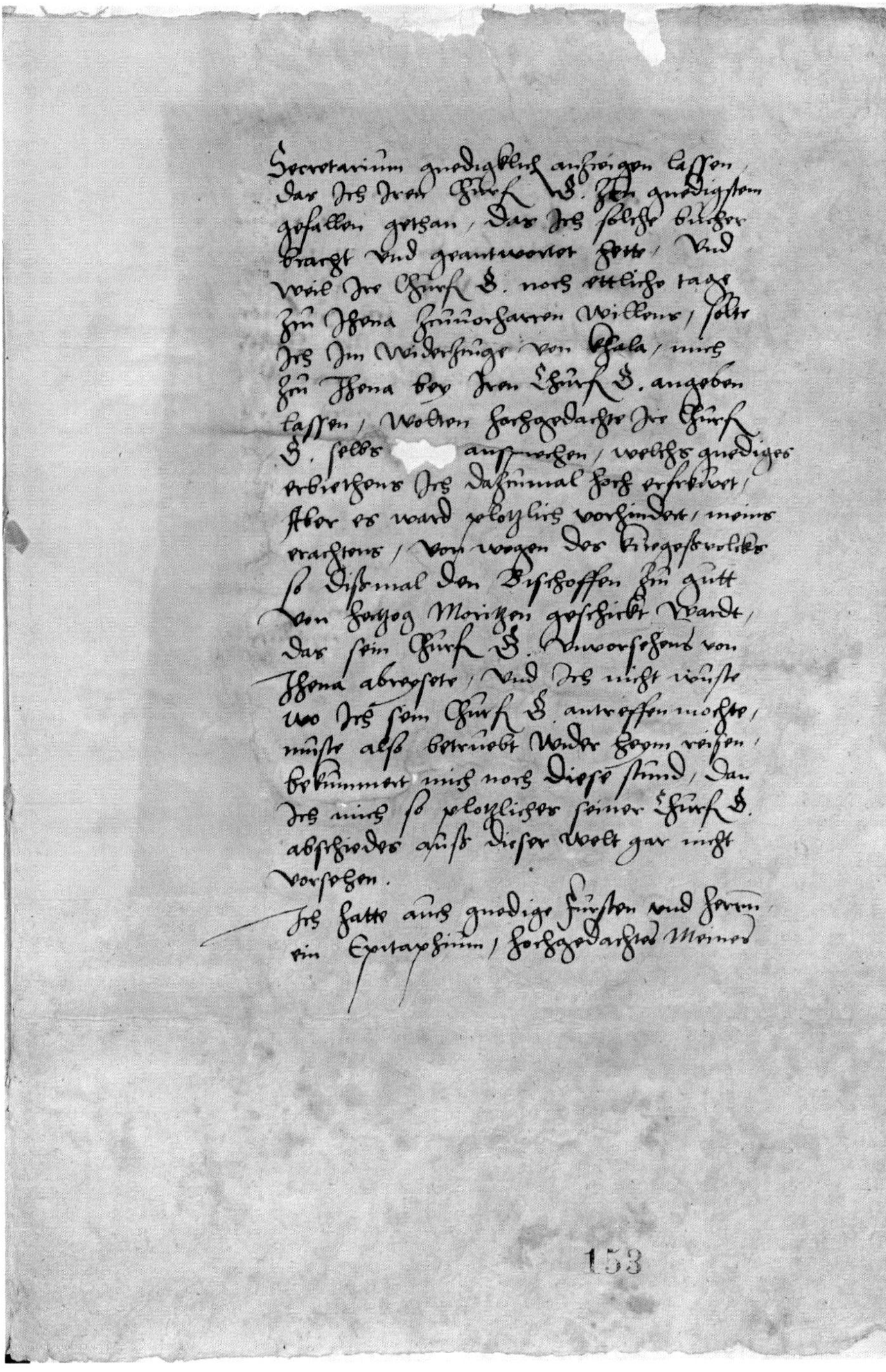
Secretarium gnedigklich anzeigen lassen,
das ich dem Churf. G. zu gnedigstem
gefallen gethan, das ich solche bucher
bracht und geantwortet hette, Und
weil der Churf. G. noch etliche tage
zu Jhena zuuorharren willens, solte
ich im widerzuge von Schala, mich
zu Jhena bey dem Churf. G. angeben
lassen, wolten hochgedachte der Churf.
G. selbs [illegible] ansprechen, welchs gnediges
erbiethens ich daßmal hoch erfrewet,
aber es ward plotzlich vorhindert, meins
erachtens, von wegen der kriegsvolcks
so dißmal den Bischoffen zu gutt
von hertzog Moritzen geschickt wardt,
das sein Churf. G. unvorsehens von
Jhena abreysete, Und ich nicht wuste
wo ich sein Churf. G. antreffen mochte,
muste also betrubt wider heym reisen,
bekummert mich noch diese stund, das
ich auch so plotzlicher seiner Churf. G.
abschiedes auß dieser welt gar nicht
vorsehen.
Ich hatte auch gnedige fursten und herrn,
ein Epitaphium, hochgedachtes meines

153

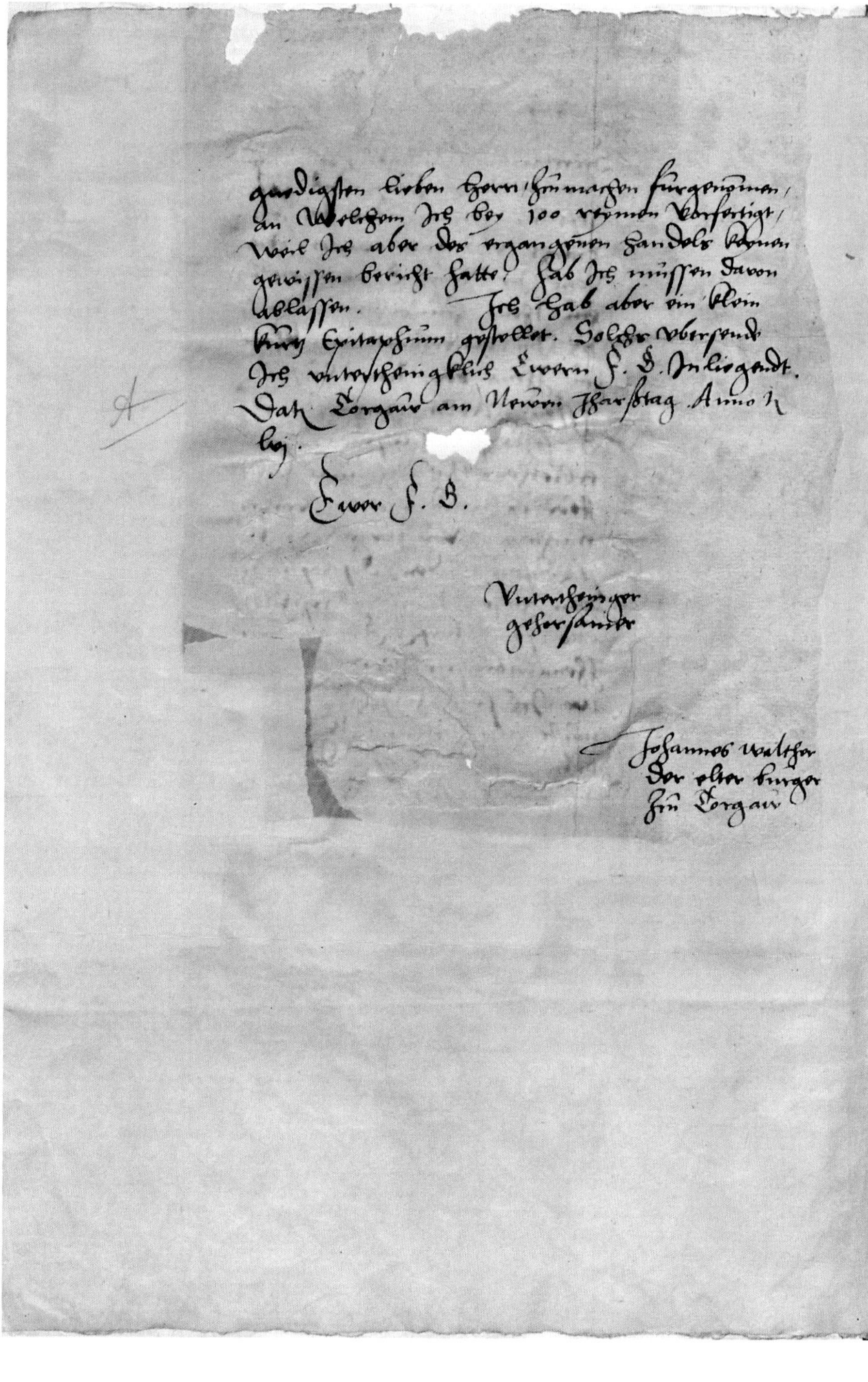

gnedigsten lieben herrn, zu machen furgenomen,
an welchem ich bey 100 reymen verfertigt,
weil ich aber der ergangenen handels keinen
gewissen bericht hatte, hab ich mussen davon
ablassen. Ich hab aber ein klein
kurtz Epitaphium gestellet. Solchs ubersende
ich unterthenigklich Ewern F. G. inliegendt.
Dat. Torgau am Newen Jarstag. Anno h
lvj.

Ewer F. G.

Unterthenigster
gehorsamer

Johannes Walther
der elter burger
zu Torgau

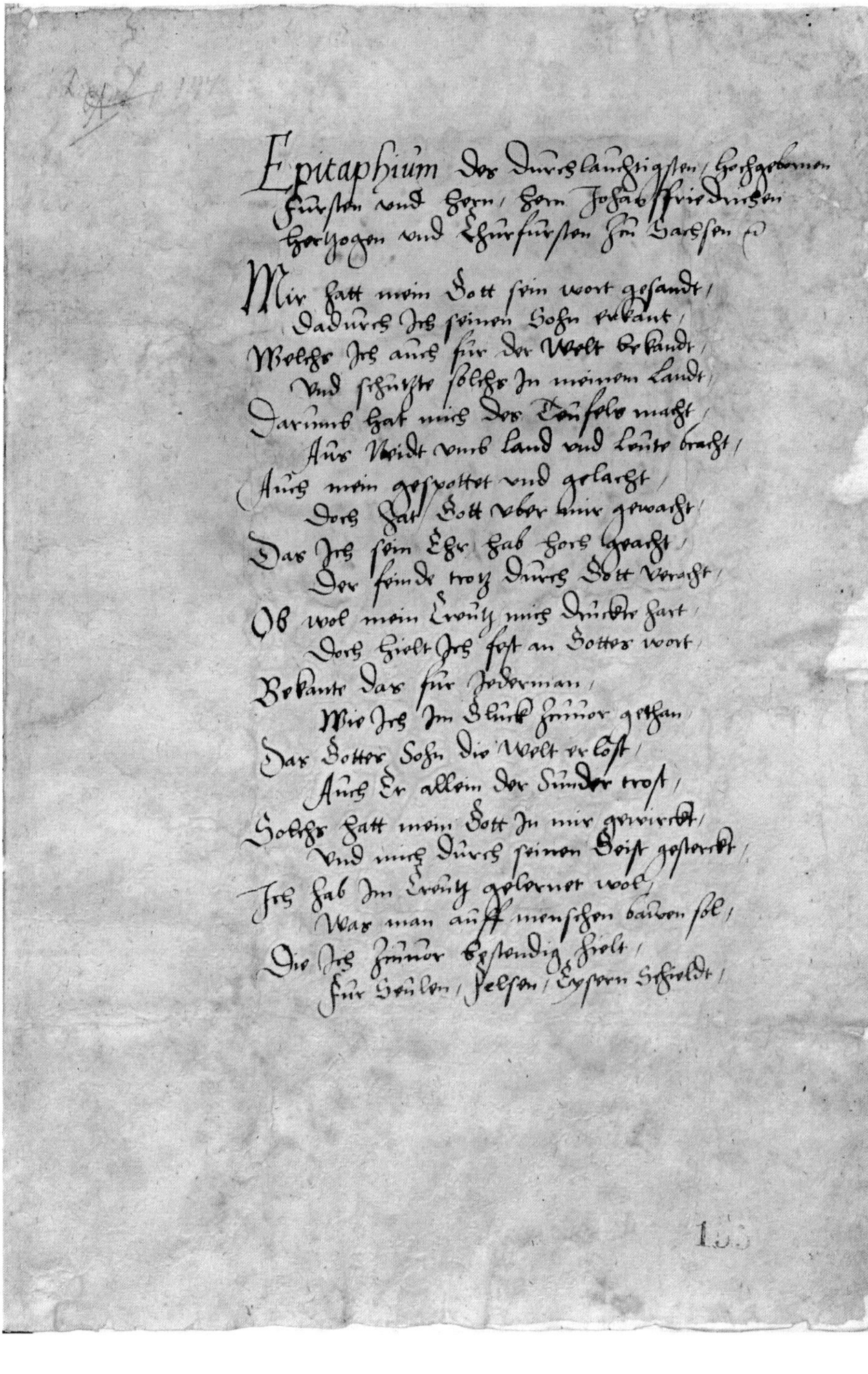

Epitaphium des durchlauchtigsten, hochgebornen Fürsten und Herrn, Herrn Johans Friedrichen Hertzogen und Churfürsten zu Sachsen etc.

Mir hatt mein Gott sein wort gesandt,
dadurch Ich seinen Sohn erkant,
Welchen Ich auch für der Welt bekandt,
Und schutzte solchs In meinem landt,
Darumb hat mich des Teufels macht,
Aus Neidt umb land und leute bracht,
Auch mein gespottet und gelacht,
Doch hat Gott uber mir gewacht,
Das Ich sein Ehr hab hoch geacht,
Der feinde trotz durch Gott veracht,
Ob wol mein Creutz mich druckte hart,
Doch hielt Ich fest an Gottes wort,
Bekante das für Jederman,
Wie Ich Im Stuck hievor gethan,
Das Gottes Sohn die Welt erlost,
Auch Er allein der Sunder trost,
Solchs hatt mein Gott In mir gewirckt,
Und mich durch seinen Geist gesterckt,
Ich hab Im Creutz gelernet wol,
Was man auff menschen bauen sol,
Die Ich hievor bestendig hielt,
Fur Seulen, Felsen, Eysern Schildt,

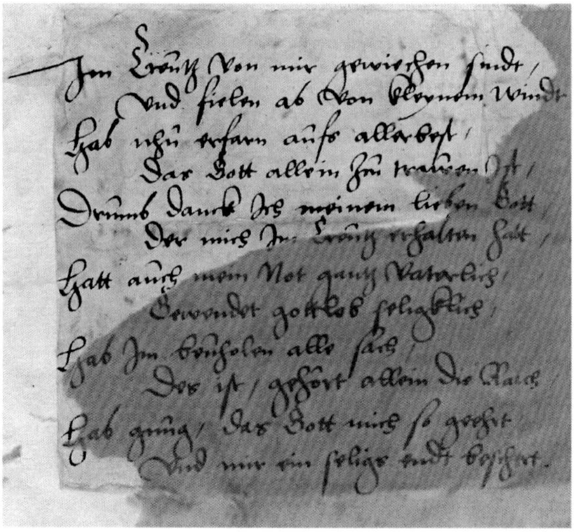
Im Creutz von mir gewichen sindt/
Und fielen ab von kleynem Windt
Hab ichs erfarn aufs allerbest/
Das Gott allein zu trawen ist/
Drumb danck ich meinem lieben Gott/
Der mich im Creutz erhalten hat/
Hatt auch mein Not gantz väterlich
Gewendet gottlob seliglich/
Hab Im bevholen alle sach/
Der ist/ gehört allein die Rach
Hab gnug/ das Gott mich so geehrt
Und mir ein selige endt beschert.

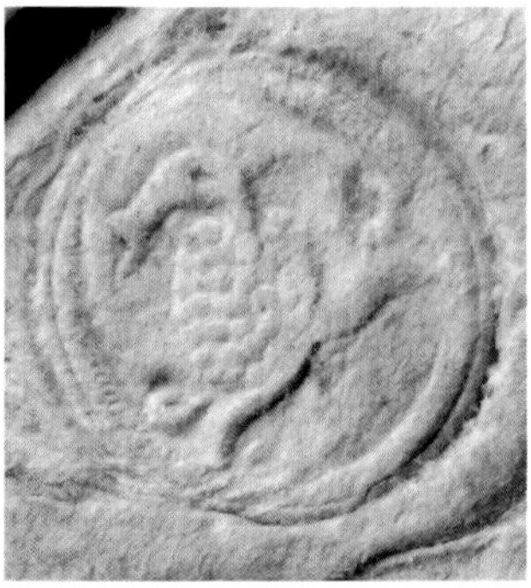

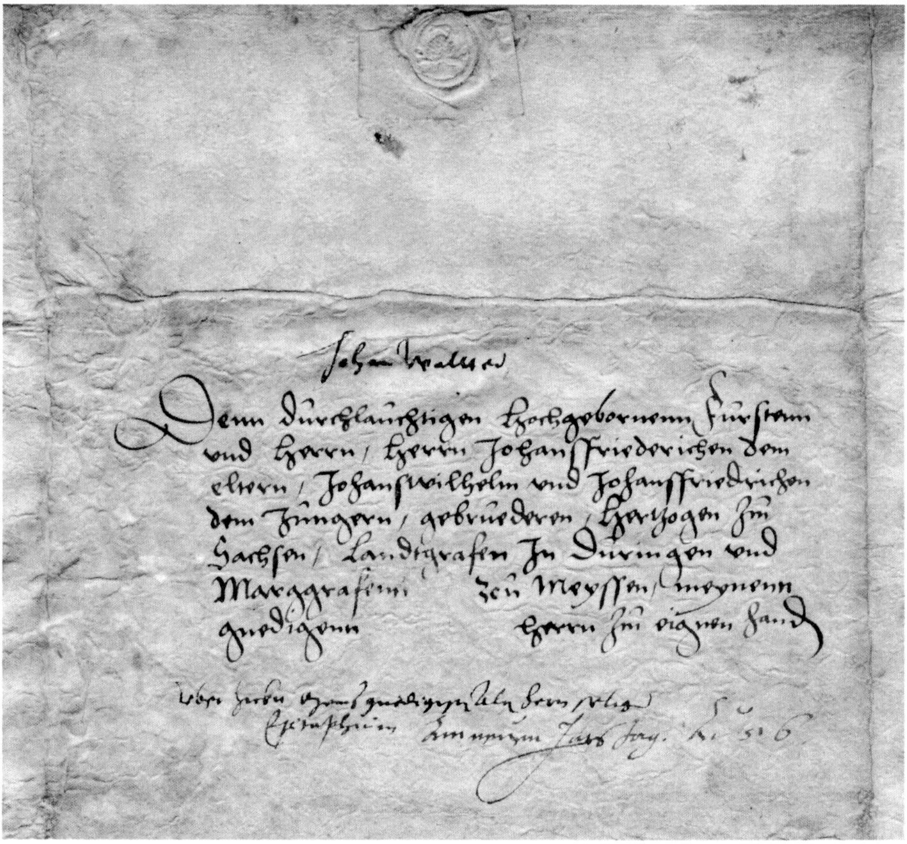
Johan Walter

Dem durchlauchtigen hochgebornem Fürsten und Herrn/ Herrn Johansfriederichen dem eltern/ Johanswilhelm und Johansfriedrichen dem Jungern/ gebruderen/ Hertzogen zu Sachsen/ Landtgrafen In Düringen und Marggrafen zu Meyssen/ meynem gnedigen Herrn zu eigen hand

Walters Schreiben an die Herzöge Johann Friedrich II., Johann Wilhelm I. und Johann Friedrich III. Autograf mit Petschaft. WMR-HSTA: EGA, Reg. D, Nr. 223, Bl. 152–159. Literatur: zuerst GURLITT 1933, 70f.; zuletzt RICHTER 2013, Dok. 67

TEXT 20 (mit 8 Abbildungen)
1556, 1. Januar, Torgau: Walters Epitaph auf Kurfürst Johann Friedrich I.

Durchlauchtige hochgeborne fursten, meine vnterthenige, gehorsame vnd in der warheit geneigte willige dienste, sein ewern f‹urstlichen› g‹naden› willig vnd bereit. Gnedige herrn, ich hab auß Gottes gabe vnd gnade, den lobgesang Mariæ der mutter vnsers hern Jhesu Christi welchs man das Magnificat nennet, achtmal auf ieden thonum einmhal in figural gesang gesetzt, vnd solche zcu Jhena zcu drucken vntergeben, welche wie ich hoffe Gott der Herr im gesang vnd druck hatt wol gerathen lassen. Weil ich dan ewern f‹urstlichen› g‹naden› lieben hern vater, des nhamen vnd bestendickeit in ewigkeit wol bleibet, als meinen gnedigsten lieben landßhern geliebet, vnd noch, vnd ich auch nachmals ewern f‹urstlichen› g‹naden› wie Gott weiß, von hertzen holdt, alles guttes gonne vnd wundsche. So habe ich solche newe Magnificat so bald sie im druck vorfertiget, ewern f‹urstlichen› g‹naden› als zcur vnterthenigen anzceigung meines geneigten gehorsams vnd willens, kegen ewern f‹urstlichen› g‹naden› zcum seligen Nhewen Jhar vnd vnterheniger vorehrung, mit diesem meynem eigenen bothen, zcu vberschicken nicht vnterlassen wollen. Bitte ewer f‹urstlichen› g‹naden› in aller demut, wollen | solche acht newe Magnificat mit gnedigem wolgefallen von mir gnedigklichen annehmen,[a] meine gnedige herren sein vnd bleiben, vnd gewiß dafur halten, das ich ewern f‹urstlichen› g‹naden› von hertzen zceitliche vnd ewige wolfart gonne. Befehle hiemit ewer f‹urstlichen› g‹naden› dem allmechtigen Gott in seinen schutz. Amen.

Ewer f‹urstlichen› g‹naden› wissen sich sonderzweifel gnedigklich zcuerinnern, das ich fur dreyen jharen, dem durchlauchtigsten hochgebornen churfurst‹en› zcu Sachsen etc. Johansfriedrichen ewern f‹urstlichen› g‹naden› lieben hern vatern, meynem gnedigsten vnd sehr geliebten hern, hochloblicher seliger vnd christlicher gedechtnuß, etliche pergamenen gesangkbucher vnd auch sonst eins, so in der schloßkyrchen zcu Torgaw gebraucht worden, die ich heymlich davon niemandts bewust, bey mir gehabt, gen Jhena, vngefherlich achttage fur Pfingsten, bracht vnd vnterthenigklich, durch den namhaften hern secretarium Wolff Lawenstein vberantworten lassen, dazcumal mir dan ire churf‹urstlichen› g‹naden› durch gedachten hern | secretarium gnedigklich‹en› anzceigen lassen, das ich iren churf‹urstlichen› g‹naden› zcu gnedigstem gefallen gethan, das ich solche bucher bracht vnd geantwortet hette, vnd weil ire churf‹urstlichen› g‹naden› noch ettliche tage zcu Jhena zcuuorharren willens, solte ich im widerzcuge von Khala, mich zcu Jhena bey iren churf‹urstlichen› g‹naden› angeben lassen, wolten hochgedachte ire churf‹urstlichen› g‹naden› selbs [mich][b] ansprechen, welchs gnediges erbiethens ich dazcumal hoch erfrewet, Aber es ward plotzlich vorhindert, meins erachtens, von wegen des kriegeßvolcks so dißmal den bischoffen zcu gutt von hertzog Moritzen geschickt wardt, das sein churf‹urstlichen› g‹naden› vnvorsehens von Jhena abreysete, vnd ich nicht wuste wo ich sein churf‹urstlichen› g‹naden› antreffen mochte, muste also betruebt wider heym reisen, bekummert mich noch diese stund, dan ich mich so plotzliches seiner churf‹urstlichen› g‹naden› abschiedes auß dieser welt gar nicht vorsehen.

Ich hatte auch gnedige fursten vnd herr‹e›n, ein epitaphium, hochgedachtes meines | gnedigsten lieben hern, zcumachen furgeno‹m›men, an welchem ich bey 100 reymen vorfertigt, weil ich aber des ergangenen handels keynen gewissen bericht hatte, hab ich mussen davon ablassen. Ich hab aber ein klein kurtz epitaphium gestellet. Solchs vbersende ich unterthenigklich ewern f‹urstlichen› g‹naden› inliegendt. Dat‹um› Torgaw am Newen Jharßtag anno etc. lvj.

Ewer f‹urstlichen› g‹naden›

vnterheniger gehorsamer

Johannes Walther der Elter
burger zcu Torgaw |

Epitaphium des durchlauchtigsten, hochgebornen fursten vnd hern,
hern Johansfriedrichen hertzogen vnd churfursten zcu Sachsen etc.

Mir hatt mein Gott sein wort gesandt,
dadurch ich seinen sohn erkant,
Welchs ich auch fur der welt bekandt,
vnd schutzte solchs in meinem landt,
Darumb hat mich des teufels macht,
aus neidt vmb land vnd leute bracht,
Auch mein gespottet vnd gelacht,
doch hat Gott vber mir gewacht,
Das ich sein ehr hab hoch geacht,
der feinde trotz durch Gott veracht,
Ob wol mein creutz mich druckte hart,
doch hielt ich fest an Gottes wort,
Bekante das fur jederman,
wie ich im gluck zcuuor gethan,
Das Gottes sohn die welt erlost,
auch er allein der sunder trost,

Solchs hatt mein Gott in mir gewirckt,
vnd mich durch seinen geist gesterckt,
Ich hab im creutz gelernet wol,
was man auff menschen bawen sol,
Die ich zcuuor bestendig hielt,
fur seulen, felsen, eysern schieldt, |
Im creutz von mir gewiechen sindt,
vnd fielen ab von kleynem windt,
Hab nhu erfarn aufs allerbest,
das Gott allein zcu trawen ist,
Drumb danck ich meinem lieben Gott,
der mich im creutz erhalten hatt,
Hatt auch mein not gantz vaterlich,
gewendet gottlob seligklich,
Hab im beuholen alle sach,
des ist, gehört allein die rach,
Hab gnug, das Gott mich so geehrt,
vnd mir ein seligs endt beschert. |

[Petschaft]

Denn durchlauchtigen hochgebornenn furstenn vnd herrn,
herrn Johansfriederichen dem Eltern, Johanswilhelm vnd Johansfriedrichen dem Jungern,
gebruederen, hertzogen zcu Sachsen, landtgrafen in Duringen vnd marggrafenn zcu Meyssen,
meynenn gnedigenn herrn zcu eignen hand‹en›

[Ergänzung]
Johan Waltter vber gebn meins gnädigist‹en› alt‹en› hern selige‹n› epitaphium
am Neuen Jars tag a‹nn›o 56.

Textkritische Hinweise

a: Druck nicht mehr im Dokument enthalten. – b: Wort fehlt, da Loch im Papier.

Gewissermaßen als Fortsetzung des Luther-Epitaphs setzte Walter mit den neuen 17 Reimpaaren an seinem früheren Gebet für den Kurfürsten, das er in jene Publikation von 1546 eingeschlossen hatte, an und bestätigte, diesmal aus dem Mund des Landesherrn – *Mir hat mein Gott sein Wort gesandt* –, dass dieser von Gott beschützt worden sei, da er sich trotz der kriegsbedingten Verluste und Enttäuschungen an dessen Wort gehalten habe. Walter bezeichnete den Verstorbenen weiterhin als Kurfürsten, obwohl dieser noch zu Lebzeiten die Kurwürde verloren hatte – ein weiterer Hinweis auf Walters beständige Verehrung des ernestinischen Fürstenhauses. Möglicherweise vertrat er noch stärker als Didymus die Auffassung vom Martyrium der Ernestiner in Analogie zum Leiden und Sterben Christi, nachdem der in Gefangenschaft Geratene und seiner Bibel und lutherischen Bücher Beraubte ruhig und vorbildhaft entgegnet hatte, er werde schon behalten, was er daraus gelernt habe. Selbstverständlich ähnelt der Textinhalt Walters Lieddichtungen, in welchen er dieselbe Thematik über die hier als »*des teufels macht*« umschriebene Heuchelei der adiaphoristischen Albertiner vor dem Papst verarbeitet hat.

Warum Walter das Epitaph erst so spät, fast zwei Jahre nach dem Todesfall des geborenen Kurfürsten verschickt hat, könnte damit zu tun gehabt haben, dass er – für seine Briefe an Landesfürsten typisch – nicht ohne ein neues Musikstück aufwarten wollte. Offenbar hatte sich der Druck seiner bereits kurz nach dem Todesfall fertiggestellten, aber erst 1½ Jahre später gedruckten MAGNIFICAT OCTO TONORUM verzögert, und eine handschriftliche Originalfassung, wie sie Walter Herzog Christoph von Württemberg zukommen lassen hatte, kam wohl nicht in Frage, da offenbar der gesamte Zyklus und nicht nur ein geringer Auszug daraus verschickt werden sollte. Ob Walter darüber hinaus auch auf die Drucklegung seines Epitaphs gehofft hat, bleibt offen. Es mag an den Interimswirren gelegen haben, dass diese Dichtung unveröffentlicht geblieben ist.

1568: Ein gut Neu Jahr zur Seligkeit

Kurz vor Walters Lebensende erschien eine besonders umfangreiche und mit Holzschnitten illustrierte Sammlung von mehr als 100 wie gewöhnlich nicht paginierten Seiten mit zahlreichen Gedichten unterschiedlichen Inhalts.[542] Während am Ende des Buches Drucker, Ort und Jahr benannt sind, ist das Titelblatt, welches sonst den Namen des Verfassers oder Komponisten anzugeben pflegt, durch einen gereimten Neujahrsgruß ersetzt. Er lautet:

Ein gut New Jar zur Seligkeit
Geb Gott der gantzen Christenheit
Verleih jr auch heil vnd glück
Beware sie fürs Teufels tück
Fur seiner bösen list vnd gifft
Dardurch er jtzt viel arges stifft.
Diß geticht einfeltig gemacht
Christo zu ehren ist vollbracht.
Der Walter wündscht der Christen schar
Ein selig gutes Newes Jar
Vnd schenckt jr aus Christlicher pflicht
Zum Newen Jar dis sein geticht.

Ein Newes Jar sich jtzt anfeht
Die jtzig zeit gar fehrlich steht
Wer nu ein seligs Newes Jar
Begeret, trost in aller fahr
Der suche Christum, seume nicht
Folge dem Stern zum waren Liecht
Zu Bethlehem in heilger Schrifft
Christum gewislich find vnd trifft
Bete dis Kind im Glauben an
Vnd opffer jm so viel er kan
Schicke sich auff die letzte zeit
Der jüngste Tag ist gewis nicht weit.

542 WALTER 1568. Näheres bei BLANKENBURG 1991, 94, 118f., 343, 360f., 452ff.; RICHTER 1998, 59f., 62, 65, 67. Leider konnte das umfassende Werk in dem fast 50 Jahre alten letzten Band der Johann-Walter-Gesamtausgabe noch nicht berücksichtigt werden und harrt nach wie vor seiner Edition.

Außer dem *»Walter«* erkennt man sogleich an der Warnung vor des *»Teufels tück«* und *»seiner bösen list vnd gifft«*, worum sich alles dreht: um die heuchlerischen Adiaphoristen – Walters damals wichtigstes Thema –, und auch die Ankündigung des baldigen Jüngsten Tages ist ganz auf Walter zugeschnitten. Diese Thematik zieht sich mit wenigen Ausnahmen durch das gesamte Buch, welches in folgende acht Abschnitte gegliedert ist:

1. *»Verbum caro factum est – Gottes Wort Mensch worden ist«* (Kopfzeilen):
   a) Umdichtung des Beginns des Johannesevangeliums *(»Im Anfang war das Wort«)*, beginnend mit *»Im Anfang war das göttlich Wort.«* (15 S.),
   b) Notentext zu *Verbum caro factum est* (ohne Titel, 3 S.),
   c) Gebet an Gott um Stärkung des Glaubens (ohne Titel, Textbeginn: *Herr Gott, gib, dass ich glauben kann*, 1 S.)
   d) Gedicht aus dem Mund Jesu Christi (ohne Titel, Textbeginn: *Ich bin ein kleines Kindelein*, 11 S.)
2. *»Eine vermanung an alle Christen.«* (Textbeginn: *Nun mag ein Christ besinnen sich*, 17 S.)
3. *»Folgen etliche schöne Sprüche, aus etlichen Propheten, Euangelisten vnd Aposteln, in Reimen gefast.«* (19 S.)
4. *»Folgen etliche schöne Sprüche.«* (Textbeginn Spruch 1: *Gott hat uns selig, fromm gemacht*, 3 S.)
5. a) *»Folget ein schöner Spruch, Das allein der Glaube an Jesum Christum, gerecht vnd selig mache, Vnd das ein rechter Christlicher Glaube gute werck hat, vnd thut, Vnd wo gute Werck nicht folgen, kein rechter warer Glaube ist.«* (Textbeginn: *Gott hat durch mich dem deutschen Land*, 9 S.).
   b) *»Lutherus im 5. Tomo, des Jenisches Drucks, am 188. blat.«* (Textbeginn: *Das heißt allein ein rechter Gott*, 1 S.)
   c) *»Ein ander schöner spruch, das der Glaube an Christum, gerecht vnd selig macht.«* (Textbeginn: *Durch den Glauben an Jesum Christ*, 2 S.).
6. *»Folget ein vermanung zur Kinderzucht.«* (Textbeginn: *Welche Eltern Gott hat geehrt*, 12 S.)
7. *»Nachfolgender spruch ist gedicht / Auff zweierley Kreuter gericht /*
   Mercke, Melde sind sie genant / Welche jedermann wolbekant /
   Diesen spruch ein freund wol bekant / Zum newen Jar mihr hat gesand.«
   (Textbeginn: *Gott hat geschaffen Kräuter viel*, 5 S.)
8. a) *»Folget ein spruch von dem Jüngsten tage, vnd Vrtheil vnsers HERRN Jhesu Christi.«* (Textbeginn: *Des Lebens und des Todes Wort)*
   b) *»Folgen andere Reimen, doch gleicher meinung.«* (Textbeginn: *Ein jeder Christ bedenk sein Ziel)*
   c) *»Zum Beschluß.«* (Textbeginn: *Dies ist mein höchster Schatz und Trost)*

d) *»Ein New Jar geschenckt einem guten Freunde.«*
(Textbeginn: *Ich gebe euch zum Neuen Jahr)*
e) *»AMEN.«*, Druckerangaben (alles zusammen 6 S.)

Es ist ein einziges lutherisches Bekenntnis, wie man es schon von Walters früheren Publikationen her kennt. In vielen Formulierungen schimmern seine unten beschriebenen Lieddichtungen durch, die er immer wiederverwendet hat, bis hin zu wörtlichen Übernahmen ganzer Strophen. So enthält Abschnitt 5.a) mit dem ersten Spruch über den Glauben an Christus auf der ersten Seite ein Porträt Luthers mit jener unterlegten Warnung vor den Strafen Gottes *(Gott hat durch mich dem deutschen Land)*, die Walter schon im LOB UND PREIS DER HIMMLISCHEN KUNST MUSICA von 1564 abgedruckt hatte, wenn auch in anderer Aufmachung. Ebenso ist der einstrophige Abschnitt 8.c) eine Übernahme aus demselben Druck und entspricht der Strophe des Zweiten Basses aus *»Der Musica Testament vnd letzter wille«*. Allerdings hat Walter den Wiederabdruck dazu benutzt, um einige Verbesserungen vorzunehmen (hier hervorgehoben):

1564	1568
BASIS SECVNDVS,	*Zum Beschluß.*
D A s ist mein höchster schatz vnd trost,	*D i s ist mein höchster Schatz vnd trost*
Das Christus Jhesus mich erlost,	*Das Christus Jesus mich erlost*
Vom Tod, vnd von der Hellen pein,	*Vom Tod, vnd von der Hellen pein*
Mich durch sein Blut gewaschen rein,	*Mich durch sein blut gewaschen rein*
Hat all mein Sünd g e t i l g e t gar,	*Hatt all mein Sünd g e t r a g e n gar*
D a s ist für Gott gewislich war,	*S o l c h s ist für Gott gewislich war*
O Gott halt mich auff dieser Ban,	*O Gott, halt mich auff dieser bahn*
Das ich mein end drauff schliessen kan.	*Das ich mein end drauff schliessen kan.*

All diese wörtlichen Übereinstimmungen bzw. deren bewusste Änderungen sind bisher noch nicht in vollem Umfang untersucht worden. Immerhin konnte Matthias Richter, der sich mit Walters Theologie intensiv beschäftigt hat, bereits feststellen, dass Walter hier seine theologischen Grundeinsichten noch weiter verdichtet hat.

Bei all dem ist zu berücksichtigen, dass nicht alle Texte von Walter stammen. So geht aus der Überschrift zum Kräuterspruch *Gott hat geschaffen Kräuter viel* (Abschnitt 7) hervor, dass dieser ihm von einem wohlbekannten Freund zugesandt worden war. Hier wäre zu fragen, um wen es sich handelte – sicher eine Person aus dem Umkreis Johannes Kentmanns und seines KRÄUTERBUCHES, aus dem auch Walters geistliches Kräuterlied *Holdseliger, mein's Herzens Trost* hervorgegangen ist. Auch von anderen Personen könnte Walter Anregungen erhalten bzw. umgekehrt für sie diese Gedichte angefertigt haben, bevor er sie publiziert hat, denn den abschließenden Neujahrsspruch *Ich gebe euch zum Neuen Jahr* (Abschnitt 8.d) hatte er laut Überschrift ebenfalls einem guten Freund geschenkt. Vielleicht könnten die Textinhalte sogar auf das Alter der jeweiligen Dichtung schließen lassen. So wird vermutet, dass die in Abschnitt 3 abgedruckten *»Sprüche, aus etlichen Propheten, Euangelisten vnd Aposteln, in Reimen gefast«* jene Glaubenssprüche sind, die Walter bereits 1552 in einem handschriftlichen Büchlein an Nicolaus von Amsdorff geschickt hatte. Darauf deutet jedenfalls seine im gesamten Buch anzutreffende Verwendung des Begriffes *»Spruch«* hin: Dieser meinte – anders als heute im Gegensatz zum *»Reim«* – keine Bibelprosa, sondern Dichtung in gebundener Form und dürfte auch für die frühere Zeit gegolten haben, als Walter von einem zusammengestellten *»büchlein der sprüch des glaubens aus der ganzen heyligen schriefft«* sprach. Auf den betreffenden 19 Seiten wurden 44 Gedichte mit jeweils einem bis zu 13 Reimpaaren abgedruckt, die nach Bibelstellen bezeichnet sind, z.B. *»Esaie 30.«* beim ersten Spruch *So spricht der Herr in Israel.* Walters handschriftliches Büchlein dürfte also recht umfangreich ausgefallen sein. Inwieweit er die Sprüche innerhalb der vergangenen 16 Jahre noch vermehrt und überarbeitet hat, bleibt offen.

Damit liegt hier ein Sammelsurium von Sprüchen vor, in dem Walter alles Wichtige – und hierbei ging es bei Weitem nicht nur ums Thema Neujahr – zu einem allerletzten Druck befördert hat. Dabei ließ er es sich nicht nehmen, im Abschnitt 1.b) noch mit einem neuen fünfstimmigen Satz über *Verbum caro factum est* (Joh 1,14) aufzuwarten (BILD 35). Dieser nicht mit Walters früherer vierstimmiger Komposition für die Vesper zum Christfest identische Satz bildet indes lediglich den Anfang des gleichnamigen Responsoriums. Da nur der erste Vers vertont wurde, war der Text unvollständig und für die Liturgie nicht geeignet. Er war aber auch gar nicht für die Gottesdienste bestimmt, sondern hatte wie alle anderen damaligen Kompositionen Walters reinen Bekenntnischarakter. Es bleibt der weiteren Forschung überlassen, Walters Gedanken zu dieser Textzeile und den Zweck dieser sonderbaren Vertonung genauer zu ergründen. Auf alle Fälle handelte es sich nun tatsächlich um Walters zuletzt erschienenes musikalisches Werk, nachdem er sich schon öfters in früheren Drucken mit einem *»Valete«* (*»Lebewohl«*) von der Öffentlichkeit verabschiedet hatte.

Wie bei den Einzellieddrucken von 1548 und 1561 wurden die Stimmen in verkleinertem Chorbuchformat und Mensuralnotation gemeinsam auf einer Doppelseite wiedergegeben, die vorangehende Intonation des Chorals für die Tenorstimme in Choralnotation. Walter hatte in seinem späten autobiografischen Bericht, der nur kurze Zeit vorher entstanden war, diesen Choral in seine Liste geeigneter vorreformatorischer Gesänge aufgenommen (TEXT 16) und bestätigte hier nochmals seine Gewohnheit, in lateinischen Sätzen die Choräle in der ursprünglichen melismenreichen Fassung beizubehalten. Der Tenor stimmt also mit jenem seines früheren Satzes weitgehend überein.

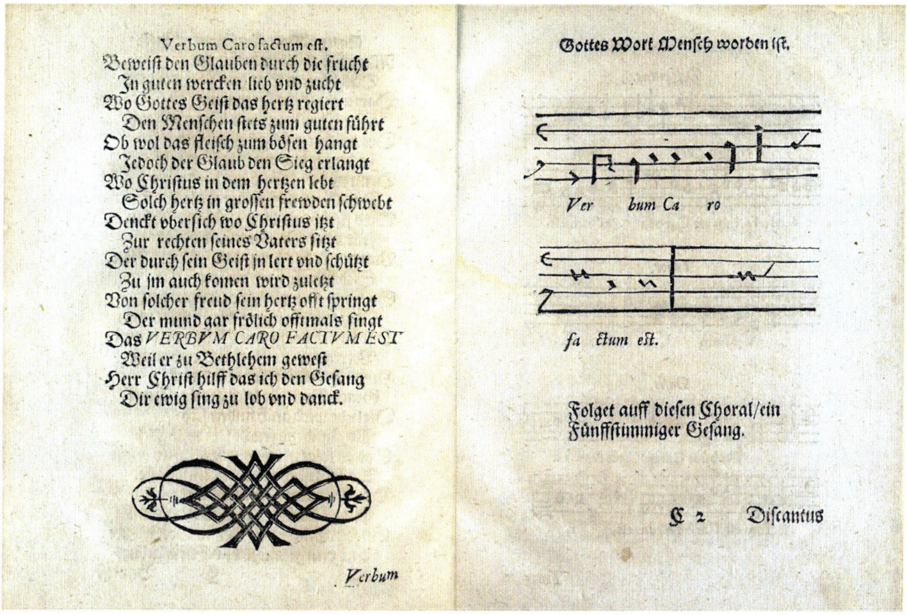

BILD 35 (2 Abbildungen)
Johann Walter (Komponist): *Verbum caro factum est.*
Aus EIN GUT NEU JAHR ZUR SELIGKEIT von Johann Walter (WALTER 1568). BLN-DSTB.
Tenor-Choral im Anschluss an *Im Anfang war das göttlich Wort* (Schluss) und Figuralsatz

Liedtextdrucke mit Noten oder Melodiebezügen

Mit Walters Austritt aus dem Kantorendienst und der Anstellung als Kapellmeister 1548 gingen gravierende Veränderungen seiner beruflichen Aufgaben einher: Der allgemeine Musikunterricht für die gesamte Schule und die Proben mit einem Laienchor wurden nun ersetzt durch ausgefeilte Übungen mit ausgewählten (zukünftigen) Spezialisten, und auch das unzureichend vorhandene kirchenmusikalische Notenrepertoire musste (wieder) auf einen neuen Stand gebracht werden, der eines kurfürstlichen Gottesdienstes würdig war. Walter hatte also alle Hände voll zu tun, und von Muße konnte keine Rede sein. Dennoch erübrigte er, bestürzt durch die Verheerungen, die das Leipziger Interim in den Gottesdiensten angerichtet hatte, genügend Zeit nicht nur für Korrespondenzen mit den Theologen, sondern auch für lyrische Werkschöpfungen, die als Früchte seiner täglichen Gebete und Meditationen aus einem tiefen Bedürfnis heraus entstanden und sein Innerstes nach außen kehrten. Dies gilt umso mehr für die Zeit nach seiner Pensionierung, als er für den gottesdienstlichen Alltag nicht mehr vonnöten war und sich ganz auf Werke zu besonderen Anlässen oder auf rein persönliche Bekenntniswerke konzentrieren konnte. So waren Walters letzte Lebensjahre geprägt vom Dichten geistlicher und kirchenpolitischer Lieder, die sein sonstiges musikalisches Schaffen deutlich in den Hintergrund rückten.

Ob das eine oder andere selbst gedichtete geistliche Lied – die meisten entstanden erst nach Luthers Tod – im Gottesdienst gesungen wurde, sei dahingestellt. Dass sie nicht zum gottesdienstlichen Kirchenliedrepertoire zählten, sondern für den Vortrag im privaten oder öffentlichen Kreis außerhalb der Kirchen bestimmt waren, wird zum einen an ihrer hohen Strophenzahl deutlich. Zum anderen tauchen sie auch nicht in den Torgauer Notenhandschriften für die Kantorei auf. Häufig waren es Mahnlieder zur Warnung vor den Strafen Gottes und dem Jüngsten Gericht. Die meisten Lieder verfügen über individuelle Strophenformen und dürfen als kleine Meisterwerke angesehen werden, die Walters Beherrschung des poetischen Handwerks unter Beweis stellen. Einige von ihnen druckte er in den letzten Ausgaben seines (nicht nur für die Gottesdienste bestimmten) GEISTLICHEN GESANGBÜCHLEINS als mehrstimmige Vertonungen ab, darunter 1544 drei Lieder, die er führenden reformatorischen Fürstlichkeiten gewidmet hatte:

- *Erweckt hat mir das Herz zu dir* mit Akrostichon *»Elisabeth«*, vermutlich für Herzogin Elisabeth, die charaktervolle Schwester Landgraf Philipps von Hessen, die mit dem albertinischen Herzog Johann vermählt war;
- *Kann auch jemand der Sünden Band* mit Akrostichon *»Catharina«*, vermutlich für die mit dem ernestinischen Herzog Johann Ernst, dem Bruder des Kurfürsten, vermählte Herzogin Catharina;

- *Johanns Ernst bin ich getauft*. Dieses Lied entstand wahrscheinlich entweder im Zusammenhang mit der Vermählung besagten Herzogs Johann Ernst im Jahr 1542, bei der auch die Torgauer Kantorei zugegen war, oder mit dessen Regierungsübernahme im Fürstentum Coburg im selben Jahr. Es weist einen deutlichen Bezug zu Walters früher entstandenem, leider verschollenem Lied *Albrecht sein wir worden tauft* für Herzog Albrecht von Preußen auf, mit welchem sich der Komponist 1526 um eine Anstellung beworben hatte. Allerdings scheint Letzteres keine eigene Dichtung Walters gewesen zu sein, da Walter schrieb, er habe diesen Tenor (Melodie) des Fürsten mit Namen *Albrecht sein wir worden tauft* vor sich genommen (sich vorgenommen). Walter griff also auf eine Vorlage zurück, in der Text und Melodie schon festgelegt waren. Wenn Walter nun in *Johanns Ernst bin ich getauft* den ursprünglichen Text bearbeitet hat, kann er durchaus dieselbe Melodie verwendet haben (bis hin zur übereinstimmenden fünfstimmigen Besetzung).[543]

Weitere Lieder Walters sind *In Gottes Namen scheiden wir; Kain sich aber regen tut; Kühn ist der Mann, der wagen kann* und *Mein G'bet nimm auf* (1544) sowie *Die letzte Stund fürcht jedermann* und *Wohlauf, wohlauf! mit lauter Stimm* (1550/51). Auch wenn hier keine Namen zu finden sind, die Walter als Verfasser verbürgen, so kann davon ausgegangen werden, dass er in seinem GEISTLICHEN GESANGBÜCHLEIN ausschließlich eigene Werke veröffentlicht hat.[544]

Besonders wichtige kirchenpolitische Liedtexte publizierte Walter in eigenen Sonderdrucken, entweder mit Musik oder ohne und stattdessen mit Verweis auf die dazugehörige Melodie. Hierzu gehören Lieder, wie *Herzlich tut mich erfreuen* (1545/1552), *Wach auf, wach auf, du deutsches Land* (1561), seine drei Lieder über Luther und die falschen Propheten (1564) sowie *Erhalt uns, Herr, bei deinem Wort* und *Allein auf Gottes Wort* (1566). Dieser Gruppe soll nun im Folgenden besondere Aufmerksamkeit geschenkt werden. Der Vollständigkeit halber ist noch Walters *»letztes Gedicht«*, das sechsstrophige Tischlied DAS GRATIAS *(Wir danken Gott dem Herren)* zu erwähnen, welches als Dankgebet nach den Mahlzeiten gedacht war. Es erschien 1571 posthum ohne Noten und konnte zu zwei verschiedenen Melodien gesungen werden. Da es für die reine geistliche Verwendung als einstimmig gesungenes Gebet im Familien- oder größeren Kreis bestimmt war und von Walter selbst nicht in Druck gegeben worden ist, zählt es nicht zur Gruppe seiner kirchenpolitischen Weckrufe und Ereignisdichtungen. Vielmehr ist es eine dichterische Umsetzung von Luthers *Kleinem Katechismus* mit Vaterunser und wurde, erneut in der Art eines Sammelsuriums, durch lateinische Sprüche ergänzt, die vermutlich gar nicht von Walter stammen.[545]

543 BLANKENBURG 1991, 50ff., 184.

544 Ebd., 182ff., 344ff.

545 WALTER 1571. WGA 6 (1973), XVIIf.; BLANKENBURG 1991, 119f., 353.

1552: Herzlich tut mich erfreuen

Begonnen hatte alles in Walters Dresdner Zeit, als er durch die Vorhaltungen der Adiaphoristen in Bedrängnis geraten war und Trost bei den Gnesiolutheranern und in der Bibel suchte. 1552 stellte er ein handschriftliches Büchlein mit Glaubenssprüchen zusammen, das er an Amsdorff sandte. Dabei handelte es sich wahrscheinlich um die 1568 publizierten *»Sprüche, aus etlichen Propheten, Euangelisten vnd Aposteln, in Reimen gefast«*. Ob Walter das Büchlein durch Amsdorff drucken lassen wollte, wie dieser annahm, sei dahingestellt. Da er es wieder zurückerbat, erledigte sich diese Angelegenheit. Außerdem hatte er bereits ein selbstgedichtetes geistliches Lied, einen SCHÖNEN GEISTLICHEN UND CHRISTLICHEN NEUEN BERGREIHEN VON DEM JÜNGSTEN TAGE frisch im Einzeldruck veröffentlicht, welchen er ebenfalls an Amsdorff sandte.

Dieser 34-strophige Bergreihen mit dem Textanfang *Herzlich tut mich erfreuen* (BILD 36)[546] ist ein Paradebeispiel für Walters geistliche Umdichtungen (Kontrafakturen) damals bekannter weltlicher Lieder unter Verwendung derselben Melodie. Eine Kontrafaktur war neben *»christlichen Besserungen«* eine damals sehr beliebte Technik, um das vorhandene Material im gewünschten Sinn textlich anzupassen. Die Vorlage, das gleichnamige weltliche Sommerlied, war 1545 in den von Georg Rhau in Wittenberg herausgebenen BICINIA GALLICA, LATINA ET GERMANICA erschienen. Bezugnehmend auf die erste Strophe des Sommerliedes beschreibt Walter in einem schlichten Erzählton, aber mit dichterischer Kraft die Schönheit des ewigen Lebens (mit viel Musik) und die Freuden der Ewigkeit nach der Apokalypse. Sommerfreude und -sehnsucht werden eschatologisch umgewandelt in geistliche Himmelsfreude und -sehnsucht. Durch sämtliche Strophen zieht sich die Hoffnung auf *»die ewig Sommer blüt«* und das baldige Ende der Welt, mit dem Walter ernsthaft rechnete. Vermutlich diente ihm dabei auch das von Erasmus Alber nach Mt 24 gedichtete 14-strophige Lied *Gott hat das Evangelium* mit dem immer wiederkehrenden Refrain *»Das ist ein Zeichen von dem Jüngsten Tag«* als Anregung. Walter selbst hatte es vierstimmig vertont. Dieser Satz war 1548 als Einzeldruck auf den Markt gekommen[547] und findet sich auch in der letzten Auflage seines GEISTLICHEN GESANGBÜCHLEINS von 1550/51 wieder.

Die ursprüngliche Melodie von *Herzlich tut mich erfreuen* stammt nicht von Walter und war mit dem weltlichen Originaltext 1545 als Bicinium *»auf Bergreihenweis«* (wenn auch noch nicht so bezeichnet) erschienen. Dabei handelte es sich um einen altertümlichen Kunststil, eine Art weltliches Tanzlied (Reigen) mit vokaler

546 WALTER 1552. Näheres bei FÜRSTENAU 1863, Sp. 265f.; EITNER 1878, 90f.; HOLSTEIN 1884, 199ff.; GURLITT 1933, 88ff.; SCHEITLER 1982, 259; BLANKENBURG 1991, 94, 225ff., 345ff.; RICHTER 1998, 66f.

547 ALBER/WALTER 1548. Vgl. EITNER 1878, 90; WGA 3 (1955), 94.

Hauptstimme (Cantus firmus) im Tenor mit dem für das ältere deutsche Liedschaffen typischen, durch die Wortbetonung hervorgerufenen Wechselrhythmus sowie einer instrumental umspielenden Oberstimme. Mit großer Sicherheit stammt dieser zweistimmige Satz von Walter. Er hatte ihn Anfang des Jahres 1545 noch vor der Druckveröffentlichung an Herzog Albrecht von Preußen versandt, denn in seinem Brief an denselben erwähnte er

> *ein clein deu[t]sch liedlein. von de‹m› jungsten tage auf ein alte melodey* [TEXT 5].

Walter bezog sich dabei schon auf seine geistliche Kontrafaktur, die er wohl mit demselben musikalischen Satz versehen hatte wie das weltliche Lied. Die Umdichtung war also bereits 1545 und damit noch vor Luthers Tod entstanden. Allerdings ist anzunehmen, dass die späteren Interims-Plagen Walter zu einer Überarbeitung dieses Textes bewogen haben und dass die deutlich spätere Druckfassung gar nicht mehr mit der an den Herzog versandten handschriftlichen Fassung übereinstimmte. Schließlich muss es einen Grund dafür gegeben haben, dass er sie gerade damals, vielleicht hervorgerufen durch seine Auseinandersetzungen mit dem Lehrer der Kapellknaben zu Ostern 1552, in einem Einzeldruck als *»newer«* (!) Bergreihen veröffentlicht und dies im Titel damit begründet hat, er habe diesen

> *in jtziger betrübten zeit Jm* [= Walter] *vnd allen Christen zu trost gemacht.*

Insofern zählt das Lied zur Gruppe der Interims-Lieder. Stammt vielleicht *»Des Tichters Zugabe«* aus dieser betrübten Zeit? Sie enthält u.a. folgende Strophe:

In des die Welt mag heucheln,
Gott spotten jmmer hin,
Vmb gniesses[548] *willen schmeicheln,*
Sey klug in jrem sinn,

Ir sachen listig beugen,
Nach dem der wind her geht,
Aus furcht die warheit schweigen,
Wies itzt am Tage steht.

Walter bot seine Kontrafaktur in zwei musikalischen Varianten an, zum einen in dem bekannten Bicinium von 1545 und zum anderen mit umgeformten Stimmen, wobei der Wechselrhythmus erhalten blieb. Walters neue Melodie ist ein Meisterstück und gehört zu seinen kunstvollsten Melodiegebilden. Wie auch in seiner Weise über *Vom Himmel hoch, da komm ich her* bilden u.a. die Töne der jeweiligen Textzeilenschlüsse die Tonika – ein Schritt in Richtung der neuzeitlichen Dur/Moll-Melodik. Dass in beiden Kunstliedfassungen die Oberstimmen textiert und auf eine vokale Darbietung ausgerichtet wurden, deutet ebenfalls auf eine neuartige Verwendung des altertümlichen Typs hin.

548 Genusses.

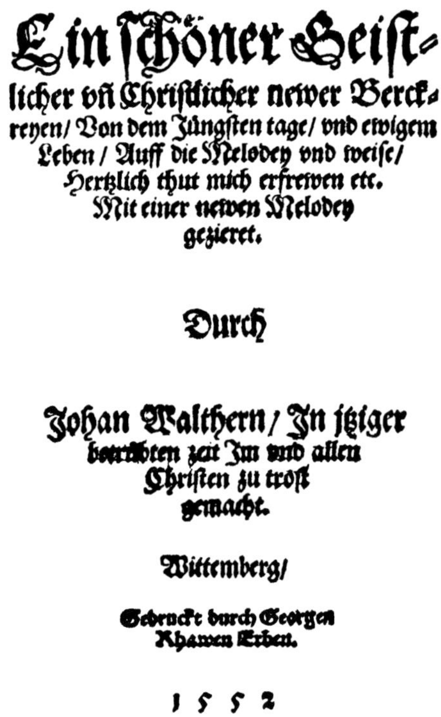

Ein schöner Geistlicher vñ Christlicher newer Berckreyen / Von dem Jüngsten tage / vnd ewigem Leben / Auff die Melodey vnd weise / Hertzlich thut mich erfrewen etc. Mit einer newen Melodey gezieret.

Durch

Johan Walthern / Jn jtziger betrübten zeit Jm vnd allen Christen zu trost gemacht.

Wittemberg /

Gedruckt durch Georgen Rhawen Erben.

1552

BILD 36 (5 Abbildungen)
Johann Walter (Dichter und Komponist): *Herzlich tut mich erfreuen.*
Aus dem Schönen [...] Bergreihen von Johann Walter (Walter 1552). Lon-BM.
Titelseite und die beiden Notendoppelseiten

Von allen Werken Walters hat dieses geistliche Sommerlied die größte Nachwirkung entfaltet. Es wurde noch zu seinen Lebzeiten mit leicht veränderter Strophenzahl mehrfach mit und ohne Noten nachgedruckt, so u.a. 1555 in Marburg, 1557 in Dresden, 1561 in Nürnberg usw. Obwohl es in seiner instrumental wirkenden Zweistimmigkeit ursprünglich nicht für den Kirchenraum gedacht war, fand es noch im 16. Jahrhundert Eingang in die evangelischen Gesangbücher, in die heutige Ausgabe immerhin in einer Länge von acht (sprachlich geschliffenen) Strophen zuzüglich einer 1557 entstandenen neunten Strophe, allerdings nach der alten Melodie (EG 148). Natürlich wurde die traurige aktuelle Zugabe des Dichters weggelassen.

Die alte Melodey.

Discantus.

Tenor.

Ein newe Melodey.

Discantus.

Tenor.

1561: Wach auf, wach auf, du deutsches Land

War Walters Druckausgabe seines SCHÖNEN [...] BERGREIHEN VON DEM JÜNGSTEN TAGE eine Reaktion auf die Vorkommnisse in Dresden, so reagierte Walter mit seinem 26-strophigen NEUEN CHRISTLICHEN LIED, DADURCH DEUTSCHLAND ZUR BUSSE VERMAHNET (BILD 37)[549] prompt und unmissverständlich auf die aktuelle Entwicklung in Torgau, besonders auf seine Verhöre von 1560/61 und vielleicht auch schon auf das unehrenhafte Begräbnis Elisabeth Richters.

Das Lied, das Walter wieder als Einzeldruck veröffentlichte, ist dem Typ des minnesängerlichen Tage- und Wächterliedes entlehnt und könnte *Wach auf, du Sünder, schwacher Mann! / Du hast dich sehr verschlafen* zur Vorlage gehabt haben.[550] Freilich handelte es sich um keinen Weckruf eines Wächters auf der Zinne an die nächtlichen Liebespaare, sondern um eine Mahnung Walters an die ganze Nation: Der Sünder solle zum wahren Glauben an Gott zurückkehren und fortan jede Sünde, Abgötterei und Heuchelei dem Antichrist gegenüber vermeiden. Ruft man sich Walters Korrespondenz mit den Gnesiolutheranern und die während seiner Verhöre geführten Gespräche in Erinnerung, so geht es hier um genau dieselben Probleme. Besonders aussagekräftig sind folgende Strophen:

Du lagst zuuor im finstern gar,
Mit blindheit hart gekrencket,
Bey dir kein liecht der Warheit war,
Dein hertz war gar gelencket
Zur lügen vnd Abgötterey,
Falsch Gottesdiensts vnd heucheley,
Jns Teuffels Reich versenck[e]t.

Du hast zuuor den Antichrist,
Sein Teuffels ler gehöret,
Vnd seine lügen, stanck, vnd mist,
Als Göttlich ding geehret,
Du gabst jm noch, als deinem Herrn,
Dein leib vnd gut auch willig gern,
Der keins dich nicht beschweret.

Diese Zeilen beziehen sich zwar, in der Vergangenheitsform geschrieben, zunächst auf die Zeit und das Papsttum vor Luthers Erscheinen, meinen aber, wie in einer anderen Strophe verlautet, zugleich die aktuelle Zeit (*»jtzt«*), in der solche Sünde der grausamen Gotteslästerung den Himmel erschüttere. Angesprochen werden hier also vor allem die Adiaphoristen und deren Anhänger.

Letztendlich geht es aber um noch viel mehr: um alle Arten materieller und fleischlicher Sünden, die sich durch alle Stände ziehen. Walter benennt sie im Einzelnen, und zwar nun in der Gegenwartsform. Viele Gedanken verleihen dem Werk eine in der heutigen spirituellen Zeit am Ende des sogenannten Dunklen Zeitalters ungemein ergreifende Aktualität: Gott habe mit Christus Licht in die Finsternis gebracht, alles werde aber ins Gegenteil verkehrt (z.B. Gut in Böse), und die Wahrheit werde unterdrückt. Daher werde Gott Strafen wie eine Flut sen-

549 WALTER 1561. Näheres bei FÜRSTENAU 1863, Sp. 286; GURLITT 1936; STALMANN 1960, 183; BLANKENBURG 1991, 105f., 348f.; KEIL 2010, 44f.; BRUSNIAK 2013, 47ff.

550 GURLITT 1936, 229.

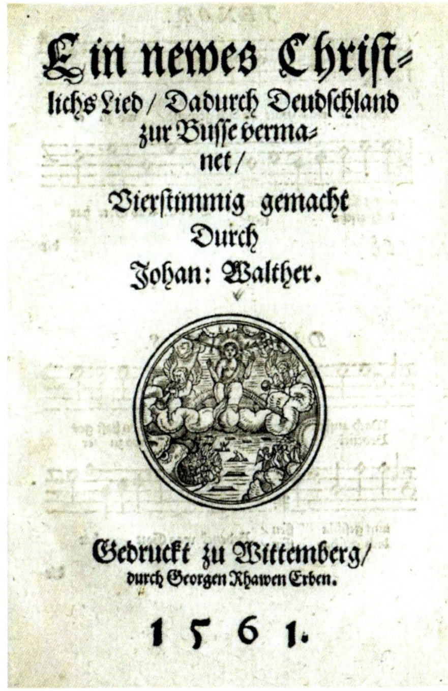

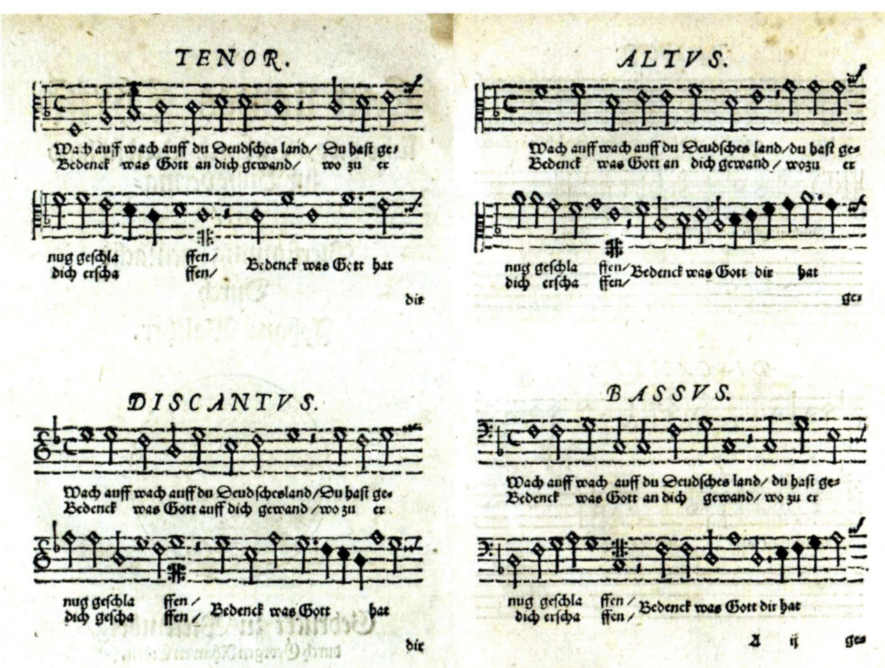

BILD 37 (2 Abbildungen)
Johann Walter (Dichter und Komponist):
Wach auf, wach auf, du deutsches Land.
Aus dem NEUEN CHRISTLICH LIED
von Johann Walter (WALTER 1561).
Titelseite und erste Notendoppelseite.
WBL-HAB

den, nachdem er mit vielen Zeichen – sichtbar freilich nur für jene, die Augen haben – gewarnt habe. Der Aufruf, aus dem Schlaf aufzuwachen, bringt es schließlich auf den Punkt. Diese Aktualität dürften zumindest jene beseelten Leser des Liedes empfinden, die sich angesprochen fühlen, weil sie bereits aufgewacht sind. Ihnen dämmert es nicht nur, dass die Erde doch keine Kugel ist und dass überhaupt alle Religionen und Naturwissenschaften Lug und Trug sind. Vielmehr haben sie Jesus, der nun am tatsächlichen Ende der Welt letztmalig als Mensch und Geistheiler auf der Erde inkarniert ist, erkannt und bemühen sich, ihm wider alle *»lügen, stanck, vnd mist«* zu folgen und seine Gebote einzuhalten. Walter schließt mit einem Gebet an Gott und Christus und der Bitte um Beistand für alle (deutschen) Menschen, um die baldige Beendigung von Lüge und Unrecht sowie um die Stärkung des Glaubens am Lebensende.

Walter präsentiert das Lied zum Selbersingen für jedermann in einer schlichten vierstimmigen Komposition in fast durchgängigem homophonen Contrapunctus simplex (einfacher Kontrapunkt). Auch die einprägsame Melodie ist selbst entworfen und wie gewöhnlich in den Tenor gelegt. Da sie mit ihren *»mächtigen Fanfarenklängen«*[551] auch ohne die anderen Stimmen *»ganz prächtig klingt«*, könnte sie als *»musikalisch ebenbürtige Schwester des aus der schöpferischen Zusammenarbeit von Luther und Walter hervorgegangenen Schutz- und Trutzliedes Ein feste Burg ist unser Gott«* nach Psalm 46 angesehen werden.[552] Sie weist die Barform (AAB) auf, ein seit der Zeit des Minnesangs und des Meistergesangs bevorzugtes Modell. Anders als in den meisten anderen mehrstimmigen Notendrucken, die in einzelne querformatige Stimmbücher aufgeteilt sind,[553] wurden alle vier Stimmen, jeweils mit dem Text der ersten Strophe unterlegt, auf den ersten beiden Doppelseiten des Druckes in hochkantigen Quartformat gemeinsam wiedergegeben. Sie wurden aber nicht wie heute als Partitur, sondern ähnlich einem großen Chorbuch blockartig angeordnet, wobei in diesem Fall der Tenor als Melodieträger an erster Stelle oben links steht. Dieses seltene Druckformat war dem Umstand geschuldet, dass das Lied wie auch schon *Gott hat das Evangelium* von 1548 (und *Verbum caro factum est* von 1568) als Einzeldruck veröffentlicht wurde. Eine Aufspaltung dieser wenigen Notenblöcke in mehrere Stimmhefte wäre nicht praktikabel gewesen. Auf drei weiteren Doppelseiten ist der gesamte Liedtext inklusive eigener Überschrift wiedergegeben.

Obwohl diese liedförmige allgemeine Aufforderung zur Buße nicht für die Verwendung im kirchlichen Rahmen gedacht war, hat sie im 20. Jahrhundert in überarbeiteter Form als Bußtagslied Eingang in das Evangelische Gesangbuch

551 Michaelis 1939, 20.

552 Gurlitt 1936, 230.

553 Die meisten Werke dieser Zeit erschienen in querformatigen Stimmbüchern, wobei die Vorworte, die vollständigen Liedtexte und die Register, teils sogar die Buchtitel, dem althergebrachten Typus des Tenorliedes gemäß, nur in den Tenorbüchern enthalten sind.

gefunden. In der heutigen Fassung gilt dies zumindest für jene sieben Strophen, die allgemeinen Buß- und Betcharakter haben. Auf Walters gründliche Auflistung aller Sünden und Teufelswerke sowohl der Papisten als auch der (deutschen) Christen allgemein wurde verzichtet. Wahrscheinlich enthalten sie zu viel Kritik an den Gläubigen und erwecken den Eindruck, zu sehr an die damalige Zeitgeschichte oder an Walters über alles Materielle erhabenen Geist gebunden zu sein. Wohl aus diesem Grund warf der sonst so lobreiche Walter Blankenburg, den Walters Strophe über die schnöden Pluderhosen am meisten bewegte, dem Dichter sogar »*die Gefahr der Weitschweifigkeit und mangelnden Beschränkung*«[554] vor. Dieses Urteil wird weder dem – zu Blankenburgs Zeit indes noch nicht in allen Einzelheiten bekannten – kirchenpolitischen Hintergrund des Liedes gerecht noch dem Lebensgefühl des heutigen erwachten Menschen, dem die damaligen konfessionalistischen Kämpfe keineswegs »*vielfach absurd anmuten*« dürften, wie es auch Wolfram Steude noch vor 20 Jahren empfunden hat.[555]

1564: Drei Lieder über Luther und die falschen Propheten

Ohne Noten, aber mit Hinweisen auf die zu verwendenden Melodien publizierte Walter 1564 in einem 48-seitigen Sammeldruck drei ganz neue, noch deutlich umfangreichere Liedtexte,[556] die gemeinsam nicht weniger als 134 (!) Strophen umfassen, beinhaltend mehrere Teile mit folgenden Überschriften:

1. *Ein newes Geistliches Lied, von dem Gottseligen, thewren vnd hochbegnadten Manne, Doctore Martino Luthero, Deutsches Landes Propheten vnd Aposteln. Im Thon: O HERRE GOTT dein Göttlichs Wort, etc. Durch Johann‹em› Walther.*
   - »*Das Erste theil, Von des Antichrists Zeit vnd Regiment.*«
   - »*Das ander teil, Von offenbarung vnd stürtzung des Antichrists.*«
   - »*Das Dritte Theil, Von der gnedigen Heimsuchung Gottes, Vnd frölichen zeit des Euangelij, Von dem grossen Liecht, vnd reichem erkendtnis Göttliches Worts, Sampt andern vielen Wolthaten Gottes, durch den Luther, Deutschlandt erzeiget.*«
   - »*Das Vierde Theil, Ist eine Vermanung zur Danckbarkeit, für die grossen, manchfeldigen erzeigten Wolthaten, vnd gnediger heimsuchung Gottes.*«
2. *Ein ander New Lied, Von falschen Propheten, die da lehren, Das kein Mensch, one gute werck, könne selig werden. Vnd das der Mensch, aus Natürlichem Freyem Willen, sich zu Gottes Gnad schicken und keren kan. Im Thon. Es wolt vns Gott genedig sein, etc.*

554 Blankenburg 1991, 349.

555 Steude 1998, 52.

556 Walter 1564 A. Näheres bei Holstein 1884, 201ff.; WGA 6 (1973), XVIf.; Blankenburg 1991, 112f., 349f.; Richter 1998, 58, 65f.

- ohne Angabe
- *»Das Ander Theil, Von dem Freyen Willen.«*

3. *Ein ander New Geistlich Lied, Von falschen Propheten, vnd falschen Christen, die nach erkanter Warheit des Euangelij, vmb zeitliches guts willen, widerumb zum Antichrist sich wenden, vnd jm heucheln. Im Thon. Wo Gott der HErr nicht bey vns helt, etc.*
   - ohne Angabe
   - *»Das ander teil dis Liedes«* ohne Inhaltsangabe

Hier brachte Walter all das in gebundener Sprache zum Ausdruck, was ihn all die Jahre seit Luthers Tod und dem Leipziger Interim bedrückt hatte. Hier kanalisierte er all seine Gedanken, die er sonst nur in mündlichen und handschriftlichen Korrespondenzen und Auseinandersetzungen mit den führenden Theologen sowohl des gnesiolutheranischen wie des philippistischen Lagers geführt hatte. Sah sich Walter als Nichttheologe auch nicht berufen, eigene theologische Schriften im Druck zu veröffentlichen, so erkannte er doch die Möglichkeit, gerade auf dem Gebiet der Dichtung seinem überfüllten Herzen Luft zu machen. Wahrscheinlich war sein Weckruf von 1561 sehr erfolgreich gewesen und hatte ihn ermutigt, weitere Lieder dieser Art folgen zu lassen bzw. bereits bestehende Entwürfe weiter auszuarbeiten. Diese Chance, weiterhin publizistisch tätig zu sein und sich einem über die Stadtgrenzen Torgaus und die engeren Kreise der Theologen hinaus reichenden größeren Publikum öffnen zu können, ohne sich durch die Verbreitung verbotener *»Schmähschriften«* strafbar zu machen, nutzte Walter gnadenlos aus. Er ging nun noch viel ausführlicher, aber zum Glück – nach Blankenburgs wohlwollender Beurteilung – *»nicht langatmig«* und *»klar gegliedert«*[557] auf jene Themenpunkte ein, die ihn am meisten beschäftigten:

1. auf den zeitlichen Ablauf der Kirchengeschichte, gegliedert in
   1. die dunkle Zeit des Papsttums (8 Strophen),
   2. Luthers Erscheinen und seine Überwindung des Papstes (16 Strophen),
   3. die Verbreitung von Gottes Wahrheit durch Luther und dessen umfassendes Wirken als Theologe und Publizist (26 Strophen),
   4. die Abkehr Deutschlands von der reinen Lehre und seine baldige Bestrafung gemäß Luthers Prophezeiung (14 Strophen);
2. auf Luthers richtige Ansichten, dass der Mensch
   1. allein durch den Glauben von Gott Gnade erlange (18 Strophen),
   2. keinen freien Willen habe (20 Strophen);
3. auf die Falschheit der Adiaphoristen bezüglich
   1. ihrer Heuchelei, die sie als reine Lehre ausgeben (18 Strophen),
   2. ihrer Blindheit, die sie für Weisheit halten (14 Strophen).

557 Blankenburg 1991, 450.

Hier die Liedinhalte noch etwas mehr im Detail:

Lied 1

Teil 1 *O Herre Gott, ich bitte dich:* Gebet an Gott um Gnade angesichts der früheren falschen Lehre durch den Widerchrist, der sich lange Zeit an Gottes Stelle gesetzt, Christi Leid mit Füßen getreten, die Seelen mit Ablässen betrogen und sie in die Hölle gedrängt habe.

Teil 2 *Doch hat Gott seinen Zorn gewandt:* Erbarmen Gottes und Entsendung Luthers, der den Antichrist erkannt und ihm die Lieder seiner Sünden gepfiffen habe, deshalb umgebracht und geschmäht werden sollte, aber stets von Gott beschützt worden sei und schließlich Goliath besiegt habe. Dies habe Christus nach Paulus' Weissagung vollbracht.

Teil 3 *Als nun der Papst, der Bösewicht:* Erleuchtung Deutschlands mit Gottes Licht der Wahrheit durch Luther, welcher Gesetz und Evangelium (Gnade) erklärt, die Gottesdienste und Sakramente von Betrug gereinigt, die Ehe auf den rechten Weg geführt, die Bibel übersetzt, Lehrbücher wie den Katechismus verfasst, geistreiche Lieder gedichtet, die Schwärmer überwunden, Erasmus und dessen Ansicht vom freien Willen erfolgreich widersprochen und die deutsche Sprache poliert habe. Er sei der letzte Prophet des deutschen Landes mit starkem Glauben gewesen, eine eiserne Mauer und eine starke Säule und kein Wetterhahn, einer, der nicht auf beiden Seiten hinken wollte. Keiner von heute sei wie er, jeder gebe mit der Zeit nach. Gott möge dessen reine Lehre bewahren.

Teil 4 *Ob Deutschland so viel Wohltat hat:* Deutschland habe sich aber nicht bekehren lassen und sei voller Bosheit und Sünde. Es sei ein Wunder, dass Gott ihm noch so lange verzeihe. Am Jüngsten Tag drohe ihm wie anderen biblischen Städten, z.B. Sodom, das Urteil. Luther habe prophezeit, dass dies binnen Kurzem geschehen werde, da seine Schriften jetzt verkehrt werden. Nun könne keiner mehr den Wagen führen. Gebet an Christus und an Gott um Hilfe, besonders für das Haus Sachsen - womit sicher das ernestinische Haus gemeint war - und für die Grafschaft Mansfeld als Geburtsland Luthers, sowie um die Mehrung des Glaubens und die Gnade für alle Christen an deren Lebensende.

Lied 2

Teil 1 *Der Herre Christ gewarnet hat:* Christus habe die Gemeinde vor Wölfen im Schafskleid gewarnt. Wenn jemand behaupte, dass kein Mensch ohne gute Werke selig geworden sei, dann sei dies Teufels Gift, denn wo der Glaube rechtschaffen sei, seien gute Werke gewiss, aber allein durch Werke werde niemand gerecht, denn diese seien immer unrein. Wer sich auf seine Werke verlasse, sitze auf einem verlorenen Schiff, und wer sie vor Gott verhandeln wolle, verliere dessen Gnade. Gute Werke seien als Liebesdienste nicht verboten, aber in der falschen Hoffnung auf Gnade seien sie verwerflich. Denn allein der Glaube an Christus, welcher sein Blut für die Menschen vergossen habe, halte die Sünden in Zaum.

Teil 2 *Es lehren viel mit großem Trotz:* Viele lehren, dass der Mensch einen freien Willen habe, um sich zum Guten zu wenden. Dagegen sage die Schrift, dass der Mensch durch Adams Fall erblindet sei, sodass er das Göttliche nicht mehr erkennen könne, sein Herz durch die Sünde von Gott getrennt sei, er der Knecht seiner Sünden sei und an seinem Fleisch das Böse hänge. Er sei an Leib und Seele verdorben und auf die Gnade Gottes angewiesen, welche er aber verachte. Ohne Christus könne nichts Gutes bewirkt werden, womit es auch keinen freien Willen gebe. Luther habe erklärt, dass der Mensch als Eigentum des Satans in dessen Stricke geflochten sei, weshalb er Gott verachte. Adams Sünde erweise klar, was menschlicher Wille vermöge. Freier Wille habe das Papsttum erschaffen. Der Teufel, der Fürst der Welt, treibe und hetze alle Menschen, um sein Reich zu mehren und alles Göttliche zu zerstören. Da nur Gott sie dem Teufel mit Gewalt entreißen könne, gebe es keinen freien Willen, denn das Pferd werde gelenkt, wohin es sein Reiter schwenke. Da das Fleisch des Todes sterben müsse, könne man nur durch die Neugeburt zur Gnade geführt werden. Deshalb sollten alle Christen Gott täglich um Hilfe bitten. Abschließendes Gebet an Gott und Bitte um seliges Ende.

Lied 3

Teil 1 *Ach Gott, es ist jetzt böse Zeit:* Klage über den Teufel, der die Christenheit mit falschen Tücken plage und, da er den Jüngsten Tag spüre, seinen Hass auf Christi Herde werfe, alles nach seinem Willen neige und die Wahrheit vernichte. Mit falschen Geistern, die sich als Christen rühmen, werde die reine Lehre befleckt. Christus warne die Menschheit – in direkter Rede – vor diesen falschen Propheten, den reißenden Wölfen im Schafskleid, den Boten des Teufels, an deren Früchten man sie erkennen solle. Der Antichrist habe Christi Lehre verkehrt, sich an dessen Stelle gesetzt und sich über Gott erhoben. Ihn sollen die Christen meiden und nicht vor ihm niederkien. Viele behaupten, Christus zu lieben, wenden sich aber zu dessen Feind, obwohl man gar nicht zwei Herren dienen könne. Sie heucheln und hinken auf beiden Seiten und rühmen sich ihrer vermeintlich reinen Lehre. Deshalb lasse Christus sie mit all ihren Sachen fahren. Am Jüngsten Tag werde alles aufgedeckt werden und das Gericht sie hart erschrecken.

Teil 2 *All menschlich Weisheit Torheit ist:* Menschliche Weisheit sei Torheit vor Gott, denn sie habe die Menschen in Not, Jammer, Mühe und Arbeit gebracht. Alles Göttliche, was der blinde Mensch, der zu sehen glaube, nicht verstehe und selbst zu erklären versuche, gehe in die Irre und führe zu Spaltung und Verdrehung von Gut und Böse. Da Deutschland Gottes Gnade verstoße, werde dieser ihm die Wahrheit und das Licht nehmen und wie die Heiden bestrafen. Wer in seiner Blindheit meine, die Lehre sei nun nach Überwindung des Papsttums rechtschaffen, öffne dem Teufel die Tür. Wer sich mit dem Antichrist vereine, habe Gottes Wort nie recht erkannt. Wer den Papst ehre, werde in der Hölle brennen. Abschließendes Gebet an Gott um Erhaltung der reinen Lehre und Bitte an Jesus Christus zu kommen und seine Macht zu erzeigen.

Hatte Walter seine wichtigsten Gedanken in seinem Weckruf von 1561 noch zusammengefasst, so kann man anhand dieser ausführlichen Lieder erkennen, dass sie sein Leben vollkommen beherrschten. Dabei ging es ihm vor allem um drei Punkte, in denen er seinen Widersachern widersprach. Walter war der Ansicht,

1. dass die erfreulichen reformatorischen Ereignisse leider nicht dazu geführt hatten, den Weg des Propheten Luther fortzusetzen,
2. dass Luther mit seinen Ansichten über die Rechtfertigung des Menschen allein durch den Glauben und über den fehlenden freien Willen des Menschen Recht gehabt hatte, und
3. dass die Adiaphoristen in ihren Ansichten irrten.

Die Gründe für den Niedergang der lutherischen Lehre und, daraus resultierend, für das baldige Ende der Welt waren also

1. das Fehlen eines ebenbürtigen Luther-Nachfolgers,
2. die Verleumdung Luthers als Lügner durch seine Widersacher innerhalb des protestantischen Lagers,
3. die Heuchelei und Blindheit der Adiaphoristen, die das ganze Unheil überhaupt anrichteten.

Obwohl bei den letzten beiden Liedern kein Autor benannt ist, kann es sich nur um Walter handeln, denn die Themen tauchen auch in seinem überlieferten kirchenpolitischen Schrifttum auf. Luthers Lehre von der Rechtfertigung und vom Freien Willen, für die auch der Humanist Melanchthon anfällig war, findet sich in der Befragung des Superintendenten von 1561 wieder, und diese Kontroverse, die Ende der 1550er-Jahre entflammt und 1560 in einen Streit zwischen Flacius und Victorinus Strigel ausgeartet war, scheint für Walter zum *»Inbegriff unevangelischer Lehre schlechthin«*[558] geworden zu sein. Das Thema Adiaphoristen war spätestens seit dem Leipziger Interim Walters zentrales Thema überhaupt.

Bei aller Huldigung auf den Reformator als *»den Propheten der letzten Zeit, den dritten Elias und Wagenlenker Israels«*[559] und bei aller theologischen Gewissenhaftigkeit, die Walter in seinen detailreichen Gedanken an den Tag legte, beging er nicht den Fehler, konkret über persönliche Erfahrungen zu berichten, sondern formulierte seine Inhalte ganz allgemein, wobei er Begriffe wie *»Adiaphoristen«* oder *»Philippisten«* ganz vermied. Dadurch waren die Lieder unanfechtbar und konnten wohl auch nur unter diesen Voraussetzungen gedruckt werden. Insofern war die Verbreitung seiner antiphilippistischen Lieder eine weniger anmaßende Form öffentlicher Meinungsäußerung als die ihm vorgeworfene persönliche Einmischung in die Kompetenzen der Torgauer Kirchendiener.

Ob und wie häufig die Liedtexte tatsächlich zu den vorgeschlagenen Melodien *O Herre Gott, dein göttlich Wort* (Lied 1), *Es wollt uns Gott genädig sein* (2) und *Wo Gott, der Herr, nicht bei uns hält* (3) gesungen worden sind, bleibt offen. Wahrscheinlich dienten sie eher als gesprochene Lehr- und Streitgedichte, wenn nicht sogar ausschließlich als informatives Lektürematerial, nachdem Walter die Liedform lediglich zum Zweck freier öffentlicher Meinungsäußerung benutzt und die Melodien nur vorgeschoben hatte. Jedenfalls hat er sich nicht noch einmal die Mühe gemacht, neue Melodien, geschweige denn mehrstimmige Sätze für sie zu entwerfen, sondern griff einfach auf die gängigen Melodien zentraler reformatorischer Lieder zurück, die sich der Allgemeinheit schon lange eingeprägt hatten und ebenso erfolgversprechend waren wie seine eigene Weckruf-Melodie.

1566: Das christlich Kinderlied D. Martini Lutheri

Kurz darauf folgte ein größerer musikalischer Sammeldruck, bestehend aus 21 zumeist deutschen Liedmotetten, die für besondere Anlässe, u.a. für Begräbnisse, gedacht waren.[560] Walter gab die Sammlung im hohen Alter von 70 Jahren aus Sorge um die Bewahrung der lutherischen Lehre als vorerst letztes Druckwerk heraus. Bezugnehmend auf die aktuelle kirchenpolitische Situation und seine bereits erschienenen eigenen Liedtexte sowie möglicherweise auch auf eine damals grassierende Pestepidemie betonte er im Vorwort vom Michaelistag 1566, dass sich Luthers Weissagung, Gott werde das undankbare Deutschland mit Blindheit, Irrtümern und Plagen bestrafen, bewahrheitet habe.

In einem Brief an Herzog Johann Wilhelm I. von Sachsen-Weimar vom Jahresbeginn 1567 erläuterte Walter die Hintergründe dieses *»Valete«*-Zyklus, seines – so glaubte er – letzten Opus, da er seine Kräfte schwinden spürte (TEXT 21). Zunächst erinnerte er den Herzog daran, dass er bereits bei dessen Vater (Kur-

558 WGA 6 (1973), XVII.

559 RICHTER 1998, 58.

560 WALTER 1566. Näheres bei BLANKENBURG 1991, 113ff., 232ff., 343, 350ff.; RICHTER 1998, 59f.

fürst Johann Friedrich I.), Großvater (Herzog und Kurfürst Johann) und dessen Bruder Kurfürst Friedrich III. gedient hatte, wofür er Gott sehr dankbar sei. Zum Gedenken an Martin Luther und dessen mahnende Worte über die große Bedeutung des Gebets verehre er nun dem Herzog Luthers Lied *Erhalt uns, Herr, bei deinem Wort* sowie andere Gebete für die Obrigkeit, die er kürzlich neu figural gesetzt und in sechs Stimmbüchern in Druck gegeben habe. Unter ihnen habe er die zehnstrophige Nr. 20 (*Allein auf Gottes Wort)* auf den Herzog abgefasst. Walter bat den Herzog, diese Gesänge von ihm alten, verlebten Mann gnädig anzunehmen, und befahl ihn in göttlichen Schutz, damit dieser weiterhin bei der reinen Lehre des Evangeliums bleibe. Unter der Adresse ist vermerkt, dass Walter für das übersandte Exemplar 3 Taler erhalten hat.

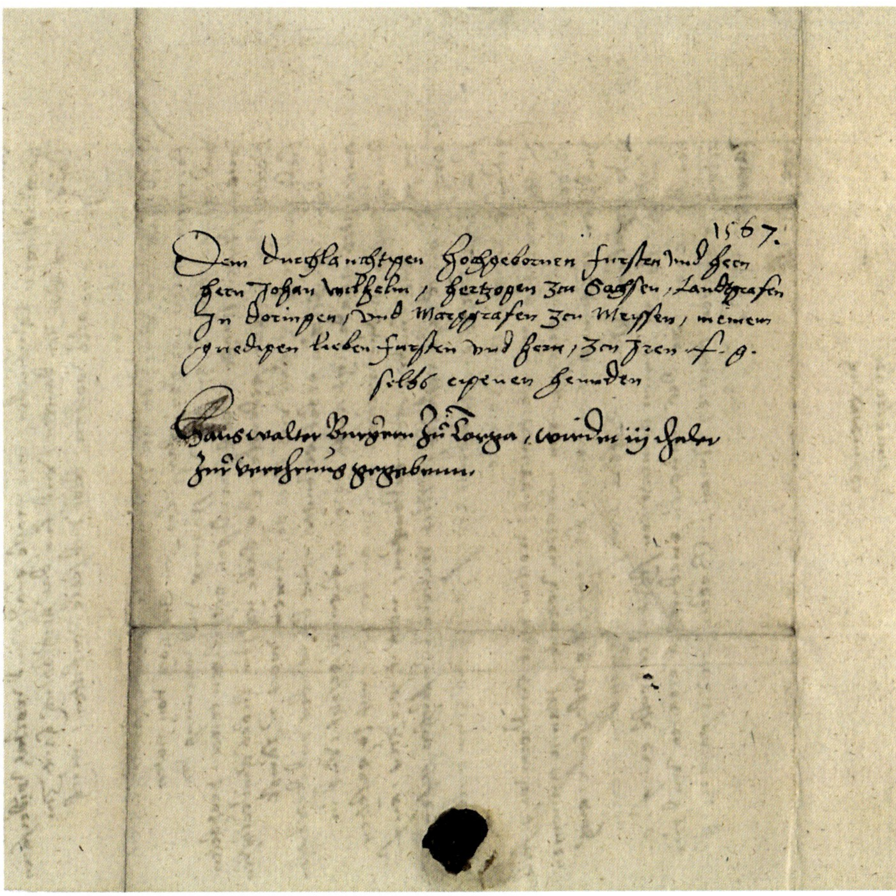
1567.
Dem durchlauchtigen hochgebornen fursten und herrn herrn Johan wilhelm, hertzogen zu Sachssen, Landgrafen yn Doringen, und marggrafen zu Meyssen, meinem gnedigen lieben fursten und herrn, zu Iren f. g. selbs eigenen henden

Hans walter burgern zu Torga, wurden iij thaler zur verehrung gegeben.

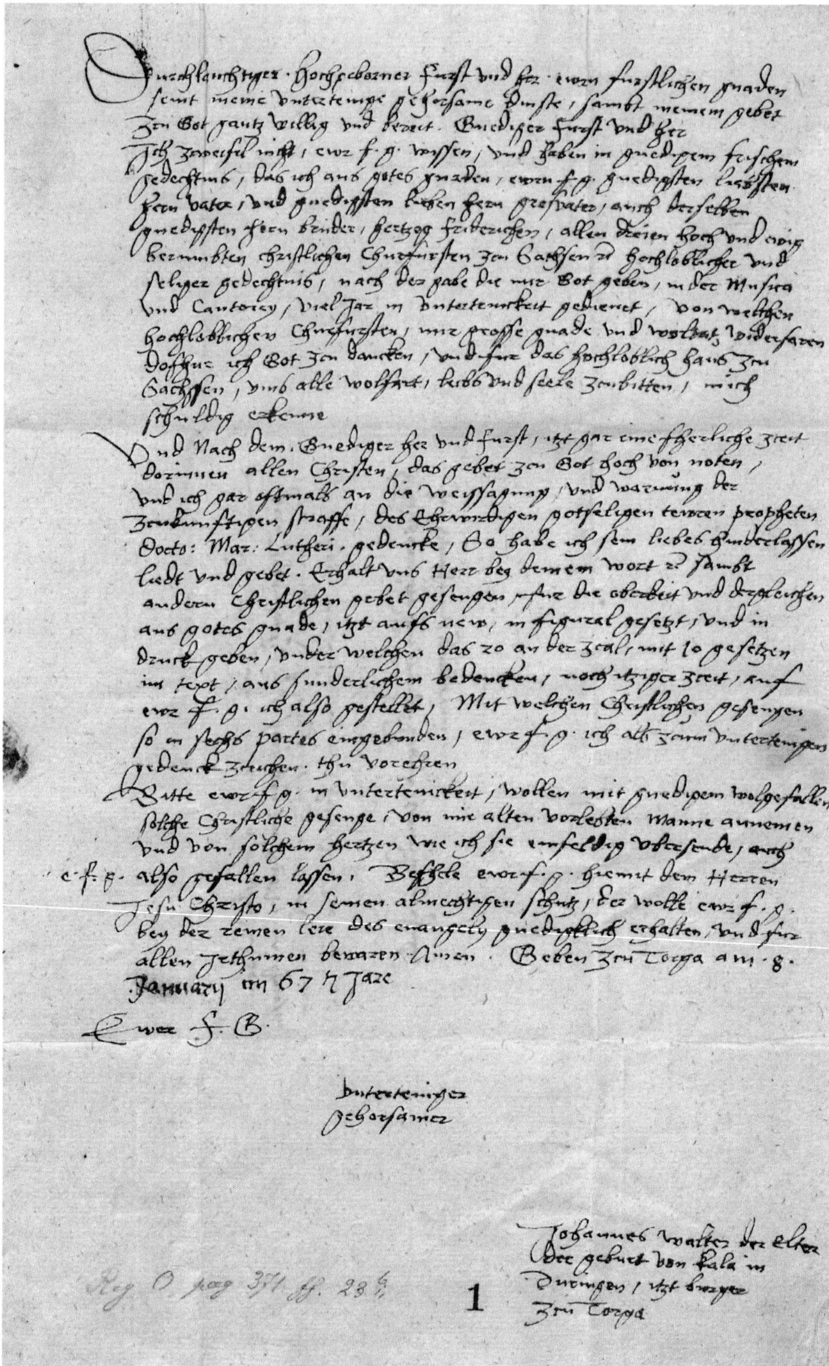

Durchlauchtiger · Hochgeborner Furst und her · ewrn furstlichen gnaden
seint meine untertenige gehorsame dinste, sambt meinem gebet
zu Got gantz willig und bereit. Gnediger Furst und her
Ich zweifel nicht, ewr f. g. wyssen, und haben in gnedigem frischem
gedechtnis, das ich aus gotes gnaden, ewrn f. g. gnedigsten liebsten
hern vater, und gnedigsten lieben hern grosvater, auch derselben
gnedigsten hern bruder, hertzog friderichen, allen dreien hoch und weit
berumbten christlichen Churfursten zu Sachsen etc hochloblicher und
seliger gedechtnis, nach der gabe die mir Got geben, in der Musica
und Cantorey, viel Jar in untertenikeit gedienet, Von welchen
hochloblichen Churfursten, mir grosse gnade und wolthat widerfaren
Dofur ich Got zu dancken, und fur das hochloblich haus zu
Sachsen, umb alle wolfart, leibs und seele zubitten, mich
schuldig erkenne
Und Nach dem, Gnediger her und furst, itzt gar eine ferliche zeit
dorinnen allen Christen, das gebet zu Got hoch von noten,
und ich gar oftmals an die weissagung, und warnung der
zukunftigen straffe, des Ehrwirdigen gotseligen tewren propheten
Docto: Mar: Lutheri, gedencke, So habe ich sein liebes hinderlassen
liedt und gebet. Erhalt uns Herr bey deinem wort etc sambt
andern Christlichen gebet gesengen, fur die oberkeit und dergleichen
aus gotes gnade, itzt aufs new, in figural gesetzt, und in
druck geben, under welchen das 20 an der zal, mit 10 gesetzen
im text, aus sunderlichem bedencken, notwendiger zeit, auf
ewr f. g. ich also gestellet, Mit welchen Christlichen gesengen
so in sechs partes eingebunden, ewr f. g. ich als zum untertenigen
gedenckzeichen · thu vorehren
Bitte ewr f. g. in untertenikeit, wollen mit gnedigem wolgefallen
solche Christliche gesenge, von mir alten vorlebten Manne annemen
und von solchem hertzen wie ich sie einfeldig ubersende, auch
e. f. g. also gefallen lassen, Befehle ewr f. g. hiemit dem Herren
Jesu Christo, in seinen almechtigen schutz, der wolle ewr f. g.
bey der reinen lere des evangelij gnediglich erhalten, und fur
allen Irthumen bewaren Amen. Geben zu Torga am 8.
January im 67 Jare

Ewr F. G.

untertenigster
gehorsamer

Johannes walter der elter
der geburt von kala in
Duringen, itzt burger
zu Torga

Reg O pag 371 ff. 23

1

Schreiben Johann Walters an Herzog Johann Wilhelm I. von Sachsen-Weimar (Walter-Autograf mit Siegel). WMR-HSTA: EGA, Reg. O, Nr. 927, Bl. 1.
Literatur: zuerst ABER 1921, 88f.; zuletzt RICHTER 2013, Dok. 73

TEXT 21 (mit 2 Abbildungen)
1567, 8. Januar, Torgau
Versendung eines Lieddrucks an den Herzog von Sachsen-Weimar

Durchlauchtiger. hochgeborner furst vnd her.
ewrn furstlichen gnaden seint meine vntertenige
gehorsame dinste, sambt meinem gebet zcu Got
gantz willig vnd bereit. Gnediger furst vnd her

Ich zweifel nicht, ewr f‹urstlichen› g‹naden› wissen, vnd haben in gnedigem frischem gedechtnus, das ich aus Gotes gnaden, ewrn f‹urstlichen› g‹naden› gnedigsten liebsten hern vater, vnd gnedigsten lieben hern grosvater, auch derselben gnedigsten hern bruder, hertzog Friderichen, allen dreien hoch vnd ewig berumbten christlichen churfursten zcu Sachsen etc. hochloblicher vnd seliger gedechtnis, nach der gabe die mir Got geben, in der musica vnd cantorey, viel jar in vntertenickeit gedienet, von welchen hochloblichen churfursten, mir grosse gnade vnd woltat widerfaren dofhur ich Got zcu dancken, vnd fur das hochloblich haus zcu Sachssen, vmb alle wolfart, leibs vnd seele zcu bitten, mich schuldig erkenne
Vnd nach dem gnediger her vnd furst, itzt gar eine fherliche zceit dorinnen allen christen, das gebet zcu Got hoch von noten, vnd ich gar oftmals an die weissagung, vnd warnung der zcukunftigen straffe, des ehrwirdigen gotseligen tewren propheten docto‹ris› Mar‹tini› Lutheri, gedencke, so habe ich sein liebes hinderlassen liedt vnd gebet. Erhalt vns herr bey deinem wort etc. sambt andern christlichen gebet gesengen, fur die oberkeit vnd dergleichen aus Gotes gnade, itzt aufs new, in figural gesetzt, vnd in druck geben, vnder welchen das 20 an der zcal, mit 10 gesetzen im text, aus sunderlichem bedencken, noch itziger zceit, auf ewr f‹urstlichen› g‹naden› ich also gestellet, mit welchen christlichen gesengen so in sechs partes eingebunden, ewr f‹urstlichen› g‹naden› ich als zcum vntertenigen gedenck zceichen. thu vorehren

Bitte ewr f‹urstlichen› g‹naden› in vntertenickeit, wollen mit gnedigem wolgefallen solche christliche gesenge, von mir alten vorlebten manne annemen vnd von solchem hertzen wie ich sie einfeldig vbersende, auch e‹wrn› f‹urstlichen› g‹naden› also gefallen lassen. Befhele ewr f‹urstlichen› g‹naden› hiemit dem Herren Jesu Christo, in seinen almechtigen schutz, der wolle ewr f‹urstlichen› g‹naden› bey der reinen lere des euangelij gnedigklich erhalten, vnd fur allen irthumen bewaren, amen. Geben zcu Torga am 8. januarij im $67^{\text{t‹en›}}$ jare.

Ewer f‹urstlichen› g‹naden›

vntertheniger gehorsamer

Johannes Walter der Elter
der geburt von Kala in Duringen,
itzt burger zcu Torga

[RÜCKSEITE:] Dem durchlauchtigen hochgebornen fursten vnd hern hern Johan Wilhelm, hertzogen zcu Sachsen, landgrafen in Doringen, vnd marggrafen zcu Meissen, meinem gnedigen lieben fursten vnd hern, zcu iren f‹urstlichen› g‹naden› selbs eigenen hennden

[ERGÄNZUNG:] Hans Walter burgern zu Torga, wirdet iij thaler zur verehrung gegebenn.

Textkritischer Hinweis: a: »e‹wr› f‹urstlichen› g‹naden›« ergänzt.

Hiermit hat Walter den Grund für die Zusammenstellung seiner Sammlung selbst benannt: die aktuelle gefährliche Zeit und die bevorstehenden Strafen Gottes, die Luther prophezeit habe. Sämtliche enthaltenen Werke nehmen also auf dieses Thema Bezug. Dies betrifft sogar den fünfstimmigen Psalm 1 *Wohl dem, der nicht wandelt im Rat der Gottlosen*, der auf reinem Bibeltext basiert und keine eigene Textschöpfung Walters war. Er lautet:

> *Wohl dem, der nicht wandelt im Rat der Gottlosen noch tritt auf den Weg der Sünder noch sitzt, da die Spötter sitzen. Sondern hat Lust zum Gesetz des Herrn und redet von seinem Gesetz Tag und Nacht. Der ist wie ein Baum gepflanzet an den Wasserbächen, der seine Frucht bringet zu seiner Zeit, und seine Blätter verwelken nicht, und was er macht, das gerät wohl. Aber so sind die Gottlosen nicht, sondern wie Spreu, die der Wind verstreuet. Darum bleiben die Gottlosen nicht im Gerichte* [= im Amt] *noch die Sünder in der Gemeine der Gerechten. Denn der Herr kennet den Weg der Gerechten, aber der Gottlosen Weg vergehet.*

Durch die Gegenüberstellung von Gerechten und Gottlosen bzw. Baum und Spreu konnte der Psalm von Lutheranern als Kampfgesang aufgefasst werden, weshalb er zu den am häufigsten vertonten Psalmen dieser Zeit gehörte. Auch Walter benutzte ihn als Anspielung auf den Streit zwischen Gnesiolutheranern und Adiaphoristen. Nicht zufällig handelte es sich um Walters einzige Spruchmotette in deutscher Sprache (neben dem *Vater unser*), die der Allgemeinheit bestens verständlich war. Er komponierte sie im Contrapunctus coloratus (geschmückter [gefärbter] Kontrapunkt) kanonartig ohne einen dominanten Cantus firmus im Tenor, wobei er die Wortbehandlung intensivierte und unter Anwendung musikalischer Figuren besondere Worte textausdeutend hervorhob.

> *Der erzieherische Effekt, bestimmte Schlüsselwörter und Kernaussagen evangelisch-lutherischer Theologie und Kirchenpolitik durch das Medium der gesungenen Sprache zu intensivieren und zu überhöhen, kann nicht hoch genug eingeschätzt werden.*[561]

In diesem Bemühen um Lautmalerei und nachdrückliches Aussprechen der Psalmworte entsprach diese späte Vertonung der kompositorischen Höchstleistung Walters.[562] Ähnlich verhielt es sich übrigens auch mit einigen lateinischen Sätzen aus dem GEISTLICHEN GESANGBÜCHLEIN, die nicht zum kirchenmusikalischen Alltag in Torgau gehörten – sie stehen nicht in den Handschriften – und wohl für besondere Zwecke mit besonderer Inbrunst komponiert worden sind, denn auch sie vermögen mehr zu *»fesseln«*[563] als jene *»anspruchslosen« Liedsätze vor allem*

561 BRUSNIAK 1999, 21.
562 STALMANN 1960, 120f., 130f.; BLANKENBURG 1991, 248ff.
563 STALMANN 1960, 158.

aus der Anfangszeit, die unter »geradezu demonstrative[r] Hinantstellung des Kunstcharakters«[564] en masse für die Gottesdienste produziert worden sind. Psalm 1 war ein liturgisch freies Werk und an keinen bestimmten Gottesdienst gebunden. Er war auch gar nicht für die adiaphoristischen Gottesdienste, mit denen Walter nichts zu tun haben wollte, gedacht.

Zusammenfassend stellt Blankenburg über die Sammlung fest, dass Walter

> *mit dem über vier Jahrzehnte jüngeren Werk* [im Vergleich zum GEISTLICHEN GESANGBÜCHLEIN] *vor allem durch die enge Wort-Ton-Beziehung ein stark in die Zukunft weisendes Opus geschaffen* [… und] *sich noch einmal als ein Komponist von großem Ausdrucksvermögen im Sinne der Reformation erwiesen* [habe]. *Von geradezu einmaliger Bedeutung ist darin der Charakter zweckfreier Bekenntnismusik* […], *Zeugnisse aus einer Zeit, in der die Entstehung von Kirchenmusik mit liturgischer Zweckbestimmung sonst die absolute Regel war.*[565]

Wenn Walter den in dieser Sammlung enthaltenen selbst gedichteten bzw. bearbeiteten Liedern *Erhalt uns, Herr, bei deinem Wort* (Nr. 1ff.), *Herr Gott, wenn ich dich hab allein* (17); *Mein Eltern mich verlassen han* (18), *Herzlich lieb hab ich dich, mein Gott* (19), *Allein auf Gottes Wort* (20) und *Holdseliger, mein's Herzens Trost* (21) vergleichsweise wenige Strophen zugestand, so lag dies im Zweck der Publikation begründet: Es handelte sich um einen aufwendigen Musikdruck für die Kantoreien zum Vorsingen bei besonderen Anlässen. Deshalb wurden diese Liedtexte auch sehr kunstvoll figural vertont. Wenngleich die Torgauer Kantorei schon seit Langem nicht mehr von Walter geleitet wurde, war es ihm ein wichtiges Anliegen, neue geistliche Musik für die allgemeine Öffentlichkeit beizusteuern, deren Inhalte der aktuellen Zeit gerecht wurden. Möglicherweise waren auch die Torgauer oder andere Freunde auf Walter zugekommen und hatten ihn um musikalische Beiträge gebeten. Manches dürfte Walter auch allein aus eigenem Bedürfnis heraus komponiert haben, wie sein einstrophiges Lied *Mein Eltern mich verlassen han* mit autobiografischem Hintergrund oder sein geistliches Kräuterlied *Holdseliger, mein's Herzens Trost* mit Bezugnahme auf Johannes Kentmanns KRÄUTERBUCH.[566] Einige Stücke könnten auch schon älteren Datums gewesen sein. Jedenfalls hat Walter alles im Anschluss an seine Neubearbeitung von *Erhalt uns, Herr, bei deinem Wort* in einer Art Sammelsurium zusammengefasst und in der Annahme, dass es sein letzter Druck sein werde, gemeinsam publiziert.

564 HEIDRICH 1999, 17.

565 BLANKENBURG 1991, 252.

566 Siehe dazu STALMANN 1960, 185; BLANKENBURG 1991, 236, 247, 352f., 373f.; SCHNEIDERHEINZE 1996 A, 246ff.; SCHNEIDERHEINZE 1996 B, 36f., RICHTER 1998, 61; BRUSNIAK 2013, 55/57.

BILD 38
Luthers Betpsalm *Erhalt uns, Herr, bei deinem Wort* im Bild.
Pancratius Kempff: Ein Liedt, Erhalt vns Herr bey deinem Wort, etc.
Einblattdruck mit koloriertem Holzschnitt auf Papier. Magdeburg, um 1550. Wtb-SL

Im Folgenden sollen zwei prägnante Beispiele eigener Textschöpfungen Walters aus der Sammlung herausgegriffen werden, welche die kirchenpolitischen Hintergründe besonders deutlich spiegeln und zufälligerweise jene Lieder sind, die Walter in seinem Brief an den ernestinischen Herzog eigens erwähnt hatte: *Erhalt uns, Herr, bei deinem Wort* und *Allein auf Gottes Wort*.

Erhalt uns, Herr, bei deinem Wort

Das Lutherlied *Erhalt uns, Herr, bei deinem Wort*, das sich gegen Papst und »*Türkengefahr*« richtet und das Luther laut Walters Vorrede als eines seiner letzten den Christen zur Warnung hinterlassen habe, wählte der Komponist aufgrund seiner kirchenpolitischen Aussagekraft als titelgebendes Werk der Sammlung aus. Es handelte sich um eine sechsstimmige Bearbeitung, die er auf Bitte des musikbeflissenenen (kryptocalvinistischen) Wittenberger Prädikanten Lorenz Dürnhöfer herausgegeben hatte. Bei seiner Vertonung der bekannten Luther-Melodie hatte er sich durch eine fremde Drucksammlung vom Vorjahr 1565 anregen lassen, die u.a. zwei sechsstimmige Sätze zu *Erhalt uns, Herr* enthielt.[567] Walter verband das nun von ihm »*Auffs new in sechs Stimmen gesetzt[e]*« Lied ebenso, wie schon dort geschehen und wie auch von Luther konzipiert, mit *Verleih uns Frieden gnädiglich*, welches gewöhnlich als Friedensverkündigung gesungen wurde und nun den letzten von sechs Teilen bildete (die anschließenden vier Sätze zu *Gib unserm Fürsten und aller Obrigkeit* blieben eigenständige Werke).

Was Walter dem Herzog gegenüber nicht erwähnte, waren gravierende Änderungen an Luthers Liedtext ab Strophe 3. Es war eine komplette Neuschöpfung, ähnlich wie bei *Herzlich tut mich erfreuen*, bei dem sich Walter ebenfalls nur an der ersten Strophe orientiert hatte. Die Strophen lauten (heutige Schreibweise):

[1]
Erhalt uns, Herr, bei deinem Wort
und steu'r des Papsts und Türken Mord,
die Jesum Christum, deinen Sohn,
stürzen wollen von deinem Thron.

[2]
Beweis dein' Macht, Herr Jesu Christ,
der du Herr aller Herren bist.
Beschirm dein' arme Christenheit,
dass sie dich lob in Ewigkeit.

Luther 1541

[3]
Gott, heil'ger Geist, du Tröster wert,
gib dei'm Volk ein'rlei Sinn auf Erd.
Steh bei uns in der letzten Not,
gleit uns ins Leben aus dem Tod.

[4]
Ihr' Anschläg', Herr, zunichte mach,
lass sie treffen die böse Sach
und stürz sie in die Grub hinein,
die sie machen den Christen dein.

[5]
So werden sie erkennen doch,
dass du, unser Gott, lebest noch
und hilfst gewaltig deiner Schar,
die sich auf dich verlassen gar.

Walter 1566

[3]
Gott, heil'ger Geist, gib Einigkeit
in reiner Lehr der Christenheit
und steu'r des Teufels Trug und List
und mach zuschand, was Lügen ist.

[4]
Auf dass dein Wort und Wahrheit rein
für aller Welt erkannt mag sein.
Und tilge alle falsche Lehr
zu deines Namens Preis und Ehr.

[5]
Gott Vater, Sohn und heil'ger Geist,
ein wahrer Gott du bist und heißt.
Gib Hilf und Trost in aller Not,
hilf uns zum Leben aus dem Tod.

War Luthers Fassung noch ganz und gar auf das Papsttum und die damalige *»Türkengefahr«* ausgerichtet, so sprang Walter schnell zum Stichwort *»Teufel«* über, der die Einigkeit (der Lutherischen) durch Lügen und falsche Lehre (der Adiaphoristen) bedrohe. Auch hier vermied Walter konkrete Begriffe, um das Gebet für alle Leser dienstbar zu machen. Als er sich abschließend noch an die Trinität wandte, übernahm er Luthers eschatologische Bitte aus der dritten Strophe, vom Tod ins Leben geleitet zu werden. Mit dieser Ersehnung des ewigen Lebens war das erwartete baldige Ende der Welt gemeint. Diesen Wunsch hielt Walter für so wichtig, dass er ihn extra in sein Gebet neu einfügte, wobei er ihn sinnbildlich an das absolute Ende setzte.

Walter hatte bereits früher einen vier- und fünfstimmigen Satz zu diesem Lied komponiert, allerdings nach Luthers Originaltext und nur mit drei Strophen, welche heute auch – mit den notwendigen sprachlichen Überarbeitungen – im Evangelischen Gesangbuch stehen (EG 193). Walters Vertonung war in den letzten Auflagen seines GEISTLICHEN GESANGBÜCHLEINS seit 1544 erschienen und ist auch in seinen Notenhandschriften – den BERLINER STIMMBÜCHERN für die Pfarrkirche und dem GOTHAER CHORBUCH für die Schlosskirche – enthalten, in Ersterem übrigens als einziges Stück aus Walters Hand (BILD 30). Dies lässt auf die große Bedeutung schließen, die Walter von Anfang an diesem lutherischen Kampflied beigemessen hatte, was ihn später – unter noch schwierigeren Bedingungen – zu der Neubearbeitung bewog.

Diese motettisch-polyphone Satztechnik trat übrigens im Laufe seines Lebens immer mehr in den Vordergrund, nachdem Walter anfangs schlichtere Liedsätze bevorzugt hatte. Walter gilt sogar als der Begründer der protestantischen Liedmotette mit Tenor-Cantus-firmus, die allerdings kaum Nachahmer fand, da die allgemeine Entwicklung in die entgegengesetzte Richtung hin zum Kantionalsatz, dem homophonen Liedsatz mit Melodie in der Oberstimme, ging (und auf dem lateinischen Sektor zur polyphonen Motette ohne Cantus firmus).[568]

Ursprünglich war *Erhalt uns, Herr* zusammen mit *Verleih uns Frieden* als Schlussgesang für die Gottesdienste gedacht. Wie man aber nicht nur an den vielen Vertonungen, sondern auch an der großen Anzahl bildlicher Darstellungen erkennen kann (BILD 38), besaß dieses Lied eine besondere Bedeutung, die es gewissermaßen aus dem gottesdienstlichen Zusammenhang heraushob. Als unmittelbare Reaktion auf die Ereignisse des Schmalkaldischen Krieges und auf die Bedrohung durch das Leipziger Interim findet man es als Liedblatt, kombi-

567 Die Stücke stammen von den beiden Franken Johann Baptist Serranus und Andreas Schwartz. Die Sammlung war beim selben, ebenfalls aus Franken stammenden Drucker Johann Schwertel in Wittenberg erschienen und wurde später wiederaufgelegt (SCHWERTEL 1568).

568 Genaueres zum Typus der Liedmotette und der Rolle Walters bei BRUSNIAK 1999, bes. 31–35.

niert mit der Darstellung des apokalyptischen Christus, der über die aufrecht stehenden Reformatoren (Luther, Hus, Melanchthon, Cruciger, Kurfürst Johann Friedrich von Sachsen und Fürst Wolfgang von Anhalt-Köthen) und die im Fegefeuer versinkenden Papisten und Türken richtet. Hierbei wurde auf die vierte Strophe mit dem Vers *»und stürz sie in die Grub' hinein«* Bezug genommen. Auf der rechten Seite sind adlige Frauen (unter ihnen vermutlich Kurfürstin Sibylla) sowie eine Familie im Sinne einer schutzbedürftigen Gemeinde dargestellt.[569]

Derartige textierte und bebilderte Einblattdrucke ohne Noten, sei es nun mit und ohne Kolorierung, fanden sehr guten Absatz, wie auch das Bild allein ganz ohne Text bei der nicht lesenden Bevölkerung weite Verbreitung fand. Hat Walter dies vielleicht später zum Anlass genommen, aus der vierten Strophe noch etwas ganz anderes zu machen und das Lied völlig zu überarbeiten, um etwas Eigenes präsentieren zu können, das nach fast 20 Jahren adiaphoristischer Kirchenordnung noch besser zum Thema Falsche Lehre passte?

Allein auf Gottes Wort

In seinem Brief an den ernestinischen Herzog hatte Walter geschrieben, das zehnstrophige Lied *Allein auf Gottes Wort* (BILD 39) – es ist als Einziges mit *»I. VV.« (»Ioanne VValtero»)* signiert – *»aus sunderlichem bedencken«* auf denselben *»gestellet«*, also dem Herzog in den Mund gelegt zu haben. Dieser war als einer der wenigen Hoffnungsträger zur Bewahrung der reinen Lehre übrig geblieben und erhielt *»zcum vntertenigen gedenck zceichen«* auch ein Exemplar des gesamten Druckes geschenkt, welches er Walter wiederum mit drei Talern vergütete. Anders als bei *Albrecht sein wir worden tauft* und *Johanns Ernst bin ich getauft* kommt in diesem Lied allerdings der Name der Widmungsträgers nicht vor. Der Text passt also auch auf jeden anderen Christen und könnte erst im Nachhinein dem Herzog gewidmet worden sein.

Das in der Ich-Form verfasste Gebet enthält erneut, wenn auch in der gebotenen Kürze von nur zehn Strophen, Walters wichtigste Gedanken zum Glauben, wie sie schon in den anderen Liedern ausführlichst offenbart worden waren:

Str. 1–3 bezogen auf Gott:
Allein Gottes Wort habe Gültigkeit gegenüber (blinder) menschlicher Weisheit, falscher Lehre und Teufels List, die von der Wahrheit ablenken.

Str. 4–6 bezogen auf Christus:
Christi Opferung als Trost für alle Menschen. Nur der Glaube an ihn könne zur Versöhnung mit Gott verhelfen. Menschliche Werke seien nur dem Nächsten nützlich.

569 SYNDRAM U.A. 2015, Kat.-Nr. 228.

Str. 7–9 bezogen auf Gottes (heiligen) Geist:
Nur Gott könne durch seinen Geist über die Neugeburt den Menschen zur Wahrheit führen und gute Taten bei ihm bewirken. Verstand und freier Wille führten in die Irre.

Str. 10 bezogen auf die Dreieinigkeit:
Gebet an die Trinität um Stärkung des Glaubens, um die Besiegung des Fleisches durch den Geist sowie um die Rettung vom ewigen Tod zur Seligkeit und Freude.

Die bewusste Übernahme der Worte *»Erhalt mich, Gott, bei deinem Wort«* (Str. 3) und die abschließende Bitte an die Dreieinigkeit um ein seliges Ende lassen darauf schließen, dass Walters Neubearbeitung von *Erhalt uns, Herr, bei deinem Wort*, die im selben Druck erschien, zuerst entstanden war und genauso wie die früheren Lieder als inhaltliche Vorlage diente.

Wie Walters Weckruf *Wach auf, wach auf, du deutsches Land* basiert das Gebet auf einer eigens für diesen Satz geschaffenen Melodie und ist vierstimmig gesetzt. Der Satz ist jedoch nicht so schlicht homophon gehalten, sondern weist zahlreiche Vorimitationen auf, die durch alle Stimmen führen. Auch die Melodie selbst, eine dem alten Hofweisenstil entlehnte Kunstweise, ist reich an Melismen und wohl kaum zum einstimmigen Singen geeignet, schon gar nicht für den ernestinischen Herzog Johann Wilhelm I. von Sachsen-Weimar. Das Stück war also für den Vortrag durch eine Kantorei bestimmt, idealerweise vor dem Herzog, der so in den Genuss des ihm zugeeigneten Liedes kam.

Auch dieses Lied hat es in das Evangelische Gesangbuch geschafft (EG 195), wenn auch nach einer ganz anderen, schlichteren Melodie und natürlich in sehr stark geschliffenem Format mit nur jenen drei (sprachlich angepassten) Strophen, die allgemeinen Betcharakter haben und zur Stärkung des Glaubens dienen (1, 5, 10). Erneut wurden die Bezüge auf den Teufel und die falsche Lehre sowie auf Luthers Auffassungen von der Rechtfertigung und dem fehlenden freien Willen des Menschen weggelassen, da sie nicht mehr in die heutige Zeit zu passen scheinen und die Christen mit derlei historischen und theologischen Fragestellungen nicht mehr behelligt werden sollen. Insofern waren Walters Wortspiele trotz des Verzichts auf konkrete historische Begriffe letztendlich doch nur für seine Zeitgenossen brauchbar. Die Zensur hat später dafür gesorgt, dass diese strittigen Themen nicht mehr öffentlich gesungen wurden, auch wenn sie bis zum heutigen Tag hochaktuell geblieben sind und gerade jetzt, in den verbleibenden letzten Jahren bis 2036, wahrhaftig über Leben und Tod jedes Einzelnen entscheiden werden.

BILD 39 (2 Abbildungen)
Johann Walter (Dichter und Komponist): *Allein auf Gottes Wort.*
Aus dem CHRISTLICH KINDERLIED [...] ERHALT UNS HERR von Johann Walter (WALTER 1566).
Tenorstimmbuch: Titelseite und erste Seite des Liedes mit den Noten. TRG-STM

Das Christlich Kinderlied D. Martini Lutheri/

Erhalt vns HErr etc.

Auffs new in sechs Stimmen gesetzt/ vnd mit etlichen schönen Christlichen Texten/ Latinischen vnd Teutschen Gesengen gemehrt/

Durch Johan Walter den Eltern/ Churfürstlichen alten Capellmeister.

TE NOR.

Gedruckt zu Wittembergk/ durch Johan Schwertel/ Im Jar nach Christi geburt/ 1566.

Anhang

Register

Orte

Ohne Torgau und Sachsen, ohne nach Orten benannte Personen, Ereignisse usw. (z.B. Albrecht von Preußen, Gothaer Chorbuch, Leipziger Interim)

Personen

Ohne Johann Walter und Martin Luther, ohne biblische Figuren usw.

Landesherrliche Personen (Landgrafen aufwärts)

Sonstige Personen (Grafen abwärts)

Werke

Ohne allgemeine Gattungsbezeichnungen (z.B. Benedictus, Kyrie, Magnificat, Passion)

Textincipits

Titel

Einzel- und Sammelwerke 16./17. Jh. (Drucke und Handschriften)

Quellenverzeichnis

Zeitgenössische Belege

Notenhandschriften

BERLINER STIMMBÜCHER [1540ff.]: Krakau, Biblioteka Jagiellońska: Mus. ms. 40043
4 Psalmstimmbücher

EISENACHER KANTORENBUCH [um 1540]: Eisenach, Stadtarchiv: ohne Signatur
Notenhandschrift des Eisenacher Kantors Wolfgang Zeuner, um 1540

GOTHAER CHORBUCH [1545]: Gotha, Forschungsbibliothek: Chart. A 98
Hic Cantionum Ecclesiasticus liber, ab Illustrissimo principe Saxonum, sacriq‹ue› Romani Imperij Electore, D‹omino› Ioanne Friderico, in huius arcis nouum sacellum comparatus est. Ab Ioanne Gewalthero earundem Ecclesiasticarum cantionum moderatore conscriptus. Anno ab orbe redempto, millesimo, quingentesimo, quadragesimo quinto, mense Iulio. Si nescis Christu‹m› et uincis Ariona cantu: Debetur Musis: gloria nulla tuis. Omnis spiritus laudet Dominum. Torgau 1545. Online zugänglich unter: https://archive.thulb.uni-jena.de/ufb/receive/ufb_cbu_00003521?derivate=ufb_derivate_00002537

LEIPZIGER STIMMBÜCHER: Leipzig, Universitätsbibliothek: Ms. 49/50
5 Stimmbücher (Discantus, Alt, Tenor, Bass, Vagans), neben weiteren Walter-Werken u.a. enthaltend:
- Discant, Bl. 310v–312r [u.a.]: *Passio secundum Matthaeum* [Abschrift].
- Discant, Bl. 312v–313r [u.a.]: *Passio secundum Joannem* [Abschrift].
- Vagans, Bl. 3v–8v, 14r–35r: *Sechs vnd zwentzig Fugen auff die acht Tonos nach eines ieden art dreymal gesatzt vnter welchen die ersten vvii [= XXII] dreystimmig Die andern Neune tzweistimmig seindt auff allen gleichstimmigen Instrumenten vnd Sonderlich auf tzincken auch der Jugent tzu sonderlicher leichter anfüru‹n›g vnd vbung sehr nützlich bequem vnd dienstlich 1542. Autore Joanne Walthero.* [Abschrift].

Vgl. ORF 1977, Kat.-Nrn. 251–253

NÜRNBERGER TENORSTIMMBUCH [1538?]: Nürnberg, Germanisches Nationalmuseum: Hs 83795 [1]
Online zugänglich unter: http://dlib.gnm.de/item/Hs83795-1/html/1

TORGAUER KANTIONAL [1608]: Torgau, Stadtarchiv: H 3027
Episteln vnd Euangelia, Welche durchs gantze Jahr am Sontage, vnd an den fürnembsten Festen, inn der Kirchen zu Torgaw frü vor der Predigt pflegen gesungen zuwerden. Der Erste Theil vom Advent bis auff Ostern. Geschrieben zu Torgaw Anno Domini 1.6.0.8.

Textdokumente

Ungedruckte Literatur

BÖHME-CHRONIK
1. HA-ULB: Sign. Pon. Hist. 2°244
2. TRG-STA: H 7, Bl. 2–44: »Historiographia« (Fragment, betr. die Jahre 737–1552)
3. TRG-STA: H 123

KRUDTHOFF 1754 A
»Lebens-Beschreibung D‹octor› Balthasaris Gabrielis Summers, Eines Torgauers, Stadt Physici, und SchulInspectoris in Torgau aus seinen eigenhändig geschriebenen Lateinischen Diario und darin enthaltenen Torgauischen und Wittenbergischen alten Begebenheiten von anno 1514. bis 1591. kurtz zusammen gezogen«. Übersetzung der Lebensbeschreibung von Balthasar Gabriel Summer aus dem Lateinischen durch Wilhelm Krudthoff, fertiggestellt am 28.02.1754. TRG-STA: H 47, 1–121

KRUDTHOFF 1754 B
»Das Euangelische Torgau in den ersten 100 Jahren nach der Reformation Lutheri in 10 Decenniis eingetheilet, vom Jahre 1517 bis 1617« von Wilhelm Krudthoff, fertiggestellt am 08.08.1754, 183–722; *»Nachleße Einiger Torgauischen Begebenheiten In den ersten hundert Jahren nach der Reformation Lutheri«.* TRG-STA: H 47, 723–738

Akten

BERLIN, GEHEIMES STAATSARCHIV – PREUSSISCHER KULTURBESITZ (BLN-GSTA)

XX. HA, HBA, A4 K. 182
Johannes Walter Churf‹ürstlicher› Cappeln Diener – Albrecht – Hertzog zu Preußen Geben zu Torgaw, Dienstag Dorothee Virginis Anno 26 (6. Febr. 1526)

XX. HA, HBA, A4 K. 213
Johannes Walter etwan in des churfursten zcu Sachsen – ca‹n›torey. bassist. itzundt der – cantorey zcu Torga cantor ‹etc.› – Albrechten – hertzogen in Preussen ‹etc.› Geben zcu Torga am 18 januarij im 45‹ten› jar. (18./1. 1545.)

XX. HA, HBA, A4 K. 214
Joannes Walther des churfursten zcu Sachsen geordenter cantorey regent – Albrechten – in Preussen – hertzogen ‹etc.› ‹etc.› Geben zcu Torga am xij septembris im xv (!) jar. Ab extra: Dat‹um› Torgaw den 12. septemb‹ris› anno im 45. (12./9. 1545.)

DRESDEN, LANDESKIRCHENARCHIV DER EVANGELISCH-LUTHERISCHEN LANDESKIRCHE SACHSENS (DD-LKAS)

Best. 92, Nr. 1
Amtsbuch der Schlosskirche zu Dresden [Erstes Buch]

DRESDEN, SÄCHSISCHES HAUPTSTAATSARCHIV (DD-SHSTA)

10001 Ältere Urkunden

Nr. 11369
Chur‹fürst› Morizens zu Sachßen hoff cantorey ordnung d‹atum› Torgau den 22. sept‹embris› 1548. Concept

10004 Kopiale

Kopialbuch 221
[unleserlich: Vier vnderschiedliche bucher darinnen allerley begnadung, befreyung, bestallung, vnnd andere offentliche vorschreibung, inn herzog Augusten zu Sachssenn etc. churfürsten nahmen außgangen, von dem 1545 biß vff das 1586 jahr, darunter dieses] Das andere buch von dem 1554 biß vff das 1555 jahr

10006 Oberhofmarschallamt (OHMA)

G, Nr. 1
Beschreibung 1. Churfurst Moritz vnd Augusten etc. gebruder fastnacht freuden anno etc. 1553. vnd 54. 2. Churfurst Augusten etc. sohns hertzog Alexanders kindtauff 1554. 3. Das gross Dresdenisch armbrustschiessenn 1554. 4. Konig Maximilians etc. kronung zu Franckfurt am Maien. 1562. 5. Ein turnier zu Prag. 1570. 6. Pompa funebris Joannis 2.dj Electj Regis Vngariæ 1571

10024 Geheimer Rat

Loc. 4519/3
Churfürst Augusti zu Sachßen geordnete winter kleidung vor dero diener betreffend a‹nn›o 1553

Loc. 8679/3
Tageregister Was bei regirung des durchlauchtigstenn hochgebornnen fursten vnd hern herrn Augusten herzogen zu Sachssen [...] Als das gemeine speisen tzu hoff ab vnnd die monatsbesoldung dagegen tzureichen angeschafft auf ein ganntz jahr vom neuen jahrstage anno 1563 bis auf den neuen jarstag des 1564 iares vor s‹einer› churf‹ürstlichen› g‹naden› derselben gemahl, junge herschafft freulein vnd frau tzimmer so vber hoff gespeiset auch derselben diener die ihr lost tzu hofe haben [...] verthan ausgeben vnnd aufgangen ist [...]

Loc. 8687/1
Cantorey-ordnung so churfürst Moritz und churfürst Augustus a‹nn›o 1548. und 55. aufrichten laßen, sambt einem inventario über die gesang-bücher, welche damals in der cantorey verhanden gewesen, desgl‹eichen› die zur hoff-capelle gehörigen personen und instrumente, deren besoldung und unterhalt belangende, a‹nn›o 1581–1693. 1707

Loc. 10526/4
Ritterspiell, so bey regirung churfurst Augusten, ann s‹einer› churf‹urstlichen› g‹naden› vnnd anderen höffen gehaltten worden, von dem 1554[3??]. biß vff das 1586. jahr

Loc. 10550/5
Schriefften, belangende hertzog Augustenn zu Sachßenn mit freulein Annenn könig Christiani des III zu Dennemarck tochter zu Torgau gehaltenenn furstlich beylager, anno 1548

Loc. 10550/6
Der kuhrfürstin Annen verheyrathung, heimführung und leibgedinge betr‹effende› 1548–54

Loc. 10561/13
Herzog Johann Ernsts des Jungern zu Sachssen gehaltenes beylager zu Torgau belangend 1542

Loc. 10561/17
Bericht wie es vff hertzogk Johan Friderichs [zu Sac]hssen, zu Torgau gehalttener furstlichen heimbfuh[rung] zugang‹en› sey, anno 1527

10036 Geheimes Finanzarchiv

Loc. 32435, Rep. XXVIII, Kantoreiordnung Nr. 1
Churfurstliche sechsische canntoreiordnung vernewert anno etc. 1568

Loc. 32435, Rep. XXVIII, Kantoreiordnung Nr. 2
Churfurstliche sechssische cantorey ordnung

Loc. 32436, Rep. XXVIII (Hofordnung), Nr. 3a
Hoffordnung anno 1553

Loc. 32436, Rep. XXVIII (Hofordnung), Nr. 3c
Ordnünge des chürfürsten tzü Sachsenn, hertzogenn Aügüstj etc. vnd burggraüen tzü Magdebürgk was gestaltt aüs sonderlicher vorordenung seiner churfurstlichen gnadenn, die fursten grauen hern, redte, amptleuthe, junckere diener, vnnd andere inn derselben hofhaltung, auch die diner inn s‹eine›r churf‹ürstlichen› gnaden empternn forderr vnderhaltenn werden sollen [...]

Loc. 32436, Rep. XXVIII (Hofordnung), Nr. 4
Ordnunge des churfursten zw Sachssenn hertzogen Augusti etc. vnnd burgraffen zw Magdeburg was gestalt aus sonderlicher vorordtnung seiner churfurstlichenn gnadenn die furstenn graffenn herren redte amptleutte, juncker, dienere, vnnd andere in der selbenn hoffhaltung, auch die diener in seiner churfurstlichen gnad‹en› empternn forderrr vnterhaltenn werden sollen [...]

Loc. 32437, Rep. XXVIII (Hofordnung), Nr. 4a
Ordnunge. des churfursten hertzogen Augusti tzu Sachßen etc. vnd burggrauen tzu Magdeburg newen hoffhaltung. anno Dominj 1558

Loc. 32437, Rep. XXVIII (Hofordnung), Nr. 4b
Neue hof ordnung wie furder alle meins genedigsten herrn etc. diener, vnterhaltung habenn sollen an parem geldt. 1558

Loc. 32437, Rep. XXVIII (Hofordnung), Nr. 4c
[ohne Titel, bestehend aus zwei Teilen mit jeweils eigenem Titel:]
[Teil 1] Ordenung des churfursten zu Sachssen [...], Was gestalt aus sonderlicher verordenung, seiner churf‹ürstliche›n gnaden, die fursten, grauen, herrn, rethe, amptleute, jungker, dienere, vnd andere in derselben hofhaltung, forder vnderhalten werden sollen [...]
[Teil 2] Hofbuch dorinnen begriffen was gestalt der churfurst hertzog August‹us› tzu Sachssen etc. die grafen, rethe, oberheupt vnd amptleute, auch junckern vnd ander diner in vnd ausserhalb hofs nun hinfort vnderhalten will [...] 1560

Loc. 32437, Rep. XXVIII (Hofordnung), Nr. 4d
[ohne Titel; Hofordnungen von 1563, 1575, 1577, 1581, 1582]

Loc. 32438, Rep. XXVIII (Hofordnung), Nr. 4i
Hoffbuch 1563

Loc. 32440, Rep. XXVIII (Hofordnung), Nr. 36
Churfurstlich sächsisch neu hoffbuch eines idern dinstgelds monatlichen besoldung vnd wochentlichen kostgeldes angefangen tzu Torgau den erstenn januarij anno 1563

Loc. 32673, Gen. 586
Dienstgeld 1553

Rentkopial 1561
Copial in rent. sach‹en› 1561

Rentkopial 1562
Kopiale in Rentsachen (1549–1686): 1562

10040 Obersteuerkollegium

Nr. 357
Landsteuer-register von städten 1551 [Bd. 3a: Rochlitz bis Zörbig]

Nr. 418
[Landsteuer-register von städten 1556: Belgern bis Zwickau]

Nr. 430
Landsteuer-register von städten 1557 [Bd. 1b: Oschatz bis Zwickau]

Nr. 462
Landsteuer-register von städten 1562 [Bd. 2: Pirna bis Zörbig]

Nr. 487
Landsteuer-register von städten 1565 [Bd. 3: Pirna bis Zörbig]

Nr. 552
Landsteuer-register von städten 1567 [Bd. 2: Penig bis Zörbig]

Nr. 588
Landsteuer-register von städten 1568 [Bd. 3a: Rochlitz bis Zörbig]

Nr. 628
[Landsteuer-register von städten 1569 [Bd. 3: Torgau bis Zwickau]

Nr. 667
Landsteuer-register des meißn‹ischen› u‹nd› erzgeb‹irgischen› creyßes Andreæ 1572 von städten. Vol. VIII. [Altenberg bis Zwickau]

Halle, Universitäts- und Landesbibliothek Sachsen-Anhalt (Ha-ULB)

Sign. Pon. Hist. 2°244
[ohne Titel; Chronik der Stadt Torgau]

Kahla, Kirchenarchiv (Ka-KA)

ohne Signatur
Johan Walters zu Torgau testament vnd letzter wille. [Digitalisat online unter https://archive.thulb.uni-jena.de/hisbest/receive/HisBest_cbu_00037117]

Kahla, Stadtarchiv (Ka-StA)

Bestand 0413/03, Sig. 901
Verschieden schriebend der ratsverwalltung: Schreiben über Johann 12.02.1599

C. 28. (Rücken) bzw. 1/1 (Vordereinband)
[Kahlaer Stadtbuch 1509–1574:] Dye vmbscreybung dysses nawenn statbuchs ist gescheenn bey deme erßamenn Tytzelnn Wepel burgermeister anno Domini etc. fünftzehenn hunderth vnde inn deme neundenn jahre vnde vonn worte tzu worte, ann alle vor anderunge awß deme rechtenn original des alden statbuchs genommenn, welch altstatbuch bey dem ersamenn Erhart Kölbenn burgermeister anno etc. in deme funffvnndefunfftzigisten iare gemacht wurdenn ist

I D°35
Verzeichnis der in den Jahren 1509–1574 neu aufgenommenen Bürger, deren Bürgen, der Aufnahmetage, der amtierenden Bürgermeister und der für die Aufnahme gezahlten Gebühren (mit Register). Aus dem »Stadtbuch« von 1509–1574. Ausgeschrieben von Franz Lehmann [Manuskript, masch., o.J.]

Merseburg, Kulturhistorisches Museum Schloss Merseburg (Mer-KhMSM)

ohne Signatur
Diese registratur oder proceß-ordnung auf hertzog Augusti zu Sachsen beylager a‹nn›o 1548 zu Torgaw gehalten mit der prinzeßin Anna könig Christian des III. in Dennemarck tochter. Nach Michaelis wie fol. [vacat] zusehen. [...]

München, Bayerische Staatsbibliothek (Mün-BStB)

Cod. Mpnac. germ. 1318
Annus M D LXI. [Online unter http://daten.digitale-sammlungen.de/bsb00124555/image_1]

Torgau, Kirchenarchiv (Trg-KA)

o. Sign.
Acta des Lyceums zu Torgau einige Urkunden auch die die Cantorei betreffenden und über das Einkom‹m›en bei Vacanzen, betreffend Rectoratswohnung

Torgau, Stadtarchiv (Trg-StA)

H 7 [ohne Titel; Sammlung diverser Dokumente, insbesondere zur Torgauer Schule]

H 37
[ohne Titel]

H 41
[ohne Titel]

H 42
Beschreibung des Elbstromes und der darin fließenden Gewässer nebst der daran liegenden Orte. Von Rektor in Dommitzsch [U.a. auch Viertelsmeister in Torgau] 1730.

H 47
Sammlung allerley alter Torgauischen Begebenheiten, darinn enthalten: 1. Ein kleiner deutscher Außzug aus D. Summers lateinisch geschriebenen Diario. 2. dergleichen aus D. Jacob Horstens lateinischen und gedruckten Medicinal Briefen. 3. Das Evangelische Torgau in den ersten 100 Jahren nach der Reformation Lutheri in 10. Decenniis eingetheilet vom Jahre 1517 bis 1617 [→ Krudthoff 1754 A/B]

H 123
[ohne Titel; enthält Böhme-Chronik]

H 671
Zuwissen in dem xv c‹enti› xxix jare ist ditz buch geordent hinfuro ein stadbuch genant zusein vmb schwacher gedechtnus willen der menschen ydermans notturft auf bit vnd beger dorein zuschreib‹en›. Angefangen auf Weynachten bey dem burgermeister Georgen Keelhaymer, Jacoben Wiltfeier Heinrichen Harnaschmeyster Andressen Cather, Erasmus Tylo Anthonio Vnrugen, Magistro Vito Warbeck, vnd Georgen Gerlach ratisfreunden. 1529 bis 1533

H 673
Acta des rats anno a natiuitate Christi xv c‹enti› xxx°

H 674
Acta des rats anno Do‹min›i xv c‹enti› xxxi bey dem burgermeister Jaboben Wiltfeyer

H 677
[ohne Titel; Torgauer Ratsprotokollbuch 1536]

H 678
Acta des rats zu Torgaw 1537

H 686
[ohne Titel; Torgauer Ratsprotokollbuch 1550]

H 695
Ratsprotokolle 1560

H 1573
Innungsartickel sämmtlicher Handwerker zu Torgau 1614

H 2459
Bestellung des cantors ampt

H 2612
Epitaphia auff Hiesigen Hospital Kirch-hoffe

H 2734
Berechnung des gemeinen castens zw Torgaw anno Domini funfzehenhundert vnnd ym xlijt‹en› jhare bey Thomas Domig vnd Hansenn Reinhart

H 2735
Berechenung m‹a›g‹iste›r Balthasarn Arnold Georgen Leichern Petern Wirth Hieronimusen Nhyman Paulsen Spaldeholtz vnd Bernharthen Georg als vom rathe geordenthe vorstehere des gemeynen castens vnd der armen vber eynnham vnd außgab dornstags vigilia Circumcisionis Dom‹in›i im neunvndtzwantzigsten jare angefangen, vnd endet sich freytags vigilia Circu‹m›cisionis Dom‹in›i, im dreissigist[e]nn, 1529.–1530

H 2736
Berechnung Peter Wyrts, George Laichers, Hansen Barbirs, Hieronimi Nÿhemans, Bernhart Georgen vnd Valten Tischers, als vom rathe verordenthe vorstehere des gemeinen castens vnd der armen, vber eynna‹m› vnd ausgabe, anfegangenn[!] sontags, in vigilia, Circumcisionis D‹omi›ni, des eynvnddreissigsten jhars, vnd endet sich am tage Circu‹m›cisionis D‹omi›ni, im xxxij°

H 2737
Berechnung des gemeinenn cast‹ens› anno 1533 es ist 1532!

H 2738
Berechnung anno 1535 castenn hernn Merthen Prostwitz Hans Trautman bawmeyster George Goltschmidt Peter Borintz speysser der armen Greger Horst Valten Heber

H 2739
Berechnu‹n›g des gemeinen castens anno 1536 casten hern Heinrich Laurhase Peter Schicke, bawmeyster Peter Bornitz Thomas Berger speisser Valten Heber Maths Tungel

H 2740
Berechnung des gemeinen castens zu Torgaw anno Dominj 1537 casten herren Thomas Schmidt Peter Schick bawmeyster Bernhart Buchner Caspar Ottfar speyssemeyster Maths Tüngel, George ortel

H 2741
Berechnung des gemeinen castens zw Torgaw anno Dominj funfzehenhundert vnnd ihm neunvnddreyssigistenn jhar bey Hans Witte vnnd Hans Zschattenn beide geordenthe Castenherren vber eynnam vnnd ausgab bawmeister Adrian deyderich Hans Dornn speiser Peter Krackaw George Wünderlich anno 1.5.3.9.

H 2742
Berechnung des gemeinen castens zw Torgaw anno Dominj funfzehenhundert vnnd im virzigistenn bey Marcus Winckler vnnd Hansenn Zehatt‹en› geordenthe castenherrn vber eynnam vnnd ausgab gescheen bawmeister Hans Dorn Heinrich Wintther [s]peiser im spittall George Wunderlich Mats Tungel anno 1.5.4.0. Nickel pawher castenschreiber von Peßingk

H 2743
Gehört zu einer Rechnung des gemeinen Kastens, warscheinlich zu der vom Jahre 1545

H 2744
Berechnung des gemeinen Kastens zw Torgaw anno Dominj 1546 vnnd hebet sich Circumcisionis Dominj im xlvj^{ten} an vnd gehet Circumcisionis Dominj des xlvij^{ten} aus bey Thomas Burckert vnd Georgen Langen bescheen

H 2745
Berechnung des gemeynen kasten zu Torgaw anno Dominj 1 $^{\text{m‹ille›}}$ v $^{\text{c‹enti›}}$ xlvij^{ten} bey Thomas Burckarrthe vnd Anders Frizschenn kasten hern bescheen, 1548

H 2746
Jarrechnung des gemaynen castens zu Torgaw vber ennam vnd außgabe durch die vorordenthen vorsteher der armen, als Thomas Burckartt, Andreßen Frizschen, vnd ire mit [a]ngeordenthe, als Peter Borniz, Heinrich Winter vnd Georgen Örtel. die sich am tage Circumcisionis D‹omi›nj anno xv. $^{\text{c‹enti›}}$ vnd im xlviij^{ten} angefangenn vnd die zceit xlix^{ten} beendet

H 2747
1550ten. Jarrechnung des gemeinenn kastens tzu Torgaw, vber einname vnd ausgabe, Bey Peter Schicko: Peter Huthen: Hansen Windisch: als verordenthen kastenherren, sampt ihren mithtzugeordenthen Hansen Katzmeiern, Fabian Rosenkrantz, als baumeistern, Caspar Othfayrn, Bartel Heintzen, als speisern, welche sich anfehet Circumcisionis Dominj des tausent funffhundert vnd funfftzigsten jahres, vnd endet sich im einvndfunfftzigstenn vff dieselbe tzeith. 1550ten. Bartholomeus Weyße kastenschreyber. [...]

H 2750
[Jahrrechnung des Gemeinenn Kastens zu Torgau] [...] Bartholomeus Weyß kastenschreyber. 1553 [Blatt stark beschädigt]

H 2752
1556 Eine halbe jarrechnunge des gemeinen kastens vnd der armen zu Torgaw welche sich anfehet Circumcisionis D‹omi›nj des 1556 jars, vnd endet sich Walpurgis eiusdem anni 1556 bey Greger Siech vn‹d› Valten Herman kastenherren Barthel Heintzen Caspar Rudiger speiseherren Hans Katzman Erasmo Boccho baumeistern. Ambrosius Winckler publici aerarij scriba. 1556 Spes mea sola Christus.

H 2753
Jarrechnung des gemeinen kastens zw Torgaw welche sich anfehet Walpurgis des 56 jars vnd endet sich Walpurgis des 1557 jars. Bey Greger Siech vnd Melchior Schuman castenherren Barthel Heintzen Caspar Ruediger speiseherren Hans Katzman Heinrich Winther bawmeistern. Ambrosius Winckler kastenschreiber.

H 2756
Jarrechnung des gemeinen kastens zue Torgaw, welche sich anfehet Walpurgis 59 jares vnd endet sich Walpurgis des 1560 Jars. Bey Johan Schadten Casparn Orfarnn Barthel Heintzen kastenherren Caspar Ruedigern Pauel Ringenhain speiseherren Heinrich Winther Hans Hetzern bawmeistern Ambrosius Winckler kastenschreiber

H 2757
Jarrechnung des gemeinen kastens zue Torgaw des 1560$^{\text{‹ten›}}$ und 1561$^{\text{‹ten›}}$ Jars

H 2758
Jarrechnung des gemeinen kastens zue Torgaw, welche sich anfehet, Walpurgis im 61 Jare, vnd endet sich Walpurgis des 62 Jares. Bey Philippus Melanthon Johann Hetzernn kastenherren Casparn Ruedigern Pauel Ringenhain speiseherren Heinrich Winthern Ilgen Hempel bawmeister[n] Ambros[iu]s [Winckler kastenschreiber]

H 2759
Jarrechnung des gemeinen kastens zue Torgaw, welche sich anfehet, Walpurgis ym 62. jare, vnd endet sich Walpurgis des 63 jares: Bey Philippus Melanthon Johann Hetzern kastenherren. Casparn Ruedigern Pauel Ringenhain sp[eiseherren] [H]einrich [Wint]hern [... lman ... bawmeistern] [... kastenschreiber]

H 2762
Jarrechnung des ge[m]einen kastens zue [To]rgaw, welche sich an[fehet] Walpurgis ym [65] jare vn‹d› endet sich Walpurgis des [6]6 jares. Bey Johan [...]oppen Johan Hetzern kastenherren. [C]asparn Ruedigern Pauel Ringenhain speiseherren [H]ansen Micheln Ilgen Planitz bawmeistern. Ambrosius Winckler kastenschreyber

Weimar, Landesarchiv Thüringen – Hauptstaatsarchiv (Wmr-HStA)

Alle aus dem Ernestinischen Gesamtarchiv (EGA)

Kopialbuch F. 14, Bd. II
Vorschreibunnge der ambtleut vnd diner [...?]

Reg. Aa, Nr. 2991
Aüßgaben vor die cantorei

Reg. Bb, Nr. 1796
[ohne Titel; Lochauer Lagerbuch]

Reg. Bb, Nr. 2443
Rechnu‹n›g vber das ampt Torgaw Georgenn Kelhaymer angefang‹en› dinstag Walpurgis im xxvj jhare vnnd endet sich abent, Walpurgis im sibenvndzweintzi[g]stenn jhare beschlossenn

Reg. Bb, Nr. 2445
Jharrechnu‹n›g vber das ampt Torgaw Georgen Kelhey‹m›mer angefangen mitwoch am tage Walpurgis im sibenvndzweintzi[g]stenn jhare vnd endet sich dornstag abent Walpurgis im acht vndzweintzigsten jhare beschlossen

Reg. Bb, Nr. 2447
Rechnung vber das ambt Torgau angefang‹en› Michael‹is› im xxviii t‹en› vnd auff Walpurg‹is› im xxix t‹en› beschlossenn Nickel Demuth schosser

Reg. Bb, Nr. 2450
Rechnung vber das ampt Torgaw Walpurg‹is› im xxxt‹en› angefangen vnd Walpurg‹is› im xxxi jar beschlossenn durch mich Nickel Demuth die zeit Schosser

Reg. Bb, Nr. 4342
Register vber unnahm vnd außgabe der heymfardt Anno D‹o›m‹ini› xv c‹enti› xxvij°

Reg. Bb, Nr. 4608
Chürfürstliche ausgabe der quatember vff Reminiscere 1546

Reg. Bb, Nr. 5061
Capitalbuch furstlicher einname vnd ausgabe, durch mich Pauln Löbernn cammerschreibern gehalden, angefangen sonntags Trinitatis 1570 vnnd sonntag Trinitatis 1571 beschlossen

Reg. Bb, Nr. 5225
Churfurstliche hoffaußgabe eins quartals durch mich Sebastian Schadt camerschreiber angefangen sontags nach Mathey anno 15 c‹enti› xxv vnd endet sich vff sontag nach Thome desselben Jares. Das vierde quartal des ccv jares

Reg. Bb, Nr. 5229
Churfurstlich hofausgabe an gelt vnnd vorrat der kuchen durch mich Gilgen Caspernn kuch schreiber sontags Trinitatis Anno ‹etc.› xxvj angefangen vnnd auff sambstag nach Mathej desse[l]ben jars beschlossenn. Das erst quartahl der xxvj jarrechnung

Reg. Bb, Nr. 5331
Churfürstliche hoffausgabe Lucie 1545 angefangen vnnd Reminiscere 1546. beschlossenn

Reg. Bb, Nr. 5564
Ausgabe ein jarlang vff den reyßen durch mich Sebastian Schadt camerschreiber angefangen sambstag nach Erhardj anno ‹etc.› xxv vnd dinstag nach Martinj desselben jares beschlossen

Reg. Bb, Nr. 5946
Sumer kleydunge vndtt wintter kleydung im xv c‹enti› vndtt xxv Jar

Reg. D, Nr. 58, Bd. IV
Schriften betr‹effend› die Vermählung des Herzogs Johann Friedrich von Sachsen mit Sibylle, Tochter Herzog Johanns v‹on› Jülich, Cleve, Berg, bet‹reffend› in 5 Vol‹umina› [...]

Reg. D, Nr. 73
Heirat zwischen hertzog Philipßen von Pommern vnd freülein Marien gebornen hertzogin zü Sachssen etc. 1536

Reg. D, Nr. 78, Bd. I
Heirat zwischen hertzog Johans Ernsten zü Sachssen vndt freulein Katharinen hertzogin zü Braünschweig vndt Lunebürgk ‹etc.› a‹nn›o 1542

Reg. D, Nr. 78, Bd. II
[ohne Titel; Heirat zwischen hertzog Johans Ernsten zü Sachssen vndt freulein Katharinen hertzogin zü Braünschweig vndt Lunebürgk ‹etc.› a‹nn›o 1542]

Reg. D, Nr. 223
Ärztliche Nachrichten von M. Ratzenberger u‹nd› S. Wild für den Kurfürsten Johann Friedrich v‹on› Sachsen, dann das Ableben der Herzogin Sibyllen und Johann Friedrichs und beide Begräbniß u‹nd› Epilog[?] 1541–54

Reg. Hh, Nr. 1557
[ohne Titel; Schriften betr‹effend› die Beschaffung von 5 neuen Gesangbüchern für die Schlosskirche zu Torgau auf kurfürstl‹iche› Rechnung]

Reg. Jj, Nr. 6
Visitation zu Altenburg, Remsden, Born, Colditz, Numpschen, Grim, Eilenburg, Torgau, Dieben, vnndt Gräffenhänich‹en› 1533 34

Reg. Mm, Nr. 704
1536. Walter

Reg. O, Nr. 549
1541–46. Acta betr‹effend› den Zustand und die Gebrechen der Schule zu Torgau

Reg. O, Nr. 927
[ohne Titel; Johann Walter d.A. Componist – Liedercomposition]

Reg. Oo, Nr. 953
1535. Schriften bet‹reffend› die Bewilligung von jahrlich 100 f. zur Unterhaltung der Cantorei in Torgau

Reg. Pp, Nr. 302 [ohne Titel; Steuerlisten]

Reg. Rr, S. 1–316, Nr. 2091
1526–45. Johannes Walter, Componist in der Kantorei zu Torgau. Bl. 3/4: Fürbitte Melanchthons! [...]

Reg. Rr, S. 1–316, Nr. 5
Extract vnnd austzug, hertzog Johansen churf‹ursten› zu Sachssenn etc. seligenn, begnadungs- vnnd dinstvorschreybungen, die vff lebenlangk stehenn

Reg. Rr, S. 1–316, Nr. 6
Vorzaichnis was man nachfolgenden personen ydem eyn jar zu kathemerge[l]de geben act‹um› anno D‹o›m‹ini› xv ‹c›enti› xxv°

Wolfenbüttel, Herzog-August-Bibliothek (WBL-HAB)

Cod. Guelf. 82 Helmst.
[ohne Titel; dickes Konvolut an Briefen und anderen Schriften, beinhaltend u.a.: »12. ... Anklage des Flacius von seiten der Grafen von Mansfeld und seine Vertheidigung, Bl. 378 526]

Werkausgaben (16./17. Jahrhundert)

Achtliederbuch 1524
Etlich Cristlich lider Lobgesang, vn‹d› Psalm, dem rainen wort Gottes gemeß, auß der heyligen‹n› schrifft, durch mancherley hochgelerter gemacht, in der Kirchen zu singen, wie es dann zum tayl berayt zu Wittenberg in übung ist. wittenberg M. D. Xxiiij. Nürnberg: Jobst Gutknecht], 1524
Ein anderer Druck: *Etlich Cristliche lyeder Lobgesang, vnd Psalm, dem rainen wort gotes gemeß, auß der hailigen gschrifft, durch mancherlay Hochgelerter gemacht, in der Kirchen zusingen, wie es dan‹n› zum tail berayt zu Wittemberg in yebung ist. Wittemberg. M. D. XXiij.* Augsburg 1524.

Alber/Walter 1548
Von den Zeichen des Jüngsten Tags: Ein schön Lied. D‹octor› Erasmus Albe‹rus›. [O.O.] 1548

Bernhard 1676
Geistreiches Gesang-Buch, An D. Cornelij Beckers Psalmen und Lutherischen Kirchen-Liedern, mit ihren Melodeyen unter Discant und Basso, sammt einem Kirchen-Gebeth-Buche, Auf Chur-Fürstl‹icher› Durchl‹aucht› zu Sachsen ‹etc.› Hertzog Johann Georgens des Anderen, gnädigste Verordnung und Kosten, für die Churf‹ürst›l‹ichen› Häuser und Capellen aufgeleget und ausgegeben, im Jahre 1676. Dresden: Paul August Hamann, 1676. Widmungsrede von »*Christophorus Bernhardi, Informator.*«

Enchiridion 1524
Eyn Enchiridion oder Handbüchleyn. eynem ytzlichen Christen fast nutzlich bey sich zuhaben, zur stetter vbung vnd trachtung geystlicher gesenge vnd Psalmen, Rechtschaffen vnd kunstlich verteutscht. M. CCCCC. XXiiij Am ende dises Büchleins wirst du fynden eyn Register, yn wilchem klerlich angetzeigt ist, was vnd wie vill Gesenge hieryn‹n› begryffen synd. Mit dysen vnd der gleichen Gesenge soltt man bilbyllich[!] die yungen yugendt auffertzihen. Erfurt: Johannes Loersfeld, 1524
Ein anderer Druck: *Enchiridion Oder eyn Handbuchlein, eynem yetzlichen Christen fast nutzlich bey sich zuhaben, zur stetter vbung vnnd trachtung geystlicher gesenge, vnd Psalmen, Rechtschaffen vnnd kunstlich vertheutscht. M. CCCCC. XXIIII. Am ende dyses buchleins wyrstu finden eyn Register, in welche‹m› klerlich angezeygt ist, was vnd wie viell Gesenge hieryn begriffen sindt. Mit dyesen vnd dergleychen Gesenge sollt mann byllich die iungenn iugendt aufferzyhen.* Erfurt: Matthes Maler, 1524

Enchiridion 1525
Etliche Christliche Gesenge vnd Psalmen, wilche vor bey dem Enchiridion nicht gewest synd, mit hohem fleyss verdeutscht vnnd gedruckt, mit eyner vorrede des Hochgelerten D. Martin Luther. M.D.XXv. Erfurt: Johannes Loersfeld, 1525
Ein anderer Druck: *Enchiridion oder hand büchleyn geystlicher gesenge vn‹d› Psalmen, eynem yeglichen Christen fast nützlich bey sich zu habe‹n›, in steter übung vnd trachtung, auffs new Corrigirt vnnd gebessert, Auch etliche geseng, die bey den vorigen nicht gedruckt sind, wie du hinde‹n› jm Register dises büchleyns findest. Eyn Vorred Mar‹tini› Luthers. Mit disen vnd der gleychen Geseng, solt man billich die iungen iugendt aufferziehen. M. D. XXV.* Nürnberg: Hans Herrgott, 1525

Finck 1556
PRACTICA MVSICA HERMANNI FINCKII, EXEMPLA VARIORVM SIGNORVM, PROPORTIONVM ET CANONVM, IVDICIVM DE TONIS, AC QVÆDAM DE ARTE SVAVITER ET ARTIFICIOSÈ CANTANDI CONTINENS. Wittenberg: Georg Rhau, 1556

Galliculus 1520
ISAGOGE IOANNIS GALLICVLI DE COMPOSITIONE CANTVS. Leipzig: Valentin Schumann, 1520

GALLICULUS 1538
LIBELLVS DE COMPOSITIONE CANTVS. JOANNIS GALLICVLI. Wittenberg: Georg Rhau, 1538

HOFMANN 1675
Torgauischer Catechismus, oder Fürstlicher und anderer Gottfürchtiger Kinder Hand-Buch, Darinnen zu finden Fragen und Antwort über D. Luth. Catechismum, item Fest-Fragen, Biblische Glaubens- wie auch Christliche Reim-Sprüche und Gebet, etc. Erstlich Anno Christi 1594. in Fürstlicher Sächsischer Officin zu Torgau gedruckt, Jetzo aber auff des Durchlauchtigstem Churfürstens zu Sachsen, Hertzog Johann Georgen des II. sonderbaren gnädigsten Befehl, Vor dero beyde Churfürstliche junge Printzen, Auffs neue übersehen und vermehret, mit schönen Kupffern gezieret, und zum sechsten mal auffgelegt: Sampt einer Vorrede, und Anhang von des Catechismi Ursprung und Beschaffenheit, auch Nothwendigkeit, Nutz und Gebrauch, Doctor Paul Hofmanns Superintendentens zu Torgau. Cum Privilegio Electoris Saxoniæ. Torgau: Johann Zacharias Hempe, 1675

KIRCHENORDNUNG 1548
AGENDA Das ist, Kirchenordnung, wie sich die Pfarrherrn vnd Seelsorger in jren Ampten vnd diensten halten sollen, Für die Diener der Kirchen in Hertzog Heinrichen zu Sachsen Vnsers Gnädigsten Herrn Fürstenthumb gestellet. M. D. XL VIII.

KIRCHENORDNUNG 1600
AGENDA. Das ist, Kirchenordnung, wie sich die Pfarrherrn vnd Seelsorger in jren Ampten vnd diensten halten sollen, Für die Diener der Kirchen in Hertzog Heinrichen zu Sachssen Vnsers Gnädigsten Herrn Fürstenthumb gestellet. Auffs new gebessert mit etzlichen Collecten der Superintentenden[!], etc. Gedruckt zu Jehna, durch Salomon Richtzenhan, Typis Donati Richtzenhan, Im Jahr, 1600.

KUGELMANN 1540
CONCENTVS NOVI, TRIVM VOCVM, Ecclesiarum usui in Prussia precipue accomodati. IOANNE KVGELMANNO, Tubicinæ Symphoniarum authore. News Gesanng, mit Dreyen stymmen, Den Kirchen vnd Schülen zu nutz, newlich in Preüssen durch Joannem Kugelman Gesetzt. Item Etliche Stuck, mit Acht, Sechs, Fünf vnd Vier Stymmen hinzü gethan. Vier Stimmbücher (Discant, Alt/Vagans, Tenor, Bass). Augsburg: Melchior Kriesstein [1540]

LUTHER 1523 A
FORMVLA MISSÆ ET COMMVNIONIS pro Ecclesia Vuittembergensi. MARTINI LVTHER. Wittenberg 1523

LUTHER 1523 B
Von ordenung gottis dienst ynn der gemeyne. Doctor Martinus Lutther. Wittenberg: [Cranach und Döring], 1523

LUTHER 1524 A
An die Radherrn aller stedte deutsches lands: das sie Christliche schulen auffrichten vnd hallten sollen. Martinus Luther. Wittemberg. M.D.xxiiij. Lasst die kinder zu mir komen vnd weret yhnen nicht Matthäi 19.
Ein anderer Druck: *An die Radherrn aller stedte deutsches lands: das sie Christliche schulen auffrichtenn vnd halten sollen. Martinus Lutther. Wittemberg. M. D. X X iiij. Lasst die kynder tzü mir komen vnnd weret yhnen nicht Matthäi 19.* Erfurt: Wolfgang Stürmer, 1524
Ein anderer Druck: *An die Ratherren aller Stette Teutsches lands, das sie Christliche Schulen auffrichten vnd halten sollen. Martinus Luther. wittenberg. 1524 Laßt die kinder zu mir kummen vnd weret jnen nicht. Matthei. xix.*

LUTHER 1524 B
Ein weyse Christlich Mess zuhalten vnd zum tisch Gottis zu gehen. Martinus Luther. Wittenberg: [Cranach und Döring,] 1524.
Ein anderer Druck: *Eyn weyse Christlich Mess zu halten vnd zum tisch Gottis zugehen.* Martinus Luther. Wittenberg: [Schirlentz,] 1524

LUTHER 1525 A
Das Teutsch gesang so in der Meß gesungen würdt zu nutz vnd gut den jungen kindern Gedruckt. [Nürnberg: Jobst Gutknecht,] 1525

LUTHER 1525 B
wider die himelischen Propheten, Vo(n) den bildern vnd Sacrament etc. Marti(nus) Luth(er) M. D. XXV. Ir thorhait wirdt yederman offenbar werden. ij. Timo. iij.

LUTHER 1530
Vermanung zum Sacrament des leibs vnd bluts vnsers HERRN. Mart(inus) Luther. Wittenberg 1530

LUTHER 1533 (1526)
DEudsche Messe vnd Ordnunge Gottesdiensts. Wittemberg. Zwickau: Wolfgang Meyerpeck [1533] (1. Ausgabe: Wittenberg 1526)

PRAETORIUS 1612
LEITURGODIA SIONIA LATINA, Complectens Sub hoc GENERALI TITVLO, Omnes Ecclesiasticas Cantiones Latinas usitatiores & selectiores, quæ diebus Dominicis & Festis, In Officio Matutino, Summo, & Vespertino, per annum in Ecclesia decantari solent, plurium vocum harmoniâ (Chorali Melodiâ cumprimis observatâ) ita concinnatas, ut tàm in Choro, quàm Organo, etiam MOTECTARVM loco, non incommodè usurpati possint. AVTORE Michaële Prætorio, Creutzbergensi, in aulâ Brunsvic. Chori Musici Magistro. Anno Christi sIt DeVs nobIs CVM. [S.l.] 1612

PRAETORIUS 1615
SYNTAGMATIS MUSICI TOMUS PRIMUS Complectens DUAS PARTES: quarum PRIMA agit DE MUSICA SACRA VEL ECCLESIASTICA, Religionis exercitio accomodatâ: & QUATUOR MEMBRIS comprehensa. [...] AUCTORE MICHAELE PRÆTORIO C. Wittenberg: Johannes Richter, 1615

PSALTERIUM 1565
Psalteriu(m) DAVIDIS IVXTA TRANSLATIONEM VETEREM, ALICVBI TAMEN EMENDATAM ET DECLARAtam, & accuratius distinctam iuxta Ebraica(m) Veritatem, edditis etiam singulorum Psalmorum breuibus Argumentis. 1565. Cum Privilegiio Cæsareæ Maiestatis AD ANNOS XV.

RHAU 1517
[*ENCHIRIDION VTRIusq(ue) Musicæ Practicæ a Georgio Rhauuo congestum.* O.O. 1517]

RHAU 1540
VESPERARVM PRECVM OFFICIA PSALMI FERIARVM ET DOMINICALIVM DIERVM TOCIVS ANNI, CVM ANTIPHONIS, HYMNIS, ET RESPONSORIIS (vt vocant) quatuor vocibus ab optimis & celeberrimis Musicis compositi, Quorum omnium Catalogum in fine lector inueniet. Vier Stimmbücher (Discant, Alt, Tenor, Bass). Wittenberg: Georg Rhau, 1540

RHAU 1541 *OPVS DECEM MISSARVM QVATVOR VOCVM, IN GRATIAM SCHOLARVM ATQVE ADEO OMNIVM MVSICES STVDIOSORVM, COLLECTVM A GEORGIO RHAVVO Musico & Typographo Vuitembergensi.* Vier Stimmbücher (Discant, Alt, Tenor, Bass). [Wittenberg: Georg Rhau] 1541

RHAU 1544
Newe Deudsche Geistliche Gesenge CXXIII. Mit Vier vnd Fünff Stimmen, Für die gemeinen SCHVLEN, Mit sonderlichem vleis aus vielen erlesen, Der zuuor keins im druck ausgangen. Vier Stimmbücher (Discant, Alt, Tenor, Bass). Wittenberg: Georg Rhau, 1544

SCHWERTEL 1568
Das Christliche Kinderlied D(octoris) Martini Lutheri: Erhalt vns HERR etc. Itziger zeit nützlich vnd nötig zu singen. In sechs Stimmen gesetzt [...]. Wittenberg [Johann Schwertel], 1566

SCRIPTORUM TOMUS I 1560
SCRIPTORVM PVBLICE PROPOSITORVM A PROFESSORIBVS IN Academia VVitebergensi, Ab anno 1540. usq(ue) ad annum 1553. TOMVS PRIMVS. Wittenberg: Georg Rhaus Erben, 1560

STEPHANI 1568 A
CANTIONES TRIGINTA SELECTISSIMAE: QVINQVE: SEX: SEPTEM: OCTO: DVODECIM: ET PLVRIVM VOCVM, SVB QVATuor tantum, artificiose Musicis numeris à præstantissimis huius artis artificibus ornatæ ac compositæ: Hinc inde autem collectæ & in lucem editæ, Per CLEMENTEM STEPHANI: BVCHAVIENSEM ET Egranorum incolam, Anno salutis 1568. Vier Stimmbücher (Discantus, Altus, Tenor, Bassus). Nürnberg: Ulrich Neuber, 1568

STEPHANI 1568 B
LIBER SECVNDVS. SVAVISSIMARVM ET IVCVNDISSIMARVM HARMONIARVM: QVINQVE ET QVATVOR VOCVM, EX DVABVS VOCIBVS fluentium, quae à praestantissimis artificibus huius artis compositae, nunc primum in lucem sunt aeditae, anno salutis nostrae M.D.LXVIII. CLEMENTE STEPHANI BVCHAVIense, & Egranorum incola selectore. Zwei Stimmbücher (Prima Vox, Altera Vox). Nürnberg: Ulrich Neuber, 1568

STEPHANI 1569
BEATI OMNES. PSALMVS CXXVIII. DAVIDIS: SEX, QVINQVE ET QVATVOR VOCVM, A VARIIS, IISDEMQVE PRAESTANTISSIMIS MVSICAE ARTIFICIBVS HARmonicis numeris adornatus, & modis septendecim concinnatus, hinc inde autem collectus, atq‹ue› in unum uolumen redactus, & in lucem editus, Per CLEMENTEM STEPHANI BVCHAVIENSEM ET EGRAnorum incolam. Anno 1568. [...]. Vier Stimmbücher (Discant, Alt, Tenor, Bass). Nürnberg: Ulrich Neuber, 1569

VOGT 1568
Praestantissimorum artificium lectissimae Missae cum 5 tum 6 vocum. Wittenberg: Johannes Schwertel, 1568

WALTER 1524
Geystliche gesangk Buchleyn. Fünf Stimmbücher (Discant, Alt, Tenor, Vagans, Bass). Wittenberg: [Joseph Klug; Lucas Cranach / Christian Döring,] 1524

WALTER 1525
Geystliche Gsangbüchlin, Erstlich zu Wittenberg, vnd volgend durch Peter schöffern getruckt, im jar. M. D. XXV. Fünf Stimmbücher (Discant, Alt, Tenor, Vagans, Bass). [Worms:] Peter Schöffer, 1525

WALTER 1534
Wittenbergische Gesangbüchli durch Johan‹nem› Walthern, Churfürstlichen von Sachsen senger meyster vff ein newes corrigiert, gebessert vnd gemeret. Fünf Stimmbücher (Discant, Alt, Tenor, Bass, Vagans). Straßburg: Peter Schöffer und Mathias Apiarius], 1534

WALTER 1537
Wittenbergisch Gsangbüchli durch Johan‹nem› Waltern, Churfürstlichen von Sachsen senger meyster, vff ein newes corrigiert, gebessert, vnd gemeret. Fünf Stimmbücher (Discant, Alt, Tenor, Bass, Vagans). Straßburg: Peter Schöffer und Mathias Apiarius, 1537

WALTER 1538
Lob vnd preis der löblichen Kunst Musica: Durch H‹errn› Johan Walter. Wittenberg: Georg Rhau, 1538
Ein anderer Druck: *Lob vnd preis der löblichen kunst Musica: Durch H‹errn› Johan Walter, der Cantorey zu Torgaw Cantor.*

WALTER 1544 A
CANTIO SEPTEM VOCVM, IN LAVDEM DEI OMNIPOTENTIS ET Euangelij eius, quod sub Illustrissimo Principe, D. IOANNE FRIDERICO Duce Saxoniæ Electore &c. per Reuerendum D. Doctorem MARTINVM LVTHERVM & D. PHILIPPVM MELANTHONEM, e tenebris in lucem erutum ac propagatum est. Composita à IOANNE VVALTERO, Electoris Saxoniæ Symphonista. Vier Stimmbücher (Prima et Secvnda Voces, Tertia et Qvarta Voces, Qvinta et Sexta Voces, Septima Vox). Wittenberg: Georg Rhau [1544]

WALTER 1544 B
Wittembergisch deudsch Geistlich Gesangbüchlein [...] anno M. D. XLIIII. Fünf Stimmbücher (Discant, Alt, Tenor, Vagans, Bass). Wittenberg: Georg Rhau, 1544

WALTER 1546
EPITAPHIVM Des Ehrwirdigen Herrn vnd Vaters, Martini Luthers, der Heiligen schrifft Doctorn, vnd des reinen wahren Euangelions trewen Lerhers vnd Predigers. 1546 Gott vnd sein Wort bleibt ewig stehn Des Babsts gewalt wird bald vergehn. Wittenberg: Georg Rhau, 1546
Ein anderer Druck: *EPITAPHIVM Des EhrWirdigen Herrn vnd Vaters, Martini Luthers, der Heiligen schrifft Doctorn, vnd des reinen wahren Euangelions trewen Lerhers vnd Predigers. 1546 Gott vnd sein Wort bleibt ewig stehn Des Babsts gewalt wird bald vergehn: Wittemberg.* Nürnberg: Wolff Heusler, 1546

WALTER 1551
Wittembergisch deudsch Geistlich Gesangbüchlein. Mit vier vnd fünff stimmen. Durch Johan Walthern, Churfürstlichen von Sachssen Sengermeistern, auffs new mit vleis corrigirt, vnd mit vielen schönen Liedern gebessert vnd gemehret. 5 Stimmbücher (Discant, Alt, Tenor, Vagans, Bass).Wittenberg: Georg Rhaus Erben, 1551

WALTER 1552
Ein schöner Geistlicher vn‹d› Christlicher newer Berckreyen, Von dem Jüngsten tage, vnd ewigem Leben, Auff die Melodey vnd weise, Hertzlich thut mich erfrewen etc. Mit einer newen Melodey gezieret. Durch Johan Walthern, In jtziger betrübten zeit Jm vnd allen Christen zu trost gemacht. Wittenberg: Georg Rhaus Erben, 1552

WALTER 1557
MAGNIFICAT OCTO TONORVM QVATVOR, QVINQVE, ET Sex uocibus, à Iohanne VValthero Seniore, Musico clarissimo compositum atq‹ue› recens editum. [...]. Fünf Stimmbücher (Discant, Alt, Tenor, Bass, Qvinta et Sexta Vox). Jena: Christian Rhode, 1557

WALTER 1561
Ein newes Christlichs Lied, Dadurch Deudschland zur Busse vermanet, Vierstimmig gemacht Durch Johan‹nes› Walther. Wittenberg: Georg Rhaus Erben, 1561

WALTER 1564 A
Ein newes Geistliches Lied, von dem Gottseligen, thewren vnd hochbegnadten Manne, Doctore Martino Luthero, Deutsches Landes Propheten vnd Aposteln. Im Thon: O HERRE GOTT dein Göttlichs Wort, etc. Durch Johann‹em› Walther. O.O. 1564

WALTER 1564 B
Lob vnd preis, Der Himlischen Kunst MVSICA: Mit einer herrlichen, schönen Vorrede, des seligen, tewren, hochbegabten Mannes, Doctoris Martini Lutheri, vormals deudsch im Druck nihe ausgangen: Durch Johan Walther. Wittenberg: Lorentz Schwenck, 1564

WALTER 1566
Das Christlich Kinderlied D‹octoris› Martini Lutheri, Erhalt vns HErr etc. Auffs new in sechs Stimmen gesetzt, vnd mit etlichen schönen Christlichen Texten, Latinischen vnd Teutschen Gesengen gemehrt, Durch Johan Walter den Eltern, Churfürstlichen alten Capellmeister. Sechs Stimmbücher (Discant 1/2, Alt, Tenor, Vagans, Bass). Wittenberg: Johann Schwertel, 1566

WALTER 1568
Ein gut New Jar zur Seligkeit [...]. Eisleben: Urban Gaubisch, 1568

WALTER 1571
Das Gratias. Eine Christliche Dancksagung, Johannis Waltheri des Eltern letztes Gedicht, nach der Melodey. Lobet Gott jr fromen Christen etc. Oder. Nach der Melodey, Von der Gottfürchtigen Dorothea vnd Susanna zu singen. Eisleben: Urban Gaubisch, 1571

Literatur und Editionen

ABER 1921
ABER, ADOLF: *Die Pflege der Musik unter den Wettinern und wettinischen Ernestinern von den Anfängen bis zur Auflösung der Weimarer Hofkapelle 1662.* Bückeburg und Leipzig 1921

AMELN/GERHARDT 1939 AMELN, KONRAD / GERHARDT, CARL: *Johann Walter und die ältesten Deutschen Passionshistorien.* Göttingen 1939

ASPER 1998
ASPER, ULRICH: *Johann Walters* GEISTLICHES GESANGBÜCHLEIN. *Entstehung – Bedeutung – Technik und Stil der deutschen Liedsätze [Zusammenfassung].* In: Brusniak, Friedhelm (Hrsg.): Johann-Walter-Studien. Tagungsbericht Torgau 1996. Tutzing 1998, 141–144

BERGNER 1899
BERGNER, HEINRICH (Bearb.): *Urkunden zur Geschichte der Stadt Kahla.* Hrsg. vom Altertumsforschenden Verein zu Kahla. Kahla 1899 (Geschichte der Stadt Kahla 1)

BLANKENBURG 1972 A (1979)
BLANKENBURG, WALTER: *Die verschlungenen Schicksalswege des Codex Gothanus Chart. A. 98. Ein kleines absonderliches Kapitel thüringischer Bibliotheksgeschichte.* In: Dorfmüller, Kurt (Hrsg.): Quellenstudien zur Musik. Wolfgang Schmieder zum 70. Geburtstag. Frankfurt a.M. u.a. 1972, 35–40. Wiederabgedruckt in: Blankenburg, Walter: Kirche und Musik. Gesammelte Aufsätze zur Geschichte der gottesdienstlichen Musik. Zu seinem 75. Geburtstag herausgegeben von Erich Hübner und Renate Steiger. Göttingen 1979, 80–87

BLANKENBURG 1972 B
BLANKENBURG, WALTER: *Überlieferung und Textgeschichte von Martin Luthers »Encomion musices«.* In: Lutherjahrbuch 39 (1972), 80–104

BLANKENBURG 1973/74 (1979)
BLANKENBURG, WALTER: *Johann Walters Chorgesangbuch von 1524 in hymnologischer Sicht. Zum Beginn der Geschichte des evangelischen Kirchenliedes vor 450 Jahren.* In: Jahrbuch für Liturgik und Hymnologie 18 (1973/74), 65–96. Wiederabgedruckt in: Blankenburg, Walter: Kirche und Musik. Gesammelte Aufsätze zur Geschichte der gottesdienstlichen Musik. Zu seinem 75. Geburtstag herausgegeben von Erich Hübner und Renate Steiger. Göttingen 1979, 40–79

BLANKENBURG 1991
BLANKENBURG, WALTER: *Johann Walter. Leben und Werk [1970].* Aus dem Nachlass herausgegeben von Friedhelm Brusniak. Tutzing 1991

BLASCHKE 1960
BLASCHKE, KARLHEINZ: *Siegel und Wappen in Sachsen.* Leipzig 1960

BLUME 1931
BLUME, FRIEDRICH: *Die evangelische Kirchenmusik.* Potsdam 1931

BLUME 1965
BLUME, FRIEDRICH: *Geschichte der evangelischen Kirchenmusik.* Zweite, neubearbeitete Auflage. Herausgegeben unter Mitarbeit von Ludwig Finscher, Georg Feder, Adam Adrio und Walter Blankenburg. Kassel u.a. 1965

BOËS 1958/59
BOËS, ADOLF: *Die reformatorischen Gottesdienste in der Wittenberger Pfarrkirche von 1523 an und die »Ordenung der gesenge der Wittembergischen Kirchen« von 1543/44.* In: Jahrbuch für Liturgik und Hymnologie 4 (1958/59), 1–40

BOSSERT 1899
BOSSERT, GUSTAV: *Die Hofkantorei unter Herzog Christoph von Württemberg.* In: Monatshefte für Musik-Geschichte 31 (1899), 1–14, 17–25

BRETSCHNEIDER I 1834
BRETSCHNEIDER, CAROLUS GOTTLIEB (Hrsg.): *Corpus reformatorum.* [Bd. 1: Melanchthon, Philipp: Opera quae supersunt omnia] [Briefe 1497–1529]. Halle 1834

BRETSCHNEIDER VI 1839
BRETSCHNEIDER, CAROLUS GOTTLIEB (Hrsg.): *Corpus reformatorum.* [Bd. 6: Melanchthon, Philipp: Opera quae supersunt omnia] [Briefe 1546-Juni 1548]. Halle 1839

BRINKEL 1960
BRINKEL, KARL: *Zu Johann Walters Stellung als Hofkapellmeister in Dresden.* In: Jahrbuch für Liturgik und Hymnologie 5 (1960), 135–143

BRINZING 1998
BRINZING, ARMIN: *Ein neues Dokument zur theologischen Position des späten Johann Walter.* In: Brusniak, Friedhelm (Hrsg.): Johann-Walter-Studien. Tagungsbericht Torgau 1996. Tutzing 1998, 73–112

BRUSNIAK 1999
BRUSNIAK, FRIEDHELM: *Anmerkungen zur »Liedmotette« im 16. Jahrhundert.* In: Heidrich, Jürgen / Konrad, Ulrich (Hrsg.): Traditionen in der mitteldeutschen Musik des 16. Jahrhunderts. Symposiumsbericht Göttingen 1997. Göttingen 1999, 27–35

BRUSNIAK 2013
BRUSNIAK, FRIEDHELM: *Zur Musik von Johann Walter.* In: Herrmann, Matthias (Hrsg.): Johann Walter, Torgau und die evangelische Kirchenmusik. Altenburg 2013 (Sächsische Studien zur älteren Musikgeschichte 4), 47–59

BUCHWALD 1893
BUCHWALD, G.: *Stadtschreiber M. Stephan Roth in Zwickau in seiner literarisch-buchhändlerischen Bedeutung für die Reformationszeit.* In: Archiv für Geschichte des deutschen Buchhandels 16 (1893), 6–246

BURKHARDT 1879/1981
BURKHARDT, KARL AUGUST HUGO: *Geschichte der sächsischen Kirchen- und Schulvisitationen von 1524 bis 1545. Die Visitationen in den heutigen Gebietsteilen der Königreiche Preussen und Sachsen, des Grossherzogtums Weimar, der Herzogtümer Gotha, Meiningen, Altenburg, des Herzogtums Braunschweig und der Fürstentümer Schwarzburg-Rudolstadt, -Sondershausen, Reuss jüngere Linie und Reuss ältere Linie.* Neudruck der Ausgabe Leipzig 1879. Aalen 1981

CREVEL 1940
CREVEL, MARCUS VAN: *Adrianus Petit Coclico. Leben und Beziehungen eines nach Deutschland emigrierten Josquinschülers.* Haag 1940

DELANG 1989
DELANG, STEFFEN: *Das Schloss im Zeitalter der Renaissance: Das Renaissanceschloß.* In: Das Dresdener Schloss. Monument sächsischer Geschichte und Kultur. Eine Ausstellung der Aufbauleitung des Rates des Bezirkes Dresden, der Staatlichen Kunstsammlungen Dresden und des Instituts für Denkmalpflege Dresden, im Auftrage des Rates des Bezirkes, Dresden 1989, 49–53

DENNER 1931-1/2/3/NACHSCHRIFT
DENNER, RICHARD: *Ein Kantor und ein Musikant, zwei große Söhne unserer Stadt.* In: Heimatklänge. Heimatkundliche Beilage zum Kahlaer Tageblatt 1 (Zeitungs-Nr. 244), Sonnabend, den 17. Oktober 1931; erste Fortsetzung in 2 (262), Sonnabend, den 7. November 1931; zweite Fortsetung in 3 (279), Sonnabend, den 28. November 1931; »*Nachschrift*« o.D.

DENNER 1935
DENNER, RICHARD: *Der Lieder- und Tondichter Johann Walter, ein Sohn der Stadt Kahla.* In: Mitteilungen des Vereins für Geschichte und Altertumskunde zu Kahla 8 (1935), 397–424

DENNER 1937/38
DENNER, RICHARD (Hrsg.): *Jahrbücher zur Geschichte der Stadt Kahla.* [Posthum] Herausgegeben im Auftrage des Vereins für Geschichte und Altertumskunde. Kahla 1937/38

DÜLBERG/OELSNER/POHLACK 2009
DÜLBERG, ANGELICA / OELSNER, NORBERT / POHLACK, ROSEMARIE: *Das Dresdner Residenzschloss. Großer DKV-Kunstführer.* Berlin, München 2009

DÜLBERG 2011
DÜLBERG, ANGELICA: *Die künstlerische Ausstattung des Dresdner Residenzschlosses in der zweiten Hälfte des 16. Jahrhunderts als Ausdruck der neu gewonnenen Kurwürde.* In: Andersen, Michael / Johannsen, Birgitte Bøggild / Johannsen, Hugo (Hrsg.): Reframing the Danish Renaissance. Probleme and Prospects in a European Perspective. Papers from an International Conference in Copenhagen, 28 September – 1 October 2006. Kopenhagen 2011, 171–182

EHMANN 1934
EHMANN, WILHELM: *Johann Walter, der erste Kantor der protestantischen Kirche.* In: Musik und Kirche 6 (1934), 188–203, 240–246, 261–264

EITNER 1878
EITNER, ROBERT: *Johann Walther. Biographisches und Bibliographisches.* In: Monatshefte für Musik-Geschichte 10 (1878), 79–94

ERLER 1895
ERLER, GEORG (Hrsg.): *Die Matrikel der Universität Leipzig.* Bd. 1: *Die Immatrikulationen von 1409–1559.* Leipzig 1895 (Codex Diplomaticus Saxoniae Regiae II 16)

FINDEISEN/MAGIRIUS 1976
FINDEISEN, PETER / MAGIRIUS, HEINRICH (Bearb.): *Die Denkmale der Stadt Torgau.* Leipzig 1976

FORKEL 1784
FORKEL, JOHANN NIKOLAUS: *Musikalischer Almanach für Deutschland auf das Jahr 1784.* Leipzig 1784

FÖRSTEMANN 1834
FÖRSTEMANN, KARL EDUARD: *Dreizehn Briefe und Bedenken Melanchthons; aus ihren Originalen zuerst mitgetheilt.* In: Ders. (Hrsg.): Neue Mittheilungen aus dem Gebiete historisch-antiquarischer Forschungen. Im Namen des mit der Königl. Universität Halle-Wittenberg verbundenen Thüringisch-Sächsischen Vereins für Erforschung des vaterländischen Alterthums und Erhaltung seiner Denkmale. Bd. 1, Heft 2. Halle 1834, 40–60

FORTGESETZTE SAMMLUNG 1722
Fortgesetzte Sammlung Von Alten und Neuen Theologischen Sachen, Büchern, Uhrkunden, Controversien, Veränderungen, Anmerckungen, Vorschlägen, u͛nd͛ d͛erg͛leichen͛ Zur geheiligten Ubung In beliebigem Beytrag ertheilet Von Einigen Dienern des Göttlichen Wortes. Auf das Jahr 1722. Nebst nöthigen Registern und Summarien. Mit Königl͛ichem͛ Pohln͛ischem͛ und Churfürstl͛ichem͛ Sächß͛ischem͛ PRIVILEGIO. Leipzig 1722

FÜRSTENAU 1849
FÜRSTENAU, MORITZ: *Beiträge zur Geschichte der Königlich Sächsischen musikalischen Kapelle.* Dresden 1849

FÜRSTENAU 1863
FÜRSTENAU, MORITZ: *Johann Walter, kurfürstlich sächsischer Capellmeister. Eine biographische Skizze von Moritz Fürstenau.* In: Allgemeine Musikalische Zeitung N.F.1 (1863), Sp. 245–250, 262–267, 282–286

FÜRSTENAU 1866
FÜRSTENAU, MORITZ: *Die Instrumentisten und Maler Brüder de Tola und der Kapellmeister Antonius Scandellus. Ein Beitrag zur Kunstgeschichte Sachsens im 16. Jahrhundert.* In: Archiv für Sächsische Geschichte 4 (1866), 167–203

FÜRSTENAU 1867
FÜRSTENAU, MORITZ: *Die Cantoreiordnung Kurfürst August's von Sachsen vom Jahre 1555.* In: Mittheilungen des Königlich Sächsischen Vereins für Erforschung und Erhaltung vaterländischer Geschichts- und Kunstdenkmale 17 (1867), 51–67

GENNRICH 1932
GENNRICH, FRIEDRICH: *Formenlehre des mittelalterlichen Liedes als Grundlage einer musikalischen Formenlehre des Liedes.* Halle (Saale) 1932

GERBER 1931
GERBER, RUDOLF: *Die deutsche Passion von Luther bis Bach.* In: Lutherjahrbuch 13 (1931), 131–152

GERHARDT 1949
GERHARDT, CARL: *Die Torgauer Walter-Handschriften. Eine Studie zur Quellenkunde der Musikgeschichte der deutschen Reformationszeit.* Kassel, Basel 1949

GEHRT 2012
GEHRT, DANIEL: *Geistliche Lieder und die ernestinischen Höfe in der zweiten Hälfte des 16. Jahrhunderts. Musik im Spannungsfeld zwischen persönlicher Frömmigkeit, Bekenntnis und dynastischer Identität.* In: Paasch, Kathrin (Hrsg.): »Mit Lust und Liebe singen«. Die Reformation und ihre Lieder. Begleitband zur Ausstellung der Universitäts- und Forschungsbibliothek Erfurt/Gotha in Zusammenarbeit mit der Stiftung Schloss Friedenstein Gotha, 5. Mai bis 12. August 2012. Gotha 2012, 12–28

GLEICH 1730
ANNALES ECCLESIASTICI, Oder: Gründliche Nachrichten der REFORMATIONS-Historie Chur-Sächß. Albertinischer Linie, Wobey zugleich Von der Churfl. Sächß. Schloß-Kirche zu Dreßden, und dem darinnen angeordneten Gottes-Dienste gehandelt wird; Dabey die umständlichen Lebens-Beschreibungen derer Churfl. Sächß. Ober- und übrigen Hoff-Prediger, So in derselben nach der Reformation biß auf jetzige Zeiten gelehret, nebst dero Schrifften und Bildnüssen zu befinden, aus wahren Original-Documenten bestätiget, Welchen verschiedene Kayserl. Königl. Chur- und Fürstl. auch andrer vornehmer und gelehrten Leute an selbige geschriebene Briefe beygefüget. Mit Fleiß zusammen getragen, und mit vierfachen Registern versehen, von D. Johann Andreas Gleichen, Königl. und Churfl. Sächß. Ober-Consistorial-Rath und ältisten Hoff-Prediger. Dresden und Leipzig 1730

GRAFF 1937
GRAFF, PAUL: *Geschichte der Auflösung der alten gottesdienstlichen Formen in der evangelischen Kirche Deutschlands.* Bd. 1: *Bis zum Eintritt der Aufklärung und des Rationalismus.* Zweite vermehrte und verbesserte Auflage. Göttingen 1937

GRULICH 1855
Friedrich Joseph Grulich's Denkwürdigkeiten der altsächsischen Residenz Torgau aus der Zeit und zur Geschichte der Reformation, nebst Anhängen und Lithographien. Zweite vermehrte Auflage von J(ohann) Christian) A(ugust) Bürger, Archidiakonus zu | Torgau. »Wittenberg war die Mutter und Torgau die Amme der Reformation.« Torgau 1855

GURLITT 1915/2008
GURLITT, WILIBALD: *Michael Praetorius (Creuzbergensis), sein Leben und seine Werke, nebst einer Biographie seines Vaters, des Predigers M. Schulteis.* [Nachdruck der Ausgabe 1915, mit ergänzten Korrekturen aus dem Nachlass des Verfassers, hrsg. von Josef Floßdorf und Hans-Jürgen Habelt.] Leipzig/Wolfenbüttel 1915/2008

GURLITT 1933
GURLITT, WILIBALD: *Johannes Walter und die Musik der Reformationszeit.* In: Lutherjahrbuch 15 (1933), 1–112

GURLITT 1936
GURLITT, WILIBALD: *Wach auf, wach auf, du deutsches Land.* In: Monatschrift für Gottesdienst und kirchliche Kunst 41 (1936), 227–230

HAAS 1922

HAAS, ROBERT: *Zu Walther's Choralpassion nach Matthäus.* In: Archiv für Musikwissenschaft 04 (1922), 24–47

HANDBUCH I-3 1974

Handbuch der deutschen evangelischen Kirchenmusik. Nach den Quellen herausgegeben von Konrad Ameln, Christhard Mahrenholz und Wilhelm Thomas unter Mitarbeit von Carl Gerhardt†. Bd. I: *Der Altargesang.* Teil 3: *Die biblischen Historien – die einstimmigen Weisen.* Göttingen 1974

HAUSSWALD 1948

HAUSSWALD, GÜNTER (Hrsg.): *Dresdner Kapellbuch. 1548/1948.* Generalintendanz der Staatstheater Dresden. Dresden 1948

HEIDRICH 1998 A

HEIDRICH, JÜRGEN: *Bemerkungen zu den Psalmkompositionen Johann Walters. Über humanistische Züge im nichtliturgischen Schaffen des ›protestantischen Urkantors‹.* In: Brusniak, Friedhelm (Hrsg.): Johann-Walter-Studien. Tagungsbericht Torgau 1996. Tutzing 1998, 113–139

HEIDRICH 1998 B

HEIDRICH, JÜRGEN: *»deütsch oder lateinisch nach bequemigkeit«? Zur Bedeutung der Volkssprache für die protestantische Vesperpraxis im 16. Jahrhundert.* In: Kirchenmusikalisches Jahrbuch 82 (1998), 7–20

HEIDRICH 1998 C

HEIDRICH, JÜRGEN: *Ein unbeachtetes Schriftstück von der Hand Johann Walters. Bemerkungen zur Entstehung des Codex Gotha Chart. A 98 und zu den Stimmbüchern Bln. 40043.* In: Staehelin, Martin (Hrsg.): Gestalt und Entstehung musikalischer Quellen im 15. und 16. Jahrhundert. Wiesbaden 1998 (Wolfenbütteler Forschungen 83 / Quellenstudien zur Musik der Renaissance 3), 193–201

HEIDRICH 1999

HEIDRICH, JÜRGEN: *Bausteine zu einer mitteldeutschen Musikgeschichte des 16. Jahrhunderts.* In: Heidrich, Jürgen / Konrad, Ulrich (Hrsg.): Traditionen in der mitteldeutschen Musik des 16. Jahrhunderts. Symposiumsbericht Göttingen 1997. Göttingen 1999, 1–18

HEINEMANN 2001

HEINEMANN, MICHAEL: *Der berühmte Conradsche Stich der Hofkapelle – ein Dokument der Aufführungspraxis?* In: Ottenberg, Hans-Günter / Steindorf, Eberhard (Hrsg.): Der Klang der Sächsischen Staatskapelle Dresden. Kontinuität und Wandelbarkeit eines Phänomens. Bericht über das Symposium vom 26. bis 27. Oktober 1998 im Rahmen des 450jährigen Jubiläums der Sächsischen Staatskapelle Dresden [...]. Hildesheim u.a. 2001 (Dresdner Beiträge zur Musikforschung 1), 47–56

HENZE 1906

HENZE, ERNST: *Dr. Martin Luther und der Sängermeister Johannes Walther in Torgau.* In: Veröffentlichungen des Altertums-Vereins zu Torgau, Heft 18/19 (1906), 31–39

HERBST 2013

HERBST, WOLFGANG: *Vom Umgang mit Luthers theologischer Musikanschauung.* In: Schütz-Jahrbuch 35 (2013), 7–15

HERRMANN 1987

HERRMANN, MATTHIAS: *Untersuchungen zur Geschichte der Dresdner Hofmusik zwischen 1464 und 1541.* Diss. Masch.-Schr. Leipzig 1987

HERRMANN 2001

HERRMANN, MATTHIAS: *Vokalisten und Instrumentalisten am kurfürstlich-wettinischen Hof 1464–1485. Bemerkungen zur Frühgeschichte der kursächsischen Kapellmusik vor Neugründung der Hofkantorei 1548.* In: Ottenberg, Hans-Günter / Steindorf, Eberhard (Hrsg.): Der Klang der Sächsischen Staatskapelle Dresden. Kontinuität und Wandelbarkeit eines

Phänomens. Bericht über das Symposium vom 26. bis 27. Oktober 1998 im Rahmen des 450jährigen Jubiläums der Sächsischen Staatskapelle Dresden. Hildesheim u.a. 2001 (Dresdner Beiträge zur Musikforschung 1), 13–21

HERRMANN 2002
HERRMANN, MATTHIAS: *»[...] das einer nicht wol sein aigen wortt Hören mocht [...]«. Auswärtige Musiker im Umfeld der wettinischen Herzöge Ernst, Albrecht und Georg von Sachsen (um 1500).* In: Czernin, Martin (Hrsg.): Gedenkschrift für Walter Pass. Tutzing 2002, 321–329

HERRMANN 2004
HERRMANN, MATTHIAS: *»die Musica [...] ym dienst des, der sie geben und geschaffen hat [...]«. Über das altkirchlich-konservative Element in der Musik der Reformation.* In: Marx, Harald / Hollberg, Cecilie (Hrsg.): Glaube & Macht. Sachsen im Europa der Reformationszeit. 2. Sächsische Landessausstellung in Torgau, Schloss Hartenfels, 24. Mai bis 10. Oktober 2004. Staatliche Kunstsammlungen Dresden. Aufsätze. Dresden 2004, 256–262

HERRMANN U.A. 2006
HERRMANN, JOHANNES / WARTENBERG, GÜNTHER / WINTER, CHRISTIAN (Bearb.): *Politische Korrespondenz des Herzogs und Kurfürsten Moritz von Sachsen.* Bd. 6: *2. Mai 1552 – 11. Juli 1553, mit ergänzenden Dokumenten zum Tod des Kurfürsten.* Berlin 2006

HERZOG 2013
HERZOG, JÜRGEN: *Johann Walter und seine Nachkommen in Torgau.* In: Herrmann, Matthias (Hrsg.): Johann Walter, Torgau und die evangelische Kirchenmusik. Altenburg 2013 (Sächsische Studien zur älteren Musikgeschichte 4), 77–125

HERZOG 2016
HERZOG, JÜRGEN: *Vorreformatorische Kirche und Reformation in Torgau.* Beucha 2016 (Schriften des Torgauer Geschichtsvereins 10)

HOFBAUER 2013
HOFBAUER, MICHAEL: *Wieder nicht gefunden! – Überlegungen zur Existenz eines Bildnisses von Johann Walter aus der Cranach-Werkstatt.* In: Herrmann, Matthias (Hrsg.): Johann Walter, Torgau und die evangelische Kirchenmusik. Altenburg 2013 (Sächsische Studien zur älteren Musikgeschichte 4), 61–75

HOLSTEIN 1884
HOLSTEIN, HUGO: *Der Lieder- und Tondichter Johann Walter.* In: Archiv für Litteraturgeschichte 12 (1884), 183–218

HONEMANN 1999
HONEMANN, VOLKER: *»Mitteldeutsche« Literatur im 15. und 16. Jahrhundert.* In: Heidrich, Jürgen / Konrad, Ulrich (Hrsg.): Traditionen in der mitteldeutschen Musik des 16. Jahrhunderts. Symposiumsbericht Göttingen 1997. Göttingen 1999, 51–61

HOPPE 1996
HOPPE, STEPHAN: *Die funktionale und räumliche Struktur des frühen Schloßbaus in Mitteldeutschland. Untersucht an Beispielen landesherrlicher Bauten der Zeit zwischen 1470 und 1570.* Köln 1996 (62. Veröffentlichung der Abteilung Architekturgeschichte des Kunsthistorischen Instituts der Universität zu Köln)

JUNGHANS 2004
JUNGHANS, HELMAR: *Der mitteldeutsche Renaissancehumanismus. Nährboden der Frühen Neuzeit.* Stuttgart 2004 (Sitzungsberichte der Sächsischen Akademie der Wissenschaften zu Leipig. Philologisch-historische Klasse 139/1)

JUST 2005
JUST, MARTIN: Artikel *Rupsch, Rupzsch, Rupff, Ruppisch, Conrad, Cuntz.* In: Finscher, Ludwig (Hrsg.): Die Musik in Geschichte und Gegenwart. 2. Ausgabe. Personenteil 14: Ric–Schön, Kassel u.a. 2005, Sp. 689f.

KADATZ 2004
KADATZ, INGEBORG: *Bekannte Persönlichkeiten in der Geschichte Torgaus. Nachschlagewerk zur sächsischen Regionalgeschichte.* Torgau 2002; 2. durchgesehene Auflage 2004 (Kleine Schriften des Torgauer Geschichtsvereins 13)

KADE 1862 KADE, OTTO: *Mattheus le Maistre, Niederländischer Tonsetzer und Churfürstlich Sächsischer Kapellmeister, geb. 15..., gest. 1577. Ein Beitrag zur Musikgeschichte des 16. Jahrhunderts [...].* Mainz 1862

KADE 1871
KADE, OTTO: *Ein feste burgk ist unser got. Der neuaufgefundene Luther-Codex vom Jahre 1530. Eine von dem großen Reformator eigenhändig benutzte und ihm von dem Kursächsischen Kapellmeister Johann Walther verehrte handschriftliche Sammlung geistlicher Lieder und Tonsätze [...].* Dresden 1871

KADE 1896
KADE, REINHARD: *Die Matthäuspassion Johann Walthers, des ersten Dresdener Kapellmeisters.* In: Beiträge zur sächsischen Kirchengeschichte 11 (1896), 1–7

KEIL 2010
KEIL, SIEGMAR: *»Die Musik ist ein himlisch kunst«. Der Kantor und Lutheraner Johann Walter (1496–1570).* In: Mitteldeutsches Jahrbuch für Kultur und Geschichte 17 (2010), 38–49

KNABE 1881
KNABE, CARL (Hrsg.): *Die Torgauer Visitations-Ordnung von fünfzehnhundertneunundzwanzig (Ursprung und Verwendung des Kirchenvermögens).* Torgau 1881

KÖSLING 2018
KÖSLING, PEER: *Kahlaer Legenden (1. Teil).* In: Kahlaer Nachrichten, 7.6.2018

KRAUSE 1994
KRAUSE, HANS-JOACHIM: *Zur Geschichte und ursprünglichen Gestalt des Bauwerks und seiner Ausstattung.* In: Herzog, Jürgen / Rothe, Andreas (Red.): Die Schloßkirche zu Torgau. Beiträge zum 450jährigen Jubiläum der Einweihung durch Martin Luther am 5. Oktober 1544. Torgau 1994, 27–41

KRAUSE 2004
KRAUSE, HANS-JOACHIM: *Die Schlosskapelle in Torgau.* In: Marx, Harald / Hollberg, Cecilie (Hrsg.): Glaube & Macht. Sachsen im Europa der Reformationszeit. 2. Sächsische Landesausstellung in Torgau, Schloss Hartenfels, 24. Mai bis 10. Oktober 2004. Staatliche Kunstsammlungn Dresden. Aufsätze. Dresden 2004, 175–188

KRUMHAAR 1855
KRUMHAAR, KARL: *Die Grafschaft Mansfeld im Reformationszeitalter. Mit besonderer Rücksicht auf die Reformationsgeschichte aus den Quellen dargestellt.* Eisleben 1855

KÜSTER 2015
KÜSTER, KONRAD: *Musik im frühen lutherischen Gottesdienst. Das Beispiel der Domkirche in Ribe um 1560.* In: Schütz-Jahrbuch 37 (2015), 17–38

KÜSTER 2016
KÜSTER, KONRAD: *Musik im Namen Luthers. Kulturtraditionen seit der Reformation.* Kassel 2016

LAUX 1964
LAUX, KARL: *Die Dresdner Staatskapelle.* Leipzig 1964

LEHMANN 1936
LEHMANN, FRANZ: *Die Mühlen in Kahla.* In: Heimatklänge. Heimatkundliche Beilage zum Kahlaer Tageblatt, November 1936, Nrn. 71–73

LÖBE 1891
LÖBE, JULIUS / LÖBE, ERNST CONON: *Geschichte der Kirchen und Schulen des Herzogthums Sachsen-Altenburg mit besonderer Berücksichtigung der Ortsgeschichte. Dritter Band. Enthaltend die Ephorien des Westkreises.* Altenburg 1891

LÜTTEKEN 1999
LÜTTEKEN, LAURENZ: *Patronage und Reformation: Johann Walter und die Folgen.* In: Heidrich, Jürgen / Konrad, Ulrich (Hrsg.): Traditionen in der mitteldeutschen Musik des 16. Jahrhunderts. Symposiumsbericht Göttingen 1997. Göttingen 1999, 63–74

MAGIRIUS 1989
MAGIRIUS, HEINRICH: *Das Schloss im Zeitalter der Renaissance: Die Hofkapelle.* In: Das Dresdener Schloss. Monument sächsischer Geschichte und Kultur. Eine Ausstellung der Aufbauleitung des Rates des Bezirkes Dresden, der Staatlichen Kunstsammlungen Dresden und des Instituts für Denkmalpflege Dresden, im Auftrage des Rates des Bezirkes, Dresden 1989, 57–60

MAGIRIUS 2009
MAGIRIUS, HEINRICH: *Die evangelische Schlosskapelle zu Dresden aus kunstgeschichtlicher Sicht.* Altenburg 2009 (Sächsische Studien zur Musikgeschichte 2)

MARX/KLUTH 2004
MARX, HARALD / KLUTH, ECKHARD (Hrsg.): *Glaube & Macht. Sachsen im Europa der Reformationszeit.* 2. Sächsische Landesausstellung in Torgau, Schloss Hartenfels, 24. Mai bis 10. Oktober 2004. Staatliche Kunstsammlungen Dresden. Katalog. Dresden 2004

MAU 2000
MAU, RUDOLF: *Evangelische Bewegung und frühe Reformation 1521 bis 1532.* Leipzig 2000 (Kirchengeschichte in Einzeldarstellungen II/5)

MERIAN 1650
M Z TOPOGRAPHIA Superioris Saxoniæ Thüringiæ, Misniæ Lusatiæ, etc. Das ist Beschreibung der vornemsten vnd bekantesten stätt, vnd plätz, in churfürstenthum Sachsen, Thüringen, Meissen, Ober vnd Niderlaußnitz vnd einverleibten landen; auch in andern zu dem hochöblichsten sächsischen hauße gehörigen fürstentumen (außer Brandenburg vnd Pommern), graff- vnd herrschafften, etc. Frankfurt a.M.: Matthäus Merian, 1650

MICHAELIS 1939
MICHAELIS, OTTO: *Johann Walter (1496–1570), der Musiker-Dichter in Luthers Gefolgschaft.* Leipzig u.a. [1939] (Welt des Gesangbuchs 21)

MIELSCH 1926/27
MIELSCH, RUDOLF: *Aus dem Tagebuch des Torgauer Stadtarztes und Schulinspektors Balthasar Gabriel Summer (1529–1601).* In: Die Heimart. Beilage zur Torgauer Zeitung 1926, Nr. 9, 10, 15; 1927, Nr. 1

MIELSCH 1931 (1932)
MIELSCH, RUDOLF: *Johann Walter, der Schöpfer der kurfürstlichen Kantorei in Dresden.* In: Dresdner Anzeiger / Wissenschaftliche Beilage 8 (1931), Nr. 23, 91f. Wiederabgedruckt in Der Kirchenchor 32 (1932), 15–18

MOSER 1929/1966
MOSER, HANS JOACHIM: *Paul Hofhaimer. Ein Lied- und Orgelmeister des deutschen Humanismus.* 2. verbesserte und ergänzte Auflage der Ausgabe Stuttgart 1929. Hildesheim 1966

MÜLLER 1911
MÜLLER, NIKOLAUS: *Die Wittenberger Bewegung 1521 und 1522. Die Vorgänge in und um Wittenberg während Luthers Wartburgaufenthalt. Briefe, Akten u. dgl. und Personalien.* Leipzig ^{2}1911

NIEMÖLLER 1969
NIEMÖLLER, KLAUS WOLFGANG: *Untersuchungen zu Musikpflege und Musikunterricht an den deutschen Lateinschulen vom ausgehenden Mittelalter bis um 1600.* Regensburg 1969

OELSNER 1989
OELSNER, NORBERT: *Das Schloss im Zeitalter der Renaissance: Der Riesensaal.* In: Das Dresdener Schloss. Monument sächsischer Geschichte und Kultur. Eine Ausstellung der Aufbauleitung des Rates des Bezirkes Dresden, der Staatlichen Kunstsammlungen Dresden und des Instituts für Denkmalpflege Dresden, im Auftrage des Rates des Bezirkes, Dresden 1989, 62–65

OELSNER 1998
OELSNER, NORBERT: *Der Riesensaal im Dresdner Residenzschloß. Ursprüngliche Baugestalt und bildkünstlerische Ausstattung (1549–1627).* In: Magirius, Heinrich / Dülberg, Angelica (Red.): Denkmalpflege in Sachsen 1894–1994. Hrsg. von Landesamt für Denkmalpflege Sachsen, Teil 2, Weimar 1998, 377–388

ORF 1977
ORF, WOLFGANG: *Die Musikhandschriften Thomaskirche Mss. 49/50 und 51 in der Universitätsbibliothek Leipzig.* Leipzig 1977 (Quellenkataloge zur Musikgeschichte 13)

PALLAS 1911
PALLAS, KARL (Bearb.): *Die Registraturen der Kirchenvisitationen im ehemals sächsischen Kurkreise.* Hrsg. von der Historischen Kommission für die Provinz Sachsen und das Herzogtum Anhalt. Vierter Teil. *Die Ephorien Torgau und Belgern.* Halle 1911 (Geschichtsquellen der Provinz Sachsen und angrenzender Gebiete 41)

PIETZSCH 1936ff./1971
PIETZSCH, GERHARD: *Zur Pflege der Musik an den deutschen Universitäten bis zur Mitte des 16. Jahrhunderts.* Nachdruck mit Vorwort, Ergänzungen und neuer Literatur. Unveränderter reprografischer Nachdruck der im »Inhalt« näher bezeichneten Aufsätze Gerhard Pietzschs [1936ff.]. Hildesheim, New York 1971

RAUTENSTRAUCH 1903
RAUTENSTRAUCH, JOHANNES: *Die Kalandbrüderschaften – das kulturelle Vorbild der sächsischen Kantoreien. Ein Beitrag zur Geschichte der kirchlichen Musikpflege in vor- und nachreformatorischer Zeit.* Dresden 1903

RAUTENSTRAUCH 1907
RAUTENSTRAUCH, JOHANNES: *Luther und die Pflege der kirchlichen Musik in Sachsen (14.–19. Jahrhundert). Ein Beitrag zur Geschichte der katholischen Brüderschaften, der vor- und nachreformatorischen Kurrenden, Schulchöre und Kantoreien Sachsens.* [...] Leipzig 1907

RICHTER 1846-1
RICHTER, AEMILIUS LUDWIG (Hrsg.): *Die evangelischen Kirchenordnungen des sechszehnten Jahrhunderts. Urkunden und Regesten zur Geschichte des Rechts und der Verfassung der evangelischen Kirche in Deutschland.* Bd. 1: *Vom Anfange der Reformation bis zur Begründung der Consistorialverfassung im J. 1542.* Weimar 1846

RICHTER 1998
RICHTER, MATTHIAS: *Anmerkungen zur Theologie Johann Walters.* In: Brusniak, Friedhelm (Hrsg.): Johann-Walter-Studien. Tagungsbericht Torgau 1996. Tutzing 1998, 57–72

RICHTER 2013
RICHTER, CHRISTA MARIA: *Johann Walter aus Sicht der neu entdeckten Textdokumente; [sowie Edition der] Walter-Dokumente.* In: Herrmann, Matthias (Hrsg.): Johann Walter, Torgau und die evangelische Kirchenmusik. Altenburg 2013 (Sächsische Studien zur älteren Musikgeschichte 4), 127–316

RICHTER 2016
RICHTER, CHRISTA MARIA: *Die Dresdner Schlosskirchenbücher. Anmerkungen zu den Quellen und zum laufenden Editionsprojekt.* In: Schütz-Jahrbuch 2016, 55–68

RICHTER 2017
RICHTER, CHRISTA MARIA: *Kurator versus Kapellmeister & Knabenlehrer. Kurfürst Augusts Hofkantorei in der Obhut des Hofpredigers Christian Schütz.* In: Kurfürst August von Sach-

sen – ein nachreformatorischer Friedensfürst zwischen Territorium und Reich. Wissenschaftliche Tagung vom 9. bis 11. Juli 2015 in Torgau (Schloss Hartenfels) und Dresden (Residenzschloss). Hrsg. von den SKD und dem ISGV, Winfried Müller, Martina Schattkowsky, Dirk Syndram. Dresden 2017, 212–227

SCHÄFER 1854 A

SCHÄFER, WILHELM: *Aphorismen zur Geschichte der Musik in Sachsen vor 1548, dem Stiftungsjahre der Hofcantorei in Dresden.* In: Schäfer, Wilhelm (Hrsg.): Sachsen-Chronik für Vergangenheit und Gegenwart [...]. Erste Serie. Dresden 1854, 284–320

SCHÄFER 1854 B

SCHÄFER, WILHELM: *Einige Beiträge zur Geschichte der Kurfürstlichen musikalischen Capelle oder Cantorei unter den Kurfürsten August, Christian I. u. II. u. Johann Georg I. (Nach freundlich überlassenen urkundlichen Mittheilungen des Herrn Kammermusikus Moritz Fürstenau.).* In: Schäfer, Wilhelm (Hrsg.): Sachsen-Chronik für Vergangenheit und Gegenwart [...]. Erste Serie. Dresden 1854, 404–451

SCHEITLER 1982

SCHEITLER, IRMGARD: *Das Geistliche Lied im deutschen Barock.* Berlin 1982 (Schriften zur Literaturwissenschaft 3)

SCHMIDT 1961

SCHMIDT, EBERHARD: *Der Gottesdienst am kurfürstlichen Hofe zu Dresden. Ein Beitrag zur liturgischen Traditionsgeschichte von Johann Walter bis zu Heinrich Schütz.* Berlin 1961

SCHLÜTER 2010

SCHLÜTER, MARIE: *Musikgeschichte Wittenbergs im 16. Jahrhundert. Quellenkundliche und sozialgeschichtliche Untersuchungen.* Göttingen 2010 (Abhandlungen zur Musikgeschichte 18)

SCHNEIDERHEINZE 1996 A

SCHNEIDERHEINZE, ARMIN: *Holdseliger, meins Herzens Trost: Johann Walter (1496–1570) – Kantor, Kapellmeister, Bürger.* In: Sächsische Heimatblätter. Zeitschrift für sächsische Geschichte, Denkmalpflege, Natur und Umwelt 42 (1996), 244–248

SCHNEIDERHEINZE 1996 B

SCHNEIDERHEINZE, ARMIN (Red.): LOB UND PREIS DER HIMMLISCHEN KUNST MUSICA. *Johann Walter und die Musik der Reformation.* Ausstellung zum Lutherjahr 1996. Torgau 1. Mai bis 31. Oktober 1996, Schloß Hartenfels Lapidarium. Torgau 1996

SCHRÖDER 1931/32

SCHRÖDER, OTTO: *Das Eisenacher Cantorenbuch.* In: Zeitschrift für Musikwissenschaft 14 (1931/32), 173–178

SCHRÖDER 1940

SCHRÖDER, OTTO: *Zur Biographie Johann Walters (1496–1570).* In: Archiv für Musikforschung 5 (1940), 12–16

SCHULZ 1983

SCHULZ, FRIEDER: *Der Gottesdienst bei Luther.* In: Junghans, Helmar (Hrsg.): Leben und Werk Martin Luthers von 1526 bis 1546. Festgabe zu seinem 500. Geburtstag. Im Auftrag des Theologischen Arbeitskreises für Reformationsgeschichtle Forschung. 2 Bde. (Texte und Anmerkungen). Göttingen 1983, 297–302 und 811–825

SEHLING 1902

SEHLING, EMIL (Hrsg.): *Die evangelischen Kirchenordnungen des XVI. Jahrhunderts.* Bd. I: *Sachsen und Thüringen, nebst angrenzenden Gebieten.* Halbbd. 1: *Die Ordnungen Luthers. Die ernestinischen und albertinischen Gebiete.* Leipzig 1902

SIPTITZ 1971/1996/2013

SIPTITZ, ERICH: *Das in Torgau verschollene Portrait des Johann Walter. Ein Gemälde von Lucas Cranach d.J.?* [Manuskript von 1971]. Ediert in: SCHNEIDERHEINZE 1996 B, 22–26. Vollständig wiederabgedruckt in HOFBAUER 2013

SPALATIN 1851
SPALATIN, GEORG: *Friedrichs des Weisen Leben und Zeitgeschichte.* Aus den Originalhandschriften herausgegeben von Chr. Gotth. Neudecker in Gotha und Ludw. Preller in Weimar. Jena 1851

STAEHELIN 1998
STAEHELIN, MARTIN: *Johann Walter. Zu Leben, Werk und Wirkung.* In: Brusniak, Friedhelm (Hrsg.): Johann-Walter-Studien. Tagungsbericht Torgau 1996. Tutzing 1998, 15–35

STALMANN 1960
STALMANN, JOACHIM: *Johann Walters Cantiones Latinae.* Diss. Ms. Tübingen 1960

STALMANN 1964
STALMANN, JOACHIM: Johann Walters Versuch einer Reform des gregorianischen Chorals. In: Dadelsen, Georg von (Hrsg.): Festschrift Walter Gerstenberg zum 60. Geburtstag. Wolfenbüttel 1964, 166–175

STALMANN 2007
STALMANN, JOACHIM: *Walter, Walther, Johann d.Ä.* In: Finscher, Ludwig (Hrsg.): Die Musik in Geschichte und Gegenwart. 2. Ausgabe. Personenteil 17: Vin-Z. Kassel u.a. 2007, Sp. 430–437

STAMMLER 1924
STAMMLER, WOLFGANG: *Johann Walter als Verfasser des Epitaphiums Martini Luthers (1546).* In: Beiträge zur Geschichte der deutschen Sprache und Literatur 48 (1924), 326–328

STALMANN 2013
STALMANN, JOACHIM: *»Die Musik braucht Gott stets also beim heilgen Evangelio« – Bleibende Spuren des Torgauer Erzkantors in der evangelischen Kirchenmusik.* In: Herrmann, Matthias (Hrsg.): Johann Walter, Torgau und die evangelische Kirchenmusik. Altenburg 2013 (Sächsische Studien zur älteren Musikgeschichte 4), 35–45

STEUDE U.A. 1978
STEUDE, WOLFRAM / LANDMANN, ORTRUN / HÄRTWIG, DIETER (Hrsg.): *Musikgeschichte Dresdens in Umrissen.* Dresden 1978 (Studien und Materialien zur Musikgeschichte Dresdens 1)

STEUDE 1998 (2001)
STEUDE, WOLFRAM: *Johann Walter in Dresden – Beobachtungen und Anmerkungen.* In: Brusniak, Friedhelm (Hrsg.): Johann-Walter-Studien. Tagungsbericht Torgau 1996. Tutzing 1998, 37–56. Wiederabgedruckt in: Ders.: Annäherung durch Distanz. Texte zur älteren mitteldeutschen Musik und Musikgeschichte. Herausgegeben von Matthias Herrmann. Altenburg 2001, 70–81

STIEDA 1921 STIEDA, WILHELM: *Die Anfänge der kurfürstlichen Kantorei von 1548.* In: Neues Archiv für Sächsische Geschichte und Altertumskunde 42 (1921), 261–269

SYNDRAM U.A. 2015
SYNDRAM, DIRK / WIRTH, YVONNE / WAGNER, IRIS YVONNE (Hrsg.): *Luther und die Fürsten. Selbstdarstellung und Selbstverständnis des Herrschers im Zeitalter der Reformation.* 1. Nationale Sonderausstellung zum 500. Reformationsjubiläum. Herausgegeben von den Staatlichen Kunstsammlungen Dresden. Katalogband. Dresden 2015

TAUBERT 1868
TAUBERT, OTTO: *Geschichte der Pflege der Musik in Torgau vom Ausgange des 15. Jahrhunderts bis auf unsere Tage.* Torgau 1868

TAUBERT 1870
TAUBERT, OTTO: *Nachträge zur Geschichte der Pflege der Musik in Torgau. (Torgauer Gymnasial-Programm v. J. 1868.).* In: Ders.: Der Gymnasial-Singechor zu Torgau in seiner gegenwärtigen Verfassung nebst Nachträgen zur Geschichte der Pflege der Musik in Torgau. Torgau 1870, 11–20

WALTHER 1732
WALTHER, JOHANN GOTTFRIED: *Musicalisches LEXICON Oder musicalische Bibliothec, Darinnen nicht allein Die Musici, welche so wol in alten als neuern Zeiten, ingleichen bey verschiedenen Nationen, durch Theorie und Praxin sich hervor gethan, und was von jedem bekannt worden, oder er in Schrifften hinterlassen, mit allem Fleisse und nach den vornehmsten Umständen angeführet, Sondern auch Die in Griechischer, Lateinischer, Italiänischer und Frantzösischer Sprache gebräuchliche Musicalische Kunst- oder sonst dahin gehörige Wörter, nach Alphabetischer Ordnung vorgetragen und erkläret, Und zugleich die meisten vorkommende Signaturen erläutert werden von Johann Gottfried Walthern, Fürstl. Sächs. Hof-Musico und Organisten an der Haupt-Pfarr-Kirche zu St. Petri und Pauli in Weimar.* Leipzig 1732

WECK 1680
WECK, ANTON: *Der Chur-Fürstlichen Sächsischen weitberuffenen Residentz- und Haupt-Vestung Dresden Beschreib- und Vorstellung, Auf der Churfürstlichen Herrschafft gnädigstes Belieben in Vier Abtheilungen verfaßet, mit Grund- und anderen Abrißen, auch bewehrten Documenten, erläutert Durch Ihrer Churfürstlichen Durchlaucht zu Sachsen, etc. Rath, zu den Geheimen- und Reichs-Sachen bestalten Secretarium auch Archivarium ANTONIUM Wecken. Mit Churfürstl. Sächsischem gnädigsten PRIVILEGIO.* Nürnberg 1680

WERNER 1902
WERNER, ARNO: *Geschichte der Kantorei-Gesellschaften im Gebiete des ehemaligen Kurfürstentums Sachsen.* Leipzig 1902 (Publikationen der Internationalen Musikgesellschaft. Beihefte IX)

WERNER 1933
WERNER, ARNO: *Vier Jahrhunderte im Dienste der Kirchenmusik: Geschichte des Amtes und Standes der evangelischen Kantoren, Organisten und Stadtpfeifer seit der Reformation.* Leipzig 1933

WETZEL 1724
WETZEL, JOHANN CASPAR: *Historische Lebens-Beschreibung Der berühmtesten Lieder-Dichter.* Teil 3. Herrnstadt 1724

WGA [Walter-Gesamtausgabe] 1–6 (1953–1973)
Schröder, Otto [u.a.] (Hrsg.): *Johann Walter. Sämtliche Werke.* 6 Bde. Kassel und Basel
1 *Geistliches Gesangbüchlein, Wittenberg 1551. Erster Teil: Deutsche Gesänge.* Hrsg. von Otto Schröder. 1953
2 *Geistliches Gesangbüchlein, Wittenberg 1551. Zweiter Teil: Cantiones latinae.* Hrsg. von Otto Schröder. 1953
3 *Geistliches Gesangbüchlein, Wittenberg 1551. [Dritter Teil:] Lieder und Motetten, die nur 1524, 1525 und 1544 im Wittenbergischen Gesangbüchlein enthalten oder in Handschriften und Drucken verstreut sind.* Hrsg. von Max Schneider. 1955
4 *Deutsche Passionen nach Matthäus und Johannes.* MAGNIFICAT *octo tonorum 1540. Psalmen, eine Antiphon. Fugen sonderlich auf Zinken 1542.* Hrsg. von Werner Braun. 1973
5 *Cantio septem vocum (1544). 1545.* MAGNIFICAT *octo tonorum quatuor, quinque et sex vocibus Jenae 1557.* Hrsg. von Otto Schröder. 1961
6 *Das Christlich Kinderlied D. Martini Lutheri Erhalt uns Herr etc. (1566). Anonyma aus den Torgauer Walter-Handschriften. Gedichte ohne Musik.* Hrsg. von Joachim Stalmann. 1970

Sonstige Informationen

Zur historischen Faltung von Johann Walters Testament

Der folgende zweiseitige Text aus der Edition von 2013 wird hier nochmals unverändert abgedruckt, da es sich um eine sehr spezielle Fachfrage zu historischen Dokumenten allgemein handelt, die sonst in keinem wissenschaftlichen Buch erläutert wird. Er sei der Leserschaft als Anregung zur praktischen Nachahmung empfohlen.

Nachdem Johann Walters Kahlaer Testament (TEXT 15) schwere Zeiten überstanden hat, befindet es sich seit seiner Restaurierung in den 1980er-Jahren erfreulicherweise in einem bemerkenswert guten Zustand. Es wird in einem soliden, von beiden Seiten verschließbaren Pappbilderrahmen in der Kirchgemeinde Kahla aufbewahrt. Dass der ca. 580 mm x 425 mm große Originalbogen ursprünglich zusammengefaltet war, versteht sich aus praktischen Gründen von selbst. Indes waren es gerade diese Faltungen, die im Laufe der Zeit besonderen Abnutzungen ausgesetzt waren und das Dokument vor allem an seinen Außenseiten allmählich in seine Einzelteile zerfallen ließen. Auch nach der Restaurierung sind die ehemaligen Faltbrüche noch sehr deutlich erkennbar, da hier der Papierverlust am größten ist. Um anhand des Testaments eine damals praktizierte Form historischer Dokumentfaltungen, die heutzutage meist unbeachtet bleiben, zu exemplifizieren, hat der Faltexperte Joan Sallas das Dokument einer entsprechenden Analyse unterzogen.

Grundsätzlich lassen sich die Faltungen nach der international vereinbarten Faltsprache in sogenannte Bergfalten (Bruch ist oben, Fläche ist nach unten gebrochen) und Talfalten (Bruch ist unten, Fläche ist nach oben gebrochen) unterscheiden und sind mit Ausnahme der abgenutzten Brüche, an denen das Papier verschwunden ist, meist noch deutlich erkennbar. Demnach wurde das Dokument erst zusammengefaltet, nachdem man es beschrieben hatte. Denn in erster Linie orientierte man sich beim Zusammenfalten am Textformat und an den Petschaften, die auf keinen Fall durch die Brüche beschädigt werden durften. So verlaufen die waagerechten Brüche genau zwischen den Textzeilen bzw. unter Johann Walters Petschaft, und auch die senkrechten Brüche nehmen Rücksicht auf den linken Rand des Textes sowie auf die Siegel der Zeugen. Man faltete also das Dokument mit Blick auf die empfindlichen Bestandteile vor, ehe man es tatsächlich zusammenlegte. Diesem Umstand verdanken wir die Tatsache, dass Text und Siegel nahezu unbeschadet überstanden haben und so gut wie keine Informationen verloren gegangen sind. Sekundäre Falten, die durch falsches Zusammenlegen ohne Rücksicht auf die originalen Brüche und auf den Text verursacht worden sind, stammen aus späterer Zeit.

Nach dem Vorfalten wurde das Dokument zunächst wieder auseinandergefaltet, um alles zu überprüfen und nun mit dem richtigen Zusammenlegen zu beginnen. Hierzu eine kurze Anleitung, die man anhand der grafischen Faltanleitung noch besser nachvollziehen kann: Zuerst faltet man die Querlinien zusammen, und zwar im Zickzack, d. h. Berg- und Talfalten wechseln einander ab, und selbstverständlich so, dass der Text nach innen kommt. Auf diese Weise entsteht eine ziemlich schmale Faltung im Querformat, die an ihrer Breite noch nichts verloren hat. Im Anschluss an die horizontale erfolgt die vertikale Zusammenfaltung des Dokuments, wiederum im Zickzack nach den vorgefalteten Längsbrüchen. Beim Vorfalten hat man darauf geachtet, dass sich die drei breiten Teilflächen in ihrer Breite geringfügig unterscheiden, wobei die ganz zum Schluss entstehende Papierlasche am schmalsten ist, weil sie noch in die dazugehörige Tasche passen muss, ohne innen anzustoßen oder an der empfindlichen Außenkante überzustehen.

Alles in allem handelte es sich um eine genau kalkulierte Faltung mit Taschenverschluss zum Zweck maximaler Schonung, indem sowohl Text und Siegel als auch die besonders gefährdeten Blattränder in den Schutz der zusammengefalteten Lagen genommen wurden. Dank der Tasche scheinen sich weitere Verschlusstechniken erübrigt zu haben. Jedenfalls sind am Testament mit bloßem Auge weder Lack- oder Wachs- noch Schnürspuren zu erkennen. Derartige Verschlussarten waren im 16. Jahrhundert in ganz Westeuropa verbreitet und wurden bei privaten Briefen, Mitteilungen und anderen Dokumenten angewandt.

In diesem zusammengefalteten Zustand scheint das Dokument eine lange Zeit aufbewahrt worden zu sein, denn die Faltung hat an ihren Außenseiten deutliche Spuren hinterlassen, die nur bei langer Lagerung entstehen: Bei aller Vorsicht waren die äußeren Teile einer verstärkten Erosion durch Berührungen, die Brüche und Risse im Papier verursachte, ferner durch Feuchtigkeit, die besonders die Brüche angriff, sowie durch Lichteinstrahlung, die das Papier verdunkelte, ausgesetzt. Weitere auffällige Stellen lassen darauf schließen, dass das Dokument längere Zeit nicht in der Schublade liegend, sondern an einer offenen Stelle, vielleicht in einem Regal, stehend aufbewahrt wurde. So wurde eine Außenkante, auf der das Dokument gestanden haben muss, besonders geschädigt, während eine Innenseite gedunkelt war, weil sie besonders stark eingerissen und anscheinend durch das Stehen oben aufgegangen war und Licht abbekommen hatte. Während bei der Restaurierung die abhanden gekommenen Teile des Papiers ergänzt und die losen Teile befestigt werden konnten, wurden die dunklen Stellen offenbar so belassen, wie sie waren. Diese Merkmale sowie die Beschriftung des Testaments auf der Außenseite erleichtern sehr die Rekonstruktion der Faltung, sodass Joan Sallas – neben der Nachbildung des Wasserzeichens – sowohl ein Faltmuster als auch eine Faltanleitung entwerfen konnte (BILD 40).

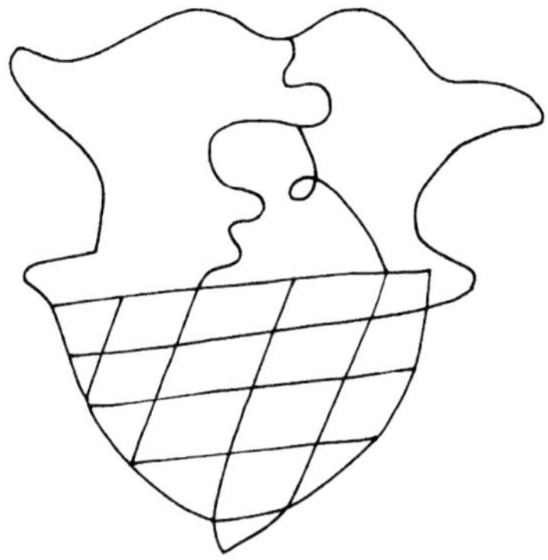

Wasserzeichen

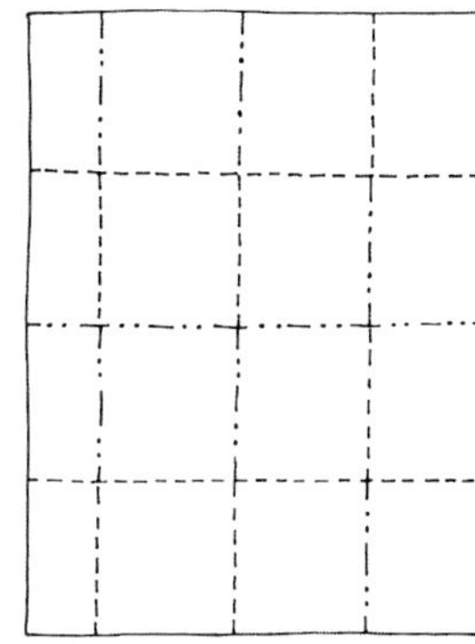

Faltmuster

BILD 40 (9 Abbildungen): Walters Testament von 1562 (TEXT 15): Faltanleitung. © JSC

Bergfalte: – ·· – ··–

Talfalte: - - - - -

Faltanleitung

1.
Vorderseite
des vorgefalteten
Testaments

2.
nach hinten falten

3.
beide Seiten
nach oben falten

4.
im Zickzack
zusammenfalten

5.
seitlich
umdrehen

6.
Lasche links
in die Tasche
rechts stecken

7.
fertige Faltung

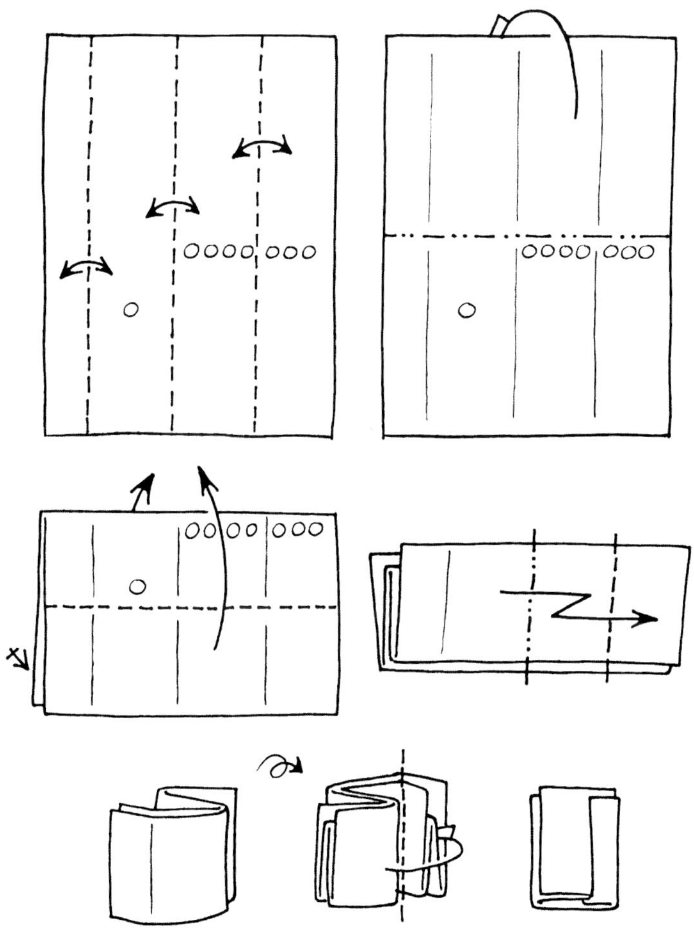

Transkriptionsrichtlinien für die Handschriften (16. Jahrhundert)

- Da die Transkriptionen in lateinischen Buchstaben erfolgen, fallen die Auszeichnungen unterschiedlicher Schrifttypen weg, d.h. die typografische Unterscheidung zwischen deutschen und lateinischen Zeichen ist aufgehoben.
- Die Absatzformatierung wurde unter Verzicht auf eine zeilengetreue Wiedergabe vereinheitlicht.
- Seitenumbrüche sind durch »|« kenntlich gemacht.
- Abkürzungen sind aufgelöst und durch »‹...›« kenntlich gemacht. »p« wurde in »etc.« aufgelöst. Lediglich die Währungen sind durch einen Punkt anstelle des Abkürzungszeichens abgekürzt: »d.« = »denarii" (Pfennige), »f.« = »floreni« (Gulden), »g.« = »grossi« (Groschen), »(s)s.« = »(silber)schock«. Abkürzungen römischer Zahlen, wie »c« (»centum« = hundert) und »m« (»mille« = tausend), wurden ebenfalls ausgeschrieben und zudem hochgestellt.
- Satzanfänge, Namen von Personen, Orten und kirchlichen Feiertagen sowie Bezeichnungen für Gott sind unabhängig von der Vorlage stets großgeschrieben, alles Weitere klein. Satzanfänge werden auch dann gekennzeichnet, wenn vorher ein Komma oder gar kein Satzzeichen gesetzt ist.
- Die Buchstaben »u/v/w« und »i/j« werden ebenfalls beibehalten, lediglich der uneindeutige Großbuchstabe »I/J« ist dem jeweiligen Kontext angepasst.
- Bei zwei langen »s« steht Doppel-»s«, bei langem/kurzem »s« hingegen »ß«.
- Bei Zahlenbrüchen (z.B. »½" und »4½"), die in der Vorlage durch die durchgestrichene Ober- bzw. Unterlänge der römischen Zahl gekennzeichnet sind, sind in der Transkription die Buchstaben voll durchgestrichen (z.B. »j̶«).
- Bloße Schreibfehler, die in der Vorlage noch während des ersten Schreibvorgangs durch Streichung beseitigt wurden, werden nicht angezeigt. Nachträgliche Änderungen sind dagegen in den textkritischen Hinweisen vermerkt.
- Eigene Einfügungen sind durch »[...]« kenntlich gemacht.

Bildnachweis

Privatbesitz

CMR	Christa Maria Richter, Noschkowitz (BILD 1.b)
JH	Jürgen Herzog, Torgau (BILD 5, BILD 9)
JSC	Joan Sallas Campmany, ehemals Weimar (BILD 3, BILD 40)
MH	Maren Hellwig, Kahla (BILD 1.a, BILD 4)

Archive und Bibliotheken

BLN-BA — BERLIN, BILDARCHIV PREUSSISCHER KULTURBESITZ, BILDAGENTUR
- 00007930 (London, National Gallery) (BILD 19)
- 00095401 (BILD 6)

BLN-DSTB — BERLIN, DEUTSCHE STAATSBIBLIOTHEK – PREUSSISCHER KULTURBESITZ
Abteilung Historische Drucke: Yh 1161 : R (BILD 35)

BLN-GSTA — BERLIN, GEHEIMES STAATSARCHIV – PREUSSISCHER KULTURBESITZ
- XX. HA, HBA, A4 K. 182 (TEXT 1)
- XX. HA, HBA, A4 K. 213 (TEXT 5)
- XX. HA, HBA, A4 K. 214 (TEXT 6)

Alle drei Dokumente ehemals Königsberger Staatsarchiv, danach Staatliches Archivlager Göttingen

DD-LFDS — DRESDEN, LANDESAMT FÜR DENKMALPFLEGE SACHSEN
- BILD 7
- BILD 11

EIS-STA — EISENACH, STADTARCHIV
- ohne Signatur (BILD 18)

GTH-FB — GOTHA, FORSCHUNGSBIBLIOTHEK
- Chart. A. 98 (BILD 26ff., BILD 31)

GTN-SUB — GÖTTINGEN, NIEDERSÄCHSISCHE STAATS- UND UNIVERSITÄTSBIBLIOTHEK
- Poet. Germ. II 2912 (BILD 33)

KA-KA — KAHLA, KIRCHENARCHIV
- ohne Signatur (TEXT 15)

LON-BM — LONDON, THE BRITISH MUSEUM
- BILD 36

MÜN-BSTB — MÜNCHEN, BAYERISCHE STAATSBIBLIOTHEK
- 4 Mus.pr. 138#Beibd.3 (BILD 20)
- 4 Mus.pr. 106#Beibd.11 (BILD 21)

NBG-GNM — NÜRNBERG, GERMANISCHES NATIONALMUSEUM
- Hs83795 [1] (BILD 24)

TRG-STA	TORGAU, STADTARCHIV - F 34 (BILD 8) - F 192, 32 g 18 (BILD 12) - H 3027 (BILD 13, BILD 15, BILD 23, BILD 25ff.)
TRG-STM	TORGAU, STADT- UND KULTURGESCHICHTLICHES MUSEUM - Inv.-Nr. VI a – R 166 (BILD 14f.) - Inv.-Nr. VI a – R 191 (BILD 34) - Inv.-Nr. VI a – R 193 (BILD 22) - Inv.-Nr. X-B 3 (BILD 31; Blindband) - ohne Signatur (BILD 2, BILD 39)
WBL-HAB	WOLFENBÜTTEL, HERZOG-AUGUST-BIBLIOTHEK - Cod. Guelf. 82 Helmst. (TEXT 10, TEXT 12, TEXT 14) - H: YN 4° Helmst. Kapsel 1 (1) (BILD 32) - H: K 322a.4° Helmst. (12) (BILD 37)
WMR-HSTA	WEIMAR, THÜRINGISCHES HAUPTSTAATSARCHIV - EGA, Reg. Aa, Nr. 2991 (TEXT 4, TEXT 8, TEXT 19) - EGA, Reg. D, Nr. 223 (TEXT 20) - EGA, Reg. Hh, Nr. 1557 (TEXT 18) - EGA, Reg. O, Nr. 927 (TEXT 21) - EGA, Reg. Rr, S. 1–316, Nr. 2091 (TEXT 7, TEXT 9)
WTB-SL	WITTENBERG, STIFTUNG LUTHERGEDENKSTÄTTEN IN SACHSEN-ANHALT (LUTHERHAUS) - grfl VI 1040 (BILD 38)

Urheber, die nicht ermittelt oder erreicht werden konnten, werden wegen nachträglicher Rechtsabgeltung um Nachricht gebeten.

Zur Autorin

Christa Maria Richter M.A.
Freiberufliche Musikwissenschaftlerin und Historikerin
Noschkowitz, Obermühlenweg 3, 04749 Ostrau
www.quellenlese.de
info@quellenlese.de

Schriften des Torgauer Geschichtsvereins

Band 1 Katharina von Bora – Torgauer Kolloquium 1999, Torgau 2000

Band 2 Das Kurfürstliche Kanzleihaus zu Torgau. Erkenntnisse zur Bau- und Nutzungsgeschichte. Torgauer Kolloquium 2000, Torgau 2001

Band 3 Die Torgauer Datenbank zur historischen Wohnkultur, Torgau 2001

Band 4 Hans-Joachim Kadatz: Bier- und Brauwesen in Torgau vom Mittelalter bis zum späten 19. Jahrhundert, Torgau 2002

Band 5 Jürgen Herzog: Samuel Hahnemann – Seine Lebensstationen Schildau und Torgau, Torgau 2005

Band 6 Hans-Joachim Kadatz: Stadterweiterung und Jugendstil nach 1893 in Torgau, Torgau 2007

Band 7 Carl Gottfried Niese: Urkunden, Briefe, Exzerpte zur Torgauer Geschichte, hrsg. von Jürgen Herzog für den Torgauer Geschichtsverein, Beucha/Markkleeberg 2014

Band 8 Jürgen Herzog: Beiträge zur Residenz- und Reformationsgeschichte der Stadt Torgau, Beucha/Markkleeberg 2015

Band 9 Jürgen Herzog: Torgauer Bier und der Leipziger Burgkeller, Beucha/Markkleeberg 2015

Band 10 Jürgen Herzog: Vorreformatorische Kirche und Reformation in Torgau, Beucha/Markkleeberg 2016

Band 11 Jürgen Herzog / Hans-Christoph Sens (Hrsg.): Schloss Hartenfels und die Schlosskirche in Torgau, Denkmal der Reformation, Beucha/Markkleeberg 2017

Band 12 Jürgen Herzog / Elfie Werner (Hrsg.): Das Priesterhaus Georg Spalatins in Torgau, Beucha/Markkleeberg 2020

Kleine Schriften des Torgauer Geschichtsvereins

Heft 1 Begrabenes Gedächtnis – ein Briefwechsel.
Zusammengestellt von Dr. Elisabeth Frenzel, Torgau 1992

Heft 2 Horst Müller: Garnisonstadt Torgau, Torgau 1993

Heft 3 Rocco Räbiger: Die Schlacht bei Torgau 1760 und ihre Denkmale, Torgau 1993

Heft 4 Karl-Heinz Lange: April 1945 in Torgau – Begegnung an der Elbe, Torgau 1995; erweiterte Neuauflage 1996; 3. durchgesehene Auflage 2005

Heft 5 Horst Müller / Heinrich Witte: Die sächsisch-preußische Festung Torgau (1810–1893), Torgau 1995; 2. überarbeitete Auflage 2003

Heft 6 Iris Ritschel: Der Frankfurter »Annenaltar« von Lucas Cranach d.Ä.
Jürgen Müller / Andreas Petter: Zur Geschichte der Torgauer Münze, Torgau 1996

Heft 7 Martin Stöhr / Agnes Bartscherer / Karl-Heinz Lange / Heinz-Joachim Vogt / Jutta Linsener / Mechthild Noll-Minor: Beiträge zum Katharina-Luther-Haus in Torgau, Torgau 1997

Heft 8 Klaus Menzel / Erdmute und Manfred Bräunlich: Zur Geschichte der Torgauer Elbebrücken, Torgau 1997

Heft 9 Horst Müller / Heinrich Witte: Die Schlacht bei Mühlberg am 24. April 1547, Torgau 1997

Heft 10 Joh. Christ. Aug. Bürger: Torgau in seinen nächsten Umgebungen außerhalb der Ringmauer, welche die Stadt bis zum Jahre 1811 umgab und diese von ihren Vorstädten trennte [...]. Handschrift von 1832 im Stadtarchiv Torgau, Torgau 1998

Heft 11 Elisabeth Frenzel: Das Stammbuch der Sophia Friederica Klotzsch in Torgau.
Annemarie Müller (Hrsg.): Aus den Lebenserinnerungen von Gustav Deutschmann (1807–1886)
Ernst von Dryander: Erinnerungen aus meinem Leben, Torgau 1999

Heft 12 Oskar Böhm: Chronik des Torgauer Gymnasiums (1958), Torgau 1999

Heft 13 Ingeborg Kadatz: Bekannte Persönlichkeiten in der Geschichte Torgaus. Nachschlagewerk zur sächsischen Regionalgeschichte, Torgau 2002; 2. durchgesehene Auflage 2004

Heft 14 Matthias Hahn: Der Dreißigjährige Krieg in Amt und Stadt Torgau. Kriegsbetroffenheit und direkte Kriegsschäden zur Zeit der schwedischen Invasion 1637, Torgau 2003

Heft 15 Klaus Knothe: Berufsverbot im neunzehnten Jahrhundert. Zum Schicksal von Johann Albert Arndt (1811–1882), Mathematik- und Physiklehrer am Torgauer Gymnasium, Torgau 2004

Heft 16 Horst Müller / Heinrich Witte: Leben in der preußischen Garnisonsstadt Torgau. Bevölkerung und Militär, militärhistorische Einrichtungen, Torgau 2004

Heft 17 Joachim Jeschke: Die kursächsischen Postmeilensäulen in der Stadt und im Amt Torgau, Torgau 2006

Heft 18 Hans-Christoph Sens: Katharina Luther und Torgau. Beiträge zum Katharina-Luther-Haus, Torgau 2006

Heft 19 Hans-Joachim Kadatz: Die Torgauer Tuchmacherzunft. Porträt eines historischen Handwerks, Torgau 2008

Heft 20 Dieter Koepplin: Der heilige Nikolaus, die Pestheiligen Sebastian und Rochus und der mit Wasser übergossene Dulder Hiob. Ein vorreformatorischer Cranach-Altar aus der Franziskanerkirche zu Torgau, Torgau 2009

Heft 21 Joachim Jeschke: Die Schlacht bei Torgau am 3. November 1760. Ein preußischer Pyrrhussieg, Torgau 2010

Heft 22 Volker Jäger: Die Preußen kommen. Torgau in den drei schlesischen Kriegen 1740 bis 1783, Torgau 2010

Heft 23 Eberhardt Kettlitz / Jürgen Herzog / Heinrich Witte / Eckhard Borgmann / Klaus Landschreiber: Die sächsisch-napoleonische Festung Torgau. Beiträge der Tagung des Torgauer Geschichtsvereins vom 2. April 2011, Torgau 2012

Heft 24 Mike Huth: Kirche und Kirchspiel Lausa, Torgau 2016

Heft 25 Wulf Weber: Die Röhrwasserversorgung der Stadt Torgau vom 16. Jahrhundert bis 1878, Torgau 2020